1460. 1463. Gebr. Lissel, Leipzig.

nbartläufer

ten Schönbartbücher.

Otto Freiherr von
Reinsberg-Düringsfeld

Aberglaube – Sitten – Feste
Germanischer Völker

***

Das festliche Jahr

REPRINT – VERLAG
LEIPZIG

Die zum Teil geminderte Druckqualität ist auf den
Erhaltungszustand der Originalvorlage zurückzuführen

Volker Hennig, Goseberg 22-24, 37603 Holzminden
ISBN 3-8262-1804-3

Reprint der Originalausgabe von 1898
nach dem Exemplar der Universitätsbibliothek Leipzig
(Signatur: 78-8-2759)

Lektorat: Andreas Bäslack, Leipzig
Einbandgestaltung: Jens Röblitz, Leipzig
Gesamtfertigung: Westermann Druck Zwickau GmbH

Das festliche Jahr.

In

Sitten, Gebräuchen, Aberglauben und Festen

der

Germanischen Völker.

Von

Otto Freiherr v. Reinsberg-Düringsfeld.

Zweite, vermehrte und verbesserte Auflage.

Feine Ausgabe.

Mit über 100 Illustrationen und 7 Farbdrucktafeln.

Nebst ausführlichem Namen- und Sach-Register.

Leipzig.
Verlag von H. Barsdorf.
1898.

Vorwort zur zweiten Auflage.

Bücher haben ihre Schicksale! Auch dasjenige des vorliegenden Buches schien besiegelt zu sein, als die erste Auflage ausverkauft war und das Werk lange Zeit auf dem Büchermarkte fehlte. Aber nur scheinbar war es vergessen; denn wie der innere Wert eines Buches sich dadurch kundgiebt, daß es noch lange Jahre nach seinem Erscheinen beständig begehrt wird, so erfuhr auch „Das festliche Jahr", eine mit den Jahren sich steigernde Nachfrage, welche schließlich zu dem Entschluß führte, dasselbe in neuer Gestalt herauszugeben.

Dieser Neubesorgung unterzog sich der Herausgeber um so lieber, als er davon überzeugt ist, daß „Das festliche Jahr" es ganz besonders verdient, zu neuem Leben, zu neuem Wirken zu erwachen. Denn dieses Werk ist wie nur wenige geeignet, Gemeingut des deutschen Volkes, ein Lieblingsbuch der deutschen Familie, der heranwachsenden Jugend zu werden.

Reinsberg-Düringsfeld, dieser treffliche Kenner deutscher Sitten, Gebräuche, Feste und deutschen Volkslebens, hat in diesem Buche einen erstaunlichen Reichtum an Mitteilungen und Schilderungen in einer Form niedergelegt, welche anheimelt und den Leser gefesselt hält. Bald launig, bald ernst und heiter schildert er in chronologischer Reihenfolge, wie, vielfach aus heidnischen Festen entsprungen, all jene Sitten, Gebräuche, weltlichen und kirchlichen Feste entstanden und sich wandelten, die zu unserer Großväter, unserer Väter Zeiten und vielfach noch heute in Ehren gehalten und begangen werden und wurden: „es ist gleichsam ein Stück Heimat, ein Stück der goldenen Kindheit" das uns im festlichen Jahr entgegenweht.

Aber in Folge dessen trägt es in eminentem Sinne die Signatur eines aufbauenden und erhaltenden, eines erziehenden Buches, das zu wahrer Religiosität, zur Erkenntnis des Waltens eines göttlichen Wesens unbewußt hinleitet.

Bildet es so, wenn auch nur im Kleinen, einen Damm gegen eine immer weiter um sich greifende allgemeine Irreligiosität, gegen jenes materialistische und realistische Niederreißen, welches das Ende des 19. Jahrhunderts charakterisiert, so hat es schon aus diesem Grunde all jene Kreise für sich, denen in geistiger und sittlicher Hinsicht das wahre Wohl des Volkes, der Familie, der heranwachsenden Jugend am Herzen liegt.

Und die Einführung des festlichen Jahres in die weitesten Kreise wird dadurch ungemein gefördert, daß Otto von Reinsberg-Düringsfeld einen so glücklichen Ton getroffen hat, der es nicht nur Protestanten wie Katholiken, Geistlichen, Erziehern, Kultur- und Sittenforschern, Schriftstellern usw., sondern auch der heranwachsenden Jugend beiderlei Geschlechts wert und allgemeinverständlich macht — ein Umstand, auf den ich ganz besonderes Gewicht lege, da er zugleich von der Meisterschaft seines Verfassers zeugt.

Glück auf den Weg denn, du zweite Auflage, und grüß mir das deutsche Volk!

Leipzig, am Johannistage 1897.

Der Herausgeber.

Inhalt.

(Ein ausführliches Namen- und Sachregister befindet sich am Schlusse des Werkes.)

Einleitung.

Wie alle Naturvölker, teilten auch die germanischen Stämme ihr Jahr ursprünglich nach dem Monde ein, dessen periodischer Wechsel ihnen zuerst sichtbar vor die Augen trat. Erst später führte die Beobachtung der regelmäßig wiederkehrenden Sonnenwenden, d. h. des höchsten oder tiefsten Standes der Sonne, wenn sie sich abwärts oder aufwärts wandte, zur Scheidung des Jahres in zwei gleiche Hälften, die nochmals zerlegt vier Hauptteile ergaben. Da jedoch diese Zeiträume des Sonnenjahres nicht mit denen des Mondenjahres übereinstimmten, welche nach dem Monde Monate hießen, entstand ein Widerstreit, bei welchem zwar das Sonnenjahr siegte, der hergebrachte Name Monat aber zur Bezeichnung für die neuen zwölf Abteilungen des Jahres beibehalten wurde.

Als Jahresanfang galt bei den meisten Stämmen der 24. Dezember, die Mutternacht der Angelsachsen, der Vorfahren der jetzigen Engländer, in welcher, nach der damaligen Annahme, die Sonne ihren Lauf von Neuem beginnen sollte, um am 24. Juni, in der Sonnwendnacht, ihren höchsten Standpunkt zu erreichen.

Die Mutternacht oder Mittwinternacht und Sonnenwendnacht oder Mittsommernacht bildeten zugleich die Mitte der beiden Jahreszeiten, Winter und Sommer, in welche allein uranfänglich das Jahr geteilt worden zu sein scheint, da in Flandern noch jetzt die Benennungen Sommertag und Wintertag üblich sind. Der letztere Name bezeichnet gegenwärtig den 21. September, der erstere den Sonntag Lätare oder Mittfasten, so daß beide Tage füglich als Anfangstage des Winters und Sommers gelten konnten. Bereits zur Zeit des Tacitus unterschieden die Germanen drei Jahreszeiten: Lenz, Sommer und Winter, und erst als Obst und Wein in Deutschland eingeführt waren, fügte man die vierte Jahreszeit, den Herbst, die Zeit von Obst- und Weinernte, hinzu. Noch lange aber erhielt sich die alte Gewohnheit, nach Wintern, statt nach Jahren zu zählen, und nach Nächten statt nach Tagen zu rechnen, da im Norden der Winter den größten Teil des Jahres ausmacht und die Nacht für die Mutter des Tages galt.

Die schönen und sinnigen Monatsnamen, welche später, außer in Skandinavien und den Niederlanden, fast überall von den römischen verdrängt worden sind, bezogen sich teils auf die Götter und ihre Feste, teils auf die Landwirtschaft und das Wetter. Die Benennungen der Wochentage, welche sich bis jetzt erhalten haben, wurden, als die babylonische Planetenwoche, über Aegypten und Rom kommend, Eingang bei den Deutschen fand, beinahe sämtlich dem heimischen Götterkultus entnommen. So war der erste Tag der Sunna, der hehren Göttin der Sonne, der zweite ihrem Bruder Mâno, dem Mond, der dritte dem Zio oder Tyr, dem Gott des glänzenden Himmelsgewölbes, welcher als Kampfgott den Beinamen Er, Strahl, Pfeil, führte, der vierte dem Wôdan, dem höchsten der Götter, der fünfte dem Thunar, dem Blitzeschleuderer, und der sechste der Frîa, Wôdan's Gemahlin, gewidmet. Der siebente allein ward fremden Namen nachgebildet, indem man aus Sabbatstag Samstag, aus dies Saturni niederdeutsch Saterdag (englisch Saturday) machte, und an die Stelle von Wôdan's- oder Gudensdag (niederländisch Woensdag, englisch Wednesday) trat in Deutschland in der Folge die Bezeichnung Mittwoch, Mitte der Woche, während Sonntag, Montag, Dienstag (in Baiern ziestag) oder Erchtag (Ertag, Erichtag), Donnerstag und Freitag üblich blieben. Mittwoch oder Donnerstag war je nach der größeren Verehrung, in welcher Wôdan oder Thunar stand, der Feiertag der verschiedenen Stämme, und jeder einzelnen Gottheit wurden noch außerdem besondere Festtage geweiht, deren Spuren sich bis zum heutigen Tage nachweisen lassen.

Denn nach der Bekehrung standen Christentum und Heidentum im Verhältnis der Wechselwirkung zu einander: es fand keine Vertilgung, sondern nur eine Unterjochung, oder vielmehr eine Verschmelzung statt. Getreu den Vorschriften des Papstes Gregor des Großen, schonten die Verkündiger des Evangeliums, sobald sie erst den Widerstand gegen den Glauben an Christus, als den Erlöser der Welt, gebrochen, vorsichtig die Gewohnheiten des Volkes. Da sie die früheren Gottheiten nicht anerkennen und doch auch nicht sogleich gänzlich beseitigen konnten, suchten sie die wilden grausamen Züge derselben durch Teufels- und Dämonengestalten zu personifizieren, die milden, unschädlichen Eigenschaften aber als christliche Attribute auf die Heiligen und Engel zu übertragen, deren Legenden die passendsten Anlehnungspunkte boten.

So pflanzte sich in den mythischen Gebilden und Sagen die Erinnerung an das Alte neben dem Neuen fort. Nur äußerst selten erhielten sich die heidnischen Götter und Göttinnen in ihrem segnenden

Walten völlig unvermischt: gewöhnlich treten sie als finstere Mächte und teuflische Wesen auf, am häufigsten aber finden wir Züge derselben in den Vorstellungen wieder, welche das Volk an einzelne Heilige, an die Person Christi, an die Mutter Gottes und an Gott selbst knüpft.

Zugleich werden auf Bergen, welche Göttern geweiht gewesen, Kapellen gebaut, in heiligen Wäldern Klöster errichtet, heidnische Tempel in christliche Kirchen verwandelt, und die alten Festgebräuche den neuen Festen angepaßt Selbst die Gedächtnistage so mancher Heiligen mögen absichtlich in Zeiten verlegt worden sein, welche schon vorher zu religiösen Feierlichkeiten bestimmt waren, und auf mehrere christliche Feste ward sogar der Name der früheren heidnischen Hochzeiten übertragen

Hoch- oder Weihzeiten nannten die alten Deutschen die Feste, welche sie alljährlich feierten, und die, wenn auch Götterkultus scheinbar vortrat, doch jedenfalls mit den Naturerscheinungen der einzelnen Jahreszeiten im innigsten Zusammenhang standen.

Wie überall im Altertum, bezeichneten auch bei den germanischen Völkern die Zeitpunkte der beiden Sonnenwenden und der beiden Nachtgleichen die Epochen der Hauptfeste. Das bedeutendste von allen war jedoch das Jul- oder Joelfest, das Fest der Wintersonnenwende. Es war gewissermaßen das Geburtsfest der Sonne, deren Sinnbild das Rad (altnordisch hiol, jol) war, und begann mit der Nacht zum 25. Dezember, der heiligsten Weih- oder Mutternacht, um zwölf Tage lang bis zum heiligen Lichttag oder Obersttag zu währen. Noch erinnert der Name Zwölften oder Zwölfnächte, mit welchem man die Tage vom 25. Dezember bis zum 6. Januar bezeichnet, an die heilige Zeit.

Während ihr ruhte aller Streit und alle Waffen, keinerlei Arbeiten durften vorgenommen werden, und die Götter hielten ihre feierlichen Umzüge.

Zwölf Tage lang herrschte in den Wohnungen und auf den Straßen festlicher Jubel, wobei jeder Gast willkommen war; auf dem Herde brannte der Weihnachtsklotz, den sich Jeder aus den Wäldern holen konnte, ohne als Holzfrevler bestraft zu werden, und in der mit Grün geschmückten Halle erklangen während des Festmahls besondere Lieder zum Preis des Sonnenkindes. Auch vergnügte man sich mit allerlei Spielen und Rätselfragen, und als Festgericht ward ein Eber aufgetragen, welcher dem Fro geheiligt war. Wenn nun nach dem Glauben des Volkes die Götter in der Nacht ihre Wohnungen verließen, um auf die Erde herabzusteigen, so zeigte sich der Einfluß der göttlichen

Nähe auf die ganze Natur. Alle Geschöpfe jubelten dankbar dem Götterzuge entgegen, alles Wasser ward gesegnet oder in Wein verwandelt, und Alles erhielt die göttliche Weihe. Man schöpfte daher in der Mitternacht das sogenannte Wywasser aus den heiligen Quellen, um es zum Weihgebrauche aufzubewahren und die Wohnungen damit zu besprengen, man stellte Futter ins Freie, um es dadurch weihen zu lassen, man holte die durch die umwandernden Götter gesegneten Pflanzen, um sie dem Vieh zu geben, und schüttelte die Bäume, um sie gleichsam aus dem Schlafe zu wecken, damit sie wach sein, gewissermaßen die Gottheit empfangen und bei der Verteilung des Fruchtsegens nicht leer ausgehen möchten. Auch suchte man die Götter durch Gaben zu gewinnen und ihren Zorn zu besänftigen, brannte Feuer zu ihren Ehren und hielt große Opfermahle ab.

Die meisten dieser Bräuche sind auf das Geburtsfest Christi, welches den Namen Weihnachten erhielt, übertragen worden. Die Weihnachtsfeuer blieben, der Weihnachtsschmaus trat an die Stelle der alten Gastereien, die mit den Opfern verbunden waren, wie uns die verschiedenen Speisen, die noch üblich sind, sowie die Weihnachtskuchen, welche die Gestalt von Ebern, Pferden und anderen Tieren haben, deutlich bekunden, und der Weintrunk, der mit dem Mahle zusammenhing, ging auf den heiligen Johannes den Evangelisten über. Die Götter selbst treten noch immer vor und in der Weihnachtszeit unter verschiedenen Gestalten auf. So ist nicht nur der im Advent erscheinende Knecht Ruprecht, der einst ruhmglänzende (althochdeutsch hruodperaht) Wuotan, sondern auch der heilige Nikolaus, der kinderfreundliche Bischof von Mira, muß auf seinem Schimmel den heidnischen Gott vertreten, der als Sturmgott in den Zwölften mit dem wilden Heere die Welt durchzieht.

Ebenso sind die jetzt auf Lätare, Ostern, den 1. Mai und Pfingsten sich verteilenden Volkslustbarkeiten großenteils Reste eines ehemaligen Festes, welches dem Beginn des Frühlings oder dem Empfang des Sommers galt.

Die Ankunft desselben wurde in die Zeit der Tag- und Nachtgleiche verlegt, in einigen Gegenden jedoch durch das Eintreffen der ersten Schwalben und Störche oder das Grünwerden der Wälder bedingt. Später, nach der Bekehrung wurden die noch übrig gebliebenen Zeremonien je nach der Ansicht, welche das Volk allmählich von ihnen gewann, entweder auf bestimmte Tage, wie den ersten Mai und den Totensonntag, zusammengedrängt, oder auf die verschiedenen in diese Periode des Jahres fallenden christlichen Feste verteilt. Ursprünglich

Heidnisches nahm christliche Bedeutung an, oder erhielt sich unverändert. In einigen Gauen, wo der althergebrachte Brauch zur Posse herabsank, ward er in die heitere Fastnacht verlegt; in anderen, wo sich die Vorstellung eines Freudenfestes über die Besiegung der Dämone des Winters erhielt, lud der Sonntag Lätare durch seinen Namen zur Uebertragung der alten Feier auf ihn ein; noch anderwärts gab die Bedeutung des Auferstehungsfestes Christi Anlaß, die Festlichkeiten des Sieges der Sonne und des Sommers oder des Gottes Thunar über die finstern Mächte des Winters auf den Triumph der Ueberwindung des Todes durch Christum den Erlöser zu beziehen, oder sie als einfache Freudenbezeigungen über das Aufhören der Fastenzeit zu erklären.

An manchen Orten fand jede dieser Umwandlungen des heidnischen Frühlingsfestes ihre Ausprägung, an anderen erhielt sich blos eine derselben; noch an anderen endlich knüpfte sich die Idee der Vertreibung der Winterriesen durch die lichten Götter an den Mai, welcher mit seinem frischen Laub natürlich als wirklicher Anfang des Sommers gelten mußte, und ging so zum Teil auf das christliche Pfingstfest über, dessen Bräuche eine Ergänzung des Maifestes sind.

Am meisten entstellt sind die Reste der Feier da, wo sie auf die Fastnachtszeit verlegt sind. So der Fastnachtsbär, der Repräsentant des Winters, welcher gefesselt herumgeführt wird, das Fastnachtbegraben, das ziemlich weit verbreitet ist, und der Schimmelreiter, der an Wuotan erinnert.

Deutlicher sind die Spuren des alten Festes im sogenannten Totaustragen oder Sommersingen, welches vorzüglich im mittleren Deutschland, namentlich aber in Böhmen und Schlesien üblich ist, während der Einzug des Sommers, den schon der Graf von Halbfasten in Brabant ankündigt, in den Mai- und Pfingstspielen bildlich dargestellt wird.

Die Feuer, welche beim heidnischen Feste zu Ehren Donars und der anderen Gottheiten brannten, und sich noch in dem Hall- oder Funkenfeuer des Rheingaues und südlichen Deutschland's sowie in dem Osterfeuer der von sächsischen Stämmen bewohnten Gegenden erhalten haben, sind in Böhmen auf die kirchliche Zeremonie des Oelverbrennens übergegangen.

Auch die bestimmten Speisen, welche in der Char- und Osterwoche üblich sind, rühren vom Fest des Frühlingsempfanges her, und haben nur teilweise christliche Deutung erhalten. Viele Gebräuche und Ideen traten unerklärlich und unvermittelt neben die kirchliche Feier, das Osterfest selbst behielt trotz seiner Umwandlung in das Auferstehungsfest Christi seinen früheren Namen.

Die alte Feier der Sommersonnenwende, welche auf Johanni übertragen wurde, blieb nicht minder unverändert, als die der Wintersonnenwende. Das große Herbstfest jedoch, welches zugleich als Dankfest für die eingebrachte Ernte galt, ward je nach den Gegenden auf Michaeli oder Martini, teilweise auch auf die Kirmeß übertragen.

Mit dem Christentume mehrte sich die Zahl der Feste. Wie es der menschlichen Brust tief eingeprägt ist, die Grabstätten teurer Toten zu ehren, und jedes Ueberbleibsel derselben zu bewahren, so suchten auch die Christen das Andenken Derer, die einstmals im Lichte des Glaubens und frommen Wandels unter ihnen geglänzt, durch eine jährliche Feier ihres Gedächtnisses lebendig zu erhalten. Die Verehrung, welche die Germanen früher geliebten Führern und Helden gezollt, ging jetzt auf die Heiligen über, das Wallen zu den einst heiligen Stätten ward auf Christliches übertragen, und die aus dem Willen des Volkes hervorgegangenen Feste einzelner Gaue erhielten im Verfolg der Zeit durch die Geistlichkeit die kirchliche Bestätigung und nicht selten auch da Verbreitung, wo sie vorher nicht im Gebrauch gewesen. Auch die Einweihung der zu Kirchen bestimmten Gebäude ward von den Ortsbewohnern, um ihre Freude über das beglückende Geschenk eines eigenen Gotteshauses zu bezeigen, unter der Teilnahme der Nachbarn durch ein jährlich erneuertes Fest, das Kirchweihfest, gefeiert, und viele andere Feste entstanden aus dem Wunsche einzelner Städte oder ganzer Länder, dem Höchsten in immer wiederkehrender Erinnerung für irgend eine segenbringende Fügung oder Rettung aus Gefahr das Opfer des Dankes zu weihen. Ebenso gab die Bildung der Gemeinden und der verschiedenen geistlichen und weltlichen Genossenschaften zu mancherlei jährlichen Festlichkeiten Anlaß.

Das Jahr selbst, welches seit Karl dem Großen bei allen germanischen Völkern nach der christlichen Zeitrechnung gerechnet wurde, fing je nach den Stämmen bald zu Weihnachten oder zu Ostern, bald am 1. oder am 25. März, selten am 1. Januar an, und selbst bei diesen Daten gab es noch Verschiedenheiten, indem in den Niederlanden z. B. an einigen Orten der Charfreitag, an anderen der Charsamstag als Jahresanfang galt. Erst mit der Einführung des gregorianischen Kalenders gelang es, den ersten Januar überall gleichmäßig als den Anfangstag des Jahres geltend zu machen, und nur die Kirche fuhr fort, ihr Jahr mit dem Advente zu beginnen.

Beginn des neuen Jahres in Deutschland.

Januar.

„A merry new year! a happy new year to you! Ein frohes neues Jahr! . . . Ein glücklich Neujahr! . . ." hört man von allen Seiten, sobald in London die Glocken, dem Herkommen gemäß, das alte Jahr ausgeläutet und das neue eingeläutet haben.

Denn das Läuten der Glocken spät am Neujahrsabend, bis die letzte Stunde des Jahres vorüber ist und das neue Jahr begonnen hat, ist in London die einzige öffentliche Freudenbezeigung zur Feier des ersten Januars. Höchstens laden sich befreundete Familien zu kleinen Diners ein, und ledige junge Männer bewirten sich wohl gegenseitig in „Tavernen" oder „Klubs".

Wie viel lustiger geht es da in Deutschland zu! Obwohl ernste Betrachtungen über Vergangenheit und Zukunft in keiner Stunde des Jahres mehr am Platze wären, als in der letzten, wo wiederum ein Jahr hinter uns liegt und ein neues beginnen soll, und wo sich Jedem unwillkürlich die Frage aufdrängt: Werde ich den nächsten Sylvesterabend erleben? so wird doch keine Nacht so allgemein verjubelt, als die Neujahrsnacht, und fast überall ist es Sitte, die Mitternachtsstunde, sei es im Kreise der Familie mit einigen näheren Bekannten und Freunden, sei es in größeren geselligen Zirkeln abzuwarten, um das neue Jahr möglichst heiter anzutreten. Man tanzt, man singt, man spielt, und an keinem Abend ist der Becher ein so unentbehrlicher Gefährte, wie am Sylvesterabend. Denn selbst wer für gewöhnlich jedes geistige Getränk verschmäht, trinkt an diesem Abend sein Glas Punsch, vielleicht um besser die trüben Gedanken zu verscheuchen, welche der Wechsel des Jahres anregt. Ein Spaßvogel meint auch wohl, es geschähe des guten Omens wegen, denn wie Jemand die Neujahrsnacht verlebe, ergehe es ihm das ganze Jahr hindurch.

Sobald die Glocke Zwölf schlägt, erscheint bei größeren Gesellschaften häufig ein Nachtwächter, oder wenigstens ein als solcher verkleideter Mann, um mit seinem Horne den Beginn des neuen Jahres zu verkünden, und kaum erblickt man ihn, so wird jeder Tanz, jedes Spiel und jedes Gespräch unterbrochen, um, wenn auch nicht, wie es in Reichenberg in Böhmen geschieht, über den Stuhl hinweg „ins neue Jahr zu springen", so doch sich mit dem Glase in der Hand das übliche „Prosit Neujahr!" zuzurufen. Heutzutage pflegt gewöhnlich der Hausherr oder sonst ein guter, witziger Redner mit dem Glockenschlage zwölf sein Glas zu erheben und eine von Ernst und Lust getragene Abschiedsrede an das alte Jahr zu richten und gute Hoffnungen an das neue zu knüpfen. Allseitiges Gläserklingen und Prosit Neujahr beschließt sie. In vielen Städten, Berlin, Hamburg u. s. w. ist es geradezu gefährlich, in der Neujahrsnacht die Hauptstraßen zu passieren; das Gedränge ist übermäßig, Ausschreitungen und Ausartungen aller Art, Hüteeintreiben und dergl. haben leider in den letzten 10 Jahren vielfach die Ueberhand gewonnen.

In Vlämisch-Belgien ist „ein selig Neujahr" (een zalig nieuwjaer!) oder „glückseliges Neujahr!" der Wunsch mit dem man sich begrüßt, und welchen man in Kortryk, will man nicht unhöflich sein, mit den Worten erwidern muß: „Ich wünsch' es Ihnen gleichfalls und noch viele folgende gute und selige." In Antwerpen allein begnügt man sich mit dem kurzen „'ne zalige zulle", 'n seliges, hat aber dafür die nicht immer angenehme Obliegenheit, Jeden, dem man gratuliert, ohne Unterschied des Alters und Geschlechts zu küssen. Da die Sitte es fordert, daß man allen Verwandten und Bekannten, allen Freunden und Gönnern seinen Glückwunsch darbringt, so setzt man sich schon mit dem ersten Morgengrauen in Bewegung, um seinen vielfachen Pflichten genügen zu können. Der modernste Frack wird angezogen, die schönste weiße Kravatte umgebunden, der neueste schwarze Hut aufgesetzt, und nun geht es an ein Laufen und Rennen. Jeder will Jeden besuchen, und den ganzen Tag über sieht man in den Straßen der belgischen Städte nichts als ein Durcheinander von festlich gekleideten Gratulanten zu Fuß oder in Wagen. In den Familien wird man an diesem Tage überall mit Herzlichkeit empfangen, und nirgends darf man fortgehen, ohne etwas von den Süßigkeiten genossen zu haben, welche für die verschiedenen Besucher bereit stehen.

Reiche Leute pflegten früher selbst vor ihren Häusern Tische aufzustellen, welche mit allerhand Leckereien und feinen Getränken beladen waren, und wo jeder Vorübergehende zulangen konnte, soviel es ihm beliebte.

Eine ähnliche Gastfeirheit fand noch in den 70er Jahren auf der Insel Helgoland statt, wo zu Neujahr in den Wirtshäusern nicht nur die Stammgäste freie Zeche hatten, sondern auch einzelne Fremde umsonst bewirtet wurden. Ueberhaupt ist auf diesem einsamen Felseneiland das Neujahrsfest einer der lebhaftesten Tage im Jahre. Denn wohl nirgends wird so eifrig und gewissenhaft Glück gewünscht, wie dort. Vom frühen Morgen bis zum späten Abend wandert Eins zum Andern und gratuliert. Gesundheit, Glück und Segen kommen natürlich zuerst an die Reihe, dann folgen die besonderen Güter, die man nach den obwaltenden Umständen für wünschenswert hält, wie „ein junger Freier“, „eine junge Frau“, „viel Schellfische“ u. dergl. Nie aber fehlt „ein ruhiges Herz“ wohl der eigentümlichste und bedeutsamste Wunsch, den es giebt.

Auch, „viel Verdienst und kein Verlust“ ist eine beliebte Formel, auf welche stets die Antwort erfolgt: „Das gebe Gott wiederum so,“ wobei der Glückwünschende beschenkt oder bewirtet wird.

Arme erhalten eine kleine Gabe, Kinder Backwerk oder dergleichen, Erwachsene ein Glas Wein, Rum oder Branntwein, je nachdem es das Vermögen des Beglückwünschten gestattet, aber irgend Etwas sucht auch der Aermste bei der Hand zu haben, und müßte er wochenlang dafür darben.

So geht's oft sechs Tage lang fort, wenn man nicht früher zu Ende ist, und jedem Weggehenden wird das übliche „Komm wêr!“ (Komm wieder!) zugerufen, worauf der Scheidende wie immer: „Ich komme wohl!“ spricht.

In Schweden und Norwegen werden sämtliche Gratulationsbesuche womöglich am Neujahrstage abgemacht, und in jedem Hause wird dazu Alles, was man Kostbares an Geschirr von Silber, Porzellan und Krystall besitzt, hervorgesucht, um das kalte Frühstück, recht prächtig zu servieren, welches keine der Personen, die ins Haus kommen, unberührt lassen darf. Daß dies namentlich in den höher gelegenen Gegenden, wo die Neujahrsbesucher oft meilenweit durch Schnee bei Wind und Kälte zu reiten haben, um ihre Höflichkeitspflicht zu erfüllen, nicht allzuschwere Opfer kostet, braucht wohl nicht erst gesagt zu werden.

Sehr originell lautet der Neujahrswunsch im vorderen Schwarzwald, in der Gegend von Liebenzell u. s. w. wo jeder Eintretende sagt: „Ich wünsche Euch ein gutes neues Jahr, den gesunden Leib und den heiligen Geist, und Alles, was Ihr Euch selber wünschen möget."

Eigentümlich waren auch die Gratulationen, welche Friedrich der Große alle Jahre an sein Heer zu richten pflegte.

So lautete z. B. der Armeebefehl vom 31. Dezember 1781:

> „Ihre Majestät der König lassen allen Herren Offiziers zum neuen Jahre gratulieren, und die nicht sind, wie sie sein sollen, möchten sich bessern",

und am 2. Januar 1783 stand in dem Glückwunsch:

> „Ihre Majestät der König lassen allen guten Herren Offiziers vielmals zum neuen Jahr gratulieren, und wünschen, daß sich die übrigen so betragen, daß Sie ihnen künftig auch gratulieren könne."

Gegengratulationen waren damals in Berlin verbeten. Am Wiener Hof dagegen war der Neujahrstag seit 1767 der größte Gallatag des Jahres. Denn Kaiser Joseph II. hatte durch ein Billet vom 30. November 1766 die früher zu Ostern und Weihnachten üblichen Gratulationen aufgehoben und auf den Neujahrstag verlegt.

Seit den zwanziger Jahren haben in den Städten Oesterreichs die sonst üblichen Neujahrsbesuche mehr und mehr abgenommen, indem man statt derselben die sogenannten Neujahrs-Entschuldigungskarten eingeführt hat. Wer nämlich eine solche Karte kauft, deren Preis dem Wohlthätigkeitsgefühle eines Jeden anheimgestellt wird, weil der Erlös der Armenkasse zufließt, ist aller Gratulationen überhoben. Eine ähnliche Sitte herrscht jetzt in vielen Städten Deutschlands in Bezug auf das Neujahrskarten-Versenden, welches im Allgemeinen an die Stelle des Besuches getreten ist. Der Betreffende zahlt 5, 10, 20 M. an das Armenamt, welches dann in der Zeitung öffentlich unter Nennung der betr. Namen und des Zweckes über die Beträge quittiert.

Auf dem Lande aber hat sich der Brauch erhalten, und im Böhmerwald z. B. ist Jeder ängstlich bemüht, dem Andern mit seinem Glückwunsch zuvorzukommen. Kaum erwacht daher ein Knecht, so steht er sachte auf, schleicht sich zum Bett seines Mitknechts, stößt ihn leise an und raunt ihm ins Ohr:

„Brüaderl! Nuis Gohr! Nuis Gohr!
's Kristkin'l liegt im Kröstnhoor; —
Longs Lö'm, longs Lö'm,
Und an Badl völl Gald danö'm!"
(Brüderl! Neues Jahr! Neues Jahr!
Cristkindlein liegt im krausen Haar; —
Langes Leben, langes Leben,
Und einen Beutel voll Geld daneben!)

Beide begeben sich dann an die Kammern, wo die Mägde und die Herrschaft schlafen, donnern an die Thüren und rufen: „Ladla! (Leutchen!) Nuis Gohr!" und bald erklingt von allen Seiten und von allen Ecken der hergebrachte Neujahrswunsch, der den ganzen Morgen über von Allen wiederholt wird, die sich ansichtig werden. Nur erleiden die zwei letzten Verse mancherlei Abänderungen.

Man wünscht einem Mädchen:

„Longs Lö'm longs Lö'm,
Und an schei'n Mo danö'm!"
(Langes Leben, langes Leben,
Und einen schönen Mann daneben!)

einem Burschen:

„Longs Lö'm, longs Lö'm,
Und a schei's Wa danö'm!"
(Langes Leben, langes Leben,
Und ein schönes Weib daneben!)

Die Schwester sagt neckend zum kleinen Bruder:

„Longs Lö'm, longs Lö'm,
Und hübsch viel Schlö danö'm!"
(Langes Leben, langes Leben,
Und hübsch viel Schläge daneben!)

und der Mann zu seiner Frau:

„Longs Lö'm, longs Lö'm,
Und all ma Lia danö'm!"
(Langes Leben, langes Leben,
Und all' meine Liebe daneben!)

Auch in andern Gegenden herrscht diese Sitte, welche man im Limburger Lande überraschen (verrassen), in Tyrol, in Schwaben und der Eifel das Neujahr abgewinnen nennt, weil der Beglückwünschte den Glückwünschenden beschenken muß. In der Eifel, wo man sich gegenseitig:

„Glück zum Neujahr!
Lang' zu leben,
Selig zu sterben!"

zuruft, besteht das Geschenk, welches Neujährchen heißt, in der Regel in einem Weck oder einem kleinen Kuchen in Radform; im Limburger Lande aber wird der, welcher dem Andern mit den Worten „Ein selig Neujahr" oder „Glückselig Neujahr" zuvorkommt, mit Pfefferkuchen und einem Gläschen Likör, ist es ein Kind, mit Backobst beschenkt. Doch darf das begonnene Jahr kein Schaltjahr sein, sonst ist der Glückwünschende derjenige, welcher verloren hat.

Viel Belustigung gewährt es hierbei zu sehen, wie erfinderisch Jeder an Mitteln ist, um seinen Zweck zu erreichen. Mancher begiebt sich schon vor der ersten Morgendämmerung in die Küche, den Stall oder die Scheuer, um dort die Kommenden zu erwarten und zu überraschen; Andere stellen sich unmittelbar hinter die Thür, um, sobald sich diese öffnet, ihren Glückwunsch anzubringen, oder verstecken sich in Kleiderschränke, in den Keller oder auf den Boden, um von dort aus ihr „Glückselig Neujahr" zu rufen, wenn Jemand, die Gefahr nicht ahnend, in die Nähe kommt, und wohl wochenlang nachher bilden die Streiche, die man sich gegenseitig gespielt, das beliebteste Gespräch des Tages.

Am Niederrhein ziehen die Burschen noch hier und da in der Neujahrsnacht, sobald es Zwölf geschlagen, singend vor die befreundeten Häuser, und bringen ihre Grüße in Liedern dar. Früher hatten sie in manchen Orten Musik bei sich, um das Neujahr nicht bloß „anzusingen" sondern auch „anzuspielen." Nach dem Nachmittagsgottesdienste kehrten sie dann wiederum mit Musik vor die Häuser zurück, wo das Neujahr angespielt worden war, und das „Neujährchen" in Empfang zu nehmen, und hierauf zog man in das Wirtshaus, wo das gemeinschaftliche Gelage gehalten wurde und Tanz den festlichen Tag beschloß.

Diese Serenaden, mit denen man den Beginn des neuen Jahres verkündete, waren auch in den Niederlanden sehr üblich, und haben erst in neuer Zeit abgenommen.

In manchen deutschen Städten wird noch jetzt das Neujahr vom Turm herab „angeblasen", in andern ziehen am Neujahrstag die Stadt- oder andere Musikanten von Thür zu Thür, um „anzufragen", ob sie spielen dürfen.

Auf mehreren Dörfern der Umgegend von Halle an der Saale wird der Beginn des neuen Jahres von den Knechten und Burschen durch anhaltendes lautes Peitschengeknalle verkündigt, und in einigen

Universitätsstädten, z. B. in Kiel, veranstalten die Studenten Fackelzüge, um mit dem Schlag der Mitternacht dem alten Jahre ein „Pereat!" und dem neuen ein „Vivat" zu bringen.

Die ärmern Bewohner von Steiermark ziehen in der Neujahrsnacht herum und tragen vor den Häusern der Reicheren ihre Glückwünsche singend vor, und in Bayern gab es sogar ehedem eine eigene Gattung von Liedern, die zu Neujahrswünschen bestimmt waren und mit dem Namen Klopfan bezeichnet wurden, weil sie gewöhnlich mit den Worten „Klopf an!" begannen.

Später jedoch wurden an vielen Orten diese Lieder, welche nicht immer sehr zarte Ausdrücke enthielten, von der Geistlichkeit und Polizei verboten, und an ihre Stelle trat der Brauch, „das Neujahr anzuschießen", welcher sich in Schwaben, am Rhein und in den vlämischen Provinzen Belgiens noch jetzt erhalten hat.

Die jungen Mädchen des Limburger Landes namentlich würden es für ein schlimmes Zeichen halten, wenn vor ihren Fenstern nicht geschossen würde. Die Zahl der Schüsse galt ihnen als Maßstab für die Stärke der Neigung ihrer Bewerber, und zum Dank für diesen Liebesbeweis stellen sie ihnen eine Flasche Wachholderbranntwein an einen schon vorher bezeichneten Platz, oder lassen sie an einem Faden in die Hände der Schützen hinabgleiten.

Am Rhein wird den Burschen, welche geschossen haben, das Haus geöffnet. Sie treten ein, überreichen den Mädchen ihr Neujahrsgeschenk, das gewöhnlich in einem kranzförmigen Gebäck, dem Neujahrskränzchen besteht, und werden dafür bis zum anbrechenden Morgen mit Kaffee und Waffeln oder Kuchen bewirtet.

Im schwäbischen Unterlande schenkt man sich zu Neujahr große Brezeln, die Neujahrringe heißen. Wenn aber Jemand ein Mädchen ärgern will, so hängt er ihr einen hölzernen, mit Stroh umwundenen Reif auf einen hohen Baum in der Nähe ihres Hauses.

In Holland pflegen die Kinder ihren Eltern, Vormündern, Freunden und Lehrern sogenannte Festbriefe zu schreiben, welche ganz den in Deutschland üblichen Neujahrswünschen gleichen, und sind gerade die Kanäle gefroren genug, so werden von Alt und Jung die Schlittschuhe, die geliebten schaatsen, angeschnallt, um auch entfernter wohnenden Verwandten und Bekannten den Glückwunsch darzubringen, und ein Geschenk von ihnen zu erhalten.

Besonders Friesland bietet dann das eigentümlichste Bild dar, denn nirgends wird mehr und leidenschaftlicher Schlittschuh gelaufen als dort. Auch ist es, will man nicht dazu verurteilt sein, nie die

Stube verlassen zu können, rein unmöglich, dort zu wohnen, wenn man nicht Schlittschuh laufen kann. Das Schlittschuhlaufen ist daher für die Friesen mehr Notwendigkeit als Vergnügen, und man kann wohl sagen, daß sie im Winter öfter Schlittschuhlaufen als gehen. Sie lernen es in ihrer frühesten Jugend und treiben es ohne Unterbrechung bis in das höchste Alter. Kaum hat ein Kind Kraft genug, um sich auf den Beinen zu halten, so schnallen ihm die Eltern die Schlittschuhe an die Füße, und unterweisen es, wie es sich derselben zu bedienen hat, um auf dem Eise stehen und gehen zu können. Mit 10 Jahren ist aus dem Schüler schon ein Meister geworden, obgleich die eigentliche Vollendung erst zwischen 20 und 30 erreicht wird, worauf sie wieder abnimmt. Man erstaunt, wenn man sieht, mit welcher Be-

Friesisches Schlittschuhlaufen. Wettlaufende Frauen.

hendigkeit, Anmut und Schnelligkeit diese scheinbar so schwerfälligen Leute einen großen Raum in wenigen Minuten durchlaufen, namentlich bei den Wettläufen, welche alljährlich in den verschiedenen Städten abgehalten werden. Sie finden auf langen breiten Kanälen statt, die in der Mitte durch hölzerne Latten geteilt werden, damit die beiden männlichen oder weiblichen Schlittschuhläufer nicht aneinander stoßen. Da das Eis auf der einen Seite oft schöner ist, als auf der andern, wechseln die Wettläufer bei dem Rücklauf die Bahn, damit sie gleiche Vorteile haben. An den beiden Enden der Bahn sind zwei große Leinen quer über den ganzen Kanal gezogen, der an seinen Ufern wie bedeckt mit Menschen ist. Da sieht man die in ganz Holland durch ihre Schönheit berühmten Friesinnen mit ihren kurzen Mänteln, ihren silbernen oder goldenen Stirnbändern und den leichten auf den Nacken zurückfallenden Hauben mit den beiden Goldplatten, welche die Schläfen bedecken.

Da sieht man die Bewohnerinnen von Hindelopen in ihrer halb-orientalischen Tracht, die starken und kräftigen Männer in Hüten und Pelzmützen, unter denen sich die reichen Pächter durch ihren zierlicheren Anzug und die Hindelopener durch ihre bis an den Hals zugeknöpften langen Röcke, ihre niedrigen breiträndigen Hüte und ihre roten oder blauen Tücher um den Hals auszeichnen, und Alle, die Männer meist stehend, die Frauen zum Teil in kastenförmigen Stuhlschlitten sitzend, harren mit ängstlicher Spannung des entscheidenden Augenblicks. Der Sieg ist nicht leicht. Denn um den Preis zu gewinnen, der gewöhnlich in einer Kostbarkeit von ziemlich hohem Wert besteht, muß man nacheinander 60 bis 80 Gegner besiegt haben.

Die Wettläufe für Frauen sind für den fremden Zuschauer noch eigentümlicher, als die der Männer.

Noch jetzt gilt vielfach der Brauch, daß einzelne Handwerker, wie Bäcker, Fleischer u. a., ihren Kunden ein Neujahrsgeschenk machen.

In manchen Gegenden sind es besondere Gebäcke, welche dazu bestimmt sind. So bäckt man in Ostfriesland Neujahrskuchen, auf denen Pferde abgebildet sind. In den früher von Wenden bewohnten Gegenden haben sie die Form von Pferden, Schweinen und anderen Tieren.

In Schwaben ist es ein gebackener Kranz, den die Bäcker ihren Kunden schenken, in Niederhessen ein Weizengebäck von eigentümlicher Form, das Schorn heißt.

Auch in Fürne in Belgien bäckt man zu Neujahrsgeschenken eine besondere Art Kuchen, welche man „Lükken" oder „Lükjes", Glückwünschkuchen, nennt, und in Holland ließ man dazu ehedem sogenannte vergoldete Kuchen aus dem Hennegau und Löwensche Kuchen aus Löwen kommen, wenn man sich nicht mit den Kräuterkuchen und den getrockneten, mit Zucker oder Gewürzen eingelegten Früchten begnügen wollte, die unter dem Namen Specie bekannt waren.

In England war beim niederen Volke eine mit Gewürznelken gespickte Orange ein beliebtes Weihnachtsgeschenk, in den höheren Ständen aber schenkte man gern Handschuhe oder Nadeln, gab jedoch auch Geld dafür, woher sich noch die Benennung glove-money, Handschuhgeld, oder pin-money, Nadelgeld, schreibt. Besonders reich waren die Geschenke, welche der König und die Edelleute mit einander austauschten. Die Königin Elisabeth soll Schmuck und Garderobe größtenteils aus den Neujahrsgeschenken bestritten haben, die ihr dargebracht wurden, und die Pergamentrolle, welche die Liste aller Geschenke enthält, die König Jakob I. am 1. Januar 1605 erhielt oder verteilte ist nicht weniger als zehn Fuß lang.

Im nördlichen England gingen vom frühesten Morgen an besonders auserwählte junge Leute beiderlei Geschlechts von Haus zu Haus, und boten unter den üblichen Gratulationen gewürzte Bowle an, ein Getränk, welches aus Bier (ale) mit Zucker, Muskatnüssen und gerösteten Aepfeln zubereitet war.

Verwandte und Freunde sandten sich ihre Geschenke gewöhnlich schon am Abend vorher zu, wo auch die Dienerschaft von der Herrschaft beschenkt wurde.

Jetzt hat das Beschenken zu Neujahr außer hier und da auf dem Lande in England fast gänzlich aufgehört. In Belgien dagegen hat die Sitte von Jahr zu Jahr an Ausbreitung gewonnen.

In Deutschland war es früher allgemein Brauch, daß die Kinder am Neujahrstage zu ihren Paten herumgingen, um ihnen Glück zu wünschen, oder, wie man sagte, das neue Jahr zu bringen, und dafür allerhand Geschenke erhielten.

Sogar einjährige Kinder wurden in Franken von ihrer Wärterin oder einem der älteren Geschwister auf dem Arme in das Haus der Paten getragen, und Entferntwohnenden ward das Patengeschenk am Neujahr zugeschickt.

Das Geschenk selbst, welches Neujahr hieß, bestand stets aus Zuckerwerk; dazu kamen jedoch oft auch Kleidungsstücke und bares Geld. Was nur irgend von Stand und Vermögen war, machte seinen Paten vom ersten bis zum dritten Jahre einen silbernen Löffel zum Geschenk. Dies dauerte bis das Kind eingesegnet wurde, dann bildete ein kostbar eingebundenes Beichtbuch den Beschluß.

Am Rhein beschenken die Paten ihre Taufkinder noch jetzt mit Neujahrskränzchen, in Niederhessen mit einem Neujahrsschorn, und in Oberhessen erhalten die Knaben einen Kringel, die Mädchen aber einen Weck als Neujahr, sobald sie einen Glückwunsch hergesagt haben.

Im Munde des Volkes zwischen Odenwald, Rhein und Main lautete der launige derbe Neujahrswunsch:

Prost Neujohr!
E Barick (Perücke) von Gashohr (Geishaar),
E Bretzel wie 'en Scheundohr.
E Kuche wie 'en Oweblatt (Ofenplatte)
Do were mer all' mitnander satt!

In der Schweiz ist das Beschenken der Taufpaten, was man dort Helsen nennt, ebenfalls üblich geblieben. So z. B. in Zürich bringen die Kinder ihren Paten Helsweggen, Wecken aus feinem Weißmehl, Butter und Eiern, und empfangen dafür ihr Neujahrsgeschenk, welches in Hemden, Schuhen, Strümpfen u. dergl. besteht und die Helsete heißt, vielleicht weil eine Umarmung (helsen, umhalsen) das Geschenk gewöhnlich begleitet.

Auch im Limburg'schen und im Elsaß gehen noch jetzt die Kinder zu ihren Paten um sich ein Neujahrsgeschenk zu holen, und in der Umgegend von Oberbronn im Unterelsaß sprechen sie dabei den Reim:

„Guede Da, Pfedder und Geddel,
J winsch i au Glick zuem neie Johr!
J will e Bräddställ wie e Schierdohr,
E Lebkueche wie e Huus,
Eh geh i nidd zu der Stubbdiehr 'nuß."
(Guten Tag, Pate und Patin,
Ich wünsch' euch auch Glück zum neuen Jahr!
Ich will 'ne Brezel wie ein Scheunthor,
'Nen Lebkuchen wie ein Haus,
Eh' geh ich nicht zur Stubenthür 'naus.)

Die Halloren, diese originellsten aller Bewohner von Halle an der Saale, senden alljährlich zu Neujahr eine Deputation von drei Personen an den König von Preußen, um ihm, wenn er bei Tische sitzt, ein Neujahrsgedicht, eine Wurst und Sooleier in eine Salzpyramide gefüllt, darbringen zu lassen. Einer der Abgeordneten überreicht die Gratulation, ein Anderer die Geschenke, während der Dritte ehedem die Fahne schwenkte. Letzteres ist in neuerer Zeit jedoch abgekommen. Zum Dank werden sie im Schlosse gespeist und haben den Vorzug, jedem Könige bei seiner Thronbesteigung in feierlichem Aufzuge besonders huldigen zu dürfen, wozu ihnen der König ein Pferd, um den Salzbrunnen nach alten Brauch umreiten zu können und eine Fahne schenkt.

Eigenartige Gebräuche und Aberglaube herrschen in Mecklenburg, dort darf ein Mensch am Neujahrsmorgen nicht das erste lebende Geschöpf sein, welches das Haus verläßt, weil er sonst im kommenden Jahre sterben würde; es muß ein Hund oder eine Katze vorangehen. — Zu Neujahr haben die alten Leute ein kleines Brot im Kachelofen gebacken, jedes Vieh hat ein kleines Stück gekriegt, da war Segen dabei und hieß „Neujährchen." — Wenn man beim Kirchgange am Neujahrstage Brot in die Tasche steckt und es bei der Heimkehr dem Vieh zu fressen giebt, so hat es in dem Jahre „gauden Deg". — Wer am Neujahrstage Weißkohl ißt, dem wird im ganzen Jahr das Geld nicht knapp. — Am Neujahrsmorgen wird der Obstbaum durch Umbinden eines Strohseils 2c. beschenkt, damit er wieder reichlich Früchte schenke. — Wenn am Neujahrstage die Sonne unter roten Wolken aufgeht, kommen in dem Jahre viele Gewitter. — Wenn Neujahr die Sonne auf den Altar scheint, gieb'ts ein gutes Flachsjahr. — Starker Wind am Neujahrstage bringt viele Krankheiten.*)

Eine eigentümliche Gewohnheit herrscht auch in einigen Dörfern des Elsaß, wo sich die namentlich in den französischen Ortschaften der Vogesen sehr verbreitete Sitte erhalten hat, zum Neujahr den Brunnen mit einem „Mai" zu schmücken.

Die jungen Mädchen, welche den Brunnen besuchen, verschaffen sich nämlich einen kleinen Tannen- oder Stechpalmenbaum, zieren ihn mit Bändern, Eierschalen, kleinen Figuren, die einen Hirten oder einen Mann vorstellen, der seine Frau schlägt, und stecken den so geschmückten Baum in der Neujahrsnacht auf den Brunnen.

Während des Neujahrstages besucht man nun die Brunnen und betrachtet die Maien, in deren Schmuck sich die Mädchen, wo es mehrere Brunnen giebt, gegenseitig zu überbieten suchen, und sobald der Abend anbricht, wird der Schnee um den Brunnen sorgfältig weggekehrt, und die jungen Mädchen tanzen singend einen Reigen, an dem die jungen Burschen sich nur mit ihrer Erlaubnis beteiligen dürfen.

Die Lieder welche dabei gesungen werden, sind meistens gewöhnliche Rundtanzlieder, und haben nur selten eine Beziehung zu dem Baum, welcher das Jahr über als schützendes Symbol für diejenigen stehen bleibt, die ihn errichtet haben.

Wenden wir uns vom Westen Deutschlands nach dem Osten, vom Elsaß nach Schlesien, so ward dort früher der Neujahrstag von einer ganzen Schar dürftiger oder geldgieriger Gratulanten nicht weniger ungeduldig erwartet, wie im Elsaß von den jungen Mädchen.

In Städten sammelte der Rektor oder Kantor den Kern der Sänger, der Stadtmusikus alle seine Gehülfen, und nun durchkreuzten

*) Vgl. Bartsch, Sagen, 2c. aus Mecklenburg.

Neujahrstag in den Vogesen.

Rektor und Nachtwächter, Kunstpfeifer und Totengräber, Schornsteinfeger und Türmer, Kirchendiener und Gassenvogt oft mehrere Tage lang im seltsamsten Gemisch die Straßen.

Auf dem Lande gingen die Organisten und Schulmeister, begleitet von einigen Knaben, vom Neujahrstage an von Haus zu Haus, sangen ein Lied, wofür sie ein Geschenk an Geld erhielten, reichten dann dem Wirte die verschlossene Büchse des Pfarrers hin, welcher „viel Segen wünschen ließ“, und gingen weiter, um am nächsten Haus dieselbe Szene zu wiederholen.

Auf manchen Dörfern hielten die Pfarrer sogar in Person einen Neujahrsumgang, und empfingen unter andern Dingen namentlich getrocknete Rüben und Möhren auf Faden gereiht.

In Lomnitz im Rosenberger Kreis in Oberschlesien waren fünf Freistellen laut ihren Kaufbriefen verpflichtet, den Geistlichen zum Neujahr eine gebratene Gans und ein Quart Wein vorzusetzen, und in Lubschau und den dazu gehörigen Dörfern mußte jeder Halbhüfner oder Besitzer einer halben Hufe Landes eine Schüssel Gerstengraupe, eine Schüssel Erbsen, ein Brod und eine Fleischwurst geben.

Auch in Holland und Norddeutschland pflegten die Geistlichen in Begleitung des Küsters zu Neujahr von Haus zu Haus ihre Gefälle einzusammeln, welche in Brod, Eiern, Käse, Speck, Schinken, Wurst, allerlei Geflügel und auch wohl in Wein bestanden, und in den Städten Deutschlands sind die verschiedenen Neujahrsgratulanten noch immer eine Plage des Tages, so oft auch der Neujahrsumgang verboten wurde.

Eine höchst sonderbare Art, sich Neujahrsgeschenke zu erpressen, ist die in einigen Teilen Englands noch immer übliche Sitte der sogenannten „Reitstange“ (riding stang).

Es ist dies nämlich eine Stange, an welcher für gewöhnlich Zuber getragen werden, und mit ihr, sowie mit Körben versehen, stehen am Neujahrstage vom frühesten Morgen an Gruppen junger Leute auf den Plätzen und Straßen, um jeden Vorübergehenden ohne Weiteres zu zwingen, sich, ist es ein Mann, rittlings auf die Stange, ist es ein weibliches Wesen, in den Korb zu setzen und sich so bis zum nächsten Wirtshaus tragen zu lassen, wo ein Sixpence (50 Pfennige) den Gefangenen von seiner unfreiwilligen Tour erlöst.

Einen ähnlichen Zwang übten ehedem in der nördlichen Schweiz am Neujahrstag die „Bechteli“ aus.

Weißgekleidete Mädchen und Buben mit grellbemalten Papierhüten zogen am Tage mit Schellen und andern Lärminstrumenten auf den

Dörfern umher, um überall, wo sie Halt machten, einen Schluck Süßwein zu verlangen. Des Abends stellten sie sich in den Straßen auf, um Vorübergehende zu nötigen, „zum Berchtold zu gehen", d. h. sie in die Schenke zu begleiten und dort für den Wein, der ihnen vorgesetzt wurde, sich einige Maß „Bechteliwein" abzapfen zu lassen. Schon 1529 wurde jedoch diese Sitte, welche man „bechteln" nannte, abgeschafft, und nur der Name „Bechteli-" oder „Berchtoldsfest" ist in Zürich als Bezeichnung für den 2. Januar geblieben. Der Name dieses Festes und des an ihm üblich gewesenen Brauches erinnert auffallend an das Berchteljagen in Kärnten und das Berchten im Pinzgau.

Das Erstere findet am Vorabend des Berchtentages oder 6. Januars und am Nachmittage desselben nach dem Segen im Möllthal statt, wo „die Berchtel" in den Häusern herumzieht. Sie hat gewöhnlich einen Pelz um, eine fürchterliche hölzerne Larve vor dem Gesicht und eine Kuhglocke oder große Schelle auf dem Rücken, hüpft mit wilden, mutwilligen Geberden im Hause herum, verfolgt die Leute, frägt nach dem Fleiße, der Artigkeit der Kinder und sammelt Gaben ein, indem sie spricht:

Kinder oder Speck!
Derweil geh' ich nit weg.

Zuweilen treten zwei solcher Berchteln auf, nie aber mehr.

Bei dem Berchten- oder Perchtenlaufen dagegen, welches zwischen Weihnachten und Dreikönigstag geschieht, ziehen gegen hundert bis dreihundert Burschen an hellem Tage in den possierlichsten Masken mit Kuhglocken und knallenden Peitschen versehen und mit allen Arten von Gewehren bewaffnet einher.

Ein eben solcher Zug geht im Thale von Gastein hüpfend und springend von Ort zu Ort durch das ganze Thal.

Auch in Nürnberg liefen bis 1616 jährlich in der Nacht zum Dreikönigstag oder in der Bergnacht Buben und Mädchen in den Straßen umher, und klopften mit Hammern, Schlägeln und Prügeln an die Hausthüren und Läden, weshalb man diese Nacht auch „Klöpfelesnacht" nannte.

In Eschenloh bei Partenkirch in Oberbayern waren es stets drei Weiber, welche am Dreikönigsabend berchten gingen.

Sie trugen alle Drei alte Hosen, alte Jänker und über dem Kopf einen leinenen Sack mit Löchern für Mund und Augen. Eins hatte eine Kette am Gürtel, das Andere einen Harken und das Dritte einen Besen. Kamen sie an ein Haus, so rasselten sie mit der Kette und klopften damit an die Hausthür, scharrten mit dem Harken auf dem Boden und kehrten mit dem Besen, Alles zu gleicher Zeit; da wußten die Leute, daß „Bercht'n“ gekommen, gaben Birnen, Brod oder Nudeln, worauf die Dreie weiter zogen.

In Holzberndorf in Mittelfranken stellten junge Leute die Eisenberta vor. Einer steckte sich in eine Kuhhaut mit Hörnern, hatte Aepfel, Birnen und Nüsse bei sich und in der Hand einen halben Besen als Rutenbüschel. Des Nachts zog er mit noch andern jungen Leuten von Haus zu Haus, beschenkte die artigen Kinder und bestrafte die unartigen.

So hat sich denn noch vielfach die Erinnerung an die alte heidnische Göttin der Deutschen, Perchtha oder Perahta, deren Namen die Prächtige, Lichte, bedeutet, erhalten.

Ursprünglich, als die Religion der Germanen noch in der Verehrung der segenbringenden und verheerenden Naturmächte bestand, war sie die regenspendende Wolke, des Sturmgottes Gemahlin. Später wurde sie zur Himmelskönigin, die neben der Herrschaft über Wolken und Wind auch die Macht besaß, Sonnenschein und Gedeihen der Feldfrüchte zu gewähren, zugleich aber auch als mütterliche Schützerin des Frauenlebens weibliche Arbeit, namentlich das Spinnen, begünstigte, und als Frau Holda oder Holle die Seelen aller ungeborenen oder verstorbenen Kinder hütete. In einigen Gegenden wies man ihr einen Berg, in anderen eine prachtvolle Grotte, und noch in anderen das Wasser eines Brunnen's oder Teiches zum Aufenthalte an, woher noch jetzt die Redensart rührt, die Kinder werden aus Brunnen geholt.

Zur Zeit der Wintersonnenwende hielt sie gleich Wodan, ihrem Gemahl, einen Umzug durch das Land, der Anfangs als ein Segen bringender gedacht wurde, sich in der Folge aber in eine wilde Jagd verwandelte.

Unter dem Namen Frick oder Frau Harke spukt sie noch heutigen Tages in der Ukermark, wo sie zur Weihnachtszeit als wilde Wolkenjägerin des Nachts mit vielen Hunden tobend durch die Lüfte zieht, oder von Haus zu Haus geht, um nachzusehen, ob die Mägde ihren Flachs abgesponnen haben. Findet sie den Rocken noch voll, so straft sie die träge Arbeiterin durch Verunreinigung ihres Gespinnstes.

In der Priegnitz und in Mecklenburg führt sie den Namen Fru Gode oder Frau Gode, und erscheint besonders vom Weihnachtsheiligenabend bis zum Dreikönigstag als Führerin eines wilden Jagdzuges mit kläffenden und heulenden Hunden. Man hält dann die Thüren verschlossen und vermeidet, Abends auszugehen, um ihr nicht zu begegnen. Oft sieht man sie als hohe stattliche Frau in einem mit Hunden bespannten Wagen daher fahren, und nicht selten erzählt man: wenn ein Rad gebrochen sei, habe sie dem Zimmermann, der es wieder gemacht, die Späne geschenkt, welche sich Tags darauf in reines Gold verwandelt hätten.

In Niedersachsen ist Frau Holle eine grauköpfige Alte mit langen Zähnen, welche faulen Spinnerinnen in der Neujahrsnacht den Rocken verunreinigt, fleißigen ein Geschenk hinter den Rockenbrief (wockenbreif) steckt, Kindern 6 neue weiße Hemden bringt, und an jedem Neujahrsabend zwischen 9 und 10 Uhr mit einem Wagen voll Neujahrsgeschenke durch alle Ortschaften fährt, deren Bewohner sie früher verehrt haben. Klatscht sie mit der Peitsche, was nur die Frommen hören, so kommen diese heraus, um ihre Geschenke zu empfangen.

In Hessen und Thüringen dagegen wird Frau Holle, Holda oder Hulda als glänzend weiße, schöne Frau mit langen goldenen Haaren dargestellt, von der es heißt: „Frau Holle schüttelt ihr Federbett aus", wenn es recht dicht schneit. Als Mutter der Wichtlein oder der verkörpert gedachten Seelen ungetauft verstorbener Kinder, welche in Franken Heimchen heißen, sorgt sie mit diesen für die Fruchtbarkeit der Felder, indem sie mit ihrem goldenen Pfluge ackert, und die Aecker von den Heimchen bewässern läßt.

Der Sage nach hatte sie im Saalthal, zwischen Bucha und Wilhelmsdorf, ihren alten Sitz, verließ aber diese Gegend, da die Bewohner von Cosdorf und Rödern ihr mit Undank lohnten. An einem dunklen Dreikönigsabend kam sie mit ihrem Völkchen an den Strom und ließ sich überfahren. Der Fährmann erschrak anfangs vor der hohen verschleierten Gestalt, um welche sich so viele weinende Kinder herdrängten, that aber doch, was sie ihm hieß. Als er dreimal übergefahren war, fand er am andern Ufer Frau Holla oder Perchtha mit dem Ausbessern ihres Pfluges beschäftigt, den die Heimchen weiterschleppen sollten und erhielt von ihr die Weisung, sich als Lohn die Spähne zu behalten. Er that dies sehr wider Willen, unzufrieden über ein so karges Geschenk, und warf zu Hause drei Späne auf ein Fensterbrett. Wie erstaunt war er aber, als er am nächsten Morgen drei Goldstücke statt der Späne fand! Auf dieselbe Weise soll Frau Perchtha jeden Dienst vergolten haben, den Menschen ihr erwiesen, und noch jetzt soll man sie häufig am Dreikönigs- oder Perchtenabend mit ihrem Pfluge sehen.

Denn der Dreikönigstag, an welchem diese vornehmste aller

Göttinnen ihren Umzug beendete, war ihr besonders geweiht, weshalb er auch noch in Oesterreich, Tirol und Bayern den Namen Perch- oder Prechtag (in Zürich früher Brechtentag) führt, und in Schwaben Oberstag oder der Oeberst heißt.

Um aber den neu bekehrten Christen einen um so größeren Abscheu gegen das Heidentum einzuflößen, stellte man ihnen die vorher verehrten Gottheiten als böse Geister dar und legte selbst der Frau Perchtha oder Holle, der mildesten und gütigsten Göttin, einen schlimmen, rachsüchtigen Charakter bei.

Daher nimmt in Oberösterreich und im Salzburgischen die Frau Berch oder Perch bei ihrem Umzug die Kinder mit, welche das Jahr durch nicht gefolgt haben, und um ihr zu gefallen, müssen die kleinen Mädchen ihre Spielsachen gut in Ordnung halten, die Mägde ihren Rocken zu Weihnachten ganz abgesponnen und unter das Dach hinaufgetragen haben. Findet sie einen Rocken, und an ihm noch Flachs, so ruft sie zürnend:

So manches Haar,
So manches böse Jahr!

Im Voigtland muß man an ihrem Hauptabend Fische und Klöße essen, sonst kommt die Perchtha, schneidet dem Ungehorsamen den Leib auf, füllt ihn mit Häckerling und näht ihn mit einer Pflugschar und einer Eisenkette wieder zu.

Die Kärntner sind nicht minder schlimm daran, denn dort werden häufig selbst erwachsene Personen entführt, die ihr begegnen. Sie zieht daselbst gleich Frick und der Frau Gode an der Spitze des wilden Heeres umher und bringt die Unglücklichen, die sie mitschleppt, am Morgen als entseelte Leichen zurück, welche seltsame fremde Blumen zwischen den Fingern und Zehen haben.

Deshalb wurde ehedem in Eisfeld in Thüringen die Frau Holle alljährlich verbrannt.

Am Epiphaniassonntag nach beendigtem Nachmittagsgottesdienst zog nämlich Alt und Jung mit Musik auf den Markt. Dort sang man ein geistliches Lied und rief dann einander scherzend zu: „Frau Holle wird verbrannt".

Da der Perchtag oder Dreikönigstag gerade der zwölfte oder dreizehnte Tag nach Weihnachten ist, jenachdem man den heil. Abend mitrechnet oder nicht, wird er in England Zwölfter Tag (twelfth-day), in Flandern dagegen Dreizehnter Tag (dertiendag) genannt.

In beiden Ländern giebt er zu mancherlei Festlichkeiten Anlaß.

In England bereitet sich schon Tages vorher Alles zu den Lustbarkeiten vor, welche den zwölften Tag kennzeichnen. Ehemals dauerte das Weihnachtsfest, besonders im Norden des Königreichs, 20 Tage, und an einigen Orten dehnte man es sogar bis zu Lichtmeß (2. Februar) aus.

Während jedoch früher wandernde Musikbanden bei den Wohnsitzen der Landedelleute vorsprachen und denjenigen, welche sie gastfreundlich empfingen, aus ihrer Bowle, der wassail-bowl, gewürzten Wein zu trinken anboten, kommt jetzt nur noch in entlegeneren Gegenden der oder jener arme Fiedler, Horn- und Clarinettenbläser am Abend zu den Häusern der Landleute und trinkt ihnen aus einem Kruge warmen, mit Ingwer gewürzten Ale's zu, um dafür nach Abspielen einiger Melodien eine Mundgabe zu erhalten.

Am Abend gehen in einigen Distrikten von Devonshire die Pächter, begleitet von ihren Arbeitsleuten, die mit Flinten, Büchsen und alten Musketen bewaffnet sind, mit einem großen Kruge Cider oder Aepfelwein in den Obstgarten. Dort treten sie um einen der besttragenden Aepfelbäume im Kreis herum und trinken dreimal auf sein Gedeihen, indem sie dem Herkommen gemäß einen Trinkspruch auf ihn ausbringen und zwischen die Zweige schießen.

Hierauf kehren sie ins Haus zurück, finden aber die Thür von den Frauen verriegelt, welche, unerbittlich gegen jede Vorstellung, selbst beim schlechtesten Wetter nicht eher öffnen, als bis einer der Männer erraten hat, was am Bratspieß steckt. Gewöhnlich ist dies eine Kleinigkeit, auf die man nicht leicht kommt, und welche nachher dem als Belohnung zu Teil wird, der sie zuerst genannt hat.

Ist es erraten, so werden die Thüren angelweit aufgemacht und die Männer hineingelassen, von denen Viele der festen Ansicht sind, daß ohne diese Zeremonie die Bäume das Jahr über nicht tragen würden.

Ein ähnlicher Gebrauch herrscht in anderen Gegenden derselben Grafschaft. Man geht dort nach dem Abendessen mit einem großen Milchtopf voll Cider mit Bratäpfeln darin in den Obstgarten, jeder der Anwesenden schöpft sich eine irdene Schale von Cider aus dem Topfe, stellt sich unter einen der besttragenden Aepfelbäume und richtet an ihnen die Worte:

Heil dir, guter Aepfelbaum!
Trage gut, Taschen voll, Hüte voll,
Metzen-, Scheffelsäcke voll!

Dabei trinkt er einen Teil des Inhalts seiner Schale aus, schüttet

Rest mit den Ueberbleibseln der Bratäpfel auf den Baum, und alle Anwesenden brechen in einen Freudenruf aus.

In Herefordshire versammeln sich bei Annäherung des Abends die Pächter mit ihren Freunden und Knechten und begeben sich gegen 6 Uhr Alle zusammen auf ein Weizenfeld. Auf dem höchsten Teile desselben zünden sie zwölf kleine und ein etwas größeres Feuer an. Um das Letztere schließt man einen Kreis, und nun beginnt ein allgemeines Halloh, welches von den benachbarten Feldern beantwortet wird. Denn oft flammen 50 bis 60 solcher Feuer zugleich auf. Natürlich bewirtet bei dieser Gelegenheit jeder Pächter seine Begleiter auf's

Der Zwölfer-Abend in Devonshire.

Reichlichste mit altem Cider. Dann geht man wieder nach Haus, wo schon ein gutes Abendbrot bereit steht, bei welchem namentlich ein großer Kuchen mit einem Loch in der Mitte nie fehlen darf. Nach dem Abendessen begleitet die Gesellschaft den Hausherrn in den Stall, aus welchem sie den Stammochsen in einen leeren Schuppen führen lassen. Dort füllt der Hausherr einen Becher mit starkem Bier (ale), stellt sich an der Spitze seiner Freunde dem Ochsen gegenüber und bringt einen drolligen Toast auf ihn aus. Die Freunde ahmen dieses Beispiel bei allen übrigen Ochsen nach, indem jeder derselben bei seinem Namen angeredet wird. Hierauf wird der große Kuchen gebracht, mit vieler Feierlichkeit am Loch auf die Hörner des Stammochsen gehangen und dieser dann gekitzelt, damit er den Kopf bewege. Fällt dabei der Kuchen nach hinten, so gehört er der Hausfrau; fällt er nach vorn, wird er dem Stammochsen oder bailiff als Belohnung zu Teil. Ist diese Zeremonie zu Ende, kehrt die Gesellschaft in das Haus zurück, findet aber die Thür verriegelt und muß sich den Einlaß durch Absingen einiger heiterer Lieder erkaufen, worauf der größte Teil der Nacht in Jubel verlebt wird.

In Pauntley und den umliegenden Dörfern in der Grafschaft Gloucester pflegt jeder Pächter mit seinem Gesinde auf ein Weizenfeld zu ziehen und dort zwölf Strohfeuer in einer Reihe anzuzünden, von denen eins größer ist, als die andern. An diesem wird ein Glas Cider auf die Gesundheit des Herrn und den Erfolg der künftigen Ernte geleert, und dann begiebt man sich wieder nach Haus, wo man sich an Kümmelkuchen gütlich thut, die man in Cider tunkt.

Die Feuer zündet man an, um, wie es heißt, „die alte Hexe“ zu verbrennen; in Westmeath dagegen, wo man statt der Feuer zwölf Lichter rings um ein größeres in einem Hafersieb befestigt und anzündet, und dieses so hoch als möglich aufstellt, deutet man die Lichter als Erinnerung an den Heiland und seine zwölf Apostel.

Denn der zwölfte Tag nach Weihnachten ist bekanntlich das Fest der Erscheinung des Herrn (Epiphania), welche sich nicht blos durch den Stern der Weisen des Morgenlandes (daher Dreikönigstag), sondern auch durch die Taufe im Jordan und das erste Wunder bei der Hochzeit von Kana offenbarte.

In London wird der Abend vor Epiphania wenig oder garnicht mehr gefeiert, der zwölfte Tag aber als der letzte Festtag der Weihnachtszeit um so lustiger und fröhlicher begangen. Alle öffentlichen Aemter bleiben geschlossen, und die Kuchen-, Pfefferkuchen- und Zuckerbäcker sind schon vor Tagesanbruch beschäftigt, ihre Schaufenster so glänzend als möglich aufzuputzen und zu beleuchten.

Königskuchen von allen Größen und Preisen pyramiden- und säulenförmig über- oder auf mächtigen Schüsseln reihenweis nebeneinander, alle möglichen lebenden und leblosen Gegenstände aus Zucker nachgebildet, schneeweiß oder bunt bemalt, Figuren aus Chokolade und Pfefferkuchen erregen die Bewunderung und das Entzücken der zahlreich versammelten Straßenjugend, welche den ganzen Tag über die Läden förmlich belagert und die Muße dazu benutzt, allerlei lose Streiche auszuführen.

Mit meisterhafter Geschicklichkeit und Schnelligkeit werden die Rockschöße Neugieriger aneinander oder an die Fensterrahmen festgenäht, oder auch blos mit Stecknadeln festgesteckt, so daß oft acht bis zehn Personen, ehe sie sich dessen versehen, aneinanderhängen, und der Constabler oder Polizeimann, welcher vor dem Laden steht, um wenigstens den Ein- und Ausgang frei zu halten, meist nicht ausreicht, um allem Unfug vorzubeugen. Das laute Gelächter bei jedem gelungenen Streich erhöht die Lust.

In den Familien sind die Frauen vom Hause ebenfalls von früh an thätig, um die nötigen Vorbereitungen für den Tag zu treffen; denn überall wird an diesem Tage ein König mit seinem Hofstaat erwählt, und bevor die Besucher kommen, muß der Königskuchen oder twelfth-cake (Kuchen des zwölften Tages) da sein, und ebenso muß man die Charaktere für Herren und Damen mit den dazu gehörigen Reimen in Ordnung, und die betreffenden Lose zur Wahl mit den nötigen Nummern auf der Rückseite versehen haben.

Sobald alle Gäste versammelt und mit Thee oder Kaffee bewirtet sind, werden die Charaktere der Frauen in ein Netz, die der Männer in einen Hut geworfen. Dann wird ein Herr aufgefordert, das Netz zu den Damen zu tragen und sie der Reihe nach die Lose ziehen zu lassen, während eine Dame gebeten wird, mit dem Hut dasselbe bei den Herren zu thun. Gewöhnlich sucht man es so einzurichten, daß Wirt und Wirtin selbst König und Königin, und die Gäste ihre Hofchargen werden. Die beiden Lose, welche übrig bleiben, sind für den Herrn und die Dame, die herumgegangen sind.

Hat jedes sein Los, welches bis dahin nicht geöffnet werden darf, so werden die Zettel aufgemacht; Jeder nimmt den Platz ein und die Rolle an, die ihm zugefallen und liest die Verse vor, die er gezogen hat, und nun beginnt, während Kuchen und Erfrischungen herumgereicht werden, der Scherz des „twelfthnight king“ oder Königs des zwölften Tages mit seinem Hof. Denn bis Mitternacht muß Jeder, dem ihm gewordenen Amte getreu, sei es als Minister als Ehrendame oder als Hofnarr sprechen und gestikulieren.

Vor der Reformation buk man einen Pfennig in den Königskuchen, und wer ihn in seinem Stücke fand, wurde jubelnd zum König ausgerufen. Ihm lag es ob, alles Holzwerk im Hause mit Kreuzen zu versehen, um es gegen böse Geister zu schützen, und die Familie mit

Weihrauch, der in einer Kohlenpfanne brannte zu beräuchern, um sie das Jahr über vor Krankheiten zu bewahren. Zur Zeit der Königin Elisabeth pflegte man eine Bohne für den König, eine Erbse für die Königin in die Königskuchen zu backen. Diese selbst bestanden damals aus feinem Mehl, Honig, Ingwer und Pfeffer, und wurden in so viel Stücke geschnitten, daß nach der Verteilung unter alle Anwesende noch 3 Stücke übrig blieben, welche für den Herrn Christus, für die heilige Jungfrau und die drei Könige bestimmt waren und als Almosen verschenkt wurden.

Jetzt ist der twelfth-cake in der Regel rund und weiß und mit mehr oder weniger geschnörkelten und gezackten farbigen Papierkränzen eingefaßt. Auf der Oberfläche des Kuchens befindet sich gewöhnlich ein hoher gothischer Dom, von oben bis unten durchsichtig aus Kandiszucker gearbeitet, und um ihm herum sieht man allerlei Konditorkunstwerkchen in der willkürlichsten Zusammenstellung, von denen jeder Gast sich etwas zur Erinnerung mit nach Hause nimmt. Denn nur der eigentliche Kuchen wird gemeinschaftlich verzehrt. Je nach den Verzierungen kommen diese Kuchen oft bis auf 10 Pfund oder 200 Mark zu stehen, und der Königskuchen für die königliche Familie in Windsor war vor einigen Jahren 5 Fuß hoch und 100 Pfund schwer.

In den Niederlanden wird das Dreikönigsfest (Drykoningenfeest) oder wie es in Westflandern heißt, der dreizehnte Tag ebenfalls durch eine Königswahl gefeiert. Nur bestimmt in Holland eine in einen Rosinenkuchen gebackene Bohne den König, welcher die Anderen traktieren muß, während in Vlämisch-Belgien seit uralter Zeit die Königsbriefe (Koningsbriefjes) üblich sind, um den König und seinen Hofstaat durch Lose zu erwählen.

Hat auch dieser Brauch jetzt viel von seiner Allgemeinheit verloren, so ist er doch noch in allen Familienkreisen der niederen und mittleren Bürgerklasse heimisch, und namentlich in Antwerpen wimmeln den ganzen Tag über die Straßen von Kindern, Jungen und Mädchen, aus dem untersten Volk, welche mit dem lauten Rufe: „Königsbriefe! Briefe und Kronen!" von Haus zu Haus ziehen und Königsbriefe zum Verkauf anbieten.

Gewöhnlich Abends, mitunter schon Mittags, versammeln sich alle Verwandte, sowohl Seitens des Mannes, wie der Frau, zu einem gemeinschaftlichen Schmause bei welchem Gerstenbier und Eier oder Pfannkuchen die Hauptrolle spielen.

Dann zerschneidet man den Königsbrief, thut soviel Figuren, wie Personen anwesend sind, in einen Sack und lost. Wer den König zieht, bekommt eine Krone aufgesetzt, und befiehlt den Tag über seinem Hofstaat. Derselbe besteht je nach der Zahl der Anwesenden aus einem Rat, Sekretär, Beichtvater, Arzt, Mundschenk, Vorschneider, Kammerdiener, Bedienten, Schweizer, Portier, Briefboten, Sänger, Musikanten, Koch und Hofnarren.

Der Mundschenk muß immer für volle Gläser sorgen, der Sänger Lieder vortragen, der Musikant zum Tanze spielen und jeder Anwesende, sobald der König trinkt, laut rufen: „Der König trinkt!"

Wer dies unterläßt, wird vom Hofnarren, dessen Amt es ist, darauf zu achten, durch einen schwarzen Strich im Gesicht gebrandmarkt.

Der König trinkt.

Im Limburgischen pflegten die Pächter und Grundbesitzer am Abend vor dem Feste alle ihre Arbeiter, selbst die Tagelöhner, welche nur einmal im Jahre, sei es bei der Ernte, oder bei einer andern dringenden Gelegenheit für sie gearbeitet haben, zu einem Mahle einzuladen, nach welchem ein ungeheurer Kuchen mit einer, an manchen

Orten mit zwei Bohnen für den König und die Königin aufgetragen und zerschnitten wird. Die drei ersten Stücke sind für die heilige Familie, für Joseph, Maria und Jesus und fallen den Armen zu, die übrigen werden an die Anwesenden verteilt. Wer König wird, wählt eine Königin und muß etwas zum Besten geben.

Am Sonntag darauf feiern dann die Dienstboten den sogenannten schwarzen König, indem jeder derselben ein großes Brod mit einer Bohne darin erhält, um damit in seiner Familie nochmals den König ziehen zu können.

In der Eifel wird gleichfalls ein Königskuchen gebacken und in demselben zwei Bohnen, eine schwarze und eine weiße, gelegt. Wer in seinem Stück die schwarze Bohne findet, wird König, die weiße Bohne bestimmt die Königin.

Vor alten Zeiten war es jedoch Brauch, Zettel zu machen und zu verlosen. Wer den Zettel zog, worauf „König" geschrieben stand, mußte eine Zeche geben, wie dies an vielen Orten am Rhein noch der Fall ist.

Bei den Bauersleuten ist es ziemlich allgemeine Sitte, daß die Person, welche an diesem Abend zuerst in die Schüssel langt, König oder Königin wird, weshalb sich Alle, die um den Tisch sitzen, Anfangs weigern, in die Schüssel zu langen, bis sie, des Scherzes satt, es gleichzeitig thun.

In einigen Dörfern, war es hierbei üblich, daß der zweite, welcher in die Schüssel fuhr, Vizekönig wurde und ein Drittel, der König aber zwei Drittel der Kosten des Gelages zahlen mußte.

Bei Gintingen im Kreise Bitburg pflegt der Hausherr unter einen der Teller, welche auf dem Tische stehen, „König" zu schreiben, und wer diesen, wenn am Ende der Mahlzeit die Teller umgewendet werden, vor sich hat, ist „König" und muß etwas zum Besten geben.

Scherzes halber wird auch in dem östlichen und nördlichen Deutschland mitunter ein Königskuchen gegessen, und dem Bohnenkönig anheimgestellt, sich eine Königin zu wählen und seinen Hofstaat zu ernennen.

Dagegen ist dort das Königssingen oder Sternsingen nicht minder heimisch, als in den Niederlanden und dem westlichen und südlichen Deutschland.

Gewöhnlich von Neujahr, oft schon von Weihnachten an ziehen nämlich Kinder und Erwachsene mit einem Stern herum und singen Weihnachts- oder Dreikönigslieder, um dafür eine Gabe zu erhalten.

Man nennt sie Sternsänger oder Sterndreher, weil der Stern durch eine Haspel gedreht werden kann.

In Holstein thun sich Leute aus dem niedern Volk zusammen, um, in weiße Hemden gekleidet, die heiligen drei Könige vorzustellen, am Dreikönigsabend mit einem goldpapiernen Stern an einer Stange umherzugehen und sich ein Geschenk zu erbitten, indem sie sprechen.

Wir, Kasper und Melcher und Baltser genannt,
Wir sind die heiligen drei König' aus Morgenland.

Am Niederrhein ziehen Kinder mit einem Kasten umher, worin sich Puppen befinden, welche die heil. drei Könige vorstellen, und der deshalb Dreikönigskasten heißt. Indem sie die Figuren zeigen, singen sie ihr Königslied.

Das Herzogtum Sachsen hat denselben Gebrauch; so ziehen z. B. in Torgau und den umliegenden Orten die Knaben mit einem großen Stern aus ölgetränktem Papier umher, in welchem eine Lampe brennt. In der Mitte desselben ist ein Haus gemalt, dessen eines Fenster sich durch einen Faden auf- und zumachen läßt, um eine dahinter befindliche kleine Figur, welche den König Herodes vorstellen soll, im geeigneten Augenblick herausgucken und nicken lassen zu können. Sie thun dies, während sie singen:

Da kommen wir her ohn' allen Spott,
Einen schönen guten Abend, den geb' Ihnen Gott,
Einen schönen guten Abend, die heilige Zeit,
Die uns der Herr mit Freuden bereit't.
Ei, so wollen wir loben und ehr'n
Die heil'gen drei Weisen mit ihrem Stern.
Kasper, Melcher, Balthasar,
Sie kommen zusammen wohl auf die Gefahr,
Sie kommen für Herodes' Haus,
Herodes guckte zum Fenster heraus,
Herodes sprach mit falschem Sinn:
„Ihr lieben drei Weisen wo wollt ihr hin?"
„„Nach Bethlehem, nach Davids Stadt,
Da unser Herr Christus geboren ward.""
Herodes sprach: „Heut bleibt bei mir,
Ich will euch geben Wein und Bier,
Ich will euch geben Heu und Streu,
Ich will euch halten die Zehrung frei."
Sie sagten: „„Nein wir müssen fort,
Wir haben ein kleines Kindlein dort,
Ein Kindelein so zart und fein,
Das soll der Juden ihr König sein.""
Sie zogen wohl über den Berg hinaus,
Und sah'n einen Stern stehn über dem Haus,

Sie gingen in das Haus hinein
Und fanden Maria mit dem Kindelein,
Joseph an der Krippe saß.
Sie fragten: „„Mann, fehlt dir denn was?““
Sie kochten ihm ein Müselein,
Und schlugen Eier und Butter hinein,
Und fingen an zu singen fein:
Herr, unser liebstes Jesulein!

Auch in Franken gingen früher arme Leute, Tagelöhner, Knechte, mitunter selbst Söhne von Handwerkern, mit einem großen rot angestrichenen Stern singend von Haus zu Haus. Sie trugen auf ihrer gewöhnlichen Kleidung ein langes weißes Ueberhemd mit einem ledernen Gürtel um die Lenden und auf dem Kopfe eine ausgeschnitzte Krone von Gold- oder farbigen Papier.

Auf ganz dieselbe Weise ziehen noch jetzt von Weihnachten bis Dreikönigstag in manchen Dörfern Schwabens, Westphalens und der Mark drei Knaben herum; nur hat Einer von ihnen, der in der Mitte geht, sich als Mohrenkönig das Gesicht geschwärzt.

In Kärnten, in Tirol und Oberösterreich trägt der als Mohrenkönig mit Ruß geschwärzte Knabe die Stange mit dem drehbaren Stern.

Im Harz betrachten es gewisse arme Gebirgsdörfer als ein Privilegium, daß von ihnen aus die heiligen drei Könige, beim Volk auch Sterngucker genannt, weit ins Land hinausziehen. Namentlich sendet das Dorf Schierke hoch oben am Brocken, wo die Männer das ganze Jahr hindurch weißleinene Kittel tragen und sich daher leicht auf die übliche Art als die Weisen des Morgenlandes verkleiden können, viele Sterngucker aus.

Sie legen Bärte, Flachsperücken und Kronen an, haben die Gesichter geschwärzt weil es in ihrem Liede heißt:

Wir sind die drei Kön'ge aus Mohrenland,
Die Sonne hat uns so schwarz gebrannt,

und sind in purpurrote Mäntel mit weißem Ueberwurfe gekleidet. Mindestens Einer von ihnen hat einen Scepter und Degen, und auf den Schultern tragen sie den sogenannten Herodeskasten, in dem die Drahtpuppe des Herodes sitzt, und mit dem Kopfe zum Fenster hinausnickt.

Dieser Kasten ist mit Tannenzweigen schön geschmückt, und über ihm ist der Stern befestigt, welcher die drei Weisen geführt hat, und der, während die heiligen drei Könige ihr Lied absingen, beständig gedreht wird.

Am Abend des Dreikönigstages im Harz.

In Hessen halten am Dreikönigstag drei weißgekleidete Männer mit schwarzverhüllten Gesichtern ihren Umzug und sprechen in jedem Haus:

Wir wünschen dem Herrn einen gold'nen Tisch,
In der Mitte einen gebratenen Fisch,
Auf allen Ecken ein Glas mit Wein,
Da können die Herren fein lustig sein!
Wir wünschen dem Burschen ein neues Kleid,
Und über das Jahr ein junges Weib,
Wir wünschen der Jungfrau 'nen gold'nen Ring,
Und über das Jahr ein kleines Kind u. s. w.

In Niederösterreich wird gewöhnlich ein förmliches Dreikönigsspiel aufgeführt, wie es im Mittelalter in allen Kirchen üblich war, und bei welchem neben den drei Königen aus dem Morgenlande noch Herodes und der Hirt erschienen. Auch in Münstermaifeld in der Eifel wird noch die Geschichte der heiligen drei Könige von der Jugend dramatisch dargestellt, wobei Herodes und sein Bedienter, zwei Schäfer und die drei Könige, ein Engel und ein Schriftgelehrter sprechend auftreten.

Bei den Vorstellungen des Sternenfestes wie sie in Schweden und Dänemark gebräuchlich sind, gehören ebenfalls 5 Personen zu einer Truppe. Die erste, der Sternkönig, trägt den Stern; die zweite, mit einem umgekehrten Bären- oder Wolfspelz behangen, eine schwarze Papiermütze auf dem Kopf und einen Beutel oder einen Schubsack in der Hand, giebt die Rolle des Judas Ischarioth und die drei übrigen, welche die Weisen aus dem Morgenlande vorstellen sollen, haben ein langes weißes Gewand, das bis auf die Füße herabfällt, eine rote Schärpe um die Hüfte gewunden, eine andere buntfarbige über der Brust gekreuzt und eine dritte um den linken Arm gerollt. Der Mohrenkönig trägt noch außerdem eine schwarze Larve und eine Wollenperücke.

Das Lied, welches die mit dem Stern herumziehenden Kinder singen, wird im Limburger Lande noch dann und wann vom Dudelsack begleitet, in Südholland stets vom „Rummeltopf." Dies ist ein mit einer Ochsenblase überspannter Topf: in die Blase ist ein Stück Schilfrohr eingebunden, das aufrecht steht. Macht man die Hand inwendig naß, faßt das Rohr fest und läßt es so in der Hand auf- und niedergleiten, so entsteht ein brummendes Geräusch, ähnlich jenem der Waldteufel.

Eine andere symbolische Erinnerung an die heiligen drei Könige waren die Kerzen mit drei Enden, welche in Turnhout in Belgien die Lichtzieher früher ihren Kunden zum Dreikönigstage als Geschenk sandten, und welche die Kinder Abends brennend auf den Fußboden setzten, um singend darüber hinwegzuspringen. — Häufig findet man in katholischen Ländern den Gebrauch, am Vorabend des Dreikönigstages in den Kirchen Wasser, Weihrauch und Kreide zu weihen und hierauf Haus und Stall zu beräuchern und zu segnen.

In Deutschböhmen auf dem Lande geht der Schullehrer mit mehreren Knaben, von denen einer ein Rauchfaß trägt, von Haus zu Haus, singt ein Lied von den heiligen drei Königen und schreibt dann mit geweihter Kreide die Buchstaben C. M. B. (Caspar, Melchior, Balthasar) und die Jahreszahl an die Thür, wobei er nie vergißt, drei Kreuzeszeichen darunter zu machen. Dann räuchert er die ganze Wohnung aus, damit sie vor allerlei Unheil bewahrt bleiben und der Ein- und Ausgang gesegnet sein möge.

Die Leute der Umgegend von Reichenberg in Böhmen lassen auch Salz, Zwiebeln und Schwefel, bei Rotenburg in Schwaben Salz, Brot und Kreide weihen; ebenso werden in Tirol am Vorabend des Dreikönigstages die Häuser und Ställe beräuchert und gesegnet, sowie die Thüren mit C. M. B. beschrieben, in den folgenden Tagen aber die Weinberge und Felder mit dem frischgeweihten Wasser, dem heiligen Dreikönigswasser, besprengt.

Die Steiermärker beräuchern auch das Vieh; in Kärnten geht man, nachdem jeder Raum durchgeräuchert worden, betend um Haus und Hof.

Am Niederrhein werden die Namen der heiligen drei Könige oder auch die Anfangsbuchstaben C. M. B. auf einen Zettel geschrieben in Ställen angeklebt, um Viehseuchen abzuwenden. Früher verkaufte man solche Dreikönigszettel, namentlich in Köln.

Die Großstädter am Rhein bezeichnen den Dreikönigstag als den Beginn der Fastnachtslustbarkeiten, und auch im Zillerthale in Tirol fängt an diesem Tage das Maskenwesen an, welches bis zum Fastnachtsdienstag dauert. Während dieser Zeit sieht man bei jeder Hochzeit, an jedem Festtag, auf jedem Tanzsaal Vermummte, und sogar an Werkeltagen wandern sie Abends von Haus zu Haus, um sich erraten zu lassen.

Der erste Montag nach Epiphania wird in England Pflugmonat (Plough-Monday) genannt, und in manchen Gegenden, besonders von Nordengland, zieht man in feierlichem Aufzug mit einem Pfluge durch die Straßen. Dreißig bis vierzig Burschen in Hemdsärmeln, das Hemd über die Weste geworfen und an den Schultern und Aermeln mit breiten hellfarbigen Bandschleifen besetzt, auf dem Kopfe mit Bändern verzierte Hüte, ziehen an langen Stricken einen ebenfalls mit Bändern geschmückten Pflug.

Gewöhnlich begleitet sie ein altes Weib, oder ein als solches verkleideter Bursche, Liese (Bessy) genannt, welches eine ungeheure Nase ein eben so langes Kinn und eine hohe zuckerhutähnliche Mütze hat und auf das drolligste herausgeputzt ist. Sehr oft folgt auch ein Narr oder fool dem Zug. Er ist über und über mit Bändern bedeckt, ganz und gar in Felle gekleidet an denen die Schwänze herabhängen und trägt eine Büchse, um bei den Zuschauern der Tänze, welche die Burschen aufführen, Geld einzusammeln, welches am Abend gemeinschaftlich verzehrt wird.

In Norfolk war ehedem Alles, was die alten und jungen Verheirateten bei ihrem Umzug mit dem Pflug zusammenbrachten, zur Unterhaltung des Lichtes vor den Bildern einiger Kirchen bestimmt, das davon Pfluglicht (Plough-light) hieß. Mit der Reformation hörten zwar diese Lichter auf, aber das Herumziehen mit dem Pfluge, um Geld zu sammeln, blieb.

In Cheshire erscheint auf dem Lande der Pflug mit seinem Gefolge schon am Abend des Dreikönigstages bei dem Ballfeste, welches dort gewöhnlich veranstaltet wird.

Für diesen Abend wird nämlich eine Scheune oder irgend ein großer Raum des Hauses in einen Festsaal umgewandelt. Holzstühle und Bänke werden ringsherum aufgestellt, einige Armstühle für die Honoratioren bereit gehalten und die Wände mit Immergrün bedeckt. In der Mitte der Decke hängt der verhängnisvolle Mistelzweig, unter welchem sich kein weibliches Wesen blicken lassen darf, ohne einen Kuß geben zu müssen, und zu dem daher die jungen Leute die Mädchen ihrer Wahl unter allerlei Vorwänden hinzulocken suchen, um des Vorrechts teilhaftig zu werden, das ihnen der Mistelzweig gewährt, und in einer anderen Ecke des Raumes steht ein Tisch mit gewürztem Wein, Warmbier und Kuchen.

Eine Geige, Pfeife und Baßgeige bilden die Musik zum Tanz, welcher die Gesellschaft unterhält, bis alle zum Tisch gerufen werden, um am Verspeisen des Königskuchens Teil zu nehmen. Wer die Bohne findet, stellt den, der die Erbse gefunden, der Gesellschaft vor und wird von allen Anwesenden als König oder Königin beglückwünscht, Dann nehmen Beide die Ehrenplätze bei dem Tanze ein, der unmittelbar darauf beginnt, und der König ordnet alles Weitere an, indem Jeder ihm gehorchen oder die Buße thun muß, die er ihm auferlegt.

Hat man hierauf einige Erfrischungen genossen, so kündigt der Zeremonienmeister den Pflugtanz an, für welchen Platz gemacht werden muß.

Die Thüren gehen auf, und herein kommt der Zug mit dem Pflug. Old Bessy, die alte Liese, stützt ihre sichtlich wankenden Glieder auf eine Krücke, mit der sie rechts und links Schläge austeilt. und erregt ein unaufhörliches Gelächter, indem sie bald dem auf die Zehen tritt, bald jenem in die Rippen stößt. Ihr zur Seite geht der Narr, halb in eine Kuhhaut, halb in verschiedene Tierfelle gehüllt, einen langen Schwanz hinter sich herschleppend und eine Fuchsbalgmütze mit herabhängenden Zipfeln auf dem Kopfe. Auf der Schulter hat er eine Pflügerpeitsche mit der er sein Gespann antreibt, und an der Hüfte ein Kuhhorn hängen, auf welchem er von Zeit zu Zeit unartikulierte Töne hervorbringt.

Sobald der Pflug die Mitte des Raumes erreicht hat, stellen sich die Burschen, welche ihn gezogen und glänzendweiße wollene Hemden mit rosa Bändern an Brust und Aermeln, mit Flittergold bedeckte Mützen und an den Hüften zinnerne Schwerter tragen, in zwei Reihen auf, während die Zuschauer einen dichten Kreis um sie bilden, und beginnen ihren Tanz nach einer alten, hergebrachten Musikweise.

Anfangs gehen sie aufeinander zu, lassen wie zum Kampf die Schwerter zusammenklirren, ziehen sich zurück, rücken wieder vor und richten alle Schwertspitzen auf den Pflug, indem sie bald eine Rose, bald ein Viereck bilden. Dann schwingen sie die Schwerter über ihren Köpfen legen sie weg und tanzen Hand in Hand um Old Bessy und den Fool her, welche am Pfluge bleiben und wie toll für sich allein herumspringen. Nach der Beendigung d s Tanzes werden sie dem König und der Königin vorgestellt, wobei dem Fool allerlei Possen gespielt werden. Ist dies geschehen, so beginnen die allgemeinen Tänze von Neuem, bis die Festlichkeit mit den verschiedenen Abschiedszeremonien schließt.

Das Umführen eines Pfluges war zwar auch in Deutschland üblich, aber es fand zur Fastnacht Statt, und der Montag nach Dreikönigstag hatte nur in Minden einen besonderen Namen, weil seit 1301 die mit dem Wahlgeschäft betrauten vierzig Auserlesenen am diesem Tage, der davon Januptstag hieß, den neuen Rat erwählten.

In den Niederlanden dagegen ist der Montag nach Epiphania allgemein unter dem Namen verlorener Montag (verloren maendag) oder verkorener, verschworener Montag bekannt und wie anderwärts zu Neujahr, pflegen in Belgien an diesem Tage Sackträger,

Bier- und Wasserträger, Straßenkehrer und Kehrerinnen, Schornsteinfeger, Lampenputzer und verschiedene Handwerkslehrjungen vom frühen Morgen an die Straßen zu durchlaufen, um sich bei ihren Kunden oder denen ihrer Meister ein Neujahrsgeschenk auszubitten. Sie sind daher aufs Beste ausstaffiert und tragen auf ihren Blousen gewisse Abzeichen ihres Berufes angeheftet, wie z. B. die Straßenkehrer kleine Besen, die Schornsteinfeger kleine Leitern, die Wasserträger kleine Tonnen u. s. w. Abends wird das eingesammelte Geld in den Bier- und Wirtshäusern verjubelt, und selten vergeht ein verlorener Montag ohne Prügeleien, weshalb schon wiederholte Verbote gegen diesen Unfug erlassen worden sind.

Derselbe Montag führt im Limburger Lande den Namen Kupfermontag nach den Kupfermünzen, welche man in der Regel giebt; in Ostflandern wird er Narrenmontag, in Geldern Rasmontag (von rasen, toben) genannt. In Gröningen ist es namentlich für die Druckereiarbeiter ein großer Festtag, in Nordbrabant für die Frauen, welche an diesem Tage ganz und gar Herrinnen im Hause sind und von ihren Männern beschenkt werden müssen.

Eine Sage erzählt nämlich, ein Burgherr von Haarlem habe durch seine Grausamkeit und Erpressungen den Haß der ganzen Gegend auf sich gezogen, sei endlich in seinem Schloß belagert worden und habe sich bald zur Uebergabe genötigt gesehen. Da die Feinde aber keine andere Bedingung zugestehen wollten, als die, der Burgfrau zu erlauben, mit ihrer kostbarsten Habe, die sie auf einmal tragen könnte, das Schloß zu verlassen, so steckte diese ihren Ehemann in eine Kiste und trug ihn auf ihrem Rücken zum Thor hinaus. Zur Erinnerung an diese That sollen die Frauen noch jetzt am Koppelmaendag Geschenke erhalten.

Eine ähnliche Veranlassung soll der sogenannte Frauenabend in Brüssel haben, welcher jährlich am 19. Januar gefeiert wird.

Nach einer anderen Ansicht jedoch, welche jedenfalls mehr Glauben verdient, ist dieser Abend ein Erinnerungsfest an den 19. Januar 1101, wo unerwarteter Weise die Brüssler, welche den Gefahren und Leiden des ersten Kreuzzuges entronnen waren, nach Hause zurückkehrten. Die Freude der Frauen, welche ihre Männer bereits als tot beweint, war so groß, daß sie dieselben nach dem Willkommmahl bis ins Schlafgemach trugen. — Zum Gedächtnis dieses frohen Ereignisses dürfen die Frauen den Tag über im Hause allein regieren, die Glocken der St. Gudulakirche läuten zu ihren Ehren, und in jeder Familie findet ein kleines

Festmahl statt, nach welchem die Frauen ihre Männer zum Scherz vom Tisch weg und womöglich bis auf's Bett tragen müssen.

An einigen anderen Orten Belgiens war es früher Brauch, daß die Männer am 21. Januar, dem Tag der heiligen Agnes, oder dem

Ein Wintertag in Schmiedeberg.

Neetendag, die Frauen und Mädchen beschenkten, während es in Holland Sitte war, daß die Männer am 14. Januar, dem Tage des heiligen Pontianus, von ihren am Koppelmaendag beschenkten Frauen ein Gegengeschenk erhielten.

Da es sprichwörtlich heißt:

Wenn die Tage langen,
Kommt der Winter gegangen,

so ist der Januar, nach dem Dreikönigstage, wo das Zunehmen der Tage merklich wird, auch gewöhnlich die eigentliche Zeit der Winterfreuden und namentlich in den Gebirgen die Festzeit der Bewohner.

Im Riesengebirge z. B. sind dann in den Dörfern und Städten Schlittenfahrten, Bälle und Schmausereien an der Tagesordnung, und besonders wenn die Rutschfahrten im Gange sind, ist die Freude allgemein.

Mit dem 13. Januar, dem Tage des heiligen Knut, hört in Dänemark, Norwegen und Schweden das Weihnachts- oder Julfest auf, weshalb an diesem Tage noch ganz besonders viel geschmaust und getanzt wird, um das Sprichwort wahr zu machen: „St. Knut tanzt Jul aus.“

In Basel dagegen ward ehedem an diesem Tage die sogenannte kalte Kirchweih gefeiert. Sie bestand darin, daß ein als Löwe verkleideter Mensch in Kleinbasel herumgeführt wurde, bei Trommelschlag tanzte und zuletzt seinen Führer, den guten Uli, in einen Brunnen warf. Acht Tage danach tanzte ein wilder Mann und noch acht Tage später ein Gryf oder Greif, welcher von vier starken reichbebänderten Männern in einem Korbe auf den Schultern herumgetragen wurde.

Katholische Länder feiern noch immer das Fest des heiligen Anton, des Einsiedlers, welcher mit einem Schweine abgebildet und in vielen Gegenden als Viehpatron hochverehrt wird. Ihm zu Ehren hatten im Mittelalter die religiösen Genossenschaften seines Namens das Recht, ein Schwein, welches als Kennzeichen eine Glocke am Halse trug, überall frei weiden zu lassen, und selbst in Städten sah man solche Antonssäue auf Straßen und Plätzen ungehindert herumlaufen. Kamen sie an eine Thür, so mußten sie gefüttert werden, und in Wesel entstand einst eine blutige Schlägerei, weil Jemand die St. Antoniussau durch einen Stockschlag auf öffentlicher Straße verletzt hatte. In verschiedenen Gemeinden der Rheinprovinz und Belgiens besteht noch heute der Gebrauch fort, am Antoniustage Schweinefleisch, namentlich Köpfe oder geräucherte Rückenstücke, als Opfer zum Altar zu bringen, welche der Pfarrer nach dem Gottesdienste unter die Armen verteilt, oder zum Besten der Kirche öffentlich versteigern läßt.

Sehr feierlich ward ehemals der Sebastianstag (20. Januar) begangen. Denn der heilige Sebastian, der einst, an einen Baum gebunden, heidnischen Schützen zum Ziel ihrer Pfeile gedient und so den Märtyrertod erlitten hatte, war der Schirmer und Patron der Schützengilde, welche sich nach ihm auch Bruderschaft des heiligen Sebastian nannte, und sämmtliche Schützen oder St. Sebastiansbrüder feierten das Fest ihres Schutzheiligen, dessen Bildnis sie auf ihren Fahnen führten.

Die Einrichtung des Schützenwesens und der damit verbundenen Ordnungen und Gesetze hat mit dem Ursprung der Städte selbst ihren Anfang genommen, doch die eigentlichen Schützenbrüderschaften rühren meist aus dem 14., 15. und 16. Jahrhundert her.

Denn je mehr die Macht und das Ansehen des Adels sank, um so kräftiger erhoben sich die Gemeinden der Städte, und je mehr die Turniere der Edlen in Abnahme kamen, um so zahlreicher wurden die Schießfeste der Bürger. Fast in jeder Stadt, auf jedem Dorfe bildeten sich Schützengesellschaften, sei es mit Bogen und Armbrust, oder mit Büchsen. Jede Schützengesellschaft wählte aus ihrer Mitte einen Hauptmann und Schützenmeister, einen Kleinodienmeister und einen Pritschenmeister. Die beiden Ersteren wurden jährlich durchs Los bestimmt, zum Pritschenmeister gehörte Humor und Witz, der König verdankte seine Würde seiner Geschicklichkeit.

Die meisten Gesellschaften besaßen ein silbernes Bild ihres Schutzheiligen, an welchem die Pfeile zu Haltern der silbernen Schilder mit den Wappen der Könige, Schützen- und Kleinodienmeister dienten, und das der Kleinodienmeister nebst den Festpokalen und Armbrüsten in Verwahrsam hatte. Die Fahne blieb beim Hauptmann, und der Pritschenmeister, der seinen Namen von seiner Pritsche, einem klatschenden Kolben von Holz oder Messing, hatte, war der Lustigmacher der Gesellschaft, ahndete mit Pritschenschlägen die Ungebühr und Ungeschicklichkeit einzelner Schützen, verspottete Fehlschüsse und hielt die Zuschauer in Ordnung Nach ihm hieß der letzte Schuß Pritschenschuß.

Jede Gesellschaft hatte ihre Rechte und Freiheiten, sowie ihre geschriebenen und von dem Magistrat oder Landesfürsten bestätigten Statuten, welche nicht nur das Verhalten bei dem Schießen, sondern auch das äußere und moralische Betragen der Schützen vorschrieben. Denn nur ehrbare Bürger konnten Schützengenossen werden, mit der Ehre verloren sie auch die Wehre, und selbst Fluchen und Schwören war verpönt.

Da die Schützengilden aber früh schon eine kirchliche Bedeutung annahmen, ist es leicht erklärlich, daß mit der Reformation viele Schützengilden untergingen oder doch mehr und mehr sanken. Erst nach dem

Freiheitskriege gewannen in Deutschland die Schützenvereine einen neuen Aufschwung.

Für die Kinder ist der **Bastianstag** in vielen Gegenden, z. B. im Böhmerwalde, der Beginn der Zeit, wo sie sich Pfeifen aus Weidenruthen machen. Denn nach dem alten Sprichwort:

An Fabian und Sebastian
Soll der Saft in die Bäume gah'n

oder, wie es bei Straßburg im Elsaß heißt:

Am Fabian und Sebastian
Fange d' Bäum' ze saften an,

oder wie im Mecklenburgischen:

Fabien Sebastian
Lat den Saft in de Böm gan
(in't Holt rin gan.)

sollen an diesem Tage die Weiden anfangen, Saft zu bekommen, weshalb auch in Mecklenburg und Holstein vom Sebastianstage an kein Holz mehr gefällt werden darf. In der Regel sprechen jedoch die Tiroler wahrer, wenn sie vom Feste Pauli Bekehrung (25. Januar) versichern:

Paul bekehr',
Der halbe Winter hin, der halbe her,

und namentlich in den mittleren und nördlichen Gegenden von Deutschland sind zu Ende Januar die Schneemänner, Schlittschuhe, Pritschen (Rößchen) oder Käsehitschen gewöhnlicher als die Weidenpfeifen.

Vom Paulitag heißt es in Mecklenburg: Paulitag hell und klar, bedeutet ein gutes Jahr; regnets oder schneits, so giebts Blutvergießen unter Menschen Vieh, und Kind.

Eselsreiten in Köln.

Februar.

Die heitere Faschingszeit fällt freilich nicht immer in den Februar, dennoch scheint dieser Monat allerwärts vorzugsweise dem Verünügen und der ausgelassenen Fröhlichkeit geweiht.

Da haben wir gleich anfangs in der Oberpfalz die lustige Zeit der Kälbaweil, während der die Dienstboten, welche zu Lichtmeß 2. Februar) ihren Dienst verändern, ihre Verwandten besuchen und einige Tage bei ihnen zubringen, bevor sie zu ihrer neuen Herrschaft gehen. Der Name, welcher von kälbern, vergnügt sein wie Kälber herkommt, sagt schon, daß diese Zeit, für die sich jeder Dienstbote sogleich beim Vermieten ein Kälbelesbrod als Nahrung auf den Weg ausbedingt, unter Scherz und Jubel vergeht und in Belgien, wo auf dem Lande dieselbe Gewohnheit herrscht, benutzte früher das Gsinde die Tage seiner augenblicklichen Freiheit zu solchen Ungebührlichkeiten daß lichtmissen, Lichtmeß feiern, noch heute gleichbedeutend ist mit ausschweifen, singend und lärmend durch die Straßen ziehen und namentlich viel trinken.

Daher galt auch Mariä Lichtmeß, das Fest Mariä Reinigung, an dem bekanntlich in den katholischen Kirchen die Kerzen geweiht werden, welche man fürs ganze Jahr beim Gottesdienst braucht und in den Familien bei verschiedenen Anlässen anzündet, ehemals allgemein für den Ehrentag aller Leichtsinnigen und Verschwender.

Wie die kostbaren Wachslichter für die Kirchen beschafft werden erzählt Rosegger in seinem „Volksleben in Steiermark“: „Es ist mitten im Winter, wenige Wochen vor Mariä Lichtmeß. Da tritt der Kirchenprobst des Ortes oder der Dorfrichter zur Thür herein. Er zieht in den seltensten Fällen den Filzhut vom kleinen Kopfe, wenn er Kirchenprobst oder Dorfrichter ist. Heute aber tritt er ganz demütig in die Stube und hält den Hut fein höflich in den Händen — kommt er doch als Bittender. Hören wir ihn. An der Thür bleibt er stehen und sagt:

„Der heilige Jakobus*) schickt mich in alle Häuser und Hütten,
Und er läßt mit Herz und Hand um ein Lichtmeßopfer bitten.
Wer ihm schickt fünf Groschen, dem sagt er: Gott lob und Ehr'!
Und wer ihm schickt zehn Gulden, dem sagt er auch nit mehr!
Aber ein Lichtlein wird ihm brennen zu jeder Stund'
In unserer heiligen Pfarrkirche zum ewigen Bund,
Und ein Lichtlein wird ihm leuchten bis zum Totenschrein,
Und ein Lichtlein wird ihm leuchten durch die Fegfeuerpein,
Und ein Lichtlein wird ihm leuchten in den Himmel ein!“

Das klingt an und dringt ein! Der Hausherr steigt in die Oberstube hinauf und man hört das Klirren der Kastenthür. Wenn der heilige Jakobus bittet, dann mag man wohl ein wenig tiefer in den Geldsack greifen, als die Finger lang sind. Bringt der Bauer dann einen ganzen Gulden, legt ihn in die Hand des Lichtmeß-Sammlers und sagt: „Mit Gottes Will!“

Der Lichtmeß-Sammler macht die Hand zu und ruft: „Gott segne euch Haus und Hof, Feld und Wald und alles was dazu bestallt! Gott Lob und Ehr', und es bedankt sich der heilige Apostel Jakobus!“

Dann naht die Bäuerin, und sich entschuldigend, daß sie nicht viel gefunden habe, überreicht sie ihr Scherflein. Der Lichtmeß-Sammler lächelt und sagt: „Gott segne eure Kinder und eure Hühner, und er geleit' euch durch die Zeit und führe euch alle ein in die ewige Freud'! Gott Lob und Ehr', und es bedankt sich der heilige Jakobus!“

Selbst zum Gesinde ist die Nachricht gedrungen, wer da eingekehrt in das Haus. — „Ist wieder für drei Wochen mein ganzes Tabaks-

*) Oder überhaupt der Patron der betreffenden Pfarre.

geld beim Teufel!" brummt der Knecht zu sich, aber er geht, sucht aus seiner Truhe Kleingeld hervor und verabfolgt die Gabe dem Lichtmeß-Sammler.

„Gott segne," ruft dieser, „Deine Müh und Arbeit, Dein Fasten und Rasten. Gott Lob und Ehr', und es bedankt sich der heilige Jakobus."

Nun kommt die Magd. Das Bewußtsein einer guten That ist ihr auf der Stirne zu lesen und dennoch errötet sie, wie sie so hintritt. Sie schlägt die Augen nieder und erhebt sie zeitweise nur so viel, daß der Mann ihren Blick sehen kann. So bringt sie ihre Gabe dar und der Lichtmeß-Sammler sagt: „Gott segne — sag an, mein Kind, was willst Du, daß Dir Gott segne?" Und da die Magd züchtig schweigt, so fährt er fort: „Er segne Dir Dein Flachshaar im Kasten, Deine Leinwand." Die Magd unterbricht ihn jetzt, sie drückt ihm noch heimlich einen Silberzwanziger in die Hand und lispelt: „Das extra für eine gute Meinung. Ueber meiner Kirchenbank im Winkel steht der heilige Kuliani (Kilian). Er ist doch ein großer Rübenpatron*), aber kein Mensch denkt auf ihn und er hat nit einmal ein Licht. Derbarmt mir rechtschaffen, und ich bin nit so, wenn ich kann, so helf ich gern. Das ist halt meine gute Meinung."

Der Kirchenpropst oder Dorfrichter schmunzelt und sagt: „Gott sei Lob und Ehr', und es bedankt sich der heilige Jakobus!" Da nun niemand mehr nahen will mit einer Gabe, und da die Bäuerin, wie das sonst in manchen Gegenden der Brauch, auch keine Anstalten macht, dem Sammler ein gutes Lichtmeßkoch vorzusetzen, so rüstet er sich zum Aufbruche.

Wie er durch die Vorlauben geht, sieht er in einem Winkel das Ziegenmädchen stehen. Es ist barfuß, es will den Mann ansehen und gleichzeitig das Gesicht gegen die Wand kehren; die Hände hält es hinter den Rücken.

„Was machst denn da, Kleine?" redet er sie an. Da beginnt das Mädchen zu schluchzen. Zwei Kreuzer hat es, die Münzen sind warm und feucht, so lange hält sie das Mädchen in der Hand. Es möchte auch gern etwas geben zum Lichtmeßopfer, aber das ist zu wenig; nun, da der Mann das erste Wort gesprochen hat, überreicht es zitternd die Münzen.

„Und was soll Dir Gott segnen, frommes Kind?" „Ich habe ein neues Paar Schuh und mein Mutterl!"

*) St. Kulian baut Rüben an, St. Kulian giebt jedem Mädchen einen Mann. (Sprichwort).

„So segne Gott Dein neues Paar Schuh' und Dein Mutterl! Gott sei Lob und Ehr', und es bedankt sich der heilige Apostel Jakobus!"

Und der Lichtmeßsammler wandert zu einem andern Hause. Und wenn das Lichtmeßfest kommt, prangen in der Pfarrkirche auf allen Leuchtern frische hohe Kerzen, auch der heilige Kulian hat seine.

In Mecklenburg sagt man von Lichtmeß: Wenn an Lichtmeß die Sonn in den Schafstall scheint, so wird es kein gutes Schafjahr. — Lichtmissen hell und blank, denn ward den'n Burn sin Flaß good lang. — Lichtmissen dunkel, denn ward de Bur 'n Junker. — Lichtmissen hell und klor, ward'n Schap und Immen god swor. — Lichtmeß hell und klar, gift (bringt) en goodes Flaßjahr (bringt en koldes Frühjahr.) — Wenns am Lichtmeß schneit, ist der Frühling nicht mehr weit, ist's dagegen klar und hell, kommt der Frühling nicht so schnell. — Lichtmeß im Klee — Ostern im Schnee. — Lichtmissen seggt: Holl still, Bur, morgen ward't beter, Marten sprekt: Führ tau, Bur, morgen ward't länger, d. h. die Wege werden schlechter. — Findt die Gans zu Lichtmeß (2. Febr.) naß, hat das Schaf zu Marien (25. März) Gras. — Eine alte Vorschrift fordert, daß die Weiber am Lichtmeßtage beim Sonnenschein tanzen, damit ihnen der Flachs gerate.

Zwölf Tage später, auf den 14. Februar fällt der St. Valentinstag, welcher in England das eigentliche Fest der Jugend und der Liebe ist.

An diesem Tage ist es nämlich Sitte, daß man sich gegenseitig anonym Liebeserklärungen, kleine Geschenke und Neckereien, besonders Gedichte zuschickt, welche Valentine genannt werden. Ihre Zahl soll in London allein jährlich mehr als 200000 betragen, so daß die Briefträger als Entschädigung für die Mühe, die sie mehr haben, ein besonderes Mittagessen aus Rostbraten und Bier (ale) bestehend erhalten.

Der Name Valentine bezog sich ursprünglich jedenfalls auf die Personen, welche man durchs Los gezogen hatte, denn früher loste man die Valentins. Man versammelte sich zu diesem Behuf schon am Vorabend des Valentintages, und jedes schrieb einen wahren oder erdichteten Namen auf ein Stückchen Papier, rollte dieses zusammen und zog dann, die jungen Männer aus der Büchse der Mädchen, und diese aus der der Männer ein solches Los heraus. Wen man zog, nannte man seine oder seinen Valentine, und beide waren verpflichtet, sich gegenseitig zu beschenken, doch hielten die Männer mehr an denen, welche ihnen zugefallen, als an denen, welchen sie zugefallen waren. Sie trugen ihre Zettel mehrere Tage lang auf der Brust oder dem Aermel, und gaben ihren Valentinen Gastmähler und Bälle.

Ebenso wurde ehemals der erste junge Mann oder das erste junge Mädchen, welches man am Morgen auf der Straße oder anderswo sah und das nicht in demselben Hause wohnte, Valentine, und die Landmädchen schweben noch heute in dem festen Glauben, der erste Mann, den sie am Morgen des Valentintages erblicken, werde ihr

Valentinstag in England.

Valentin und einst ihr Ehemann, vorausgesetzt, daß er weder mit ihnen in einem Hause wohne, noch mit ihnen verwandt sei, oder gar schon eine Frau habe. Daher stellen sich junge Männer oft schon vor Sonnenaufgang in der Nähe des Hauses oder an der Straße auf, wo ihre Geliebten vorüberkommen müssen, und diese wiederum gehen bei ihren Gängen lieber eine halbe Stunde um, wenn sie dadurch einem Nichtersehnten aus dem Wege gehen können, oder sitzen mit zugemachten Augen den halben Morgen hinter dem Fenster, bis sie die Stimme desjenigen hören, den sie gern möchten.

Die jetzigen Valentines, vom gewöhnlichen doppelten Herzen, das mit einem Pfeile durchbohrt ist und die Unterschrift trägt:

Ich bin Dein, wenn Du bist mein,
Bin Dein lieber Valentein,

bis zu den erfindungsreichsten Zeichnungen und schwungvollsten Gedichten sind ebenso verschiedenartig als zahlreich. Doch sind nicht alle empfindsam, auch der Witz und der Humor sind darin vertreten, und der Mutwille der Straßenjugend läßt ebenfalls die günstige Gelegenheit nicht unbenutzt vorübergehen.

In der Grafschaft Norfolk z. B., wo es gebräuchlich ist, die Valentins am Abend vor dem Valentinstag zu schicken, wird häufig ein Viereck von der Größe eines Briefes mit Kreide auf die Stufe vor der Thür gemalt und dann heftig an die Thür geklopft. Denn diejenigen, welche einen Valentin überbringen sollen, pflegen in der Regel einen günstigen Augenblick abzuwarten, und den Valentin, an einen Apfel oder an eine Orange befestigt, sobald die Thür aufgeht, unbemerkt hineinzuwerfen, oder zu klopfen den Valentin hinzulegen und so rasch als möglich, davon zu laufen. Die Hausbewohner welche schon wissen, was das rasche Klopfen zu bedeuten hat, öffnen und suchen nach dem Valentin.

Wenn sie nun den gemalten Brief aufheben wollen, so ist das Vergnügen der kleinen Schelme, welche die Mystifikation veranstaltet haben und gewöhnlich auf der Lauer stehen, natürlich unermeßlich groß.

Versetzen wir uns aus England in die deutsch-russischen Ostseeprovinzen, so finden wir in Riga an demselben Tage die Feier der sogenannten Fastnachtsdrunken oder Fastnachtsfreuden der schwarzen Häupter. So heißt nämlich eine uralte Gesellschaft, welche sich fast vor 600 Jahren in Riga bildete und noch jetzt besteht. Ursprünglich eine Art Waffenverbrüderung junger Kaufleute, die ihren Namen wahrscheinlich von ihren schwarzen Helmen bekam und sich aus einem ähnlichen Grunde anfangs Stahlbrüder nannte, ziehen die schwarzen Häupter, zu denen die vornehmsten, reichsten Kaufleute gehören, so lange sie jung und unverheiratet sind, noch jetzt bei großen Stadtfesten als besonderes Korps auf und erhalten die Erinnerung an alte Zeit und Sitte durch Essen, Trinken, Tanz und andere gesellige Freuden.

Aehnliche Festlichkeiten sind die sogenannten Seefahrtsmahlzeiten, welche um die Mitte Februar in Bremen abgehalten, und zu denen alle überseeischen Fremden, alle Mitglieder der Schiffergilde und die vier oder fünf Vorsteher mit ihren Frauen eingeladen werden.

Am ersten Tage speisen die Herren allein in dem großen, mit Wappenschildern verzierten altdeutschen Saale des Seefahrtshauses an zwei langen, in Hufeisenform gesetzten Tafeln, und bei jedem Gedeck liegt nach alter Sitte eine kleine Tüte von Goldpapier mit Pfeffer und eine andere von Silberpapier mit Salz zum Bestreuen des Stockfisches, welcher bei dieser Mahlzeit auf den Tisch kommt, die davon die Stockfischmahlzeit heißt. Die Damen aber speisen in einem Nebenzimmer, wo sie nach Tische den Kaffee für die Gesellschaft bereiten und die üblichen Besuche der Gäste empfangen.

Am Tage darauf ist in demselben Saale großer Ball für die jungen Leute aus sämtlichen Familien der eingeladenen Herren, und ein glänzendes Abendessen, bei welchem die Frauen und jungen Mädchen mit in bunter Reihe sitzen, und unter vielen Toasten aus großen alten Pokalen das der Braunschweiger Mumme ähnliche dicke Seefahrtsbier getrunken wird. Erst spät in der Nacht trennt man sich.

Nicht weniger heiter geht es den ganzen Februar hindurch in dem kleinen Städtchen Hall in Tirol und in den umliegenden Ortschaften zu, wo, vom ersten Tage nach Mariä Reinigung angefangen, mit Ausnahme des Freitags und Sonnabends, fast täglich ein Maskenumzug stattfindet, welchen man das Hudlerlaufen nennt.

Die Männer und Buben*) versammeln sich zu diesem Zwecke schon um ein Uhr nachmittags vor der Dorfschenke, wo der Hudler, den gewöhnlich ein reicher Bauer vorstellt, seine Verkleidung anzulegen pflegt. Sein möglichst buntscheckiger Anzug besteht in einem langen Beinkleid, das über die Stiefeln geht, und einer kurzen Jacke, welche an das Beinkleid angeknüpft ist. Vor dem Gesicht hat er eine hölzerne Larve, auf welcher ein Käfer oder eine Maus geschnitzt ist, und um den Kopf ein Tuch gewickelt, welches über den Nacken hinabläuft und unter dem Hals so zusammengebunden ist, daß die Larve rings davon umgeben wird. Ein grüner, flacher Hut, nach Landesart mit Hahnenfedern und Gemsbart verziert, sowie ein Gurt um die Taille, in welchem lauter Semmeln stecken, vervollständigen den Anzug. Sobald er ihn angelegt, zeigt er sich am Wirtshausfenster, worauf die Draußenstehenden sogleich aus vollem Halse schreien:

„Unter der Bettschlodt schteht a Raiter;
Wer si nit außer traut, isch a Haiter.
Uans, zwa, drai — Hud'l ho!"

(Unter der Bettstell' steht ein Tragekorb; wer sich nicht herauswagt, ist ein Bärenhäuter (fauler Mensch). Eins, zwei, drei — Hudler ho!)

Der Hudler läßt sich diese Herausforderung nicht zweimal sagen,

*) In Tirol, wie in ganz Oesterreich, heißt jeder unverheiratete Mann ohne Unterschied des Alters „Bub'."

sondern begiebt sich unverweilt aus der Schenke, indem er mehr als 50 Brezeln, welche an seiner langen Peitsche hängen, mitunter wohl auch Kreuzer, unter die versammelten Jungen wirft und dieselben, wenn sie sich um die Brezeln balgen, tüchtig mit der Peitsche schlägt.

Dann durchgeht er die Reihen der Bauern, welche sich inzwischen in einer langen Gasse gelagert haben, und sucht sich einen heraus, der ihm vorlaufen soll. Während sich nun dieser dazu anschickt, eilt ihm der Hudler nach und schlägt ihn so lange unaufhörlich zwischen die Beine, bis er ihn eingeholt hat, worauf er ihn in die Schenke führt, ihm am Brunnen das Gesicht wäscht, ihn mit einer Semmel und einem Glas Wein bewirtet und seinen Lauf von Neuem mit einem anderen Bauer beginnt.

Dies dauert bis Sonnenuntergang, wo sich der Hudler entlarvt und hierauf im Wirtshaus den Reigen anführt.

Am tollsten aber ist es am unsinnigen Pfinztag, dem Donnerstag vor Fastnacht, wo in manchem Dorfe bis 30 Hudler und neben ihnen noch mehrere Hexen laufen, d. h. als Bäuerinnen verkleidete Männer, welche auf Kehrbesen reiten, Wickelkinder aus Lumpen, Popeln genannt, auf dem Arme tragen und allerlei mutwillige Possen treiben.

Ueberhaupt gilt dieser Donnerstag, welcher in Schwaben der gumpige (von gumpen, springen, hüpfen), oder schmotzige, (von Schmotz, Fett), in Baiern der gumpete, in Oesterreich der unsinnige oder feiste (fette), in Vlämisch-Belgien vetten donderdag (fette D.) heißt, an den meisten Orten als der Anfangstag des Faschings.

Am Rhein, wo man ihn Weiberfastnacht nennt, geht in den Städten alles schon mit Larven (flaabes), zum ersten Mal hört man den wohlbekannten Ruf: „Gäck, loß Gäck elans!“ (Geck, laß Geck vorbei!) mit dem man sich ausweicht, und in Köln herrschte früher die Sitte, daß an diesem Tage der Gemüsemarkt zeitiger aufhörte und die Gemüseweiber (Cabbeswiver) sich mit den Resten ihrer Gemüse warfen, auch wohl die Mützen vom Kopfe rissen, weshalb die Weiberfastnacht dort noch jetzt der Mützenbestohltag oder Mötzenbestohd heißt. Da jedoch dabei nicht selten die ärgsten Unordnungen vorfielen, ward dieser Unfug von der Polizei verboten, und mit ihm ist auch der Bellengeck, eine mit lauter Schellen behangene Narrenmaske, verschwunden, die von lustigen Fiedlern begleitet, durch die Straßen zog und durch ihre Sprüche und Späße das herannahende allgemeine Fest ankündigte.

Dagegen hat sich in Donaueschingen und den Städten der Baar im Schwarzwald eine ähnliche Figur, das Hanseli, erhalten, welches am schmutziga Dunstig (schmotzigen oder fetten Donnerstag) und in den Faschingstagen in den Straßen herumläuft. Es hat einen Fuchsschwanz auf dem Rücken, große Sträuße von Papier und Flittergold am Kopf, eine schönlackierte, hölzerne Larve vorm Gesicht und allerlei gemalte Figuren auf dem Rücken, dem Bauch und den Beinen, und macht mit seinen zwei langen, kreuzweis über Brust und Rücken geworfenen Lederriemen mit größeren und kleineren Schellen einen ohrenzerreißenden Lärm, besonders wenn es mit mehreren Hanselis zusammenkommt. In Donaueschingen haben diese Hansel noch außerdem Körbe mit Nüssen, Aepfeln und Birnen bei sich, aus denen sie ganze Hände voll unter die Kinder werfen, welche ihnen überallhin nachlaufen. Manche tragen sogar ein Fäßchen Bier unter dem Arm, aus dem sie den Kindern zu trinken geben, indem sie dieselben dazu von ungeheuer langen Würsten abbeißen lassen, die sie zu diesem Zwecke ebenfalls bei sich führen.

Ganz anderer Art ist das Egerthansel, welches am unsinnigen Pfinztag in den tiroler Städten Neumarkt und Tramin auftritt. Dies ist nämlich ein großer Mann, welchen die Burschen aus Stroh und alten, lumpigen Kleidern verfertigen und auf einer eigens dazu bereiteten Tragbahre herumtragen. Auf Plätzen und an verschiedenen Häusern halten sie an und fragen den Strohmann um allerlei Neuigkeiten. Im Namen der Puppe antwortet ein Bursche und macht alle anstößigen Tagesneuigkeiten kund. Zuletzt wird der Egerthansel einer alten, aber heiratslustigen Jungfer als Bräutigam gebracht und unter schallendem Gelächter über der Hausthür ihrer Wohnung aufgehangen. Dann ziehen die Buben ins Wirtshaus zu Musik und Tanz und bringen den Rest des Tages unter lautem Jubel zu.

Im Oberinnthal wird an demselben Tage das sogenannte Blocksfest gefeiert, welches in einigen Alpen der Schweiz am 17. Februar, dem Donatustage, stattfindet.

Schon einige Tage vorher gehen die jungen Burschen in die Gemeindewaldung, suchen sich dort den schönsten und größten Baum aus, hauen ihn um, ästen ihn ab und ziehen ihn auf den Kirchplatz.

Am unsinnigen Donnerstag nun wird der mit Blumen, Kränzen und Bändern geschmückte Stamm auf einen Schlitten gelegt und von den Burschen, die mit schwarzledernen kurzen Hosen, grünen Hosenträgern und weißen Strümpfen begleitet sind, ins Dorf gezogen. Der älteste Junggeselle geht an der Spitze, auf dem Blocke befindet sich ein Schalksnarr, auch Herold genannt, der reimend auf dem Stamme hin- und herläuft und womöglich jedem Begegnenden einen Spitzreim zuruft.

Das Hanſellaufen in der Baar.

Besonders kommen die Mädchen derjenigen Häuser, an denen der Zug vorüberzieht, nicht ungeneckt fort. Neben dem Schlitten gehen verschiedene Masken einher: ein Türke, eine Türkin, ein Sterngucker mit langem Frack und ungeheuren Fernröhren, Barbiere, Zigeuner u. A., die nicht wenigen Lärm machen und allerhand tolle Streiche ausführen. Auf niedrigen Scheunendächern werden Zwergföhren (Pfötschen) gepflanzt, die Zigeuner sagen wahr oder suchen zu stehlen, die Barbiere laufen den Mädchen nach und wollen ihnen mit hölzernen Barbiermessern den Bart abnehmen, eine Kellnerin bietet den Zuschauern Wein und Schnaps an und erhält dafür ein erkleckliches Trinkgeld, und so geht es unter beständigem Jauchzen und Schreien durch das ganze Dorf. Nur hier und da wird bei einem Hause Halt gemacht, gepocht und gelärmt.

Zuletzt wird der Block unter Hurrahrufen abgeladen und an manchen Orten öffentlich versteigert, und das dafür empfangene Geld im Wirtshaus gemeinschaftlich verzehrt.

Von einem anderen Fastnachtszuge, dem Umzug des Bruders Fritschi, welcher noch alljährlich in Luzern stattfindet, wird dieser Donnerstag der Fritschistag genannt.

Zu Ende des 15. Jahrhunderts lebte nämlich auf einem Landgut am Abhang der Halden, unweit der Stiftskirche, ein sehr jovialer Mann, welcher Fridlin hieß, und in der ganzen Eidgenossenschaft unter dem Namen „Bruder Fatsching“ oder „Fritschi“ bekannt war. In seiner Jugend hatte er in den Kriegen wider Karl den Kühnen tapfer mitgefochten, dann aber sich auf sein Gütchen zurückgezogen, von wo er nur einmal im Jahre, am Donnerstag vor Fastnacht, in die Stadt kam, um auf seiner Zunftstube zum Safran, welche noch jetzt nach ihm die Fritschizunft heißt, im Kreise seiner alten Waffengefährten einen heitern Abend zu verleben. Zur Erinnerung an diese fröhlichen Zusammenkünfte bestimmte er in seinem Testament, das er mit einigen Schenkungen begleitete, es solle sich alle Jahre, am Donnerstag vor Fastnacht eine Gesellschaft von Zunftbrüdern versammeln, dann ein großer, künstlich aus Buchsbaumholz geschnitzter und mit Silber verzierter Pokal, der Fritschikopf genannt, durch einen Mann seines Wuchses, mit Spielleuten begleitet, in der Stadt herumgetragen und daraus Jedermann, wer es begehre, ein Trunk Wein verabreicht werden, und hierauf die Gesellschaft mit Gewehr und Harnisch ausgerüstet über den Hof hinaus nach der Halden ziehen und von da wieder nach der Stadt auf die Zunftstube zurückkehren, um daselbst den Abend unter Lust und Tanz zuzubringen.

Die Obrigkeit schenkte diesem originellen Fastnachtsscherz ihren Beifall und bedachte ihn mit mehreren Freiheiten und Begünstigungen, und so hat sich die Gedächtnisfeier bis auf den heutigen Tag erhalten.

Einige buntgeschmückte Knaben führen den Zug an; ihnen folgt die ältere Mannschaft, mit aller Art Kriegsrüstungen und Freiheitstrophäen ausstaffiert, dann kommt der Träger des Pokals, von einem stattlichen Fähndrich mit dem Banner der Gesellschaft zum Safran und von einem Hauptmann zu Pferde und in voller Rüstung begleitet, und hierauf der Bruder Fritschi selbst mit seiner teuren Ehehälfte, beide zu Pferde und in der Tracht ihrer Zeit, aber weiß und blau, nach den Farben des Kantons, angezogen, und in groteske Greisenmasken vermummt.

So geht der Zug vom Hof aus durch die Weggisgasse nach der Groß- und Kleinstadt, und von da wieder nach dem Haus der Gesellschaft zum Safran oder Fritschi zurück, wo ein einfaches, aber sehr heiteres Mahl gehalten und der Tag unter Jubel und Tanz beschlossen wird.

Der Freitag, welcher auf den gumpigen Donnerstag folgt, heißt in Schwaben der rüstige (rußige) oder bromige (von b'ramen, rußig machen), weil man, sowie man morgens aufsteht, einander das Gesicht schwarz und rußig zu machen sucht; der Sonnabend aber wird in Altdorf und anderwärts der schmalzige Samstag genannt, indem an diesem Tage die Hexen und bösen Weiber Kuchen backen sollen.

In Flandern heißt der Fasten-Sonnabend Frauchensamstag, und in Eecloo pflegen alle verheirateten Frauen sich bald nach Tische zu versammeln, um gemeinschaftlich Kaffee zu trinken, Pfannenkuchen (Koekkebak) dazu zu essen und Karten zu spielen. Erst um acht Uhr abends ist es den Männern erlaubt, hinzukommen, und dann wird heißer Wachholderbranntwein getrunken, gesungen und getanzt, und der Reigen beim Nachhausegehen oft noch auf den Straßen fortgesetzt, bis man sich endlich trennt.

Die darauffolgenden Tage führen in Brügge und Kortryck die Namen Männchensonntag, Mädchenmontag und Knabendienstag, indem es dort Brauch ist, die Personen, nach welchen der Tag benannt ist, irgendwo einzuschließen und nicht eher wieder freizulassen, als bis sie ein Geschenk versprochen haben. Die Männer finden sich gewöhnlich mit Flips ab, einem Getränk aus Bier, Zucker und Eiern, Frauen und Mädchen aber geben Kaffee oder Schokolade mit Rosinenbrödchen zum Besten.

Der Sonntag Quinquagesima, der 50. Tag vor Ostern, welcher

auch Estomihi heißt, weil in den katholischen Kirchen an ihm der Gottesdienst mit dem Absingen der Worte aus dem 71. Psalm: „Sei mir ein starker Fels“ (Esto mihi in Deum protectorem) beginnt, wird in Deutschland der Fastnachtssonntag genannt. Denn, wenngleich die Fastnachtszeit oder der Karneval eigentlich mit dem Tage der heiligen drei Könige anfängt und bis zur Aschermittwoch dauert, so werden doch im gemeinen Leben nur die drei letzten Tage vor Aschermittwoch mit dem Namen Fastnacht bezeichnet, welcher seinem Wortlaut nach ursprünglich dem Fastnachtsdienstag als dem Vorabend der Fasten allein zukommt.

Auch die Deutschböhmen verstehen unter Foßnat blos die letzten drei Tage des Faschings, welche, als die lebhaftesten und lärmendsten der ganzen Fastnachtszeit, Veranlassung sind, daß man die Woche, in welche sie fallen, die Fastnachtswoche, die unsinnige oder taube, in Belgien die Teufelswoche nennt.

Diese Hauptkarnevalstage, welche in Deutschland hier und da Dorle- oder Torkeltage heißen, werden von den Vlamingen nicht mit Unrecht die fetten Tage genannt.

Denn während dieser drei Tage wird nichts gethan, als gegessen, getrunken und getobt. Die Handwerker lassen ihre Arbeit liegen, die Fabriken sind geschlossen, die Läden werden bereits am Mittag zugemacht, und Jung und Alt bewegt sich auf den Straßen, teils um die Masken zu sehen, teils um selbst sich dem Vergnügen des Maskierens zu überlassen. Bald sind es mehr oder minder zahlreiche Trupps, welche ihr Erscheinen schon von fern her durch den Ton einer Trompete oder eines Kuhhorns verkünden und irgend einen drolligen Aufzug bilden; bald sind es einzelne Charaktermasken, welche die Straßen durcheilen oder in die Häuser schlüpfen, um den ersten besten zur Zielscheibe der wundersamsten Späße zu machen. Wem nur irgend ein toller Schwank einfällt, der wirft sich in eine Maske und führt ihn aus. Daher ist auch das Groteske und die Karikatur vorwiegend, und die Abbildung einer Szene beim Karneval in Antwerpen zeigt uns deutlicher als jede Beschreibung, wie es an den Faschingstagen in Belgien auf den Straßen zugeht.

An manchen Orten giebt es besondere Gesellschaften, welche es sich zur Aufgabe machen, Karnevalslustbarkeiten zu veranstalten, wie z. B. die Königsgesinnten in Antwerpen, die Jungmännerkammer in Hasselt, der Höllenklub in Diest u. a., und von ihnen veranlaßt, finden gewöhnlich große Maskenaufzüge statt, welche entweder eine geschichtliche Begebenheit, oder eine Tagesfrage zum Gegenstand ihrer

Karneval in Antwerpen.

Darstellung haben. Da dergleichen Umzüge immer eine Anzahl Schaulustiger aus Nah und Fern herbeilocken, so wird diese Gelegenheit benutzt, um für die Armen zu sammeln.

Denn ein charakteristischer, der Nachahmung werter Zug des belgischen Karnevals ist es, daß er zum Vorteil der Unterstützungsbedürftigen dienen muß. Auch die verschiedenen Gesangvereine pflegen in den letzten drei Faschingstagen, wo alle Cafés, Ballsäle, Restaurationen und Schankwirtschaften vollgepfroft von Menschen sind, des Abends von einem öffentlichen Lokal zum andern zu ziehen, überall einige Gesangsstücke vorzutragen und sich dafür von den Anwesenden Gaben für die Armen zu erbitten.

In England findet zwar kein eigentlicher Karneval statt, aber dennoch haben sich am Fastnachtsdienstag, dem Shrove-Tuesday, der in Nordengland Fastens-Even, Fastenabend, heißt, noch viele daran erinnernde Gebräuche erhalten. Der Name shrove, welcher im westlichen England auch zur Bezeichnung des Fastnachtsmontags dient, soll sich auf die Gewohnheit beziehen, an diesen Tagen, bevor die Reformation eingeführt war, in die Pfarrkirche zur Beichte zu gehen. Um daran zu erinnern, wurde gegen 10 Uhr morgens mit der großen Glocke geläutet, damit Jeder es hören konnte, und dieses Läuten ist in den meisten alten Pfarrkirchen üblich geblieben, und wird in London die Pfannkuchenglocke (Pancake-bell) genannt. Denn der Brauch, am Fastnachtsdienstag Pfannkuchen, Rahmkuchen (fritters) oder ähnliches Backwerk zu essen, ist so allgemein verbreitet, daß man eben so oft Pfannkuchentag (Pancake-day) sagt, wie Shrove-tuesday. Der Fastnachtsmontag heißt sonst auch Collop-Monday, d. h. Fleischschnitt-Montag, weil es ehedem üblich war, an demselben das noch übrige Fleisch in Stücken zu schneiden, um es einzusalzen und nach den Fasten zu essen. Weniger gebräuchlich ist jetzt für den Dienstag der Name Fußballtag (football-day), da die Sitte, an diesem Tage Ball zu spielen, sich gegenwärtig nur auf Kingston und die benachbarten Städte beschränkt.

Wo es noch geschieht, wie in Teddington, Twickenham, Hamptonwick, Bushy, Kingston-upon-Thames und anderen Orten, pflegen die Einwohner schon des Morgens die Fenster ihrer Häuser von unten bis oben zu sichern, indem sie Hürden davorstellen, oder Latten darüber nageln. Auch die Läden bleiben geschlossen, und alles nimmt am Spiele teil. Es beginnt damit, daß ein Ball von Thür zu Thür getragen wird, um kleine Geldbeiträge zu erbitten.

Gegen 12 Uhr werden die Bälle losgelassen, und nun schlägt jeder, der da kann, den Ball. Es bilden sich oft mehrere Gesellschaften, die in den Straßen und auf den Plätzen Ball spielen, bis gegen 4 Uhr die verschiedenen Teilnehmer am Spiel sich in die Wirtshäuser zurückziehen, um das eingesammelte Geld zu verzehren.

In einigen entlegeneren Teilen Englands hat sich noch die alte Sitte des Huhnschlagens (threshing the hen) erhalten, besonders in Essex und Suffolk. Die Henne wird einem Burschen auf den Rücken gehangen, der einige Pferdeschellen an seinem Körper befestigt hat. Die übrigen Burschen, denen die Mädchen ihre Schürzen um die Augen binden, haben Zweige in den Händen und verfolgen nun in einem etwas größeren Hofe oder einer kleinen Umzäunung den Mann mit der Henne, dessen Standort sie an den Schellen erraten müssen, wenn ihnen ihre Liebsten nicht aus Freundschaft einige geschickt angebrachte Gucklöcher verschafft haben, wie es nicht selten geschieht. Zur großen Belustigung der Zuschauer schlagen die Verfolger des Huhns gewöhnlich häufiger einer den anderen, als das Huhn. Ist es endlich getroffen, so wird es mit Speck gekocht und nebst einem ganzen Berge von Pfannkuchen und Rahmkuchen gemeinschaftlich verzehrt.

Hat sich eins der Mitessenden eines Vergehens schuldig gemacht, öfter zu lange im Bett zu liegen oder sonst nachlässig zu sein, so wird ihm bei dieser Gelegenheit der erste Pfannkuchen überreicht. Da jedoch Niemand ihn als verdient annehmen will so wird er meist den Hunden zuteil.

An manchen Orten Norfolks wird ein Hahn in einem eigens dazu verfertigten Topfe, aus welchem der Kopf und Schwanz hervorragen kann, gegen 12 bis 14 Fuß hoch vom Boden über der Straße aufgehangen, und nun erprobt jeder seine Geschicklichkeit im Werfen. Je vier Würfe werden mit einem Zweipfenniger bezahlt, und wer den Topf so trifft, daß er entzwei bricht und der Hahn herunterfällt, erhält diesen als Belohnung.

Man erzählt, daß in North-Walsham einst zwei Spaßvögel anstatt des Hahns eine Eule in den Topf steckten und an diesem den Kopf und Schwanz so befestigten, daß man glaubte, ein Hahn säße darin. Als nun nach vielem vergeblichen Werfen ein Arbeiter endlich den Topf traf, flog die Eule davon, und es blieb ihm als Preis nichts als die Scherben und das tolle Gelächter der Zuschauer.

Eine Hauptbelustigung des Volkes am Fastnachtsdienstag waren früher die Hahnenkämpfe (cock-fighting), zu denen die englischen Hähne schon zur Zeit Cäsars als besonders geeignet galten, aber seit König Eduard III. und Heinrich VIII. ist das Verbot dieser Kämpfe so oft wiederholt worden, daß sie jetzt verschwunden sind.

Dagegen hat sich in Hoddesdon in Hertfordshire seit undenklicher Zeit die Gewohnheit erhalten, am Fastnachtsdienstag regelmäßig um 4 Uhr morgens und 8 Uhr abends mit der Feuerglocke, welche ehemals das Zeichen zum Anzünden und Auslöschen von allem Licht und Feuer gab, zu läuten, um den Einwohnern Anfang und Ende der Freiheit zu verkünden, Pfannenkuchen zu backen und zu essen, und diese Erlaubnis wird so gewissenhaft benutzt, daß nach der achten Stunde kaum noch ein Pfannenkuchen in der ganzen Stadt zu haben ist.

Eins der eigentümlichsten Fastnachtspiele ist das Seilreißen (rope pulling) in Ludlow. Der Magistrat besorgt dazu ein 36 Ellen langes und 3 Zoll dickes Seil, welches einige seiner Mitglieder um 4 Uhr nachmittags an einem Fenster der Markthalle herablassen. Unmittelbar darauf beginnt der größte Teil der Einwohner, in zwei Parteien geteilt, einen hartnäckigen Kampf, oft gegen 2000 Personen zerren an dem unglücklichen Seil, indem die einen zur Ehre der Castle-street und Broad-street Wards, die anderen für die Old-street und Corve-street Wards streiten, und jede Partei das Seil über die vorgeschriebene Grenze zu ziehen sucht. Gelingt es einer Partei, so hört das Reißen auf, um nochmals und mitunter selbst zum dritten Male erneuert zu werden, indem die siegreiche Partei es wiederum ausgiebt. Zuletzt wird es von den Siegern verkauft, und der Preis, welcher sich gewöhnlich auf zwei Pfund beläuft, gemeinschaftlich vertrunken.

In Dänemark nimmt der Fastenabend (Fastelavn) oder die Fastnacht unter den wenigen Volksfesten, welche sich noch erhalten haben, wohl den ersten Rang ein, da er zu den beliebten Fastnachtsspäßen Veranlassung giebt, die nicht nur auf dem Lande, sondern selbst in den Städten am Fastnachtsmontag stattfinden.

Namentlich ist das Katzenwerfen eine Hauptbelustigung des Tages. Eine Katze wird in eine Tonne eingesperrt, die Tonne in einer gewissen Höhe an einem quer zwischen zwei Pfählen gespannten Seile befestigt, und nun wird so lange mit Knitteln nach der Tonne geschlagen, bis sie auseinanderfällt und die Katze aus ihrem Gefängnis herabspringt.

Die wunderlichsten Verkleidungen der Spielenden, welche in den Dörfern meist auf stattlich geschmückten Pferden sitzen und im Vorübersprengen die Tonne treffen müssen, erhöht noch das Vergnügen. Während aber auf dem Lande auch die Erwachsenen sich an dem Katzenschlagen ergötzen, wird dieses Spiel in Kopenhagen und anderen Städten nur den Kindern überlassen, welche sich maskieren, möglichst grotesk herausputzen und mit aller Kraft ihrer kleinen Arme auf die Tonne losschlagen.

Das Katzenwerfen in Kopenhagen.

In Deutschland ist die Fastnacht nicht minder eine Zeit des Schmausens und der rauschenden Vergnügungen, wie in Belgien und wenn auch die Mummereien auf offner Straße, die Umzüge der Faschingsnarren oder das Maskenlaufen mit all' den Possen durch welche sich der Fastnachtsdienstag den Namen Narrenfest oder Narrenkirchweih verdient hat, nur noch in den katholischen Gegenden vorkommen, so hat sich doch selbst in protestantischen Ländern die Gewohnheit erhalten, sich während dieser Tage auf Bällen zu maskiren und namentlich den feisten (fetten) oder Fastnachtsdienstag, welcher auch in Schweden der fette Dienstag (fettisdag) heißt, durch gewisse Speisen und Backwerke auszuzeichnen, welche fast ausschließlich für diesen Tag bestimmt sind.

So werden an vielen Orten sogenannte Fastnachtsbrezeln gebacken, an andern Pfannkuchen oder Krapfen gegessen, welche in Baiern Faschingkrapfen, in Thüringen Kröppeln oder Hornaffen, in Hessen Kreppeln, in Schwaben Fasteküchle oder Fastnachtsöhrle, in der Pfalz Fastnachtsküchelchen heißen, und in plattdeutschen Gegenden dürfen die Heetweggen oder Heedewecken, heißen Wecken, bei keinem Fastnachtsmahle fehlen.

Es sind dies kreuzförmige Brödchen aus feinem Mehl und Milch, welche entweder mit Butter bestrichen, oder in siedender Milch abgekocht und mit Eiern, Butter und Gewürz zubereitet als Vorkost genossen werden.

Auch in Frankfurt a. M. ißt man überall des Morgens kleine runde, inwendig mit Schmetten gefüllte, ganz heiße Brötchen von feinem weißen Mehl, oder in Brotteig eingewickelte Würstchen, und in der Schwalmgegend in Hessen war bis in neuester Zeit Erbsenbrei und Rippenfleisch das allgemeine Fastnachtsgericht, wobei es üblich war, die abgegessenen Rippen in den zur Aussaat bestimmten Leinsamen zu stecken und die Töpfe, in denen die Speisen gekocht waren, zu zertrümmern.

Ebenso wird in Stendal in der Mark noch in allen Häusern Sauerkohl und Knackwurst gegessen, und in der Gegend von Osterode hebt jeder Bauer sorgfältig seine Bratwurst auf, um sie erst zur Fastnacht anzuschneiden.

Auch die Bälle der Gilden und Vereine, welche ihre Zusammenkünfte in Osterode halten, werden bis zum Fass'labend aufgeschoben, und jede einzelne Gilde sammelt dazu bei den Meistern Würste, wobei die Junggesellen, welche einsammeln, verkleidet sind. Sie tragen einen alten Topf mit Schmierkäse unter dem Arm, womit sie „die alten Weiber einbalsamieren." Die Bratwürste, welche sie erhalten, sind alle bekränzt, und mit ihnen schreiten dann die beiden Junggesellen vor ihrer Brüderschaft, welche sich in Ordnung aufgestellt hat und Lieder singt, von einem Meister zum andern, und bei jedem sprechen sie:

Unsre vorigen Alten
Haben's so gehalten,
Haben's uns befohlen,
Wir sollten uns eine Bratwurst holen,
Wär's keine Bratwurst, so wär's ein Stück Geld,
Was uns Brüdern auch gefällt.

Abends ist an allen Orten Musik, und ein Jeder verzehrt seine Bratwurst, wie am Markttage seinen Häring.

Aehnliche Fastnachtsfestlichkeiten einzelner Zünfte und Gewerke haben sich auch anderwärts erhalten.

So gehen z. B. in Breslau am Fastnachtsdienstag die Schornsteinfeger umher, wünschen Glück und bitten sich dabei eine Gabe aus, und in Eger feiern die Fleischer an demselben Tage ihr Fest des Fahnenschwingens.

Die Egerer Metzger und Tuchmacher erhielten nämlich als Lohn für ihre bei der Erstürmung der Raubfesten Neuhaus und Graslitz bewiesene Tapferkeit im Jahre 1402 vom Senat das Privilegium, bei ihrer Zusammenkunft in der Fastnacht die Zunftfahne vor das Haus heraushängen, mit dem roten Feldzeichen zieren und sie unter Trompetenschall neun Mal schwingen zu dürfen.

Ueberdies wurde ihnen noch die Vergünstigung gewährt, bei dieser Gelegenheit drei Tage lang Ehrentanz halten und sich am Schiffziehen belustigen zu dürfen, welches damals eine beliebte Fastnachtsergötzlichkeit war.

Da das Fahnenschwingen große und ausdauernde Kraft erfordert, so findet es nur noch bei den Metzgern alle Jahre, bei den Tuchmachern dagegen äußerst selten statt. Das Schwingen selbst geschieht, indem der, welcher die Fahne schwingen soll, unter Trompetenmusik fünfundzwanzig bis dreißig Schritte vor und eben so viele zurückschreitet, und dabei fortwährend die schwere mit Bändern reichgeschmückte Zunftfahne mit einem oder mit beiden emporgehobenen Armen schwingt.

Die Mädchen, welche zum Ehrentanz geladen werden, reichen ihrem Führer gewöhnlich ein fünf Ellen langes, an beiden Enden mit Goldfransen besetztes schönes Seidenband und ein Halstuch oder eine Weste.

Eine ähnliche Festlichkeit begehen die Metzger in Salzburg. Am Faschingssonntag führen sie nähmlich einen schöngeschmückten Ochsen durch die Straßen der Stadt bis zum Gasthof zum Ochsen wo sie kurz vor Mittag ankommen und wo mit dem Schlag 12 Uhr vom dritten Stock aus eine ungeheure weißseidene Fahne, welche fast bis zum Boden herabreicht und das Bild eines Ochsen zeigt, unter Musik und lautem Jubel eine ganze Stunde lang geschwungen wird.

Dieses Schwingen wiederholt sich zur selben Stunde an den beiden folgenden Tagen, und so lange die Fahne zum Fenster heraushängt, wird geschmaust. getrunken und getanzt.

Eine besondere Art öffentlicher Fastnachtslustbarkeit war in Nürnberg das Schönbartlaufen. (Schönbart-Larve) In den Schönbartbüchern, deren in Nürnberg viele mit trefflichen Abbildungen vorhanden sind, kommt das Wort verschönen oder verschönern oft vor und bedeutet allemal vermummen. Dies Schönbartlaufen dauerte in Nürnberg gegen 200 Jahre unter allerhand Abwechselungen fort. Entstehung und Ausbildung dieser Mummerei scheint dort mit der Entwickelung des Zunftwesens zusammenzufallen. Am Schönbartlaufen beteiligten sich eine große Anzahl junger und reicher Patrizier, welche sich eigends zu diesem Zwecke in die Rollen der Fleischerzunft einschreiben ließen, wofür sie 2—20 Goldgulden entrichteten. Die Kostüme, besonders jene der jungen Patrizier waren zumeist äußerst kostbar. Auf der dieser Ausgabe beigegebenen, (neben dem Titel befindlichen) Farbendrucktafel sind einige Schönbartläufer in ihren Trachten aus den Jahren 1450, 1459, 1460 und 1463 originalgetreu abgebildet. Das Schönbartlaufen, eins der sonderbarsten Feste der Vorzeit, war nur in Nürnberg bekannt und wurde schon 1539 vom Rate untersagt und aufgehoben, der Metzgersprung in München aber hat sich bis auf unsere Tage erhalten. Erst die bairische Gewerbeordnung von 1861 drohte der Faschingsfreude der Münchener Metzger ein Ende zu bereiten. König Maximilian II. bestand jedoch auf Fortsetzung des alten Brauches, welcher dann auch weitere 16 Jahre geübt wurde. Dann entstand eine zweijährige Pause. Im Februar 1880 fanden sich aber wieder lustige Burschen, die darauf zurückkamen.

Schon vierzehn Tage vor Fastnacht, wenn Magistrat und Polizei die Erlaubnis erteilt haben, kommen die Fleischergesellen in Gegenwart der Beisitzmeister auf der Herberge zu dem sogenannten Büscheltanze zusammen, um die zur Festlichkeit nötigen Verabredungen zu treffen, und zu bestimmen, wer beim Umzug die Kanne und den Becher tragen soll. Es geschieht dies abwechselnd von einem Meistersohn, welcher als solcher beim Freisprechen des Brunnenspringens überhoben ist, und von einem Knechte. Wer dazu auserwählt wird, heißt der Hochzeiter und erhält Kanne und Becher mit nach Haus, um sie mit Blumen, Bändern, silbernen und goldnen Quasten zu zieren.

Am Faschingsmontag früh neun Uhr versammeln sich alle Fleischergesellen, reinlich angezogen, jeder mit einem frischen Blumenstrauß in der Hand. Einige Metzgerbuben in schwarzen Beinkleidern, roten Westen und Röcken, mit grünen Hüten auf dem Kopfe und dem Stahl an der Seite werden auf Pferde gesetzt, die Lehrjungen oder Lehrner, welche freigesprochen werden sollen, reiten ebenfalls in roten Jänkern, den saubern Schäber umgeschürzt, auf Metzgerpferden, für welche die königliche Sattelkammer willig Sättel und Schabracken hergiebt.

Hierauf wird der Hochzeiter feierlich mit Musik aus dem Hause seines Dienstherrn abgeholt und zuerst zum Altgesellen, dann auf die Herberg und von dort in die St. Peterskirche zur Messe geleitet. Die Musik und die Berittenen eröffnen den Zug, der Altgeselle mit den

Der Metzgersprung in München.

Beisitzmeistern schließt ihn. Die Kannen- und Willkommsträger, sowie der Altgeselle, tragen dem Herkommen gemäß rote mit Silber bordirte Röcke, dreieckige Hüte und ein Bandelier, woran der Degen hängt.

Von der Kirche geht der Zug in das königliche Schloß, um dem König und der königlichen Familie eine Huldigung darzubringen, und dann auf den Platz um den Fischbrunnen herum vor das Glasische Kaffeehaus, in welchem sich die Lehrlinge umkleiden. Um 12 Uhr Mittags nach dem Gebetläuten erscheinen sie wieder, ganz weiß gekleidet und mit Kalbsschwänzen verziert, welche ihnen bei jeder Bewegung um Kopf und Leib herumwedeln. Sie gehen dreimal auf dem Rande des Brunnens herum, auf welchem eine lange Tafel zurechtgelegt ist, damit sie und der Altgesell darauf stehn können. Letzterer bringt nun unter dem Jubel der versammelten Volksmenge die Gesundheiten auf den König und seine Familie aus, wobei er jedes geleerte Glas in den Brunnen wirft, damit Niemand mehr daraus trinken könne. Dann erfolgt die Freisprechung unter nachstehender Formel:

Altgesell. Wo kommst du her, aus welchem Land?

Lehrner. Allhier bin ich ganz wohlbekannt, allhier hab' ich das Metzgerhandwerk aufrichtig und redlich gelernt, eben darum will ich auch ein rechtschaffener Metzgerknecht werden.

A. Ja, ja! Allhier hast du das Metzgerhandwerk aufrichtig und redlich erlernt, sollst auch ein rechtschaffener Metzgerknecht werden. Du sollst aber getauft werden bei dieser Frist, weil du gern Fleisch, Bratwürst und Brädel ißt. Sag' mir an deinen Namen und Stammen, so will ich dich taufen in Gottes Namen.

L. Mit Namen und Stammen heiß' ich N. N. in allen Ehren das Taufen kann mir niemand wehren.

A. Nein. nein! Das Taufen kann dir Niemand wehren, aber dein Namen und Stammen muß verändert werden.

Du sollst hinfüro heißen Johann Georg Gut,
der viel verdient und wenig verthut.

Während dieser Sprüche schlägt der Altgesell dem Freizusprechenden immer mit der flachen Hand zwischen die Schultern, damit derselbe wisse, das Leben sei mit manchen Beschwerden und Unannehmlichkeiten verbunden. Dann springen die Freigesagten in den Brunnen hinab, werfen Nüsse unter das Volk und bespritzen mit ihren „Schäfeln" die Buben, welche die Nüsse aufsuchen wollen.

Ist dieser Scherz vorüber, so steigen sie wohldurchnäßt wieder auf den Rand des Brunnens, wo nun Jedem eine Serviette um den Hals gebunden und von einem auf dem Arm emporgehobenen Metzgerübberl ein rotes Band mit den alten harten Thalern umgehängt wird, welche er bei der Taufe und Firmelung zum Angebinde erhalten hat. Von diesem Moment an ist der Lehrling, welcher durch das Bad alle Unarten der Lehrjungen von sich abgewaschen hat, völlig frei, darf sich in die Gesellschaft der Gesellen mischen, mit ihnen trinken und auf ihren Gelagen mit einem ehrbaren Mädchen tanzen.

Haben sich die Freigesagten wieder angekleidet, so geht der Zug auf die Herberge zurück, wo die Auflage vorgenommen wird, und jeder Metzgergeselle die handwerksmäßigen Beiträge zu entrichten hat.

Die Abende des Faschingsmontags werden vertanzt und damit das Fest beschlossen. Der Willkomm, welcher bei dieser Gelegenheit vom Hochzeiter herumgetragen wird, ist ein vergoldeter silberner Pokal, dessen Griff einen Metzger mit dem Beile vorstellt, und auf welchem ein von zwei Widdern gehaltenes Bild eines Fleischers, der einen Ochsen schlägt, mit der Jahreszahl 1670 eingegraben ist.

Bei den Böttchern in München ist es ebenfalls Brauch geblieben, in der Woche nach Fastnacht oder an dieser selbst einen Umzug abzuhalten, welcher der Schäfflertanz heißt und aller sieben Jahre statt findet.

Soll dieser Tanz aufgeführt werden, so beschäftigen sich die Schäfflergesellen schon mehrere Wochen vorher damit, Alles vorzubereiten und die Tänzer einzuüben. Zugleich wählen sie einen Umfrager, welcher sich erkundigt, wo getanzt werden darf, einen Vortänzer, welcher einen mit Bändern geschmückten Stab trägt, den Reifschwinger, welcher drei volle Weingläser auf die innere Kante des Reifes frei hinsetzt und keines verschütten darf, obwohl er den Reif mit der größten Geschwindigkeit über dem Kopf und durch die Beine schwingt, und welcher noch überdies den Titel der Herren, vor deren Hause getanzt und deren Gesundheit ausgebracht werden soll, genau wissen und deutlich aussprechen muß, ferner den Nachtänzer, einen Spaßmacher und 16 bis 20 Gesellen, welche den Tanz ausführen.

Sie tragen eine grüne Kappe mit weißen und blauen Federn, schwarzes Halstuch, rote Ermelweste, weiße Weste, Beinkleider von schwarzem Manchester, gelbes Schurzfell, weiße Strümpfe und Schuhe mit silbernen Schnallen, und müssen, während sie die mit Buchsbaum und Bändern geschmückten Reifen drehen, hüpfend bei dem Schalle der Musik einen großen Achter tanzen, allerlei Gänge und Lauben bilden und sich am Ende der labyrinthischen Windungen doch immer wieder vereinigen.

Zahlreiche Volksmassen folgen dem Zuge, der von einer wohlgeordneten Musik begleitet wird. Von Zeit zu Zeit wird ein Bube, der dem Hanswurst zu nahe kommt, zum Ergötzen der Zuschauer schwarz gemacht, und früher erregten namentlich die Neckereien der Gredel in der Butten allgemeine Heiterkeit. Dies war ein Spaßmacher, welcher seinen vierfach aufgeschlagenen Hut mit den vier Aß aus der Eichelkarte verziert hatte, eine lange Wurst in der Hand hielt, von welcher er manchmal abbeißen ließ, öfter aber selber aß, und scheinbar von einem ausgestopften alten Weibe in einer Butte auf dem Rücken getragen wurde.

Wie das Volk diese Maske durch die Erzählung erklärte, nach einer überstandenen Pest habe ein Bauerweib mit Eiern in ihrer Butte sich zuerst in die halbentvölkerte Stadt hineingewagt, so soll auch der Schäfflertanz daher rühren, daß bei einer schrecklichen Seuche in München, wo sich niemand auf die Straße wagte, die Schäfler zuerst den Mut gefaßt, vor die Häuser zu ziehen und Tänze aufzuführen, um so die Bewohner zu ermuntern, ihre dumpfen, ungesunden Wohnungen zu verlassen.

In Frankfurt am Main führen die Böttcher altem Herkommen gemäß ihren Tanz nur dann auf, wenn der Main so fest zugefroren ist, daß die Küfer auf der Eisdecke ein Faß binden können.

Ist dies der Fall, so ziehen sämtliche Küfergesellen der Stadt am Fastnachtsmontag früh um 7 Uhr mit Musik auf den Main und beginnen dort ihr Werk. Zahlreiche Neugierige versammeln sich an beiden Ufern, um der Arbeit zuzusehen, welche unter fortwährender Musikbegleitung und beständigem Herumreichen des Bechers rasch vor sich geht.

Sobald das Faß fertig ist, tanzen die Küfer um dasselbe herum, laden es unter großem Jubel auf und bringen es in das Haus des ältesten Geschworenen, wo es die feinere Politur das Schnitzwerk u. s. w. erhält. Denn es wird mit einer Inschrift und dem Stadtwappen verziert und dem Rate zum Geschenk gemacht, welcher es im Ratskeller niederlegen läßt und den Küfern dafür hundert Thaler zahlen muß.

Sind alle Skulpturarbeiten beendet, so halten die Böttchergesellen mit dem schöngeschmückten Fasse einen Umzug durch die Stadt. Türkische Musik und eine große Menge von Zuschauern folgen dem wohlgeordneten Zuge, welcher vor dem Römer anhält, um den dort versammelten Bürgermeistern und Senatsmitgliedern einen schriftlichen Gruß darzubringen, und von vier sattlich kostümierten Reifschwingern einige kunstreiche Tänze ausführen zu lassen, nach deren Beendigung der auf dem Fasse thronende Bacchus zwei Mal einen mächtigen gläsernen Pokal, zuerst auf das Wohl der Bürgermeister und des Senats, dann auf das der gesamten Bürgerschaft austrinkt, worauf der Zug seinen Weg durch die übrigen Straßen nach den Wohnungen der Bürgermeister und anderer Honoratioren fortsetzt.

Auf eine höchst originelle Weise wird der Fastnachtsmontag im Entlibuch in der Schweiz gefeiert, wo er den Namen Hirsemontag (von hirsen, hirzen, schmausen, zechen) führt und wo sich die Dörfer gegenseitig Boten mit Briefen zuschicken.

So schickt z. B. Escholzmatt seinen Hirsmontagsboten nach Schüpfen und Marbach — Marbach nach Escholzmatt — Schüpfen nach Escholzmatt, Hasli, Entlibuch und Flueli — Entlibuch nach Hasli und Schüpfen u. s. w. Diese Boten werden von den Ortsgeschworenen ernannt. Gehen aber, wie es bisweilen geschieht, zwei Boten zu einer Gemeinde, so ist blos einer der wirklich Beauftragte; der andere, den man Vorbot nennt, vertritt Dienerstelle, und hilft mitunter vorlesen.

Sobald nun nach beendigtem Gottesdienst vor dem Hause, in welchem die Ortsbeamten ihr gewöhnliches Gericht halten, die Schützenfahne ausgesteckt wird, versammelt sich Alles ohne Unterschied des Alters und Geschlechts auf dem Dorfplatze. Man lagert sich um die steinerne Einfassung der uralten Dorflinde, steht in Gruppen beisammen und sucht seine Unruhe oder Schadenfreude durch lebhaftes Sprechen möglichst zu verbergen, oder begiebt sich in die nahegelegenen Häuser, um dort die Ankunft des Hirsmontagsboten abzuwarten.

Plötzlich ertönt der Ruf: „Er kommt, er kommt!“ Die Volksmenge teilt sich, und auf einem mit Rollen und Blumenbüscheln reich geschmückten Rosse reitet der Hirsmontagsbote in städtischer Kleidung, mit Bändern ganz bedeckt, einen mit Blumen und kleinen Spiegeln schwerbeladenen aufgestülpten Dreimaster auf dem Kopfe, in gestrecktem Galopp bis zu dem Hause, wo die Fahne hängt. Dort hält er an, thut einen herzhaften Trunk, durchspäht die Volksmenge, bietet denen, welche er in seinem Stachelgedicht zu necken gedenkt, ein Glas Wein an und zieht dann seinen mehrere Bogen starken Foliobrief aus der Tasche dessen Außenseite mit dem Landeswappen, einer Buche und einem Kreuz, grün und hochrot bemalt ist. Da derselbe ganz in Reimen und im Ortsdialekt abgefaßt ist, so liest er ihn in einem lauten, singenden langsam schleppenden Tone vor, um seine Stimme hörbarer zu machen.

Im Eingang des Briefes berührt der Sprecher entweder das Historische der Feier dieses Tages, oder das Betragen des vorjährigen Boten, welches er tadelt und lächerlich macht, um sich selbst und die Gemeinde, die ihn gesendet, nun desto mehr herausstreichen zu können.

Dann folgen die sogenannten Possen, d. h. die satirischen Hiebe auf einzelne Personen, deren Thorheiten oder öffentlich bekannte Vergehungen seit dem letzten Hirsmontagsfest durchgehechelt werden. Oft giebt es 10 bis 20 solcher Possen, jenachdem der Sprecher mehr oder weniger gut unterrichtet ist oder Lust zum Necken gehabt hat. Meist werden ehrbare, oft die angesehensten Leute darin mitgenommen, wogegen Personen, die in sehr üblem Rufe stehen, der Erwähnung nicht für würdig erachtet und nur bisweilen zuletzt im Briefe kurz zusammengefaßt werden.

Nicht selten sucht Der oder Jener, welcher sich dem Gelächter nicht gern aussetzen will, vom Sprecher sich loszukaufen, er erreicht aber dadurch nur, daß er am Orte seines Wohnsitzes geschont, und in der Gemeinde des Sprechers desto schlimmer mitgenommen wird.

Ortsvorgesetzte zu necken, ist zwar nicht erlaubt, aber wenn der Sprecher von einem oder dem andern Ortsvorstand, ohne ihn zu nennen, charakteristische Eigenheiten auf eine feine Manier darstellt, so hat Niemand etwas dagegen.

Nach jedem Possen ruht der Sprecher ein Wenig aus oder labt sich mit einem Trunk, worauf er durch ein Pfeifchen bläst, um anzukünden, daß ein neuer Possen anfängt. Zuletzt kommt der Dorfruf, in welchem fast kein Dorfbewohner ungehechelt bleibt, indem der Briefsteller bald ein Kloster, bald eine Mühle, bald einen Karren, bald ein Kartenspiel wählt, um für Jedes einen Platz oder einen Vergleich herausfinden zu können.

Im Beschluß ermahnt der Sprecher die Gemeinde zu größerer Sittsamkeit und zum Gehorsam gegen die Obrigkeit, damit sie der Begünstigung wert bleibe, den Hirsmontag nach alter Sitte zu feiern.

Hat der Bote hiermit seinen Auftrag beendet, so steigt er vom Pferde und übergiebt dies dem Ortsvorstand, welcher es versorgen muß. Dann besucht er in seiner grotesken Kleidung den Tanzboden oder die Tanzdiele, wo ihm als der Ehrenperson des Tages erlaubt ist, sich die schönste Dirne auszuwählen und mit ihr allein zu tanzen, während alle andern Paare zurücktreten müssen.

Die Ortsvorgesetzten lassen ihm auf ihre Kosten ein Mahl zurichten, bei welchem sie ihm Gesellschaft leisten. Auch wagt es Keiner der Geneckten, dem Sprecher eine unfreundliche Miene zu zeigen. Denn er ist an diesem Tage unverletzbar.

Gleichwohl reitet er noch vor der Dämmerung davon, um nicht hinter einem Zaune mit Steinwürfen begrüßt zu werden. In seiner

Gemeinde angekommen, wird er wiederum bewirtet und mit einem Geldgeschenk belohnt und überall währt das Fest mit Tanz und lautem Jubel bis zur Morgendämmerung.

Nach schriftlichen Ueberlieferungen sollen die „Hirsmontagsboten“ in Entlibuch durch ihre Tracht an die streifende Horde der Gugler oder Gugelhütler erinnern, welche 1375 durch die Entlibucher geschlagen wurden. Der Hirsmontagsbrief ist angenommen am Tage und zum Andenken an die zu Buttisholz gelieferte Schlacht der Eidgenossen gegen die Engländer.

Bei Buttisholz stand nämlich jene Buche, die mit der Entli-Brücke dem Lande Namen und Wappen gegeben hat. Hinter ihr standen die Entlibucher versteckt, als sie den entscheidenden Ausfall machten. —

Weit und breit berühmt ist der Karneval von Köln, wo namentlich während der zwei Tage vor Aschermittwoch, die davon den Namen Rastäge führen, mindestens die Hälfte der Einwohner Geck oder Narr wird, d. h. sich maskiert und lustig macht.

Selbst die Klostergeistlichkeit begeht ihren Fastelabend, an welchem Kutte und Schleier abgelegt und die drolligsten Vermummungen angethan werden, und der Karneval, den die Nonnen innerhalb ihrer Klostermauern halten, wird die Mützenbestapelung genannt, nur findet er in der Woche vor dem Fastnachtssonntag statt.

Im Jahre 1823 wurde dort die Karnevalsfeier vollständig umgestaltet und man versammelte sich zu Besprechungen des Arrangements der großen Faschingszüge in dem in der Sternengasse gelegenen Hause, in welchem der große Maler Rubens geboren sein soll und wo Maria von Medicis ihr Leben beschlossen hat. Hier fand man sich mit gleichgesinnten Freunden beim Glase Wein zusammen, unterhielt sich über die bevorstehende Haupt und Staatsaction, die Karnevalsfeier, vernahm die Berichte über den Gang der närrischen Angelegenheiten und sang die für das Fest gedichteten und mit besonderen Melodien versehenen Lieder. Die festordnenden Mitglieder ließen sich die Gelegenheit, ihren Witz und ihre Rednergabe glänzen zu lassen, nicht entgehen. So entstanden allmählich die sogenannten Generalversammlungen, die bei ihrer Begründung nur Mittel zum Zweck waren, bald aber selber Zweck und der bedeutendste Bestandteil des Festes wurden. Um die Einheit des Ganzen zu repräsentieren, kam man auf den Vorschlag des General-Majors Freiherrn von Czettritz überein, in diesen Versammlungen nur zu erscheinen das Haupt mit der Narrenkappe geschmückt, welche die kölnischen Stadtfarben „weiß und rot“ und die Narrenfarben „gelb und grün“ trug, so thatsächlich dem Spruche huldigend „gleiche Kappen, gleiche Brüder". Ohne diese Kopfzierde, welche alljährlich eine andere Form annimmt, hat noch jetzt niemand Zutritt zu den Versammlungen der närrischen Karnevalsgesellschaften am ganzen Rhein.

Das Interesse an den Versammlungen stieg immer höher, und die Zahl der Teilnehmer wuchs mit jedem Jahre, so daß der Saal des Rubens-Hauses alle Narren nicht mehr zu fassen vermochte. Man verschaffte sich ein anderes geräumigeres Lokal und zog im Jahre 1829, nachdem von den bisdahin der Narrheit geweiht gewesen Räumen feierlichst Abschied genommen worden, bei Fackelschein und klingendem Spiel in die neue Narrenhalle ein.

Diese Generalversammlungen, kurzweg Komités genannt, finden in einem in karnevalistischer Weise reich dekorierten Saale statt. Sie führen den Namen „großer Rat" — von dem sich dann wieder der „kleine Rat" abgezweigt hat, und zwar unterstehen die geselligen Zusammenkünfte diesem, während die Obliegenheiten des „großen Rates" vorzugsweise in Vorbereitung der Festzüge und Veranstaltungen an den eigentlichen Karnevalstagen bestehen — und beginnen am Neujahrstage, von wo ab an jedem Sonntage bis Fastnacht eine Sitzung abgehalten wird. Zutritt hat Jedermann, der sich nach Zahlung eines Geldbeitrages von 9 Mark, nach Ankauf der Kappe und des Liederbuches in die Stammliste eintragen läßt. Die Einladungen zu den Sitzungen erfolgen durch witzige, geistreiche und meist in kölnischer Mundart abgefaßte Annoncen in der „Kölnischen Zeitung". Der in der ersten Sitzung gewählte Präsident führt, umgeben von seinem närrischen Ratskollegium, den Vorsitz. In dicht gedrängten Reihen an langen mit Weinflaschen aller Art besetzten Tischen haben die bekappten Vereinsgenossen Platz genommen. Musik und Gesang eröffnet die lustige Sitzung, dann hält der Präsident eine von Humor, Witz und Laune strotzende Eröffnungsrede. Ein in jeder Sitzung besonders ernannter Protokollführer hat die Verpflichtung, das Verhandelte in scherzhafter Weise zu Papier zu bringen, in der nächsten Sitzung zu verlesen und alsdann dem Karnevals-Archive einzuverleiben. Nach Vorlesung des Protokolls werden Berichte über die Vorbereitungen zum Feste erstattet, die zur Ausführung gewählten Ideen mitgeteilt und näher besprochen, alsdann erhalten diejenigen Redner, welche sich vorher gemeldet haben, das Wort. Die Reden wechseln mit erheiternden Gesängen ab, welche von allen Anwesenden mitgesungen und vom Orchester begleitet werden. Die Zeit der Sitzung wird meist mit Gesang und Reden, sowie durch feierlichen Empfang Gesandter, Verleihung von Orden und Würden, Austeilung von Ehrendiplomen an auswärtige Karnenalsfreunde, zumeist Schriftsteller und Gelehrte, ausgefüllt. So ruhig es im Saale während der Vorträge ist, so lebendig geht die Unterhaltung, so lustig klingen die Gläser, wenn die Musik spielt oder eine Pause eintritt. Da giebt es ein Winken, ein Gläserklingen, ein allgemeines Zutrinken, keiner ist dem andern fremd, alle sind unter der Kappe einander gleich, welchen Rang sie auch sonst im Leben einnehmen mögen. Beim Eintritt in den Saal legt jeder seinen Titel ab, er ist für den Präsidenten und für die übrigen Mitglieder nur der „Narr N. N." und mit diesem Ehrentitel wird er auch von dem Präsidenten angeredet. Ergötzlich wie die Lieder sind auch die Vorträge, die von einer in närrischer Form aufgestellten Tribüne (z. B. in der eines Lastkorbes, Schaukelpferdes, Waschzubers usw.) von den verschiedenartigsten Rednern gehalten werden. Einer entzündet den andern und bald wetteifert eine Menge früher nie geahnter Talente zu Lob und Preis der Narrheit, um dadurch zum Flor des Festes beizutragen. Wehe aber dem Redner, welcher die Versammlung langweilt: eine über der Rednertribüne an dünnem Faden schwankende Narrenkappe von großer Dimension beginnt zuerst nur zu wackeln, bedeckt jedoch plötzlich den ahnungslosen närrischen Redner gänzlich, wenn seine Rede völlig witzlos wird. Vielfach werden brennende Zeit- und Tagesfragen, vor allem lokale Angelegenheiten humoristisch, satirisch, parodistisch und zumeist in kölnischer Mundart, die so manches komische Element in sich birgt, vorgetragen.

Diese Versammlungen werden übrigens von allen Ständen besucht und selbst die höchsten Zivil- und Militärbeamten wohnen denselben bei, es haben sogar Fürstlichkeiten bei ihrer Anwesenheit im faschingsfröhlichen Köln dieselben mit ihrem Besuche erfreut. *)

Der Adel und die Geldaristokratie begnügt sich zwar, wie an anderen Orten, mit glänzenden Gesellschaften, Redouten und Bällen, dem Besuch der Versammlung des großen Rates, aber alle übrigen Klassen der Bewohner nehmen an der eigentlichen Freude des Karnevals Teil, und halten, vom bemittelten Bürger an bis zum Packträger und Bettler herunter, ihren Fastelabend auf die althergebrachte Weise. Jung und Alt verkleidet sich, und so vermummt zieht man einzeln oder in ganzen Banden mit Trommeln und Musik durch die Straßen, welche immer mit einer Menge neugieriger Zuschauer angefüllt sind.

Einige parodieren in ihrem Anzug die herrschenden Kleidermoden und machen sie durch Uebertreibung lächerlich; Andere karikieren be-

*) Vgl. Flögel, Geschichte des Grotesk-Komischen. 5. A. Verlag v. H. Barsdorf in Leipzig.

kannte Persönlichkeiten aus der Vergangenheit und Gegenwart oder stellen Tagesereignisse allegorisch dar, und wer keine Maske bezahlen kann, umwickelt sich wenigstens vom Kopf bis zu den Füßen mit Stroh, um als Strohmann verkleidet herumzulaufen.

Treibt dann die einbrechende Nacht die ganze Narrengesellschaft nach Hause, so fängt gleich das Schmausen an, bei welchem es volle Teller und Gläser geben muß, und sollte man das ganze Jahr hindurch darben, und bei dem die Muuze oder Müüzchen, das Fastnachtsgebäck Kölns, unentbehrlich sind.

Seit den zwanziger Jahren veranstaltet der Verein der Karnevalsfreunde jährliche Festzüge, die sich nicht weniger durch die Mannichfaltigkeit der zu Grunde liegenden Ideen, wie durch deren gelungene Ausführung einen großen Ruf erworben haben.

So ward 1824 die Einholung der Prinzessin Venetia und ihre Verlobung mit dem Könige Karneval, 1844 Kaiser Maximilians Besuch der Stadt Köln im Jahre 1505 dargestellt. Da dieser Aufzug zugleich der einundzwanzigste war, welcher den Kölner Karneval verherrlichte, so benutzte eine neue Gesellschaft von Käpplern oder Narrenkappenträgern, die aus dem Schoß des alten Vereins der Karnevalsfreunde hervorgegangen war, diesen Umstand, um die Großjährigkeitserklärung des nach rheinischem Recht mit 21 Jahren mündigen Hanswurstes*) zu feiern.

Während am sogenannten Rosenmontag der große Maximilianszug in der treuesten historischen Nachahmung stattfand, zog am Dienstag auf einem hohen, reich dekorierten und mit sechs prächtigen Pferden bespannten Triumphwagen der schönste aller Hanswurste durch die Stadt, nachdem er vorher von seiner Pflegemutter Colonia feierlich mündig gesprochen worden war. Ueberall warf er den hübschen Kölnerinnen Kußhändchen zu, und seine beiden Gespielen schleuderten Hunderte von Blumensträußchen in die offenen Fenster.

Ein humoristisches Vorspiel dieser Aufzüge wird meist schon am Weiberfasching Nachmittags veranstaltet, bei welchem das altherkömmliche Funkenkorps, ein komisch-spießbürgerlicher Trupp, der nie

---

*) Die feine Ausgabe von „Das festliche Jahr" enthält unter andern farbigen Tafeln auch einige, welche historisch getreue Hanswurst und Harlekin-Trachten darstellten; darunter „Franz Schuch als Hanswurst" (2 Figuren), sowie zwei weitere Chromotafeln mit Harlekintrachten, auf denen außerdem der „Pantalone" und „Doktor" der italienischen Komödie abgebildet sind. Die feine Ausgabe ist elegant brochiert für 8 M. und eleg. gebunden für 10 M. käuflich. Die Chromotafeln apart, soweit der hierfür bestimmte Vorrat reicht, zum Preise von 2 M.

Ein Koryphäe der Deutschen Volkskomödie.

Franz Schuch als Hanswurst.

beim Karneval fehlen darf, eine bedeutende Rolle spielt, und am Fastnachtssonntag findet gewöhnlich die sogenannte Kappenfahrt statt, eine heitere, maskierte und unmaskierte Fahrt, an welcher alle Käppler entweder zu Pferde oder im Wagen Teil nehmen.

Am Rosenmontag Abend wird regelmäßig der große Maskenball in dem prachtvollen Saale des Gürzenich abgehalten, bei welchem oft vier bis fünf Tausend Masken erscheinen, und am Dienstag Abend ist das Pickenick, ein Fest, bei dem Jeder sein Essen und Trinken selbst mitbringen muß und bei welchem stets die fröhlichste Laune herrscht.

Damit auch die Kinder nicht leer ausgehen bei dem allgemeinen Jubel, welcher der Stadt Köln den Namen der Freudenstadt eingetragen hat, wird für sie von Zeit zu Zeit ein Eselreiten veranstaltet, bei welchem die kleinen Reiter in den mannichfaltigsten Verkleidungen und Uniformen durch die Widerspenstigkeit und den Eigensinn ihrer langohrigen Untergebenen zum Ergötzen aller Zuschauer oft die drolligsten Figuren spielen.

Am Mittwoch endigen die Lustbarkeiten mit einer großen Kaffeegesellschaft, Visit genannt, und der an diesem Tage allgemein übliche Häringssalat oder, wie er im Kölner Dialekt heißt: Hirringsschlot soll wieder gut machen, was der zu viel genossene Wein der vorhergehenden Tage verdorben hat.

Eigentümlich ist es, daß der Kölner Karneval keine Nachahmung in den benachbarten Gegenden östlich vom Rhein gefunden hat, in so vielfacher Berührung auch die Bewohner untereinander stehen. Doch zeichnet sich die dortige Fastnachtsfeier durch eine Sitte aus, die nicht weniger seltsam, als belustigend ist: die Knechte pflegen nämlich am Montag die Mägde, und diese am Dienstag die Knechte in die Zehen zu beißen, um sich für diesen Liebesbeweis gegenseitig zu traktieren. Hoffentlich ist zum Besten der betreffenden Zehenbeißer und Zehenbeißerinnen mit diesem Brauche die Verpflichtung verbunden, daß die Füße vorher gewaschen werden müssen, wenn die Berichterstatter auch darüber schweigen.

In Alten-Hundem begnügen sich die Mägde, den Knechten am Montag die Füße zu bürsten, ob nur trocken, ob mit Seife oder Lauge, bleibt gleichfalls ungesagt, während die Knechte am Dienstag den Mädchen die Socken von den Strümpfen schneiden. In Iserlohn läßt man es gar beim Ausziehen des Stiefels oder Schuhs bewenden, welche ausgelöst werden müssen.

Im Kalbe'schen Werder in der Altmark dagegen legen die jungen Burschen Rosmarinstengel auf einen Teller, gießen Branntwein

Großjährigkeitserklärung des Karneval in Köln.

darüber und ziehen dann von Haus zu Haus, um den Frauen die Füße zu waschen. Hier und da an der Elbe thun die Knechte dasselbe bei den Mägden, und in der Gegend von Wittgenstein in Westfalen begossen noch anfangs dieses Jahrhunderts die Knechte und Mägde einander mit Wasser. Sogar die Schulkinder liefen, wenn die Schule aus war, an den Bach und durchnäßten sich gegenseitig bis auf die Haut.

Ebenso hat sich in dem Flecken Greven in Westfalen die Gewohnheit erhalten, daß aller vier Jahre die während dieser Zeit ge-

Doctor und Harlekin
der neueren Jtalienischen Comödie.

trauten Ehepaare ohne Unterschied der Person in einem zu diesem Zweck auf dem Markte aufgestellten ungeheuren Kübel kalten Wassers springen und sich durchbaden lassen müssen.

Anderwärts wird statt des Beißens und Begießens geschlagen.

So pflegen in der Grafschaft Schaumburg Burschen und Mädchen sich gegenseitig zu fuën, d. h. mit Ruten an die Waden zu schlagen.

Man schneidet dazu aus der immergrünen Stechpalme, welche häufig in den Waldungen wächst, sogenannte Hülsen oder Fuësträuche, mit denen man ohne Ausnahme in jedes Haus dringt und Frauen und Mädchen die Waden peitscht, indem man spricht:

Fuë, Fuë, Fass'lahmt (Fastenabend),
Wenn du geeren geben wutt,
Schast du sau langen Flaß hebben!
(Wenn du gern geben willst, sollst du so langen Flachs haben.)

Bei diesen Worten erheben die Burschen die Hand so hoch, als der Flachs werden soll, und nun wird Branntwein und Wurst für sie aufgetragen.

Am Fastnachtsdienstag haben die Mädchen dasselbe Recht, schonen weder den Pfarrer noch die Gutsherrschaft, und lassen die Männer nicht ohne blutige Hände los.

In der Gegend von Mellin in der Altmark jagt man einander mit Rutenschlägen aus dem Bette, was man Stiepen nennt, und in Mecklenburg ist bei den niederen Klassen des Volkes allgemein die sogenannte Heetweggen-Abstäupung üblich, indem diejenigen, welche sich im Bette überraschen lassen, solange mit Ruten geschlagen werden, bis sie einige Heetweggen geloben.

In höheren Ständen schickt man sich statt dessen sinnbildlich eine zierliche Rute aus Silberdraht zu, oder schlägt sich auch damit auf die Finger.

Hier und da in der Altmark ziehen noch am Fastnachtstage die Knechte, von Musik begleitet, mit Birkenreisern von Hof zu Hof, und stäupen zuerst die Hausfrau, dann die Töchter und zuletzt die Mägde. Die Hausfrau giebt ihnen Schnaps, in einigen Dörfern Eier oder Mettwurst, die Mädchen dagegen beschenken die Knechte mit einem Strauß von Buchsbaum oder anderem Grün mit Bändern verziert, der an den Hut gesteckt wird. Die Würste werden an einer großen Gabel jubelnd durchs Dorf getragen, um zu zeigen, welche Wirtin die längste gegeben.

In der Mittelmark und im Oberbergschen aber ziehen die Knechte blos einfach im Dorf herum, um Gaben einzusammeln, was man an einigen Orten zampern oder zempern, an anderen hänseln nennt, einer mit einem Spieße voran und singen:

Zimberte! Zimberte! Zimberte!
Gebt dem armen Zimberte wat!
Lat uns nit lang hie ston,
Wir müssen noch weiter gohn etc.

und diese Fastnachtsumgänge, welche teils Erwachsene, teils Kinder halten, finden sich nicht nur in der Mark, sondern auch in Schwaben, in der Schweiz, im Elsaß, in Baden und in Frankfurt am Main. In dieser letzteren Stadt hat sich in den fünfziger Jahren unter dem Namen die Bitteren eine Gesellschaft gebildet, welche den Zweck hat, die Karnevalsfestlichkeiten nach Art der Kölner und Mainzer zu veranstalten, und der Festzug, welcher 1861 den Besuch des Prinzen Karneval in Frankfurt feierte, fiel äußerst glänzend aus.

Der Karnevalspräsident.

Der Mainzer Karneval, der sich jetzt dreist mit dem Kölner messen kann, schreibt sich eigentlich erst vom Jahre 1837 her, wo sich die Karnevalsgesellschaft bildete.

Bereits sechs Wochen voe dem Karneval beginnen dir allgemeinenVersammlungen dieser Gesellschaft abends in einem eigens zu diesem Zwecke erbauten Lokale, welches den originellen Namen Narrhalla trägt, und an solchen Abenden einen wahrhaft überraschenden Anblick gewährt. Denn in dem großen, durch ungeheure Wand- und Kronleuchter erhellten Saale, dessen Wände und Gänge mit grell ausgeführten, seltsamen Gemälden bedeckt sind, sitzen dichtgedrängt die mit der bunten Schellenkappe geschmückten Narrhallesen. Die Rednerbühne ist auf das bunteste dekoriert, und eine trefflich besetzte Musik füllt die Pausen zwischen den Reden. Punkt 7 Uhr fängt die Sitzung an. Ein donnernder Marsch erschallt, die großen Flügelthüren öffnen sich und der Ausschuß tritt in den Saal, begrüßt von einem lautschallenden Lebehoch der Versammlung. Voran gehen zwei in wunderliche Tracht gekleidete Herolde mit langen silbernen Stäben, auf denen sich goldene Weizenähren wiegen. Hinter ihnen kommen zwei Ausschußmitglieder mit Narrenstäben in der Hand, dann der Vorsitzende in seiner sonderbaren Präsidentenmütze und die übrigen Mitglieder des Ausschusses, zusammen elf an der Zahl, denn elf ist die mystische Narrenzahl ebensowohl der Mainzer wie der Kölner Karnevalsgesellschaft.

Hat der Ausschuß seine Sitze auf der Bühne eingenommen, so eröffnet der Vorsitzende die Versammlung durch eine Anrede, ein fröhliches Lied erschallt, die Gläser klirren und ein Redner besteigt unter donnerndem Tusch den Rednerstuhl. Zeigt er Geist, Witz und Humor, so wird er jeden Augenblick durch ein schallendes Bravo, durch lautes Lachen und durch einen schmetternden Tusch unterbrochen, und verläßt unter Jubel und Beifall die Rednerbühne. Hat er aber fünf Minuten gesprochen, ohne der Versammlung auch nur ein Lächeln abzugewinnen, so rasseln die Schellen an den bunten Kappen, um ihm anzudeuten, daß er die Geduld seiner Zuhörer nicht länger auf die Probe setzen und vom Rednerstuhl herabsteigen möge. Versteht er diesen Wink nicht, so wird das Schellengerassel, das Husten und Scharren immer lauter, bis endlich der Einbruch erfolgt. Der Boden nämlich, auf welchem der Redner steht, und welcher durch ein Seil gehalten wird, dessen eines Ende sich unter den Füßen des Vorsitzenden befindet, fängt, sobald dieser das Seil losläßt, an zu wanken, und sinkt allmählich bis zum Saalboden herab, also ungefähr sechs Fuß tief. Höchst spaßhaft ist es nun, wenn der Redner sich fest anklammert, um oben zu bleiben, und seine Stimme möglichst zu verstärken sucht, um das laute Gelächter der Versammlung zu übertönen.

In den Reden selbst werden nicht nur lokale Zustände und allgemeine Zeitfragen der Geißel des Spottes unterworfen, sondern auch die Thorheiten und Sünden, welche die einzelnen Mitglieder der Gesellschaft, den Vorsitzenden nicht ausgenommen, während des ganzen Jahres begangen haben, scherzhaft der Oeffentlichkeit preisgegeben, und Jeder belacht den Spaß, der auf seine Kosten gemacht wird.

Eine dieser allgemeinen Versammlungen ist auch den Frauen zugänglich, welche dann gewöhnlich in den Narrenfarben Rot, Gelb, Weiß und Blau erscheinen; sie findet aber nicht in der Narrhalla, sondern in dem eigens dazu geschmückten Schauspielhause statt und schließt mit einem Balle.

Am Fastnachtssonntag nun beginnt der eigentliche Karneval. Sobald der Morgen anbricht, weckt ein wildes Trommelgedröhne die friedlichen Bewohner aus ihrem Schlafe. Es gilt, die Ranzengarde, die bewaffnete Macht des Mainzer Karnevals mit ihren langen Zöpfen und ihren noch längeren Gamaschen, ihren dreieckigen Hüten und ihren altväterischen Uniformen, zu versammeln. Sobald sie auf den Beinen ist, durchzieht sie truppweis die Stadt, vereinigt sich zu einem Heer und stürmt, den Generalstab an der Spitze, das auf dem Guttenbergsplatze erbaute Wachthaus.

Dies ist das Zeichen zum Anfang der Karnevalsfreiheit, welche jeden Unterschied des Standes und des Ranges aufhebt. Die Straßen und öffentlichen Plätze füllen sich mit Einheimischen und Fremden, der wirkliche General der Garnison lacht mit dem nachgemachten, und alles drängt sich nach dem Schauspielhause, wo um 11 Uhr das von einem Mainzer verfaßte Karnevalspreisstück von Mainzern aufgeführt wird.

Nach Tisch findet die große Kappenfahrt statt, bei welcher Scherz, Satire und tolle Laune freien Spielraum haben, und am Montag wird der große Festzug des Prinzen Karneval gehalten, der jedes Jahr in anderer Weise dargestellt wird, und 1861 z. B. in einem Triumphzug der Moguntia bestand.

Prinz Karneval hatte nämlich, um die Zeit, welche krank ist, zu heilen, seine Residenz Moguntia zum Kurort erhoben und drei Brunnen, welche er deshalb besonders schmücken ließ, mit Wunderkraft ausgestattet.

An ihnen Heilung zu finden, kam schon am Samstag Abend der kranke Mann als Hauptrepräsentant der kranken Zeit mit seinem Gefolge und vielen vom Prinzen verschriebenen berühmten Chemikern und Doktoren in Mainz an und wurde auf das Festlichste empfangen.

Tags darauf erfolgte die feierliche Probe und Analyse der drei Kurbrunnen, deren Wirkung am Montag morgen so glänzend ausfiel, daß aus Freude über die glückliche Heilung nachmittags eine Kurfahrt durch die mit Fahnen geschmückten Hauptstraßen der Stadt veranstaltet wurde.

Charaktergruppen zu Pferde, zu Wagen und zu Fuß, viele in wahrhaft prachtvollem Kostüm, wechselten mit langen Reihen, meist närrisch verzierter Wagen, in denen Narrhallesen saßen und Sträußchen und Konfetti warfen. Besondere Bewunderung erregte die fürstlich geputzte Prinzessin Moguntia, die mit ihren Hofdamen, Pagen, ihrem Hofmarschall und ihrem Hofnarren Witzhenne auf einem großen

Karneval in Mainz.

überaus prächtigen Triumphwagen fuhr, gefolgt von anderen Hofchargen, unter denen namentlich der Bouquetspender durch seinen aus lauter Bouquets zusammengesetzten Anzug auffiel, und umgeben von ihrer wunderschönen Garde, die aus lauter Amazonen in umfangreichen Krinolinen bestand. Verschiedene satirische Gruppen schlossen den Zug, dessen Teilhaber sich abends bei dem prinzlichen Maskenballe im Theater sämtlich wieder einfanden.

Ein ebenso zahlreich besuchter Maskenball bildete am Dienstag abend den Schluß der Festlichkeiten, nachdem von 10 Uhr morgens bis 5 Uhr nachmittags ein großer Narrenjahrmarkt in der Fruchthalle der Gegenstand allgemeiner Belustigung und der Sammelplatz vieler Tausende von Menschen gewesen war.

Nicht minder heiter und lärmend geht es während der letzten Tage des Faschings in Aachen und Trier zu, und selbst in den kleineren Städten des Rheinlandes fehlt es nicht an Masken, Bällen und anderen Festlichkeiten. Auch auf dem Lande ist Vermummen, einzeln und in Maskenzügen, überall in Anwendung, und an manchen Orten trifft man noch die scheußlichen Larven des Bömann, Grimes und Ipekrätzer, welche, aus roten, gelben und schwarzen Lappen zusammengesetzt, den ganzen Kopf und Oberleib bedecken, jedoch schon von der französischen Polizei verboten und nicht selten verbrannt wurden.

Während aber in den kleinen Städten das Hauptfest auf den Montag, den Rosenmontag, verlegt ward, ist auf dem Lande der Fastnachtsdienstag der größte Karnevalstag geblieben.

Dasselbe ist auch in Süddeutschland, namentlich in Schwaben, in Tirol und Böhmen der Fall, wo die Fastnacht noch immer die Zeit der verschiedenartigsten Scherze und Schwänke ausmacht.

Auch in Ulm haben die Fastnachtslustbarkeiten, besonders in der ersten Hälfte des 16. Jahrhunderts eine große Rolle gespielt. Oft vom Rat verboten, schliefen sie endlich ganz ein und sind heutzutage gar nicht mehr zu erwähnen.

In Bühl und einigen andern Orten Schwabens wird regelmäßig ein „Barbiertanz“ aufgeführt.

Der „Doktor Eisenbart“ muß zuerst jemanden rasieren, und zwar mit einem Löffel, wobei er beständig hüpfend das Lied vom Doktor Eisenbart singt. Hierauf schneidet er einem Buckligen seinen (künstlich gemachten) Höcker ab, und zuletzt muß er einem Kranken zur Ader lassen. Sobald er ihm aber die Ader geschlagen hat, fällt der Kranke tot zur Erde. Eisenbart bemüht sich, ihn wieder ins Leben zurückzurufen, aber vergeblich. Jetzt sucht er zu entfliehen, indeß zwei Fast-

Pantalone und Harlekin
der ältern Jtalienischen Comödie

nachtsnarren lassen es nicht zu. Entwischt er ihnen, muß jeder ein Fäßchen Bier bezahlen; gelingt es ihm nicht, wird er zum Toten zurückgeführt, den er wieder lebendig machen soll. In wahrer Verzweiflung nimmt er endlich ein Rohr und bläst dem Toten so lange Luft ein (nämlich in die dem Munde entgegengesetzte Oeffnung des Körpers), bis er aus dem Todesschlaf erwacht und gesund wieder aufsteht.

Ebendort füllt man auch wohl einen Sack mit Heu oder Häcksel, deckt ein großes Laken darüber, macht vorn einen Pferdekopf mit langen Ohren aus den Zipfeln des Tuches und zäumt diesen Sack auf wie ein Pferd. Dann nehmen ihn zwei Burschen auf die Schultern, so daß ihr Kopf und Unterleib unter der Decke verborgen bleiben, und ein Dritter setzt sich auf den Sack, reitet im Dorf herum und sucht in den Häusern seinen Schimmel zu verhandeln. Die Käufer erkundigen sich nach den Eigenschaften des Gaules und fragen z. B., ob er nicht schlage oder beiße. Sowie nun der Reiter versichert, daß er niemandem etwas thue und die Käufer sich ihm nahen, schlägt das Thier natürlich unter großem Gelächter der Zuschauer hinten und vorn aus. Beim Herumziehen mit diesem Gaul, der Golisch Bock genannt wird, sammelt man Geld und andere Gaben ein, welche nachher gemeinschaftlich verzehrt werden.

In der Mark und in Thüringen, wo ebenfalls an einzelnen Orten ein Schimmelreiter vorkommt, bindet man einem Burschen ein Sieb vor die Brust und eins auf den Rücken, spannt weiße Tücher darüber, befestigt an dem vorderen Siebe ein kurzes, nach vorn zugespitztes Holz von mäßiger Dicke und steckt an die Spitze desselben einen Pferdekopf, so daß die ganze Gestalt einem Reiter auf weißem Pferde ähnlich sieht.

In Oberschlesien wird ein solcher Kunstreiter von einigen als Mädchen verkleideten Burschen begleitet.

Auch im Waldeck'schen und in der Gegend von Brilon erschien noch vor einiger Zeit zur Fastnacht ein Reiter auf einem Schimmel, den man „Klappmaul" nannte, weil an dem vorn befindlichen Pferdekopfe eine Schnur angebracht war, durch deren Anziehen man die Kinnbacken gegen einander klappen ließ.

Statt des Pferdes wird mitunter ein Ochse herumgeführt, verhandelt und geschlachtet, indem der Darsteller einen großen Topf vor die Stirn gebunden hat, auf welchen der Metzger mit der Axt schlägt, und sobald der Schlag trifft, zum großen Jubel der Umstehenden wie tot hinfällt.

Am verbreitetsten ist jedoch die Sitte, zur Fastnachtszeit einen Bären herumführen, oder, wie die Deutschböhmen sagen, „den Bären auszuführen.“

Gewöhnlich ist es ein Knabe oder Bursche, welcher, von Kopf bis zu den Füßen in Erbsenstroh gehüllt und mit Strohbändern umwickelt, an einem Seil als Fastnachtsbär unter Begleitung von Musik und Gesang im Dorf herumgeführt wird und tanzen muß. Mitunter hat er eine Kanne Bier in den Tatzen, aus der er zu trinken anbietet, anderswo wird er nicht nur von seinem Führer begleitet, welcher einen grauen weiten Kittel, einen breitkrämpigen Hut, kurze Hosen, rote Strümpfe und Schnallenschuhe trägt, sondern hat auch noch einen Strohmann im Gefolge, welcher ganz und gar mit Strohseilen umwunden ist, und einen Strohkranz auf dem Kopfe trägt. Geht der Bär im Saazer Kreise herum, so pflegen ihm die Weiber das Stroh auszurupfen, um es den Hühnern in die Nester zu thun, damit sie besser legen.

In Oberschlesien, sowie in einigen Gegenden Hannovers, tritt der Bär neben dem Schimmelreiter auf, und in Schwaben wird der Fastnachtsbär häufig aus einem Strohmann gemacht, dem man ein Paar alte Hosen anzieht und in den Hals eine frische Blutwurst oder zwei mit Blut gefüllte Spritzen steckt, damit beim Kopfabschlagen das Blut wie bei einer wirklichen Hinrichtung fließe. Denn der Bär wird angeklagt, eine blinde Katze getötet zu haben, und dieses Verbrechens wegen in aller Form zum Tode verurteilt. Bevor die Enthauptung vor sich geht, werden dem Katzenmörder zwei Geistliche beigegeben, die ihn trösten müssen, und nach derselben wird der Geköpfte in einen Sarg gelegt, um am Aschermittwoch nach der Kirche begraben zu werden.

Aehnliche Gerichtsverhandlungen werden auch in den Städten der Baar im Schwarzwald, zu Cobern in der Eifel und namentlich bei dem Narrengericht in Großelfingen im ehemaligen Fürstentum Hohenzollern-Hechingen vorgenommen.

In Tirol ist fast in jedem größeren Orte des Zillerthales der Faschingseinritt üblich. Er wird durch einen Schalksnarren eröffnet, dessen Pferd eine sogenannte Tuschglocke, oben weit, unten enge, am Halse trägt. Ihm folgen, auch zu Pferde, Sultane, französische Jäger, Mohren, Sennerinnen, Schäfer; zuletzt kommt eine Zigeunerfamilie mit Bärentreiber, Eselsreiter u. s. w. Nachdem der Zug sich dem Richter, dem Pfarrer, dem Gerichtsschreiber und sämtlichen Honoratioren gezeigt, gelangt er endlich ins Wirtshaus, wo durch Vorlesung des Fasching-

Karrenziehen im Allgäu.

briefes alles, was in der Gemeinde während des Jahres Lächerliches geschehen ist, humoristisch behandelt wird.

In vielen Dörfern des Vinschgaus ist es Sitte, in der Fastnacht Schemen zu laufen. Burschen ziehen sich über dunkle Beinkeider Hemden an und schwärzen sich das Gesicht mit Ruß oder vermummen es mit einem schwarzen Tuche. Von einem Riemen, den sie um die Mitte des Leibes tragen, hängt hinten eine große Kuhschelle herab, die bei jeder schnellen Bewegung anschlägt und Lärm giebt. In der Hand führen die Schemen einen Besen, mit der anderen tragen sie Säcke, die mit Kohlenstaub gefüllt sind, und die sie den Begegnenden ums Gesicht schlagen, sodaß diese ebenfalls schwarz werden.

Auch geht in den Faschingstagen das Krautweibele um. Es ist dies ein Bursche in seiner gewöhnlichen Kleidung, welcher das Angesicht mit einem schwarzen Tuche verhüllt, und die Schuhe mit Lumpen umwickelt hat, damit er nicht erkannt und gehört werde. Er trägt in einem Geschirre stinkendes, faules Kraut bei sich, womit er alle Personen, die er trifft, bewirft. Deshalb wird er das Krautweibele genannt, das seiner übelriechenden Gabe wegen sehr gescheut wird.

Das sogenannte Grättziehen, früher der beliebteste Fastnachtsaufzug im All- und Vinschgau, bei welchem Schemen einen großen Karren („Grätt") ziehen, auf dem Burschen als alte Jungfern (‚alte Madlen") verkleidet sitzen und aufs Moos gefahren werden, ist jetzt seltener geworden. — Dagegen werden in den Kantonen Uri und Luzern in der Schweiz noch häufig unter dem Namen „Gyritze-Moos" possenhafte Fastnachtsspiele zum Aerger alter und verhaßter Mädchen aufgeführt, weil man scherzweis behauptet, daß die alten Jungfrauen nach ihrem Tode in Kibitze oder Gyritze verwandelt werden und sie daher schon während ihres Lebens mit diesem Namen bezeichnet.

Die jungen Burschen sammeln in einem Henkelkorbe, der von zwei „Gyritzreitern", d. h. von zwei als alte, häßliche, bucklige Weiber verkleideten Burschen getragen wird, vorjähriges Moos und ziehen nun mit den Dorfspielleuten von Haus zu Haus. Wo sie eine Gyritze wissen, bestreuen sie die Thürschwellen mit Sand, nageln vor das Hausthor einen Strohmann und beschenken die alte Jungfer mit Gyritzmoos. Manchmal jedoch, wenn man von einer Neigung des Mädchens weiß, welche Erwiderung gefunden hat, schließt der Scherz mit einer Verlobung, indem die Burschen dann der Gyritze statt des Mooses den Gegenstand ihrer Liebe als Bräutigam bringen.

Das Perchtenlaufen, welches im Pinzgau in der Weihnachtszeit geschieht, ist an mehreren Orten Tirols am letzten Faschingsabend üblich, nur giebt es hier schöne und schieche (häßliche) Perchten. Erstere sind schön gekleidet, mit Bändern, Borten und dergleichen geschmückt; Letztere ziehen sich so häßlich wie möglich an, und behängen sich mit Mäusen und Ratten, mit Ketten und Schellen. Alle Perchten oder Vermummte haben Röcke, welche bei den schönen mit bunten Bändern verziert sind, bei den häßlichen oben in einem Teufelskopf enden. So ausgestattet springen und laufen die Perchten durch die Gassen und dringen in die Häuser, wo die schönen manchmal Geschenke austeilen, die häßlichen aber durch den Aschenschützen, der sie begleitet, mit einer Windbüchse den Leuten Asche oder Ruß ins Gesicht schießen lassen.

Erwähnt sei hier am Schluß der eigenartigen Geckengesellschaft in Cleve aus dem Jahre 1381. Das Ordenszeichen, welches die Mitglieder auf ihren Kleidern gestickt trugen, stellte einen Narren vor, der eine halbrote und halb von Silber gestickte Kappe mit gelben Schellen, gelbe Beinbekleidung und schwarze Schuhe hatte, und eine vergoldete Schale mit Früchten in der Hand hielt. Letzteres sollte hauptsächlich die besondere Liebe, welche einer für den andern hegte, bedeuten.*)

Die Aschermittwoch (Aschentag, Aschtag), mit welcher in katholischen Ländern die Fastenzeit vor Ostern beginnt, hat ihren Namen von dem in der katholischen Kirche üblichen Brauche, an diesem Tage allen Gläubigen ein Kreuz aus Asche von verbrannten geweihten Palmenzweigen auf die Stirn zu malen, um sie mit den Worten: „Gedenke, o Mensch, daß du Asche bist und wieder zu Asche werden wirst!" an die Vergänglichkeit des Lebens zu erinnern und sie zur Buße zu ermahnen.

Mit der kirchlichen Zeremonie noch nicht zufrieden, haben die Deutschen in einigen Orten Graubündens, und namentlich im Prätigau, die Gewohnheit, jeden, der sich am Aschermittwoch auf der Straße zeigt, aus Neckerei mit Asche zu bewerfen, und in protestantischen Gegenden Norddeutschlands, wie in der Mark, im Harz, in Sachsen und Thüringen, pflegt man durch das sogenannte Aeschern oder Aschabkehren an die frühere Bedeutung dieses Tages zu erinnern.

Wer nämlich zuerst erwacht, weckt die Uebrigen, wie anderwärts zu Lichtmeß oder zur Fastnacht mit Rutenschlägen.

In Leipzig gehen die Kinder mit bändergeschmückten Tannenzweigen ans Bette der Eltern oder zu den Paten und schlagen sie, um dafür Pfannkuchen zu bekommen.

Am Harz treiben die Kinder die Erwachsenen mit Birkenreisern aus dem Bett und erhalten „Brezeln" als Loskaufsgeld, und in den Dörfern zwischen Halberstadt und Braunschweig ziehen die erwachsenen Burschen mit Tannenreisern von Haus zu Haus, suchen die Bewohner zu peitschen und empfangen überall Gaben, welche in Eßwaaren bestehen, in einem Korbe gesammelt und am Abend in der Schenke verzehrt werden.

In Mecklenburg binden sich die Kinder schon mehrere Tage vor Fastnacht Ruten aus Birkenreisern, die sie mit langen farbigen Bändern und Wollfäden verzieren, mit denen sie die Eltern im Bette überraschen und „Heitwecken her, Heitwecken her" rufend, schlagen. Dann geht es zu den Großeltern, Onkeln und Tanten, wohl auch zu den guten Bekannten. Ueberall giebt es dann „Hetwecken" zum Geschenk. Auch das Gesinde peitscht sich mit solchen Ruten aus dem Bette. Sie nennen dies „Hetweckenpeitschen". — Dort sagt man auch:

*) Vergl. Flögel, Gesch. d. Grotesk-Komischen. 5. Aufl. Leipzig, H. Barsdorf. — In der „Feinen Ausgabe" von „das festliche Jahr" ist auch eine Farbdrucktafel enthalten, welche ein Mitglied der Clevischen Gesellschaft darstellt.

Ohne Peitschen an Fastnacht, kein gutes Flachsjahr. — An Fastnacht muß auf dem Herde gebacken werden, sonst tanzen die Hexen darauf. Auch der „Schimmelreiter" spielte in Mecklenburg eine Rolle an Fastnacht. Ebenso war das Spinnen streng verpönt: die Hühner werden sonst blind, der Flachs gedeiht nicht usw.

Da die Aschermittwoch, welche bei den Vlamingen häufig der Kreuzchentag (kruiskensdag) genannt wird, zugleich einer der strengsten gebotenen Fastentage der Katholiken ist, an welchem sie weder Milch, noch Butter genießen dürfen, so bilden in Belgien Häringe mit weißen Bohnen das Hauptgericht des Tages, zu welchem in Antwerpen noch besondere kleine Brödchen kommen, die Wekken heißen.

Was man jedoch an Speisen entbehrt, sucht man leider, durch Getränke zu ersetzen, und namentlich auf dem Lande ist es Sitte, unmittelbar aus der Messe in die Schänke zu wandern, um dort, wie es scherzhaft heißt, „das Kreuzchen zu ertränken." Selbst die Mädchen warten am Ausgang der Kirche auf ihre Liebsten, um sie in die Schänke zu begleiten. Nur im Limburg'schen begiebt man sich zuerst nach Hause, um nach gewohnter Weise „den Häring abzubeißen." Sobald man nämlich aus der Kirche kommt, wird ein Häring mitten in einer offenen Thür oben am Thürgesims aufgehangen, und nun muß Jedes mit geschlossenen Beinen, die Arme fest an den Leib gedrückt, in die Höhe springen und dabei suchen, ein Stück abzubeißen.

So vereinzelt dieser Brauch dasteht, so verbreitet ist der, an Aschermittwoch, oft schon am Fastnachtsdienstag abends, die Fastnacht zu begraben.

In Böhmen pflegt man an einigen Orten eine große ausgestopfte Figur in Gestalt eines Mannes, Bacchus genannt, auf einer Tragbahre herumzutragen und zuletzt ins Wasser zu werfen oder im Schnee zu begraben, an anderen eine alte Baßgeige, von welcher man die Saiten weggenommen, mit weißer Leinwand zu überziehen und dann durchs ganze Dorf zu Grabe zu geleiten. Einer geht mit einer an eine Stange gebundenen brennenden Laterne voran, die Spielleute blasen einen Trauermarsch dazu, die Männer und Weiber bezeigen durch verstelltes Weinen und Jammern ihren Anteil an dem Tode des Faschings, welchem die letzte Ehre erwiesen wird. In der Nähe der Dorfschule wird dann die Leiche im Schnee oder in der Erde vergraben. Nur in der Gegend von Schluckenau, wo am Fastnachtsdienstag der sogenannte Wilde gejagt und getötet wird, putzt man eine Strohpuppe an, sodaß sie dem Wilden ähnlich sieht, und trägt sie unter Begleitung einer zahlreichen Menge auf einer großen Trage bis zu einem Teiche; dort hält der Scharfrichter eine Rede an das Volk und wirft dann den Wilden in den Teich. Dieser Wilde nämlich, d. h. ein Mann, der so vermummt ist, daß er das Aussehen eines Wilden erhält, wird, wie bereits bemerkt, am Tage vorher von der ganzen Volksmenge mit und ohne Masken durch mehrere Straßen verfolgt, bis er zu einer engen Gasse kommt, welche durch einen Strick gesperrt ist. Dort stolpert er über den Strick, fällt zu Boden und wird von seinen Verfolgern eingeholt und gefangen genommen. Der Scharfrichter eilt herbei, durchsticht mit seinem Schwert die Blase, welche der Wilde um den Leib gebunden hat, und die mit Blut gefüllt ist, und der Wilde stirbt, während ein Strom von Blut die Erde rötet. Dann wird er auf einen Schlitten oder eine Bahre gelegt und fortgetragen.

Früher wurden selbst wirkliche Menschen, welche den „Fastnachtsbär“ oder „Fastnachtsnarren“ vorstellten, unter Stroh begraben oder ins Wasser geworfen, und am Harz, besonders in Osterode, wird noch jetzt einer der Gäste in einen Backtrog gelegt und mit Trauergesang an eine Stelle getragen, wo ein Loch gegraben ist. In dieses Loch aber wird statt seiner ein Glas mit Branntwein gestellt, und dabei wird eine Rede gehalten, deren Thema ist, daß man nicht wissen könne, ob der oder jener nächstes Jahr wieder den Fass'labend mit ausgraben werde, und ob nicht dann schon mancher von ihnen ebenso in der kühlen Erde läge wie jetzt der Fass'labend. Hierauf begeben sich die Anwesenden wieder auf den Versammlungsplatz zurück und rauchen aus langen Thonpfeifen, wie sie bei Begräbnissen gereicht werden.

Am Morgen des nächsten Fass'labends wird dann das Glas mit Schnaps ausgegraben, welcher ganz vorzüglich schön und zehnmal besser als anderer Schnaps schmecken soll.

In dem benachbarten Westfalen macht man an einigen Orten eine Strohpuppe, welche man mit Jubel und Geschrei ins Wasser wirft; an anderen, wie in Marsberg, einen Strohkerl in Kleidern, der auf dem Tanzsaal in einen Winkel gestellt wird und dort verbleibt, bis man ihn begräbt. Soll das Letztere geschehen, so ziehen junge Burschen mit Meßstangen umher und messen alle Düngerhaufen, und dann bringen sie die Puppe einem, der sich mißbeliebig gemacht hat. Denn man hält den für beschimpft, auf dessen Düngerstätte der Fass'lawent eingescharrt wird.

An der Aar trug man bis vor wenigen Jahren eine Strohpuppe unter Gesängen zum Thore hinaus und verbrannte sie, und in Richterschwyl am Züricher See wird noch nach wie vor am letzten Tage der Fasnacht, wie es in der Schweiz heißt, ein Strohmann auf einer Bahre von einem Zuge Vermummter nach einer Wiese getragen, wo er an eine hohe Stange befestigt und dann mit Fackeln angezündet wird. Zuletzt wird seine Asche verlocht oder in ein Loch geworfen, und so die alte Fasnacht begraben.

Zum Schluß sei noch des Wortes „Karneval" gedacht. Die gewöhnliche Auslegung desselben mit „caro-vale", „Fleisch lebe wohl" ist, wie der bekannte Germanist Wackernagel erklärte, selbst eine gewisse Fastnachtslächerlichkeit. Es ist vielmehr aus carrus navalis „Schiffswagen" entsprungen. Das Schiff der Isis, der Wagen der Nerthus, Skidbladnir, das Luft und Meer befahrende Schiff Freys, aus der germanischen Mythologie, gehören in die Kategorie dieser „Schiffswagen". Bei den Umzügen die man später zu Ehren der fruchtbringenden Götter und Göttinnen beim Erwachen des Frühlings veranstaltete, spielte dann ein Schiff auf Rädern eine Hauptrolle. So wird im Karneval das erste, eigentliche Frühlingsfest begangen. Auch der deutsche Name Fastnacht ist nach Wackernagel nicht die richtige Form, richtiger wäre das mundartliche „Fassnacht", vollkommen genau jedoch das altdeutsche „Fasenacht": das Grundwort ist dasselbe, von dem unser Faseln herkommt.

Waldbauerntanz in den österreichischen Alpen.

März.

Kein Sonntag im ganzen Jahre hat eine größere Namensliste aufzuweisen, als der erste Sonntag in der Fastenzeit, der sich in dieser Beziehung dreist mit jeder spanischen oder portugiesischen Infantin messen kann.

In den Kalendern heiß er Quadragesimae und Quadragesima, weil die Fasten, in die er fällt, vierzig Tage währen, und er ungefähr der vierzigste Tag vor Ostern ist, oder auch Invocavit, weil in der römisch-katholischen Kirche beim Anfang der Messe die Worte aus dem 91. Psalm: „Invocavit me et exaudiam eum“, (er rief mich an und ich will ihn erhören) gesungen werden.

Da aber die Fastenzeit ehemals nicht gleichmäßig für alle Katholiken mit der Aschermittwoch, sondern für die Geistlichkeit am Montag vorher, und für die Laien am Montag nachher anfing, so ward der Sonntag Invocavit als der letzte Tag der Fastnacht große oder letzte Fastnacht und Allermannsfasching genannt, und diesen Namen

Namen hat er noch jetzt in Deutschböhmen behalten, während in der Schweiz bis zum heutigen Tage die alte Fastnacht geblieben ist. Auch die Gewohnheit, ihn gleich einem Faschingstag zu feiern, besteht noch fort, und namentlich die früher zur Fastnacht üblichen Feuer sind vorzugsweise auf diesen Sonntag übertragen worden, weshalb das Volk ihn je nach den Festlichkeiten, zu denen er Anlaß giebt, bald große Fastnacht, Nachfasching, Freudensonntag, Hutzelsonntag, Brot- und Käsesonntag, bald Funkensonntag, Scheibensonntag, Holepfannsonntag, Hütten-, Schöf- und Burgsonntag benannt hat.

Die letzten drei Benennungen sind in der Eifel üblich, wo die Jugend eine sogenannte Hütte oder Burg erbaut und anzündet. Um Stroh und Reisig für ihre Hütte zu sammeln, ziehen in Bontenbach, Alflen und anderen Orten die Knaben nachmittags mit einem Strohmann herum, der eine Pfeife aus einer Kartoffel oder Rübe im Munde, einen Hut auf dem Kopfe und ein Tuch um den Hals hat, und singen dabei:

Stroh, Stroh und Schanzen,
Schier (heut) Abend gehn wir tanzen.
Get (gebt) uns jet (etwas) und loßt uns gohn (gehen),
Wir hon (haben) der Düren (Thüren) noch mieh (mehr) zu gohn.
Wir stien (stehen) auf spitzen Steinen,
Wir duhn (thun) uns wieh (weh) an den Beinen.

Dann wird der Strohmann auf die von dem gesammelten Brennmaterial erbaute Hütte gestellt, diese angezündet und unter großem Jubel mitsamt dem Manne verbrannt.

Früher pflegte man auch Räder mit Stroh zu umflechten und brennend von Bergen, die sich dazu eigneten, herabzurollen; aber diese Sitte, welche in der Eifel Radscheiben hieß, findet jetzt nur noch selten statt.

Dagegen ist in Schwaben, Baiern, Tirol, Vorarlberg und der deutschen Schweiz das Scheibenschlagen oder Scheibentreiben noch sehr gebräuchlich, woher sein Name Scheibensonntag rührt.

Die jungen Burschen ziehen gegen Abend auf einen Berg hinaus und schüren ein großes Feuer an, welches in Schwaben Funkenfeuer, in Tirol Holepfannfeuer genannt wird, und dem Sonntag die Benennungen Funken- und Holepfannsonntag einträgt. Hierauf nehmen sie Scheiben aus Erlenholz, die in der Mitte ein Loch haben, machen sie im Feuer glühend und schleudern sie mit einem geschickten Schwung so in die Höhe, daß sie funkensprühend ins Thal hinab fallen.

Bei jeder Scheibe wird der Name einer Person genannt, welcher sie gelten soll.

In Oberschwaben wurde die erste Scheibe sonst immer zu Ehren der „höchsten Dreifaltigkeit“ geschlagen, indem man während des Schwingens rief:

Scheibele aus und ein,
Wem soll die Scheibe sein?
Die Scheibe soll der höchsten Dreifaltigkeit sein!

In Tirol aber kam der Landrichter oder Pfarrer zuerst, dem dann die übrigen Personen folgten, welche man ehren wollte. Mitunter schlägt man jedoch auch Scheiben zur Bestrafung der Frauen oder Mädchen, welche während der Fastnacht oder im Laufe des verflossenen Jahres sich einer albernen oder unrechten Handlung schuldig gemacht haben, und nennt sie Schimpfscheiben. So hörte man einst in Leinheim in Schwaben den Spruch:

Scheib' aus, Scheib' ein!
Flieg' über den Rain!
Und die soll Jener, die den Ganser am Strick zur Tränk' geführt hat, sein!

zur Verspottung einer Frau, welche einen Ganser, damit er zu den Gänsen komme, an einem Strick zur Tränke geführt hatte.

Wer ein Mädchen besonders auszeichnen will, läßt sich in Oberbaiern vom Wagner Scheiben in Form von Sternen oder der Sonne mit auswärts gehenden Spitzen machen, bestreicht den zackigen Rand mit einer Lage Pech, umwindet die ganze Scheibe mit Stroh, steckt sie in Brand und stellt sie aufrecht auf die sogenannte Scheibenbank. Um nämlich die Schwungkraft zu vermehren, hat man eine hebelartige Bank, die so befestigt ist, daß sie eine schräge Fläche mit dem Boden bildet, und auf deren eines Ende man schlägt, sobald die Scheibe abspringen soll. Diese fliegt dann hoch in die Luft und beschreibt in der Dunkelheit der Nacht einen schönen feurigen Bogen.

Nach dem Scheibenschlagen ziehen in einigen Gegenden Schwabens die Burschen herum und sammeln, namentlich bei den Mädchen, denen zu Ehren sie eine Scheibe geschlagen, Kuchen ein, welche Funkenküchle oder Funkenringe heißen, Brezelform haben und in Schmalz gebacken werden, denn Essen ist ein Haupterfordernis dieses Tages. Im Etschland müssen bei den Bauern am Abend Krapfen auf den Tisch kommen, die in tiefen Pfannen, den Holepfannen, geschmort werden; in Appenzell werden bacha Schnetta, gebackene Schnitten, d. h. in Teich getauchte und in Butter gebackene Honigkuchen, gegessen, und in der Rhön pflegt man Hutzeln oder Backbirnen zu kochen, von denen der Name Hutzelsonntag kommt. In einigen Ortschaften des Limburger Landes herrscht der Glaube man müsse an diesem Tage siebenerlei Brod essen, und um das zu können, besucht man alle seine Freunde und Bekannte und wird von Jedem mit Brot und Käse bewirtet, weshalb dieser Sonntag dort Brot- oder Käsesonntag heißt. Der letzte Name ist auch in Tirol gebräuchlich, weil in einigen

Der Basler Morgenstreich.

Orten, wie in Nauders, an diesem Sonntag die Hirten gewählt, und am Sonnabend vorher, dem Kässamstag, in Botzen und Meran berühmte Käsemärkte abgehalten werden, auf denen sich die Städter mit Käse für die begonnene lange Fastenzeit versorgen.

Da die Schwaben behaupten: „wenn der Mensch am Funkensonntag keine Funken (Feuer) mache, mache der liebe Herrgott welche durch ein Wetter (Gewitter)“, so zieht in Ehingen an der Donau am Abend Alles aus der Stadt und den umliegenden Dörfern und Gehöften mit brennenden Fackeln, d. h. mit langen Stangen, an denen Strohbüschel befestigt und angezündet werden, auf die benachbarten Berge und Hügel.

Auch in Appenzell tragen die jungen Leute Harzfackeln um die Feuer, welche unter dem Geläute der Glocken in Brand gesteckt werden, und in der Rhön, wie im Limburger Lande, laufen die Kinder mit angezündeten Strohwischen lärmend und tobend auf den Feldern umher um, wie sie sagen, „den bösen Sämann“ zu vertreiben.

In Basel ist an diesem, sowie den beiden folgenden Tagen dem jungen Volk gestattet, scharenweis oder auch einzeln mit Trommeln durch die Stadt zu ziehen und dabei nach Herzenslust zu trommeln. Ja, selbst Erwachsene thun sich während dieser Tage zusammen und halten vor Tagesanbruch und Nachts vor dem Schlafengehen einen Umzug in den Hauptstraßen der Stadt, bei welchem sie so gewaltig trommeln, daß alle Fenster klirren. Denn nirgends herrscht eine größere Liebhaberei fürs Trommeln, als in Basel. Jeder Knabe hat eine nach allen Regeln der Mechanik verfertigte, solide und volltönende Trommel, es giebt eigene Lehrer der Trommelkunst, und sechsjährige Knaben trommeln bereits mit Meisterschaft. Vor den Thoren oder an abgelegeneren Plätzen der Stadt sieht man das ganze Jahr hindurch Trupps von Knaben zu gewissen Stunden ihre Uebungen im Trommeln halten und ihre Trommelkonzerte aufführen, aber die eigentliche Trommelzeit ist und bleibt das dreitägige Trommelfest, bei welchem man alle möglichen Marsch- und Trommelweisen der Welt hört, und Jung und Alt von früh bis Abends in den Straßen trommelt.

Eine ganz eigentümliche Feierlichkeit findet am ersten Fastensonntag in Geeraerdsberge (Grammont) in Belgien Statt. Schon des Morgens früh strömt Alles im Festtagsstaat herbei, um der Prozession zu folgen, welche um 2 Uhr Nachmittags beginnt. Eine rauschende Musik auf dem Marktplatze giebt das Signal zum Anfang. Die Schützenbrüder, den Bogen oder die Armbrust in der Hand, sammeln sich um ihre Fahnen und eröffnen, die Musik voran, den Zug. Ihnen folgt der Magistrat und die Geistlichkeit, welcher eine Anzahl Körbe nachgetragen wird, und Alles, was da Beine hat, um den Weg nach dem Oudenberg oder alten Berg zurücklegen zu können, den eine Kapelle der Mutter Gottes krönt, zieht mit. Hat man diese erreicht, so kniet man nieder, der Pfarrer stimmt die Litanei der heil. Jungfrau an und die ganze Versammlung antwortet im Chor: Ora pro nobis, bitte für uns! Kaum ist aber die kirchliche Zeremonie vorüber, so stellen sich die Geistlichen und Magistratspersonen in einem Halbkreis vor der Kapelle auf, und Jedem wird vom Ratsdiener ein Glas Wein angeboten. Das Volk bricht in lautes Gelächter aus, denn im Becher des Pfarrers schwimmt ein kleines Fischchen, das er dem Herkommen gemäß mit dem Wein hinunterschlucken muß. Aller Augen sind daher auf diesen Geistlichen gerichtet, welcher noch dazu das Zeichen zum Trinken geben muß. Unwillkürlich zögert er, endlich setzt er das Glas heroisch an den Mund und leert es mit einem Zuge, während die übrigen Trinker seinem Beispiel folgen, und die Luft vom Jauchzen des Volkes und dem Tusche der Musik widerhallt.

Hierauf werden die Körbe gebracht, welche mit Häringen und „Mastellen", einer Art runder, flacher Kuchen, angefüllt sind. Der Pfarrer hat das Recht, zuerst hineinzugreifen, und wirft mit beiden Händen Kuchen unter das Volk. Die Magistratspersonen und übrigen Geistlichen ahmen ihm nach, und Alles stürzt nun auf die Leckereien los. Man lärmt, man schreit, man stößt sich um und prügelt sich, denn Jeder will wenigstens ein Stück von einer Mastelle erhaschen, um sie als Siegeszeichen beim Nachhausegehen auf den Hut stecken zu können. Sind die Kuchenkörbe alle, kommen die Häringskörbe daran und neue Kämpfe beginnen, welche gleich den vorhergegangenen von unzähligen Pistolenschüssen begleitet werden. Endlich giebt der Bürgermeister das Zeichen zum Aufbruch; die Fahnenträger, gefolgt von der Musik, den Schützen, dem Magistrat und der Geistlichkeit, setzen sich in Bewegung, und das Volk schließt singend den Zug, der sich bergab zur Stadt zurückbegiebt, wo die jungen Leute einen Ball veranstaltet haben.

Sobald es jedoch dunkel wird, kehrt Alles auf den Berg zurück, auf welchem eine große, an einem hohen Pfahl befestigte Pechtonne angezündet wird. Hunderte von Feuern auf den Höhen und Bergen ringsum lodern auf dieses Signal zu gleicher Zeit empor, und das ganze Fest hat davon den Namen Tönnchenbrand (tonneken-brand) erhalten.

In den übrigen vlämischen Städten Belgiens ist dieser Sonntag ein wirklicher Karnevalstag mit Masken, Maskenaufzügen und Bällen, und wird deshalb die große Fastnacht (de groote vastenavond) oder Narrheitensonntag (gekkernyenzondag) genannt. Da es der letzte Karnevalstag ist, so sucht man ihn möglichst genußreich zu verleben, und setzt das Vergnügen auch noch den nächsten Tag fort, ehe man sich wieder an die Arbeit und in das nüchterne Alltagsleben begiebt. Dies ist der Ursprung des sogenannten blauen Montags, dessen Freiheit ehedem durch Mißbrauch von den Handwerksgesellen auf alle Montagnachmittage des Jahres ausgedehnt wurde.

Woher der Beiname blau kommt, den man in Deutschland ursprünglich nicht wie in Belgien dem Montag nach Invocavit, sondern dem Montag vor Aschermittwoch gab, ist zweifelhaft. Einige beziehen ihn auf die Gewohnheit, die Kirchen während der Fastenzeit blau zu behängen, Andere auf die Nebenbedeutung des Wortes blau, die sich noch in den Redensarten in's Blaue (Leere) reden oder schießen erhalten hat.

Gewiß ist, daß der blaue Montag in Deutschland, Belgien und Holland eben so gut wie der freie Montag in Dänemark und Schweden und der heilige Montag (Saint-Monday) in England ausschließlich der sorglosesten Fröhlichkeit geweiht ist, und der Ausdruck blauen Montag halten überall soviel wie „müßig gehen“ bedeutet.

So einzig wie das Trommelfest in Basel steht ein böhmisches Fest da, bei welchem die Trommel ebenfalls eine große Rolle spielt: es ist das Gregoriusfest in Böhmen.

Papst Gregor I., auch der Große genannt, welcher im Jahre 590 den päpstlichen Stuhl bestieg, war ein erfahrener Mann, der besonders Feierlichkeiten und feierliche Gebräuche sehr liebte. Er verbesserte die Schulen, errichtete ein Sängerchor, erfand selbst Singeweisen und ließ sich die Erziehung der Jugend sehr angelegen sein. Einer seiner Nachfolger, Papst Gregor IV., welcher gleich ihm ein Freund der Jugend, der Schulen und der Festlichkeiten war, stiftete daher zu seinem Andenken im Jahre 830 ein Schulfest und veranlaßte es so, daß sein heiliger Vorgänger seitdem als Patron der Schule angesehen wurde. — In Böhmen nun pflegen am Gregoriusfeste die Knaben einen Umzug zu halten, bei welchem sie ganz militärisch ausgerüstet und bewaffnet mit Offizieren und Trommlern erscheinen. Man nennt sie deshalb die Gregoriussoldaten.

Vor den Häusern der Wohlhabenden machen sie Halt, singen ein Lied mit Begleitung der Trommeln, wobei jeder Offizier einige hergebrachte Verse spricht, und senden zuletzt den Profoß, welcher durch einen ungeheuren Schnurrbart kenntlich ist, mit einem Korbe und einer Büchse ab, um Geld und Viktualien einzufordern, womit man Abends einen vergnügten Schmaus anstellt.

Der Witterung wegen wurde in Deutschland das Gregoriusfest ehemals oft erst am Pfingstdienstag gefeiert, und schon einige Zeit vorher mußten zwei Schüler in der Stadt herumgehen, um die Kinder dazu einzuladen.

Gewöhnlich wurden drei Knaben ausgewählt, welche einen Bischof und seine Kapläne vorstellen sollten, während die übrigen Knaben sich als allerlei Handwerker und Standesrepräsentanten verkleiden mußten. Der Bischof hatte eine sogenannte Bischofspredigt, meist in Reimen, einzulernen. Am bestimmten Tage versammelten sich alle Kinder in der Schule und zogen, ihren Bischof in der Mitte, zur Kirche, wo sich dieser mit seinen Kaplänen vor dem Altare auf bereitstehenden Bänkchen niederließ. Nach dem Liede: „Veni S. Spiritus! Komm, heiliger Geist!" und der vom Prediger gehaltenen Schulpredigt wurde das Gregoriuslied: „Hört, ihr Eltern, Christus spricht u. s. w." gesungen, und dann trat der kleine Bischof vor und deklamierte seine Rede. Nach der Kirche hielt er seinen Umzug durch die Stadt, der Kantor und die Chorschüler sangen, und die Einwohner beschenkten die Kinder mit Brezeln, Kuchen und anderem Backwerk. Ein Schmaus beschloß den festlichen Tag.

Oefter führte man auch dramatische Vorstellungen auf. Namentlich war ein Bauer, der seinem Sohne Kunst und Wissen vermittelst des berühmten Nürnberger Weisheitstrichters wollte eintrichtern lassen, eine beliebte Figur, und fast immer traten die sieben freien Künste und sämtliche Stände und Handwerker mit den üblichen Reimen redend auf.

In Ansbach rüsteten sich die Knaben in der Regel als Kriegsleute aus und liefen mit ihren hölzernen Säbeln jauchzend und lärmend auf den Straßen herum. Vom Schulmeister erhielten sie Brezeln, wofür sie ihm aber ein Geschenk mitbringen mußten, und Abends fand ein Schmaus statt, bei welchem der Wein unentgeltlich aus dem herrschaftlichen Stiftskeller geliefert wurde.

Besonders feierlich ward das Gregoriusfest bis in die neueste Zeit in Koburg begangen, und die Eltern scheuten daselbst keine Kosten, um ihre Kinder möglichst schön herauszuputzen. Da sah man nicht nur die meisten Professionen und Handwerker, sondern auch National- und historische Trachten. Bäcker mit weißen, Gerber mit lohgelben, Tuchmacher mit grünen Schürzen, Schuhmacher, Schmiede und Böttcher mit Schurzfellen — das Handwerksgerät, das Jeder trug, mit buntfarbigen Bandschleifen geschmückt — bewegten sich zwischen Thüringer Bauern, Schweizer Landsknechten und Rittern des

Mittelalters, Friedrich der Einzige mit Zopf und Stock, Napoleon in seinem kleinen Hute und andere geschichtliche Größen standen unter Bergschotten und Türken, und Alles gehorchte willig den Anführern, welche sich durch seidene Schärpen kenntlich machten.

Am Morgen des Gregoriustages versammelten sich die Kinder in ihren Schulen, wo jedes ein kleines Geldgeschenk und einige Brezeln erhielt, das mit diesem Tage unzertrennlich verbundene Backwerk, von dem es in einem alten Gregoriusliede heißt:

Die Brezel heißt pretiolum,
Ein Preislein für die Kinder u. s. w.

Dann zogen sie durch die Straßen der Stadt nach dem dicht vor dem Ketschenthore befindlichen Anger, welcher den Eingang zu dem reizenden Itzgrunde bildet. Dort waren Zelte und Buden aufgeschlagen, Scheibenstände und Vogelstangen errichtet, und den ganzen Tag über ward nun gespielt, nach Sternen, Vögeln und Scheiben geschossen und getanzt, während die ganze Stadt, der Hof mit inbegriffen, dem Treiben der Kinder zusah und sich an ihrem Jubel erfreute.

Das Gregoriusfest in Koburg. (Kinder im Kostüm der schweizer Landsknechte.)

Fast auf dieselbe Weise feierte man den Gregoriustag in Mühlhausen.

Knaben als Handwerker verkleidet und mit goldenen und silbernen Spitzen, und Kokarden an den Hüten verziert, eröffneten den Zug; ihnen folgten Läufer mit langen rot angemalten und mit vergoldeten Knöpfen versehenen Stäben ihre seidenen Schärpen mit Gold verbrämt und ihre weißleinenen Hemden mit Bandschleifen geschmückt; dann kamen Priester in langen, weiten Chorröcken und der Bischof Gregorius unter einem Himmel, der von vier Trabanten getragen wurde, vor sich mehrere Heiducken und Türken, hinter sich eine Kompanie Soldaten. Den Schluß bildeten die Chorschüler in ihren gewöhnlichen Kleidern, welche eigens dazu auserwählte Lieder sangen, und neben dem Zuge liefen Schäfer in arkadischer Tracht hin und her, welche Säcke mit Häcksel gefüllt trugen.

Da jedoch die mutwilligen Jungen selbst mit der geistlichen Kleidung allerlei Unfug trieben, ward es zuerst verboten, den Bischof und die Geistlichen bei dem Umzug vorzustellen, und im Jahre 1750 durch Ratsbefehl der ganze Brauch als dem Geiste der Zeit nicht mehr entsprechend abgeschafft.

Auf dem Lande ist das Gregoriusfest in vielen Gegenden Deutschlands auf das Gregorisingen herabgesunken, indem der Schulmeister mit seinen Zöglingen von Gehöft zu Gehöft singen geht, dafür eine Gabe an Mehl, Fleisch, Eiern, Brod, Schmalz u. dergl. empfängt und dann den Kindern ein Fest in der Schenke giebt. „Der Schulmeister geht in Gregori,“ sagt das Volk von diesem Umzug, und im Vinschgau und Etschland, wo der Kinderschmaus Marende (vom italienischen merenda, Vesper,) heißt und aus Brod, Wein, Käse und Obst besteht, wird derselbe gewöhnlich im Freien auf dem Platze vor dem Schulhause abgehalten.

Das Gregoriusfest in Koburg. (Kinder im Kostüm der Schotten.)

In den Städten Süddeutschlands hat meist das Maienfest oder der Maientag als Schulfest das frühere Gregoriusfest verdrängt.

Nur in Löwen (Louvain) in Belgien ist der Gregoriustag das Hauptfest der Schulen geblieben, indem an diesem Tage der sogenannte Primus ausgerufen wird. Der Schüler nämlich, welcher sich während eines Jahres vor allen seinen Mitschülern durch Fleiß, gutes Betragen und die besten Arbeiten ausgezeichnet hat, wird feierlich als Primus oder Erster gekrönt und von der ganzen Schule in Prozession zur Kirche geleitet, wo ein Hochamt abgehalten wird. Bei dem Zuge geht ihm ein Schüler mit einem Lorberzweig voran, alle Uebrigen tragen einen Lorberzweig im Knopfloch, und fortwährend erschallt der Ruf „Vivat primus he!“

Nachmittags begeben sich die Schüler in derselben Ordnung vor das Thor, um dort auf einer Wiese zu tanzen und zu spielen.

Zu einer andern Ergötzlichkeit der Jugend giebt der Sonntag Lätare, der vierte Fastensonntag, Anlaß, welcher, da er in der Mitte der Fastenzeit fällt, auch Mittfasten oder Sonntag zu Mittfasten, und weil der Papst an diesem Tage die goldene Rose weiht, die er an hohe Fürstinnen zu verschenken pflegt, der Rosensonntag genannt wird.

Das Gregoriusfest in Koburg. (Thüringer Landleute.)

An Lätare nämlich — in manchen Orten auch schon am Sonntag Judica, dem vorhergehenden Sonntag, welcher der schwarze heißt, weil an ihm in den katholischen Kirchen die Altäre mit einem schwarzen Tuche verhüllt werden — findet die vielverbreitete Sitte des Todaustragens oder Sommersingens statt.

Dieser Brauch, welcher sich nicht blos in den einst von Slaven bewohnten Ländern, sondern auch in der Pfalz, im Odenwald und in dem Neckarthal erhalten hat, ist der Ueberrest der alten heidnischen Feier des Frühlingseinzuges, die den Nordslaven und Germanen gemeinsam war. Die Gesänge, mit denen in Böhmen die Zeremonie des Todaustragens begleitet wird, weisen darauf hin, daß mit der Figur des Todes der Winter, der Tod der Natur, gemeint sei, welcher seine Endschaft erreicht hat und durch den Sommer besiegt worden ist. In einigen Gegenden werden selbst Sommer und Winter von lebenden Personen dargestellt, und der Kampf des Sommers mit dem Winter dramatisch aufgeführt. In anderen ist der Umgang der Kinder mit einem geschmückten Tannenbäumchen, oder mit hölzernen farbigen Stäben, an welchen eine mit Bändern verzierte Brezel hängt, das Einzige, was noch von den früheren Festgebräuchen übrig geblieben ist. So in der Gegend von Speyer, wo Lätare noch der Sommertag genannt wird, in derjenigen der Bergstraße, wo die Kinder beim Ansingen des Sommers einen mit bunten Bändern ausgeschmückten Tannenstrauch in der Hand tragen, und in Schlesien, wo die sogenannten Sommerkinder mit schön ausgeputzten Fichtenreisern von Haus zu Haus ziehen, um sich kleine Geschenke, wie Brezeln u. dergl. zu ersingen. Ihr Lied lautet je nach der Person, an die es gerichtet ist:

(an einem Herrn) Der gnäd'ge Herr hat 'ne hohe Mützen,
Er hat sie voll Dukaten sitzen,
Er wird mich wohl bedenken,
Und wird mir einen schenken;
(an ein Mädchen) Die gnäd'ge Fräule steht wohl in der Thür,
Sie hat 'ne schöne Schürze für,
'Ne Schürze mit 'em Bande,
Sie ist die Schönste im Lande;
(an Eheleute) Rote Rosen, rote,
Die blüh'n auf einem Stengel,
Der Herr ist schön, der Herr ist schön,
Die Frau ist wie ein Engel;
oder auch: Kleine Fischel, kleine,
Schwimmen auf 'em Teiche;
Der Herr ist schön u. s. w.,
Er wird sich wohl bedenken,
Er wird mir wohl was schenken.

Ganz ähnliche Liedchen werden beim Maientagen im Troppauer Kreise und namentlich im Kuhländchen gesungen, wo dieser Umzug das Maigehen oder die Maifeier heißt. Doch sind es dort nur kleine Mädchen, welche mit der Krone eines jungen Fichten- oder Tannenbaumes, die sie mit Eierschalen, vergoldeten Nüssen, bunten Bändern oder gefärbten Papierstreifen und anderem bunten Kram geschmückt haben, von Thür zu Thür ziehen und ihre Glückwünsche für die Hausbewohner vortragen, um dafür eine Gabe zu erhalten.

Auch im Riesengebirge bleibt das Sommergehen am Nachmittag des sogenannten schwarzen Sonntags dem jungen Nachwuchs des weiblichen Geschlechtes überlassen, während die männliche Jugend eine Figur, welche den Tod vorstellen soll, herumträgt und zuletzt entweder verbrennt oder in's Wasser wirft, indem sie dabei singt:

Nun treiben wir den Tod aus
Den alten Weibern in das Haus,
Den Reichen in den Kasten,
Heute ist Mittfasten.

Hat sich auch diese Sitte des Todaustragens, welcher Lätare den Namen Totensonntag verdankt, nur noch in Oesterreich, Böhmen und Schlesien erhalten, so finden sich doch zahlreiche Spuren vor, welche beweisen, daß sie auch in Sachsen, Thüringen und Franken heimisch gewesen.

Noch zu Anfang dieses Jahrhunderts wurde in der Flur von Leißling einem Dorfe zwischen Weißenfels und Naumburg, der Tod hinaus auf die Felder einer Nachbargemeinde getragen, und bei der Rückkehr gesungen:

Den Tod haben wir hinausgetrieben,
Den Sommer bringen wir wieder,
Des Sommers und der Maien,
Des wollen wir uns freuen.
Sommerland! Sommerland!
Der Tod hat sich von dir gewandt,
Er ist auf die — Flur verbannt.

und in Eisenach wird bis zum heutigen Tage in der Georgenvorstadt an Lätare ein sehr besuchtes Volksfest gefeiert, welches den Namen Sommergewinn führt, obgleich sich der eigentliche Charakter desselben mehr und mehr verwischt hat. Denn während ehedem feierliche Prozessionen den Winter zur Stadt hinaustrugen, und nachdem sie ihn verbrannt oder in's Wasser geworfen, mit grünen Tannenreisern an den Mützen oder in der Hand unter dem Gesange:

Den Tod haben wir ausgetrieben.
Den Sommer bringen wir wieder,
Das Leben ist zu Hause geblieben,
Drum singt fröhliche Lieder,

zurückzogen, um Abends von dem einst kahlen Berge des Mädelsteins unter lautem Jubel ein brennendes Rad herabzurollen, besteht gegenwärtig das Fest nur noch aus einer Art Jahrmarkt, der in den Nachmittagsstunden vor dem Georgenthor abgehalten wird, und auf welchem neben Windbeuteln und Aepfelwein, Kräpfeln und Kaffee besonders die heiligen Geister verkauft werden. Es sind dies aus dem Mark der Binsen künstlich geflochtene Vögel, die ihren Namen entweder dem nahen Hospital zum Heiligen Geist, wo sie vorzugsweise verfertigt werden, oder ihrer Taubengestalt verdanken, und als Kinderspielzeug an der Stubendecke so manches Bürgerhauses schweben. Wie diese Vögel, sind auch die mit Binsenmark überflochtenen und mit bunten Läppchen verzierten Eier und die im grellen Farbenschimmer prangenden Gickelhähne, welche als ein Sommergewinn oder Geschenk zur Erinnerung des Festes mit nach Hause genommen werden, unverkennbar Symbole des nahen Frühlings, und jedenfalls Reste der früheren Feier, während zugleich das brennende Rad, das man sonst herabrollte, als Beweis dient, daß die Feuer, welche einst beim heidnischen Feste brannten, sich noch in den Funken und den anderen am ersten Fastensonntag üblichen Feuern des Rheingaues und südlichen Deutschlands erhalten haben.

Bei Braunau in Oberösterreich wird ein Strohmann, welcher den Winter vorstellen soll, auf einer Bahre unter Gesang aus dem Dorfe getragen und in eine Grube gelegt, in der Umgegend von Weidenau in Oesterreichisch-Schlesien eine männliche Figur, der alte Jude, auf das Feld getragen und Abends verbrannt. Man hält ihn für das Bild des Verräters Judas, wie man in einigen deutsch-mährischen Dörfern den Tod angeblich „zum Andenken an die Vertreibung der Mongolen“ herausjagt, in Schönfeld und andern Orten Böhmens „den Türken hinter die Stadt jagt“, und in katholischen Ländern nicht selten das Abbild Luthers, in protestantischen das des Papstes zu verbrennen meint. Bei Warmbrunn in Schlesien verbrennen die Knaben ihre Strohpuppe nach dem Todaustreiben in einer Höhle auf dem Kynast, in Glogau dagegen schleppen sie den Leisketod unter Prügeln, Toben und Lärmen durch die Straßen bis zur Oderbrücke, um ihn dort in's Wasser zu werfen.

Aehnlich ergeht es dem armen Mann, welchen die jungen Leute in Jägerndorf, Haindorf u. a. Orten von Oesterreichisch-Schlesien am Vorabend des Totensonntages aus alten Kleidern, Heu und Stroh machen, um den Tod aus dem Dorfe jagen zu können.

Am Sonntag nach dem Gottesdienst versammelt man sich nämlich mit Stöcken, Riemen und Stangen bewaffnet vor dem Hause, wo die Figur aufbewahrt worden ist, und nun wird dieselbe unter lautem Jauchzen und Pfeifen von vier Burschen mit Stricken durch das Dorf geschleift, während die Anderen mit den Stöcken und Riemen auf sie losschlagen. Sobald man ein Feld erreicht hat, welches dem benachbarten Dorfe zugehört, wird der Tod niedergelegt, mit den Stöcken und Stangen arg zugerichtet und in dem Felde zerstreut. Das Volk glaubt dann, daß in dem Dorfe, wo der Tod ausgetragen worden ist, das ganze Jahr hindurch keine ansteckende Krankheit ausbrechen werde.

Im Troppauer Kreise pflegen die Mädchen die Figur welche, die jungen Burschen am toten Sonntag aus Stroh gemacht, mit weiblichen Kleidern stattlich anzuziehen, und mit Bändern, Halsgeschmeide und Kränzen zu behängen. Dann wird dieselbe auf eine Stange gesteckt und aus dem Dorf hinaus aufs Feld getragen, während ein Schwarm junger Leute beiderlei Geschlechts, welche abwechselnd frohlocken, wehklagen und Lieder singen, hinterherzieht. An der dazu bestimmten Stelle angekommen, wird die Figur ausgezogen, und nun fällt alles darüber her, reißt sie in Stücke und rauft sich um dieselben; denn jeder der Begleitenden sucht etwas von dem Stroh zu erhaschen,

Das Winterverbrennen.

aus welchem die Figur gemacht war, weil ein solcher Wisch, an die Krippe gebunden, das Gedeihen des Viehes fördern soll.

An manchen Orten wird die anfangs verehrte Gestalt, sobald sie entkleidet ist, beschimpft und unter Verwünschungen ins Wasser oder in eine Pfütze geworfen.

Hierauf wird eine mit Bändern, gefärbten Eierschalen und bunten Tuchfleckchen geschmückte Tanne jubelnd durch die Straßen getragen, und dabei gesungen:

Den Tod haben wir hinausgetragen,
Den lieben Sommer bringen wir wieder,
Den Sommer und den Mai*)
Der Blümlein allerlei.

Bei den Deutschböhmen im Saazer Kreise ist es üblich, an Lätare „mit dem Bändertod zu gehen."

Fünf Knaben ziehen nämlich von Haus zu Haus, und führen überall eine kleine dramatische Szene mit kurzem Wechselgespräch auf, indem sie einen König, dessen Töchterlein (den Frühling), zwei Diener des Königs (Sommer und Herbst) und den Tod (Winter) vorstellen.

Der König trägt eine Krone von Goldpapier und einen mit Goldpapier umwickelten Rocken als Zepter, sein Töchterlein ein Schächtelchen zur Aufbewahrung der Geldgeschenke, die nach der Aufführung eingesammelt werden, die beiden Diener sind mit Degen versehen, und der Tod hat statt einer Waffe ein Bündel Schleißen oder Späne in der Hand, wie sie zum Anbrennen des Feuers, in armen Gebirgsgegenden auch zur Beleuchtung anstatt des Oel- oder Talglichtes genommen und in vielen Ortschaften von den Bewohnern zur gewöhnlichen Beschäftigung an den langen Winterabenden verfertigt werden. Bändertod heißt es, weil alle Knaben Hut und Brust mit vielen Bändern geschmückt haben.

Die Szene selbst beginnt mit der Werbung der beiden Diener um des Königs Töchterlein, dann naht auch der Tod und freit um sie, und der König, aufgebracht darüber, sticht ihn nieder, worauf die Knaben weiter ziehen.

Noch ursprünglicher, als diese allegorische Darstellung, ist der Wechselgesang, in dem sich Sommer und Winter um den Vorrang streiten, und der sich nicht nur in der Umgegend von Reichenberg in Böhmen, und im böhmischen Erzgebirge, sondern auch in einigen Orten Ober- und Niederösterreichs, in Steiermark, Kärnten und der

*) Maien, Blumenstrauß.

Schweiz erhalten hat. Nur trägt im Erzgebirge die eine Person ein Fichtenbäumchen als Symbol des Sommers, die andere einen Dreschflegel als Symbol des Winters; bei Reichenberg erscheint der Vertreter des Sommers in leichtem, weißen Gewand und der des Winters im Pelzrock, mit Pelzkappe und Pelzhandschuhen, und in Niederösterreich, wo dieser Wettstreit zwischen Sommer und Winter meist schon am Faschingsdienstag stattfindet, hält der Sommer eine Sichel in der Hand, und der Winter, welcher Arme und Beine mit Stroh umwunden hat, wie im Erzgebirge einen Dreschflegel.

In der Schweiz, namentlich in Appenzell, trägt der Sommer ein bloßes Hemd, in der einen Hand einen Baum, der mit Birnen, Aepfeln und vergoldeten Nüssen und flatternden Bändern geschmückt ist, und in der anderen einen vielfach gespaltenen Knüttel. Einen gleichen trägt der Winter, welcher Winterkleidung an hat, und bei jedem Absatz des Gesanges klopft einer dem andern auf die Schulter, daß es laut tönt. Natürlich bildet eine große Kinderschar das Gefolge der beiden Schauspieler.

Aehnlich sind die Bauernburschen in Kärnten gekleidet, wenn sie in zwei Parteien geteilt, die einen mit Schnee in den Händen, die andern mit Gabeln, Sensen und grünen Sommerhüten, entweder an Lichtmeß, oder im März vor den Häusern der Wohlhabenden das Lob des Sommers und des Winters singen.

In Obersteiermark dagegen, wo ein förmlicher Rechtshandel zwischen Sommer und Winter eingeleitet wird und jede Partei einen besonderen Sachwalter erhält, sind die jungen Burschen, welche die Sache des Winters verfechten und Pelzröcke und Pelzkragen tragen, mit Ofengabeln, Dreschflegeln und einer Getreidewinde versehen; ihre Gegner, welche im leichten, meist leinenen Anzug erscheinen, mit dem Sommergerät, Sensen, Sicheln und Heugabeln ausgerüstet.

Der Rechtsstreit wird auf einem offenen Plane vor einem ansehnlichen Bauernhause verhandelt und mit entsprechenden Geberden begleitet, indem die jungen Burschen scheinbar die Arbeiten der von ihnen verfochtenen Jahreszeit verrichten und bald die Dreschflegel schwingen, bald mähen. Gewöhnlich versammelt sich die ganze Nachbarschaft an dem Orte, wo das Spiel aufgeführt wird, und abwechselnd wird bald den Vertretern des Sommers, bald denen des Winters Beifall zugejauchzt.

Ist dann der Winter in aller Rechtsform verabschiedet worden, so beschließt Jubel und Tanz den festlichen Tag. Denn eine unverwüstliche Eigenschaft des österreichischen Alpenbewohners ist der Frohsinn, und weder in Steiermark noch in Tirol, weder in den Salzburger, noch in den Kärntner Alpen läßt man eine passende Gelegenheit vorübergehen, ohne zu tanzen. Selbst die sogenannten Waldbauern und Holzknechte, jene modernen Einsiedler in den Wäldern von Deutsch-Oesterreich, vergessen ihr schweres, gefahrvolles Leben, wenn sie an Sonn- und Festtagen im lustigen „Landler" ihre vor Gesundheit strotzenden „Dirndl" schwingen.

In einem Liede in „Der Liebe Müh umsonst" behandelt auch Shakespeare diesen volkstümlichen Stoff des Sommer- und Winterstreites.

Nicht weniger poetisch, als der Weggang des Winters in Steiermark, wird in Brabant, und hauptsächlich in Antwerpen, an Lätare die Ankunft des Sommers gefeiert.

Während nämlich in den belgischen Städten Mittfasten oder Halfvasten (Halbfasten) eine Auferstehung des Karnevals ist, indem an diesem Tage vom frühen Morgen an Masken einzeln oder truppweis die Straßen durchziehen, und abends überall Maskenbälle stattfinden, welche an Glanz und Belebung die des Karnevals womöglich noch übertreffen, ist in den vlämischen Familien Brabants „der Graf von Halbfasten" oder „sinte Greef", der heilige Graf, dasselbe, was in Deutschland das Christkind oder der heilige Nikolaus ist. Am Abend vor Halbfasten setzt jedes Kind ein Körbchen mit Heu und einem Stückchen Brot oder einer Mohrrübe für das Pferd des Grafen in eine Ecke des Kamins, in der Hoffnung, es am nächsten Morgen mit Leckereien gefüllt zu finden. Denn der heilige Graf, welcher am Ende des Winters mit seinem Diener von einer Luftfahrt zurückkommt, reitet in der Nacht auf seinem Schimmel über die Dächer, und läßt für die artigen Kinder Bonbons und Pfefferkuchen, für unartige eine Rute durch den Schornstein hinabfallen.

An einigen Orten Brabants dürfen die Kinder auch bei ihren Paten Körbchen aufstellen, welche Meinherr der Graf mit Süßigkeiten füllt, und in Antwerpen ward bis vor wenigen Jahren ein feierlicher Umzug des Grafen von Halbfasten dargestellt.

Der Graf, in altertümlicher Tracht, neben ihm ein als Frau verkleideter Mann, die Gräfin, und hinter ihnen zwei oder drei Diener in Livree, jeder mit einem großen Korbe voll getrockneten Obstes, Bonbons und anderen Näschereien zur Seite, ritten zu Pferde durch die Hauptstraßen der Stadt, gefolgt von einer zahllosen Schar Kinder, unter welche die Diener, sobald der Graf es hieß, den Inhalt ihrer Körbe herabwarfen.

Jetzt sieht man nur noch das lebensgroße Bild des Grafen und

Das Sechseläuten in Zürich. Die Begrüßung der Zünfte.

seiner Gemahlin vor den Thüren der Zuckerbäckerläden ausgestellt, wodurch Vorübergehende, die es vergessen haben sollten, daran erinnert werden, daß Halbfasten in Antwerpen nicht nur ein Kinderfest, sondern auch ein wichtiger Tag für alle jungen Leute ist. Denn die heiratsfähigen Mädchen erhalten an ihm Greefs, d. h. Reiter, welche den Greef vorstellen sollen, aus Pfefferkuchenteig (spiculatie) oder Marzipan. Nach der Zahl der Greefs kann eine junge Antwerpnerin die Zahl ihrer Anbeter berechnen, an der Größe und Güte des Greefs die Stärke der Liebe erkennen, welche sich in dieser Huldigung ausdrückt.

Will ein verschmähter Liebhaber sich rächen, oder ein verspotteter junger Mann sich seinerseits über ein Mädchen lustig machen, so schickt er Greefs von Gerstenbrod und selbst von Ton, und die Empfängerin ist ein ganzes Jahr das Ziel der Witzeleien von Seiten ihrer Bekanntinnen. Die Mädchen geben wiederum oft auf dieselbe Weise durch das Bild der Gräfin ihren Bewerbern zu verstehen, ob sie geneigt sind, ihren Antrag anzunehmen oder nicht, und werden auch diese Geschenke meist anonym versandt, so wird doch Sorge getragen, den Schleier des Geheimnisses so durchsichtig wie nur möglich zu weben.

Mit dem Sommertag (zomerdag), wie das vlämische Landvolk Lätare noch häufig nennt, beginnt in Antwerpen zwar nicht mehr, wie in vorchristlicher Zeit, der Sommer, wohl aber noch immer in vielen Herzen der Frühling des Glückes und der Liebe, und der Tag wird dort ebenso sehnsüchtig erwartet, wie in Zürich von der Kinderwelt der Montag nach der Frühlingsnachtgleiche.

An diesem Tage feiert man nämlich in Zürich das sogenannte Sechseläuten, weil alsdann zum ersten Male die Abendglocke um 6 Uhr läutet, wie sie es bis zum Bettag im September thut, ursprünglich wohl als Zeichen zum Aufhören der Arbeiten von Bauleuten und anderen Handwerkern.

Schon in aller Frühe kommen Kinder, buntscheckig gekleidet, vom Lande in die Stadt. Die Knaben, Böken genannt (von böken, brüllen, schreien), tragen meistens über ihre gewöhnlichen Kleider ein mit vielfarbigen Bändern überhangenes Hemd, eine Larve vor dem Gesicht und eine spitze, papierne Mütze, und wandern von Haus zu Haus, ziehen an den Schellen und rufen beständig: „Uscheli, Batz, Batz!“ bis man ihnen eine kleine Gabe reicht.

Die Mädchen, Mareieli's genannt, sind meistens weiß gekleidet, tragen zu zweien entweder ein Maibäumchen oder einen mit Bändern und Blumen geschmückten Kranz, und ziehen damit gruppenweis vor die Häuser, wo sie eine am Kranz hängende Schelle ertönen lassen und dann ziemlich eintönig folgendes Lied singen, welches sie dann und wann mit Knixen begleiten:

Das Sechseläuten und das ist da,
es grünet hür alles in Laub und Gras,
in Laub und Gras der Blüten so vil,
drum tanzet 's Mareieli im Saitenspil.
Tanz' nu, tanz', Mareieli, tanz',
du hast gewunne den Rosenkranz.
Neig' di, o neig' di, Mareieli, neig' di,
neig' du dich vor des Herren Hus,
es schauen vil schöne Damen drus.
Ein roter Äpfel, ein bruner Kern,
die Frau ist hübsch, sie lachet gern,
ein' goldnen Faden zieht er um si's Hus,
Ade, nu ist das Maienlied us.

Während so die Mareielis das Triumphzeichen des siegenden Sommers herumtragen, sammeln viele Gruppen von Buben für ihren Strohmann oder Böke (auch Butz, Botz, Butzemann genannt), den sie auf einem Wägelchen durch die Straßen führen und Abends 6 Uhr, sobald zum ersten Mal die Abendglocke ertönt, an einer hohen Stange verbrennen. Der Winter ist vernichtet, denn das Sechseläuten in Zürich ist gleich dem Sommergewinn ein Fest des alten heidnischen Frühlingsfestes, und wie der Kranz oder das Tannenbäumchen den Sommer, so stellt der Böke den Winter vor.

Wenn aber diese erste Hälfte des Festes an das Heidentum erinnert und dem armen Volke zugehört, so rührt die zweite Hälfte desselben aus dem Mittelalter her und dient zur Belustigung der Herren, indem sich an diesem Tage alle Zünfte Zürichs zu einem Essen versammeln. Nach demselben machen sie sich gegenseitig Besuche, zu denen sie besondere Sprecher erwählen, und veranstalten einzeln oder gemeinsam Aufzüge, meist in Kostümen, und gegen Abend setzt man sich wieder zu Tische, ißt, trinkt und bringt Gesundheiten aus, bis man sich spät in der Nacht erst trennt.

Im Jahre 1819, wo diese maskierten Züge zuerst aufkamen, sowie in den folgenden Jahren, wurden sie bei Nacht mit Fackeln abgehalten, und hatten die Verherrlichung irgend einer Großthat aus der Geschichte der Stadt zum Gegenstand der Darstellung. Seit 1830 aber sind Festzüge am hellen Tage Mode geworden, welche mehr und mehr den Charakter von humoristischen Fastnachtszügen annahmen. Namentlich ist die Fleischerzunft mit ihrer oft mehrere Zentner schweren Riesenwurst aus zartem Kalbfleisch, jungem Rindfleisch,

Schweinefleisch und Speck, welche sie nebst zwei Paar riesiger Messer und Gabeln herumträgt, häufig in den Vordergrund getreten. Die Schiffer, als venetianische Gondolieri verkleidet, zeichnen sich durch einen ungeheuren Fisch aus, der mit Rechlingen von Zucker gefüllt ist, die Bäcker fahren acht mächtige Schaubrode auf großem geschmücktem Wagen, andere Zünfte tragen Wein, Bier, Käse u. dergl. Jede Zunft wird von Spielleuten in altertümlicher Tracht angeführt, und jeder werden schwere gefüllte Pokale aus dem Silberschatze der Zunft vorausgetragen. Die Zunftmitglieder selbst erscheinen gewöhnlich im Kostüm ihrer Vorfahren aus früheren Jahrhunderten. Mitunter wählt man jedoch auch andere Trachten So sah man z. B. ein Mal über 100 Schweizer Krieger, welche alle Zeiten, von den ältesten bis jetzt, vergegenwärtigten. Voran schritten Celten oder Germanen mit hochflatterndem blonden Haarbusch, Tierfellen und kunstloser Bewaffnung; ihnen folgten Krieger aus der Frankenzeit, aus den Kreuzzügen und der habsburgischen Epoche, hierauf kam ein Trupp aus dem Anfange des 16. Jahrhunderts, den tapfern Zwingli in der Mitte, dann ein Zug Landsknechte aus dem dreißigjährigen Kriege und eine Schar von 1700 Grenadieren und Reitern mit Zöpfen, Trommeln und Pfeifen; hinter ihr marschierten Schweizergardisten aus der Revolutionszeit, und den Schluß bildeten Soldaten in den Uniformen des jetzigen eidgenössischen Heeres.

Bei jeder Zunft macht der Zug Halt; man wechselt Reden zur Begrüßung, und trinkt aus alten und neuen Trinkgeschirren der verschiedensten Art auf das gegenseitige Wohl. Da von Nah und Fern die Bewohner der Umgegend zusammengeströmt sind, um die schöngeschmückten Gestalten des Zuges zu sehen, so können sich die Zünfte mit ihren Reitern und Wagen in den engen Straßen der Stadt nur langsam fortbewegen, und es ist meist schon ganz dunkel, ehe man an dem Baugarten des Sees ankommt, wo gewöhnlich ein prachtvolles Feuerwerk abgebrannt wird und man sich trennt, um in die Zunfthäuser zurückzukehren

Jede der zwölf Zünfte hat nämlich ihr Zunftlokal, jede besitzt ihre alten Banner, Wappen und Festbecher, alle haben ihre eigenen patriotischen Wahlsprüche und Lieder, manche sogar ihre besonderen Sänger und Liederdichter. Denn wenn auch die Zünfte in Zürich in vieler Beziehung noch ein Andenken an vergangene Zeiten sind, so giebt doch bei ihnen das Gewerbe nur noch den Namen und Grundton her, die Mehrzahl der Mitglieder gehört allen Klassen und allen Ständen der Gesellschaft an, und im Grunde sind die Zünfte in Zürich nichts mehr als gesellschaftliche und politische Korporationen, welche einzelne Rechte der ehemaligen Gewerbezünfte, namentlich das Recht der Korporationsvertretung bei der städtischen Verwaltung, gewahrt haben, und deren eigentlicher Charakter von der geselligen Stellung und dem politischen Glaubensbekenntnis ihrer Mitglieder abhängt.

Romfahrt in Luzern.

So sind die Zünfte zum Safran (Symbol des Handels) und zur Meise (Münze und Bank), welche meist aus Kaufleuten, und die Zunft zum Rüden (Ritter), die meist aus den Junkern, dem ehemaligen Adel der Stadt, besteht, ihrem Wesen nach die Vertreter der konservativen Partei; die Mehrzahl der anderen Zünfte aber, vor Allem die Schiffsleute, die Schmiede und Fleischer, mehr liberaler und radikaler Richtung.

Auch die Zunfthäuser sind gegenwärtig fast alle öffentliche Trinkstuben oder Kaffeehäuser, wo Jeder für sein Geld bewirtet wird und die Zunft als solche nur an gewissen Tagen ausschließlich haust.

Um dieselbe Zeit, oft an demselben Tage, findet in Luzern eine kirchliche Feierlichkeit statt, welche sich nicht weniger durch ehrwürdiges Altertum wie durch festliche Pracht auszeichnet: es ist der sogenannte Musegger Umgang oder das Fest der Romfahrt, welches jährlich am Vorabend des Festtags Mariä Verkündigung beginnt.

Nach uralter Sage wütete in den ersten Zeiten der Erbauung der Stadt Luzern eine fürchterliche Feuersbrunst, welche bei den engen Gassen und den hölzernen Häusern die ganze Stadt in Asche zu legen drohte. In solcher Not gelobten die Bürger, wenn der Brand gelöscht würde, alljährlich drei Abgeordnete nach Rom zu schicken, um dort ihre frommen Bittopfer an der Grabesstätte der Apostelfürsten Peter und Paul niederlegen zu lassen. Das Feuer hörte auf, aber das gethane Gelübde wurde bald lästig wegen des großen Kostenaufwandes, welcher mit der Ausführung desselben notwendig verbunden war. Bereits nach einigen Jahren stellte daher der Rat und die Gemeinde der Stadt an den heiligen Vater in Rom das Gesuch, sie ihres Versprechens entbinden und dasselbe in eine alljährlich abzuhaltende feierliche Prozession um alle Ringmauern der Stadt verwandeln zu wollen.

Der Papst entsprach bereitwillig dem Verlangen der Luzerner, und fügte dem Erlasse noch eine ganz besondere Ablaßbulle bei. Infolgedessen bestimmte eine Ratsverordnung vom Jahre 1262: „daß auf Unser lieben Frauen Abend im März alle Priester der Stadt mit ihren Heiligtümern um die Stadt und über die Musegg ehrwürdiglich gehen, ihnen aus jedem Hause je ein ehrbarer Mann mit Andacht folgen und hinter ihnen demütiglich die Frauen kommen sollten. Auf der Musegg soll die päpstliche Ablaßbulle verlesen und der wohlgelehrteste Priester in lateinischer und deutscher Sprache eine würdige Predigt halten und die Vaterstadt Gott anbefohlen werden, damit sie nicht, wie oft vor Zeiten, mit Feuer, Kummer und Krieg heimgesucht werde. Die Räte sollen jedem Priester Fische geben und des besten Weines um Gottes willen. Auch den armen Dürftigen im Spital, den Aussätzigen in der Sänti, und selbst den Frauen im Frauenhaus und allen armen Menschen sollen Fische gegeben werden, ebenso Wein nach altem Herkommen. Das Gleiche soll auch jedem der Räte zukommen."

Geistlichkeit und Rat wetteiferten in dem Bestreben, diese kirchliche Gelübdefeier zu einem beliebten religiösen Volksfeste umzuwandeln. Die Zunft der Rebleute oder Winzer legte an der Halde vor der Stadt und an der Musegg innerhalb der Ringmauer eigens Weinberge an, von deren Ertrag der Festwein auf Staatskosten den fremden Besuchern des Festes kredenzt wurde, und wenn diese Weinspenden, die sich oft auf 1400 bis 1500 Maß beliefen, auch längst aufgehört haben, so wird doch auch immer allen Priestern, welche die Romfahrt besuchen, das sogenannte Fischgeld verabreicht, so groß auch ihre Zahl sei. Denn nicht selten sah man 200 bis 300 Geistliche aus Nah und Fern am Feste teilnehmen, und mit ihnen reichskaiserliche und königliche Abgeordnete, päpstliche Legaten und Nuntii.

Drei Tage lang dauert die Ablaßgewinnung, indem sie mit Sonnenaufgang am Tage vor Mariä Verkündigung beginnt und mit Sonnenuntergang am Tage nach dem Feste endigt, und groß sind die Vollmachten, welche dem Priester für diese Zeit bewilligt sind.

Wahrhaft prächtig und malerisch zugleich ist aber der Umgang selbst.

Von der Stiftskirche im Hof, die außer den Stadtmauern liegt, bewegt sich die feierliche Prozession hinab an das Ufer des Sees, wo sie mehrere große Schiffe besteigt und unter dem Geläute aller Glocken der Stadt, unter Musik, Choralgesang und Gebeten ans linke Seeufer zu der damaligen sogenannten großen Schiffshütte hinüberfährt, um dann längs der Ringmauer des Hirschgrabens und dem Ufer der Reuß entlang bis hinab in die Nähe des Nölliturmes, eines runden bollwerkähnlichen Mauerwerkes, zu der eigens für die Prozession erbauten Brücke über die Reuß und von hier aus hinauf nach der Anhöhe der Musegg zu der auf ihrem flachen Rücken stehenden offenen Kapelle zu ziehen. Der Weg, welcher sich von der Brücke die Höhe der Musegg hinanwindet und in Schlangenwindungen auf der Ostseite wieder hinuntersteigt, wird für das Fest jedesmal mit frischem Sägemehl bestreut, und auf der Höhe neben der Marienkapelle ist eine Feldkanzel aufgeschlagen, von welcher herab die Ablaßbulle feierlich verlesen, und nach einem allgemeinen Gebete eine Predigt in deutscher Sprache gehalten wird, bevor sich der Zug wieder in Bewegung setzt, um nach der Stiftskirche zurückzukehren.

Die verschiedenen Landestrachten, besonders der weiblichen Pilgerinnen, die flatternden Fahnen, die roten Röcke der Chorknaben, die weißen Chor- und goldenen Meßgewänder der Geistlichen, die braunen Kutten der Kapuziner und die schwarzen der Waldbrüder geben der Prozession ein sehr belebtes farbenreiches Aussehen.

Voran schreitet gemessenen Schrittes der Waibel des Chorherrnstiftes mit seinem silbernen Stab, in gelbem und schwarzem Mantel. Neben ihm gehen zwei Chorknaben mit brennenden Kerzen. Dann folgen das Kreuz und drei Fahnen, die Eremiten oder Waldbrüder aus den fünf katholischen Orten der Innerschweiz, die Männerbruderschaft der Stadt, das silberne Bildnis des seligen Niklaus von der Flüe in ihrer Mitte, die ehrwürdigen Väter Kapuziner, die feierliche Choralmusik mit Trompeten und Posaunen und zahlreichen Sängern, die Kapläne und Chorherren des Stiftes im Hof, die uralte Ablaßtafel unter chinesischem Thronhimmel, und endlich das Hochwürdigste, getragen von einem hohen geistlichen Würdenträger und umgeben von Leviten und dienstthuenden Chorknaben unter dem großen Baldachin, den vier Mitglieder der städtischen Verwaltung halten. Hinter dem Hochwürdigsten gehen der Schultheiß oder Präsident der Landesregierung mit Abgeordneten derselben und dem Staatsschreiber. Der Präsident und die Mitglieder des Obergerichtes, die städtischen Behörden mit den Waibeln im weißen und blauen Mantel, in der sogenannten Landesfarbe, sämtliche Beamte mit großen, brennenden Wachskerzen. Eine Abteilung Jägersoldaten schließt den Zug, welchem eine unzählbare Masse Volkes betend und singend folgt.

Das Fest Mariä Verkündigung selbst ist eins der ältesten Feste der Kirche, welches bereits im 5. Jahrhundert am 25. März gefeiert wurde, und lange Zeit pflegte man auch in Deutschland, namentlich im Lande Trier, nach italienischer Sitte das Jahr mit diesem Tage zu beginnen, der nicht blos für den Tag der Empfängnis Christi, sondern auch für den Todestag unsers Herrn galt. Die Verkündigung, nach welcher das Fest in Ulm den Namen Mariä Engelgruß führt, wurde ehemals in den meisten Kirchen Belgiens bildlich dargestellt, und war besonders für die Kinder in Löwen (Louvain) eine mit Ungeduld erwartete Festlichkeit. Sie durften dann alle die Eltern in die schöne Peterskirche begleiten, wo das Bild der heiligen Jungfrau im Chore aufgestellt, und hinter demselben ein Chorknabe versteckt war, der statt der Mutter Gottes sprach. Wenn nun der Engel Gabriel, den ein anderer als Engel verkleideter Chorknabe vorstellte, an einem Strick aus der im Gewölbe der Kirche befindlichen Oeffnung herabgelassen wurde, um die heilige Jungfrau mit einer tiefen Verbeugung begrüßen und ihr seine Botschaft ausrichten zu können, so ließen die Mütter in dem Augenblick, wo ihre Kinder unverwandt in die Höhe auf den herabschwebenden Engel guckten, ihnen ganz verstohlen kleine Kuchen und andere Leckereien auf den Schooß fallen, damit sie glauben sollten, der Engel habe sie beschenkt.

Leider führte ein Unglücksfall, welcher den Engel traf, weil einmal der Strick riß, an dem er hing, gegen 1750 zur großen Betrübnis der Kinder das Verbot dieser Vorstellung herbei.

In dem protestantischen Sachsen ist Mariä Verkündigung das einzige Marienfest, welches sich kirchlich erhalten hat, und in den plattdeutsch redenden Gegenden von Norddeutschland gilt es sprichwörtlich für den Zeitpunkt, wo die Abendarbeiten bei Licht aufhören, um erst zu Michaeli wieder zu beginnen. In Mecklenburg heißt es: Ploog-Marien zieht der Pflug zu Felde. Eine reiche Ernte folgt, wenn es an Mariä Verkündigung und den Tagen darauf hell ist. In Tirol dagegen heißt es im Munde des Volkes:

Mariä Verkündigung
Die Schwalben kommen wiederum,

und wird auch die Rückkehr derselben nicht mehr wie ehedem in allen germanischen Ländern festlich begangen, sind sie doch gleich den Störchen als Frühlingsboten willkommene Gäste. Auch gelten sie im Volk noch immer für heilig und für glückbringend. Ihre Anwesenheit macht ein Dorf reich, das Haus, in dem sie nisten, ist von Gott gesegnet, und wer ein Schwalbennest zerstört oder gar eine Schwalbe tötet, den trifft schweres Unglück, indem entweder sein Vieh durch Seuchen hinweggerafft, oder sein Haus durch Feuersbrunst zerstört wird. Daher sind die Schwalben, obwohl sie durch ihre Nester die Häuser belästigen und verunreinigen, des größten Schutzes sicher, und in manchen Gegenden lassen die Leute nur deshalb Tag und Nacht die Fenster offen, um diesen Glücksvögeln nicht den Eingang zu verwehren. Als ehemalige Lieblingsvögel der Holda oder der schönen nie alternden Iduna, welche, sobald Thor die Winterriesen besiegt, in Schwalbengestalt nach Walhalla zurückkehrte, sind die Schwalben jetzt Muttergottesvögel, und im Oberinnthal heißt es, sie haben Gott dem Vater den Himmel bauen helfen.

Ostermorgen.

April.

Am ersten April
Schickt man die Narren wohin man will,

sagt man sprichwörtlich in Deutschland und den Niederlanden, und wohl Jeder kennnt die weitverbreitete Sitte, sich gegenseitig in den April zu schicken.

Denn wie es in Schweden Aprilnarren giebt, so pflegt man auch in England den Geck zu hetzen (hunting the gowk), und wie die Dänen in den April weisen (wise en April) oder April laufen (loebe April), so sind auch bei den Vlamingen die Aprilfische, Aprilscherze, das Vergnügen des ersten Aprils, der davon bei ihnen Versendungstag (verzendekens-dag), in England Aller-Narren-Tag (All fools day) heißt.

Glückt es nämlich in London einem ehrenwerten Mitgliede der Straßenjugend, zu deren Lieblingsbeschäftigung es gehört, Aprilscherze zu treiben, Jemandem etwas aufzubinden, so ruft es unter lautem Lachen: „Ah! you April fool! Ach! Ihr Aprilnarr;“ während man in Nordengland denjenigen, welcher darauf eingegangen ist, einen Brief, in dem nichts steht als die Worte:

On the first day of April	An des Aprillen erstem Tage
Hunt the gowk another mile.	Den Geck 'ne Meile weiter jage.

von einer Adresse zur andern zu tragen, Aprilgeck nennt.

„Aprilnarr, Aprilnarr!“ oder, wie es in Berlin heißt: „April, April, April, man kann den Narren schicken, wohin man will!“ wird auch in Deutschland ausgerufen, wenn ein Kind bereitwillig ist, dem ihm gewordenen Auftrage gemäß, in die Apotheke oder einen Kaufladen zu laufen, um Krebsblut oder Mückenfett, oder rosagrüne Tinte oder Kieselsteinöl, gesponnenen Sand oder gedörrten Schnee u. dergl. zu holen.

Aehnliche Befehle erhalten bei den untern Klassen der vlämischen Bevölkerung Belgiens Kinder und Dienstboten am ersten April, nur wird ihnen, soll der Spaß vollständig sein, noch irgend ein Denkzettel mit auf den Weg gegeben, indem man ihnen, ehe sie ausgehen, heimlich einen Zopf, eine Papierfigur oder einen Zettel auf den Rücken klebt oder unbemerkt das Gesicht weiß oder schwarz macht.

Woher diese Gewohnheit des Aprilschickens eigentlich rührt, läßt sich mit Sicherheit nicht angeben. Einige leiten sie von dem Narrenfest der Römer ab, welches in die Zeit der Quirinalia fiel: Andere sind der Ansicht, man habe durch sie das Aprilwetter verbildlichen wollen, welches seiner Veränderlichkeit wegen bekannt ist; noch Andere glauben, daß sie an die unnützen Gänge erinnern soll, welche die Juden den Erlöser machen ließen, indem sie ihn, wie man humoristisch zu sagen pflegt, „von Pontius zu Pilatus“ schickten.

Wahrscheinlicher ist jedoch die Annahme, daß diese Sitte, welche eben so alt, wie verbreitet ist, aus Indien zu uns gekommen sei, wo seit undenklichen Zeiten am letzten Tage des Hulifestes, der unserm 31. März entspricht, der Brauch herrscht, Leute auf alle mögliche Weise zu foppen, und wo Vornehme und Geringe sich damit belustigen, Hulinarren zu machen.

Auch das christliche Palmenfest soll eigentlich altindischen Ursprungs sein, und selbst die an demselben üblich gewesene sogenannte Palmeselprozession wollen einige Gelehrte von dem Eselsritt herleiten, der in Persien zur Feier des Frühlingsanfangs statt fand, und bei welchem man Palmzweige als Symbol des Sieges über den vernichteten Winter trug.

Der Name Palmsonntag oder Palmtag rührt allerdings zunächst von der Gewohnheit der katholischen Kirche her, am letzten Fastensonntag, dem Sonntag vor Ostern, Palmenzweige zu weihen, um damit die Prozession zur Erinnerung an den festlichen Einzug

Christi in Jerusalem abzuhalten. Die mannigfachen Gebräuche und Meinungen aber, die sich an diesen Tag knüpfen, weisen entschieden auf heidnische Sitten zurück.

Da es in nördlichen Ländern keine Palmen giebt, ersetzt man sie je nach den Gegenden durch Zweige von Buchsbaum, Oliven, Weiden, Silberpappeln oder Haselnußsträuchen, welche Blätter oder Knospen haben, und trägt auf sie die Benennung Palmen über.

Auf den Dörfern Niederösterreichs pflegt man einen dichten Busch von Palmenzweigen an der Spitze eines hohen schlank und zierlich aus trockenem Fichtenholz geschnitzten Stammes zu befestigen.

Aehnlich sind die Palmensträuße in der katholischen Umgegend von Basel. Schon am Sonntag vor dem Palmfest ziehen die Schulknaben des Dorfes Nachmittags scharenweis hinaus in die benachbarten Wälder und Berge, um die nötigen Stechpalmenzweige zu holen. Findet man dabei einige Stechpalmsträuche mit roten Beeren, so ist das Glück groß, denn diese Beeren gelten für den schönsten Schmuck des Palmstraußes. Dann schneidet sich noch jeder Knabe ein Tannenbäumchen von zwölf oder mehr Fuß Höhe ab, an welchem der Palmstrauß befestigt werden soll, und alle kehren vergnügt nach Hause zurück, wo sie ihre grünen Schätze sorgsam im Keller aufbewahren, um sie frisch zu erhalten.

Am Vorabend des Palmsonntages wird nun zuerst das Tannenbäumchen heraufgeholt, von welchem der Hausvater geschickt die Rinde abschält und alle Zweige soweit abschneidet, daß nur oben eine kleine zierliche Krone übrig bleibt. Die Knaben haben unterdessen aus dem Garten Zweige von Buchs- und Sefibaum, aus den Hecken der Waldwege Haselruten geholt, und vom Dorfböttcher um einen Batzen zwei oder drei gespaltene Weidenbändchen gekauft. Diese werden in der Krone des Tannenbaumes zwischen den Aesten so befestigt, daß sie in ihrer gelben Farbe den Uebergang bilden von dem weißen Stämmchen zu dem Grün der Krone, und werden am obern und untern Rande mit Buchsbaum und „Sefi" verziert. In den Reif steckt man vier Haselruten so, daß sie in spitzem Winkel vom Stämmchen auswärts stehend die mit den Palmenzweigen geschmückte Krone gleichsam schützend umgeben. Am nächsten Morgen werden an jede dieser Haselruten drei oder noch mehr der schönsten roten Aepfel in gleichmäßiger Entfernung gesteckt, dann die Ruten über dem Wipfel des Tannenbäumchens nach innen gebogen und mit einem buntfarbigen flatternden Seidenbande zusammengebunden. Ist der Palmbaum auf diese Weise fertig geworden, so nimmt ihn ein Knabe, trägt ihn gesenkt durch den

Hausflur, richtet ihn vor dem Hause hoch auf, und wandelt dann stolz mit ihm der Kirche zu, die schon ganz mit Palmbäumen umstellt ist. Die Einwohner des Dorfes stehen neugierig davor, loben bald an diesem die Höhe, bald an jenem den Ausputz, und mustern die Frische der Palmzweige, die Farben der Bänder und die Schönheit der Aepfel.

Sobald die Glocken zur Kirche läuten, ergreift jeder Knabe seinen Baum und drängt sich zur Kirchthür hinein, um sich im Chore aufzustellen. Hat dann der Pfarrer an den Stufen des Altars seine Segensgebete gesprochen, so besprengt er die Palmbäume mit Weihwasser und segnet den Haufen Sefizweige, welche, gleich Kielfedern geformt, auf dem Altare liegen und nachher an die Vorsteher der Gemeinde und die Sänger der Kirche verteilt werden. Hierauf findet ein Umgang um die Kirche statt, nach dessen Beendigung die Knaben ihre Palmen nach Hause tragen, um sie, von den Bändern und Aepfeln mit samt den Haselruten beraubt, im Garten aufzustecken. Als Belohnung holt sich der kleine Palmenträger von der Mutter einige von den Brod- und Aepfelküchlein, welche diese während des Gottesdienstes, der wegen der Verlesung der Passionsgeschichte ungewöhnlich lange dauert, in der Küche bäckt, und eilt dann in die Kirche zurück. Ist die Kirche aus, so setzt man sich zu dem Festtagsmahle nieder, bei welchem, da am Palmsonntag gefastet wird, keine Fleischspeisen auf den Tisch kommen und von nichts gesprochen wird, als von den Palmen. Wer die schönste und größte gehabt hat, ist der Held des Tages.

Der Palmbaum selbst bleibt bis zum Ostertag im Garten. Dann gilt es, wem es glückt, ihn zuerst ins Haus zu tragen, um das Ostergeschenk zu verdienen, welches aus einer Anzahl Ostereier besteht. Darum findet man schon früh am Ostermorgen keinen Palmbaum mehr in einem Garten des Dorfes, denn Jeder bemüht sich, der Erste zu sein, der ihn holt. Er wird in irgend einer Kammer oder auf dem Estrich aufbewahrt, um bei Gewittern einen Zweig von ihm auf dem Heerde zu verbrennen, oder wenn eine Wöchnerin das Haus verlassen will, bevor sie „ausgesegnet" ist, einige vertrocknete Blätter davon in die Schuhe zu stecken, damit der Teufel ihr nichts anhaben könne. Das seidene Band, womit die Haselruten umwunden waren, wird ehrfurchtsvoll wieder in den Kasten gelegt, die Ruten werden in den Viehställen zwischen Sparren und Dielen gesteckt, um das Vieh vor den Einflüssen des „bösen Feindes" zu bewahren, und die Aepfel, welche gleichfalls des Segens teilhaftig geworden sind, werden am Palmtag nach dem Mittagessen in so viel Teile geschnitten, als Hausgenossen sind und andächtig gegessen damit sie einen gesegneten Appetit bewirken.

Auch in manchen Gegenden von Nordtirol wetteifern die Burschen, die längste Palme zu haben, die sie nicht nur mit bunten Seidenbändern, sondern auch mit kleinen Brezeln behängen, und wenn man in der Charwoche oder zum Osterfest durch das romantische Thal

Palmsonntag in Rippoldsau.

des Schwarzwaldes wandert, welches von Rippoldsau nach Freiburg führt, so sieht man bei jedem Hause große, rote Kreuze, welche ebenfalls Palmen genannt werden. Sie bestehen aus 8 bis 10 Fuß hohen Stangen, die unten mit einigen Stechpalmenzweigen und oben mit flatternden roten Verzierungen in Form eines Kreuzes, eines Herzens oder auch der beiden Buchstaben A. M. geschmückt sind, welche die Worte „Ave, Maria!“ bedeuten und aus den Beeren der Stechpalme geformt sind. Bänder in allen möglichen bunten Farben umgeben die grünen stachligen Blätter. Meist sind es Kinder, welche die Palmen anfertigen und stolz darauf sind, sie so schön als möglich zu machen.

Am Palmsonntag tragen sie dieselben in Prozession nach der Kirche, damit sie der Priester weihe, und empfangen nach der Messe außerhalb der Kirche, wo sie sich sämtlich versammeln, den gemeinschaftlichen Segen. Dann sucht Jeder seine Familie auf und kehrt nach Hause zurück. In der Nähe der väterlichen Wohnung führt sie der Aelteste an den Ort, wo die Palme eingegraben werden soll. Alle entblößen das Haupt und beten stumm ein kurzes Gebet, worauf die Zeremonie mit einem Mahle endigt.

Einfacher sind die Palmzacken (palmtakjens), welche man in Belgien weihen läßt. Es sind kleine Buchsbaumzweige, die man nachher unter dem Dache oder an das Kruzifix befestigt, um das Haus vor Feuer zu schützen. Die Kinder schmücken das steinerne Weihwasserfäßchen damit, welches über ihrem Bette hängt, und benutzen sie bei schicklichen Gelegenheiten als Weihwasserwedel. In vielen Gegenden steckt man auch einen geweihten Zweig auf jedes Stück Land, um es vor Hagel zu bewahren, und im Limburger Lande ziert man die Gräber damit, welche man in den meisten Parochieen am Sonnabend vor dem Palmsonntage zu erneuern pflegt.

Bei den Deutschböhmen müssen die Haselnußpalmen zur Verhütung alles Unheils in der Wohnstube, im Stalle und auf dem Schüttboden zwischen die Balken, an der sächsischen Grenze als Blitzableiter unter alle Dächer.

Entsteht in Hessen eine Feuersbrunst, so wird, wie bei Gewittern, sofort auf dem Herd ein Feuer angezündet, in das man einige geweihte Zweige wirft, während dies anderwärts blos geschieht, wenn ein schweres Gewitter heranzieht. Auch giebt man dort krankem Vieh Wasser zu saufen, in das man eine Palme gesteckt hat. Die ausgeschossenen Blüten oder Kätzchen der geweihten Zweige, welche man Palmenkätzchen, in Oberbayern Palmnudeln nennt, haben ebenfalls verschiedene Heilkräfte.

Die Deutschböhmen verschlucken drei davon, um das Jahr hindurch vor dem Fieber sicher zu sein, oder, wie man im Eger- und Leitmeritzer Kreis glaubt, sich vor Halsweh zu schützen. Anderwärts thut man dasselbe, um kein Zahnweh zu bekommen, und in den Ortschaften am Schneeberg in Niederösterreich glaubt man gar alles Brandunglück abwenden zu können, wenn man drei Palmkätzchen nüchtern verschluckt.

Daß die Palmweihe auch in protestantischen Ländern noch nicht vergessen ist, beweist die in London übliche Gewohnheit, am Palmsonntag ganz früh „palming“ zu gehen, d. h. aus der Umgegend der Hauptstadt Weidenzweige mit Schäfchen zu holen, Hüte und Knopflöcher damit zu schmücken und so triumphierend nach Hause zu ziehen, sowie der Kinderbrauch in Amsterdam, mit den sogenannten Osterpalmen (palmpaschen) herumzulaufen. Es sind dies nämlich gebackene Kränze oder Brezeln aus Brodteig, in denen ein Kreuz liegt, das an einen schön verzierten Stab gebunden wird. In den vier offenen Räumen zwischen Kreuz und Kranz sind kleine Hähnchen gebacken, eben so auf dem Kranz, und oben über dem Stock befindet sich gewöhnlich ein größerer Hahn. Das Ganze wird mit Buchsbaum geschmückt.

Mit dem Palmsonntage beginnt die Charwoche, welche auch die große, die stille oder Marterwoche, von den Engländern die Leidenswoche, von den Niederländern die gute, hohe oder Peinwoche genannt wird.

Alle Benennungen der Char- oder Klagewoche (vom althochdeutschen chara, Trauer, Klage) weisen darauf hin, daß die Kirche in derselben die Erinnerung an das Leiden und Sterben Christi, des Erlösers der Menschheit, feiert. Die Bedeutung, welche diese Woche für jeden Christen hat, ließ sie daher die große, die hohe, die Glückseligkeit, deren sie uns durch Christi Tod teilhaftig gemacht, die gute nennen, und die Verordnung, welche bereits vom Kaiser Konstantin dem Großen ausging, daß während der Charwoche alle Arbeit ruhen sollte, veranlaßte die Bezeichnung stille Woche.

Im Laufe der Jahrhunderte hat sich die Feier allmählich auf die drei letzten Tage beschränkt, an denen in katholischen Ländern noch jetzt zum Zeichen der Kirchentrauer das Läuten der Glocken verboten ist.

„Sie gehen nach Rom,“ heißt es, wenn an der Mittwoche nach dem Palmsonntag, der sogenannten krummen Mittwoche, an der nach dem Evangelium die Richter Christum zum Tode verurteilten, und so das Recht „krümmten“, die Glocken zum letzten Male läuten, und während ihrer Abwesenheit werden sie in Böhmen von den Schulknaben vertreten.

Diese versammeln sich nämlich Früh, Mittags und Abends, mit Ratschen, Hämmerchen, Knarren, Klöppeln und anderen Lärmwerkzeugen versehen, an der Kirche, und durchlaufen, sobald die Turmuhr Zwölf oder Sechse schlägt, alle Gassen, indem sie dabei fortwährend ihre Schnarrinstrumente in Bewegung setzen. Haben sie die letzte Gasse erreicht, hören sie mit ihrem Lärmen auf und gehen ruhig nach Hause.

Ein ähnliches Getöse wird von den Kirchendienern am Ende jener feierlichen, mit Gesang gemischten Chorgebete gemacht, welche die Geistlichen der katholischen Kirche an Mittwoch, Donnerstag und Freitag der Charwoche nachmittags von 4 bis 5 Uhr abhalten, und die an vielen Orten durch den Vortrag des herrlichen Miserere von Gregorio Allegri berühmt sind. Das Gepolter, welchem diese Vespern den Namen Pumper-, in der Schweiz Rumpel-Metten verdanken, soll den Lärm andeuten, womit die Juden Jesum im Garten aufsuchten, und in früheren Zeiten pflegten die Andächtigen, welche in der Kirche waren, selbst ein furchtbares Gerumpel mit Stühlen und Bänken zu mache. Da nach jedem Psalm eines der fünfzehn Lichter ausgelöscht wird, welche dabei brennen müssen, so werden diese Metten auch Finstermetten genannt.

Der Gründonnerstag, welcher bei den Vlamingen der weiße, hohe oder große, bei den Dänen und Schweden der reine oder reinigende Donnerstag heißt, ist von der Kirche dem Gedächtnis der Einsetzung des heiligen Abendmahles gewidmet. Um daher die Bestimmung dieses Tages noch mehr zu vergegenwärtigen, findet in allen katholischen Ländern die fromme Sitte der Fußwaschung und Speisung von zwölf Armen, das sogenannte Mandat, statt.

In den Residenzen katholischer Fürsten sind es die Regenten in Person, in Abteien und Bistümern die Prälaten und höchsten geistlichen Würdenträger, welche das Beispiel unseres Herrn nachahmen, und selbst in dem protestantischen England hat sich noch die Gewohnheit erhalten, statt des ehemaligen Mandats an eine gewisse Anzahl Arme Speisen zu verteilen, die in Körben enthalten sind, weshalb der Gründonnerstag in England der Korbdonnerstag (Maundy Thursday, vom altsächsischen mand, maund, Korb) genannt wird. Da dem Herkommen gemäß immer so viel arme Männer und Frauen beschenkt werden, als der König oder die Königin Jahre zählt, so erhielten 1814 nicht weniger als 75 Männer und 75 Frauen in der königlichen Kapelle in Whitehall Salzfische, und zwar, Lachs, Stockfische und Häringe, Rindsbraten, Brot und Ale oder Bier.

Besonders feierlich ist die Zeremonie der Fußwaschung in München und in Wien.

Schon früh um neun Uhr versammeln sich im großen Rittersaale der Hofburg die Großen des Reichs, die Repräsentanten des Zivils, Militärs und geistlichen Standes, die Großwürdenträger, Kammerherren, Hofchargen und Garden, welche das gewöhnliche Gefolge der Person des Kaisers bilden. Tribünen sind errichtet, welche Zuschauer aller Klassen füllen, und in der Mitte des Saales sieht man zwei lange

Tische aufgestellt, die mit Blumen bestreut und mit bequemen Sesseln versehen sind. Auf jedem ist für zwölf Personen gedeckt, und jedes dieser Gedecke besteht aus einem hölzernen Löffel, ein Paar hölzerner Messer und Gabeln, einem altertümlichen grünsteinernen Kruge und einem großen zinnernen Pokal.

Um zehn Uhr werden durch die großen Pforten 24 Gestalten hereingeführt, welche durch ihr hohes Alter, ihre schneeweißen Häupter und die mittelalterlichen Gewänder, in die sie gekleidet sind, einen seltsamen Anblick gewähren. Es sind 12 Männer und 12 Frauen, welche sich, die Ersteren an den Tisch zur Rechten, die Letzteren an den Tisch zur Linken, niederlassen. Ist dies geschehen, klopfen die Kämmerer drei Mal mit ihrem Stabe auf den Boden, die Garden ziehen die Schwerter, lautlose Stille tritt ein, und am Eingang erscheint der Kaiser, umgeben von Erzherzögen, Prinzen und Marschällen, und die Kaiserin, gefolgt von zwölf Damen der kaiserlichen Familie und des Hofes.

Der Kaiser stellt sich an die Tafel der Greise, die Kaiserin an die der Frauen, und beide sprechen einige Worte mit jedem der Armen. Dann bringen die Truchsesse und Edelknaben die Schüsseln mit Speisen, welche die Monarchen eigenhändig den Armen vorsetzen, indem sie sich fortwährend mit ihnen unterhalten. Haben die Alten ihre Suppe gegessen, so nimmt der Kaiser, und ebenso die Kaiserin, die Schüsseln wieder ab, und stellt sie auf die Bretter, um gleich darauf mit neuen Speisen zu erscheinen. So geht dies fort, indem der Kaiser und die Kaiserin stets selbst auftragen und abräumen, bis den Armen alle 24 Schüsseln gereicht worden sind, die ihnen vorgesetzt werden. Die übrig gebliebenen Speisen werden nach Beendigung des Mahles mit samt dem Geräte ihnen in's Haus geschickt.

Sind die Tafeln weggenommen, tritt die Geistlichkeit mit brennenden Kerzen in den Saal, ein Geistlicher liest feierlich die Erzählung des Abendmahles aus dem Evangelium Johannis vor, zwei andere Geistliche von hohem Range überreichen dem Kaiser ein goldenes Waschbecken, der Monarch kniet nieder und wäscht jedem der 12 Männer, denen Bediente bereits einen Schuh und Strumpf ausgezogen haben, den entblößten Fuß, trocknet ihn und küßt ihn mit vorgebeugtem Haupt.

Die Kaiserin thut auf der andern Seite dasselbe bei den Frauen, doch nur bei einer, da jede der Damen ihres Gefolges denselben Akt der Demut bei einer der alten Frauen verrichtet.

Ist die Zeremonie beendet, so hängt der Kaiser wie die Kaiserin jedem der Armen einen mit 30 Groschen gefüllten Beutel an einem Kettchen um den Hals, worauf sie freundlich grüßend den Saal verlassen.

In vielen Abteien und Hospitälern gab es früher besondere Stiftungen, um am Gründonnerstage eine mehr oder weniger große Anzahl Armer oder Pilger zu speisen und zu beschenken. Aber mit der Aufhebung der meisten dieser frommen Anstalten sind auch die Kapitalien jener Stiftungen zu andern Zwecken angewiesen, und nur selten ihrer ursprünglichen Bestimmung erhalten worden.

Ein solcher Ausnahmefall findet in Antwerpen im Hospiz des heiligen Julian (St. Julianus Gasthuis) statt. Dieses Hospiz, dessen malerische kleine Façade sich nahe bei St. Jans-Vliet in der Hoogstraet erhebt, und durch die vollendete Einfachheit ihrer Architektur die Bewunderung jedes Freundes der Kunst erregt, ward bereits 1303 von einer edlen Witwe, Ida van der Lischt, und einem Kanonikus, Jan Tuclan für arme Reisende gestiftet. Drei Nächte sollten bedürftige Wanderer, vor allem solche, welche in Rom oder dem gelobten Lande gewesen wären, darin ruhen dürfen. Dank der eifrigen Beihilfe verschiedener angesehener Bürger der Stadt, sah sich die Stiftung bald in den Stand gesetzt, ihre gemeinnützige Aufgabe zu erfüllen, und ein offizieller Auszug aus den Registern des Hauses weist nach, daß vom 2. Febr. 1702 bis zum 14. März 1854 nicht weniger als 117 776 Fremdlinge von allen Nationen dort beherbergt und beköstigt wurden. — Unter der französischen Herrschaft ward zwar das St. Julianshospiz 1798 gleich allen mildthätigen Anstalten Belgiens aufgehoben, aber schon 1801 gelang es, die Rückgabe des alten Gebäudes zu erlangen, und das Hospiz wiederherstellen zu dürfen.

In kurzer Zeit gewann dasselbe seinen früheren Ruf wieder, und seit 1815 ward auch wieder die alte Gewohnheit erneuert, am Gründonnerstag eine Tafel mit den feinsten Eßwaren und Getränken zu besetzen, und sie am Abend zwölf Armen, welche in Rom, Loretto oder Palästina gewesen sind, zu überlassen. Da die Pilgrimtafel stets mit dem in Antwerpen heimischen Kunstsinn verziert ist, und der Gründonnerstag überdies der einzige Tag im Jahre ist, an welchem das Hospiz für jeden Besucher offen steht, so strömen an demselben Tausende und abermals Tausende Neugieriger hinein, um die Tafel mit den darauf befindlichen Kostbarkeiten zu bewundern oder die Armen zu sehen, die zu Ehren des Festes ihre Pilgertracht mit Muschel, Stab und Hut angelegt haben.

Wohl mancher der Besucher mag dabei im Stillen die Pilger beneiden, welche bei ihrer Mahlzeit die leckersten Speisen und die teuersten Weine und mannigfaltigsten Süßigkeiten genießen dürfen, während in den Antwerpener Familien Wekken in Meth gebrockt das herkömmliche

Hauptgericht des Gründonnerstags ausmachten, der dort davon den Namen Soppendondertag, Tunkdonnerstag, erhalten hat.

Auch in Deutschland pflegt man am Gründonnerstag außergewöhnliche Speisen zu essen. Namentlich ist es allgemein üblich, etwas Grünes zu genießen, und sollte auch nur ein Pfannkuchen mit Schnittlauch auf dem Tische erscheinen. In Hamburg und Altona kochen daher die Frauen eine Kräutersuppe, zu welcher sie sieben Arten Kräuter nehmen, in Hessen und der Neumark ein Gemüse aus neunerlei Kräutern, in Sachsen machen sie Rübsensalat, in Böhmen Spinatkrapfen, d. h. mit Spinat gefüllte Krapfen, und in Schwaben Laubfrösche oder Maulschellen, d. i. mit Gemüs gefüllte Nudeln.

Ebenso werden in manchen Gegenden besondere Brödchen gebacken, die in Hamburg Judasohren, in Böhmen Judasbrodchen, und in Sachsen Honigbrödchen, weil sie, wie in Böhmen die Judasbrodchen, stets mit Honig gegessen werden. Denn der Honig spielt eine große Rolle am Gründonnerstag. Ißt man ihn des Morgens nüchtern, so ist man das ganze Jahr gegen den Biß toller Hunde geschützt, heißt es in Niederösterreich; ißt man aber an diesem Tage keinen Honig, so wird man zum Esel, sagt man in Sachsen und Hessen, und in der Umgegend von Reichenberg in Böhmen, wo der Gründonnerstag für einen großen Glückstag gilt, wirft der Knecht, nachdem er sich schweigend in einem fließenden Wasser gewaschen hat, folglich rein geworden ist, noch vor Sonnenaufgang einen mit Honig bestrichenen Brodbissen in den Brunnen, um das Wasser, einen andern in die junge Saat, um diese vor Ungeziefer zu bewahren. Auch säte man dort früher gern Flachs an diesem Tage, wie noch jetzt Kohl und Erbsen, und dieselbe Gewohnheit finden wir nicht nur in der Mark, sondern auch in Hessen wieder. Namentlich im Odenwald säet und pflanzt man am Gründonnerstag, so viel man kann, weil man glaubt, daß dann die Pflanzen am besten gedeihen. Auch den Eiern, die an diesem Tage gelegt und, weil der Gründonnerstag in Süddeutschland als Antlaß-Pfinztag, Entlassungs- oder Vergebungs-Donnerstag, bekannt ist, Antlaßeier genannt werden, schreibt man besondere Kraft zu. Sie schützen, wie man in Schwaben glaubt, Männer vor einem Leibschaden, werden in Niederösterreich, nachdem sie am Ostertag geweiht worden, stets von je zwei Personen gegessen, um sich nicht unterwegs zu verirren, und in Böhmen über das Haus geworfen und an der Stelle, wo sie niederfallen, vergraben, um das Einschlagen des Blitzes zu verhindern. Anderwärts behauptet man, daß die Antlaßeier, lauter Hähne, oder daß sie Hühner geben, die in jedem Jahr die Farbe wechseln, daß sie vor jeder Feuersnot bewahren, und daß derjenige, welcher ein Gründonnerstagsei bei sich trägt, in der Kirche oder auf einem Kreuzweg die Hexen erkennen könne. Diese vielen abergläubischen Gebräuche und Ideen, welche sich bis jetzt erhalten haben, lassen vermuten, daß der Gründonnerstag schon längst als ein dem Donar, dem Schützer des Landbaues, besonders heiliger Tag begangen wurde, bevor an ihm das Andenken an die letzte Abendmahlzeit Christi gefeiert ward. Die noch üblichen Speisen sind der letzte Rest des Opfers, das man einst dem Donnergott brachte, um ihm für die Besiegung des Winters zu danken, und die Gaben, welche aus den Erstlingen des Pflanzenreichs bestanden, sind aller Wahrscheinlichkeit nach der Grund, warum man diesen Donnerstag den grünen genannt hat, eine Benennung, deren Ursprung verschieden gedeutet wird.

Vielerlei Regeln und Gebräuche am Gründonnerstag gelten auch in Mecklenburg. Am Gründonnerstage muß man kein Brot backen, sagen die Landleute, „sonst verbrennt der Regen“, d. h. es kommt kein Regen, oder die Schauer ziehen am Dorfe vorbei. Ebenso ziehen alle Gewitter vorbei, wenn an diesem Tage gewaschen wird. Ein am Gründonnerstag gelegtes Ei trägt man auf den Boden, um das Haus gegen den Blitz zu sichern. „Vom Thor kommt auch noch her“, heißt es in „Frank, altes und neues Mecklenburg,“ „daß man am grünen Donnerstag sich einen grünen Kohl, vornehmlich von jungen Nesseln kocht und also des Thors Abendmahl hält. Es ist sodann mancher der Meinung, wenn er an diesem Tage, da Christus das hl. Abendmahl eingesetzt, nicht sollte Kohl mit Nesseln essen, daß es um sein Leben wohl so gefährlich stehen möchte, als wie um die Seele dessen, der ein Verächter des hl. Abendmahls.“ Dieser Gründonnerstagskohl ist auch jetzt noch hier und da üblich. — Wer am Gründonnerstag nicht mit seinen Pferden auf den Acker zieht und dort einige Zeit arbeitet, der hat keinen Segen im Jahre.

Und vom Charfreitag heißt es dort: Wer mit einem Kreuzdornstab, in der Charfreitagwoche geschnitten, geht, dem begegnet kein Gespenst. Solcher Dorn, in die vier Ecken des Stalles oder in den Ständer geschlagen, heilt das dazwischenstehende kranke Vieh. Am Charfreitagmorgen vor Sonnenaufgang peitscht man stillschweigends das Vieh mit Kreuzdornruthen: die Schläge treffen das Vieh, die Schmerzen aber haben die Hexen, die auf dem Vieh sind. Die Ruthen steckt man an einen heimlichen Ort, wohin weder Sonne noch Mond scheint.

Charfreitag vor Sonnenaufgang wird auch die Wünschelruthe geschnitten mit den Worten:

Gott grüß' dich, edles Reischen!
Im Namen Gottes des Vaters sucht ich dich,
" " " " Sohnes fand' ich dich,
" " " " heiligen Geistes schneid' ich dich.

Solche Ruthe heilt alle Krankheiten und hilft Schätze finden. Wer Stillfreitag kein Fleisch ißt, den stechen im Sommer keine Mücken. Was man am Stillfreitag näht, hält nicht. Am Stillfreitag Nachmittag müssen die Kinder zuerst zur Kirche gehen, damit sie klug werden.

Einzelne Gewohnheiten aus heidnischer Zeit scheinen auch auf den Charfreitag übertragen worden zu sein, welcher bekanntlich in der christlichen Kirche der Gedächtnisfeier des Kreuzestodes Christi geweiht ist.

Bereits im 4. Jahrhundert war der Charfreitag oder der gute Freitag, wie die Engländer und Niederländer ihn nennen, der größte Buß-, Bet- und Fasttag des Jahres, indem man von dem Augenblick an, wo der Heiland nach der gewöhnlichen Annahme am Kreuze verschied, bis zum Anbruch des Tages seiner Auferstehung, vierzig Stunden lang, weder Brod noch Wasser zu sich nahm, und die ganze Zeit in Andacht und Gebet verbrachte. Diese übertriebene Strenge ließ jedoch bald nach, und obgleich die Kirchenversammlung von Toledo die Feier des Todestages Jesu von Neuem einschärfte, sank der Charfreitag dennoch allmählich zu einem bloßen Fasttag herab, an welchem sogar die weltlichen Geschäfte und Werkeltagsarbeiten nicht ruhten. Nur in den protestantischen Ländern ist er Feiertag geblieben, an dem nicht nur jede Arbeit, sondern auch jede lärmende Freude, wie Musik und Tanz, untersagt ist, so daß er dort mit Recht der stille Freitag heißt.

In London namentlich ist der Good Friday der einzige Festtag, welcher gleich dem Weihnachtstag durch Schließen aller Gewölbe und Regierungsämter, mit Ausnahme der Post, sowie durch Offenstehen aller Kirchen gefeiert wird. Auch die Klubs, Museen, Lesezimmer und andere öffentliche Anstalten sind zu, und die Stille der sonst so geräuschvollen Stadt unterbricht kein anderer Ton, als der schrille Diskant zahlloser Kirchturmglocken, und des Morgens das Geschrei der vielen Kreuzbrbtchenverkäufer. Denn mit Tagesanbruch beginnt der Ruf: „Hot-cross-buns; one-a-penny buns, two-a-penny buns; one-a-penny, two-a-penny, hot-cross-buns!" Heiße Kreuzbrötchen; Brötchen für einen Pfennig, zweie für einen Pfennig; eins einen Pfennig, zwei einen Pfennig, heiße Kreuzbrötchen!

Zuerst ist es irgend ein kleiner Knirps, der, seinen zugedeckten

Korb mit buns, Spans oder feinen Brötchen, am Arm, beide Hände vor den Mund hält, um mit aller Kraft seiner Lungen seine Waare auszuschreien. Nach und nach kommen mehr und mehr solcher Ausrufer, bis zuletzt die ganze Straße voll von Männern, Frauen und Kindern jeden Alters ist, die sämtlich schreien, was sie können, um ihre buns zu verkaufen. Besonders die jungen Obstkarrenweiber zeichnen sich als laut und thätig aus, und verlassen nicht eher den Platz, als bis der Beginn des Gottesdienstes dem ganzen Geschrei ein Ende macht. Um ihre Brötchen recht heiß zu erhalten, haben sie den großen geflochtenen Korb, den gewöhnlich zweie von ihnen zwischen sich tragen, inwendig mit einem reinen Flanelltuche ausgeschlagen, ehe sie das glänzend weiße Tuch darüber gedeckt haben. Ihren Namen verdanken die hot-cross-buns dem Kreuze, welches zur Erinnerung an die Bedeutung des Charfreitags auf ihnen abgedrückt ist.

Aehnliche weiße Brötchen, Wekken genannt, bilden nebst Häringen und weißen Bohnen in Antwerpen die Hauptnahrung des Tages, an welchem in Belgien nicht weniger streng gefastet wird, als an der Aschermittwoch. In Schwaben dagegen ißt man salzige Brezeln, Laugenbrezeln, welche, nüchtern gegessen, vor dem Fieber schützen sollen, und meidet alle Hülsenfrüchte, um von Geschwüren frei zu bleiben. Ueberhaupt ist der schwäbische Volksglaube reich an Vorschriften, die sämtlich auf den Charfreitag Bezug haben, und offenbar höheren Alters sind, als das christliche Gedächtnisfest, das man an diesem Tage begeht.

In den Kirchen sind in allen katholischen Ländern mehr oder minder prächtige Grabmäler errichtet, welche das Grab Christi vergegenwärtigen sollen, und in den Städten ist es Brauch, schon am Tage vorher aus einer Kirche in die andere zu gehen, um möglichst viele Grabmäler besuchen zu können.

Diese Gewohnheit, die sogenannten 14 Stationen von Jerusalem zu machen, ist besonders in Belgien sehr üblich, wo man sie „Kirchenbesuchen“ nennt, und nicht selten trifft man dort noch Landbewohner an, welche dabei ihre Gebete mit kreuzweis ausgestreckten Armen verrichten.

Die Sitte aber, am Charfreitag das Leiden Christi szenisch darzustellen, welche im Mittelalter sehr verbreitet war, hat jetzt überall aufgehört. In Kärnten fand noch 1807, in Schwäbisch-Gmünd 1802 eine Charfreitagstragödie statt; gegenwärtig sind jedoch diese Aufführungen nicht minder verschwunden, als die ehemaligen berühmten Charfreitagsprozessionen. Selbst die Versuche, welche man in den

Jahren 1848 und 1849 in Tirol, und 1852 in Liesing in Kärnten machte, die früheren Passionsschauspiele wieder einzuführen, mißlangen. Nur das sogenannte Passionsspiel, welches aller zehn Jahre in dem oberbaierischen Gebirgsdorfe Oberammergau aufgeführt wird, hat sich bis zu unsern Tagen erhalten, wenn es auch nicht am Charfreitag, sondern im Hochsommer stattfindet.

Passionsspiel in Oberammergau.

Dieses religiöse Schauspiel, welches die ganze Leidensgeschichte Christi vom Einzug in Jerusalem bis zur Auferstehung darstellt, ist eigentlich blos für Landleute bestimmt, aber auch für den Gebildeten durch die Innigkeit und Naivetät des Ausdruckes erhebend und erbauend.

Die Bühne steht auf einer großen Wiese unter freiem Himmel, und macht einen wunderbaren Eindruck. Denn neben dem Theater, welches im Mittelgrund das Proszenium abschließt, überbaut und ganz wie unsere Bühnen eingerichtet ist, befinden sich noch zu beiden Seiten Räume mit Dekorationen, die während des ganzen Stückes unverändert bleiben. Es sind dies schmale Häuser mit Balkons, links das des

Pilatus, rechts das des Hohenpriesters Annas, neben welchen, gegen die Seitenwände des Proszeniums hin, man durch Thorbogen in die Straßen von Jerusalem hineinblickt. Die Stadt selbst, natürlich im Bauerngeschmack und sehr bunt, sieht man als Hintergrund des Theaters gemalt, während hinter der Bühne wirkliche Berge mit Wiesen und Wald den Horizont schließen. Vor der Bühne, erhebt sich amphitheatralisch ansteigend der Zuschauerraum, welcher gegen 6000 Personen faßt. Hölzerne Treppen führen zu den verschiedenen Plätzen, deren Preise zwischen 15 Kreuzer und 2¾ Gulden wechseln, so daß die zwölf Vorstellungen, welche in einem Spieljahr gegeben werden, der Kasse des Dorfes gewöhnlich an 24,000, in manchen Jahren, wie 1860, sogar mehr als doppelt so viel eintragen. Denn Schauspieler sind die Oberammergauer selbst, und Alles, was im Dorfe spielen kann, vom Greise bis zum Kinde, oft ein Personal von 4- bis 500 Köpfen, ist bei der Aufführung beschäftigt. Nur Nichtansässigen im Orte ist es nicht erlaubt, aufzutreten, aber Alle, die nicht mitspielen, helfen bei der Anordnung und Inszenesetzung, beim Malen der Dekorationen, beim Anfertigen der Kostüme oder im Orchester, welches der Schulmeister leitet. Daher werden alle Einnahmen nach Abzug der Kosten für die Aufführungen zum Besten der Gemeinde verwendet, und nur eine geringe Summe wird an die Mitwirkenden verteilt, um sie für die versäumte Arbeitszeit zu entschädigen, indem dieselben nicht nur bei den vielen Proben zugegen sein müssen, sondern meist Jahre lang vorher eingeschult werden.

Wiederholte Böllerschüsse verkünden den Beginn des Schauspiels. Nach einer Ouvertüre, welche die Dorfmusikanten aufführen, erscheint ein Chor von 14 Personen, dessen Gesang auf die lebenden Bilder aufmerksam macht, die hinter dem jetzt aufgehenden Vorhange sichtbar werden. Zuerst rechts die Austreibung Adam's und Eva's aus dem Paradiese, und links der gehorsame Abraham, vom Engel am Opfer seines Sohnes verhindert, dann, nachdem der Vorhang gefallen und wieder sich gehoben, das Kreuz und vor ihm vier betende Gestalten, worauf der Vorhang wieder fällt und der Chor nach einer Aufforderung an die Zuschauer, dem Kampfe des Versöhners für die Welt aufmerksam zu folgen, die Bühne verläßt.

Nun beginnt das eigentliche Drama mit dem Einzug Christi in Jerusalem. Im Hintergrund der Mittelbühne erscheinen in dichten Massen Männer, Frauen und Kinder, mit Palmzweigen in der Hand und mit lauten Hosiannarufen den Heiland begrüßend, der endlich selbst erscheint, inmitten seiner Jünger auf einem Esel reitend. In ein blaßviolettes Gewand und einen karmoisinroten Mantel gekleidet, sitzt er nicht rittlings, sondern quer auf seinem Tiere und steigt ab, sobald er auf der Vorderbühne angelangt ist. Die Rolle wird vortrefflich gespielt, alle Bewegungen sind ungesucht und natürlich, die ganze Haltung im frömmsten Stile.

Sobald auf der Mittelbühne der Vorhang gefallen und wieder aufgezogen ist, erblickt man den Vorhof des Tempels, und in demselben die Krämer und Wechsler mit ihren Tischen, ihren Lämmern und Tauben Christus tritt unter sie, droht ihnen, stürzt ihre Tische um, und ergreift endlich, nachdem die Handelsleute, unterstützt von den Schriftgelehrten, lange und heftig mit ihm und dem Volke, das für ihn Partei nimmt, gestritten, ein Seil, macht eine Geißel daraus und treibt die Krämer hinaus, während die befreiten Tauben davon fliegen.

In dieser Weise geht das Spiel weiter. Das ganze Drama besteht außer dem Vor- und Nachspiel aus 16 Abteilungen, Gruppen von sogenannten Vorbildern oder plastischen Darstellungen aus dem Alten Testamente und den entsprechenden dialogisierten Szenen aus der Leidensgeschichte. Jede dieser Gruppen wird durch den Chor nach einem Vortrag des Chorführers in mannigfachen Gesängen vorbereitet und durch die Begleitung der Musik auf das Wirksamste gehoben.

Das nächste lebende Bild zeigt die Söhne Jakobs, wie sie über das Verderben ihres Bruders Joseph ratschlagen; die folgende Szene die Priester und Schriftgelehrten, welche sich über die Tötung Jesu besprechen. Sie sitzen auf kleinen Sesseln längs der Coulissen, hinten auf erhöhten Sitzen Annas und Kaiphas, der erstere weiß, der Andere rot gekleidet, Beide mit hohen, goldenen, breitgespaltenen Priestermützen, aber alle, Oberpriester und Pharisäer, Engel, Krämer und Römer, sprechen in oberbaierischem Dialekt, und Alles spielt so frisch darauf los, als sei es das Natürlichste von der Welt, daß es damals in Jerusalem ganz ebenso zugegangen sei, wie so viel Jahrhunderte später in Oberammergau.

Die Bilder, wo Tobias von seinen Eltern Abschied nimmt, und die Braut des Hohenliedes über den Verlust ihres Bräutigams klagt, bereiten die Szene vor, wo Christus von den Seinen scheidet.

Die fünfte Gruppe enthält zwei Bilder, in denen der Herr dem Volke Israel das Manna und die Weintrauben des gelobten Landes spendet, und die Abendmahlszene, welche ganz nach Leonardo da Vinci's Gemälde angeordnet ist. Jede Einzelheit wird umständlich dargestellt: das Händewaschen vor Tische, das Gebet, die Darreichung des Brotes und des Weines, und die Fußwaschung, bei welcher jeder Apostel die

Stiefeln auszieht und Christus eine Frauenschürze mit langen Bändern umbindet.

Judas, der schon vorher sich mit dem Gedanken des Verrates beschäftigt und seine Bedenken mit den Worten beschwichtigt hat: „Hinweg mit diesen Grillen, Juda! Dir winkt Versorgung!“ empfängt in der sechsten Szene seine Silberlinge. In der siebenten sieht man erst Adam im Schweiße seines Angesichts sein Brod essen, und dann Jesum im Gebet am Oelberg blutigen Schweiß schwitzen. Der Engel, der herabschwebt, um ihn zu stärken, ein stämmiger Junge von etwa 7 Jahren im weißen Flügelkleide und mit weißen Baumwollenhandschuhen, den Kelch in der Hand, sagt zu ihm: „Chrischtus, du hast das Erlösungswerk übernommen, du muscht es auch ausführen.“ Bei der Gefangennehmung wird selbst die rasche Waffenthat des Petrus, welcher dem Malchus das Ohr abhaut, möglichst treu wieder gegeben. Das Verhör Christi geht vor den Balkonen vor sich. Dann folgt die Verleugnung, wobei Petrus ausruft: „Bei meiner Ehre, ich kenne den Menschen nicht“, und der Hahnenschrei durch einen der Mitspielenden künstlich nachgeahmt wird, die Verzweiflung des Judas, der im Synedrium erscheint, Jesu Unschuld beteuert, und als der Hohepriester ihn „schweigen und sich packen“ heißt, die Silberlinge hinwirft und sich an seinem Gürtel erhenkt, und die äußerst lebendig dargestellte Szene des Aufruhrs, den die Priester im Volke erregen, als Pilatus und Herodes Christum weggeschickt.

Die Spannung wächst, wenn man den Erlöser auf Golgatha ankommen und das schwere, zwölf bis funfzehn Fuß hohe Kreuz schleppen sieht, und wenn der Chor, der statt der bunten Kleider schwarze Mäntel, Gürtel und Sandalen angethan hat, den Zuschauern ankündigt, daß jetzt die Kreuzigung des Herrn beginnt. Man hört bereits hinter dem Vorhang der Mittelbühne das Klopfen der Hämmer, welche den grausamen Akt vollziehen, und wenn der Vorhang steigt, erblickt man die Schädelstätte mit Soldaten, Priestern und Volk angefüllt, die beiden Schächer an ihren Kreuzen und Christum nackt, wie er eben auf das Kreuz genagelt wird, an das man die von Pilatus gesandte Inschrift angeheftet hat. Die Henkersknechte, von Kopf bis zu den Füßen rot gekleidet, richten das dritte Kreuz empor, und die Nachahmung jedes Umstandes wird auf das Täuschendste ausgeführt. Man sieht die eisernen Nägel, das Blutgerinnsel in den Handflächen und auf dem Rist der Füße, die Blutstropfen, welche von der dorngekrönten Stirn Christi auf Wangen und Nacken herabträufeln, die violette Farbe der Hände, welche lange mit Stricken umschnürt gewesen; man hört selbst ein leises Zischgeräusch, wie ein scharfes Instrument es verursacht, wenn die Lanze des Longinus die Seite durchbohrt, und aus der Wunde das helle Blut auf das fleischfarbene Tricot spritzt, und würde den Gekreuzigten für eine Puppe halten, wenn er nicht spräche.

Nicht weniger naturgetreu geschieht die Abnahme vom Kreuz. Nur die drei Marien und Johannes sind am Orte geblieben, nur die Klagen der Mutter hört man noch. Joseph von Arimathia steigt an der Vorderseite, ein anderer Mann an der Hinterseite des Kreuzes auf Leitern hinauf.

Pasionsspiele. Der Hohepriester Kaiphas.

Der erste Arm wird gelöst, man hört den Nagel zu Boden fallen, und leise wird der Arm über die Schulter Josephs gelegt. der den Toten umfaßt hält, und ihn langsam, wenn der ganze Körper befreit ist, herabträgt.

Ist Jesus in das Grab gelegt, welches im Hintergrunde der Mittelbühne angebracht ist, so erscheint der Chor wieder in seiner früheren Tracht, um die Auferstehung zu verkündigen.

Den Schluß macht die Szene der Frauen am Grabe und Christi Wiedererscheinen im Garten.

Das ursprüngliche Gedicht, wie es von den Benediktermönchen des benachbarten Klosters Ettal abgefaßt wurde, als die Oberammergauer 1633 bei einer bösartigen Seuche zur Abwehr dieses Uebels das Gelübde thaten, zur Beförderung der Gottesfurcht in der Gemeinde alle zehn Jahre das Leiden und Sterben des Heilands darstellen zu wollen, und wie es im Jahre 1634 zum ersten Mal aufgeführt wurde, war noch reicher an komischen Intermezzis, als das heutige, und brachte neben dem Salbenhändler, welcher Maria Magdalena mit seinen Salben und Wohlgerüchen betrügt, und neben verschiedenen allegorischen Figuren auch die des Luzifer, der eine Hauptrolle im Drama spielte. Als aber Anfang dieses Jahrhunderts die Aufführungen verboten und, infolge der dringenden Vorstellungen einer Deputation der Oberammergauer

Passionsspiele. Mitglieder des hohen Rates.

beim König, nur unter der Bedingung wieder gestattet wurden, daß alles Anstößige beseitigt würde, arbeitete der ehemalige Benediktiner des aufgehobenen Klosters Ettal, Dr. Ottmar Weiß, der in der Nähe Pfarrer war, das Passionsspiel so um, wie es seit 1811—1850 dargestellt ward. Im Jahre 1850 unternahm der geistliche Rat Daisen, berger eine nochmalige Ueberarbeitung und Modernisierung, in welcher das Passionsspiel noch heute zur Aufführung gelangt. Die Musik hierbei ist von dem Oberammergauer Lehrer Rochus Dedler komponiert. Das Spiel kam mehr und mehr in Ruf, der Zulauf von Nah und Fern wuchs mit jeder Aufführung, und bereits 1830 mußte die Bühne vom Kirchhof des Dorfes, der zu klein geworden, um die Zuschauermenge zu fassen, auf die Wiese verlegt werden, wo sie sich jetzt befindet. Die einzelnen Aufführungen finden an Sonntagen, im Jahre 1890 auch an Montagen statt, eine jede währt — mit Unterbrechung einer Stunde — volle neun Stunden. Der Aufführung geht gewöhnlich eine kirchliche Feier voraus.

Die Tiroler Bauernkomödien, welche Kaiser Joseph II. vergebens abzustellen suchte, sind ein Seitenstück dazu. Sie wurden gewöhnlich im Sommer auf den Dörfern, besonders in der Umgebung von Innsbruck aufgeführt, nur haben sie in der Jetztzeit ihre damalige Harmlosigkeit eingebüßt. In der Stadt wird z. B. durch ungeheure Zettel bekannt gemacht, wo und wann gespielt wird, und man spekuliert lediglich damit. Der Stoff der Stücke ist stets religiösen Inhalts, die Sprache in Reimen, einige sind über hundert Jahre alt, und diese sind Darstellern und Zuschauern die liebsten. An jedem Festtage wird irgendwo eine Komödie aufgeführt. Die Bühne ist auf einem freien Platz von Brettern erbaut, aber meist gegen die Sonne gerichtet, so daß die Darsteller mit geschlossenen Augen agieren müssen. Gegen 2 Uhr Mittags ist der Anfang, das Ende erst gegen Abend. Hauptpersonen kommen wenige vor, desto mehr degegen Nebenrollen. Sobald eine von diesen fertig ist, geht der Darsteller ins nächste Wirtshaus, wo er das Spiel des andern kritisiert und über schlechte Besetzung der Rollen klagt. An diesen Tage geschieht es den Bauern, wie unsern Schauspielern von Profession: das miserabelste Subjekt ist ein nicht zur Geltung gelangtes Genie, niedergehalten durch ein feindliches Geschick oder ein unverständiges undankbares Publikum; jeder Darsteller von Nebenrollen ist ein Seidelmann oder Dessoir, sobald ihm nur deren Fächer überwiesen werden! Um auf unsere Tiroler Bauern zurückzukommen, so wird das Geld, das man für die Plätze löst, für den Bau der Bühne, Dekorationen, Kleider rc., der Ueberrest aber teils für die Kirche, teils zum Schmause verwendet; dafür aber liefert die Kirche Monstranzen, Kruzifixe, Leuchter, ja den ganzen Ornat der Geistlichkeit zur Komödie. Für die weiblichen Rollen werden als mächtiges Zugmittel die geschicktesten und schönsten Mädchen ausgesucht. Zwischen den Kulissen, einem sehr sichtbaren Raume, hat jeder Darsteller, trotz seines Ornates, die Tabakspfeife im Munde. Die Zuschauer lachen, pfeifen, klatschen, beten, rauchen Tabak, trinken Bier und Wein, werfen sich mit dem Abgang von Rettigen oder Wurstschale, und treiben so possenhafte Komödie in den heiligen Possen. Zwischen jedem Akte wird übrigens ein komisches Zwischenspiel dargestellt. Alle Jahre werden blos ein, höchstens zwei Stücke einstudiert, und diese bis zum Herbste aller acht bis vierzehn Tage wiederholt.

Von dem Tiroler Bauernspiel zu Erl im unteren Innthal berichtete ein Augenzeuge in den sechziger Jahren Folgendes: Die Sitte, daß die Einwohner genannten Fleckens szenische Darstellungen veranstalten, ist ein Vermächtnis früherer Zeiten, hat sich aber erst seit einigen Jahren wieder zu frischem und erweitertem Leben erhoben. Jetzt ist nun ganz und gar eine eigens zu diesem Zweck erbaute Bühne vorhanden, freilich nur eine schlichte Bretterbude, an der Einzelheiten sehr an die primitivsten Zustände erinnern, die im Großen und Ganzen aber doch nach dem Muster unserer modernen Theater eingerichtet ist und manche unserer Vorstadtbühnen wenigstens an Geräumigkeit übertrifft. Die Kosten der gesamten Aufführung tragen die Bauern selbst und ihrem Stande gehören auch alle Darsteller an; als technischer und artistischer Direktor fungierte ein ehrsamer Nagelschmiedemeister. Einflüsse aus den Regionen höherer Bildung scheinen hierbei gar nicht maßgebend gewesen zu sein, und selbst die Geistlichkeit that wohl nichts weiter, als daß sie dafür sorgte, daß man sich immer im religiösen Ideenkreise und zu biblischen oder kirchlichen Stoffen hielt. Von den Oberammergauer Spielern unterscheiden sich die in Erl dadurch, daß sie nicht blos aller zehn Jahre, sondern vielmehr jährlich einmal thätig werden, sowie daß sie nicht nur ein, sondern verschiedene Stücke zur Aufführung bringen. Im Sommer 1861 stand „das Leben und die Marter des heiligen Blutzeugen Eustachius“ auf dem Repertoir — ein Werk von ungenanntem Verfasser, dessen Text man „gekauft“ hatte. Wahrscheinlich aber rührt es von einem Priester her und ist nur die Ueberarbeitung eines älteren Stückes, denn es ist ganz im veralteten Geschmack geschrieben, der sogar den Bauern selbst teilweise zu antiquiert vorkam. Mit kurzen Worten: man hatte es mit einem Trauerspiel zu thun, das sich nur noch als Lustspiel genießen ließ. Und so geschah es denn auch, denn wirklich gerührt und ergriffen wurden die Zuschauer nicht. Gerade die am meisten auf Rührung und Entsetzen berechneten Stellen wurden auf das Herzhafteste belacht. Die Zuschauer tranken und aßen während der Aufführung sehr gemütlich und die Darsteller akkompagnierten; denn wer von ihnen gerade nichts auf der Bühne zu thun hatte, erschien im Zuschauerraum, um sich mit Speise oder Trank zu laben, bis ihm das nahende Stichwort wieder hinauf rief. Der Souffleur und einige Statisten entsagten der Zigarre sogar während sie beschäftigt waren nicht. — Höchst einfache Dekorationen gab es. Sie bestanden nämlich aus Brettern deren eine Seite so, die andere anders bemalt war. Ein gemaltes Fenster bedeutete eine Stube, ein vereinzelter Tannenbaum galt als Wald, und 7 bis 8 solcher Fenster oder Bäume hintereinander stellten die ganze Szene dar. Manchmal vergaß man auch, die Bretter nach der rechten Seite zu kehren, so daß man dann einen Wald mit Fenstern oder ein Zimmer mit Bäumen zu Gesicht bekam. — Einen originellen Eindruck machte das Kostüm, auf das verhältnismäßig große Summen verwendet waren. Es fehlten ihm aber gänzlich die historische Treue und Uebereinstimmung. Alle Zeiten und Entwickelungsperioden, alle Zonen und Nationen, alle Stände und Beschäftigungen erschienen darin vertreten, und eine Buntheit der Farben machte sich bemerkbar, die Erstaunen hervorrief. Am tollsten trieb es Theosista, die Gemahlin des Eustachius, welche von der Schneiderin des Ortes gespielt wurde. Diese römische Dame trug einen weißen, mit breiten Volants besetzten Mousselinrock und darüber eine offene, rote Tunika, die vorn ein schwarzes, mit Gold gesticktes Tirolermieder sehen ließ. Unter den roten Frisurenärmeln schauten weiße moderne Pauschen mit Manschetten hervor und auf dem Kopfe saß ein schwarzer runder Hut, von dem man nicht recht begriff, ob er ein Schäferhut aus der Zeit Ludwigs XIV. oder ein neumodischer Hut sein sollte. Uebrigens wallte von demselben ein grüner Schleier herunter, womit die Dame züchtig ihr Antlitz verhüllte, als im Stück ein schwarzer Korsarenhauptmann verlangende Blicke nach ihr warf. Was das Spiel anlangt, so mußte vor allem der Dialekt auffallen in den die Darsteller trotz ihrer Bemühungen, hochdeutsch sprechen zu wollen, von Zeit zu Zeit immer wieder zurückfielen. Da konnte man plötzlich hören: „Ha was isch denn aber dös?" und zwei Hohepriester brachen einmal in den Ausruf aus: „O Jemine! o Jemine!" Naturwahrheit durfte man den Erler Künstlern nicht absprechen; sie gaben freilich auch in ihrer Maske stets nur sich. Zwei Holzknechte, die natürlich nicht altrömische, sondern ächte Tiroler Holzknechte unserer Zeit waren, können kaum besser gespielt werden, als es hier geschah. Die kleinen Knaben des Eustachius zeichneten sich durch sehr naturgetreues Schluchzen und Weinen aus, und dann in den Kampfszenen — wie hieben und schlugen da die Feinde auf einander los. Auf unseren Kunstbühnen machen gewöhnlich die zahmen Darstellungen von Duellen und Schlachten nur einen höchst lächerlichen oder gleichgültigen Eindruck; anders hier, wo die Schauspieler wirklich bei der Sache waren und Jeder so erbittert schien, als hätte er einen reellen Gegner vor sich. Die kräftigen, stämmigen Gestalten thaten

Ostersänger in Vorarlberg.

außerdem das Ihrige, und überhaupt muß im Allgemeinen gesagt werden, daß die Bewegung und die Haltung der Darsteller gar nichts Unnobles hatten. Sie karikierten wenigstens nichts ins Gemeine, sondern sie spielten, indem sie Höheres erstrebten, als sonst ihr Leben enthielt und bot. Das Oberammergauer Passionsspiel mag einen viel ernsteren und weihevolleren Eindruck machen, das Bauernspiel in Erl hat aber doch auch seine sehr beachtenswerten kulturhistorischen Seiten, und neben so Manchem, was für den gesunden unverdorbenen Sinn, sowie für ihren richtigen künstlerischen Instinkt Zeugnis ablegte.*)

Mit dem Charsamstag oder hohen Samstag endigt in den katholischen Ländern die lange Fastenzeit. Sobald daher die Glocken wieder ihren ersten Ton erklingen lassen, schlagen in einigen belgischen Kirchen die Chorknaben mit aller Gewalt auf die Trauergewänder der Priester, um, wie sie sagen, „die Fasten auszuklopfen". Auf dem Lande wartet man mit diesem Fastenaustreiben bis zur Mitternachtsstunde. Kaum hört man aber die Glocke zwölf schlagen, so öffnen sich Fenster und Thüren, und unter dem Rufe: „Ostern ein, Fasten aus" verursachen Knechte und Mägde mit ihrem Besen einen furchtbaren Lärm. Wem es dabei glückt, den Anderen mit seinem Ruf zuvorzukommen, erhält am nächsten Morgen einige Eier mehr, als die übrigen Dienstleute des Hauses. Denn die Ostereier oder Paescheijeren sind auch in Belgien das übliche Ostergeschenk für Kinder und Erwachsene.

„Wenn die Glocken aus Rom zurückkommen bringen sie die Ostereier mit", glauben die Kinder, welche deshalb beim ersten Glockenton in den Garten stürzen, um die Hecken, Beeteinfassungen und Gebüsche zu durchsuchen und so die Eier zu finden, welche die Glocken bei ihrem Fluge durch die Luft haben fallen lassen.

Die Kinder der ärmeren Klassen ziehen am Ostersamstag auf den Dörfern herum und singen, um sich Ostereier zu erbitten, wobei sie in den Kempen auf Ochsenhörnern blasen, um den Pächtern und Grundbesitzern ihre Ankunft zu verkündigen. In einigen Ortschaften macht die ganze Schule einen gemeinschaftlichen Rundzug mit großen Körben, und trifft es sich zufällig, daß zwei solcher wandernden Schulen sich auf ihren Wegen begegnen, so kommt es nicht selten zu erbitterten Kämpfen mit Stock und Faust.

Mitunter ist es auch blos der Küster oder der Glöckner, welcher mit den Chorknaben, dem Feldhüter oder gar der Köchin des Pfarrers von Gehöft zu Gehöft geht, um Ostereier einzusammeln.

Aehnliche Umzüge, namentlich der Kinder, in den letzten Tagen vor Ostern finden sich nicht nur in England, sondern auch in Deutschland vielfach wieder. Bei den Deutschböhmen geschehen sie am

*) Vgl. Flögel, Geschichte des Grotesk-Komischen. S. 130 ff.

Gründonnerstag, weshalb sie an der sächsisch-böhmischen Grenze Gründorstche gehen genannt werden und die Gründorstche-Jungen ihr Lied mit dem Gruß beginnen: „Gelobt sei Christus zum Gründorstche.“ Ihr Lied lautet:

Hoite kum 'ch sun Gründorstche,
Oes ha ne grüne, ös ha ruth.
Gat mer ä husbacken Brut.

(Heut komm ich zum Gründonnerstag,
Ist er nicht grün, ist er rot,
Gebt mir ein hausbacken Brot.)

In Grulich an der mährischen Grenze wird von den Schulkindern jedes Haus ausgeschnarrt und ausgeklappert, wofür man ihnen Geschenke giebt, die teils dem Lehrer, teils den Armen zufallen.

In der Gegend von Reichenberg vertritt der Gründonnerstag den Sonntag der Mittfasten (Lätare). Wie an diesem ziehen die Kinder von Haus und singen:

Mai, lieber Mai,
Beschihr uns Kas und Ei,
Eine gute Potterwecke,
Daß m'r könn' de Kuchen klecke.
Schieh Haus, schieh (schönes) Haus,
's guckt eine schiene Jungfer raus,
Wörd sich wul bedenken,
Wörd uns wul was schenken.
Ei Schock, zwee Schock, hundert Gulden dremen,
'n Tud dann hom m'r naus getrieben,
'n lieben Sommer bring m'r wieder,
'n Mai steck m'r ei de Aaren,
Daß m'r reich und selig waren.

Haben sie nun Geld, Zuckerwerk, Pfefferkuchen und Fastenbrezeln erhalten, so heißt es:

M'r danken, m'r danken, lieben Loit,
S' Himmelreich sol oier sain,
Die himmlische Krune
Wörd oll's wieder belun'n

Wird nichts gereicht, so schreien sie:

Zeck, zeck Ziegenbouck,
Ai dam Hause sain gaitsche Loit!

und laufen weiter.

Anderswo machen die Knaben, wie an Lätare, eine Strohpuppe,

behängen sie mit Lappen, tragen sie auf einer hohen Stange im Dorfe herum und werfen sie endlich ins Wasser. Steht das Eis noch, so wird die Stange darin befestigt und so lange nach der Puppe geworfen, bis sie stückweise herunterfällt. Im Jiciner Kreise laufen am Gründonnerstage, am Charfreitage, gewöhnlich schon an der Mittwoch die Buben einem rothaarigen Knaben nach, welcher den Judas vorstellt, werfen ihn mit Schmutz und versetzen ihm, wenn er sich einholen läßt, einige Püffe. Das heißt Jidáse honit, Judastreiben.

Anderwärts wie in Vorarlberg, haben sie einen mehr religiösen Charakter angenommen, indem Männer, von Kindern mit Fackeln gefolgt, am Vorabend des Osterfestes von Haus zu Haus ziehen, und mit Schalmeien und Zithern die Auferstehungslieder begleiten, welche aus Hunderten von Kehlen der die Spieler umgebenden Volksmasse erschallen. Ostereier, oder Brod und Wein, die Symbole des heiligen Abendmahles belohnen das Spiel, und werden in großen Körben gesammelt, welche Knaben tragen.

Am Rhein und in Norddeutschland dagen sind es nicht Eier, um welche die Kinder singend bitten, sondern Brennmaterialen für die Osterfeuer, die dort nicht minder verbreitet sind, wie in Süddeutschland die Funkenfeuer und das Scheibenschlagen. Gewöhnlich werden sie auf Bergen angezündet, die davon den Namen Osterberge führen, und am Rhein pflegen die Kinder in den Flammen einen oft angekleideten Strohmann zu verbrennen, den sie Judas nennen, und nach welchem auch die Osterfeuer dort Judasfeuer heißen. Im Halberstädtischen feuert man am liebsten mit Besen, und zündet alte Theertonnen an, wie in Westfalen, wo man sie brennend die Höhe hinabrollen läßt. An einigen Orten umtanzt man jubelnd die Feuer, an andern singt man Auferstehungslieder.

Denn wie das christliche Auferstehungsfest unseres Herrn in England und im größten Teil von Deutschland noch jetzt den Namen des heidnischen Festes zu Ehren der Ostara trägt, so haben sich auch bei der Feier desselben die heidnischen und christlichen Gebräuche auf das Vielfachste untereinander vermischt.

War es in der Kirche Brauch, am Charsamstag Morgen die sogenannte Osterkerze, ein Sinnbild des verstorbenen Erlösers, des Lichtes der Welt, zu weihen und an dem neuen Feuer anzuzünden, welches man vorher gesegnet, so bot dieses Feuer, welches man in Schwaben die Scheiterweihe, in Tirol und Böhmen das Judasverbrennen heißt, einen günstigen Anlaß, die an den alten Osterfeuern haftenden Ideen darauf zu übertragen. Daher dienen, dem

Volksglauben nach, die Kohlen des geweihten Feuers, die sogenannten Judaskohlen, nicht minder als Schutzmittel gegen das Einschlagen des Blitzes, gegen Hagel und gegen Viehschäden, wie die Kohlen und Brände der Judasfeuer. Wenn nämlich auch Ostara, die Göttin des strahlenden Morgens, des aufsteigenden Lichtes und des wiederkehrenden Frühlings, der Osterzeit, sowie dem Monat, in welchen diese ehemals fiel, ihren Namen verlieh, so scheint doch das Fest nicht blos ihr, sondern auch dem Donar und Freyr gegolten zu haben. Vielleicht soll die Figur des rothaarigen Judas, den man am Rhein verbrennt, den Donnergott selbst vorstellen, welchen, wie bekannt, die Mythe mit rotem Haar und Bart ausstattet. Wenigstens lassen die Lieder, welche die Knaben in Köln beim Einsammeln des Holzes, Strohes u. dergl. vortragen, vermuten, daß dort eine ähnliche Sitte stattgefunden, wie noch jetzt in Bräunrode am Harz, sowie bei Cammin in Pommern wo man vor dem Anzünden der Osterfeuer Eichhörnchen jagt, die ihrer Farbe wegen gleich dem Fuchs und dem Rotkehlchen dem Donar zugehörten. Wahrscheinlich mußten sie ursprünglich als Opfer dienen, die man ins Feuer warf, um dadurch vom Gewittergotte Segen für die Felder zu erflehen; denn die Osterfeuer, welche ehedem überall leuchteten, waren Bittfeuer, und ihre Asche brachte den Saaten Heil und Gedeihen.

Auch das Wasser hielt man für heilkräftiger, wenn man es in einer den Göttern geheiligten Zeit schöpfte, weshalb noch jetzt dem Osterwasser besondere Kräfte zugeschrieben werden.

Bereits vor Tagesanbruch, bisweilen schon in der Nacht zwischen Elf und Zwölf, geht man das Osterwasser holen. Es muß aus fließendem Gewässer, an einigen Orten mit dem Strom, an anderen gegen den Strom, im tiefsten Schweigen geschöpft und ohne zu sprechen nach Hause getragen werden, soll es seine Wirkung nicht verlieren, die heilend und Schönheit verleihend ist.

Wer sich damit wäscht — heißt es in der Neumark — kann von der Sonne nicht verbrannt werden, und bekommt keine Sommersprossen; wer davon trinkt, ist nach dem Glauben der Bewohner einzelner Dörfer bei Halle an der Saale das ganze Jahr vor Krankheiten sicher. Auch läßt man in der Neumark das Federvieh davon trinken, damit es besser gedeihe, und im Herzogtum Sachsen sprengt man das Osterwasser im ganzen Hause herum, um dieses vor Ungeziefer zu schützen. In Thüringen, nach dem Harze zu, treibt man vor Sonnenaufgang das Vieh ins Wasser, um es vor Krankheiten zu bewahren, oder krankes, z. B. lahme Pferde, gesund zu machen, und an einigen Orten des Harzes glaubt man, das in der Osternacht geschöpfte Wasser werde zu Wein.

Die Deutschböhmen halten alles Baden und Waschen für fruchtlos, wenn es nicht gerade während des Gloria der Charsamstagsmesse geschieht, und namentlich in Reichenberg lief früher, sobald die Glocken ertönten, Jung und Alt zum Flusse, um sich Gesicht und Hände zu waschen und Wasser zu holen, das, in dieser Zeit geschöpft, gegen Epilepsie, Gicht und Augenleiden helfen soll.

Eine höhere symbolische Bedeutung gewann das Osterwasser durch die kirchliche Weihe, und den daraus hervorgegangenen naiven Glauben, das Charsamstagbad reinige von allen Sünden.

Sobald am Ostermorgen mit Sonnenaufgang die Glocken zu läuten beginnen, versammeln sich in den Dörfern an der sächsischen Grenze die Osterreiter oder „Usterreiter"; Bauern und Knechte. Sind sie auf dem „Angel" vor der Kirche beisammen, so wird dies durch Musik vom Thurme, Trompetengeschmetter, Paukenschall und sechs Böllerschüsse verkündet. Die Reiter stellen sich in einer Reihe vor dem Kirchenthore auf, ein Ostergesang erschallt, begleitet von zwei ebenfalls berittenen Trompetern, dann ertönen die Glocken wieder, und unter ihrem Geläute ziehen die Osterreiter, ein zweites Osterlied singend, dreimal um die Kirche. Voran der Fahnenträger, hinter ihm die Trompeter, dann die besten Sänger, die Gesangbücher in den Händen, endlich die übrigen, welche teils mitsingen, teils nur mitreiten. Der letzte trägt eine blecherne Büchse Sind die Reiter dreimal um die Kirche herum, so schweigen wiederum die Glocken, während die Böller abermals krachen; die Reiter stellen sich wieder vor der Kirchenthür auf, singen ein drittes Lied und beginnen dann ihren Ritt durchs Dorf, um von Haus zu Haus gelangend und vor jedem singend, in ihrer Büchse Gaben für die Kirche einzusammeln. Kommen sie zurück, so wird noch ein Lied gesungen, sie reiten mit denselben Zeremonien wie in der Frühe wiederum dreimal um die Kirche und dann erst steigen sie ab und begeben sich zum Gottesdienst.

In Mecklenburg heißt es, wer am Ostermorgen nüchtern einen Apfel, oder mehrere Eier, oder drei Veilchen ißt, bekommt das Jahr hindurch kein (kaltes) Fieber. Am Ostermorgen macht die Sonne drei Freudensprünge, sie freut sich, daß der Heiland auferstanden ist. Wer zur selben Zeit durch einen Zaun sieht, kann es bemerken — oder aber er ist behext. Tautropfen am Zaun gelten für ein gutes Flachsjahr. Am Ostermorgen müssen alle Ecken im Hause mit einem in den Zwölften gebundenen Besen ausgefegt und der Kehricht vor eines Nachbarn Thür getragen werden, so bleibt das Haus von Ungeziefer verschont. Regnet es am ersten Ostertage, so wird das Land im ganzen Jahre nicht satt, so wird es alle Sonntage bis Pfingsten regnen. — Zu Ostern wird auf den Osterbergen bei den Dörfern das Osterfeuer angesteckt. Wie der Wind am ersten Ostertage Morgens weht, solange wird er bis Himmelfahrt (durch (4) 7 Wochen) wehen.

Auch die Ostereier erhielten mit der Zeit eine christliche Auslegung. Denn während das Ei schon bei den Völkern des Altertums als Sinnbild der Schöpfung und Fruchtbarkeit galt, und deshalb, namentlich bei den Persern noch jetzt zum Neujahrsgeschenk verwendet wird, erklärte es die Kirche für das Symbol des Erlösers, welcher aus dem Grabe zum Leben erstanden, damit alle, die an ihn glauben, aus dem Grabe der Sünde durch ihn zum neuen Leben auferstehen sollen. So bekam die althergebrachte Sitte, sich zu Ostern, wo die Naturkraft wieder erwacht ist und in mehreren Ländern das Jahr seinen Anfang nahm, Eier zu schenken, neuen Halt; die Eier wurden der kirchlichen Deutung gemäß in vielen Gegenden mit dem Bilde eines Engels, eines Christkindes oder eines Lammes mit der Friedensfahne verziert, und an Stelle der Eieropfer, welche bei dem Ostarafeste durch die heidnischen Priester der Göttin gebracht wurden, trat die Gewohnheit, den Pfarrherren eine Anzahl Eier als Ostergabe zu liefern. Dabei blieb aber der Brauch, die Ostereier, wie einst zu Ehren der Gottheit, bunt, besonders rot und gelb zu färben, und in Thüringen, Hessen, Schwaben und in der Schweiz sagt man noch heutigen Tages, wie aller Wahrscheinlichkeit nach bereits in vorchristlicher Zeit: der Hase oder Osterhase habe die Eier gelegt.

Für die Kinder versteckt man nämlich am Ostermorgen gekochte und buntgefärbte Eier irgendwo im Hause, oder, wenn das Wetter es zuläßt, im Garten. In Schwaben macht man wohl auch ein Nest von Moos oder anderem Grün, auf das man einen Hasen setzt, und in Hessen legt man bisweilen alle Eier in ein mit Spänen umzäumtes und mit Moos oder Heu ausgefülltes Gärtchen, welches Tags zuvor von den Kindern gemacht worden ist, und Hasengärtchen heißt.

Ruft dann der Vater oder die Mutter: „Der Osterhase! Der Osterhase! Eben habe ich ihn vorbeilaufen sehen:“ so macht sich, wo es keine Hasengärtchen giebt, alles an's Suchen. Groß und Klein, Alt und Jung durchstöbert jeden Winkel des Wohngebäudes und des Gartens, bis die einzeln versteckten Eier zusammengefunden sind, oder das Nest entdeckt wird, aus welchem den vor Freude in die Hände klatschenden Kleinen eine Masse Eier in allen Farben entgegenschimmert. (Siehe das Anfangsbild.)

Daß gerade dem Hasen zugemutet wird, seiner Natur zuwider Eier zu legen, scheint darauf hinzudeuten, daß dieses Tier einst der Ostara nahe stand, und ihr vielleicht seiner Schnellfüßigkeit wegen dieselben Dienste leistete, welche nach der griechischen Götterlehre die beflügelten Rosse Lampos und Phaëton der Eos erwiesen.

Um die Erinnerung an die gütige Göttin noch wacher zu erhalten, schenkte man den Knaben auch Brode oder Kuchen in Gestalt von Hasen, wie dies in manchen Gegenden Tirols und Bayerns noch jetzt geschieht.

Sind die Kinder im Besitz der Ostereier, deren Zahl sich noch beträchtlich durch diejenigen vermehrt, welche sie fast überall von ihren Paten empfangen, so geht es an das Spicken oder Kippen, indem sich immer Zweie, welche Eier haben, zusammenthun, und die Eier mit den spitzen oder stumpfen Enden gegeneinander stoßen. Abwechselnd hält der eine oder der andere sein Ei hin, und der Gegner stößt. Wessen Ei dabei zerbricht, der verliert, und muß es dem Andern geben, dessen Ei härter gewesen ist.

Dieses Spiel, welches in der Schweiz Düpfen, in Schwaben Bicken, in Böhmen Tüpfen, bei den Vlamingen Tippen oder Tikken heißt, ist in England nicht minder bekannt, als in Deutschland, doch findet es dort, sowie in Belgien, Böhmen und der Schweiz, namentlich am Ostermontag statt.

Denn der Ostermontag ist der eigentliche Tag der Freude und der geselligen Belustigungen. Während sich im Ries das protestantische Landvolk am Ostersonntag feierlich dunkel kleidet, wählt man am Montag für den Kirchgang helle Farben, und besonders die Mädchen zeigen sich in ihrem schönsten Putz. Wer es irgend einrichten kann, geht zu guten Freunden über Feld oder in die Stadt, und wohnt den Vergnügungen bei, welche den Ostermontag charakterisieren.

Fast in jedem Dorfe Schwabens wurde sonst an diesem Tage ein Eierlesen gehalten, wie es jetzt nur noch zerstreut vorkommt. Es ist dies eine Art von Wette, welche zwei Parteien miteinander eingehen. An die Spitze jeder Partei stellen sich die Kämpfer, die ihre Rolle nach dem Lose übernehmen. Der eine muß nämlich von einem bestimmten Platze, gewöhnlich aus dem nächsten Orte, einen Säbel, einen Zweig, einen Wecken oder sonst etwas holen, während der andere eine Anzahl von mindestens hundert Eiern auflies t. Diese werden, bevor das Spiel beginnt, unter Begleitung von Musik im ganzen Dorfe eingesammelt, und dann in bestimmten Zwischenräumen, meist einen Schritt weit, in gerader Richtung auf die Erde hingelegt, und müssen in einer Wanne, die man dem Leser in einer gewissen Entfernung nachträgt, zusammengelesen werden. Der Eierleser ist auf diese Weise genötigt, beständig ab- und zuzulaufen, indem er jedesmal nur soviel Eier nehmen oder klauben kann, als er zu halten vermag, und in manchen Orten sogar immer blos eins auf ein Mal tragen darf. Auf einigen Dörfern muß er die Eier einem Mädchen in die Schürze werfen, auf anderen in einen mit Streu gefüllten Korb. Da er aber verliert, wenn er mehr als zwei Eier von jedem Hundert zerbricht, oder der Läufer zurückkommt, ehe die Eier alle beisammen sind, so siegt gewöhnlich der Läufer.

Die Partei, welche verspielt hat, muß die Eier bezahlen, einen großen Kuchen backen lassen und die siegende Partei im Wirtshaus mit Wein frei halten. Jeder Bursche ladet sein Mädchen zum Schmause ein, und erst spät in der Nacht endigt das Vergnügen mit Tanz und lautem Jubel.

Aehnlich ist das Eierklauben in Zams in Tirol, das Eierlaufen im Dorfe Pfungstedt bei Darmstadt, das Eierlegen zu Schönecken in der Eifel und das Eierlesen in der Schweiz und in mehreren Orten Hessens, wo es jedoch am dritten Osterfeiertage veranstaltet wird. Auch pflegt man dort, namentlich im Dorfe Löhlbach vor dem Wettstreit auf einen nahe gelegenen Berg zu ziehen, und mit verbundenen Augen nach einem Hahn zu schlagen, der mittels eines langen Seiles an einen Pfahl befestigt ist. Wer ihn trifft, wird bekränzt, erhält den Hahn als Preis und wird unter Gesang in das Dorf zurückbegleitet.

Am Südharz stellen die Kinder Wettläufe nach den Eiern an, welche sie einen Wiesenabhang hinabrollen; in Böhmen legt man die Eier reihenweis auf einen abschüssigen Ort, läßt sie hinabrollen und sieht, wessen Ei am raschesten von allen unten ankommt, indem dieses gewinnt; in Schlesien werden die Eier gekullert, und im nördlichen England pflegt man sie nicht nur wie Kugeln hin- und herzurollen, sondern auch wie Bälle in die Höhe zu werfen.

Wie die Kinder mit den Eiern, so belustigen sich Erwachsene noch in einigen Teilen Englands am Ostermorgen mit dem Handball und in Norddeutschland ist das Ballspiel fast überall die Hauptergötzlichkeit des Osterfestes.

Auf dem Kiez bei Köpenick versammelt sich die Jugend am Ostertage schon vor Sonnenaufgang, um Ball zu schlagen, und weder

Regen noch Schneegestöber hält sie davon ab. In Landsberg a./W. wird am dritten Ostertag der Osterball gefeiert, und die Festlichkeit beginnt damit, daß ein Esel ausgeputzt wird, auf dem ein Reiter sitzt, und daß man diesen unter großem Jubel in der ganzen Stadt herumführt, ehe man hinaus auf die Wiese zieht. Bei Tangermünde bittet man die im verflossenen Jahre verheirateten Frauen um den Brautball, der nachher von Knechten und Mägden in der Tenne zerschlagen wird, und in Arendsee ziehen die Schulknaben vor die Häuser der Neuvermählten und weichen nicht eher, als bis ihnen ein Ball aus dem Fenster zugeworfen wird.

Am vollständigsten hat sich diese Sitte in einigen Dörfern bei Salzwedel erhalten, wo am Ostertage oder schon Sonntag Judica das gesammte junge Volk auf den Hof des neuen Ehepaares zieht und singt:

Hie sind wi Junfern alle,
Wi sing'n een Brutballe!
Will uns de Brut (Braut) den Ball nicht gewen,
So willn wi er den Mann ok nehmen!
Eier Mann, Eier ja,
N. N. mit sine junge Brut
Schmiett (schmeiß) uns den Brutball hrut (heraus),
So grot (groß) as een Zipoll (als eine Zwiebel),
Den soll'n ji (sie) woll behollen (wohl behalten).

Dann folgt das Lied: „Wer nur den lieben Gott läßt walten u. s. w.“ nach der Melodie des Dessauer Marsches, worauf die junge Frau, oft erst nach mehreren vergeblichen Versuchen, einen Ball über das Dach des Thorwegs wirft und ihr Mann einen Gulden oder Thaler giebt. Als Dank dafür wird gesungen:

Se hebben uns eene Verehrung gegewen,
De lewe Gott lath se in Frieden leewen!
Dat Glück wahr Jahr ut un-d-ut,
Dat Unglück fahr tom Gäwel herrut!

(Sie haben uns eine Verehrung gegeben, der liebe Gott laß sie in Frieden leben! Das Glück mag währen Jahr ein, Jahr aus, das Unglück fahre zum Giebel hinaus!)

Der Ball wird beim Ballspiel so lange geschlagen, bis er entzwei geht, das Geld bei Musik und Tanz vertrunken.

In Camern bei Sandow an der Elbe ziehen zwei Sonntage vor Ostern die Burschen allein und die Mädchen allein vor das Haus derer, die sich im verflossenen Jahre verheiratet haben, um sich, die Ersteren die Kliese, eine Holzkugel, die Letzteren den Brautball zu „mahnen“, und diese Trennung der Geschlechter scheint eine Eigentümlichkeit bei vielen Ostergebräuchen.

So wird das sogenannte Heben (heaving oder lifting) in mehreren Grafschaften Englands von den Männern am Montag, von den Frauen am Dienstag ausgeübt, und in Durham steht das Vorrecht, einen Schuh ausziehen zu dürfen, am Ostersonntag den Jungens am Tage darauf den Mädchen zu.

Pay for your shoes if you please.

Diese letztere Gewohnheit besteht darin, daß am Sonntag Nachmittag ganze Scharen von Jungens truppweis die Straße durchziehen, jedes weibliche Wesen mit den Worten anhalten: „Pay for your shoes if you please!“ (Zahlen Sie gefälligst für Ihre Schuhe!) und wenn sie nicht sogleich Etwas erhalten, einen Schuh mit Gewalt ausziehen und damit fortlaufen. Die Mädchen thun am Montag dasselbe bei allen Personen männlichen Geschlechts, nur nehmen sie statt der Stifeln die Hüte.

Das Heben geschieht in einem Lehnstuhl oder auf den Armen, und muß, soll es regelrecht sein, in drei unterschiedenen Malen statt finden, worauf der oder die „Gehobene“ von den Hebenden geküßt wird, und diesen ein Geschenk zu machen hat.

Ebenso pflegen in der Neumark am ersten Ostertage die Mägde, am zweiten die Knechte zu „stiepen“ d. h. mit Birkenruten zu schlagen und einander mit Eiern zu beschenken, und in Gegenden, wo am Ostermontag das Schmeckostern üblich ist, zahlen häufig am Dienstag die Mädchen „das Peitschen wieder ab.“

Schmeckostern, im böhmischen Oberlande Osterschmück, nennt man nämlich kleine Peitschen aus abgeschälten Weidenruten, welche mit bunten Läppchen durchflochten sind, und mit denen in Böhmen und Schlesien die Knaben herumgehen, um die Mädchen zu schlagen und sich eine Gabe zu erbitten.

Im böhmischen Erzgebirge heißt dieser Umgang das Eierpeitschen, an der sächsischen Grenze Schmeckuster gihn, im Riesengebirge aufpeitschen, und in vielen Ortschaften Schlesiens, wo sich auch die Erwachsenen der Schmackostern bedienen, würde eine Vernachlässigung dieser Sitte für Gleichgültigkeit oder gar für einen Liebesbruch angesehen werden.

Wie das Heben grobbildlich, so soll das Schlagen „eindringlich“ an die Auferstehung unseres Herrn erinnern, der zu Ehren selbst die Sonne, einem weitverbreiteten Glauben gemäß, drei Freudensprünge macht. Tausende von Menschen begeben sich deshalb noch immer frühmorgens auf nahe liegende Höhen und Berge, wo sie den Sonnenaufgang beobachten können, oder füllen einen Kübel mit Wasser und blicken hinein, um das Abbild der Sonne darin springen, oder, wie es in Glandorf bei Iburg heißt, das Osterlamm in der Sonne spiegeln zu sehen.

In Oesterreichisch-Schlesien wandert schon in der Nacht Alles nach den Anhöhen, welche freie Aussicht darbieten; oben zündet man Feuer an, lagert um dasselbe und unterhält sich abwechselnd mit Essen und Trinken, Gesprächen und Gesang, bis das Morgenrot die Nähe des Sonnenaufgangs verkündet. Dann wenden sich Aller Augen nach Osten, um die Sonne huppen (hüpfen) zu sehen, wobei man jubelnd singt: „Christus ist erstanden, Halleluja!“

In den Städten mehr und mehr verschwindend, herrscht nur noch auf den Dörfern in katholischen Ländern allgemein die Sitte, am

Ostertage Speisen weihen zu lassen. Kaum ist daher der Morgengottesdienst geendet, so drängen sich Buben und Mädchen, Jungfrauen und Matronen, Mägde und Hausfrauen bunt durcheinander um den Weihaltar, zu dem gewöhnlich einer der Seitenaltäre dient, und setzen ihre Körbe nieder, welche mit schneeweißen Tüchern bedeckt sind. Bald

Die Weihe der Osterkuchen.

ist es nur ein kleines Schüsselchen, auf welchem ein einziger Kuchen, ein Stücklein Fleisch, ein bischen Salz und einige Eier liegen, bald aber auch ein gewaltiger, reich mit großen und kleinen Rosinen gespickter Kuchen, auf welchem ein schneeweißes Lämmchen aus Zucker ruht, das zwischen den Vorderfüßen das rote mit weißem Kreuz geschmückte Auferstehungsfähnchen trägt, und neben dem Kuchen ein mächtiger Schinken oder ein tüchtiges Stück Rauchfleisch, ein großes Hausbrot, Salz, Meerrettig, und das ganze mit einer Unzahl buntgefärbter Eier zierlich umgeben.

Ebenso kniet auch neben der wohlgenährten Bäuerin in ihrem reich mit Gold oder Silber verschnürten Mieder, ihrer seidenen Schürze, ihrem prächtig schillernden Halstuch, und mit den unzähligen Ringen an den Fingern oft ein schlicht gekleidetes Mütterchen, und ringsherum steht die gaffende Schuljugend, unruhig des Augenblicks harrend, wo die Weihung vorüber sein wird.

Nicht minder ungeduldig warten die Zuhausegebliebenen, bis „das Geweihte" kommt, den vorher einen ungeweihten Bissen zu sich zu nehmen am heiligen Ostertag, ist gegen die hergebrachte Gewohnheit. Um so heißhungriger fällt Alles über den Kuchen her, wenn ihn die Hausfrau endlich, nachdem sie nochmals drei Kreuze darüber geschlagen, zerschnitten und verteilt hat. Dann kommt das Fleisch und die Eier daran, von denen man vor der Weihe häufig die Spitze der Eierschale sorgfältig abgemacht, damit der Segen desto mehr eindringen könne, und Jeder ißt was er kann, mit dem Bewußtsein, daß es nur einmal im Jahre „was G'weiht's" giebt.

Das Salz wird von den Landleuten größtenteils das ganze Jahr hindurch anfgehoben, um es bei Erkrankung des Viehes als Arznei oder bei Ankauf neuen Viehes als Schutzmittel gegen allerlei Unglück anzuwenden.

In Böhmen gehört ein Lammbraten zu den unentbehrlichen Gerichten des Ostermahles, und jeder Dienstbote erhält sein Osterlaib oder Osterbrod mit Rosinen. — An einigen Orten Westfalens bäckt man am Ostertage Pfannenkuchen und hebt die Eierschalen sorgfältig auf, füllt sie mit Weihwasser, und trägt sie ins Feld, damit kein Wetterschaden das Getreide treffe.

Im Holstein'schen dagegen, wo man die Oster- oder Pascheier am Ostervorabend weich gesotten ißt, pflegt man die Schalen so klein als möglich zu zerschlagen, damit keine Hexe darin nisten könne.

In Wien bäckt man sogenannte Osterflecke, runde Kuchen von der Größe eines Pflugrades, die nach der Mitte zu vertieft sind; in Sachsen dünne Kuchen mit Quark, welche Osterfladen heißen.

Mit dem Sonntag Quasimodogeniti, der seinen Namen den Anfangsworten des Meßeingangs in der römischen Kirche verdankt, endigt die österliche Zeit, d. h. die Zeit der Beichte und Kommunion, weshalb ihn die Vlamingen Beloken oder Blokken Paeschen, Osternschluß, nennen. An ihm legten ehemals Diejenigen, welche am Charsamstag die heilige Taufe empfangen hatten, die weißen Gewänder ab, die sie zum Zeichen der Unschuld die Osterwoche hindurch trugen, und davon ist diesem Sonntag noch jetzt die Benennung Dominica in Albis oder weißer Sonntag geblieben. Nur in Solothurn heißt er vorzugsweise Bohnensonntag, weil dort früher zum Gedächtnis der Erhebung der Thebaischen Leiber alle Personen, die an Quasimodogeniti zum Gottesdienst in den Münster kamen, eine Bohne erhielten, um dafür ein Gebet zu sprechen. Auf dem Harze ist der weiße Sonntag zum Konfirmationstag bestimmt, und schon Wochen vorher werden Birken aus den Wäldern geholt, um sie ins Wasser zu stellen, damit sie am Konfirmationstage grünen. Denn vor die Häuser, wo die Konfirmanden wohnen, werden am Sonnabend nach der Beichte Birkenzweige befestigt, auch an den Häusern des Predigers und des Lehrers müssen grüne Maien prangen, und Altar, Beichtstuhl, ja die ganze Kirche wird mit Kränzen behängt.

Haben die Knaben ihre Birkenzweige angeschlagen, so ziehen sie sich zurück, und jetzt gehen die Mädchen aus, um ihrem Gegenpart ein Geschenk zu bringen. Jeder Knabe tritt nämlich nach der Prüfung mit einem Mädchen in das Verhältnis eines „Gegenpart", der oberste Knabe mit dem obersten Mädchen u. s. f. Das Geschenk besteht in einem Strauß von gemachten Blumen und einem Paar Rosmarinstengeln, welcher an die linke Brust geheftet wird und mit einer Schleife verziert ist, deren Enden fast bis auf die Füße herabhängen. Außerdem erhält jeder Knabe noch eine Zitrone, um bei der Konfirmation daran riechen zu können, und, vermögen es die Eltern der Gegenpart irgend, ein Halstuch. Doch darf der Knabe, wenn das Mädchen seine Gaben überbringt, sich nicht sehen lassen, sonst bekommt er nichts.

Die Eltern nehmen die Geschenke in Empfang, und geben dem Mädchen Kuchen und, hat dasselbe ein Halstuch gebracht, ein Leibband.

Am Tage der Konfirmation versammeln sich nun die Konfirmanden in der Schule, von wo sie der Prediger abholt. Ist die Konfirmation vorüber, bei welcher es Hauptaufgabe ist, möglichst ernst und würdevoll auszusehen, bedanken sich die Konfirmanden bei dem Prediger und dem Lehrer, und gehen dann, Knaben und Mädchen gemeinschaftlich, zu ihren Paten, um sich auch bei ihnen zu bedanken. Diese geben ihnen Geschenke an Geld, welches von den Knaben dazu angewendet wird, um am Nachmittag die Mädchen zu traktieren. Die Eltern sind dabei nicht zugegen, aber der Lehrer wird eingeladen, und an manchen Orten muß auch der Pfarrer erscheinen und eine Flasche Wein austrinken, während die Konfirmanden Wurst und Salzkuchen essen und dazu Kaffee trinken. Was übrig bleibt, geben die Knaben den Mädchen mit nach Hause. Ist das Wetter gut, so wird am nächsten Sonntag noch ein gemeinschaftlicher Spaziergang gemacht, und damit hat die Herrlichkeit der Osterzeit ein Ende.

In England dagegen fängt mit dem fünfzehnten Tage nach Ostern die lustige Hockzeit oder das Hock an, welches darin besteht, daß an einem Tage, dem eigentlichen Hockday (Hocktage), die Männer, und am darauffolgenden, dem Hockdienstag, die Frauen die Straßen mit Stricken versperren, um so von den Vorübergehenden Geldgeschenke zu erpressen, die zu wohlthätigen Zwecken verwendet werden. Woher der Name rührt, den Mathew Paris zum ersten Mal für quindena Paschae anwendet, ist noch ebenso zweifelhaft, wie der Ursprung dieses Festes. Nach der Ueberlieferung soll es zur Erinnerung an die Ermordung der Dänen im Jahre 1002 eingesetzt worden sein. Da dieselbe aber im November statt fand, ist es wahrscheinlicher, daß der Brauch das gänzliche Erlöschen der dänischen Macht mit dem Tode Hardicanut's am 7. Juni 1042 verewigen soll. Wenigstens fand früher alljährlich in der „Hockzeit“ eine Art szenischer Darstellung eines Kampfes der Engländer mit den Dänen statt, bei welchem die Ersteren zuletzt siegten, und zum Schluß englische Weiber viele Dänen als Gefangene im Triumph herumführten.

Fast um dieselbe Zeit beginnt in München die sogenannte Salvatorsaison.

Allgemeinen Ruf hat nämlich das Salvatorbier. Wenn daher im April durch die schmutzig-schönen Straßen der Hauptstadt Baierns der Ruf erschallt: „Der Salvator fließt!“ so ist große Freude im Lande. Mann, Weib und Kind, Jung und Alt, Hoch und Niedrig, Reich und Arm, Alles macht sich auf und wandert hinaus nach der Salvatorquelle, wo bald die innern Räume gleich dem umfangreichen Garten mit seinen zahlreichen Tischen und Bänken vollgepfropft von Menschen sind.

Mann an Mann, Kopf an Kopf sitzen, stehen oder liegen sie bunt durch einander auf Bänken, Fässern, Stühlen oder grünem Rasen, in der Hand den mühsam errungenen Steinkrug mit schäumendem Bier oder die glücklich erbeuteten Salvatorwürstchen. Hundert Stimmen zugleich erheben sich, wenn ein dienender Geist mit einer frischen Ladung Krüge naht, und die herumziehenden Verkäuferinnen mit ihren allbeliebten Radis möchten sich vertausendfachen, um allen Wünschen zugleich Genüge thun zu können.

Maitag in England

Mai.

Nicht mit Unrecht sind die Wiener stolz auf ihren Prater. Ein so großartiger Lustgarten, so reich an glänzendgrünen Wiesengründen, an majestätischen Baumgruppen und wechselnden Ansichten in der unmittelbarsten Nähe der Stadt ist unstreitig keiner der geringsten Vorzüge Wiens, so freigebig auch die Natur der Residenzstadt Oesterreichs mit dem Reize malerischer Umgebungen gedacht hat.

Die Rudel weidender Hirsche und Rehe, denen das Auge überall als einer höchst willkommenen Zugabe in dieser romantischen Waldlandschaft begegnet, errinnern an die früher ausschließliche Bestimmung des Praters: die eines Thiergartens. Aber die Menschenfreundlichkeit Kaiser Joseph's II. öffnete im Jahre 1766 diesen Park mit seinen schattigen Gängen dem Publikum, und seit jener Zeit ist der Prater der Lieblingsvergnügungsort der Wiener, und durch die vielfachen Belustigungsanstalten die er enthält, zugleich eines der charakteristischsten Lokale zum Studium des echten Wiener Volkslebens. Da giebt es nicht nur zahlreiche Gasthäuser, Cafés und Restaurationen für alle Klassen und Börsen, sondern auch Karoussels und Schaukeln, Wachsfiguren und Menagerieen, Affen- und Hundetheater, alle möglichen Schießstände, gelehrte Vögel, Professoren der Magie und akrobatische Künstler, Harfenisten- und Sängergesellschaften, und vor Allem Puppentheater, in denen Meister Wurstel, der Wiener Hanswurst, seine Triumphe feiert, und nach denen deshalb der Theil des Praters, welcher für diese Schaubuden bestimmt ist, der Wurstelprater heißt.

Bei so zahlreichen und mannigfaltigen Verlockungen kann es nicht fehlen, daß der Prater das Eldorado aller Kindermädchen, Handwerkslehrlinge und Soldaten ist, und die Wege, welche zu ihm führen, an jedem schönen Sommertage, besonders Sonn- und Festtags, wie bedeckt mit Menschen sind.

Besuchter aber ist er im ganzen Jahre an keinem Tage, als am ersten Mai, dem Eröffnungsfeste der berühmten Praterfahrten, mit welchem bis in neuere Zeit ein Wettlauf der herrschaftlichen Läufer verbunden war.

Kaum werden daher an diesem Tage die hohen Giebel der Stadt von den Strahlen, der aufgehenden Sonne vergoldet, so beginnt schon ein ungewöhnliches Leben auf den Plätzen und Straßen, denn es gilt, so zeitig als möglich in's Freie zu gelangen und das junge Grün der Praterbäume zu begrüßen. Selbst die verwöhntesten Langschläfer bringen es am ersten Maitag nicht über sich, das allgemeine Stelldichein im Prater zu versäumen. Die Jägerzeile und die über den Donaukanal führende Ferdinandsbrücke bieten schon in der sechsten Morgenstunde ein Bild dar, als wäre ganz Wien vom Auswanderungsfieber ergriffen, und zu Wagen, zu Pferde und zu Fuß eilt Alles in dichtem Gedränge dem am Haupteingang mit flatternden Fahnen geschmückten Prater zu, um ihn noch vor sechs Uhr zu erreichen.

Mit dem Schlage Sechs beginnt der Wettlauf der in Diensten des Hofes und vornehmer Familien stehenden Läufer, welche lange Zeit eine besondere bevorrechtete Zunft bildeten. Dem Herkommen gemäß müssen sie die ganze über 2100 Klafter lange Hauptallee in ungefähr einer Stunde hin- und zurücklaufen, und leicht und luftig gekleidet erwarten die schnellfüßigen Helden des Tages nur den Böllerschuß, um diese Kraft- und Lungenprobe abzulegen.

Eine Abteilung berittener Polizeisoldaten folgt ihnen im raschen

Trabe, seitwärts auf dem Reitwege jagt eine ganze Schar Kavaliere und Reitliebhaber zu Pferde neben ihnen her, und rechts und links der Laufbahn hat sich eine unabsehbare Doppelreihe von dichtgedrängten Zuschauern aufgepflanzt, welche nur mit der größten Anstrengung der Polizeisoldaten, die den Raum frei halten sollen, verhindert werden

Aus dem Prater bei Wien.

kann, sich hinter den Läufern und Reitern in eine Masse zusammenzuschließen, da jeder der Anwesenden den Wettlauf soweit als möglich mit ansehen will.

Ein zweiter Böllerschuß verkündet das Eintreffen am sogenannten Lusthause, dem Endpunkte der Hauptallee, von wo ungesäumt und ohne Ausruhen sogleich der siegentscheidende Rückzug angetreten werden muß. An dem wieder hörbaren Pferdegetrappel und Peitschenknallen erkennt man die nahe Ankunft der Läufer, und Aller Blicke sind auf die Ferne gerichtet, um zu sehen, wer der Vorderste ist, und welchem Herrn er angehört. Endlich sind sie da, der Sieger stürzt auf die Fahne los, um sie zu ergreifen und zu schwingen, und ein dritter Böllerschuß thut auch den Entferntestehenden zu wissen, daß das Ziel erreicht sei. Sind die Preise verteilt, so setzt sich die gesamte Lauferzunft mit fliegenden Fahnen und klingendem Spiel in Bewegung, um einer nahen, festlich geschmückten Gastwirtschaft des Praters zuzuschreiten und dort den Maimorgen zu verjubeln.

Diesem Beispiel folgt der größte Teil der Zuschauer, die sich gleich Bienenschwärmen nach allen Richtungen des Praters hin zerstreuen, um die von der Morgenluft noch erhöhten Bedürfnisse ihres Magens zu befriedigen. Man rechnet, daß an einem solchen Tage nicht weniger als 10000 Backhühner oder Backhändel, 20000 Stück Gebäck, 10000 Portionen Kaffee, 8000 Portionen Gefrorenes 2000 Eimer Bier, 500 Eimer Wein in den Praterwirtschaften verzehrt werden, ganz abgesehen von den unzähligen Würstchen, Kipfeln und andern eßbaren Dingen, welche von den vielen ambulanten Verkäufern und Verkäuferinnen herumgetragen und abgesetzt werden.

Nachmittags ist das Fest der vornehmen Gesellschaft: die erste Praterfahrt.

Tausende von Wagen aller Sorten und aus allen Zeitaltern mit allen möglichen Geschirren und Pferden bilden fast vom Stephansplatz an bis zum Lusthaus eine ununterbrochene, dichtgedrängte Wagenburg, die sich nur Schritt für Schritt fortbewegt und so den in den Wagen sitzenden geputzten Damen Gelegenheit giebt, ihre neuen Frühjahrstoiletten von den Tausenden und aber Tausenden Lustwandlern und Reitern bewundern zu lassen, welche in der Hauptallee des Praters, die an diesem Tage vorzugsweise den Namen Nobelprater führt, auf- und abwandeln oder hin- und hersprengen.

Wer es irgend vermag, schafft sich zu der ersten Praterfahrt, an welcher sich der Hof nicht minder beteiligt, als die Diplomatie, die Aristokratie und die hohe Finanzwelt, neue Pferde und Wagen, oder doch wenigstens neue Geschirre und Livreen an, und dasselbe geschieht auch bei den ersten Korsofahrten, die in andern Städten üblich sind. Denn auch anderwärts haben solche Fahrten Eingang gefunden, und namentlich in Berlin, Frankfurt a. M., Prag stehen sie an Eleganz den Praterfahrten wenig nach.

Der reiche Adel Böhmens, welcher nach Beendigung der Herbstjagden seine prachtvollen Paläste in der alten Moldaustadt bezieht, um dort den Karneval zu verleben, würde es nicht über sich gewinnen, auf seine Güter zurückzukehren, ohne zum Mindesten einer Fahrt in den Baumgarten beigewohnt zu haben, und dieser selbst, ein Besitztum der böhmischen Stände, ist für die Prager dasselbe, was für die Wiener der Prater ist. Wie dieser, diente auch der Baumgarten, welcher eine Viertelstunde vor dem Sandthor bei dem Dorfe Bubentsch liegt, einst als Tiergarten, in dem noch im 16. Jahrhundert Auerochsen gehalten wurden. Eine 2335 Klafter lange Mauer umschließt ihn, und Gehölz, hübsche Gartenpartien und stattliche Alleen machen ihn zu einem reizenden Park. Allerdings enthält er nur ein zierliches Lustschloß, die Sommerresidenz des Statthalters, eine Meierei, den sogenannten „Kaiserhof“, und eine Restauration mit Speise- und Tanzsaal, und nicht, gleich dem Wurstelprater, die verschiedenartigsten Belustigungsanstalten, aber dessenungeachtet ist er wegen seiner Größe, wegen der Mannigfaltigkeit seiner Anlagen und wegen der herrlichen Aussicht, die er gewährt, einer der beliebtesten Vergnügungsorte Prags geworden, der besonders am ersten Mai als allgemeiner Rendezvousplatz der Prager gilt.

Aller Wahrscheinlichkeit nach ist das Maifest im Prater an die Stelle des ehemaligen Veilchenfestes getreten, welches bereits im 13. Jahrhundert in Wien freudig begangen wurde. Wie nämlich in vielen Gegenden die Ankunft der Schwalben, der Störche oder des Kukuks Anlaß zu Festlichkeiten gab, so zog in Wien, wenn man das erste Veilchen auf dem Felde gefunden, Jung und Alt, der Herzog mit seinem Hof an der Spitze, unter Jauchzen und Musik hinaus, um diesen Erstlingsboten des Frühlings zu begrüßen. Das schönste und sittsamste Mädchen ward auserwählt, das Veilchen zu pflücken, welches, nachdem man Maienlieder gesungen und die üblichen Tänze ausgeführt, im Triumph in die Stadt getragen wurde.

Statt des Veilchens holt man anderwärts einen Maibaum oder Mai als Repräsentanten des Sommers feierlich ein, aber auch diese alte Sitte hat sich in Deutschland fast nirgends mehr in ihrer ursprünglichen Fassung erhalten. In der westfälischen Stadt Bochum, wo bis zur Mitte des vorigen Jahrhunderts alljährlich am 1. Mai von den jungen Bürgern ein Maibaum mit großer Feierlichkeit aus dem Bockholt in die Stadt gezogen wurde, ist der Brauch wegen der mancherlei dabei vorgefallenen Unordnungen abgeschafft worden, und in dem niederhessischen Städtchen Wolfhagen, wo eine ähnliche Feier noch jetzt stattfindet, hat sich der Maitag in ein Kinderfest verwandelt, das gegenwärtig in der Woche vor Pfingsten abgehalten wird.

Schon vorher wählen die Maijungen ihre Offiziere und Fahnenträger. Am Freitag vor Pfingsten früh mit Sonnenaufgang verkünden ein Trommler und ein Pfeifer durch eine Reveille den Anbruch des festlichen Tages. Auf dem Markte ist der Sammelplatz der Knaben. Die größeren, darunter 4 bis 6 als Zimmerleute verkleidete, mit Schurzfellen und dreieckigen Hüten, auf dem Rücken Tornister, ziehen in den Wald, von dem Staatsförster und einer Magistratsperson begleitet. Die Letzteren überweisen die Bäume, welche, von einem Holzhauer gefällt, nicht mehr wie früher von den Knaben auf den Schultern getragen, sondern auf einen Wagen geladen und nach der Stadt gefahren werden. Vor der Stadt wird der Zug von den übrigen Maijungen mit lautem Jubel empfangen und dann bis zur Kirche geleitet, um welche der Wagen drei mal herumfahren muß, ehe man unter beständigem Trommel- und Pfeifenklang und stetem Hurrahrufen durch alle Gassen der Stadt zieht. Bei diesem Umzuge fährt der Wagen mit dem Mai voran, die Pferde mit Zweigen und bunten Bändern geschmückt; hinter ihm kommen die Trommler und Pfeifer, hierauf die Zimmerleute, nächst diesen der erste Offizier, als oberster Befehlshaber, dem dann, zu Zweien nebeneinander, der lange Zug der anderen Knaben folgt, zwischen denen zwei oder drei Fahnenträger eingereiht sind, während der zweite Offizier nebenher schreitet.

Alle sind mit Tschakos, Epaulettes, Degen oder kleinen Schießgewehren versehen und mit buntem Flitterwerk herausgeputzt, die Fahnen mit Bändern aller Farben im Uebermaß behangen.

Hat der Zug, dessen jetzige militärische Organisation jedenfalls erst späteren Ursprungs ist, die Kirche, von der er ausgegangen, wieder erreicht so beginnt die Verteilung der Maien. Zuerst wird die Kirche ausgeschmückt, die Schule, Pfarre und das Rathaus umstellt, dann kommen der Magistrat und die andern Beamten und Bürger derStadt, bei denen auf ein gutes Geschenk zu rechnen ist, an die Reihe. Die Zimmerleute tragen die Bäume und stellen sie vor den Häusern auf, und ein Offizier geht hinein und empfängt die Geschenke, wovon die Kosten des Festes bestritten werden.

Ist die Stadt mit Maien versorgt, so begeben sich die Knaben nach dem benachbarten Gute Ellmarshausen, um dort das Schloß, die Pachterwohnung und andere Häuser ebenfalls mit Maien zu umstellen. Erst gegen zwei Uhr Nachmittags kehren sie von da zurück, womit das Fest zu Ende ist; die Maien aber bleiben stehen, bis die Pfingstfeiertage vorüber sind.

Auf ähnliche Weise pflegt in Eschwege in Thüringen noch die Schuljugend an ihrem Maienfest unter frohen Gesängen Maien zu holen; anderwärts jedoch begnügt man sich, den Mai ins Haus zu singen, und Maibäume, die man Nachts in aller Stille geholt, zu pflanzen und zu schmücken. — So kommen in einigen Gemeinden am Niederrhein die Kinder alljährlich am Maimorgen mit grünen Zweigen und dem Maistrauß in die Häuser und singen:

Guten Tag, guten Tag ins Haus!
Hier bringen wir den Mai ins Haus,
Wir haben heute Maie,
Der giebt uns uns're Weihe u. s. f.

worauf sie mit Eiern und Geld beschenkt, vorher aber häufig mit Wasser begossen werden.

In der Gegend von Thann im Oberelsaß trägt ein Kind, das Maiereesele (Maienröschen) genannt, einen mit Blumensträußen und Bändern geschmückten Maien, ein anderes einen Korb, um die Gaben in Empfang zu nehmen, welche den kleinen Sängern, die dem Mairöschen folgen, gespendet werden.

Auch in der deutschen Schweiz ziehen die Kinder, welche vor den Häusern das Mailied singen, mit einem Bäumchen in der Hand herum, das mit Blumen und ausgeblasenen Eiern geschmückt ist, und in Ostflandern, wo die Maiverkündiger schon am Abend vor dem Maitag ihren Umzug halten, haben dieselben in einer Hand einen Korb, in der anderen einen Mai, von dem sie Jedem, der ihnen Eier oder sonst etwas schenkt, einen Zweig verehren. Je größer die Gabe, desto größer der Zweig. Ebenso steckten in der Eifel die jungen Leute, welche früher in der ersten Mainacht mit Maizweigen umherzogen und ihre Maienlieder vortrugen, vor die Thüren der Häuser, wo sie Eier erhalten hatten, einen solchen Maien.

Das Maibaumsetzen, welches trotz aller dagegen erlassenen Verbote noch heute bräuchlich ist, bietet nicht weniger Verschiedenheiten dar, als der Maibaum oder Maie selbst. Meist ist es eine Birke, Tanne oder Kiefer, die man geschmückt oder ungeschmückt als Maie in die Erde pflanzt; oft sind es auch nur beliebige grüne Zweige, die man mit diesem Namen bezeichnet.

An einigen Orten Schwabens wird am 1. Mai eine große, mit Bändern verzierte Tanne eingepflanzt, um welche man herumtanzt, und die man das ganze Jahr hindurch an dem Platze stehen läßt, bis man sie wieder durch den frischen Mai ersetzt, worauf der alte verkauft und vertrunken wird. An anderen Orten setzen die Burschen ihren geliebten Mädchen in der Nacht zum 1. Mai eine Birke oder Tanne vors Haus, und thun dies wohl auch bei den „Herren", den Pfarrern und Wirten.

Die Bauern aus dem Walde von Welzheim und Gschwend pflanzen in der Mainacht ebenso viele kleine Tannenbäume auf den Düngerhaufen vor dem Hause, als Pferde, und ebenso viele Birkenstauden als Rinder im Stalle sind, während zu Ehren der Magd oder Tochter nur ein grüner Zweig mit mehr oder minder schönen Bändern auf den Mist vor dem Stalle gesteckt wird.

Bei den Deutschböhmen werden schlanke junge Fichten aufgestellt, deren Stamm man abgeschält und deren Zweige man mit Bändern geschmückt hat; an der sächsischen Grenze aber befestigt man ein kleines Fichtenbäumchen, das mit bunten flatternden Bändern oder auch nur mit einer Flagge verziert ist, wie sie an Schiffsmasten weht, am obern Ende einer langen Stange, die man in die Erde steckt.

In der Gegend von Torgau werden die Maien von den Eigentümern selbst vor die Thüren gesetzt, und in Westfalen pflegt man an die Birken, die man am Maitage vor die Häuser pflanzt, entweder Kränze zu hängen, oder weiße Besen aus geschältem Holz zu binden.

Besonders prächtig waren ehedem die Maibäume oder mays in England verziert. Schon mit der Morgendämmerung zogen Burschen und Mädchen aus Stadt und Dorf hinaus in den Wald, um unter Begleitung von Musik den Maibaum zu holen und die Maibüsche (may-buskets) zu sammeln, zu denen sie vorzugsweise blühende Weißdornzweige, wilde Rosen und Federnelken nahmen. Mit dem Aufgang der Sonne kehrten sie nach Hause zurück, schmückten Thüren und Gitter mit den wohlriechenden Zweigen, und richteten den Maibaum auf. Dieser, vom Volke Maie-pool oder May-poll genannt, war ganz und gar mit Blumen und Kräutern bedeckt, von oben bis unten mit Bändern umwunden, manchmal sogar bunt bemalt, und wurde von 20—40 Paar Ochsen, deren jeder einen Blumenstrauß an der Spitze seiner Hörner trug, nach dem Ortsplatz gezogen, während Hunderte von Männern, Frauen und Kindern ehrfurchtsvoll dem Zuge folgten. Sobald der Baum in der Erde stand, ward er mit Tüchern und Flaggen verziert, der Grund um ihn herum mit Grün bestreut und in der Nähe eine Laube aus grünen Zweigen gebaut, in welcher der

Maiherr (lord of the May) oder die Maifrau (lady of the May) Platz nahm. Dann fing man an, um den Mai herumzutanzen, der das ganze Jahr über unberührt stehen blieb, und verlebte den Tag in Lust und Heiterkeit, welche noch durch die Aufführungen und Späße der verschiedenen Masken erhöht ward, die an keinem Maitag fehlen durften. Denn außer dem Maiherrn, der als König gekrönt und, wie seine Königin, die Maifrau, von allen Uebrigen bedient wurde, gab es noch den Robin Hood in seinem grasgrünen, mit Gold besetzten Rock, den Bruder Tuck (Friar Tuck) in seiner Mönchstracht, einen ungeheuern Prügel über der Schulter, den er von Zeit zu Zeit denen auf die Zehen fallen ließ, die ihre Beine zu weit vorwärts streckten, Much, den Müllersohn mit seiner Mehlblase, die am Ende einer langen Stange hing, verschiedene Hobby-horses und Morris dancers. Die Ersteren, welche Aehnlichkeit mit dem norddeutschen Schimmelreiter hatten, wie er in der Fastenzeit auftritt, ergötzten durch ihre Sprünge; die Letzteren, welche noch heutiges Tages bei manchen Festlichkeiten erscheinen, bilden gewöhnlich Banden von acht oder zehn Personen, von denen zwei als Musikanten dienen, Einer in seinem Hut das Geld einsammelt, welches er in die zinnnerne Sparbüchse thut, die er vorne bei sich hängen hat, und die Uebrigen seltsame Tänze ausführen, welche, wie der Name sagt, wahrscheinlich maurischen Ursprungs sind. Die Tänzer tragen buntfarbige Bänder um den Hut, die Arme und die Kniee, an denen eine Reihe von kleinen messingenen Schellen befestigt ist, waren aber früher auch häufig als Frauen verkleidet.

Durch Parlamentsbeschluß vom 6. April 1644 wurden zwar die May-poles, bei denen die Mayors ehemals ein Maigericht zu halten pflegten, im ganzen Königreiche abgeschafft; sobald jedoch Karl II. den Thron bestieg, kehrte man zum alten Brauch zurück und, richtete z. B. den Maibaum „auf dem Strande“ am 1. Mai 1661 mit großer Feierlichkeit wieder auf.

Auch auf den herrschaftlichen Landsitzen, wo die Maieinholung namentlich sehr festlich begangen worden war, suchte man dem Maitag und dem May-game, den Spielen und Umzügen, welche an ihm stattfanden, den alten Glanz wiederzugeben; aber die Zeit, wo König Heinrich VIII., der mit der Königin Katharina alljährlich nach Shooters Hill zum Maifest ritt, 1516 von Robin Hood als Maikönig unter einem mit Blumen verzierten Laubdach bewirtet werden konnte, und wo nicht weniger als 200 Landleute, alle grün gekleidet, mit Bogen und Pfeilen in der Hand, dem Maikönig folgten, war vorüber.

Die Umzüge gerieten immer mehr und mehr in Abnahme, und nur noch einige Ueberreste der alten Feier haben sich bis zum heutigen Tage erhalten.

So zieht in Hitchin in Hertfordshire noch alljährlich in der Mainacht eine Masse niederen Volkes, den Maigesang (Mayers Song) singend, durch die Straßen, und steckt Maizweige an die Thüren der Häuser, sodaß man oft nicht öffnen kann, ehe der Zweig weggenommen ist. Denn je größer der Zweig, je mehr Ehre für das Haus oder dessen Dienerschaft; wenn jedoch statt des Maizweiges ein Fliederzweig mit Nesseln am Thürhammer steckt, gilt dies für einen Schimpf, der den betreffenden Personen viel Spott zuzieht. Bereits um 4 Uhr morgens sind fast alle Häuser geschmückt, und nun sieht man den ganzen Tag hindurch einzelne Gruppen von maskierten Mayers oder Maileuten an verschiedenen Punkten der Stadt tanzen und Possen treiben. Einige haben das Gesicht geschwärzt, künstliche Höker auf dem Rücken und Besen in der Hand, Andere tragen ganz zerlumpte Frauenkleider, große Strohmützen und Kochlöffel; wieder Andere sind ganz phantastisch mit Bändern und buntfarbigen seidenen Tüchern herausgeputzt und haben Schwerter in den Händen, während ihre Genossen als feine Damen weiße, über und über mit Bändern bedeckt Musselinkleider tragen. Die Letzteren nennt man Lord and Lady, Herr und Frau, die Ersteren dagegen die tolle Moll und ihren Mann (mad Moll and her husband).

Hat eine dieser Gruppen in einem Hause eine ungewöhnlich reichliche Vergütigung bekommen, so spielt die Musik, welche aus Geige, Klarinette, Pfeife und großer Trommel besteht, eine Tanzweise auf, und ein Tanz beginnt, bei dem sich die zahlreiche Zuschauermasse besonders an den Grimassen der tollen Moll und ihres Mannes ergötzt.

In Northampton ziehen die Mädchen aus den umliegenden Dörfern am Maitag mit sogenannten Mai-Guirlanden (May-garlands) von Haus zu Haus, um, wie die Einwohner sagen, „zu zeigen, was für Blumen blühen", und in Chepstoncastle am Wye tanzen die Milchmädchen singend um einen alten Mann herum, der einen Kranz von Feldblumen auf dem Kopfe, in seiner rechten Hand einen blühenden Weißdornzweig, in seiner linken einen Stab mit Schüsselblumen und Glockenblumen, und quer über der Schulter ein Kuhhorn trägt, auf dem er bläst, sobald man einem Hause naht. Hinter den Mädchen, welche, gegen 30 an der Zahl, Arme, Kopf und Nacken mit Sträußen von Maiblumen und wilden Rosen geschmückt haben, geht eine Dame mit einem niedrigen, breitkrämpigen Hut, einer Brille langen, groben Handschuhen, einer wollenen Schürze, einem kurzen Rock, blauen wollenen Strümpfen und Schuhen mit hohen Absätzen, silbernen Schnallen und breiter Zunge. In einer Hand hält sie einen frischgescheuerten kupfernen Kessel, in der andern einen Korb mit Waldbeeren, und wer irgend mit einer Tasse oder Schale zu ihr tritt, dem giebt sie mit der verbindlichsten Artigkeit etwas von ihrer Sahne und ihren Früchten. Man nennt sie Tante Nelly, Aunt Nelly, und ihren Gefährten den Onkel Ambrosius, Uncle Ambrose.

Den Schluß des Zuges bilden sechs mit Blumen verzierte Ziegen, welche die Gerätschaften zum Melken und Buttermachen tragen, sowie der Milchpächter auf einem Stier, der gleichfalls mit Produkten von Feld und Wiese herausgeputzt ist.

Aehnliche Umzüge pflegten bis zu Anfang dieses Jahrhunderts die Londoner Milchmädchen zu halten.

Auf einer Tragbahre, welche zwei Männer trugen, stand ein mit Damast bedecktes pyramidales Gestell, das an allen Seiten mit glänzend geputztem Silbergeschirr, mit Schleifen von buntfarbigen Bändern und mit frischen Blumensträußen verziert war, und dessen Spitze eine silberne Urne oder ein silberner Krug krönte. Voran gingen ein Trommler und Pfeifer, oft auch nur ein Fiedler, und die hübschesten Milchmädchen folgten, und führten vor den Thüren ihrer Kunden Tänze auf.

Da das Silbergeschirr an diesem Gestell, welches garland, Guirlande, heißt, oft sehr kostbar war, so wurde es von einem Pfandleiher gegen Bürgschaft einiger ansehnlicher Hausbesitzer, die sich für die Rückgabe verantwortlich machten, auf Stunden gemietet, so daß dieselbe Guirlande oft von drei, vier verschiedenen Banden benutzt wurde.

Diejenigen Milchmädchen, welche nicht so viel daran wenden konnten, um eine Guirlande zu mieten, begnügten sich, in ihrem schönsten Putz, mit Blumen am Hut und an der Brust, eine Kuh an einem Blumengewinde herumzuführen, das an den Hörnern befestigt war und aus Blumen und Bändern bestand. Die Kuh selbst war mit einem feinen, geschmackvoll mit Blumen gestickten Netz bedeckt, und an den Hörnern, dem Hals, dem Kopf und dem Schwanz mit Blumen und seidenen Bandschleifen reich verziert. Neben ihr her ging die Eigentümerin derselben im größten Feiertagsstaat mit einem grünen Zweig an der Mütze, einem ungeheuren Blumenstrauß im Taschentuch und vielen Schleifen an der Brust.

Aber auch dieser Aufzug, der besonders in Westminster nahe der alten Abtei üblich war, ist trotz seiner Einfachheit immer seltener geworden; dagegen ziehen die Schornsteinfeger noch regelmäßig alle Jahre in den ersten drei Tagen des Mai's mit ihrer Guirlande durch die Straßen der Hauptstadt England's.

Diese Guirlande (garland) besteht aus einem großen Kegel von lauter Reifen, die mit Stechpalme und Epheu umwunden sind, nach oben zu allmählich kleiner werden und in einer Spitze enden, die von einer Blumenkrone mit Bandschleifen gebildet und von einem Fähnchen überragt wird. Die Seitenwände des Kegels sind ebenfalls mit Blumen und Bändern geschmückt, so daß der Mann, der ihn trägt, fast gänzlich unsichtbar wird und einem wandernden grünen Hügel gleicht. Man nennt ihn Jack im Grünen.

Die Schornsteinfeger, die ihn begleiten, haben ihre Jacken und Hüte mit Goldpapier ausgeputzt, ihre Gesichter und Beine auf groteske Weise mit Schüttgelb bemalt, ihre Kellen mit roten und weißen Streifen verziert und Blumenkränze auf dem Kopfe. Am prächtigsten sind Lord und Lady ausstaffiert. Der Erstere, immer der Größte der Gesellschaft, trägt einen ungeheuren Dreimaster mit gelben oder roten Federn und Borten von Goldpapier, einen Frack, der zugleich an Hofuniform und Gallalivree erinnert, auf der Brust einen ungeheuren Blumenstrauß, eine gestickte Weste mit mächtigem Busenstreifen, seidene Escarpins mit Knieschnallen von Pappe, seidene Strümpfe mit Zwickeln, Tanzschuhe mit großen Schnallen, gepudertes Haar mit Zopf und Schleife, in der rechten Hand einen hohen Stock mit blitzendem Metallknopf, und in der linken ein Taschentuch. Die Lady wird zwar mitunter von einem derben Mädchen, meist aber von einem Jungen in Frauenkleidern dargestellt, ist in ihrem Anzuge dem Lord angemessen, und trägt in einer Hand einen kupfernen Kochlöffel, in der andern ein Taschentuch. Beide führen, so oft der Zug anhält, ein Menuet oder einen andern gehaltenen Tanz auf, der indessen bald in einen lebhafteren komischen übergeht, bei welchem der Guirlandenträger sich tanzend zwischen ihnen herumdreht, und die übrigen Mitglieder der Bande mit ihren Kellen und Besen klappern. Ist der Tanz beendet, verbeugen sich Lord und Lady gegeneinander, dann wirft der Lord seinen Stock in die Höhe, während er mit der andern Hand den Hut zieht, und wendet sich mit höflichen Bücklingen und eindringlichen Blicken zu den Zuschauern an den Fenstern und auf der Straße. Zu gleicher Zeit streckt die Lady ihren Löffel aus und die andern halten ihre Kellen hin, um auch die kleinsten Gaben dankend zu empfangen.

Der Umstand, daß bei allen diesen Aufzügen stets ein Maiherr und eine Maifrau, mögen sie auch unter den verschiedensten Gestalten

Jack im Grünen.

und Namen erscheinen, als die beiden Hauptpersonen auftreten, weist deutlich auf die ursprüngliche Bedeutung des Maitages hin. Denn wie nach der nordischen Mythe der Winter und die Zeit der Zwölften hauptsächlich für die Zeit der stürmischen Brautwerbung Wuotan's galt, so ward der Frühling für die Zeit seiner endlichen Vereinigung mit Frigg oder Freyja angesehen, und das Fest seiner Vermählung in der Walpurgisnacht und den zwölf ersten Tagen des Mai's begangen. Diese Tage wurden daher gleich jenen zwölf Nächten der Wintersonnenwende für heilig gehalten, an ihnen fand das sogenannte Mailager oder Maifeld, der urdeutsche Landtag, statt.

Auf diesem wurden Häuptlinge erwählt, Verbrecher gestraft, Jünglinge wehrhaft und somit heiratsberechtigt gemacht, und in der Mainacht große Opferfeste begangen, mit welchem Gelage, Tanz und Spiel verbunden waren.

Nachklänge jener Feier sehen wir in der Frühlingseinholung, welche die Rückkehr Wuotan's nach seiner Brautfahrt darstellen sollte, in den zahlreichen Gebräuchen, welche sich an die Mainacht knüpfen, und in den Festlichkeiten, welche zum großen Teil auf das christliche Hochfest Pfingsten übertragen worden sind. Auch die weitverbreitete Sage vom Blocksbergritt findet in jener Feier ihre Erklärung.

Der Harz als Berührungspunkt verschiedener Völkerschaften bot in dem Brocken einen besonders günstigen Versammlungspunkt zu gemeinschaftlichen Opferfesten dar, und selbst aus entfernten Gegenden strömte man diesem Berge zu, um an dem großen Frühlingsopferfeste Teil zu nehmen. Da aber die Sachsen, nachdem sie aus Furcht vor der ihnen angedrohten Todesstrafe die Taufe öffentlich angenommen hatten, nur im Geheimen es wagen durften, den Götzendienst ihrer Väter auszuüben, dem sie im Herzen treu geblieben waren, so suchten sie vermummt und durch abschreckende Larven entstellt, in der Stille der Nacht die Orte zu erreichen, wo sie ihre althergebrachten religiösen Bräuche zu beobachten pflegten. Zur Abschreckung der Ankläger, sowie zum eigenen Schutze, bestätigten sie die abenteuerlichen Spukgeschichten, welche die Soldaten Karl's des Großen, die alle heimlichen Zusammenkünfte der neubekehrten Heiden verhindern sollten, von den Erscheinungen erzählten, die sie in der Mainacht gesehen, und so verbreitete sich allmählich die Sage von der berüchtigten Brockenfahrt. Aus den Anhängerinnen des alten Glaubens, den Hägesen oder Hägschen, Hainbesucherinnen, wurden die gefürchteten Hexen, welche man der Zauberei beschuldigte, und die Bräuche, welche ursprünglich das heidnische Maifest mit sich gebracht haben mag, an dem nicht nur der Sommer, sondern auch das Viehaustreiben seinen Anfang nahm, erhielten nach und nach die Deutung, zur Abwehr gegen die Hexen zu dienen, die in der Walpurgisnacht ihren Sabbat feiern und daher besonders gefährlich sein sollten.

In der Mainacht, sagt man in Mecklenburg, ziehen die Hexen nach dem Blocksberg und feiern ihr Fest, wobei sie unter Anderem auch Wischtücher braten und essen. Sie reiten dahin auf Besenstielen, Schwingblöcken, Heu- und Dungforken, Hunden, Katzen, Menschen usw. Wer des Nachts zwei geerbte Eggen kreuzweis gegen einander aufstellt und sich darunter setzt, kann sie reiten sehen. Sonntag nach dem 1. Mai müssen die Hexen zur Kirche gehen. Wenn man ein schwarzes Huhn vor Sonnenaufgang schlachtet und ihm das Ei nimmt und damit zur Kirche geht oder wenn man durch einen Erbschlüssel sieht — kann man die Hexen erkennen; sie haben einen Bienenkorb oder den Rand von einen Siebe auf dem Kopf. Man muß aber vor Beendigung des Gottesdienstes außerhalb des Gotteshauses sein, sonst geht es einem übel. Die Hexen blasen einen an und die Augen fallen einem aus dem Kopfe. — In der Mainacht darf keine Wäsche draußen bleiben, damit die Hexen sie nicht beflecken oder besudeln. — In der Mainacht schneidet man um Mitternacht einen Kreuzdornstock, bohrt ein Stück davon in die Schwelle oder ins Butterfaß, dann können die Hexen nichts stehlen und einem nichts anhaben. Wenn jedoch etwas passiert, so erfasset man den Stock, den man immer beim Bette stehen hat und ruft den Namen der Hexe, die man als solche erkannt hat. Sie ist dann persönlich da und man kann sie mit dem Stocke züchtigen. — Wenn man sich am Maitag vor Sonnenaufgang nackend im Tau wälzt, so wird man dadurch von jeder Krankheit, welcher Art sie auch sein mag, befreit. — Am Walpurgisabend gelegte Gurken erfrieren nicht.

Die Feuer, welche einst zu Ehren der Gottheiten geflammt,

werden in den Gegenden, wo sie noch üblich sind, wie im Altenburg'schen, im Ditmar'schen, im Egerlande und in andern deutschen Distrikten Böhmen's, angezündet, um die Hexen zu vertreiben, und deshalb jetzt an manchen Orten Hexenfeuer genannt. Bei dem Hexenbrennen in Wall in Böhmen wird sogar eine weibliche Figur, welche eine Hexe vorstellen soll, in einem Holzstoß verbrannt, um den man herumtanzt.

Anderwärts schießt man über die Felder, damit die Hexen der Saat nicht schaden können, und fast überall ist die Sitte, statt der ehemaligen Hammerzeichen Donar's, mit denen man sich des Schutzes dieses Gottes versichern wollte, drei Kreuze auf die Thüren der Häuser und Ställe zu malen, um die Hexen abzuhalten. Hört man im Meininger Oberland in der Mitternachtsstunde ein Hausthürschloß klappern, so ist dies ein Zeichen, daß eine Hexe hineingewollt, sich aber entfernt hat, sobald sie die Kreuze gesehen.

Bei Worms glaubt man, Läuten mit geweihten Glocken in der Walpurgisnacht hindere die Hexen, Jemandem zu schaden, und die schlesischen Mägde umpflanzen alle Ställe mit Blühdornzweigen, „damit die Hexe nicht ihr Meisterstück machen könne."

In Oberösterreich reinigen die Mägde schon in frühester Morgenstunde des Maitages Höfe und Stallungen, und stecken dann alle Gerätschaften, wie Besen, Rechen, Schaufeln, mit der Spitze nach oben in die Erde, damit sich die Hexen darein verwickeln sollen, wenn sie aus den Rauchfängen heraussstiegen.

Die Deutschböhmen auf dem Lande treffen dagegen schon am Abend vor der Walpurgisnacht die nötigen Vorsichtsmaßregeln. Stall, Scheuer, Getreideboden, Wohnhaus, Alles wird mit Weihwasser besprengt, an jede Thür werden drei Kreuzzeichen mit geweihter Kreide gemacht, und auf die Weizenfelder wird ein Stück Judaskohle gesteckt und Weihwasser gesprengt, damit kein Brand in den Weizen gehext werden könne. Denn die Gewalt der Hexen erstreckt sich nicht nur auf das Vieh und die Menschen, sondern auch auf das Getreide. So wie sie Menschen behexen, können sie auch machen, daß der Brand in den Weizen komme, das Vieh nicht wachse, und die Kühe anstatt Milch Blut geben.

Vor die Stallthüren pflegt man noch überdies ein Stück Rasen zu legen, in welches ein grüner Hollunderzweig gesteckt wird, was ebenfalls die Kraft hat, die Hexen abzuwehren, und sobald es dunkel wird, versammeln sich die Knaben und Burschen im Dorfe mit Bock- und Ziegenhörnern, und machen einen wahren Höllenlärm, um, wie sie sagen, „die Hexen auszutreiben."

In Reichenberg schließt man Thüren und Fenster während der Nacht fest zu und legt Besen vor die mit Kreuzen bezeichneten Stallthüren. Bis zu Sonnenuntergang muß alles Vieh versorgt und versperrt, und alles Gefäß gewaschen sein, denn man darf kein Licht in den Stall bringen.

Zu noch größerem Schutz steigen die Knaben mit sogenannten Blitzen, auf eigene Art zusammengelegten Papierbogen, auf Hügel, Dächer und Bäume, und knallen und schreien aus Leibeskräften.

In dem Böhmerwald ist der Brauch, die Hexen durch Lärm und Peitschenknallen zu vertreiben, vom Maiabend, dem sogenannten Hexenabend, auf den Abend vor Pfingsten übertragen worden, wogegen sich dort wiederum die Sitte erhalten hat, das Vieh zum ersten Mal am Maitag auszutreiben, was in vielen Gegenden auf das Pfingstfest verlegt worden ist.

Schon einige Tage vor dem ersten Mai macht der Dorfhirte, mit einer Feile versehen, die Runde in allen Bauernhöfen. In jedem Hause wird er mit einer Art Achtung empfangen und bewirtet, worauf er an sein Geschäft geht. Er verlangt den Stall zu sehen, den der Hauseigentümer selbst ihm öffnet, und tritt dann mit entblößtem Haupte auf die Schwelle, wo er stehen bleibt und spricht:

Pfeits Göt! dö Kalwla, Oexla, Hrößla ollö,
Dö Haißla, Schaffla, weis do san,
Wenn Aebba schödn wöllt, strof den Lollö,
Mia wiss'n o, daß d' Läd gean, nädö han.

(B'hüt Gott! die Kälber, Oechslein, Rößlein alle, die Füllen, Schäflein, wie sie da sind, wenn Jemand schaden wollt', o straf den Lümmel; wir wissen ja, daß die Leute gern neidisch sind)

Hierauf nimmt er die Feile, stumpft damit die während des Winters scharf gewordenen Hornspitzen des Rindviehs ab, und untersucht den Gesundheitszustand jedes einzelnen Tieres. Dann wird der Stall überall mit Weihwasser besprengt und die Herde vom Hausvater Stück für Stück heraus und vor das Haus geführt, wo sich bereits viele Neugierige versammelt haben, um über das Aussehen der Tiere nach der Winterfütterung zu urteilen.

Am ersten Mai nun läßt jeder Hausvater seine Herde vor seinem Hause warten, bis um sechs Uhr der Hirt am letzten Haus im Dorfe dreimal in sein langes Rohr aus Baumrinden stößt und überall der Ruf ertönt: „In Gott's Nom, da Heitä träbt ös!" (In Gottes Namen, der Hirte treibt aus!)

Dann werden zuerst die Schafe dem dahertreibenden jungen Hirten zugejagt. Hat dieser das Dorf verlassen, knallt wiederum vom letzten Hause her ein kurzer, aber starker „Peitschentusch“, und nun beginnt das Treiben des Rindviehs. Die Dorfbewohner, welche das Vieh beaufsichtigen, haben sogenannte geweihte Ruten in der Hand. Diese bestehen aus Birkengerten, welche gegen das Ende mit einem Strauß von geweihten Palmzweigen, wilden Staudenfrüchten und Blumen geschmückt sind, und sollen eine wunderbare Kraft zur Trennung des kämpfenden Hornviehs haben. Auch soll ein Schlag mit solcher Rute ein Haustier das ganze Jahr hindurch vor tötlicher Verwundung schützen.

Erst nach und nach verlieren sich die friedestiftenden Dorfbewohner aus der Herde und überlassen diese der alleinigen Führung des Hirten. Aber nun beginnt zum großen Ergötzen aller Anwesenden der Kampf der zwei Gemeindebullen, welche alljährlich abwechselnd zwei andere Hausbesitzer zu nähren verpflichtet sind. Man hetzt sie auf einander, und der Sieger wird, zum großen Stolze seines Besitzers, der König der Heerde genannt.

Anderswo in Böhmen bläst der Hirt, welcher am frühesten aufgestanden ist, was er kann auf seinem Horn, worauf alle übrigen Hütejungen des Dorfes so rasch wie möglich nach dem Sammelplatz eilen, und sich um den Bläser scharen. Wer zuletzt kommt, wird begossen, damit er nicht bei der Herde einschlafe, wie es auch die Mägde bei den Knechten thun, wenn diese das erste Mal ins Feld fahren, und die Knechte wiederum bei den Mägden, wenn diese das erste Mal nach Gras gehen.

In Westfalen wurden ehemals die Kühe am alten Maitag ausgetrieben, wie es noch jetzt bei Minden geschieht, und in der Grafschaft Mark ist der Maitag noch immer zum sogenannten Kälberquieken, der Rindertaufe durch Schlagen mit Vogelbeerbaum- oder Ebereschzweigen (quêke, quieke), bestimmt.

Schon mit Tagesanbruch steht der Hirte auf und geht nach einer Stelle in Wald oder Berg, welche am frühesten von der Sonne beschienen wird, und schneidet dort dasjenige Reis eines Vogelbeerbäumchens ab, auf welches die ersten Strahlen fallen. Dieses Abschneiden muß jedoch mit einem Ruck geschehen, sonst ist es ein übles Zeichen. Kommt er mit dem Bäumchen auf dem Hofe an, so versammeln sich die Hausleute und Nachbarn, das jährige Rind oder die Stärke, welche gequiekt werden soll, wird auf den Düngerplatz geführt, und dort schlägt sie der Hirt mit einem Zweige des Vogelbeerbaums auf das Kreuz und die Hüften, indem er den Wunsch ausspricht, es möge, wie der Saft in die Birken und Buchen, wie das

Laub in die Eichen komme, so ihr die Milch das Euter füllen. Dann schlägt er sie an's Euter, giebt ihr einen Namen und wird dafür von der Hausfrau mit Eiern beschenkt, deren Schalen er zusammen mit Butterblumen, Bändern und buntem Papier zum Schmuck des Vogelbeerbäumchens oder quêkrîs anwendet, das über der Stallthür aufgestellt wird.

An mehreren Orten Hessens dagegen wird am Walpurgistage das Vieh weder ausgetrieben noch angespannt, und alle Geschäfte müssen ruhen, wie an einem Feiertage. Ebenso ist es in den skandinavischen Ländern, wo es früher besondere Vereine oder Gilden von wohlhabenden Orts- und Distriktsbewohnern gab, welche nur den Zweck hatten, den Maitag würdiger zu begehen. Man versammelte sich zu Pferde und bildete zwei Geschwader Reiter: das eine hatte einen mit Pelzen und dicken warmen Kleidern bedeckten Führer, der mit einem Spieß bewaffnet war, und mit Eis und Schnee um sich warf, das andere einen Führer ohne Waffen, welcher mit grünen Zweigen, Laub und Blumen bedeckt war, leichte Kleider trug und der Blumengraf hieß. Beide hielten ein förmliches Gefecht, wobei der Blumengraf seinen Gegner zuletzt zu Boden zerrte. Der Winter und sein Gefolge warfen zwar noch mit Asche und Funken um sich, doch die Begleiter des Sommers wehrten sich mit belaubten Birkenzweigen und grün ausgeschlagenen Lindenästen und trugen den Sieg davon, der ihnen von dem anwesenden Volke feierlich zugesprochen wurde.

Vielleicht als Erinnerung an diesen Kampf hat sich auf dem Lande und in kleinen Städten Schwedens noch hier und da die Sitte erhalten, alle Händel und Ausforderungen bis zum Maitag hinauszuschieben, wo sie alsdann mit Ringen, Schlagen und Stoßen abgemacht werden.

Ebenso ist als Rest des ehemaligen Opferfestes die Gewohnheit zu betrachten, daß am ersten Mai nirgends in Schweden ein fröhlicher Trunk fehlen darf, damit man, wie es heißt, „sich Mark in die Knochen trinken könne", und es Einem das Jahr über nie an Mut und Freude fehle.

In den großen Städten ist daher der Maitag ein wahrer Festtag, und in Stockholm zieht Alles hinaus in den Tiergarten, wo man unter den Bäumen kleine Mahlzeiten hält, sich an Wein und Punsch gütlich thut, und den Tänzen zuschaut, welche die unteren Klassen der Bevölkerung im Freien veranstalten.

Auch in Dänemark pflegt man „den Sommer in's Land" oder „Dorf zu reiten" (ride Sommer i By), indem der Maigraf und sein Gefolge, mit Kränzen geschmückt, unter Jubel und Gesang in das Dorf zurückreitet, wo er einem der Mädchen, die einen Kreis um ihn gebildet haben, einen Kranz zuwirft, und in Holstein wird ein Maigrav und seine Maigrön oder Maigräfin mit Laub und Blumen bekränzt und unter Musikbegleitung bis in ein Wirtshaus geführt, wo gezecht und getanzt wird.

In dem übrigen Deutschland sind an Stelle des Mairittes die Pfingstritte getreten, welche unter mancherlei Namen und Formen an einem der Pfingstfeiertage stattfinden.

Bei den Vlamingen, wo die ganze Maifeier sich vielfach mit den kirchlichen Festlichkeiten zu Ehren des Mai's als Monats der Marie vermischt hat, sind die Spuren des Sommereinritts noch immer an den Prozessionen zu erkennen, welche am Ostermontag in Haeckendover bei Tirlemont, am ersten Mai in Russon und in den Pfingstfeiertagen in Anderlecht bei Brüssel, sowie in Malines abgehalten werden. Fast bei allen erscheinen die jungen Burschen auf Pferden, die mit Blumen und Schleifen geschmückt sind, und reiten unter zahlreichen Pistolenschüssen dreimal um die Kirche herum. Bei Haeckendover geschieht dies mit verhängtem Zügel quer über die Felder hinweg, welche der Kirche zunächst liegen, indem man glaubt, daß dadurch die Ernte eine gesegnetere werde, und in Anderlecht ward früher Derjenige, welcher bei dem dreimaligen Wettjagen um die Kirche herum der Erste am Portale war, zu Roß mit dem Hut auf dem Kopfe von dem ganzen Kapitel in die Kirche geführt, in der Mitte derselben mit einem Rosenkranz geschmückt und dann wieder feierlich bis zur Thür zurückgeleitet.

Auch die alten Maitänze und Mailieder haben sich in Belgien unversehrt erhalten, und nicht nur am Maiabend, sondern auch an jedem Maisonntag kommen Abends Burschen und Mädchen zusammen, um ihre Reigen um die Maibäume herum aufzuführen. Diese selbst werden ebensowohl vor die Bilder, Kirchen und Kapellen der heil. Jungfrau, wie an den Straßenecken und auf öffentlichen Plätzen gesetzt. Ihre Ausschmückung ist ein Gegenstand großer Rivalität unter den Bewohnern der verschiedenen Stadtviertel, und namentlich die jungen Mädchen suchen sich an manchen Orten gegenseitig darin zu überbieten.

In Venloo bringt jedes am Maiabend eine Kerze mit, die an den Zweigen befestigt wird, und wenn alle Kerzen brennen, wird um den hellerleuchteten Baum herumgetanzt. Dasselbe geschah früher in Geldern und einigen Städten Nordbrabants.

Das Maireiten in Dänemark.

Zu Maien, welche man vor die Wohnungen der Mädchen pflanzen will, wählt man hohe, belaubte Bäume, indem ein vertrockneter Stamm als Spott für alte, verhaßte Mädchen gilt. Oft sind es jedoch auch blos Buchsbaumzweige oder meipalmen, welche man am Dache seiner Geliebten befestigt, und im Limburgischen steckt man einen mit Bändern, buntem Papier u. dergl. geschmückten Lorbeer- oder Tannenzweig an die Thür, während man Mädchen von schlechtem Ruf durch einen Petersilienstrauß brandmarkt.

Die Sitte, einen Maikönig oder eine Maibraut anzuputzen, welche noch in Holland herrscht, wo zu Pfingsten die Pfingstblume (pinksterbloom) herumgeht, ist in den südlichen Niederlanden jetzt unbekannt, und auch in Deutschland tritt die Personifikation des Sommers beinahe nirgends mehr am Maitag, sondern fast überall zu Pfingsten auf.

Dagegen ist es an der Ahr und in einigen Teilen Hessens noch üblich, sich eine Maifrau zu wählen oder zu ersteigern, ein Brauch, der ohne Zweifel ein Rest des alten auf den Mailagern vorkommenden Brautkaufs ist, und an der Ahr Mailehen, in Hessen Lehnausrufen heißt.

Zu dem Lehnausrufen, welches namentlich in der Schwalm- und Lahngegend stattfindet, ziehen die jungen Burschen, welche das erforderliche Alter zur Wahl eines Liebchens haben, in der Walpurgisnacht eine Stunde vor Mitternacht unter Gesang und Peitschenknallen auf eine außerhalb des Orts gelegene Anhöhe und zünden ein großes Feuer an. Ist dieses im Brand, so stellt sich einer von ihnen auf einen Stein oder eine Erhöhung und ruft:

Hier steh' ich auf der Höhe
Und rufe aus, das Lehn, das erste (zweite u. s. f.) Lehn,
Daß es die Herrn recht wohl verstehn!
Wem soll das sein?

Die übrige Versammlung antwortet, indem sie den Namen eines Burschen und eines Mädchens nennt, mit dem Zusatze:

In diesem Jahre noch zur Ehe!

Dann beginnt wieder Gesang und Peitschengeknalle, und dies wiederholt sich, bis die Reihe der Heiratsfähigen durchgegangen ist. Die Verbindung, welche aus diesem Lehnausrufen entspringt, legt Beiden die Verpflichtung auf, ein Jahr lang mit keinem oder keiner Dritten zu tanzen. Das Resultat des Lehnausrufens wird in vielen Orten den Mädchen am nächsten Sonntag in der Kirche kund, indem diejenigen, welche einen Liebsten bekommen, einen schönen Blumenstrauß oder ein grünes Maibüschchen auf ihrem Sitze finden, und zum Zeichen, daß das Mädchen seinen Käufer anerkennt befestigt es ihm eigenhändig einen sogenannten Lehnstrauß an den Hut.

Das Brunnenkranzfest in Bacharach.

An der Ahr und in der Umgegend, wo die Burschen des Dorfes eine Innung bilden, der ein gewählter Schultheiß, Schöffe und Schreiber vorstehen, bietet der Schultheiß am Walpurgisabend unter der Linde oder vor der Kirchthüre sämtliche Mädchen des Dorfes aus, indem er sie einzeln mit Namen aufruft und jedes dem Meistbietenden zuschlägt. Dieser hat das Recht, mit seiner Maifrau oder seinem Mailehn während des Frühlings und Sommers zu tanzen und bei allen Gelegenheiten als ihr Bevorzugter zu gelten. An einigen Orten ist das Mädchen sogar verbunden, sich so lange, bis die Bohnen im Freien blühen, nur mit ihm zu unterhalten, und eigene Hüter oder

Schützen sind beauftragt, etwaige Uebertretungen anzuzeigen, die dann streng bestraft werden.

Die Mädchen, welche bei der Versteigerung keinen Liebhaber gefunden haben, bilden den „Bündel“ oder „Rummel“, und werden gewöhnlich in Bausch und Bogen an einen Burschen versteigert, der dann bei ihnen dieselben Rechte hat, wie jeder Einzelne bei seinem Mailehen.

Die aus der Versteigerung zusammengebrachten Gelder werden an den Kirchweihen oder bei sonstigen Festlichkeiten verzehrt.

Die alten Maibrunnenfeste sind im Oberbergischen noch in Erinnerung geblieben, obwohl sie von Jahr zu Jahr in Abnahme geraten. Am Maiabend werden nämlich die Trinkquellen gereinigt, Lämpchen und Kerzen dabei angezündet, an die nahestehenden Bäume befestigt und unter Gesängen bewacht. Am andern Morgen werden zum Schmucke der Brunnen Blumen gepflückt und Kränze gewunden, auch Eier zwischen die Blumen gelegt, mit denen man den Brunnenrand verziert. Dieses Schmücken geschah früher unter üblichenLiedern, und mit den Eiern wird nachmittags Kuchen gebacken, den man beim Maireigen gemeinschaftlich verzehrt.

Im Rheinthale ist diese Festlichkeit mit ihren Liedern fast gänzlich vergessen. Wenn aber in Bacharach einer der vier Brunnen gereinigt wird, so versammeln sich noch immer die Kinder des Stadtviertels, worin derselbe liegt, reich und arm, ohne Unterschied des Standes, denn keines darf sich ausschließen, um mit dem Brunnenkranz herumzuziehen. Dieser Kranz ist eine Art Erntekranz, welcher von einem der Knaben an einem Stab befestigt und so von einem Haus zum andern getragen wird. Hinter ihm gehen die anderen Knaben, die auf einem alten Säbel einige Wecken oder Semmeln, und oben ein Stück Speck gespießt haben, und diesen folgen die Mädchen, welche die nicht spießbaren Nahrungsmittel, wie Eier und Butter, in Schalen und Körben nachtragen.

Auf jedem Hofe stellt sich Alles im Halbkreis um den Kranzträger herum und stimmt ein Lied an, dessen Inhalt hauptsächlich den Speck, die Wecken und die Eier betrifft, die man zu haben wünscht.

Was man bekommt, wird dem Brunnenmeister gebracht, welcher dafür verbunden ist, am nächsten Tage einen kleinen Schmaus zu geben, bei dem sich das junge Völkchen an „dickem Brei“ und „gelben Schnittchen“ gütlich thut.

Am vollständigsten hat sich das Maibrunnenfest in Tissington, einem Dorfe von Derbyshire in England, erhalten, wo es unter dem

Namen Brunnenbekleiden oder -beblumen (well-dressing oder well-flowering) am Himmelfahrtstage gefeiert wird.

Schon Wochen vorher bewerben sich die Bewohner in der ganzen Gegend um Blumen, besonders um rote Maßlieben (red daisies), mit denen am Himmelfahrtstage alle 5 Brunnen des Orts auf das Graziöseste und Phantastischste geschmückt werden. Kränze und Guirlanden bilden verschiedene Embleme, Figuren aus Brettern werden mit feuchtem Lehm bedeckt, um die hineingesteckten Blumen frisch zu erhalten, und zu Mosaiks in den mannigfaltigsten Zeichnungen und Schattierungen arrangiert, aus denen, wie aus Blumenbeeten, das Wasser der Quelle herauszufließen scheint. Die Dorfbewohner ziehen die besten Kleider an und öffnen ihre Häuser für die zahlreichen Freunde und Bekannten, welche dieses beliebte Fest aus der ganzen Nachbarschaft herbeizieht.

Nach beendigtem Gottesdienst, wobei gepredigt wird, findet eine Prozession statt, welche alle Brunnen der Reihe nach besucht, und an jedem derselben wird entweder ein Psalm, oder die Epistel und das Evangelium des Tages gelesen. Das Ganze schließt mit einer Hymne, die von den Kirchensängern mit Musikbegleitung gesungen wird. Dann geht man auseinander und verlebt den übrigen Tag mit ländlichen Spielen und Festtagsunterhaltungen.

Ueberhaupt haben sich am Himmelfahrtstage noch mancherlei Gebräuche erhalten, welche ein hohes Altertum bekunden. So ist durch ganz Hessen die Sitte verbreitet, an diesem Tage Berge zu besteigen, heilkräftige Kräuter zu suchen, zu singen und zu tanzen. Auch in Westfalen pflegt man „Kräutchen" zu pflücken, und in mehr als einer Gegend Deutschlands winden die Mädchen Kränze aus weißen und roten Blumen, um sie in der Stube oder dem Stalle aufzuhängen, wo sie hängen bleiben, bis sie das nächste Jahr durch frische ersetzt werden. In Schwaben nimmt man die Himmelfahrtsblümlein, gewöhnlich Mausöhrle, auch Maushörnle genannt, dazu, und am Kocher ist dies Kränzewinden ein förmliches Fest. Oft schon um 2 Uhr in der Nacht ziehen die Mädchen meist in größeren Gesellschaften an die Orte, wo die rötlichen und weißen Blumen (gnaphalium dioicum) wachsen, sammeln sie ein und hängen dann die davon gemachten Kränze doppelt wie zwei in einander verschobene Reife in der Stube über dem Familientische und in dem Stalle über dem Viehe auf. Sie sollen Haus und Vieh vor dem Blitze schützen.

In Frankfurt am Main zog früher Alles hinaus in den Stadtwald, um die Aaronswurz (Arum maculatum) zu suchen, an welcher man zu erkennen meinte, ob es ein fruchtbares Jahr geben wird oder nicht, und diese Gewohnheit hat sich mit der Zeit in ein Volksfest verwandelt, welches jetzt am Dienstag nach Pfingsten stattfindet.

Die Thüringer Sagen berichten, daß am Himmelfahrtstage die sogenannte Glücksblume blühe, welche auf dem hohen Göll bei Markt Golling im Salzburgischen am ersten Mai gefunden werden soll, und am Harz ist es das Allermannsherrnkraut, das an diesem Tage gesucht wird, weil es Glück für Vieh und Menschen bringt, und namentlich bewirken soll, daß die Mädchen noch in demselben Jahr einen Bräutigam bekommen. Geschieht dies nicht, so sprechen sie ärgerlich:

Dat Allermannsheeren,
Dat böse Krut (Kraut),
Dat hemw (hab') ick e socht (gesucht),
Un bin doch noch keine Brut.

Die Bewohner einiger sächsischer Dörfer pflegen am Himmelfahrtstage ihre Häuser mit Blumengewinden zu schmücken, und in den Ortschaften Gödewitz, Fienstedt, Gorsleben, Zornitz und Krimpe feiert man an diesem Tage das Fest zu Ehren einer Königin Elisabeth, bei welchem man eine Tonne Bier trinkt, und in der eigens dazu erbauten sogenannten Himmelfahrtsscheune tanzt. Früher, bis noch nach Mitte des vorigen Jahrhunderts, versammelte man sich vor dem Tanze am Gemeindebrunnen, und trank dort sieben Rinkeimer Bier, während — in Fienstedt wenigstens — dabei öffentlich vorgelesen wurde, woher das Fest stamme.

Die Ueberlieferung erzählt nämlich, vor mehr als sechshundert Jahren sei eine Königin, Namens Elisabeth, am Himmelfahrtstage durch Fienstedt gekommen, die Einwohnerschaft habe sie festlich empfangen und ihr sieben Rinkeimer Bier angeboten, worüber die Königin so erfreut gewesen sei, daß sie den Bewohnern von Fienstedt und den benachbarten Dörfern, die das Gleiche gethan, alle Steuern auf ewige Zeiten mit dem Beding erlassen habe, jede Gemeinde solle alljährlich am Himmelfahrtstage der Königin zu Ehren sieben Rinkeimer Bier am Gemeindebrunnen trinken, im Unterlassungsfalle aber verpflichtet sein, der Obrigkeit den Zehnten, und dazu noch ein schwarzes Rind mit weißen Füßen, einen Ziegenbock mit vergoldeten Hörnern und ein vierspänniges Fuder Semmeln zu entrichten.

In Gödewitz, wo gewöhnlich der Trunk anstatt am Gemeindebrunnen auf dem sogenannten Bierhügel stattfand, pflegte aus jedem Hause ein Bewohner zu kommen. Auch muß das Bier noch jetzt bis auf den letzten Tropfen geleert werden, und jeder Fremde, der vorübergeht, mittrinken.

Alle diese Umstände, besonders aber die Strafbestimmungen bei Unterlassung des Brauches, lassen vermuten, daß ein altheidnisches Opferfest, durch das Christentum halb verdrängt, in diese Feier zum Gedächtnis der Anwesenheit einer Königin übergegangen ist.

Auch das sogenannte Kugelhoppenfest zu Marköbel im Hanauischen dürfte gleichen Ursprung haben.

Ein altes Herkommen hat es dort zur Gewohnheit gemacht, daß der Gemeindebäcker am Himmelfahrtstage Kugelhoppen oder Pallisaden bäckt, weil Jeder, welcher sonst das ganze Jahr hindurch keine Kugelhoppen kauft, sich an diesem Tage pflichtschuldigst daran gütlich thut. Des Nachmittags nach beendigtem Gottesdienst versammelte sich bis in neuester Zeit die Jugend beiderlei Geschlechtes aus der ganzen Umgegend auf einer Wiese bei Marköbel, um im Ringen und Laufen Wetten anzustellen, die in Pallisaden bezahlt werden mußten.

Anderwärts, wie in den Niederlanden und in England, pflegte man früher am Himmelfahrtstage blos Geflügel zu essen, und in Rotterdam sind die Himmelfahrtskugeln (hemelvaartsbollen) noch jetzt das übliche Gebäck des Tages.

Der ehemals allgemeine Brauch, am Himmelfahrts- oder Auffahrtstage in den Kirchen ein hölzernes Bild, von Engeln umringt, durch ein Loch im Kirchengewölbe emporzuziehen, um die Himmelfahrt Christi bildlich darzustellen, hat sich nur im Passeirerthal in Tirol erhalten und alles Volk paßt dabei ängstlich auf die Richtung auf, welche das Gesicht des Bildes einnimmt, bevor es verschwindet, indem man glaubt, daß von dort im folgenden Sommer die Gewitter kommen.

Auch die sogenannte Eschprozession, der Esch- oder Flurgang in den katholischen Gemeinden Schwabens, bei welchem man die ganze Markung mit einem Kruzifix durchzieht, an vier Stellen Halt macht, um ein Stück aus allen vier Evangelien zu lesen und den Wettersegen zu sprechen, und Häuser, Menschen und Tiere mit heiligem Wasser besprengt, ist vom Himmelfahrtstag auf den Pfingstmontag verlegt worden. Dagegen wird in Weingarten bei Altdorf noch alle Jahre am Tage nach der Himmelfahrt, dem sogenannten Wetterfreitag, der berühmte Blutritt gehalten, bei welchem die Reliquie des heil. Blutes in feierlicher Prozession durch die Felder getragen, und das Korn gesegnet wird, damit kein Wetter ihm schade. Die Teilnehmer erscheinen meist zu Pferde, weil der Blutritt auch diesen Gedeihen bringt, sowie in militärischer Kleidung mit Fahnen,

Musik u. s. w. Einer hat die heilige Blutglocke, die während des Segens beständig geläutet wird, und der Pater Custos, der sonst das heil. Blut trug, ritt stets auf einem Schimmel.

Ebenso ist in vielen Gegenden Schwabens die Ansicht herrschend geblieben, daß die aufgehende Sonne am Himmelfahrtsmorgen drei Freudensprünge macht, wie es anderwärts vom Sonnenaufgang am Ostermorgen behauptet wird, und die Reutlinger zogen früher schon um Mitternacht mit Fackeln auf die Achalm, um dies Schauspiel mit anzusehen und die Sonne bei ihrem Hüpfen mit Musik zu begrüßen.

In Thüringen glaubt man, daß der Kyffhäuser sich in der Nacht vor Himmelfahrt öffne und alle Herrlichkeit der Tiefe sichtbar werde, und in der Umgegend von Zürich wallfahrtet Alt und Jung am Auffahrtstage nach dem Uetliberge, auf dessen Spitze man nach der Volkserzählung vor Sonnenaufgang die Himmelswohnungen der Seligen geöffnet sieht, und Jesus selbst erblickt, wie er die Engelchen herzt und kost.

Am verbreitetsten ist jedoch die Idee, man dürfe am Himmelfahrtstage weder nähen, noch flicken, um nicht das Gewitter in's Haus zu ziehen, und aus dieser Rolle, welche fast in allen Gebräuchen und Meinungen, die sich an den Himmelfahrtstag knüpfen, die Gewitter spielen, können wir den Schluß ziehen, daß dieser Tag, welcher jetzt dem Gedächtnis der Himmelfahrt Christi geweiht ist und in England der heilige Donnerstag, holy Thursday, heißt, in vorchristlicher Zeit gleich dem Gründonnerstage ein dem Donar besonders heiliger Tag gewesen sein müsse, der wahrscheinlich noch in die zwölf Tage des Maifestes fiel.

Darum werden auch rote Blumen zu den Kränzen gewählt, welche man an diesem Tage windet, wie die Frauen in Schweden noch jetzt am Himmelfahrtstage rote Schürzen zu tragen pflegen; darum sollten die Bewohner von Fienstedt bei Unterlassung ihres Festes einen Bock entrichten, der dem Donar heilig war; darum wurden auch an Himmelfahrt die Flurgänge abgehalten, um vom Donnergotte, welcher sich nicht minder des Viehes wie der Pflanzen annahm, Schutz für die Saaten zu erflehen.

Um die heidnischen Feldumgänge durch christliche zu ersetzen, wurden die Bettage oder Rogationen, welche schon im 5. Jahrhundert zur Abwendung allgemeiner Landplagen angeordnet worden waren, von der Osterzeit in die Himmelfahrtswoche verlegt, die davon den Namen Bet-, Kreuz- oder Gangwoche erhielt. Denn während dieser drei Bet- oder Bitttage zieht man mit Kreuzen und Fahnen, Litaneien betend, durch die Aecker, um den Segen des Himmels für das Gedeihen der Feldfrüchte herabzurufen.

Das Pfingstfest, welches die Ausgießung des heiligen Geistes am funfzigsten Tage nach Ostern feiert, ist das eigentliche Sommerfest, und die Pfingstgebräuche sind, wie bereits bemerkt, größtenteils Festlichkeiten, mit denen man einst den Mai begrüßte, und die in christlicher Zeit auf Pfingsten übergingen, weil die Feier der erneuten Ausgießung des Naturlebens sich leicht an die der Ausgießung des heiligen Geistes anlehnen konnte.

Daher wird im Rheinthal die Pfingstnacht, wie anderswo die Mainacht, mit Liedern gefeiert, indem die jungen Burschen die ganze Frühlingsnacht hindurch singend von Weiler zu Weiler, von Haus zu Haus ziehen, um von den Mädchen die bereitgehaltenen Pfingsteier einzusammeln.

Auch die Maibäume oder Maien werden in vielen Gegenden den jungen Mädchen erst in der Pfingstnacht gesetzt, und fast allgemein ist es üblich, zu Pfingsten die Häuser mit Maibüschen zu schmücken, und Kalmus oder Blumen vor's Haus zu streuen.

Ebenso ist es jetzt eine weitherrschende Sitte, an einem der Pfingsttage Pferde und Kühe zum ersten Mal auf die Brachweide zu treiben, und in Niederdeutschland ist Pfingsten deshalb vorzugsweise ein Fest der Hirten und der mit dem Vieh beschäftigten Dienstboten auf dem Lande. An einigen Orten gehört die Milch, die am Pfingsttage gemolken wird, den Mägden, und sie machen sich ein Fest, indem sie dieselbe in Gesellschaft verspeisen. Das Mädchen oder der Bursche, der beim Austreiben des Viehs zuletzt ankommt, wird pingstfoss, Pfingstfuchs, das Mädchen auch wol pingstbrût, Pfingstbraut, oder pingstjuffer, Pfingstjungfer, das zuletzt auf dem Plan erscheinende Rind, je nachdem es eine Kuh oder ein Ochse ist, pingstkau, Pfingstkuh, oder pingstosse, Pfingstochse, genannt. Die Pfingstkuh oder der Pfingstochs, mitunter auch die Pfingstbraut und der Pfingstfuchs, werden dann unter großem Jubel mit Blumen und Laub geschmückt oder gekrönt, weshalb man von einem Mädchen, das sich mit Putz überladen hat, sprichwörtlich sagt: „Sie ist geputzt wie ein Pfingstochse."

In Mecklenburg wird in vielen Städten am Donnerstag oder Freitag vor Pfingsten der Pfingstochse feierlich von den Schlächtern durch die Straßen geführt, mit einem Blumenkranz um den Kopf, die Hörner mit Gold und Silberschaum belegt und mit einer Zitrone auf der Spitze, endlich auch der Schwanz mit Blumen und bunten Bändern geschmückt, welche während des Zuges noch vermehrt wurden. In Rostock und Güstrow heißt er Pip-Ochse.

An andern Orten wird die Pfingstbraut nicht mit Blumen, sondern mit einem Nessel- oder Strohkranz aufgeputzt. Wieder an anderen geschieht dies der Pfingstkuh oder dem Pfingstochsen, wogegen die zuerst auf dem Platze ankommende Kuh oder das zuerst erscheinende Mädchen mit Blumen geschmückt wird. Dies ist dann die Pfingstbraut und Königin des Festes.

Wer im Erzgebirge der Letzte auf dem Dorfplatz ist, wenn am Pfingsttag der am frühesten erwachte Knecht oder Hütbube mit seiner Peitsche geknallt hat, heißt der Pfingstlümmel, und wird das ganze Jahr als solcher geneckt, während in der Grafschaft Mark der Hirte, der am spätesten austreibt, den Namen Pfingsthammel bekommt.

In einigen Dörfern der Altmark wird der Pferdejunge, der sein Pferd zuletzt hinaustreibt, zum bunten Jungen gemacht, indem er vom Kopf bis zu den Füßen mit Feldblumen behangen wird. Nachmittags führt man ihn im Dorf von Hof zu Hof, und derjenige, welcher zuerst auf die Weide gekommen und Tauschlepper (weil er den Tau vom Grase abschleppt) heißt, spricht folgende Reime:

Wir bringen einen bunten Jungen in's Haus,
Wer ihn sehen will, der komme heraus;
Die Blumen haben wir für uns gepflückt,
Da haben wir ihn mit ausgeschmückt;
Und hätten wir uns noch eher bedacht,
So hätten wir ihn noch besser gemacht;
Sechs Eier, sechs Dreier, 'n Stück Speck,
So geh'n wir gleich wieder weg,

worauf die Jungen ein Geschenk erhalten.

Während aber die Einhüllung in Blumen hier zur Strafe geschieht, wird an andern Orten der Mark ein Knabe dazu auserwählt, um als Pfingstkääm, Kauderneſt oder Füstge Mai in Maien eingehüllt herumzugehen. Denn dieser Umzug mit einem ganz in Blumen oder Laub gehüllten Knaben ist in Norddeutschland nicht weniger verbreitet, als in Süddeutschland, nur tritt der Verhüllte je nach den Lokalitäten unter den verschiedensten Namen auf.

Wenn an der Ruhl die Bäume sich mit neuem Grün bedeckt haben, ziehen die Kinder hinaus in den Wald, schneiden ein Paar frische Buchenbüsche ab und binden die laubigen Reiser so an Einem aus ihr.r Mitte fest, daß nichts von ihm sichtbar bleibt, als die Schuhe. Wo die Augen sind, werden kleine Oeffnungen gelassen, und über dem Kopfe sind die Zweige zu einer Art Krone geformt: dies ist das Laubmännchen, welches seine Gespielen singend durch das Dorf führen.

Anderwärts in Thüringen wird ein Bursche in Laub oder Moos gehüllt und im Walde versteckt wohin nun die andern Burschen des Dorfes ziehen, um den wilden Mann aus dem Holze zu holen. Sobald sie ihn gefunden, führen sie ihn als Gefangenen aus dem Walde, schießen blind auf ihn, sodaß er wie tot hinfällt, lassen ihn von einem Burschen, der als Arzt verkleidet ist, wieder zum Leben bringen, und binden ihn auf einem Wagen fest, um ihn ins Dorf zu fahren, wo sie vor jedem Hause anhalten und ein Geschenk erbitten.

Auf ähnliche Weise wird in einigen sächsischen Dörfern das Brautpaar gesucht und mit Jubel eingeholt, in Tilleda der Maikönig versteckt und ins Dorf zurückgebracht, und in Groß-Vargula ein Gras- oder Lattichkönig herumgeführt.

Bei Braunschweig erscheint eine mit Blumen bekränzte Maibraut, und im Tecklenburgischen ziehen die Kinder mit einem Knaben umher, der über und über mit grünen Reisern und Ginstern bedeckt ist, auf dem Kopfe eine Blumenkrone trägt und Pfingstblume heißt.

Der Pfingstlümmel oder Pfingstbutz, welcher in Schwaben Gaben fordert, ist in blühende Pfriemen vermummt oder mit Blumen und belaubten Zweigen ganz umwunden, trägt eine spitze Laubmütze auf dem Kopfe und hat das Gesicht mit Baumrinde bedeckt. Oft ist er auch hinten und vorn mit Kuhglocken und Kuhschellen behangen, und muß beständig Bücklinge machen.

Im Schwarzwald zieht gewöhnlich schon am 1. Mai der Maimann mit einer zuckerhutförmigen, aus Reifen gebundenen Laubhütte auf dem Kopfe durchs Dorf, und in einigen Gegenden Schwabens und Baierns wird dem durch das Los gewählten grünen Wasservogel als Lohn für seine Vermummung nicht selten ein kaltes Bad zu Teil, damit er seinen Namen mit Recht trage. Ebenso ging es noch vor dreißig Jahren dem Pfingstl in Niederbaiern, während noch jetzt dem Pfingstquack in der Pfalz, wenn es ihm nicht gelingt, seinen Begleitern zur rechten Zeit zu entwischen, das schöne Gewand aus Goldpapier, das ihn vom Kopf bis zu den Füßen umhüllt, indem die hohe spitzige Kappe nur die Augen frei läßt, stückweis vom Leibe gerissen wird.

Pfingstquack wird auch im Elsaß der Knabe oder Bursche genannt, welcher zu Pfingsten herumzieht, aber nicht, wie in der Pfalz, in Goldpapier, sondern ganz und gar in Laub und Blumen gehüllt ist.

Mit Körben und einem Fäßchen wohl versehen, zieht das junge

Völkchen mit diesem Pfingstquack oder einem schön mit Bändern und Sträußen geschmückten Mai von Haus zu Haus. Ueberall ertönt das Lied:

Da kommen die *** Maienknecht',
Sie haben gern ihr Pfingsterecht,
Drei Eier und ein Stück Speck,
Von der Mohre Seit' eweck.
Ein halb Maß Wein
In den Kübel 'nein,
Da woll'n die *** Mai'nknecht zufrieden sein,

wozu die kleineren Knaben oft noch scherzend die Worte fügen:

Pfingstequack het d' Eier g'fresse,
Het d' Ochse und d' Ross' im Stall vergesse.
Heb ingen (unten) us (aus), heb owen (oben) us!
Heb alli blutt un blingi Vejel us.
En Ei erus (heraus)! En Ei erus!
Oder i schick i (ich schick euch) de Marder ins Hüenerhus!

und überall erhalten sie das Begehrte. Das Fäßchen füllt sich, der Korb wird schwerer und schwerer, und wenn sie ihre Gaben, sowie den Maien an einen bestimmten Ort gebracht haben, geht Jedes nach Haus, um sich von den Semmelkuchen oder Mozen zu holen, die man zu Festzeiten auf den Dörfern bäckt. Unterdessen nähern sich die Mädchen dem aufgepflanzten Maien, die älteren Burschen kommen und knüpfen ihre Bänder vom Maien los, um sie ihren Mädchen zu bringen, die ihrerseits ebenfalls Eier und Butter zusammengetragen haben, und nun geht es ans Schmausen und zum Tanz.

In einzelnen Ortschaften des Elsaß und Deutsch-Lothringens versammeln sich die jungen Burschen Nachmittags zu Pferde und durchziehen das Dorf, indem sie altherkömmliche Sprüche hersagen, worauf sie den Baum umreiten. Nicht selten tragen sie dabei die abenteuerlichsten Vermummungen, und früher wurden sie gewöhnlich von älteren Männern begleitet, welche ihnen die Grenzen des Feldbezirkes der Gemeinde anzeigten.

Anderwärts hat dieses Umreiten der Fluren einen mehr religiösen Charakter angenommen. So begleitet beim Oeschtreid'n im Dürkheimer Landgericht in Schwaben der Pfarrer mit der Reliquie vom heil. Kreuz zu Pferde die Schar der jungen Leute, welche die Dorfflur umreiten wollen, und liest an vier Ecken das Evangelium um das „Wetter zu segnen."

Pfingstfest im Elsaß.

Beim sogenannten Königreiten in Oesterreichisch-Schlesien reiten der Dorfrichter, die Geschworenen und Alle aus der Gemeinde, welche Pferde besitzen, im gesetzten Schritt, mit Andacht fromme Lieder singend, um ihre Aecker herum, indem sie hoffen, dadurch den Segen des Himmels auf ihre jungen Saaten herabzuflehen und jeden Wetterschaden von ihnen abzuwenden, und beim Traidergang in Hagelstadt in der Oberpfalz, welcher von Jahr zu Jahr wechselt, weil nicht alle Felder auf einmal umgangen werden können, wird die große Kirchenfahne herumgetragen, auf welcher der heilige Veit, der Schutzpatron des Ortes, abgebildet ist.

Wenn in Baumgarten in Niederbaiern die Knechte und Bauern unter der Anführung des Patrimonialdieners oder des Oberjägers alljährlich am Pfingstmontag um 12 Uhr Mittags vom Schloßhof aus die Hälfte des Bezirks umreiten, versehen sie sich bei ihrer Rückkehr mit 5—6 Fuß langen Stangen, die an einem Ende scharfschneidende Eisen, wie zum Ausstechen der Disteln, haben. Während des Umritts haben nämlich die Schloßküfer ein ganz mit Reifen belegtes Faß an einer Säule befestigt, und auf diese einen Fichtenbusch gesteckt, der mit Gewinnsten aller Art, wie Halstüchern, Spielsachen u. dergl., behangen ist. Sobald nun die Reiter zurück sind, trabt Einer nach dem Andern unter Musikbegleitung an der Säule vorüber, und sucht zuerst einen Reifen vom Faß, und dann den Busch abzustechen. Derjenige, bei welchem der Busch herabfällt bekommt die Gewinnste, und die Küfer erhalten von der Herrschaft das sogenannte Boschenbier, welches Abends beim Tanz vertrunken wird.

Im Harz und in den Dörfern Sachsens und der Mark, wo noch das Pfingstreiten üblich ist, besteht es oft nur in einem solchen Stechen oder Reiten, das nach den Gegenständen, die als Ziel dienen, bald Kranzstechen oder Kranzreiten, bald Mannstechen, bald Ringstechen heißt.

Bei dem Kranzreiten, wie es in Laßfelde am Harz geschieht, sind die Pferde mit langen Bändern oder Quästen an Köpfen und Schwänzen, die Knechte mit gleichen Quästen an Mützen und Schultern geschmückt. Auf einem Anger ist ein Kranz aufgesteckt, nach welchem die Reiter jagen, und wer zuerst beim Kranze ankommt und ihn abstreift, hat den Preis gewonnen, und hängt den Kranz um den Hals seines Pferdes.

Wer beim Kranzstechen in Nörten Sieger oder König wird, erhält ein seidenes Tuch von den Mädchen, muß aber dafür mit allen, die etwas dazugegeben, tanzen. Wer dagegen zuletzt das Ziel erreicht, muß beim Einsammeln der Gaben den Korb tragen. Am nächsten Tage ziehen nämlich die Teilnehmer am Stechen von Haus zu Haus, sprechen den hergebrachten Reim:

Hier tret' ich auf den Hof,
Der Kaiser und der Bischof,
Der Kaiser und der König,
Das Land das liegt im Plönich,
Die armen Herr'n,
Die geben gern,
Die Reichen noch viel mehr.

und knallen mit den Peitschen, ein Brauch, der, wie so viele andere, fast überall vom ersten Mai auf Pfingsten übertragen worden ist, weil er, zur Vertreibung der Unholde und Hexen bestimmt, am Pfingstfest eine passende Erklärung in der ihm untergeschobenen christlichen Deutung fand, das Peitschenknallen solle das Brausen des heiligen Geistes vorstellen.

Will man bei Wettin den Mann stechen, so macht man einen Mann von Stroh, richtet ihn auf, und reitet mit verbundenen Augen und mit Stäben in der Hand darauf zu. Wer ihn trifft und umstößt, erhält als Sieger den ausgesetzten Preis.

Viel Gewandtheit und Kraft gehört zu dem Ringstechen, das an die alte Ritterzeit erinnert. Es gehört namentlich in einigen nördlich gelegenen Gegenden Deutschlands, wie Schleswig, Holstein und Ostfriesland, sowie in Tirol und in der niederländischen Provinz Seeland zu den beliebtesten Spielen des Volkes. In Dithmarschen nimmt man dazu eine hölzerne oder eiserne Scheibe mit 5 Löchern, die man frei an einem Strick aufhängt, der zwischen zwei Pfählen oder Bäumen befestigt ist, und sucht nun während des Reitens, oft auch mitten im Laufe zu Fuß, mit einem runden hölzernen Stecher, der ziemlich eben so dick ist, wie jedes der 5 Löcher weit, nach einem der bestimmten Löcher zu stechen. Zuerst wird nach dem obersten links, dann nach dem obersten rechts, hierauf nach dem untersten links und zuletzt dreimal nach dem mittelsten, nie aber nach dem untersten Loche rechts gestochen, was mit Strafe verbunden ist. Wer in der bestimmten Folge der Löcher seine sechs Stiche am schnellsten zu Stande bringt, ist Sieger.

Die Bewohner des Innkreises pflegen einen einfachen metallenen Ring mit einer starken Schnur an einem Seile zu befestigen, das recht straff quer über eine Straße gespannt ist. Dann reitet von einer gewissen Entfernung aus Einer nach dem Andern im schnellsten Trab unter dem Seile durch, und sticht in diesem Augenblick mit seiner spitzen Lanze nach dem Ringe, den er nicht blos treffen, sondern auch von der Schnur losreißen muß, wenn er die ausgesetzte Prämie verdienen will.

Auf dieselbe Weise geschieht das Ringstechen in Seeland.

Ringstechen in Seeland.

Sehr häufig werden auch blos Wettrennen oder Wettläufe nach einem aufgesteckten Kranz, Hut oder dergl. angestellt, bei denen die Sieger Preise oder den Ehrentitel König davontragen.

Bei dem Wettrennen in Weitensfels in Kärnten müssen dem

Herkommen gemäß die drei jüngsten Bürger laufen, während die übrigen zu Pferde folgen, um am Ziel den Ausspruch des dort aufgestellten Preisgerichtes zu vernehmen. Wer zuerst ankommt, erhält nach alter Sitte ein Paar Strümpfe nebst einem mit Bändern durchflochtenen Kranz, der Zweite einen Kranz allein, und der Dritte einen mit Bändern umwundenen Strauß von Blumen und Schweinsborsten.

Auf dem Kalbe'schen Werder wird von dem ältesten Hütejungen eine Tanne, deren Zweige er gekappt und mit lauter Knochen behangen, als sogenannter Knochengalgen auf einer Höhe in der Nähe der Pfingstweide aufgepflanzt, und nach dieser beginnt der Königslauf. Dem Letzten am Ziel, welcher der lahme Zimmermann heißt, wird ein Bein mit Schienen und Bast umwickelt, als wäre es gebrochen, ein großer Stab in die Hand gegeben, um sich darauf zu stützen, und dann führt ihn die Jugend ins Dorf, wo man mit dem Spruch:

„Wi hemm' Haigras uthstecken, Timmermann hat sick
Hals un Been terbroken; wulln sehn, as uns
woll'n half Schock Eier wulle gewen."

(Wir haben Haigras (Brachweide) ausgesteckt, Zimmermann hat sich Hals und Bein gebrochen; wollen sehen, ob uns wol ein halb Schock Eier wollt' geben.)

von Hof zu Hof zieht und Eier sammelt, die im Kruge zu einem Kuchen verbacken werden.

Dasselbe geschieht mit dem Molitz, dem Letzten beim Wettlaufen zu Brunau in der Altmark, das davon Molitzlaufen heißt, während in der Gegend von Salzwedel der schlechteste Reiter mit Blumen geschmückt, und deshalb der schmucke Junge genannt wird.

Die Wettrennen, welche im Böhmerwalde alljährlich am Pfingstmontag abgehalten werden, haben durch die Scherze des Spaßmachers, der nie dabei fehlen darf, noch einen besonderen Reiz für das umwohnende Landvolk.

Dieser Spaßmacher (da Gschboasmocha) sitzt, drollig angezogen, auf der erbärmlichsten Mähre der ganzen Gegend, welcher man noch dazu auf der Schwanzseite einen künstlichen Hals und Kopf aus Stroh, und auf dem Kopfe ein eben solches Hinterteil gemacht hat, so daß über die Augen ein Schwanz herabhängt. Will er aufsteigen, thut er es mit einer Leiter.

Die Reiter tragen auf dem Kopfe eine kleine Ledermütze, die nicht mehr als den Wirbel bedeckt um den Hals ein locker geschlungenes Tuch, haben keine Jacke an und sitzen ohne Sattel auf dem Pferde, welches an Zaum, Mähne und Schweif mit roten Seidenbandmaschen geschmückt ist. Sie sammeln sich am Wirtshaus, wo auf einer Fahne die Preise: ein rot- oder blauseidener Westenstoff, ein karmoisinrotseidenes Halstuch und ein schöner Hosenträger nebst einem Strauß von künstlichen Blumen hängen. Der vierte Sieger erhält eine unbedeutende Summe an Geld. Zur Bestreitung aller Ausgaben haben die Reiter das nötige Geld zusammengeschossen.

Unter heiterer Musik brechen die Reiter auf und postieren sich. Eine dünne Strohspur bezeichnet das Ziel. Ein Flintenschuß giebt das Zeichen zum Abritt, und bringt eine wahrhaft fieberhafte Aufregung unter die dichtgedrängten Zuschauer. Der Sieger ergreift jauchzend die Fahne und läßt aufspielen Doch plötzlich knallt ein zweiter Schuß, und der Spaßmacher beginnt allein ein Rennen, steigt nach 20 Schritten ab, füttert sein Pferd, treibt alle möglichen Possen, reitet dann bis zum Ziel und fängt mit dem Sieger einen heftigen Streit um die Fahne an, der damit endigt, daß ihm sein Lohn zugesagt wird, welcher gewöhnlich in zwölf Päckchen Rauch- oder Schnupftabak besteht.

Unter Musik, Jauchzen und Lärmen zieht man nach dem Dorfe zurück, wo nach kurzem Tanz die Burschen, die Musik voran, durch alle Straßen reiten und um jeden Bauernhof einige Male herumsprengen, während der Spaßmacher mit einem großen Tragkorbe auf dem Rücken jede Hausfrau mit den Worten bestürmt:

Baren, schot's oßö dur d' Fenzascha'm,
Kint's ös do hoathearzö blea'm?
Hradnt um's Hos one Sodl und Woia —
Tadet eng hruia, hats! Keichal und Oia!
(Bäuerin, schaut durch die Fensterscheiben,
Könnt ihr da hartherzig bleiben?
Reiten um's Haus ohne Sattel und Zaum —
Kargt ihr mit Kuchen und Eiern? Wol kaum!)

Die gesammelten „Kaichal“ (Kuchen) und „Oia“ (Eier) verspeisen die Burschen im Wirtshaus, worauf Tanz das Fest beschließt.

In der Umgegend von Pilsen geht dem Wettrennen noch ein Pfingstspiel voraus, welches Königsspiel heißt und viel Aehnlichkeit mit den Pfingstritten in Schwaben hat.

In der Mitte des Dorfes ist über Nacht eine Hütte kugelförmig aus grünbelaubten Zweigen und ohne Eingang errichtet worden, bei welcher sich nach Beendigung des Nachmittagsgottesdienstes Alles einfindet, was Beine hat und gehen kann. Mittlerweile kommen aus den Bauerhöfen die Burschen zu Pferde und reiten nach dem Wirtshaus, wo sie sich versammeln. Roß und Reiter sind reich mit Bändern in allen Farben geschmückt, indem jedes Mädchen ihren Stolz darein setzt, ihren Liebsten am schönsten auszuputzen. Der König trägt als Auszeichnung einen aus Binsen geflochtenen Hut, der die Gestalt eines Zuckerhutes hat und ringsum mit Bildern und Bändern verziert ist. An seiner Seite prangt ein Säbel, und sein Gefolge besteht aus dem Richter, Ausrufer und Bierreiter, die gleichfalls mit Säbeln umgürtet sind. Der Bierreiter trägt die Fahne: ein an einer Stange flatterndes Tuch. Als Spaßmacher dient der sogenannte Froschschinder oder Scharfrichter, welcher mit roten Strümpfen, Holzpantoffeln und Strohspornen, gelbledernen bis zum Knie reichenden Beinkleidern, roter Weste und zerrissenem schwarzen Frack, dessen Schöße bis auf die Hacken herabreichen, auf der schlechtesten Rosinante im Dorfe sitzt, ein Kopfkissen statt des Sattels, Stricke anstatt der Bügel hat, und im Gesicht einen riesigen Schnurrbart, mit Ruß gemalt, auf dem Kopfe einen mit einem Flederwisch statt des Federbusches verzierten haarlosen, spitzen Hut, und an der Hüfte ein altes, verrostetes Schwert trägt.

Langsamen Schrittes reitet der Trupp, den König an der Spitze, nach der Hütte, wo auf des Königs Befehl der Ausrufer vom Pferde steigt zum Ergötzen der Zuschauer um die Hütte herumgeht, unter den possierlichsten Grimassen eine Thür sucht, und endlich zu allgemeinem Jubel das Schwert zieht, eine Oeffnung durchhaut und auf den Stuhl steigt, den er in der Hütte findet. Dann beginnt er in Sinnsprüchen jede Bauerntochter und Magd, jeden Hofbesitzer und Knecht zu bekritteln, indem er z. B. spricht:

„Von X. is a Moad, hats a G'sicht, wei Milich und Blout,
San ihr alla Boub'n gout.“
(Beim X. ist 'ne Magd. hat ein Gesicht wie Milch und Blut,
Sind ihr alle Burschen gut.)

oder:

„Von X. is a Moad, sitzt bon Thaoa,
Wei a Krapa,
Wei a Hetz,
Hat se, d' Küd'l alla g'fetzt.
(Beim X. ist eine Magd, sitzt beim Thore, wie eine Krähe, wie eine Elster, hat die Röcke alle zerfetzt.)

Nach jedem Spruch wendet er sich mit den hergebrachten Worten: „Herr Richta! is waoa-r- oda niat?“ (Ist es wahr oder nicht?) zum Richter, und dieser entgegnet ebenso regelmäßig:

„Ja, ja, bist a brava Bua, mach nea-r- imma meia dazou.“ (Ja, ja, du bist ein braver Bursch, mach nur immer mehr dazu.)

Von den Bauern heißt es:

„De X. is a Muan,
Dea-r- All's passeln kuan,“
(Der X. ist ein Mann, der Alles pasteln (selbstmachen) kann.)

oder:

„Von X. is scho 's ganz Gaoa
Des scheina z'fallana Thaoa“, u. s. w.
(Beim X. ist schon das ganze Jahr das schöne zerfallene Thor.)

Von Zeit zu Zeit bietet der Bierreiter das volle Glas, das er zu Pferde aus der Schenke geholt, zuerst dem König, dann dem Richter und dem Redner dar.

Sind die Reime zu Ende, welche die lustigsten und gescheidtesten Burschen gemeinsam verfertigt haben, tritt der Froschschinder hervor, zeigt einen Vogelbauer, preist die darin befindlichen „Zeisige“ (Frösche), baut unter vielen Possen einen Galgen, an welchem er die armen Tiere in einer Reihe aufhängt, treibt allerlei Spott mit ihnen, und wirft sie zuletzt unter die Zuschauer, wo sie bei ihrem Fall nicht wenig Geschrei veranlassen.

Hierauf zieht Alles an ein Ende des Dorfes, wo das Wettrennen statt findet, welches an einigen Orten in einer Verfolgung des Königs besteht, der mit wenigen Schritten Vorsprung in voller Carrière davonreitet. Alles sprengt ihm nach und sucht ihn vor dem bestimmten Ziele einzuholen

Gelingt dies nicht, bleibt er noch ein Jahr in seiner Würde, und seine Verfolger müssen am Abend seine ganze Zeche im Wirtshaus bezahlen.

Gelingt es aber, so wird er mit Haselruten oder mit den Säbeln geschlagen, muß vom Pferde steigen, sich zum Schein köpfen lassen, und Abends alle Burschen im Wirtshaus freihalten, wo man bis zum Morgen jubelt, singt und tanzt.

Dieses Köpfen wird auch bei dem schwäbischen Pfingstritt in Wurmlingen vorgenommen, und zwar am Pfingstbutz, welcher bei dem Pfingstritt in Friedingen an der Donau mit einem kalten Bade davonkömmt.

Die berühmten englischen Wettrennen nehmen ebenfalls um die Pfingstzeit ihren Anfang. Die ersten fanden einst an Georgi statt, zu Ehren des Heiligen des Landes, und mit dem Jahre 1610, wo William Lester, ein Krämer und damals Mayor, und Robert Ambrye, ein

Eisenhändler und Sheriff der Stadt Leicester, auf ihre Kosten drei Silberglocken als Preise für ein Pferderennen am Georgstag aussetzten, begann die ununterbrochene Folge der Chester Races, Chesterrennen, die später in die erste Maiwoche verlegt wurden, und deren Preise sich mit der Zeit aus den Glocken in die jetzt üblichen verwandelten.

Die Unterhaltung gefiel so, daß gegenwärtig fast überall Rennen abgehalten werden, und von den Rennklubs eigene Kalender ausgegeben werden müssen, um die Tage der verschiedenen Rennen nicht verwechseln zu lassen. Die elegantesten und fashionabelsten aber von ganz England sind die Ascot-Frühlings-Wettrennen.

Der Rennplatz liegt wenige englische Meilen von Windsor entfernt, und der Weg dahin führt durch die herrlichsten Park-Alleen, die man sich denken kann. Schon die größere Entfernung von der Hauptstadt ist Grund genug, daß auf diesem Rennen nie so große Menschenmassen beisammen gesehen werden, wie auf dem Derby-Rennen in Epsom. Das Publikum ist daher ein beinahe ausschließlich aristokratisches, und der Hof läßt sich selbst durch das ungünstigste Wetter nicht abhalten, dabei zu erscheinen.

In den deutschen Städten, wo sich Schützengilden oder Schützengesellschaften befinden, wird Pfingsten meist durch ein Königsschießen gefeiert, das oft drei Tage währt, wie z. B. in Freiwaldau in Oesterreichisch-Schlesien, wo es am Pfingstsonntag beginnt.

Der vorjährige König, die beiden Ritter und alle Schützen versammeln sich des Morgens auf dem Rathaus, und ziehen, sobald zum Gottesdienst geläutet wird, voran der König mit seinem Schmuck zwischen den beiden Rittern, welche ebenfalls ihre Insignien tragen, und hinter ihm die übrigen Schützen nach dem Alter paarweis und feierlichen Ganges, nach der Kirche. Dort empfängt sie der Priester und führt sie um die Kirche und hinein, wo ein Opfergang für den Pfarrer und darauf eine Predigt und das Hochamt gehalten wird. Nach Beendigung des Gottesdienstes begiebt sich der Zug in der vorigen Ordnung nach dem Rathaus zurück, wo diejenigen Schützen durch's Los bestimmt werden, welche für ihre wie immer am Schießen gehinderten Mitgenossen schießen sollen.

Am Pfingstmontag, Nachmittag um 1 Uhr, werden der alte König und die Ritter in ihren Wohnungen abgeholt und, mit der Schützenfahne voran, unter Pauken- und Trompetenschall aufs Rathaus geführt. Sind dort alle Schützen versammelt, zieht man paarweis mit Musik hinter der vorangetragenen Schießscheibe und Schützenfahne her nach der Kirche, wo man nach abgebeteter Litanei den Segen empfängt, und hierauf nach der Schießstätte, wo das eigentliche Königsschießen beginnt.

Zuerst wird eine große Scheibe aufgestellt, auf welche mit freier Hand der König, die Ritter und die Schützen nach ihrer Rangordnung schießen. Wer sie mit der ganzen „Lage“ d. h. mit drei aufeinanderfolgenden Schüssen trifft, ist ein „Dreier“ und nur als solcher befähigt, auf die Königsscheibe zu schießen. Sobald alle Schützen auf die große Scheibe geschossen haben, wird die Königsscheibe für die „Dreier“ aufgestellt. Der beste Schuß bestimmt den König, der zweit- und drittbeste die beiden Ritter. Alle Drei erhalten Zinnkrüge, der König einen von 3 bis 4 Maß, die Ritter verhältnismäßig kleinere, und so werden die übrigen Gewinne immer geringer bis zum niedrigsten, der „Säule“ heißt und in einem Kaffeelöffel besteht.

Sind die Gewinne ausgeteilt, so beginnt der Rückzug nach der Stadt. Voraus gehen die Träger der Fahne, Königsscheibe und Gewinne, dann kommen die Musiker, und hinter ihnen der König zwischen den beiden Rittern und zuletzt der Zug der Schützen, welchen das schaulustige Publikum folgt.

Da vor dem Hause jedes Schützen Halt gemacht und unter Schwingung der Fahne ein Aufzug geblasen wird, braucht der Zug oft 2 Stunden, ehe er am bestimmten Gasthaus anlangt, wo der König seinen Schmuck ablegt und ein Tänzchen beginnt. Die Anderen folgen ihm nach, und sowie Jeder ein kurzes Tänzchen gemacht, geht Alles still und ruhig nach Hause.

Am Pfingstdienstag fängt das Fest früh um 9 Uhr wieder mit einem Gottesdienst an, worauf man zu Mittag in der Wohnung eines Schützenältesten gemeinschaftlich ein frugales Mahl nimmt, zu welchem der König 4, der erste Ritter 2, der zweite 1 Maß Wein giebt, und wobei alle übrigen Auslagen aus der Schützenlade bestritten werden. Nach dem Mahl zieht die Gesellschaft in hergebrachter Weise nach der Schießstätte, wo ein Freischießen gehalten wird. Dieses wiederholt sich am zweiten und dritten Sonntag nach Pfingsten.

Die Freude des Festes vermehrt die zahllose Menge Menschen aus der Stadt und der Umgegend, welche sich dabei mit Würfel- und Kegelspiel belustigen und in den vielen Buden mit Speise und Trank gütlich thun.

Außer dem Krug erhält der König noch ein Gebräu Bier von der Stadt und 8 Klafter weiches Holz aus den herrschaftlichen Waldungen.

In gleicher Weise werden auch die sogenannten Pfingstgelage

oder Pfingstbiere, welche in Norddeutschland noch üblich sind, bis zum Dienstag nach Pfingsten fortgesetzt. Namentlich ist dies in Thüringen der Fall, wo schon lange vor Pfingsten die Zurüstungen dazu beginnen.

Sind nämlich die Burschen eines Dorfes darüber einig, ein Pfingstbier zu veranstalten, so wählen sie einen Einschenker, das Faktotum bei der ganzen Festlichkeit. Dieser beginnt sein Amt damit, daß er in Begleitung eines der jungen Burschen im Sonntagsputz feierlich von Gehöft zu Gehöft fährt, mit wohlgesetzter Rede im Namen der Pfingstgesellschaft zur Teilnahme am Pfingstbier einladet und zum Einschütten auffordert. Man giebt entweder Geld, oder einige Metzen Gerste, welche auf den Wagen geladen werden, und nun wird unter Beihülfe einiger jungen Burschen Bier gebraut und in den Kellern der Schenke aufgespeichert.

Alle Abende versammeln sich die Pfingstburschen zu weiterer Besprechung, und Jeder denkt an das Mädchen, welches er sich zum Pfingsttanz erbitten will. Denn am Pfingstabend muß Alles in Ordnung sein, da die Pfingstjungfern dann schon durch Maien ausgezeichnet werden.

Meist mit Musik fährt man hinaus in den Wald und holt junge Birken, Buchen oder Pappeln. Ein Platz vor dem Wirtshaus oder unter der Linde wird festgestampft oder mit Dielen belegt, mit grünen Zweigen eingefriedet und überdeckt, und so als Sommerlaube zum Tanzplatz bestimmt.

In der Pfingstnacht werden vor den Thüren der Pfingstjungfern, sowie der Honoratioren des Ortes, als des Herrn Pfarrers, des Schulmeisters und Ortsschulzen, je zwei schöne Maien gepflanzt. Auch die Pforte zum Gotteshaus wird mit Maien geschmückt.

Der Pfingstsonntag ist ganz der kirchlichen Feier gewidmet. Erst am Montag nach dem Nachmittagsgottesdienst, der deshalb gewöhnlich etwas früher als sonst beginnt, fängt Spiel und Tanz an. Ein vierspänniger Wagen mit buntbebänderten Pferden bringt die zum Fest engagierten Musiker aus der nächsten Stadt, während die Thüringer bei allen andern Gelegenheiten ihre Musik meist selbst besorgen, und nun werden die Pfingstjungfern von ihren Tänzern einzeln mit Musik abgeholt. Dann zieht man paarweis, mit der Musik an der Spitze, zur Sommerlaube, und der Tanz beginnt.

Der Einschenker in weißen Hemdsärmeln, mit einem mächtigen Blumenstrauß geschmückt, zapft das Pfingstbier an, und reicht den mit Bändern und Blumen verzierten Steinkrug den ihm wohlbekannten Festteilnehmern dar. Ein Musiktusch begleitet jeden Festtrunk. Auch wenn ein Fremder sich an der Pfingstlaube zeigt und dem Freitrunk Bescheid thut, wird er mit einem sogenannten Rundabblasen geehrt.

Gegen Abend tritt eine Pause ein: die Burschen und Mädchen gehen nach Hause zum „Beschicken." Dann beginnt der Tanz wieder und dauert bis tief in die Nacht hinein, worauf die Tänzerpaare noch bei einem Nachttrunk zusammenbleiben, bei welchem das Rundabblasen eine große Rolle spielt.

Mit dem ersten Morgengrauen suchen die Pfingstburschen es einer dem andern darin vorzuthun, ihrer Tänzerin vom Musikchor ein festliches Morgenständchen bringen zu lassen.

Am sogenanten dritten Feiertag halten die Burschen einen Umzug in allerlei Verkleidungen. Die Läufer, über und über mit bunten Bändern bedeckt, ziehen voran und verkünden die Ankunft des Zuges durch Knallen mit Schlittenpeitschen. Im Zuge selbst sieht man einen Tanzbären, einen Wunderdoktor, einen Barbier, ferner Reiter auf künstlichen Pferden (wie sie zur Fastnacht vorkommen), Burschen in Frauenkleidern, Schornsteinfeger u. dergl. Besonders aber darf der Beias (Bajazzo) nie fehlen, welcher in seinem bunten Narrenkleide und der Schellenkappe im Zuge auf- und abläuft und mit seiner klappenden Holzpritsche bald an die Dorfjugend, bald an Vorübergehende Schläge austeilt.

Bei denen, welche sich am Freibier beteiligen, wird Halt gemacht, die Musik spielt auf, während der Einschenker, der eine Tonne Bier auf einem Karren bei sich führt, dem Hauswirt einen Labetrunk reicht. Die Hausfrau eilt, Butter, Eier, Mehl, Brod, Wurst oder Schinken herbeizuholen, zu deren Empfang sich besondere Träger mit Säcken und Körben im Zuge befinden; die Schornsteinfeger untersuchen wohl auch selbst die Rauchfänge, und sämtliche Lebensmittel werden nach der Schenke gebracht, wo sie von den Frauen zu dem Schmaus verwendet werden, der nun Alle vereinigt, und bei welchem das Lieblingsgericht der Thüringer, Rührei mit Wurst und Schinken nebst grünem Salat, einen Hauptteil ausmacht. Man bringt gereimte oder ungereimte Trinksprüche auf die Tänzerinnen aus, wobei man sogar oft

Wein trinkt, und der Einschenker geht mit einem Teller mit Salz herum, zur Entschädigung für seine Mühen etwas auflegen, d. h. Geld ins Salz stecken zu lassen. Ist er zufrieden, besteigt er einen Stuhl, um in einer gereimten Aufsage seinen Dank auszusprechen, worauf ein Tanz den Tag beschließt.

Johannisfeier in Leipzig. (S. Seite 227.)

Juni.

Wie der Mai mit seinen Festlichkeiten die Rückkehr des langentbehrten Sommers feiert, so ist der Juni vorzugsweise zur Verherrlichung der Sonne in ihrer höchsten Macht und ihrem höchsten Glanze bestimmt. Nur in seinen ersten Wochen klingen gewissermaßen noch die Echos des Pfingstfestes nach; das Dreifaltigkeitsfest am Sonntag nach Pfingsten, und das Fronleichnamsfest am Dienstag nach Trinitatis.

Das erstere, nach welchem die Sonntage bis zum Advent in der protestantischen Kirche den Namen Trinitatis-Sonntage oder Sonntage nach Trinitatis führen, während sie von den Katholiken nach Pfingsten gezählt werden, entstand schon früh aus Opposition gegen die Unitarier, die den heil. Geist als Person Gottes nicht anerkennen wollten, wurde aber erst 1260 auf dem Konzil zu Arles allgemein zu feiern verordnet, um den Glauben an einen dreieinigen Gott zu beleben und zu heben. Da eigentlich jeder Sonntag als Tag des Herrn der Verehrung der heil. Dreifaltigkeit geweiht ist, so wird der Sonntag Trinitatis, der ganz besonders diese Aufgabe hat, an vielen Orten ausschließlich der goldene Sonntag genannt, und in Thüringen namentlich sehr hoch geschätzt. Die Heiligkeit desselben durch Nähen oder Flicken zu stören, zieht nach dem Volksglauben Thüringens und Frankens, wie am Himmelfahrtstage, die Gefahr nach sich, vom Blitze erschlagen zu werden, und in der Gegend von Schweinfurt erzählt man: ein Bauernbursche der so unvorsichtig gewesen sei, sich am Dreifaltigkeitstage einen Hosenknopf anzunähen, habe am Tage darauf, als er fischte, sich nur dadurch vor dem Gewitter, das ihn überfiel, retten können, daß er geschwind seine Hosen auszog und ins Wasser warf, wo der Blitz sie traf.

Dagegen kann man sicher darauf rechnen, in Allem, was man am Tage nach Trinitatis unternimmt, glücklich zu sein, wenn man am Dreifaltigkeitstage drei Mal in die Kirche geht und jedesmal an sein Vorhaben denkt.

Ebenso gelten Kinder, am Güldensonntag geboren, für Glückskinder, die weise werden und Geister sehen sollen. Der Farrnsamen, welchem man die Macht zuschreibt, unsichtbar zu machen, Glück im Spiele zu verleihen und jeden Schuß den sein Besitzer thut, treffen zu lassen, soll in der Mitternachtsstunde der Nacht zum goldenen Sonntag zur völligen Reife gelangen und abfallen, dann aber plötzlich verschwinden; die Wunderblume soll am goldenen Sonntag blühen, und zahlreiche Sagen berichten von Bergen, die sich an diesem Tage öffnen, von verwünschten Jungfrauen, welche dann erlöst, und von Schätzen, die dann gehoben werden können.

Sehr feierlich wird der Trinitatis-Sonntag in Langensalza begangen, wo die Fuhr- und Ackerleute, Musik voran, durch die Stadt nach dem sogenannten Anger vor dem Niederhöfer Thore ziehen, und dort, während ihr Fähnrich auf einen der daran stoßenden Aecker tritt und die Fahne schwingt, den Gesang anstimmen: „Es woll' uns Gott gnädig sein,“ und in Breslau ist dieser Sonntag ein wahres Blumenfest.

Die kleine, aber zierliche Klosterkirche der barmherzigen Brüder in der Ohlauer Vorstadt feiert nämlich an diesem Tage ihr Kirchweihfest und wird aufs Sinnigste mit Grün und Blumen geschmückt. Der Fußboden ist mit Wiesenblumen, Laub und Kalmusstauden dicht bestreut, auf den Altären stehen Vasen voll der auserlesensten Blumensträuße, die Statuen der Heiligen tragen Kränze am Arm oder um den Hals, um die Kanzel schlingen sich duftige Blumengewinde, und die Wände sind durch Guirlanden, grüne Zweige und ganze Bäume wie bedeckt. Jeder Gartenbesitzer, auch der nichtkatholische, steuert zu dieser Ausschmückung mit Blumen bei, und der Hauptaltar besonders trägt das Beste, was die einheimische Blumenzucht zu erzielen vermag. Eine meist aus ausländischen Gewächsen künstlich gebildete Miniaturkapelle ist über dem Tabernakel für die Monstranz angebracht, und selbst diese trägt als Rahmen um das Allerheiligste einen Kranz von kleinen halb erblühten Rosen.

Auch das Kloster mit seinen geräumigen Gängen und Hallen ist mannichfach mit Maien und Blumen verziert, und steht an diesem Tage Allen offen, die es besuchen wollen. Von früh bis Abends wogt daher ein förmlicher Menschenstrom im Kloster hin und her, und nach geendigtem Hochamt und Segen bietet nicht nur der ganze Klosterplatz, sondern auch der nächste Teil der Straße den Anblick eines höchst belebten Jahrmarkts dar. Ueberall stehen Tische, teils baldachinartig mit Leinwand oder großen baumwollenen Regenschirmen überdeckt, teils frei, die meisten jedoch mit daran befestigten Baumzweigen und Blumen geschmückt, und auf ihnen liegen bunt durcheinander leere Bier- und Weingläser, Teller, Schüsseln und Terrinen von Fayence, Pfeifenköpfe, Tabaksdosen und Spiegel, Taschenmesser, Ringe, Schnallen, Bänder, Zahnbürsten, Bleistifte und Kinderspielwaren, oder haufenweis aufgetürmte Apfelsinen und Zitronen, Pfefferkuchen in papiernen Umschlägen mit Bildern und Denksprüchen, Pfefferdüten und Gerstenzucker, und außer den Eßwaren wird Nichts von Allem verkauft, sondern Alles nur *gepascht*, d. h. mit wenigen Pfennigen oder Groschen Einsatz im Glücksspiel gewonnen, vorausgesetzt natürlich, daß die Kugeln oder Würfel zum Vorteil des Spielenden fallen, was nicht immer geschieht.

Das *Fronleichnamsfest* ist, wie der Name sagt, zu Ehren des Leibes unsers Herrn (vom altdeutschen *fro*, Herr) eingesetzt worden, und verdankt bekanntlich seine Einführung der frommen Nonne Juliana zu Lüttich, welche die Vision hatte, daß im Monde eine Lücke sei, die nicht ausgefüllt werden könnte, außer durch ein noch fehlendes Fest. Durch höhere Eingebung erkannte sie, daß dies ein Fest zur Feier der wirklichen Verwandlung des Brotes und des Weines beim heiligen Abendmahl in den Leib und das Blut Christi sein müsse, und trotz aller Schwierigkeiten, die sich ihr entgegenstellten, wußte sie es durchzusetzen, daß dieses Fest im Jahre 1246 zum ersten Male in der Martinskirche in Lüttich gefeiert und 1262 vom Papst Urban IV. kanonisch anerkannt wurde. Die folgenden Päpste bestätigten und erweiterten die Bulle ihres Vorfahren, und bald war das Fronleichnamsfest eins der größten und wichtigsten Feste in der ganzen katholischen Christenheit. Es bildeten sich besondere Vereine, die sogenannten Korpuschristi-Brüderschaften, welche den Zweck hatten, den Glanz desselben zu erhöhen, indem alle Mitglieder, sowohl männliche wie weibliche, in Festgewändern unter Vortragung schöner Fahnen und Kreuze, mit Kerzen in der Hand der Prozession folgen mußten; die Zünfte und Gewerke verpflichteten sich zur Uebernahme gewisser Rollen bei den dramatischen Aufzügen, die mit der Prozession verbunden wurden, und Geistliche und Laien wetteiferten miteinander, die Fronleichnamsprozession zu der schönsten und großartigsten Kirchenzeremonie des ganzen Jahres zu machen.

Ist nun auch der Pomp der Darstellungen aus der biblischen Geschichte fast überall wieder verschwunden, so sind dennoch die erhebenden Gesänge, welche der heilige Thomas von Aquino für das Offiz dieses Tages verfaßt hat, die mit Blumen geschmückten Altäre, welche im Freien stehen, und das Grün, in welchem alle Straßen prangen, durch die der Zug geht, vollkommen genügend, um in dem vorurteilsfreien Zuschauer einer solchen Festlichkeit einen tiefpoetischen Eindruck zu hinterlassen.

An den meisten Orten werden zwei Fronleichnamsprozessionen abgehalten; eine am Feste selbst, das am Bodensee unsers Herrgotts Tag heißt, und die andere entweder am Sonntag oder am Donnerstag nachher, welcher in Schwaben das kleine Fronleichnamsfest genannt wird, mitunter auch an einem andern Tage der Oktave, die schon 1316 vom Papst Johann XXII. dem Feste zugefügt wurde, und während welcher das Allerheiligste fortwährend ausgesetzt bleibt. Bei der Hauptprozession werden in den katholischen Gemeinden Schwabens die Altäre an vier Ecken eines jeden Dorfes errichtet, und zwar liegt dies seit alter Zeit gewissen Häusern ob, in deren Nähe sich ein passender Platz befindet. Es wird ein Tisch ins Freie gestellt, mit einem weißen Tuche behangen und dann an drei Seiten mit belaubten Eichenstämmen umgeben, die etwa zwei Schuh über die Fläche des Tisches hervorragen und mit Bildern und Blumengewinden verziert werden. Vor die offene Seite des Altars tritt der Pfarrer, um das Hochwürdigste auf den Altar zu stellen, und dann einen Abschnitt aus den Evangelien zu lesen. Alle Häuser, an denen die Prozession vorüberzieht, sind mit Laub, Blumen und Bildern behangen. Die zweite Fronleichnamsprozession bewegt sich nur um die Kirche, an welcher die vier Altäre aufgestellt sind, während sie in Böhmen mit ganz demselben Gepräge abgehalten wird, wie die erste.

Besonders feierlich wird das Fronleichnamsfest in München begangen. Der Markt- oder Schrannenplatz, jetzt Marienplatz, und die Straßen, durch welche die Prozession sich bewegt, sind mit Brettern für dieselbe belegt, die Bretter mit Gras dünn bestreut, alle Häuser im Erdgeschosse mit Maien geschmückt. Die ganze Stadt gleicht auf dem Wege der Prozession einem frischen Birkenhain, und nur die Wohnungen mit ihren ausgehängten bunten Tüchern und Teppichen, mit ihren Gemälden und Kupferstichen, und den Fenstern und Thüren voller Zuschauer mahnen uns daran, daß wir uns innerhalb städtischer Ringmauern befinden.

Vier Trompeter eröffnen den Zug, ihre mittelalterliche Tracht erinnert an den Ursprung des Festes, die Musik aber an die Zeit derer, welche derselben folgen.

Es sind zunächst die Zünfte, die zwar nicht mehr ihre alte Abgeschlossenheit und Macht besitzen, indessen doch noch in der Sonderung nach Gewerben bestehen.

Jede Zunft hat ihre Fahne, und auf der Fahne ihr Sinnbild oder ihren Schutzheiligen gemalt: die Zimmerleute St. Joseph den Nährvater, die „Melber“ oder Kornkäufler den Joseph, Jakobs Sohn, die Tischler Noahs Arche, die Bierbrauer das Abendmahl, die Lebzelter den heiligen Ambrosius, die Fischer den Fischzug Petri u. s. w. und da die meisten Zünfte auch ihre geschichtlichen Erinnerungen haben, deren Denkmäler sie bewahren, so tragen Einzelne auch diese mit, wie z. B. die Tuchmacher, welche in der Schlacht von Albing die Ritter Ludwigs des Bärtigen in die Flucht geschlagen, einen mächtigen Flamberg.

Einen heiteren Anblick gewährt die Schuljugend, namentlich die weibliche, welche, in Weiß gekleidet, mit Blumen im Haar, mit Blumenkränzen und Blumenkörbchen, dazu die Gebetbüchlein in der Hand, gewöhnlich überall, wo sie erscheint, den Gegenstand der Aufmerksamkeit bildet.

Die vier Altäre, an denen die Evangelien gelesen werden, sind an verschiedenen Plätzen der Stadt errichtet: auf dem Marienplatz an der Mariensäule, auf dem Max Josephsplatz, in der Ludwigsstraße und vor dem königlichen Schuldentilgungsgebäude. Der Raum für die Prozession, welcher nicht nur die ganze Geistlichkeit, alle Klöster und

Die Kinderprozession des Fronleichnamsfestes in München.

Brüderschaften, sondern auch der König mit seinem Hofe, sämtliche Behörden, Körperschaften und Beamten folgen, wird durch aufgestelltes Militär vom Andrang der schaulustigen Menge frei gehalten, die Prozession selbst teilweis von der königlichen Hatschiergarde begleitet, welche mit ihren Hellebarden, ihren blau- und gelbgestreiften Fracks, ihren gelben kurzen Hosen, weißen Strümpfen und hohen Federhüten uns in die Zeit der Schweizergarden zurückversetzt, und von einer Truppenabteilung geschlossen, hinter welcher in langem, dichtgedrängtem Zuge die große Masse des Volkes folgt.

Unmittelbar hinter dem Erzbischhof, welcher das Allerheiligste trägt, und noch unter dem Baldachin, der von Dienern der Kirche getragen und von Kammerherren, welche die Quasten halten, umgeben wird, geht der König.

Noch prächtiger und imposanter ist die Fronleichnamsfeier in Wien. Die früher berühmte Fronleichnamsprozession in Erfurt hat seit 1802 die bildlichen Darstellungen aus dem alten und neuen Testament, und damit ihren Reiz für die zahlreichen Zuschauer, die sie herbeilockte, verloren. Auch die großartige Prozession in Bozen, der große Umgang genannt, wurde 1753 zum letzten Male mit allen dabei üblichen Figuren und Personen abgehalten. Nur in Fürth in Baiern wird, wahrscheinlich als Rest der ehemaligen Fronleichnamsprozession, noch immer am Sonntag nach Fronleichnam der sogenannte Drachenstich, der Kampf des heiligen Georg mit dem Lindwurm, aufgeführt, und in Tamsweg und andern Orten des Lungau findet alle Jahre am Fronleichnamsfeste, aber getrennt von der eigentlichen Prozession, ein feierlicher Umzug des Samson statt.

Dieser ist 12 Schuh hoch, so daß er den ersten Stock der Häuser überragt, trägt einen langen, lichtgelben Unterrock mit einer lichtblauen, am Rande bebänderten Jacke, einen versilberten, von bunten Schwungfedern umwallten Helm, der vorn mit einem sternförmigen Spiegel geziert ist, und an der Seite einen krummen Säbel, der ihm über die linke Schulter hängt. In einer Hand hält er den Schaft einer Lanze, die ohne Spitze ist, in der anderen einen Eselskinnbacken. In seinem hohlen Leibe steht ein Mann, auf dessen Schultern das Gerippe dieser riesigen Figur ruht, und der vermittelst einer Eisenstange im Innern des Riesen dessen Kopf nach allen Seiten hin bewegen, aber nur durch zwei kleine Löcher im Unterrock des Samson sehen kann.

Vor und hinter der Figur geht eine uniformierte Leibwache, mit türkischer Musik, und zu beiden Seiten schreiten seine Edelfräulein einher, zwei weibliche Zwerge mit ungeheuren Köpfen, welche die Riesengestalt ihres Gebieters nur noch mehr hervorheben. — Vor jedem Hause einer angesehenern Person hält der Festzug still und bildet einen weiten Kreis um Samson; die Musik beginnt mit einem Marsch, und fällt dann in einen steierischen Tanz ein, und Samson tanzt, sobald er die Weise hört, einen Steirer, während die ihm kaum an die Kniee reichenden Zwerge um ihn herum walzen.

Die Volkssage erzählt, dieser Samson sei ursprünglich im Welting gewesen, dessen Bewohner für die Tapferkeit, die sie bei Turnschall in der Besiegung der Margaretha Maultasch bewiesen, von einem Erzbischof das Samsonsprivilegium erhalten haben.

Der Chronist Rocher sagt aber, diese Volksfeierlichkeit sei den Kapuzinern zu danken, welche bei ihren Prozessionen alttestamentliche Figuren eingeführt hätten. Auch leitete nach Rocher ein Kapuziner als Prozessionsmeister den Zug, und das Kloster bestreitet noch immer die Kosten.

Unter den Figuren, welche bei der Prozession im Welting noch häufig auftreten, sieht man den reichen Abraham, den behaarten Esau, Moses mit den Gesetzestafeln, die kananäischen Kundschafter mit den Trauben, Rebekka mit dem goldnen Krüglein, die fromme Jael mit Hammer und Nagel, und die tapfere Judith mit dem Haupt des Holofernes.

Eigentümlich sind die Altäre, welche die Bürger von Eger bei den Fronleichnamsprozessionen aufrichten. Sie reichen selbst bei zweistöckigen Gebäuden bis an das Dach, sind mit schöngemalten Altarblättern, umrahmten Bildern, vielen Kränzen von natürlichen Blumen, silberplattierten und zinnernen hohen Leuchtern geziert, und werden verkauft oder vermietet. Wer einen solchen besitzt, läßt ihn vor seinem Hause aufstellen.

In Bergwerksstädten, wie z. B. in Bleiberg in Kärnten, in Birkenberg, Schlaggenwald u. a. in Böhmen, nehmen die Bergknappen in ihrer dunklen Uniform, mit Fahne und Musik an der Prozession Teil; in Städten, wo es Schützengilden giebt, die Schützen, und in Ahrweiler ist das Fronleichnamsfest geradezu ein Schützenfest geworden.

Ist nämlich die Prozession zu Ende, bei welcher die Schützen bewaffnet voranziehen und an jedem der vier Thore, wo der Segen erteilt wird, eine Salve geben, so begiebt sich die ganze Bürgerschaft auf den Markt, der mit Laubgewinden und Maien auf das Festlichste geschmückt ist, und hält dort nach altem Brauch ohne Unterschied der

Stände drei Tage lang offene Tafel. Jeder Fremde ist dann ein willkommener Gast und wird mit Herzlichkeit empfangen, die ganze Stadt ist voller Jubel, Jung und Alt, Groß und Klein, Arm und Reich giebt sich ungezwungen der Freude hin und vergißt des Lebens Mühen und Sorgen; Musik, Festgeläute und Freudenschießen ertönen drei Tage hindurch und stimmen jedes Herz zur Teilnahme an der allgemeinen Lust, die täglich mit einem Tanzfest endigt.

Gleiche Fröhlichkeit herrschte früher bei dem sogenannten Torgauer Auszug, wo die gesamte Bürgerschaft drei Tage lang mit Frauen und Kindern auf einem Anger in der Nähe der Stadt unter Zelten aß, trank, jubelte und tanzte, und wer es irgend konnte, auch die Nächte über unter den Zelten schlief.

Das Fest selbst, dessen dreihundertjähriges Jubiläum bereits 1842 mit besonderer Feierlichkeit begangen wurde, hat sich zwar bis zum heutigen Tage erhalten und findet noch aller zwei Jahre statt, aber die Teilnahme an demselben hat mehr und mehr abgenommen, und der ursprüngliche Charakter desselben ist fast gänzlich verloren gegangen.

Nach einer alten und allgemeinen verbreiteten Ueberlieferung soll dieser Auszug die Tapferkeit der Torgauer Bürger verewigen, mit welcher sie am Palmsonntage 1542 auf Geheiß des Kurfürsten Johann Friedrich des Großmütigen die Stadt Wurzen eroberten, welche sich der Steuerverweigerung schuldig gemacht hatte. Der Kurfürst überließ den Bürgern seiner Residenz als Belohnung aus seiner Harnischkammer, welche damals ein eigenes Gebäude in Torgau einnahm, eine Anzahl Harnische, und erlaubte ihnen, alljährlich am Gedächtnistage der betreffenden Expedition einen Auszug zu halten, und außerhalb der Stadt ein Lager zu beziehen, in welchem sie einige Tage lang Kriegsübungen halten könnten.

Später wurde der Auszug auf eine für das Wetter günstigere Zeit, sei es zu Pfingsten oder um Johanni, verlegt, und jetzt ist der Donnerstag nach Pfingsten zum Anfangstag des Festes bestimmt.

Die Bürger, welche ehemals bei Geldstrafe verpflichtet waren, an dem Auszuge Teil zu nehmen, bilden gegenwärtig noch drei Kompanieen: die Kompanie der Pikeniere oder Geharnischten, welche halb zu Fuß und halb zu Pferd erscheint und noch in neuerer Zeit von einer Janitscharenmusik begleitet wurde, die türkische Kleidung trug, die Kompanie der Bürgerschützen, welche an die Stelle der früheren Grenadierkompanie getreten ist, und die Kompanie der Bürgerjäger, welche erst jüngeren Ursprungs ist. Die Zahl sämtlicher uniformierter Bürger mag gegen 150 Mann betragen.

Am Tage des Auszuges wird früh um 4 Uhr von den Tambouren und Musikchören Reveille geschlagen und geblasen, und dann werden vor den Wohnungen der Magistratsmitglieder und Kompanieführer, sowie vor dem Rathaus, Ehrenwachposten aufgestellt.

Um 9 Uhr Vormittags versammeln sich Abteilungen der verschiedenen Kompanieen mit ihren Musikchören auf dem Markte vor dem Rathause, um ihre dort aufbewahrten Fahnen abzuholen, welche den dazu kommandierten Mannschaften in der Ratsstube, wo sich sämtliche Mitglieder des Magistrats versammelt haben, vom Bürgermeister mit einigen auf das Fest bezüglichen Worten übergeben werden. Gegen 10 Uhr marschieren alle Kompanieen, welche sich vor den Häusern ihrer Hauptleute vereinigt haben, auf den Markt und von dort hinaus auf den Anger.

Der Zug wird von den Trompetern der Geharnischten zu Pferde in schwarzen, altdeutschen Waffenröcken und schwarzen Baretts mit roten und weißen Federn eröffnet. Hinter ihnen reiten die Geharnischten in glänzenden, schönverzierten Kürassen und Helmen, mit Schwertern, Tartschen und Morgensternen bewaffnet. Dann folgen die Pikeniere zu Fuß, Lanzen, Partisanen und Streitkolben tragend, mit Schilden am Arm, ihr Musikkorps voran.

Hierauf kommen die Bürgerschützen in blauen Oberröcken, weißen Pantalons und runden, auf der einen Seite aufgestülpten Hüten mit schwarzen Federbüschen, mit Büchsen und Seitengewehren ausgerüstet. Die Offiziere haben goldene Tressen am Kragen und einen weißen Federstutz, welchen auch bei gleicher Uniformierung mit den Schützen das Musikkorps trägt.

Ihnen folgt die Jägerkompagnie in grüner Uniform mit Hirschfängern anstatt der Seitengewehre, und Hornmusik voran.

Vor dem Rathaus macht der Zug Halt, stellt sich in Parade auf, präsentiert und marschiert dann durch das Königsthor auf den mit vielen Zelten, Spielbuden und Restaurationsbaracken besetzten Anger am großen Teich, wo sich Alles der Erholung und dem Vergnügen überläßt.

Nachmittags um 3 Uhr findet die übliche Parade vor dem Magistrate statt, welcher sich dazu in mehreren Wagen hinausbegiebt und die ebenfalls zu dieser Musterung eingeladenen hohen Zivil- und Militärbehörden im Magistratszelt empfängt und bewillkommt, worauf die den Zelten gegenüber aufgestellten Bürgerkompanien einige Mal vorbeidefilieren und verschiedene Manövers ausführen.

Dann beginnt das gewöhnliche Vogelschießen, wobei der Magist-

Festlicher Auszug der Torgauer Bürger.

rat einen Preis aussetzt, und die Behörden die ersten Schüsse thun. Magistrat und Stadtverordnete bewirten ihre Gäste, und später sämtliche Offiziere und Chargierte der Bürgerkompanieen herkömmlicher Weise auf Kosten der Stadt in ihren Zelten, und das Publikum zerstreut sich in den verschiedenen Zelten, Baracken und Buden.

Jeden Abend wird ein großer Zapfenstreich abgehalten, vor den Zelten werden bunte Lampen angezündet, und an verschiedenen Orten wird getanzt. Am Sonnabend um 5 Uhr Nachmittags ziehen die Kompanien in derselben Ordnung, in welcher sie ausgezogen, nach der Stadt zurück, stellen sich vor dem Rathaus auf, bringen einige Lebehochs auf den Kaiser, die Stadt und den Magistrat aus, und geben die Fahnen zurück, womit der Auszug sein Ende hat.

Ein ähnlicher Auszug wird alljährlich im Frühling von der Gesellschaft der Düsseldorfer Künstler veranstaltet, und wer in den Nachmittagsstunden des 14. Juni 1851 auf der Chaussee von Grafenberg nach Düsseldorf dieser letzteren Stadt zugewandert wäre, hätte sich leicht in die Zeit des Dreißigjährigen Krieges zurückversetzt glauben können. Die Künstlergesellschaft Malkasten feierte nämlich an diesem Tage ihr Frühlingsfest, und stellte bei demselben den Auszug des Prinzen Rebensaft dar, um die gefangene Prinzessin Waldmeister zu befreien und sich mit ihr zu vermählen. Da der Prinz auf einen hartnäckigen Widerstand gefaßt sein mußte, glich sein Auszug einem wirklichen Kriegszug, und seine Truppen trugen die malerische Tracht der Krieger des 17. Jahrhunderts.

Voran ritt eine Reiterschar mit flatternder Standarte, und brach dem Zuge durch die dichtgedrängte Zuschauermasse Bahn. Dann folgte eine Musikbande, deren rauschende Märsche weithin durch die Felder klangen, und hinter welcher der General mit seinen Adjutanten und seinem Gefolge ritt, und nun kam der Kern des Heeres, ein Zug Lanzknechte mit Hellebarden und Spießen, voran ihr Hauptmann mit gewaltigem zweihändigen Schwert und mächtigen Federn auf dem breiten Barett. Der Prinz, welcher jetzt folgte, lag mit majestätischer Behaglichkeit auf einem Thronwagen, der, bunt bemalt und reich vergoldet, ganz bedeckt mit Kränzen und von einer Laube aus Guirlanden überwölbt war. Der vordere niedrige Teil des Wagens ward von den Pagen eingenommen, lustigen Jungen mit Rebenkränzen und bunten Kleidern, und vor dem Prinzen, der halb an einen mittelalterlichen Bacchus und halb an einen Kartenkönig erinnerte, standen seine Zeremonienmeister um eine ungeheure Maitrankbowle beschäftigt.

Hinter dem Wagen ritten die fremden Gesandten, unter denen

zwei Indianer aus den Wäldern des fernen Westens am meisten auffielen, und dann kam wieder ein Wagen, auf welchem zwischen Himmelsgloben, Folianten und Instrumenten der Hofastrolog und andere weise Räte des Prinzen saßen. Eine Horde lustiger Bauern mit Sensen und Dreschflegeln folgte lärmend und singend, worauf eine Abteilung Jäger mit Büchsen und Hirschfängern, die Hüte mit grünen Zweigen geschmückt, den Zug schloß.

Bei Grafenberg wurde Halt gemacht und die Armee geordnet, denn nicht weit davon, am Abhang eines Hügels, liegt ein burgähnliches Häuschen, die Fahnenburg, in welcher die Prinzessin gefangen gehalten wurde. Reitervorposten sprengten voraus, um zu rekognoszieren, die Schützen folgten, und der Angriff begann. Die Reiter, mit Gewehrfeuer aus Hecken und Büschen begrüßt, zogen sich zurück, die Schützen drangen im Walde vor, und bald hörte man von allen Seiten Schüsse und Hornsignale, während das Hauptkorps längs der bewaldeten Berge hinzog. Als es aber der Burg sich näherte und zugleich die Schützen auf der Höhe vor der Burg erschienen, wo der Wald gelichtet ist, donnerten die feindlichen Kanonen los, und die Angreifer zogen sich zurück, obwohl die Prinzessin, welche mit dem Burgherrn, dem Kaplan und anderen gewichtigen Personen der Besatzung auf dem Altan der Burg stand, ihren Freunden mit dem Tuche winkte, um sie zum Vorwärtsdringen aufzumuntern.

Auf der Ebene lagerte man sich, um sich zu weiteren Angriffen vorerst zu stärken. Ein Karren mit Fässern und Körben bot die Mittel dazu, indessen mitten im Essen und Trinken unterbrach ein Ausfall der Feinde die Ruhe, welcher man sich hingeben wollte. Hinter einer Barrikade von Zweigen und Büschen, die den Ausgang der Burg versperrte, hatten sich die Belagerten hinabgeschlichen, um den Feind zu überraschen.

Alles griff zu den Waffen, die Bauernhorde stürzte sich auf die Barrikade und zerstörte sie, die Reiter jagten die Ausgefallenen bis in die Burg zurück, die Schützen besetzten den Wald, und das Fußvolk stürmte nun trotz Kanonendonners und Gewehrfeuers den Berg hinan. Schon war der Eingang der Burg erreicht, da brachte der Wasserstrahl einer Feuerspritze — das letzte verzweifelte Mittel der Besatzung — noch einmal Stillstand in das unaufhaltsame Vorwärtsdringen der Angreifer, doch nur für kurze Zeit. Die Spritze ward von den durchnäßten Lanzknechten genommen, und bald sah man diese auf dem Balkon, von wo sie einige ihrer Gegner oder wenigstens deren Repräsentanten aus Stroh herabwarfen. Die Burg war erobert, Geschütz

Szene aus dem Düsseldorfer Künstlerfest: Bivak des Prinzen Rebensaft.

und Sturmglocken verstummten, und die Prinzessin ward im Triumph herabgeführt zu dem ihrer harrenden Bräutigam, der sie neben sich auf seinen Thron hob, welchen er während des ganzen Kampfes nicht einen Augenblick verlassen hatte. Der ganze Zug setzte sich mit klingendem Spiel in Bewegung nach einem Rasenplatz im Walde, wo die feierliche Vermählung stattfand, welcher ein fröhlicher Schmaus im Freien folgte.

Erst spät in der Nacht begab man sich mit Fackeln und Musik in die Stadt zurück.

Im darauffolgenden Jahre war es der Auszug der Frau Venus nach dem Venusberge, welchen die Künstler am 12. Juni darstellten, und dieser Plan im Geschmack der bekannten Dichtung vom Tanhäuser ausgeführt, bot jedem einzelnen Teilnehmer Gelegenheit seiner Phantasie freien Spielraum zu lassen. So hatten sich denn nicht nur die echt deutschen Helden von Wein und Würfel, Eobanus Hessus, Boser von Waldeck, Kunz von der Rosen u. A. der Frau Venus, welche mit ihrem geliebten Ritter als Königin herrschte, enthusiastisch angeschlossen, sondern auch der wilde Jäger mit seinem tollen Gefolge, ja sogar der Teufel und der Tod zu ihren Verehrern erklärt, und als sie Mittags 1 Uhr nach der Fahnenburg auszog, die diesmal als Venusberg ausgeschmückt war, sah man hinter der Musik den Rheingraf und den Hackelnberg mit der wilden Jagd, den Tod auf ausgehungertem Gaule und den leibhaftigen Gottseibeiuns mit seinen höllischen Gesellen vor dem mit sechs Schimmeln bespannten Wagen einherreiten, auf welchem sie unter einem Rosenbaldachin in rosiger Muschel an Tanhäusers Seite lehnte, umgeben von jungen schönen Pagen und begleitet von einer sanften Musik von Flöten und Violinen. An sie gefesselt durch den Rattenfänger, folgt der verwegene Halbbruder Parzival's der Heide Fairefis, mit einem Aufzug schwarzer Diener in morgenländischer Waffenrüstung zu Pferde, und ihren Rücken deckt der Zauberer Klingsor, auf einem gräulichen Drachen sitzend, hinter sich ein Gefolge von Untieren und Koboldden unter einem zwerghaften greisen König, der auf kleinem, zottigem, mit Gold und Steinen geschmücktem Pferde sitzt.

Eine Gruppe deutscher Zechbrüder auf bekränztem Wagen, zwischen Weinfässern gelagert und mit bacchantischem Lärm große Trinkhörner leerend, schließt den Zug. Aber der getreue Eckhard, dem dieses wüste Treiben ein Gräuel ist, hat die Paladine der Artusrunde zu bewegen gewußt, dergleichen Verletzung des Anstandes und der guten

Sitte nicht länger dulden zu wollen, und so folgen denn die Feinde des Venuszuges ihm auf dem Fuße nach.

Voran König Artus mit Parzival und den Rittern der Tafelrunde im Kostüm des 12. Jahrhunderts, dann auf einem hohen Rüstwagen, der mit Trophäen von Fahnen und Waffen geziert ist, der getreue Eckhard mit Rittern und Knappen, und hinter ihm ein stattlicher Zug Reisige, Hakenschützen in der Tracht von 1500 und mittelalterliche Artillerie nebst einem Bagagewagen der freien Lanzknechte. Sie lagern sich vor dem Venusberge, in welchem sich inzwischen Frau Venus mit ihrem Gefolge bequem eingerichtet, und nachdem sie sich von den Mühen des Marsches erholt und gestärkt, senden die Paladine einen Herold in den Berg, um die darin Befindlichen aufzufordern, von ihrer tollen Sinneslust abzulassen, widrigenfalls sie sich gezwungen sähen, ihre Forderung mit dem Schwerte in der Hand durchzusetzen. Der Herold wird mit Spott und einer Sendung von Speise und Trank aus dem Ueberflusse der Inwohner des Berges zurückgeschickt. Gleichwohl suchen die Letzteren aus Vorsicht noch Zuzug von Außen zu erlangen. Es gelingt dem Rattenfänger, Fairefis und Tanhäuser, einen Hilfszug aufzutreiben, aber in einem einsamen Hohlweg des Waldes stößt derselbe auf ausgestellte Vorposten der Paladine, es entspinnt sich ein Gefecht, beide Parteien schicken ihren Kämpfern Verstärkung, immer hitziger wird der Kampf, und der Sieg scheint auf die Seite derer vom Berge zu neigen, welche den Teufel und den wilden Jäger in ihrer Mitte haben; da stürzt sich Eckhard durch Schwertschlag und Kugelregen, an dem es natürlich nicht fehlen darf, auf den Tanhäuser, und nimmt ihn trotz heftiger Gegenwehr gefangen. Im Triumph wird er ins Lager geführt, während Fairefis und seine Genossen, von ihren Gegnern gedrängt, sich in den Berg zurückziehen. Die Sieger haben jedoch viele Verwundete, die unter schwacher Bedeckung nachgefahren werden; die Späher vom Berge bemerken es, und sogleich sprengt die gesamte Reiterei auf den Wagen los, der in schnellster Eile das Lager zu erreichen sucht. Um ihn zu schützen, rücken die Lanzknechte vor, schlagen die Reiter zurück und langen glücklich mit dem Wagen unter dem Schutze der Kanonen des Lagers bei den Ihrigen an.

Frau Venus kann aber den Verlust Tanhäusers nicht so leicht verschmerzen, und befeuert ihre Kämpfer zu neuen Versuchen, ihn zu befreien oder zu rächen. Fairefis ist der Erste, der sich bewegen läßt und an die Ritter eine Ausforderung zum Zweikampf auf Tod und Leben schickt. Parzival nimmt sie an, und stellt sich, Herolde ordnen die Schranken, der Kampf beginnt und bald sieht Fairefis sich entwaffnet und gezwungen, sich zu ergeben.

Ein Waffenstillstand kommt zu Stande, und der Teufel, der keine Treu und keinen Glauben kennt, benutzt ihn, um das Lager zu überfallen. Fairefis wird befreit, das sichere Kastell, in das sich die Lanzknechte nach dem Verlust des Lagers geflüchtet, wird genommen, und die Paladine haben nur Zeit, ihren Gefangenen Tanhäuser auf ihrem Rückzug mit sich fort zu nehmen. Sie werden jedoch nicht verfolgt, weil sich die wilden Feinde im Siegestaumel bacchantischer Freude überlassen und sich damit begnügen, die Fahne der Ritter herabzureißen und die schwarze aufzupflanzen. Sie sammeln daher ihre Truppen, erneuen den Kampf, brechen ihrerseits unerwartet in's Lager ein und treiben ihre Gegner in regelloser Flucht in den Venusberg zurück, der nun rettungslos verloren scheint.

Da entschließt sich Frau Venus, in Person auszuziehen. Sie ruft ihr Gefolge zusammen, besteigt ihren Wagen und fährt den auf die hartnäckigste Verteidigung des Berges gefaßten Paladinen mit Blumen und Musik entgegen. Verblüfft durch ihr Erscheinen, und getroffen durch ihren Anblick, senken die kriegerischen Helden die Schwerter, mit denen sie soeben den Teufel selbst besiegt; der Kampf schweigt, und von der Schönheit bezwungen, lassen sich die Ritter willig mit Blumenkränzen fesseln. Eckhard liefert selbst den Tanhäuser aus, der nun wieder mit seiner lieben Frau Venus vereinigt wird, und diese führt zur Strafe ihre Feinde, die sich unter ihr Joch gebeugt, in festlichem Zuge in ihren Berg zu Genuß und Lustbarkeit. Ein köstliches Mahl ließ die ernsten Paladine weniger streng über die Verirrungen Tanhäuser's und seiner Genossen urteilen, und den blutigen Kämpfen folgte bei vollen Schüsseln und Bechern ein fröhlicherer Wettstreit: ein spaßhafter Sängerkrieg, bei welchem der Schlechteste als Sieger gekrönt wurde.

Toaste und Gesang bekundeten bis tief in die Nacht die Heiterkeit der Gesellschaft, welche diesen echten Künstlertag mit einem Feuerwerk beschloß.

Die Idee, das Mittelalter lebendig und bildlich zu vergegenwärtigen, wurde auch dem Feste zum Grunde gelegt, durch welches die Schweiz den Eintritt Berns in den Bund, oder wie der Regierungspräsident Blösch sich ausdrückte: „die goldene Hochzeit Berns mit seinen ältesten Verbündeten“, am 22. Juni 1853 glänzend und feierlich beging.

Gewiß giebt es zu einer solchen Wiedererscheinung des Mittelalters keinen passenderen Schauplatz, als eine deutsche Schweizerstadt, und von allen deutschen Schweizerstädten wiederum Bern, von dem es im alten Liede heißt: „Bern ist der Burgen Haupt.“ Noch thront es kompakt burghaft, eigensinnig fest auf seiner Höhe; die Landschaft umher ist gelichtet worden, Bern aber geblieben was es war, patrizisch, finster und ernsthaft, und mit dem besten Recht hat man es neuerdings noch „das Prag der Schweiz“ genannt.

Im Jahre 1191 vom Herzog Berthold V. erbaut, von Friedrich II. 1218 zur freien Reichsstadt erhoben, ward Bern frühzeitig dem mächtigen umwohnenden Adel ein Stein des Anstoßes. Stark befestigt, widerstandstüchtig wie es war, sah es sich doch oft hart und nah bedrängt, am drohendsten durch das Ritterheer, welches sich 1349 unter der Anführung des Grafen von Nydau bei Freiburg sammelte und keinen geringeren Zweck hatte, als die vollständige Zerstörung der Bärenstadt. Den ersten Angriff richtete der Feind gegen das Bernische Städtchen Laupen an der Sane. Die Berner, welche den tapfern Johann von Bubenberg zum Anführer hatten, waren der Macht der Ritter nicht gewachsen, aber sie hatten bei den Eidgenossen um Hülfe nachgesucht, und die Eidgenossen kamen. Vereinigt mit ihnen machten die Berner ein Heer von 6000 Mann aus, welches zum Entsatz von Laupen anrückte, und am 21. Juni 1349 in einer Schlacht, die mit der von Morgarten wetteiferte, das Ritterheer gänzlich zersprengte.

Bern war ein Mal mehr gerettet, aber es sah wol ein, daß dergleichen Gefahren wiederkehren könnten, ja müßten, und daß es sich nicht immer frei und selbständig erhalten könne, wenn es in seiner Einzelstellung verharre. So wandte es sich dem Bunde der Vierwaldstädte zu, und folgte am 6. März 1353 dem Beispiel Zürichs, welches bereits zwei Jahre früher den Eidgenossen beigetreten war. — Diese Verbindung nun war es, welche nach fünfhundertjährigem Bestehen in großartiger Weise gefeiert werden sollte. Am Tage selbst begnügte man sich der ungünstigen Jahreszeit wegen mit einer kirchlichen Feier; das große, allgemeine Fest, zu welchem grüne Erde und blauer Himmel gehörten, wurde in den Monat der Rosen verlegt.

Leider rechtfertigte er das in ihn gesetzte Vertrauen sehr wenig. Nur den 20., den Vorabend des Festes, war er günstig, und ließ die eingeladenen Zöglinge der verschiedenen Gymnasien, Lyceen, Kriegs- und Gewerbeschulen, die Züge der Turner, Schwinger und Sänger, und endlich die Ehrengesandten der Kantone in vierspännigen Wagen ungehindert in die alten Mauern Berns einziehen.

Dafür sah am Morgen des 21. Juni, des Jahrestages der Schlacht bei Laupen, der Himmel trübe und drohend aus. Schon während der

Der Laupenzug.

amtliche Festzug sich mit 250 Fahnen von der Münsterterrasse nach der großen Schanze bewegte, wo von 1600 Sängern der Choral: „Lobet den Herrn, den mächtigen König der Ehren!“ unter Posaunenbegleitung angestimmt wurde, fielen dann und wann leichte Regenschauer, am Nachmittage wurden die militärischen Uebungen der eingeladenen Schüler durch den strömenden Platzregen mehrmals unterbrochen, und am Morgen des 22. goß es dermaßen sündflutartig aus den Wolken herab, daß weder an Wettschwingen, noch an Wetturnen zu denken war. Aber zum Glück hielt es um Mittag inne, und der geschichtliche Festzug, welcher der Jubelfeier ihren eigentlichen Glanz verlieh, konnte ausgeführt werden. Er bestand aus 600 Teilnehmern, und führte den zahllos versammelten Zuschauern die edelsten Ritter aus verschiedenen Zeitabschnitten der vaterstädtischen Vergangenheit vor. Da es Männer und Jünglinge von den reichen patrizischen Familien waren, welche in dem Waffenschmucke ihrer Ahnen erschienen, so ließ sowohl die geschichtliche Treue, wie der Reichtum der Darstellungen auch nicht das Geringste zu wünschen übrig.

Den Abend vorher hatte das Bankett in der Festhütte 2000 Gedecke gezählt, diesen Abend nahmen 3000 Personen am Festmahl und an dem Balle Teil, auf welchem die alte Zeit, durch die Männer repräsentiert, lustig mit der neuen tanzte, deren Vertreterinnen die Frauen und Jungfrauen der Stadt bildeten. Am nächsten Morgen konnten auch die volkstümlichen Wettkämpfe der Schwinger und Turner stattfinden, und mit ihnen endigte Berns Jubelfeier, eins jener Nationalfeste, die nicht blos der vorüberrauschenden Lust gewidmet, sondern ein Band sind, das die Herzen einigt, Mißstimmungen in Vergessenheit bringt und das Bewußtsein der Zusammengehörigkeit kräftigt.

Wenden wir uns jetzt von dieser vereinzelt dastehenden Sekularfeier zu einem alljährlich wiederkehrenden Naturfeste, von dem Gedächtnistage eines historischen Ereignisses, das nur für eine Stadt von besonderer Wichtigkeit war, zu der für alle Völker bedeutungsvollen Feier der Sommersonnenwende oder des Johannistages.

Denn unser heutiges Johannisfest, in England und in Schweden Mittesommertag genannt, ist das uralte Fest der Sommersonnenwende, welches den Germanen mit den Kelten und Slaven gemeinsam war. Wie bedeutend dasselbe gewesen, geht aus den Predigten der Heidenbekehrer und frühesten Bischöfe hervor, welche vergeblich dagegen eiferten. Da das Sommersolstiz nach damaliger Annahme auf den 24. Juni fiel, so wurde dieser Tag von der Kirche zur Feier der

Geburt Johannis des Täufers bestimmt, welche, dem Evangelium gemäß, der unsers Herrn um sechs Monate vorausgegangen sein sollte, und wie das heidnische Weihnachtsfest auf das Geburtsfest Christi überging, so fand auch das Sonnenwendfest, welches der Sonne in ihrer höchsten Kraft und dem Feuer in seiner zweifachen Erscheinung als himmlisches und irdisches galt, in den christlichen Vorstellungen von Johann dem Täufer als „Leuchte der Menschheit" so passende Anhaltspunkte, daß es der Kirche leicht wurde, der heidnischen Feier eine christliche Deutung unterzulegen, und daß es jetzt mitunter schwierig ist, das Ursprüngliche aus der Verhüllung, die es erhalten, herauszuschälen. Nur die vielen abergläubischen Gebräuche und Meinungen, die noch an dem Johannistage und der Johannisnacht haften, sind unverändert dieselben, und lassen uns den Schluß ziehen, daß auch die übrigen Zeremonien, welche man, wie das Johannisfeuer und Johannisbad, auf Johann den Täufer beziehen könnte, Ueberreste des heidnischen Festes sind.

So ist es ein weitverbreiteter Glaube, daß am Johannistage die Berge sich öffnen und die Schätze „blühen", und namentlich in Thüringen knüpfen sich zahlreiche Sagen an das Schätzeheben in der Johannisnacht. Andere Erzählungen des Volkes berichten von verwünschten Jungfrauen, welche in der Mittagsstunde des Johannistages ihrer Erlösung harren, und in den Seeen der Mark hört man in derselben Stunde die Glocken läuten, welche dort versunken sind. Auch den Farrnsamen, welcher Jedem, der ihn besitzt, Glück in allen Unternehmungen bringt, kann man, wie am Dreifaltigkeitstage, so in der Sonnenwendzeit gewinnen: die geheimnisvolle Wünschelruthe, welche in früheren Zeiten eine so große Rolle spielte, muß man in der Johannisnacht schneiden, und viele Kräuter müssen am Johannistag gepflückt werden, sollen sie wirksam sein. In Mecklenburg heißt es: Wenn man in der Johannisnacht um 12 Uhr stillschweigends hingeht, wo Schnackenkraut (Farrenkraut) steht, dann blüht es gerade, länger aber nicht. Man legt unter das Kraut ein weißes Taschentuch, steckt einen kleinen Stock dabei, sonst kann man das Tuch nicht wieder finden. Hat das Kraut ausgeblüht, so fällt die Blume auf das Taschentuch, dann geht man gleich wieder weg, darf sich nicht umsehen, auch wenn etwas hinter einem geht, dann ist man unsichtbar. — In der Mitternachtsstunde der Johannisnacht verwandelt sich alles Wasser in Wein, will aber Jemand davon schöpfen, so erscheint der Teufel und spricht: „Dat Water is Win, und Du büst min." — In der Johannisnacht darf man nichts draußen lassen, weder Wäsche noch Ackergerät, weil sonst der Krebs kommt, der dann herumfliegt, und die Sachen beschmutzt, wodurch Unglück entsteht. — Wegen des bösen Krebses müssen Flieder, Kamillen und andere Blüten vor Johanni geflückt werden, sie können sonst mehr schaden als nützen. — Mittel gegen Fallsucht. Grabe in der Johannisnacht zwischen 11 und 12 Uhr unbeschrieen und stillschweigend eine Schierlingswurzel aus und laß sie das Kind so lange an einem Faden um den Hals tragen, bis sich der Schade verliert. — Am frühen Morgen des Johannistages bei Sonnenaufgang findet sich unter den Wurzeln des Johanniskrautes (Hypericum) ein Blutstropfen, der gegen viele Krankheiten schützt. — In der Johannisnacht werden die Kinder, die an Brüchen leiden, durch einen vom Blitz gespaltenen Baum gezogen, im strengsten Stillschweigen, auch müssen drei Johanns bei dieser Handlung thätig sein. Auch spaltet man zu diesem Zweck eigends einen jungen Eichbaum (Hester). Nach Beendigung der Zeremonie wird der Baum wieder sorgfältig verbunden und wenn er verwachsen ist, ist auch der Bruchschaden geheilt; im andern Falle war die Prozedur umsonst. — Neunerlei Kraut und Johanniskraut am Johannistage gepflückt, schützt gegen böse Leute und ist gut bei allen Viehkrankheiten und Wunden. — Am Johannistage Mittags muß man unter dem Klettenbusch, unter dem schwarze Kohlen sind, nach Geld graben. — Wenn's am Johannestag regnet, regnet's vier Wochen, oder, giebt's gute Buchmast, oder giebt's eine nasse Ernte. — Kinder, die Johannistag von der Brust genommen werden, haben Glück. —

In einzelnen Gegenden umbindet man in der Johannisnacht die Obstbäume mit Strohseilen und meint, daß dann die Früchte, welche sie tragen, nicht unreif abfallen können; in anderen legt man, wie in der Mainacht, Besen kreuzweis über die Schwellen der Stallthüren, damit die Hexen dem Vieh nicht schaden können. Denn die Johannisnacht gilt gleich der Walpurgisnacht für eine Geisternacht. Die Hexen halten Zusammenkünfte, bei denen sie in Oldenburg die Kronenspitzen oder Kapseln der „Queken" (Ebereschen) als Kohl verzehren, und am Strande des Haringsvliets in Holland fahren die Fischer in dieser Nacht nie aus, weil sie fürchten „geäfft" zu werden. Wer in Schweden sich nicht davor scheuet, von Hexen und Nachtgeistern beunruhigt zu werden, sucht einen Kreuzweg auf, wo sich drei Wege scheiden, und erwartet dort, was ihm begegnet oder einfällt als Warnung oder Prophezeihung, und wer in England die Personen wissen will, welche während des Jahres in seiner Gemeinde sterben werden, geht um Mitternacht an das Kirchenportal, wo sämtliche Todeskandidaten vorüberziehen sollen, um sich in die Kirche zu begeben.

Wenn dagegen die hessischen Mädchen erfahren möchten, welchem Stande ihr künftiger Gatte angehört, so zupfen sie am Johannistage die weißen Strahlenblüten der Johannisblume (Chrysanthemum leucanthemum) unter Hersagung verschiedener Stände aus, wo dann derjenige Stand, welcher bei dem letzten Blättchen an die Reihe kommt, der ihres zukünftigen Ehegenossen ist; und wenn sie ihren Geliebten im Traum sehen wollen, so winden sie am Abend vor Johanni einen Kranz aus neunerlei Blumen und legen ihn unter das Kopfkissen. Dasselbe thun die schwedischen Mädchen. Die Deutschböhminnen, welche einen Kranz winden wollen, pflegen ihre Hand mit einem weißen Tuche zu umwickeln, bevor sie die Blumen pflücken, und müssen diese dann, nachdem sie ihre Hand mit Tau gewaschen, nach Hause tragen, ohne daß ihnen Jemand begegnet. Im Böhmerwald setzen sie sich einen Kranz aus neunerlei Holz auf den bloßen Kopf, und begeben sich, wenn die Sterne am Himmel sind, an einen Bach. Dort schauen sie an einer Stelle, wo ein Baum steht, ins Wasser, so erblicken sie das Bild des künftigen Gatten.

Wünschen die ledigen Mädchen im Voigtlande zu wissen, wann sie heiraten werden, so pflücken sie in der Mittagsstunde zwischen 11 und 12 Uhr neunerlei Blumen, wobei aber Storchschnabel, Feldraute und Weide nicht fehlen dürfen, nehmen zum Binden derselben einen Faden, den sie selbst und zwar in der nämlichen Stunde gesponnen haben, und werfen den Kranz, sobald er fertig ist, rückwärts auf einen Baum. So oft der Kranz geworfen wird, ohne hängen zu bleiben, so viele Jahre muß das Mädchen noch warten, ehe es heiratet. Alles dies muß aber vor 12 Uhr und stillschweigend geschehen.

Die Mädchen in Mecklenburg beachten Folgendes: Am Tage vor Johannis, Mittags 12 Uhr, muß man sich sieben verschiedene Arten Blumen pflücken und davon einen Kranz binden, und diesen in der Johannisnacht unter das Kopfkissen legen, dann sieht man im Traum, was man für einen Mann bekommt.

Am erfindungsreichsten in Mitteln, die Zukunft am Johannisabend zu erforschen, sind die englischen Mädchen gewesen. Wollen sie vom Zukünftigen träumen, so backen sie in Schweigen einen Kuchen, der davon der „stumme Kuchen“ (dumbcake) heißt, indem zwei Mädchen ihn einmachen, backen, und in 3 Stücke brechen, welche das dritte Mädchen, unter die Kopfkissen legt; natürlich Alles, ohne zu sprechen.

Soll der zukünftige Gatte in Person erscheinen, so beschwört ihn das Mädchen, indem es um Mitternacht im Hofe oder Garten Hanf säet, und dazu spricht: „Hanfsamen ich säe dich, Hanfsamen ich behacke dich, und wer mein Herzliebster ist, komm' hinter mir und mähe dich!" oder es geht am Abend, ohne ein Wort zu sprechen, rücklings in den Garten, pflückt eine Rose, legt sie in einen Bogen reines Papier, nimmt sie, ohne nachzusehen, erst zu Weihnachten wieder heraus, wo sie so frisch sein soll, wie sie im Juni gewesen, und steckt sie an den Busen, sicher, daß der Bestimmte dann kommen müsse, sich diese Rose zu erbitten.

Will endlich ein Mädchen sich vergewissern, ob der Liebste treu ist, so pflanzt es vor dem Schlafengehen in einen Scherben mit Erde einen Zweig fette Henne, die in England deshalb midsummer-man, Mittesommer-Mann, heißt, und sieht am nächsten Morgen nach, ob sich die Blätter rechts oder links gebeugt haben. Ist das Letztere der Fall, so ist es ein schlimmes Zeichen: nimmt man aber zwei Zweige und diese wenden sich einander zu, so ist die Heirat wie ausgemacht.

Dasselbe thun im Volmethal die jungen Männer mit zwei Pflanzen Johannis- oder Donnerkraut (sedum telephium), die sie am Johannistage nebeneinander pflanzen, um zu sehen, ob die Kronen einander zuwachsen, oder von einander abweichen, und in Dänemark steckt man soviel Zweige der „Johanniswurzel" in die Balken, als man Anverwandte hat, um aus dem Aufwärts- oder Abwärtswachsen der Zweige zu erkennen, wer am Leben bleiben oder sterben wird.

In Schweden dagegen hängt man sogenannte Johannisquäste (midsommarsquastar), Kränze aus allerlei Blumen, die man in der Johannisnacht gepflückt und unter denen vor Allem Johanniskraut (hypericum) sein muß, in den Häusern und Ställen auf, um sich und das Vieh vor dem Behexen zu sichern, und an vielen Orten Deutschlands pflegt man die Johanniskränze auf die Dächer zu werfen, um die Häuser vor Brand und Gewitter zu schützen.

Ueberhaupt nehmen die Blumen einen bedeutenden Platz bei der Johannisfeier ein. In Bockholt in Westfalen werden am Johannistag die Häuser mit Birken geschmückt, zu Duyven in Holland mit Nußbaum- und Rosenzweigen verziert, und in der Goldenen Aue hängt jedes Mädchen, das zu Pfingsten eine Maie bekommen, als Antwort einen Kranz von Feldblumen vor das Haus. Sind Disteln darin, so ist dies von schlimmer Bedeutung, von günstiger dagegen sind Thymian und Spike.

Auf den Dörfern des Neustädter und Neißer Kreises in Schlesien ist es Sitte, am Johannisabend hoch über die Straßen Gewinde und Kränze von Blumen und Kräutern zu ziehen, und in den engeren Stadtteilen von Halle werden die sogenannten Kronen an

Schnüren, die von einem Haus zum andern gehen, quer über die Straße gehängt, wie dies auch im Rheinthal und in den vlämischen Landstädten überall Sitte ist, und die Kinder tanzen darunter, sperren den Vorübergehenden durch Blumengewinde oder Bänder den Weg, und erhalten ein kleines Geldgeschenk dafür. In ähnlicher Weise machen sich die Kinder in einigen Städten Sachsens einen sogenannten Johannistopf, in Sachsenburg einen Rosenstock, in Nordhausen Lauben, in Northumberland in England putzen sie Stühle mit Blumenkissen aus, indem sie alle möglichen Figuren und Muster aus Blumen bilden, die sie in Lehm oder Thon stecken, und in Torgau ziehen sie mit schön verzierten Johanniskränzen von Haus zu Haus.

Vor allem aber ist Johanni in Leipzig ein Fest der Blumen geworden. Allerdings hängt nicht mehr, wie noch vor fünfzig Jahren, sobald der Johannismorgen anbricht, in den Vorstädten über jeder Hausthür ein Kranz mit bunten Papierbändern, von dem die Kinder sagten: „Das hat der Nachtwächter gethan", auch ward früher das ganze Johannisthal mit seinen zahlreichen Gärten, welches 1833 am Johannistage eingeweiht wurde, mit Blumengewinden und Kränzen reich geschmückt, welches seit etwa 15 Jahren nicht mehr geschieht, aber die Kirchhöfe der Stadt verwandeln sich an diesem Tage noch heute mehr als jemals in wirkliche Blumengärten. Schon am Abend vorher strömen Tausende hinaus auf die Friedhöfe, um die Gräber ihrer Angehörigen zu verzieren, und von der Johanniskirche an bis hinaus zum Johannesfriedhof (ebenso bei den übrigen Kirchhöfen) stehen Verkäuferinnen von Blumen und Kränzen. Denn es würde für herzlos gelten, eine Grabstätte seiner Familie ungeschmückt zu lassen, und selbst der Aermste sucht sich Feld- und Wiesenblumen zu verschaffen, um den Verstorbenen sein Blumenopfer darzubringen.

Wer daher am Johannistage der Leipziger Sitte gemäß die Kirchhöfe zum Spaziergang wählt, erblickt nichts als Kränze und Gewinde, Kronen und Bouquets. Gräber und Grabpforten, Geländer und Säulen, Alles trägt Blumenzier, woran sich solche hat anbringen lassen. Selbst die Kreuze sind umwunden, und die Grabhügel nicht selten mit förmlichen Blumenteppichen bedeckt, indem auf einem Grunde von dichtgestreuten Baum- oder Blumenblättern mit Blumenköpfen ohne Stiele alle möglichen Namenszüge, Arabesken und Figuren gebildet sind. Die Grabkapellen reicher Familien sind meist mit Topfpflanzen verziert, welche entweder durch die Masse, Größe und Seltenheit der Blumen, oder durch künstliche Gruppierung und Verteilung hinsichtlich der Farbenkontraste auffallen. Nach dem Besuch der Gräber ist es üblich, das im Hofe des Johannisspitales ausgestellte sogenannte

Johannismännchen in Augenschein zu nehmen, eine kleine angeputzte Puppe, welche Jahrhunderte hindurch für ein Palladium der Stadt gehalten wurde.

Auch kauft man beim Verlassen des Friedhofes ein sogenanntes „Glückshändchen“, eine Johanniswurzel, welche die Gestalt einer kleinen Hand hat und beschenkt sich gegenseitig damit. Man muß dasselbe dann in seinen Geldbeutel thun, aus dem es nicht herausgenommen werden darf — und man wird stets Geld darin haben. Dieser Aberglaube ist noch heutigen Tages so allgemein in Leipzig im Gebrauche, daß man ungezählte Mengen solcher Glückshändchen reißenden Absatz finden sehen kann.

Da es in Nürnberg ebenfalls Sitte ist, am Johannistage auf dem Johanniskirchhofe die Gräber mit Blumen zu schmücken, so dürfte die Leipziger Johannisfeier ihren Ursprung wol auch dem Feste zu Ehren des Patrons des Kirchhofs zu danken haben, und das Johannismännchen ehemals ein Bild dieses Heiligen gewesen sein. Trotz der Reformation blieb der Johannistag — das älteste und berühmteste der zum Gedächtnis Johannis des Täufers gefeierten Feste, welches schon 506 gleich nach den Festen des Herrn angeführt wird und zugleich das einzige Fest ist, das die irdische Geburt eines Heiligen feiert, während alle übrigen Heiligen ihren Todestag zum Ehrentag haben — in Leipzig lange Zeit Feiertag, und wenn er auch jetzt Werkeltag geworden ist, an dem jeder Handwerker arbeitet und jedes Gewölbe offen steht, so mahnen doch noch die Fahnen, welche mit Anbruch des Tages vom Turme der Johanniskirche herabwehen, und die mit Guirlanden geschmückten Kirchenthüren an die frühere Kirmeß, dahingegen findet seit etwa 15 Jahren weder im Johannisthal, noch in den Dörfern der Umgegend, Abends die früher beliebte Musik oder Tanz und Illumination statt.

In dem protestantischen Schweden ist das Midsommarfest sogar kirchlicher Feiertag geblieben, und wird auf dem Lande noch überall mit Tanz, Punsch und Kuchenessen gefeiert.

Die Dorfbewohner setzen ihren Stolz darein, eine recht schöne und große Majstange (Maibaum) zu haben. Man sucht das feinste, weißeste Tannenholz dazu aus, schält es zierlich ab, beschneidet es, umwickelt es mit gerollten Holzspähnen und behängt es mit frischem Laub, allerlei bunten Arbeiten des Schnitzmessers und flatternden Bändern und vergoldetem Ausputz. Jedermann sucht den Baum zu schmücken, bis er endlich auf dem Anger oder Platze aufgerichtet wird und zuweilen 20 Fuß und höher hinaufragt.

In den Städten, wo die Leute keine Zeit haben, Maibäume anzufertigen, wird am Vorabend der Mittsommernachtsmarkt eröffnet, zu welchem, namentlich nach Stockholm, die Landleute von den Mälarufern auf ihren Kähnen geschnitzte Holzwaaren und Geräte, Schaukelstühle und besonders schöngeputzte und behangene Maibäume von verschiedener Größe bringen, welche man der Sitte gemäß den Kindern schenkt. Dieser Markt, der mit Laub und Blumen geschmückt ist, pflegt allgemeines Rendezvous zu sein. Neue Bekanntschaften werden geschlossen, alte erneuert; man trifft sich, um gemeinsam Einkäufe zu machen oder Vergnügungspartieen für den nächsten Tag zu verabreden, und Haufen von Neugierigen umstehen die meist blinden und alten Musikanten, welche mit Begleitung ihrer kleinen Geigen Balladen, Mord- und Räubergeschichten, oder alte Heldenlieder absingen und deklamieren. Erst gegen Mitternacht endet dieser Markt, welcher besonders von den Mädchen der dienenden Klassen äußerst zahlreich besucht wird, und am nächsten Tage noch fortgeht.

Am Johannistage selbst finden in Stockholm und den Städten keine andern Festlichkeiten statt, als daß man Häuser und Zimmer mit Maibäumen und Blumen schmückt, und sich bei Tische nach Kräften gütlich thut.

Wer aber irgend eine befreundete Familie auf dem Lande hat, feiert dort die Freudennacht und wird auch gewiß dazu eingeladen. Denn auf dem Lande ist überall Tanz und Schmaus. Die Mädchen sind geschmückt mit Bändern und Ketten, die jungen Leute ziehen in der Nachbarschaft herum, jeder Hausherr bewirtet seine Diener und Alle, die sein Haus betreten, und Herrschaften und Gäste nehmen Teil an dem Vergnügen.

Familien der höheren Stände von Stockholm fahren wol auch Abends in Booten auf's Meer hinaus, um dort in der Nacht Wasserfeuerwerke abzubrennen.

Besonders heiter wird die Johannisnacht in Säther in Dalarne gefeiert, wo man auf dem Markt die Maistange aufrichtet, Hütten und Lauben baut und mehrere Tage lang tanzt und jubelt.

Auch in Norwegen pflanzt man hohe Maienstangen auf, um welche man tanzt, und dieser Brauch findet sich selbst in manchen Gegenden Deutschlands wieder. Namentlich in den oberharzischen Bergstädten, wo am Johannistage nicht gearbeitet wird, pflegt man an freien Plätzen große Tannenbäume, die von unten bis zu den Zweigen hin geschält sind, aufzurichten und mit Blumen und gelb und rot bemalten Eiern zu behängen. Bei Tage tanzen die Jungen, des

Abends die Alten um diese Johannisbäume herum. Mitunter, wie in der Altenau, wo man am Sonntag nach Johanni noch eine Nachfeier hält, tanzen auch Alte und Junge zu gleicher Zeit um den Baum, und nicht selten kommen bei diesem Volksfest Verkleidungen, verschiedene kleine dramatische Vorstellungen und andere heitere Späße vor. Anderwärts im Harz schmücken die Kinder kleine Tannenbäume aus, die sie singend von der Linken zur Rechten drehen, wie die Sonne geht, oder putzen gemeinschaftlich eine Tanne an, welche jedes mit einem Bande, einer Bratwurst u. dergl. behängt, indem sie singen:

Trip, Trap, Käsenapp,
Hüte (heute) is Johannesdag,

und in Thüringen sind es nur noch die Kinder, welche um Johannismaien herum tanzen.

Am festlichsten begeht die Eschweger Schuljugend den Johannistag, indem die Knaben schon vorher Maien holen, damit einen Kreis umstecken, der als Tanzplatz dienen soll, und dann am Sonntag darauf festlich gekleidet mit den Mädchen hinausziehen und dort den ganzen Tag über singen und tanzen, wobei ihnen zur Erfrischung auf Kosten der Stadt Bier gereicht wird. Ist das Wetter schön, so wohnen die meisten Einwohner der Stadt dem fröhlichen Feste bei, und der Tanz wird auch am folgenden Tage noch fortgesetzt.

In manchen Gegenden haben sich jedoch auch unter den Erwachsenen noch die alten zu Johanni üblichen Volksbelustigungen erhalten. So legen auf den Höfen bei Werl in Westfalen die Mädchen Geld zusammen, um ein Tuch zu kaufen, richten dann eine Stange auf, an welcher ein hölzerner Vogel befestigt ist, und werfen mit Stöcken nach demselben. Die, welche ihn trifft, wird Königin und erhält das Tuch.

Bei Fürstenwalde wird ein Mast, an dem sich Wimpel, Kranz und Krone befinden, mit Tüchern und dergl. behängt, nach denen man klettert, und in Tilleda und der Umgegend des Kyffhäusers findet ein Hahnschlagen der Mägde statt, bei welchem ein Knecht den Hahn hält und vor den Schlägen sichert, welche die Mägde der Reihe nach mit einem Dreschflegel, an den statt des Flegels ein Aschensack gebunden ist, nach ihm ausführen. — Ebenso wird in Hambühren bei Celle noch das sogenannte Johannisbier gehalten, bei welchem die Bauern zusammenkommen und sich die Alten durch Trinken, die Jungen durch Tanzen ergötzen. In Bockholt werden große Feste gefeiert, bei denen sich mehrere Familien vereinigen, nie aber mehr als 20 Personen Teil nehmen dürfen, und in manchen Gemeinden des

Niederrheins ist selbst der Name des alten Johannisessens noch nicht verloren gegangen, während man in Rotenburg a. N. den früher dort üblichen Johannissegen oder Johannistrunk, einen Schmaus der Nachbarn auf offener Straße, wieder eingeführt hat. Erinnerungen an solche gemeinschaftliche Mahle zu Johanni finden sich nicht minder in England vor, wie in Ripon in Yorkshire noch jetzt jeder Hausherr, der während des Jahres seine Wohnung gewechselt hat, am Mittesommerabend vor seiner Thür eine Tafel mit Brod, Käse und Ale aufstellen muß, an welcher Jeder, der vorübergeht, zulangen kann, so viel er will. Ist der Herr einigermaßen wohlhabend, so ladet er alle Gäste, welche eine Weile dort bleiben, zum Abendbrot ein, und der Abend wird lustig und heiter verlebt, wie ehemals der Johannisabend in den Straßen Londons, als dort noch die bonfires oder Johannisfeuer üblich waren. Denn der in jedem Sinne hervorstechendste Brauch der Johannisfeier ist das Anzünden der Johannisfeuer, welche früher Sunwendtfeuer oder Summetsfeuer hießen, und in Oberösterreich noch heutigen Tages Sonnwendfeuer oder Sonnewettfeuer, in Tirol Sunnwendfeuer, bei Ulm Himmelsfeuer, in Ehingen an der Donau Zündelfeuer, und im hohenzollernschen Oberlande Zinkenfeuer genannt werden.

Während die Osterfeuer vorzugsweise auf Bergen und Höhen emporflammten, wurden die Johannisfeuer meist in der Ebene, im Schoß der Ortschaften, vor dem Rathaus oder auf dem Markte angezündet, um gewissermaßen dem Element für die Wohlthaten zu danken, die es das ganze Jahr hindurch dem Hause gespendet. Man tanzte singend um das Feuer herum, sprang paarweis über die Flammen, um sich zu reinigen von allen bösen, kranken Stoffen, und warf nicht nur allerlei Kräuter hinein, damit gleich ihnen alles Unglück in Rauch aufgehe, sondern auch Pferdeköpfe, Knochen und selbst lebende Tiere, wie Hähne, die als Opfergaben dienen sollten. Da man, sobald die Sonne zu sinken begann, das bisher gebrauchte Herdfeuer für alt und kraftlos hielt, so löschte man es am Sonnwendabend aus, und zündete ein sogenanntes Notfeuer (nod fyr, not fiur) durch Reiben von zwei trocknen Hölzern an, um mit dessen reiner Glut das Herdfeuer zu erneuen und ein mit Stroh umflochtenes Rad in Brand zu setzen, das als ein Bild der nun abwärts eilenden Sonne von einem Berge herabgerollt wurde. Kohlen und Asche dieses Notfeuers, welches auch sonst zu andern Zeiten bei Viehseuchen heilsamst wirkte, wenn man das Vieh über die noch glühende Brandstelle trieb, wurden sorgsam aufgehoben: die Kohlen, um sie gegen Viehkrankheiten anzuwenden, die Asche, um die Fruchtbarkeit des Bodens zu vermehren und die Felder vor Ungeziefer zu schützen.

Das Johannisfeuer half, wie Simrock sagt, den Sieg des Lichts und der Lichtgötter vervollständigen, indem nun die ohnedies kurze Nacht durch das angezündete Licht in vollen hellen Tag verwandelt wurde. Durch diese gottesdienstliche Handlung kam man den Göttern gleichsam zu Hilfe. Die Nacht ward gänzlich verbannt und den lichtscheuen, ungeheueren Mächten der Finsternis die letzte Zuflucht geraubt, daß sie versteinern, „in Stein springen“ mußten. Darum hat die Asche dieses Feuers und alles was davon übrig war, die Flamme des Herdfeuers selbst, die von ihm herrührte, befruchtende, segnende, schützende Kraft: es ist der Segen der gottesdienstlichen Handlung.

Die Kirche, welche der heidnischen Sitte, die sie nicht abzustellen vermochte, eine christliche Bedeutung geben wollte, übertrug die Feuer auf den Kultus Johannis des Täufers, des „Erleuchters der Irrenden“, dessen Knochen in Sebaste verbrannt worden waren. Ihm zu Ehren zündete man Feuer an, welche hier und da, wie in Gernsheim bei Mainz, selbst durch den Segensspruch des Priesters geweiht wurden, und die Legende wußte mehrere Begebenheiten aus dem Leben des heiligen Johannes zu berichten, deren Verewigung die Johannisfeuer gelten sollten.

So kam es, daß die meisten bei dem alten Sonnenwendfeuer üblichen Gebräuche sich bis zum heutigen Tage erhalten haben, obwohl sie allmählich mehr und mehr an Teilnahme und Verbreitung verlieren. Denn früher wurden die Johannisfeuer nicht nur im Innern selbst großer Städte, sondern auch im Beisein der höhern Stände angezündet. Sogar Fürsten beteiligten sich dabei.

Aus einer Münchener Urkunde von 1401 erfahren wir, daß Herzog Stephan und seine Gemahlin in der „Sonnenwendenacht“ mit den Bürgerinnen bei dem „Sonnenwendefeuer“ tanzte. Dasselbe that 1471 auf dem Reichstage zu Regensburg der König Friedrich, und der Erzherzog Philipp von Oesterreich, der 1496 nach Augsburg kam, ließ am Johannisabend einen 45 Schuh hohen Scheiterhaufen im Frohnhof aufrichten und ihn zum Aerger der auf das Zierlichste geschmückten anwesenden Damen aus den vornehmsten Geschlechtern der Stadt durch die schöne Ursula (nach andern Susanna) Neidhard aus Ulm in Brand stecken, nachdem er mit ihr den ersten Reigen um den Holzstoß ausgeführt.

Um an die Zeiten zu erinnern, wo Alt und Jung, Reich und Arm sich beim Johannisfeuer belustigten, beging die Münchener

Johannisſprung der Münchener Liedertafel.

Liedertafel, welche seit fünfzig Jahren besteht, im Jahre 1843 am 22. Juni ihren Stiftungstag zugleich mit einer Feier des alten Sonnwendfestes.

Die Menterschwaige, jener vielbesuchte Trinkplatz anderthalb Stunden von der Stadt am hohen Isarufer, von wo man eine herrliche Aussicht auf das vom Fluß durchströmte Thal und die Türme Münchens hat, ward zum Festplatze auserkoren, und der nahe Wald zur Aufnahme der Gäste eingerichtet, indem man einen freien Kreis mit Blumenbehängen, Fahnen und Emblemen verzierte und ringsherum mit Tischen und Bänken versah. Was nicht Platz fand, lagerte sich hin auf den Rasen in den Schatten der Buchen.

Als nun dort zu Ehren des Tages genug gesungen, musiziert und getrunken worden war, begab man sich beim Einbrechen der Nacht in festlicher Ordnung mit wehenden Fahnen zu der Stelle, wo das Johannisfeuer emporlodern sollte, und steckte es unter Musik und Gesang in Brand. Nach einer launigen Rede des Vorstandes wurden alle Untugenden und Laster, welche dem Gedeihen einer Liedertafel hinderlich sind, auf mächtige Papierbogen verzeichnet, unter donnerdem Pereat den Flammen übergeben, und dann gaben die dämonischen Klänge einer vollen Militärmusik das Zeichen zum Beginn des altherkömmlichen Feuersprunges. Jedes Mitglied mußte über die lodernden Flammen springen, und die Art, wie es sich dieser Verpflichtung entledigte, trug oft nicht wenig dazu bei, den Jubel der zuschauenden Gesellschaft zu erhöhen.

Dieses Springen über die Flammen wird bei den Johannisfeuern im Lande ob der Ens noch immer wie vordem paarweis ausgeführt, denn dort ist das Sonnenwendefeuer ein allgemein beliebtes Volksfest geblieben.

Irgend ein Bürger oder Bauer stellt, wie ihn die Reihe trifft, einen Wagen, ein anderer ein Pferd, ein Dritter einen Knecht oder Buben, welcher, festlich aufgeputzt, am Morgen des Sonnenwendetages von Haus zu Haus fährt, um mit einem herkömmlichen Spruche Holz zu begehren. Jeder giebt willig sein Teil und verspricht, sich Abends auf dem „Feuerplatze“ einzufinden, zu dem gewöhnlich ein Stoppelfeld oder eine Wiese gewählt wird. Eine überaus hohe, mit Strohbändern umwundene Stange, welche, angezündet, weithin in der Runde leuchtet, dient als Signal und setzt bei ihrem Niederbrennen den Holzstoß in Brand, aus dessen Mitte sie emporragt. Ist die Zahl der Springer, d. h. der jungen Gatten, Brautpaare und Liebesleute, zu groß für ein Feuer, so werden mehrere solcher Holzstöße angezündet und unterhalten, und zur Belustigung der Kinder brennen einige kleinere Feuer, neben welchen die alten Frauen und Männer sitzen und mit Salz bestreute Brodschnitte an langen Stäben in die Glut halten, um sie zu rösten und für die Hungrigen zurecht zu machen. Man nennt sie deshalb Bäher, während die müßigen Zuschauer, die nichts thun, als die springenden Paare zu kritisieren, mit dem Spottnamen Gaffer belegt werden.

Wenn in den Dörfern am Bodensee, wo das Johannisfeuer auf einem freien Platze vor dem Orte brennt, die erwachsenen Burschen mit ihren Mädchen Hand in Hand über die Flammen springen und Eins sich dabei verbrennt, so muß es ein Pfand geben, und zwar eins seiner Kleidungsstücke. Wer sich zum zweiten Mal verbrennt, muß ein zweites Stück ausziehen, und das wird so lange fortgesetzt, bis Einer nur noch das Hemd auf dem Leibe hat. Zur Auslösung der Pfänder werden einige Flaschen Wein bezahlt, die man nach dieser Lustbarkeit mit einander im Wirtshaus vertrinkt.

Auch durfte im ganzen Hegau und Seekreise, sowie in Friedingen an der Donau, Niemand über das Johannisfeuer springen, der nicht Holz dazu beigesteuert hatte. Daher sang man schon beim Ansagen des Feuers in den Straßen herum:

Komm niemand zum Johannisfeuer
Ohne Brandsteuer!
Oder — Hut und Käppelesfeuer!

und wer es dennoch wagte, zu kommen, ohne etwas Holz mitzubringen, dem wurde Hut oder Mütze (Kappe) genommen und ins Feuer geworfen.

Die Johannis- oder Sonnwendfeuer in Niederösterreich werden gewöhnlich vor einem Kreuze auf dem Felde angezündet. Dann wirft man unter Sprüchen Blumen in die Flammen, um welche man nach jedem Spruche herumtanzt und singt, ißt und trinkt und treibt allerlei Kurzweil. Die Burschen tanzen mit brennenden, in Pech getauchten Besen, und lassen, wo ein Bergabhang ist, ein mit Pech bestrichenes Wagenrad hinabrollen.

Die Bewohner der unteren Klassen von Graz in Steiermark pflegten früher am Johannistag alljährlich einen Popanz zu verfertigen, den sie Tatermann nannten, und dieser ward nach der Leinwandbleiche an der Mur geschleppt, dort auf einer hohen Stange befestigt und dann so lange mit brennenden Besen beworfen, bis er Feuer fing und verbrannte, indem es hieß, es geschehe dies zum Andenken eines im 13. Jahrhundert über die Tartaren erfochtenen Sieges.

Eine ähnliche Figur, welche man Tätermann nennt, wird noch jetzt in entlegeneren Thälern der rhätischen Alpen zu Johanni singend und jubelnd durch die Dörfer getragen und nachher verbrannt, während man um die Stange, an welcher sie befestigt ist, herumtanzt und springt, und im Unterinnthal machen die Burschen einen „Lotter“ aus Stroh und Lumpen, der Martin Luther vorstellen soll, führen ihn auf einem Karren im Dorfe herum und verbrennen ihn am Ende desselben im Sunnwendfeuer, das an einigen Orten Mückenfeuer heißt.

Im Allgau wird am Johannisabend gefunkt. Schon Tags vorher werden trockenes Reisig und Knieholz auf den Spitzen der Fluhs gesammelt, Strohkränze geflochten und Strohwische an Stangen festgebunden. Kaum dämmert die Johannisnacht, so lodern Hunderte von „Funken“ oder Feuern zum Himmel auf. Brennende Kränze werden von den Burschen hoch in die Luft oder über die Fluhs hinab geschleudert, und die Mädchen springen mutig über die Holzbrände, welche die Burschen ihnen singend mit den Worten vorhalten: „Liebsti, spring, verdienst Dir dies Jahr ein gïldenen Ring.“ Andere wieder laufen mit Feuerbränden herum und schlagen an allen Baumstämmen und Strünken glühende Kohlen ab, während die Jungen mit mächtig langen Stangen — Johannisstangen — an denen Strohbündel hell flackern, vorleuchten und die Luft mit ihrem Geschrei und Jubel erfüllen. Zum Schluß drängen sich die Johannisnarren vermummt und verlarvt durch das junge Volk zum lodernden Feuer, und werfen sich singend vor demselben auf die Erde nieder. Dann springen sie auf, klatschen mit den Händen, küssen die Mädchen auf die Wangen und tanzen und springen lustig um das Feuer herum, worauf sie durch die Menge schlüpfen, um bei andern Feuern dieselbe Zeremonie zu wiederholen.

Im Thale aber wird gleich nach der Vesperglocke ein Zug nach der Johannissäule gemacht, welche fast nirgends fehlt, und dort wird von den Alten, während das junge Volk auf der Alp tobt und lärmt, zu wiederholten Malen das Lied: „Nun bitten Alle dich, Johann,“ abgesungen.

Wegen Feuersgefahr ist zwar dieses Alpfest kirchlich und polizeilich verboten worden, dennoch hat es sich fast überall bis jetzt erhalten.

Auch in Schwaben werden die Johannisfeuer trotz allen Verbotes noch in den meisten Orten angezündet.*) Auf dem Frauenberge bei Gerhausen, unweit von Blaubeuren, läßt die Jugend Räder aus Stroh geflochten brennend den Berg hinabrollen, und in Ebingen war es noch vor wenig Jahren Sitte, auf einem öffentlichen Platze, der die „Burg“ heißt, am Johannisfeuer die sogenannten Hanserſche oder Johanniserbsen zu kochen. Jetzt kocht man sie in den Häusern, und giebt sie dann den Kindern zu essen. Sie werden blos mit Wasser abgekocht und müssen ganz bleiben, damit man sie trocken aus der Hand verzehren kann.

Einen höchst malerischen Anblick gewähren am Johannisabend die Vorberge der Sudeten in Schlesien, wo Hunderte von großen und kleinen Feuern auf allen Hügeln und Bergen in der Nähe und Ferne leuchten. Gewöhnlich sind es Pechtonnen, welche angezündet werden, und um welche die Jugend, mit brennenden Pechbesen ausgerüstet, in launenhaften Sprüngen herumläuft, so daß die Flammen wunderliche Züge in der Luft bilden.

Nicht minder zahlreich flammen die Johannisfeuer meilenweit in der Runde auf den Bergen des Saazer Kreises in Böhmen, sowie im Riesengebirge.

Meistens wandern die Knaben schon einige Tage vorher von Haus zu Haus, um sich alle abgenutzten Besen, Werg, Wagenschmiere und andere brennbare Stoffe zu erbitten, holen sich Leseholz aus dem Walde und stecken dann am Johannisabend Alles in Brand.

Oft zieht aber auch Alt und Jung, ein Musikkorps voran, auf einen Berg, wo um einen hohen Baum der Scheiterhaufen aufgerichtet ist, und im Egerlande pflegt man eine hohe und gerade, recht harzreiche Tanne oder Fichte zu nehmen, sie mit Blumensträußen, Bändern und Kränzen zu schmücken, um sie herum Reisig, Holz und andere Brennmaterialien aufzuschichten, und wenn es finster genug ist, anzuzünden. Ist der Baum niedergebrannt, so stellen sich die Burschen ihren Mädchen gegenüber um das Feuer herum auf, und schauen sich gegenseitig durch Kränze und durch's Feuer an, um zu erfahren, ob sie sich treu sind und heiraten werden.

Anderwärts halten die Mädchen allein Kränze, die sie aus Wiesenblumen, in Katharinenberg als Kleberkraut geflochten, vor die Augen, sehen hindurch ins Feuer und sprechen:

---

*) Johannisfeuer sei unverwehrt,
Die Freude nie verloren:
Besen werden immer stumpf gekehrt,
Und Jungens immer geboren. Goethe.

Johannisfeuer, guck, guck!
Stärk' mir meine Augen,
Stärk' mir meine Augenlider,
Daß ich dich auf's Jahr seh' wieder.

Wer das drei Mal sagt, bekommt während des Jahres keine Augenschmerzen, und wer drei Mal über das Feuer springt, bleibt nach dem Glauben der Deutschböhmen das Jahr über vom „Frierer", d. h. vom Fieber, frei.

In dem nördlichen Deutschland sind die Johannisfeuer weniger üblich, als im südlichen. Am Südharz wie in Thüringen werden zwar hier und da noch Theertonnen an hohen Stangen befestigt, und, wenn sie brennen, mit eisernen Ketten, die bis zur Erde herabreichen, unter großem Jubel um die Stange herum geschwungen; auch in den katholischen Gegenden Westfalens sowie im Fuldaischen werden noch auf Höhen Feuer angezündet, und in Hessen wird selbst hin und wieder das Vieh noch über die Kohlen getrieben, um es für das ganze Jahr gegen Krankheiten zu sichern, aber im Allgemeinen sind sie durch die Osterfeuer verdrängt worden. Ebenso halten am Rhein und in Vlämisch-Belgien nur die Kinder noch die alte Sitte fest. In Dänemark, der skandinavischen Halbinsel und dem Norden von England dagegen ist das Johannisfeuer, welches in Norwegen brising,*) von den Engländern bonfire oder bonefire genannt wird, noch sehr in Brauch. Dieser letztere Name bezeichnete ursprünglich die Feuer aus Knochen, welche man anzündete, um durch den Gestank die Drachen zu vertreiben, welche am Johannisabend durch die Luft fliegen und mit dem Schaum, den sie fallen ließen, alles Wasser vergiften sollten.

Während man daher ehemals in England zu größerer Sicherheit in der Johannisnacht alle Brunnen sorgfältig zudeckte, und sich ängstlich vor dem Wasser hütete, galt bei den Deutschen das sogenannte Johannisbad für besonders wirksam. Noch im 17. Jahrhundert war es ziemlich allgemein Sitte, am Johannistag ein Bad von 24 Stunden zu nehmen, und in Schwaben hat sich der Glaube bis jetzt erhalten, daß ein einziges Bad in der Johannisnacht so viel wirke, als neun Bäder, die man zu einer andern Zeit nimmt. Auch in Kopenhagen wallfahrtete sonst das niedere Volk nach einer benachbarten Quelle, um sich in ihrem Wasser zu heilen und zu stärken, und in Schweden besuchte man bis zum vorigen Jahrhundert eine

*) Dieses Brising deutet auf die nordische Göttin Freyja.

Menge Quellen, um sich darin zu waschen und etwas als Opfer hineinzuwerfen. Wie Petrarca in einem Briefe an den Kardinal Colonna schreibt, fand er, als er am Johannisabend 1330 bei seiner Ankunft in Köln von seinen Freunden an den Rhein geführt wurde, die Ufer wie bedeckt von Frauen, welche sämtlich mit wohlriechenden Kräuterranken geziert, sobald die Sonne unterging, Arme und Hände in den Fluß tauchten und unter gewissen Sprüchen, die sie hersagten, wuschen, um dadurch alles Elend des ganzen Jahres von sich wegzuspülen.

Jetzt ist dieser Brauch schon längst außer Anwendung, aber noch immer werden in einigen Städten Hessens am Johannistage die Brunnen geschmückt.

Die Magd nämlich, welche in Wolfhagen z. B. früh Morgens zuerst zum Brunnen geht, setzt diesem einen großen bunten Kranz von allerlei Feld- und Wiesenblumen auf, oder, wie es in Eschwege geschieht, die zu einem Brunnen gehörigen Burschen und Mädchen ziehen feierlich an den Brunnen, zieren ihn mit einer aus weißen Lilien angefertigten Krone, und gehen oder tanzen einige Male um ihn herum, bevor sie sich wieder entfernen, um das Fest mit einem Balle zu beschließen.

In Treisa sind es die Schulkinder, welche eine kleine steinerne Statue auf dem obersten Brunnen, die das Johannismännchen heißt, am Johannistage bekränzen und mit einem neuen weißen Tuche schmücken, und in Fulda pflegen die Mädchen die Brunnen mit Blumen auf das Schönste zu verzieren. Dann wählen die zu einem Brunnen gehörigen einen neuen Brunnenherren, indem sie ihm einen großen Blumenstrauß auf einem blanken zinnernen Teller übersenden. Kinder ziehen in Prozession zu seinem Hause, welches mit grünen Maien umstellt wird, und der Brunnenherr geht hierauf von Haus zu Haus, um Gaben für die Brunnenzeche zu sammeln, welche gewöhnlich am Sonntag nachher abgehalten wird.

Auch am Rhein findet die Brunnenreinigung und die damit verbundene Festlichkeit an mehreren Orten, wie in Kreuznach, am Johannistage statt, und in Rotenburg wirft man noch alle Jahre an diesem Tage ein Laib Brod, welches das Spital liefern muß, in den Neckar. Unterläßt man dieses Opfer, so wird der Fluß wild und nimmt einen Menschen, denn es ist ein weitverbreiteter Glaube, daß die Flüsse und Seeen am Johannistage ein Menschenleben zum Opfer begehren. An den Ufern des Bodensees sagt man sogar: am Johannistage müsse der „Engel" oder St. Johannes einen Schwimmer und einen Klimmer haben, und deshalb dürfe an diesem Tage Niemand weder auf einen Baum steigen, noch sich irgendwo baden, und die Fischer und Schiffersleute an der Oder und Spree setzen warnend hinzu, man müsse selbst jeden Rettungsversuch unterlassen, wolle man nicht selbst das Leben dabei einbüßen. In manchen Gegenden dehnt sich dieses Verbot auf die Tage vor und nach Johanni, und namentlich den Peter- und Paulstag, das Echo des Johannisfestes, aus.

Vielleicht geschah es daher nicht ohne Absicht, früher bestehenden alten Gebräuchen die Weihe der Kirche zu geben, daß der Peter- und Paulstag an der belgischen Küste zur Einsegnung des Meeres bestimmt worden ist, welche besonders in Ostende mit großer Feierlichkeit vor sich geht.

Die verschiedenen Gilden, Zünfte, Brüderschaften und Gesellschaften mit ihren Fahnen, Emblemen und Heiligenbildern folgen, Kerzen tragend, der Prozession, welche die Straßen der Stadt durchzieht und ihren Weg nach dem Damme nimmt, wo an einem für diesen Zweck errichteten Altare eine Messe abgehalten und nach derselben unter den Klängen der Musik und dem Donner der Kanonen das Meer eingesegnet wird.

Ungleich malerischer und poetischer, wenn auch weniger prunkhaft ist die Zeremonie, mit welcher in den Fischerdörfern des westlichen Flanderns das Meer geweiht wird. Unzählige Barken, festlich geschmückt, begleiten den Kahn, aus welchem der Pfarrer des Orts unter den üblichen Gebeten das Meer mit Weihwasser besprengt und segnet.

Auch in Rumpst bei Lierre fand bis in neuester Zeit am Peterstage eine Prozession der Fischer statt.

Man holte das Bild des heiligen Peter feierlich aus der Kirche in eine festlich geschmückte Barke, fuhr ein Stück auf der Dyle und ließ die Statue, wie durch Zufall, ins Wasser fallen.

Alle beeilten sich, ihre Netze auszuwerfen, man fischte das Bild auf und zog zugleich Netze aus, in welche man schon vorher vorsorglich die schönsten Fische gethan hatte, die in der letzten Zeit gefangen worden waren. Dann fuhr man nach Rumpst zurück, brachte das heilige Bild wieder an seinen Platz, trug die Fische, den größten zum Pfarrer, die anderen zu den Notabilitäten des Ortes, von denen man dafür Gelder zum Trinken erhielt, und brachte den Abend vergnügt, singend und tanzend im Cabaret zu.

Der Fischer, welcher das Glück gehabt hatte, das Bild des Heiligen aus dem Wasser zu ziehen, wurde für das nächste Jahr Aeltester oder Oberhaupt der Brüderschaft des heiligen Peter.

Einsegnung des Meeres.

Bezieht sich dieser Scheinfischfang sowie die Einsegnung des Meeres auch zunächst auf den heiligen Apostel, welcher selbst Fischer war, ehe er der Fels der Kirche wurde, so ist es doch auffallend, daß nirgends anders am Peterstage das Meer geweiht wird, wie in Vlämisch-Belgien, wo dieser Tag in seinen Bräuchen noch mehr als anderswo dem Johannistage gleicht.

Denn wie in vielen Gegenden Oberschwabens, so wird auch in Vlämisch-Belgien das Anzünden der Johannisfeuer am Peter- und Paulstage wiederholt, und häufig haben sich die Petersfeuer selbst da erhalten, wo die Johannisfeuer längst in Vergessenheit geraten sind. In einigen Dörfern von Ostflandern versammeln sich die Nachbarn um die Feuer, welche sie in der Nähe ihrer Wohnungen in Brand stecken, um die Nacht hindurch gemeinschaftlich zu trinken und sich zu belustigen, und sobald in Brabant das Petersfeuer niedergebrannt war, fing früher das uralte Kegelspiel, das bollenwerpen, an, bei welchem sich beide Geschlechter beteiligten. Wer Sieger wurde, mußte als König eine Königin wählen und die Mitspielenden bewirten, erhielt aber, wie es noch jetzt in Mespelaer geschieht, als Preis einen Rosenkranz aufgesetzt.

Die Kronen bleiben überall bis zum Peterstage hängen, oder werden für diesen Tag erneut, und in Geeraerdsberge findet das eigentliche Rosenkranzfest erst am Sonntag nach Peter und Paul statt. Tanzen nämlich an diesem Tage die jungen Leute unter der Krone, so fällt sie plötzlich auf ein Paar herab, das man schon vorher heimlich dazu auserwählt hat, und dieses muß nun als Rosenkönig und Rosenkönigin etwas zum Besten geben. Das Rosenkranzfest in Hekelghem, einem Dorfe bei Brüssel, fällt ebenfalls auf den Sonntag nach Peter und Paul.

In größeren Städten, wie in Gent, begnügen sich die Kinder, statt der Feuer Kerzen anzuzünden, um die sie tanzen; in Brügge machen sie kleine Mosaiks aus bunten Steinen, um von Vorübergehenden eine Gabe zu erbitten, und in Ypern kleiden sie einen Knaben aus ihrer Mitte als Apostel Petrus an und tragen ihn auf ihren Schultern von Haus zu Haus, um überall ihr hergebrachtes Lied vorzusingen.

Offenbar ist es, daß der Peter- und Paulstag die Art seiner Feier eben so gut dem heidnischen Sonnenwendefest verdankt, wie der Johannistag, und der heilige Petrus auch als Patron der Fischer wie gewöhnlich den nordischen Thor vertritt, welcher sich ja einst beim Riesen Hymir ebenfalls mit dem Fischfang beschäftigte.

Wie Thor Donner und Blitz, Unwetter und Winde beherrschte, so heißt es auch von Petrus noch heute im Harz, wenn es schneit: „er schüttle die Betten aus," und wenn es bald regnet, bald schneit: „er sei am Regieren."

In der Mark wie am Rhein ist es sein Kegelschieben, was den Donner verursacht, und in Deffingen in Baiern, wo am Peterstage wie am Veitstage (15. Juni) und am Johannistage Feuer angezündet werden, wird in den dabei gesungenen Reimen anstatt St. Peters Namen „Himmel und Himmelfuirle" gerufen. Deshalb sprechen die Schwarzwäldler am St. Peter- und Paulstage warnend:

Wer nicht feiert Peter und Poal,
Den trifft der Stroal,

oder:

Heut' ist Petri und Paul,
Und wer da näht,
Den trifft der Straul (Strahl).

Da nun auch am Johannistage Erbsen gekocht werden, welche gleich den Kugeln, mit denen man wirft, auf den Donar weisen und darum noch jetzt an manchen Orten als Donnerstagsgericht gegessen werden, so ist anzunehmen, daß der Gewittergott, dessen reines himmlisches Feuer das Notfeuer ersetzen sollte, nicht minder seinen Anteil an der Feier der Sommersonnenwende gehabt habe, als Freyr und Freyja.

Denn obgleich das Johannisfest ursprünglich ein Fest des Lichtes und des Feuers war, so knüpften sich doch früh schon Vorstellungen der höchsten Gottheiten daran, denen dabei geopfert wurde. Freyr, der Gott der Sonne, dessen Symbol ein Rad war, wurde zugleich als Gott der Liebe und Ehe verehrt und angerufen. Von ihm, dem trefflichsten der Götter, der keine Maid weinen ließ, erwarteten die Mädchen ihr Glück und die Vorhersagung der Zukunft; ihm brachten sie Blumen, den schönsten Schmuck, den die Erde der Sonne dankt, und um ihn, den Friedensspender, zu ehren, hielt man Liebesmahle ab, bei denen jeder Unfrieden aufhören, jede Zwietracht beigelegt werden mußte. Nächst ihm ward der Freyja gedacht, der hehren Himmelskönigin, welche des Götterkönigs Thron und Herrschaft teilte. Auf sie bezieht es sich, daß jetzt noch, damit der Hanf gedeihe, in

Oberschwaben bei dem Springen über die Johannisfeuer Knaben und Mädchen sich die Hände reichen und rufen:

Sankt Johann,
Mach's Werg drei Ele lang!

und von ihr ging der schöne Volksglaube, daß vor dem Johannistage keine Mutter, der schon Kinder gestorben sind, Erdbeeren essen dürfe, auf die Mutter Gottes über. Diese ist es jetzt, welche die seligen Kinder am Johannistage in den Hainen des Himmels in die Erdbeeren führt, und den Kindern, deren Mutter schon vor Johanni von der Frucht genossen, zuruft: Bleibt zurück, euren Teil hat eure Mutter weggegessen.“ Da bei den Deutschböhmen derselbe Glaube vom Fest Mariä Heimsuchung gilt, welches am 2. Juli, dem neunten Tage nach Johanni, gefeiert wird, und in Krauchenwies in Schwaben die Johannisfeuer acht Tage lang angezündet werden, läßt sich vermuten, daß das heidnische Sommersonnenwendefest gleich dem der Wintersonnenwende und des Maies nicht auf einen Tag beschränkt gewesen sei, und daß so die Bräuche und Vorstellungen, die bei demselben herrschten, vereint oder einzeln auf die verschiedenen in die Festzeit fallenden christlichen Feiertage übertragen worden sind. Deshalb wird auch vom Fest Mariä Heimsuchung in Schwaz gesagt, ein Haselzweig, an diesem Tage an's Fenster gesteckt, schütze das Haus vor dem Einschlagen des Blitzes; am 26. Juni, dem Gedächtnistage der Apostel Johannes und Paulus, welche als Schutzheilige gegen Hagel und Unwetter angerufen und vom Volk die Wetterherren genannt werden, findet selbst in protestantischen Gegenden eine sogenannte Hagel- oder Schauerfeier statt, bei der in Baiern, Böhmen und andern katholischen Ländern die Pfarrer fromme Umgänge mit dem Kreuze halten und Niemand irgend welche Feldarbeiten verrichtet, und als Erinnerung an die einstmaligen Opfer hat sich nicht nur das Hahnschlagen und Bekränzen der Brunnen am Johannistage erhalten, sondern auch der Glaube, daß am Peter- und Paulstage unser Herrgott drei Menschenleben verlange, von denen Eines durch den Blitz, Eines durch Wasser und Eines durch Selbstmord endige.

Wenn man in der Nacht auf Petri und Paul, oder, vor Sonnenaufgang stillschweigend mit einem Schnitt eine Espe von unten nach oben abschneidet, d. h. der Schnitt muß von unten nach oben gemacht werden, so heilt ein Span von derselben nach mecklenburgischem Aberglauben alle Wunden schneller, als das beste Pflaster. Desgleichen Haselruten in dieser Nacht abgeschnitten, die man bis zur Heilung der Wunde am Leibe tragen muß. — Von Mariä Heimsuchung heißt es daselbst, daß vierzig Regentage auf Regen an Mariä Heimsuchung folgen.

Eidgenössisches Schützenfest in Stans.

Juli.

Während die eigentlichen althergebrachten Volksfeste von Jahr zu Jahr mehr und mehr ihre ursprüngliche Bedeutsamkeit und dadurch an allgemeiner Teilnahme verlieren, gewinnen die dem Bedürfnis unserer Zeit entsprechenden Vereinigungen behufs Ausübung der Turnkunst, des Gesanges und des Schießens immer größere Bedeutung. Es ist dies ein erfreuliches Zeichen. Denn Nichts schließt die Herzen enger aneinander, als gemeinsame Freude und gemeinsames Streben nach einem Ziele. Nationale Feste, die alle Schichten der Bevölkerung verbinden, indem sie dieselben ohne Unterschied des Standes und des Ranges zur Feier dessen heranziehen, was in jeder Brust ein Echo findet, sind der sicherste Damm gegen sittliche und politische Entartung, das fruchtreichste Förderungsmittel der geselligen Tugenden und der mächtigste Hebel der Volkstümlichkeit. Die Beförderung und Läuterung solcher Feste ist daher eine ernste Aufgabe jedes Staatsmannes, der Beruf jedes wahren Menschenfreundes.

Als das erste von diesen Festen möchten wir das nennen, zu welchem alljährlich die deutschen Turner sich vereinen.

Die Zeit ist glücklicher Weise vorüber, wo das Turnen als politisch gefährlich galt, es ist jetzt als ebenso förderlich für die Gesundheit wie für den Patriotismus zu hohen Ehren, ja, zu allgemeiner Popularität gekommen, es ist sogar eine der ersten Staatspflichten, welche den künftigen Bürgern auferlegt werden. Nicht genug, daß der mutige und gewandte Junge turnen darf, der furchtsame und unbehülfliche muß turnen. Wird es ihm schwer — seine Sache; wollen seine Gliedmaßen sich nicht dazu bequemen — ein Unglück für seine Gliedmaßen, erspart aber kann es ihnen nicht werden: die Schule, die Hygiene, das Vaterland, alles verlangt von ihnen als eine ihrer Hauptaufgaben in der neuen Phase der deutschen Welt, daß sie sich dehnen und recken, schwingen und strecken sollen. Noch mehr, das Turnen ist Mode geworden. Nehmen wir gleich als naheliegendes Beispiel Leipzig, die Stadt, welche der zweiten deutschen Völkerschlacht den Namen gegeben. Wer turnt da nicht alles? oder fragen wir lieber: Wer turnt da nicht? Die Kranken turnen, um gesund, die Gesunden, um nicht erst krank zu werden. Ist der Wirt eines Hotels einigermaßen besorgt, es seinen Gästen heimatlich und comfortable zu machen, und hat er nur zehn Handbreit Garten hinter seinem Hause, so wird eine Ecke davon sicherlich zu einer Turnanstalt eingerichtet. Bald wird es in Privathäusern dahin kommen, daß einem etwa vorhandenen Mittagsgast nach Tische zugleich mit der Cigarre einige Gewichte dargereicht werden, damit er während der Konversation sich die Armuskeln ein wenig stärken könne. Die Frauen der nächsten Generation endlich werden durch das Leben nicht mehr wie die der früheren göttinnengleich schreiten oder sylphenartig schweben, sondern antilopenartig schnellen, so unwillkürlich elastisch wird jede ihrer Bewegungen sein. Wenn man an stillen Sommerabenden sich in den Wegen des Johannisthales verirrt, so hat es bei beginnender Dämmerung fast etwas vom Kobolde und Elfenspuk, wenn man in allen Gärten kleine Wesen zappeln, springen, sich drehen und schwingen sieht Bei näherer Betrachtung erkennt man wohl, daß es kleine Mädchen sind und ist völlig mit dem Ausbilden ihrer körperlichen Kräfte einverstanden.

Für die Knaben und Jünglinge ist Nichts besser, als der Kultus der physischen Stärke. Er ist in den letzten Jahrzehnten der Kultur der Intelligenz gar zu sehr nachgesetzt worden, und soll ein Mann ein ganzer Mensch sein, so muß er die Füße und, wenn wir uns eines „biderben“ Ausdrucks bedienen dürfen, die Fäuste ebenso gut zu gebrauchen verstehen, wie den Kopf. Darum sollen die Turner nur hinauf zur alten Wartburg ziehen, und wie Luther dort dem Teufel, dem staubgrauen, engbrüstigen Gespenst der gelehrten Stubenhockerei, das Tintenfaß an den Kopf werfen.

Zug der Turner auf die Wartburg.

Daß dieses Ausbilden der blos materiellen Kraft nicht in Roheit und Vernachlässigung der geistigen Interessen ausarten werde, dafür bürgt die ganze moderne Zeit, welche mit allen ihren Bedürfnissen auf der Wissenschaft basiert ist. Der deutsche Turner wird immer dem Bilde gleichen, welches ein früh verstorbener Dichter, ein Sohn des reben- und burgenreichen Schwabens, **Wilhelm Hauff**, uns hinterlassen hat:

O sieh, wie kühn sich der Blick erhebt,
Wenn der Arm den Gegner umfaßt,
Und frei, wie der Aar durch die Lüfte schwebt,
Fliegt auf der Turner am Mast;
Dort schaut er weit in die Thäler hinaus,
Dort ruft er's froh in die Lüfte hinaus:
Hurrah! Hurrah! Hurrah!
Du fröhliche Turnerlust!

Es ist kein Graben zu tief, zu breit,
Hinüber mit flüchtigem Fuß!
Und trennt die Ufer der Strom auch weit,
Hinein in den tosenden Fluß!
Er teilt mit den Arm der Fluten Gewalt,
Und aus den Wogen der Ruf noch schallt:
Hurrah! Hurrah! Hurrah!
Du fröhliche Turnerlust!

Er schwingt das Schwert in starker Hand,
Zum Kampfe stählt er den Arm;
O dürft' er's ziehen für's Vaterland!
Es wallt das Herz ihm so warm.
Und sollt sie kommen die herrliche Zeit,
Sie fände den tapfern Turner bereit:
Hurrah! Hurrah! Hurrah!
Wie ging' es dann wild auf den Feind!

Was diesem Liede nach der deutsche Turner will, das will auch der deutsche Schütze, oder soll es doch wenigstens wollen. Der Herzog **Ernst von Koburg-Gotha**, einer der besten Schützen unter den deutschen Fürsten, sprach das aus, als er am 8. Juli 1861 zu **Gotha** den „ersten deutschen Schützentag“ für eröffnet erklärte. „Das Hauptziel des gemeinsamen Strebens,“ sagte er, „sei Wahrung der Ehre und Schutz des großen deutschen Vaterlandes.“

Er sagte auch noch diese Worte: „Nach Einigung drängen die Massen und so scharten sich auf den ersten Ruf die deutschen Schützen aus allen Gauen und die Turner der engern Heimat um ihre Fahnen.“ Wohl, wenn „Einigung“ der Zweck der deutschen Schützentage ist, so wurde er bei diesem ersten wenigstens nicht aus den Augen verloren.

Auf der Barriere, welche den Festraum gegen die „Masse des Publikums“ abgränzte, wehten an hohen Masten die Flaggen deutscher Staaten, in der Mitte aber über allen zwischen der schwarz-weißen und der schwarz-gelben die schwarz-rot-goldene. Das Schießhaus schmückte sie allein, dagegen hatten im mittelsten der drei Säle alle deutschen Fahnen ihre Stellen, und die drei deutschen Farben dienten dazu, sie in der Form eines Bandes vielbedeutend mit einander zu vereinen. Um auch die Bewohner der Länder zu vereinen, welche durch ihre Fahnen vorgestellt wurden, sollten in diesem Saale täglich Festessen stattfinden.

Etwa sich regenden Absonderungsgelüsten war jedoch ebenfalls Rechnung getragen, indem einer der beiden Nebensäle zum Speisen à la carte bestimmt war. Weiteren leiblichen und geistigen Bedürfnissen wurde durch eine geschmackvolle Trinkhalle, eine Bierwirtschaft, eine Konditorei, zwei große Wirtschaften, endlich durch eine „kohlensaure" und eine Cigarrenbude Befriedigung und Genüge verheißen, und um die allgemeine Harmonie noch deutlicher zu versinnlichen, spielten zwei Musikbanden.

Oberhalb des Schießhauses prangte der „Gabentempel", und auch seine Ausschmückung erinnerte an die deutsche Einigkeit. Von den beiden Bildern nämlich an seinen Giebeln stellte das eine den schlafenden Barbarossa vor, wie er, umflattert von entfliegenden Raben, umgeben von kugelgießenden und waffenschmiedenden Gnomen, eben im Begriff ist, zu erwachen. Das andere versinnlichte die Germania, welche den Schützen Kränze reicht, die zwei Genien ihr zutragen.

Daß die Schützen auch noch andere Gaben empfangen sollten, als Kränze, dafür war reichlich gesorgt. Herzog Ernst hatte einen Humpen gestiftet, sein Bruder, Prinz Albert, eine Büchse und einen Pokal, der Kronprinz von Preußen nebst seiner Gemahlin zwei Trinkgeschirre von Silber, Frankfurt a. M. einen Humpen, Gotha einen Pokal, Hamburg einen andern. Uhren, Dosen, Pfeifen, Cigarrenspitzen, Waffen, vorzüglich Büchsen, Porzellan, Stickereien, nichts fehlte; am reichsten jedoch war die Rubrik der Becher und Pokale vertreten, und dabei auch an die Notwendigkeit gedacht worden, sie zu füllen, denn eine Menge Wein wurde mit der ausdrücklichen Bestimmung geliefert: er müsse beim Feste getrunken werden. Fast jedes deutsche Land, ja, fast jede deutsche Stadt hatte zu den Preisen beigesteuert, nur Oesterreich fehlte gänzlich, und außer ihm Liechtenstein. Auch in dem Schützenalbum war Oesterreich schwach vertreten, denn es hatten sich nur ein Wiener und ein Steiermärker eingeschrieben. Dagegen fand man unter den 930 eingetragenen Schützen Norddeutsche aus allen bedeutenderen Städten, und Holstein und die

Schweiz hatten so gut ihre Vertreter, wie Baiern und Baden. Bei dem Fahnenschmuck der Stadt wurde das Bestreben zu „einigen" besonders sichtbar: zwischen dem Grün und Weiß des Landes wehte das Schwarz-Rot-Gold, die Farben-Schleswig-Holsteins sah man häufig, und ein Nordamerikaner ließ bei dem Thüringer-Deütschen Feste sogar das Sternenbanner wehen.

„Schleswig-Holstein" war auch der Name von einer der vier Ehrenscheiben, die anderen hießen „Deutschland," „Herzog Ernst" und „Thüringen." Weiter hatten Blücher, Scharnhorst, Gneisenau, Yorck, Schill, Lützow, Freiherr von Stein, Vater Arndt, Vater Jahn, Theodor Körner, Andreas Hofer, Fichte und Alexander von Humboldt bei Scheiben Pathen gestanden, und die Namen der übrigen ermangelten ebenfalls nicht des patriotischen Anklanges. Für die Scheibe „Deutsche Flotte" hatten einzelne Geber noch besondere Preise gestiftet, da sämtliche Einlagen für die Flotte bestimmt waren.

Der Zug selbst, welcher sich am 8. Juli um 8 Uhr morgens nach der 314 Fuß langen Schießhütte begab, war malerisch geordnet. Voran ritt der Festordner mit deutscher Schärpe, zwischen zwei Festreitern, ihm folgte die Festreiterei, 50 Mann mit weiß-grünen Schärpen, ihr ein Musikkorps, diesem eine Abteilung Kommunalgardeschützen. Dann kam der Vorstand des Turnvereins von Gotha, denn der deutsche Schützentag war zugleich ein thüringisches Turnerfest. Die rot-weiße Fahne des thüringer Turnerbundes wurde von einer aus Turnern bestehenden Abteilung der Feuerwehr aus Gotha umgeben, den Deputationen auswärtiger Turner mit Fahnen und Schilden schlossen sich die fremden Turner an, die Fechtriege umgab die Fahne der Turner Gothas, weißgekleidete Jungfrauen wurden von den Zugführern der Turner geleitet, eine Anzahl Studenten ließ sich ein Trinkhorn vortragen. Nun eröffnete ein zweites Musikkorps den Zug der Schützen; ihre Zieler, in roten Jacken und Mützen, trugen, begleitet von Pfeifern, Zielerstäbe, Zielerfahnen und Scheiben, während die Deputationen auswärtiger Schützenvereine mit Fahnen und Büchsen einherzogen; auf sie folgten die fremden Schützen, der Schützenmeister, der Bürgermeister und, hinter drei Knaben in rotsammetner Pagentracht, mit Humpen und Pokalen schreitend, der Schützenkönig von Gotha in seinem Ornat, einem schweren Gehänge von silbernen Schildern, dann der Vorstand der Altschützengesellschaft, die Schützen derselben mit ihrer Fahne, ein drittes Musikkorps, die Männergesangvereine von Gotha, alle Festteilnehmer, die keine Schützen waren, und endlich eine Abteilung Kommunalgardeschützen. Zwischen den einzelnen Gruppen des Zuges

Eidgenössisches Schützenfest in Stans. (Einzug der Berner Schützengesellschaft.)

schritten Zugführer mit weiß-grünen Binden und Stäben, und weiß gekleidete Mädchen, die teils schwarz-rot-goldene, teils rot-weiße Schärpen trugen, begleiteten jede Fahne.

Das Fest währte bis zum 11. Juli. Die Geschicklichkeit der Schützen ließ noch vielen Hoffnungen und Wünschen für die Zukunft Raum. Besonders wollte das Schießen aus freier Hand noch nicht recht in Gang kommen.

Um so flotter ging es mit dem Schießen zu Stans in Nidwalden, wo dieses Jahr die Eidgenossen sich versammelt hatten. Der Halbkanton Nidwalden, welcher mit Obwalden den einen der drei Urkantone Unterwalden bildet, hatte die ihm zugedachte Ehre nicht ohne Sträuben angenommen: er fürchtete, durch den Empfang so vieler Gäste ruiniert zu werden. Die Bundesregierung indessen setzte es durch; Stans ist der Geburtsort Winkelrieds, des Helden, der sich bei Sempach geopfert hat, die Winkelriedfeier sollte mit dem eidgenössischen Schützenfest verbunden werden, und Nidwalden mußte, gleichviel ob gern oder ungern, sich gastlich zeigen.

Es machte, da es nun einmal nicht anders konnte, gute Miene zum bösen Spiel, baute für die Gaben eine Burg, für die Schützen eine Schießhütte, für alle Welt eine Speisehütte und erwartete dann am 29. Juni 1861 mit Ergebung in das Unvermeidliche die eidgenössische Schützenfahne.

Diese war auf der an allen Stationen bekränzten Bahn von Zürich nach Luzern, dort vom Bahnhof nach dem Schweizerhof, und von diesem nach dem festlich geschmückten Dampfschiffe geführt worden. Feldschützen geleiteten sie, und das Kadettenkorps durfte natürlich nicht fehlen. Auf dem nationalsten aller Schweizerseen, auf dem Vierwaldstädter, fuhr sie nun, als Schirmerin über den Fahnen der Kantone wehend, mit 1000 Schützen aus Zürich, Basel und dem Oberhasli nach Stansstad. Dort wurden sie begrüßt, als hätte man sie durchaus und um jeden Preis haben wollen, nicht als hätte man sich fast ein Jahr lang gegen ihr Erscheinen gewehrt. Weithin den See entlang standen die Landleute, Hüte und rot-weiße Fahnen wurden geschwungen, Hurrahs und Geschütze erklangen, das Dampfschiff antwortete mit seinen Kanonen. Die Ankommenden landeten, ein Dolmetscher für Nidwalden versprach in dessen Namen: es werde die Fahne treu bewahren. Auf dem Wege nach Stans wurde sie naß, indessen betrachtete man das weiter als kein Unglück, sondern legte dem Regen die Deutung unter: „die Fahne habe ihre Taufe von oben erhalten.“

Am 30. Juni, Sonntags, zogen die Urner ein, die sich den Nidwaldern, den Enkeln Winkelrieds gegenüber, als Söhne Tells geltend machten, ein Recht, das ihnen von jenen auch keineswegs bestritten wurde. Ihnen folgten am Vormittag noch die Aargauer, Waadtländer, Neuenburger und Solothurner, Nachmittags die St. Galler und Luzerner. Dann begann das Schießen, und zwar mit solchem ungemeinen Eifer, daß am 1. Juli Abends bereits 40,000 Kehrmarken und 600 Doppler gelöst waren, und 9 Becher im Feldkehr, sowie 18 im Standkehr verteilt wurden. Die Schweizer waren bereits eingeschossen, während die Deutschen sich erst einschießen mußten. Es ist eigentümlich, daß diese nationalen gemeinsamen Uebungen sich bei den verwandten germanischen Stämmen, wie z. B. den Schweizern und Vlamingen, um so viel früher entwickelt oder eigentlich nie aufgehört haben, während sie im eigentlichen Deutschland wieder ganz neu waren.

Zu den schon anwesenden Schützengesellschaften waren am 1. Juli noch die Berner mit ihrem Bären und die Schaffhäuser mit ihrem Widder gekommen, die Glarner hatten am 2. geschrieben, daß sie nicht kommen könnten. Den 3. Juli zählte man nicht weniger als 49 einzelne Gesellschaften, und die volle Zahl stieg bis auf 68. Doch waren sie, da immer wieder die oder jene abzog, nie vollständig beisammen.

Der 4. Juli galt als der schönste der Festtage. Es war ein herrliches Wetter, und eine Menge von Besuchern, besonders Damen aus Luzern, anwesend. Beim Festmahl sprach ein Engländer, und ein Nordamerikaner trank auf die Sympathie Nordamerikas für die Schweiz, wie am 7., dem zweiten Festsonntag, ein Bremer auf Freundschaft in Not und Tod zwischen der Schweiz und Bremen. Am 8. endlich kam ein Gruß der in Gotha versammelten Schützen. Die Antwort der Eidgenossen lautete: „Wir danken Euch, deutsche Schützenbrüder! Seid einig wie wir!“

Das Winkelried-Denkmal, welches einen Teil der Speisehütte zierte, war mehrmals beleuchtet worden. Am 8. Juli war der Vorabend der Winkelried-Feier, am 10., dem Tage, wo dieser Held die Speere faßte, um sie in seine Brust zu begraben, fand Nachmittags die Verteilung der Preise statt, und dann der Schlußzug nach Stans und der Besuch des Winkelried-Hauses auf der Höhe, wohin das Standbild kommen sollte.

Kaum aber war hier am Schweizer See der Jubel des Festes verhallt, so begann der eines neuen, und zwar abermals in Deutschschland, wenngleich dieses Mal nicht in Thüringen. Das Jahr war ungewöhnlich festreich, ein inneres Bedürfnis schien die Gemüter anzutreiben, sich in gemeinsamen Gefühlen und in gemeinsamen Freuden zu vereinigen. In Gotha hatte man sich zusammengefunden zur Ausübung einer echt männlichen Fertigkeit; in Nürnberg galt es, sich in einer echt deutschen Kunst, in der des Gesanges zu bewähren.

Deutschland ist gleich Italien als ein Land des Gesanges anerkannt. Wenn in Frankreich eine Deutsche sagen wollte, sie sänge nicht, man würde sie erstaunt ansehen und an ihrer Nationalität zweifeln. Kein deutscher Jüngling wurde vor 1870 ohne Pfeife, Mondscheinwehmut und Singen gedacht. Das deusche Wort „Lied“ ist französisch geworden. Der Chorgesang deutscher Männer ist mit ihnen nach England geschifft und in die neue Welt gezogen. Und in Deutschland selbst, wie ist die Liebe zum heimatlichen Gesange mächtig gewachsen! Mag es nun an Tafeln, in Kränzchen oder in Bünden sein, der Gesang wird geübt, das Lied geliebt. Bisher jedoch hatten nur immer einzelne Städte, höchstens einige Provinzen, gemeinschaftlich gesungen. Das Rheinland war bei Belgien, dieses beim Rhein zum liederreichen Besuch gewesen, ein allgemeines deutsches Sängerfest hatte es noch nicht gegeben, und eben das sollte im Juli in Nürnberg stattfinden.

Gewiß konnte der Ort zu einer solchen Festlichkeit nicht besser gewählt werden. Giebt es eine Stadt, die, wenn man sich so ausdrücken darf, gemütvoller deutsch wäre, so ganz und rein die vaterländischen Züge, den vaterländischen Ausdruck trägt, in der man es so durch und durch gleichsam körperlich fühlt, daß man auf deutschem Grund und Boden steht und geht, welche durch tausend goldene Ketten mit deutscher Kunst, deutscher Geschichte und deutscher Poesie so fest und so glänzend verbunden wird, wie das alte, herrliche, unvergleiche Nürnberg?

Auch hatte es liebevoll und freudeifrig sein Bestes gethan, um die deutschen Sänger so zu empfangen, daß sie die Tage dort nie vergessen sollten. Seine gewöhnlichen Volksfeste hält es auf der Rosenau ab; für diese ungewöhnliche Feier ließ es auf dem Maxfelde eine Festhalle bauen. Im gothischen Stil, für 15,000 Menschen berechnet, war sie im Innern in fünf Schiffe abgeteilt, von denen das mittelste, ganz frei, ohne jede Säule oder Stütze, einen wahrhaft großartigen Eindruck hervorbrachte. Die Tribüne gestattete an 5—6000 Sängern Raum zu freier Bewegung. Die schlanken Säulen, auf denen die Galerien und die Seitenschiffe ruhten, zeigten, mit Gewinden umschlungen, die Namen unserer bedeutendsten Dichter und Komponisten und die Wappen aller der Städte, welche Sänger zum Feste senden wollten. Das Licht fiel durch bunte Fenster, in denen gemaltes Oelpapier das Glas vertrat. Des Abends erfüllten vier gewaltige Gaskronleuchter und zahllose einzelne Flammen das ganze Gebäude mit blendender Helle. In der Mitte des Zuhörerraumes plätscherte während der Pausen zwischen den Gesängen aus Blumen empor erfrischend ein Springbrunnen. Die Fahnen der Sänger sollten oben auf der mittelsten Galerie, die Sänger selbst in allen Häusern Nürnbergs Unterkommen finden.

Vom 20. Juli früh an wurden sie auf dem Bahnhofe erwartet. Gegen 300 Bürger hatten sich erboten, sie nach dem Rathause zu geleiten. Diese Führer trugen Stäbe mit Schildern, auf deren jedem der Name der Städte stand, aus denen Sänger angemeldet waren. Unter den heimatlichen Namen las man auch diejenigen von London, Hermannstadt, Konstantinopel u. a. Der Bahnhof war mit den Wappen der deutschen Lande verziert, von der Decke herab fielen Guirlanden und Kränze, an denen Blumenampeln hingen, und hoch über all dem duftenden und farbigen Glanz wehte die deutsche Fahne.

Auch von den Dächern der Häuser wehte sie, gemeinschaftlich mit der blau-weißen, bis tief in die laub- und blumengeschmückten Straßen hinab, und das Sängerzeichen, welches auf dem Rathause durch die Herren des Festausschusses an die ankommenden Sänger verteilt wurde, bestand aus einer schwarz-rot-goldenen Schleife, auf welcher das Stadtwappen in Metall sich über einem rot-weißen Bändchen befand, das die Stadtfarben vertrat. Zugleich mit dieser Schleife empfing jeder Sänger ein künstlerisch ausgestattetes Quartierbillet mit den Worten: „Herr .... findet gastliche Aufnahme bei Herrn ....“

Schon das alte Frauenthor hatte den Sängern gastliche Aufnahme verheißen, denn über ihm stand der Spruch:

Von ihrer Zinnen Höhen, von ihrer Türme Kranz
Begrüßt die Stadt, die alte, des heut'gen Tages Glanz;
Der Feste sah ich viele, ein solches nimmermehr:
Zieh' ein in ihre Mauern du fröhliches Sängerheer.

Und diese Aufforderung trog nicht, ebenso wenig wie die Verheißung des Quartierbillets. Ein Sänger mochte treten, in welches Haus er wollte, überall war er wie daheim. An 5000 Sänger waren angemeldet worden, fast 6000 kamen, aber für alle war Platz und Willkommen da.

Den ganzen Tag hindurch währte das Einrücken der neuankommenden Züge, und noch waren nicht alle angelangt, als gegen Abend sieben Uhr sich vom Rathause der erste allgemeine Zug nach der Festhalle in Bewegung setzte, wo zuerst von den Nürnberger Gesangvereinen das Lied, welches die Sänger willkommen hieß, vorgetragen und dann vom Vorstande des Sängerausschusses eine Ansprache an die ganze Versammlung gehalten wurde. Hierauf folgten Einzelvorträge, in den Pausen teilte der Vorstand telegraphische Begrüßungen mit, die aus Rußland, Belgien und vielen deutschen Städten angekommen waren, von den Deutschen in Bern traf ein prachtvoller silberner Pokal ein, mit der Bestimmung, er solle demjenigen Vereine zu Teil werden, dessen Leistung als die beste anerkannt worden sei, und gegen Mitternacht schloß das „Vaterland“ des Vater Arndt die Vorfeier der eigentlichen Festtage.

Am 21. Juli Nachmittags fand die erste große Gesamtaufführung statt, welcher natürlich nur eine einzige Probe hatte vorausgehen können. Trotzdem übertraf sie alle Erwartungen.

Nach dem Konzert eilte indessen doch Jedermann, die glänzende Festhalle zu verlassen, denn alles war müde von Bewunderung, Begeisterung und Hitze. Zum Glück gewährte die köstliche Abendluft Erfrischung, und bei der Menge der Schankstätten, welche überall unter dem Schatten prächtiger Bäume errichtet waren, brauchte kein Durstiger umsonst nach dem vortrefflichen Nürnberger Bier zu schmachten.

Für den Abend wurde das riesige Parterre der Festhalle auf eine, der Geselligkeit höchst günstige Weise, zu einem umfassenden Schanklokal umgewandelt, indem man von drei Bänken immer die mittelste in die Höhe schraubte und so zu einem Tische machte. An diesen temporären Tischen wurden nun die Städte- und Vereinsschilder befestigt, und dadurch den Mitgliedern der verschiedenen Gesellschaften angedeutet, wo sie sich zu versammeln hätten, um sich in dem festlichen Wirrwarr wiederzufinden.

Doch geschah das eben nur zeitweis, denn von Absonderung konnte hier natürlich keine Rede sein. Vielmehr vermischte sich Alles, Fern und Nah, Bekanntes und Unbekanntes, Süden und Norden. In vollen Zügen wurde zugleich mit dem kühlen Getränk, welches die unter dem Sängerpodium angebrachten Schenktische reichlich darboten, die neue Brüderlichkeit wie etwas Neues und Ungewohntes genossen, wovon man noch keinen ganz klaren politischen Begriff hatte, aber im Gemüt eine erhebende und berauschende Wirkung empfand.

In den Einzelvorträgen, welche um 9 Uhr wieder begannen,

zeichneten sich hauptsächlich die Wiener und nach ihnen die Innsbrucker Sänger aus.

Telegraphische Sympathiebezeigungen liefen auch an diesem Abend vielfach ein, unter andern Orten aus Aarau, Rostock, Judenburg, Paris und New-York. Erst lange nach Mitternacht wurde aufgebrochen, erst gegen Morgen langte man in der Stadt an.

Der zweite Festtag war zu dem großen, feierlichen Sängerzuge bestimmt, welcher durch die Straßen und über die Plätze der Stadt gehen sollte.

Er begann auf dem Kornmarkt, wo die ganze Masse der Sänger sich dieses Mal vollzählig eingefunden hatte. Mehr als 6000 Sänger bildeten ihn, die in 260 Vereine eingeteilt waren und 240 Fahnen hatten. Die Vereine folgten genau nach alphabetischer Reihe ihrer Heimatstädte. Das vorausgetragene Schild machte einen Jeden kenntlich. Sechs starke Musikchöre befanden sich im Zuge, dem voran das Tags zuvor enthüllte Festbanner Nürnbergs mit der Germania wehte. Festlich geschmückte Bürger begleiteten jede Abteilung, und sorgten vereint mit den Nürnberger Turnern für Aufrechterhaltung der Ordnung.

Wenn der Zug einzig in seiner Art genannt werden konnte, so hatte Nürnberg sich seiner würdig geschmückt. Außer der Kranz- und Fahnenzier in allen seinen Straßen zeigte es seine Koketterie noch besonders durch den passenden Festschmuck seiner einzelnen berühmten Häuser. Herrliche Bilder prangten an allen, an denen von Albrecht Dürer, Hans Sachs, Veit Stoß, Adam Krafft, Behaim und Pirkheimer. Dasjenige Peter Vischers wurde durch eine schöne Arbeit in Hautrelief bemerkbar. An dem der Patrizierfamilie Scheurl, in der Burggasse, wo Kaiser Maximilian I. mehrmals gewohnt, war sein Eintritt in dasselbe dargestellt, an dem Rieter'schen auf dem Herrenmarkte ein hier unter Kaiser Friedrich III. abgehaltenes Turnier.

Aus allen diesen festlich gezierten Häusern nun regnete es zwei Stunden lang Blumen und Kränze auf die Sänger herab. Förmlich erschöpft von dem Enthusiasmus des Publikums und ihren eigenen Gefühlen langten sie in der Festhalle an, wo um 4 Uhr die zweite Gesamtaufführung begann. Nach dieser war sowohl Sängern wie Zuhörern die Erholung im Freien dringend nötig und höchst erwünscht.

Den nächsten Morgen zog man abermals ins Freie, und zwar nach dem etwa ¾ Stunde entfernten Walde am Duzendteiche. Auf dem Rathaussaale versammelten sich am Nachmittag die Vereinsvorstände und setzten fest, die nächste allgemeine Sängerversammlung solle nach 5 Jahren in Frankfurt a. M. stattfinden. Am Abend vereinte die Festhalle zum letzten Male die Sänger. Mehr als eine Dankrede wurde gehalten, der Berner Pokal den Wienern zuerkannt, dann gemeinschaftlich Mendelssohn's „Abschied vom Walde" angestimmt. Das „Lebewohl", welches darin klingt, galt auch dem Feste; es endete an demselben Tage, wo in Remagen am Rhein die ersten Pilgerzüge zu Ehren des heiligen Apollinarius eintrafen. Denn mit der Vigilie seines Festes, am 22. Juli, beginnt die am ganzen Niederrhein berühmte vierzehntägige Andacht, welche namentlich seit dem vom Papst Pius IX. am 10 Mai 1859 erteilten Ablaß unzählige Wallfahrer von Nah und Fern, einzeln und in Prozessionen, in die kleine, ganz im gotischen Styl restaurierte Kirche herbeizieht, die für die älteste des Rheinlandes gehalten wird. Einen schönen Anblick gewährt es alsdann, wenn mehrere Prozessionen zugleich in Kähnen, mit Fahnen, und Heiligenbildern, singend und betend auf dem Rhein dahinfahren und dann die steile Höhe hinaufsteigen, welche die Kirche krönt. Wer an der fallenden Sucht leidet, läßt sich mit dem Haupt des Heiligen berühren, und sammelt, ist es irgend möglich, so viel Aehren, als er schwer ist, um sie als Opfer darzubringen. Nach verrichtetem Gebete giebt man sich dem Vergnügen hin, tanzt oder belustigt sich auf dem Jahrmarkt, der während dieser Zeit in Remagen abgehalten wird.

Am besuchtesten ist die Apollinariuskirche an Jakobi und am Annatag, den beiden Festtagen, welche in die Andachtszeit fallen, und am Rhein nicht weniger gefeiert werden, als in Oesterreich, Süddeutschland und den Alpen.

Der Apostel Jakob, zum Unterschied vom jüngeren Jakob, dessen Gedächtnis am 1. Mai begangen wird, der Aeltere genannt, war ein Sohn des Zebedäus und ein Bruder Johannis des Evangelisten, und zugleich der erste Apostel, welcher den Märtyrertod starb. Die Kirche verehrte ihn Anfangs mit den übrigen Aposteln gemeinschaftlich, bis sie im neunten Jahrhundert ein besonderes Fest für ihn anordnete und den 25. Juli dazu bestimmte. Da es in die Ernte fällt, wurde es früher häufig „Jakobstag im Schnitt" oder „in der Ernte" genannt, und die mannichfachen Gebräuche und Meinungen, welche an diesem Tage haften, lassen vermuten, daß derselbe schon in vorchristlicher Zeit von hoher Bedeutung gewesen sei.

Regnet es am St. Jakobstage, so sollen die Eicheln verderben; stehen aber bei Sonnenschein weiße Wölkchen am Himmel, so sagt man, der Schnee blühe für nächsten Winter. Wird der Weißkohl nicht vor St. Jakob gehackt, bekommt er nicht viel Häupter, und wenn auf

17*

der Rabenau bei Gießen die Frauen an Jakobi das erste Gemüse holen, so klopfen sie dabei an eine große Kopfkohlpflanze und sprechen:

Jokkobb!
Dekkobb!
Hoeber wäi mein Kobb!
Blerrer wäi mein Scherze!
Strink wäi mein Boen!

(Jakob! Dickkopf! Häupter wie mein Kopf! Blätter wie meine Schürze! Strünke wie mein Bein!)

In Thüringen holt man am St. Jakobstage die sogenannten Joksbeeren (Jakobsbeeren), schwarze Beeren, welche gut gegen allerlei Krankheiten sind, und in Schwaben pflegt man an diesem Tage die weißblühende Wegwart zu schneiden, deren Wurzel für sehr heilkräftig gilt.

Bei dem Feste des heil. Jakob auf Hohenberg bei Ellwangen, wo er als Patron der Kirche verehrt wird, sieht man genau zu, wie hoch das Wasser in dem an der Kirchhofsmauer befindlichen tiefen Brunnen steht. Ist es sehr weit unten, so kommt ein teures Jahr; ist es aber hoch und der Brunnen so voll; daß man fast mit der Hand Wasser daraus schöpfen kann, so giebts eine gute Ernte, und Alles wird billig. Ebenso sieht man es gern, wenn nicht alles bei dem Feste ausgestellte Brod verkauft wird, sondern noch Etwas davon übrig bleibt, indem man daraus gleichfalls auf ein wohlfeiles Jahr schließt.

Da zu Jakobi in Schwaben die Dienstzeit der Mägde angeht, und sie wandern, so ist an diesem Tage fast überall in den Wirtshäusern Musik und Tanz. Im Egerlande sind es nur die Hütbuben und Kuhmägde, welche den Jakobstag feiern, wo sie von aller Arbeit frei sind und die Knechte und Mägde für sie das Vieh hüten müssen, und im Lungau ist Jakobi der größte Festtag des Sommers, welcher von den Sendinnen oder Sennerinnen mit freudiger Ungeduld erwartet wird. Denn sobald der Winter nach den höchsten Firsten der Alpen und in den Schoß der Gletscher zurückweicht, bezieht die Sendin ihre Sennhütte oder Schwaige, bekanntlich ein kleines hölzernes Blockhaus, wo die Thür zugleich auch Schornstein und Fenster ist. Da wacht und schläft sie in dem einen Raume, der zugleich als Küche dient, und lebt nun mutterseelenallein in der Höhe, singt und jodelt beim Melken, oder wenn sie mit Lebensgefahr Futter von steilen Plätzen holt, wo das Vieh nicht weiden kann, und nur des Abends, wenn alle Arbeit gethan, kommen ihrer mehrere aus den Schwaigen in der Nähe bei einem Kreuze oder Heiligenbilde zusammen, um gemeinschaftlich zu beten. Am Jakobs- oder Annatage aber wird es lebhaft in den Schwaigen. Da steigen die Burschen in Festtagskleidern hinauf bis zu den höchsten Almen, um die Sendinnen zu besuchen, wobei sie von diesen reichlich bewirtet werden, und selbst die schlechteste Witterung ist nicht im Stande, sie von dieser Gewohnheit, welche Jaggosen (Jakobsen) heißt, abzuhalten.

Als noch die Pinzgauer alle Händel, welche Leichtsinn, Uebermut, Zorn und Rachgefühl während des Jahres unter ihnen angestiftet hatten, durch Ringkämpfe schlichteten, bei denen die Greise, Frauen, Jünglinge und Mädchen die Zuschauer und Kampfrichter abgaben, war der Jakobstag zur ersten Versammlung und zwar auf dem Hundsstein bestimmt, während die zweite am Laurentiustage und die dritte 14 Tage vor Michaeli auf der Schläberstädte im Brixenthal stattfand.

Im Berner Oberlande lodern, sobald die Abenddämmerung des Jakobstages anbricht, auf allen Höhen und Felsgraten Feuer auf, um welche die Aelpler und Hirtenjungen herumtanzen. Wo man am Tage nur nackt emporstarrende Felswände sah, erblickt man in der Nacht hoch aufschlagende Flammen, und sogar auf Alpengipfel, die weit über die Region des Holzwuchses emporragen, werden mit solchem Eifer Brennmaterialen hinaufgeschafft, daß große Feuer stundenlang unterhalten werden können. Die gewöhnliche Angabe des Volkes setzt diese Feuer jetzt auf Rechnung der Schlacht bei Vilmergen, aber aller Wahrscheinlichkeit nach reichen sie höher hinauf, als bis zum Jahre 1713, und die in Böhmen noch hier und da übliche Sitte, am Jakobstage einen Ziegenbock von einem Felsen, Turme oder Dache herabzustürzen, dient zur Bekräftigung der Vermutung, daß die Feuer, wie die Tänze Reste eines alten Opferfestes sind.

An vielen Orten Böhmens, wie in Reichenberg, stürzte man nämlich an diesem Tage einen schöngeputzten Ziegenbock vom obersten Fenster eines Hauses herab, und das Blut desselben galt für sehr wirksam. Es wurde aufgefangen, getrocknet und sorgfältig aufgehoben, um es gegen innere, durch das Heben zu schwerer Lasten veranlaßte Schäden, gegen Blutspucken u. dergl. anzuwenden. Warm ward es von den mit der Fallsucht oder dem „Jammer“ Behafteten getrunken, und wenn auch dieser Brauch, der sich auf manchen Dörfern bis zum heutigen Tage erhalten hat, westslavischen Ursprungs zu sein scheint, so herrscht doch zwischen den Festen der Böhmen slavischen und germanischen Stammes eine solche Uebereinstimmung, daß man oft nicht weiß, was die Einen von den Andern angenommen haben, oder was Beiden gemeinsam war. Da nun der Ziegenbock ebensowohl dem slavischen, wie dem germanischen Donnergotte geheiligt war, so kann man mit Recht daraus schließen, daß das Opferfest, dessen Spuren sich in den Gebräuchen des Jakobitages erkennen lassen, zu Ehren Donar's begangen wurde. Wie man in vedischer Zeit glaubte, daß um die Zeit der Hundstage der Gewittergott das Feuer der verderblich werdenden Sonne verlösche und dieselbe dann wieder mit dem Blitzstrahl entzünde, so mag man auch Donar in ähnlicher Weise thätig gedacht und ihm deshalb ein Opfer gebracht haben. Die Feier der Sonnenwende lag indessen zu nah, um nicht später die meisten Zeremonien dieses Festes auf sie zu übertragen, und so blieben blos die wenigen Reste übrig, welche am Jakobstage einen passenden Grund zum Fortbestand fanden. War der Apostel durch seine Feinde von der Zinne des Tempels herabgestürzt worden, so warf man jetzt, zur Erinnerung daran, einen Bock herab, um zugleich sinnbildlich alle Gemeinschaft mit der Sünde oder dem Bösen, welcher in Bocksgestalt auftritt, von sich abzuweisen. Die Person des Gottes selbst ging auf die des heil. Christophorus über, dessen Gedächtnißtag ebenfalls am 25. Juli gefeiert wird. Wie Donar durch tiefe Ströme watend den Oervandil auf seinen Schultern trug, wie er als Gott die Menschen an Größe überragte, so stellte man den Heiligen als Träger Christi und als Riesen dar. Auch das rote Haar und fürchterliche Ansehen Christoph's erinnert an den deutschen Gott, und obgleich im Leben dieses Heiligen Nichts an Gewitter mahnt, machte ihn das Volk doch bald zum Patron gegen Unwetter und Hagelschlag, und übertrug ihm Donar's Gewalt über den Tod. Da man wähnte, daß der Anblick seines Bildes allein genügte, um den Tag über vor unerwartetem, plötzlichem Tode zu schützen, so wurde es namentlich im südlichen Deutschland häufig am Eingang oder an den Außenwänden der Kirchen gemalt, und die Geistlichkeit ließ die ganze Darstellung zu als einen Ruf an die Gläubigen, gleich dem Heiligen Christus im Herzen zu tragen.

Daß Christophorus auch bei Geisterbeschwörungen angerufen worden, geht aus dem Namen Kreschtoffelsböjelchen hervor, mit dem in Köln die Büchelchen bezeichnet wurden, welche Beschwörungsformeln enthielten. Auch ein Christoffelsgebet war bekannt, und man könnte beinah versucht werden, zu glauben, daß sich die Jakobifeier eigentlich auf den Tag des heil. Christophorus bezöge, und blos der Name dieses Heiligen dem des als Apostel höher stehenden Jakob gewichen sei. Wenigstens lassen die Hahnentänze, welche regelmäßig am

Jakobitage in Teinach statt finden, nicht weniger an die Hahnenopfer denken, die man dem heil. Christophorus gleich Donar zu bringen pflegte, wie die meisten übrigen Gebräuche dieses Tages, welche sich auf den Gewittergott beziehen. Nur die in England bestehende Gewohnheit, am Jakobstage alten Stils die ersten Austern zu essen, geht auf den Apostel selbst, der in den Legenden als erster Pilgrim mit Stab und Muschel dargestellt wird.

Die heilige Anna, die Mutter der Jungfrau Maria, deren Gedächtnistag auf den 26. Juli fällt, wird als Patronin der Ehefrauen hochverehrt, und ihr Name ist, besonders in Oesterreich, fast ebenso verbreitet beim weiblichen Geschlecht, wie Johann beim männlichen. Früher pflegte man an jedem Dienstag, als an ihrem Geburtstag, eine Kerze anzuzünden und die üblichen Annagebete zu sprechen, und an vielen Orten hat sich diese Sitte bis jetzt erhalten. Auch die Zahl der Annabilder, welche für wunderthätig gelten, ist sehr bedeutend, und die Sage erzählt, es seien stets furchtbare Gewitter am Annatag entstanden, wenn derselbe nicht gehörig geheiligt worden.

An der Elbe wurde die heil. Anna als Nothelferin in Wassersgefahren angerufen, und in Torgau mußten alle Schiffe, welche die Brücke passierten, dafür, daß in der unterhalb der Elbbrücke befindlichen, von Franziskanermönchen bedienten St. Annakapelle für sie um Abwendung jeglicher Gefahr gebetet wurde, eine besondere Gebühr entrichten.

Nach dem Eingehen dieser Kapelle und seit der Einführung der Reformation war daher an jedem Sonn- und Festtag in der Pfarrkirche nach der Predigt des Vormittagsgottesdienstes neben dem allgemeinen Kirchengebete ein besonderes Gebet für die Schifffahrt vorgeschrieben, wofür der Pfarrer alljährlich eine bestimmte Gebühr von den Torgauer Schiffsherren erhielt. Dies Gebet erhielt sich, nachdem die Entrichtung der Gebühr schon längst aufgehört hatte, bis auf die neueste Zeit, und zwar bis zur Einführung der neuen Agende.

Da Christus mit der Sonne und dem Golde, Maria mit dem Mond und dem Silber verglichen wird, und Anna deshalb gleichsam als Mutter des Silbers angenommen werden kann, so gilt sie auch als Schutzheilige der Bergwerke, und in einigen Bergstädten wird ihr Festtag ebenso feierlich begangen, wie in anderen der des heil. Prokop, welchen namentlich die Bergleute in Gutwasser, Birkenberg und Pilsen in Böhmen als Patron verehren. Die Messe wird mit Musik gehalten, die gesammte Bergknappschaft in ihrer Feiertagstracht wohnt ihr bei, und zieht dann in Prozession, wie sie gekommen, auf ihren Sammelplatz zurück, worauf ein Festmahl und ein Ball den Tag beschließt.

Nicht minder fröhlich geht es am Annatag in Vlämisch-Belgien zu, wo die Nähterinnen und Spitzenklöpplerinnen die heil. Anna zu ihrer Patronin erwählt haben, und ihr Fest durch Ausflüge in die Umgegend feiern. Das ganze Jahr hindurch wird in den Näh- und Spitzenklöppelschulen von jeder Schülerin eine wöchentliche kleine Einlage gegeben, um die Kosten für diesen Tag leichter bestreiten zu können,

Bergwerksfest.

und im Limburg'schen, wo selbst Vornehme ihre Töchter in die Werkstätten der Schneiderinnen schicken, um sie im Nähen unterrichten zu lassen, hat man die Einrichtung getroffen, für jede Vergeßlichkeit und jedes Versehen, wie das Zerbrechen oder Fallenlassen von Utensilien u. dergl., Geldstrafen festzusetzen, deren Erlös am Patronstage gemeinschaftlich verzehrt wird.

Gewöhnlich fährt man des Morgens in großen offenen Stellwagen, die mit Kränzen und Laubgewinden geschmückt sind, reichbeladen mit Vorräten aller Art, unter Musikbegleitung und Gesang hinaus auf einen benachbarten Ort, um dort den ganzen Tag lustig im Freien zu verleben.

In Oesterreich finden zu Ehren der zahlreichen „Aennchen", welche am Annafeste ihren Namenstag feiern, überall Bälle und Konzerte statt, die fast regelmäßig mit Illuminationen und Feuerwerken endigen, und in manchen Provinzen, wie in Kärnten, sind zu Geschenken Sträuße aus roten Nelken, roten Rosen und sogenannten Schleierblumen üblich, welche unter dem Namen Annasträuße auf den Straßen feilgeboten werden.

Auch in England kommen bis zum heutigen Tage auf dem St. Ann's hill, dem St. Annenhügel, am Abend des Annatages, altem Herkommen gemäß, die jungen Leute aus der ganzen Umgegend zusammen, um sich zu vergnügen, und in Newbury in Berkshire wird noch alljährlich am Montag nach dem St. Anne's day die humoristische Wahl eines Mayor of Bartlemass vorgenommen.

Man versammelt sich dazu in einem Wirtshaus, dem Bull and Dog public-house, wo man ein Mittagsmahl verzehrt, das bacon and bean feast, Schinken- und Bohnenschmaus, genannt wird, weil Schinken und Bohnen die Hauptgerichte desselben ausmachen. Im Laufe des Tages wird ein feierlicher Umzug gehalten, bei welchem statt des Schwertes ein auf eine Stange gesteckter Kohlkopf, und so ähnliche Dinge für die andern Embleme der Mayorwürde herumgetragen werden. Natürlich wird die Prozession von der abscheulichsten Musik begleitet.

Zu gleicher Zeit wählt man auch einen Gerichtshof und einige andere Beamte, und der Rest des Tages wird unter Scherzen und Lachen hingebracht.

Ernsthafter als diese Mayorfahrt war der Zug, welcher früher am Festtag der heil. Anna in Friedingen die Wanderung der zwölf Apostel mit dem Heiland an der Spitze darstellte. Die ganze heilige Schaar fuhr auf einem Leiterwagen zu der Kapelle, die vor dem Städtchen jenseits der Donau liegt, und führte unterwegs allerlei biblische Szenen auf.

Dagegen giebt der Montag nach Jakobi wiederum zu mancherlei heiteren Festlichkeiten Anlaß: Die Sensenschmiede in Kärnten, welche eine äußerst zahlreiche Genossenschaft bilden, haben ihn zur Abhaltung ihres Jahrestages bestimmt, an dem sie nach Beendigung des Gottesdienstes Nichts thun, als essen, tanzen und trinken, und in Erfurt findet an ihm eins der Hauptvolksfeste statt, welches der grüne Montag heißt.

Der Ursprung dieses Festes, das noch jetzt von Alt und Jung mit fröhlichem Jubel gefeiert wird, schreibt sich aus den Zeiten der republikanischen Verfassung Erfurt's her, wo aus den sogenannten fünf großen Handwerkern, den Tuchmachern, Fleischhauern, Kürschnern, Schmieden und Gerbern oder Löbern, Ratsmeister gewählt wurden, die an der Führung der Gemeindeverwaltung Teil nahmen. Die übrigen Handwerker feierten den Tag zur Gesellschaft mit, und besonders die Schuhmacher pflegen noch immer nicht nur ihre Läden mit grünen Zweigen und Büschen auszuschmücken, sondern auch am Eingang der Schuhgasse einen mit Blumengewinden und Kränzen verzierten Ehrenbogen zu errichten.

Gegen Mittag, zumal wenn die Witterung den Tag begünstigt, zieht die halbe Bevölkerung Erfurt's in buntem, fröhlichem Gemisch hinaus zum nahen Steigerwald, an dessen Saume und in dessen schattigen Gängen sich alles lagert und der Freude und dem Frohsinn überläßt. Das Echo des Waldes hallt von den Jubelgesängen wieder, welche beim Klang der Becher überall ertönen, und erst wenn die letzten Strahlen der sinkenden Sonne an den hohen Wipfeln der alten Eichen des Steigerwaldes verglimmen und drüben in der Stadt die Abendglocke läutet, verschwindet allmählich das Gewühl unter den Bäumen, und am Saume des Waldes wird es leer. Die Wege und Pfade nach der Stadt sind dann wie bedeckt mit Schaaren von Menschen, welche sich noch zu Hause im Familienkreise mit Vergnügen der heitern Stunden erinnern, die ihnen der grüne Montag gebracht hat.

Bis Ende des vorigen Jahrhunderts ward dieser Tag bei Weitem festlicher begangen, wie uns ein Augenzeuge aus dem Jahre 1786 berichtet. Schon um 9 Uhr früh zogen die „mit dem Hammer arbeitenden und unter dem heiligen Stabe stehenden“ Handwerker in blauen, mit Tressen besetzten Mänteln zu dem weltlichen Gerichte, um ihre Obermeister allda bestätigen zu lassen. Sobald sie vor die Versammlung gekommen waren, hielt der Obermeister an den präsidierenden Stadtschultheißen folgende Anrede: „Das Handwerk derer .... bittet Kurfürstliche hochlöbliche weltliche Gerichte, nach alter Gewohnheit, ihren neuen Obermeister zu bestätigen, den alten aber seines Amtes zu entlassen.“ Der Schultheiß antwortete hierauf: „Kurfürstliche weltliche Gerichte finden hierin kein Bedenken; wenn vorher der neue Obermeister durch das gewöhnliche Jurament bestätigt sein wird, welches der Herr Sekretarius ihm gleich verlesen wird.“ Unterdessen hatte der

Handwerksdiener die Handwerksordnung und den Stab herbeigeholt, die vor den Schultheiß hingelegt wurden, und nun begann der Sekretär den Eid vorzulesen, welcher also lautete: „Nach alter Gewohnheit sollet Ihr geloben und schwören, dem Handwerk treulich vorzusein und das Handwerk bei altem Herkommen bleiben zu lassen und also zu richten und zu schlichten um eine halbe Mark (bei den Schmieden: eine ganze), darunter und nicht darüber, den Reichen wie den Armen, weder um Gunst noch Gabe, oder Freundschaft und Feindschaft, und daß Ihr anders nicht richten wollt, als wenn Euch Euer Gewissen weiset, recht zu thun. Solches sollet Ihr geloben und darauf schwören."

Nach Leistung dieses Eides ward der alte Obermeister seines Dienstes entbunden, der neue aber in Kurfürstlichem Namen bestätigt und das Handwerk mit Stab und Ordnung versehen. Dann zogen die Altmeister, welche sämmtlich schwarze Mäntel trugen, in ein kleines Gäßchen, das ganz mit Gras bestreut war und an dessen äußerstem Ende ein mit Blumen geschmückter Stuhl stand. Auf diesen setzte sich der Obermeister mit einem szepterähnlichen Stabe in der Hand, worauf ein Altmeister ihn fragte: „Meister, ich frage Ihn vonwegen des Handwerks, ob er uns will bei unsern alten Rechten und Gewohnheiten lassen?"

Die Antwort war: „Ja, soweit wir die Befugnis dazu haben;" eine zweite Frage: „Meister, ich frage Ihn zum andern Male, da die Stunde verflossen, ob ich den Kompanen rufen soll, um Gericht zu halten?" wurde ebenfalls bejaht, und nun kam ein Kompan herbei, mit dem der Obermeister eine lange Unterredung hielt. Bevor dieselbe jedoch anfing, leisteten die Meister dem Obermeister ein Handgelöbnis, und zum Schlusse der Zeremonie rief der Meister, welcher die Fragen gethan, nochmals aus: wenn Jemand wäre, der etwas zu klagen hätte, der sollte sich melden, so lange der Obermeister mit seinem heiligen Stabe noch säße. Dann ward in der Regel geantwortet: man habe wohl etwas zu klagen, wolle es aber sparen, bis man zur Behausung des Obermeisters gekommen, und die Versammlung brach auf, um sich auf die Herberge zu begeben.

Fast um dieselbe Zeit, wie der grüne Montag in Erfurt, gewöhnlich am 28. Juli, wird das berühmte Hussiten- oder Kirschenfest in Naumburg gefeiert, welches wie der Name sagt, aus dem Hussitenkriege herrühren soll.

Einer allgemein verbreiteten Erzählung gemäß zogen nämlich die Hussiten unter ihrem Anführer Prokop nach der Einnahme und Zerstörung Altenburg's bei Zeitz vorüber nach Naumburg, wo sie auf einer Anhöhe ihr Lager aufschlugen. Alle Einwohner der benachbarten Städte und Dörfer waren geflohen, in Zeitz außer der Besatzung des bischöflichen Schlosses kaum noch zwanzig Menschen zurückgeblieben, Naumburg aber, das damals ziemlich stark befestigt war, hatte beschlossen, sich tapfer zu wehren. Wütend darüber, daß diese Stadt seiner Macht trotzen wollte, schickte Prokop zwei gefangene Bauern mit einem Zettel zu den Bürgern, um ihnen kund zu thun: er werde Naumburg mit Feuer und Schwert verheeren und keines Einwohners schonen. Da der Hunger bereits zu wüten anfing, und die Einwohnerschaft einsah, sie würde trotz des Mutes, mit dem sie schon manchen Sturm abgeschlagen, keine lange Belagerung aushalten können, faßte sie den Entschluß, eine Gesandtschaft an den feindlichen Heerführer zu schicken und ihm die Uebergabe der Stadt anbieten zu lassen, wenn er Verzeihung und Milde verheißen wollte. Umsonst, Prokop wiederholte seine Drohung und schwor: es sollte, wenn er in die Stadt käme, kein Stein auf dem andern bleiben und selbst des Säuglings nicht geschont werden. Die ganze Bürgerschaft zog hinaus und bat fußfällig um Gnade, die Geistlichkeit, das Zeichen des heil. Kreuzes vor sich hertragend, beschwor ihn im Namen Jesu, die Stadt nicht zu verderben — kein Erbarmen, nur einen halben Tag Aufschub gewährte er den Flehenden. Da machte ein Schlosser, Namens Wilhelm Wolf, welcher damals in Naumburg das Amt eines Viertelmeisters verwaltete und seiner witzigen Einfälle wegen bei Jedermann, besonders aber in den Klöstern der Stadt wohlgelitten war, den Vorschlag, die Eltern sollten ihre Kinder in das Hussitenlager schicken, um durch ihren Anblick das Herz des grausamen Heerführers zu erweichen und durch ihre inständigen Bitten Gnade zu erlangen. Durch die Not gedrängt, willigten die Mütter unter Klagen und Thränen ein, zogen ihren Kindern weiße, mit schwarzen Bändern besetzte Kleider an und brachten sie auf den Markt, wo sie sich versammeln sollten. Es waren 238 Knaben und 321 Mädchen, welche unter Anführung des Viertelmeisters Wolf paarweis zur Stadt hinausgingen, während die Mütter in Verzweiflung auf der Stadtmauer standen, um ihren Lieblingen wenigstens mit den Blicken bis zum feindlichen Lager folgen zu können. Zweihundert Bürger-Büchsenschützen mußten vor dem Jakobsthore am Schießanger halten und die Kinder vorbeilassen, und sollten so lange draußen bleiben, bis diese angekommen wären, denn viele Kinder hatten Furcht und wollten nicht vorwärts. Man hatte ihnen eingeprägt, sie sollten, sobald sie in's Lager kämen, ein jämmerliches Geschrei erheben, weinen, die Hände zum Himmel emporstrecken, niederknieen und „Gnade!

Gnade!“ rufen, und nicht eher aufhören, als bis sie sehen würden, daß man ihnen freundlich zurede; wenn aber die Hussiten unerbittlich blieben, sollten sie ihre Schleier und Halstücher freiwillig abnehmen und ihre Köpfe hinhalten, um so die Henker zu rühren. Sie gelangten glücklich in's Lager, wo sie von Offizieren vor das Zelt Prokop's geführt wurden. Prokop stand vor demselben und wußte Anfangs nicht, was der Zug bedeuten sollte; als aber die Kinder der erhaltenen Weisagung gemäß weinten, schrieen, niederfielen und „Gnade!“ riefen befahl er ihnen, still zu sein und aufzustehen. Dann beratschlagte er sich mit den übrigen Befehlshabern in seinem Zelte, und gab, als er wieder herauskam, den Kindern die Versicherung, es sollte ihnen kein Leid widerfahren. Zugleich ließ er die in seinem Lager befindlichen Musikanten kommen, um den Kindern zum Tanz aufzuspielen, und da diese aus Furcht nicht tanzen wollten, Kirschen, Birnen, Schoten und Wein bringen, um sie dadurch dreister zu macheu. Das half, und bald sprangen sie munter um die Sessel herum, auf denen Prokop und seine Befehlshaber mitten unter der Kinderschaar Platz genommen hatten. Abends um 7 Uhr hieß er die Kinder, still in die Stadt zurückzuziehen und an den Thoren zu verkünden, er wolle die Bürgerschaft begnadigen, mit seiner Armee abziehen und Naumburg auch nicht ein Huhn nehmen lassen.

Dies geschah am 28. Juli 1432, und am nächsten Morgen um 3 Uhr war das Lager abgebrochen und nichts mehr von den Hussiten zu sehen.

Aus Freude über diese unverhoffte Rettung beschloß man in Naumburg, jährlich den 28. Juli feierlich zu begehen. Die Kinder sollten zum ewigen Andenken ihrer That alle Jahre an den Ort ziehen, wo das Lager der Hussiten gestanden, und dort in eigens dazu errichteten Hütten mit Obst, Bier und Wein erfrischt werden, dann ein nahe bei der Stadt liegendes Schotenfeld ganz abpflücken und des Abends ihren Rückzug mit klingendem Spiele, mit grünen Zweigen in der Hand und dem Rufe: „Hussitensieg!“ halten dürfen. Auch sollte der Platz, wo die Mütter so viele Thränen um ihre Kinder vergossen, stets unbesät, ein freier, grüner Platz bleiben, und für immer den Namen Frauenplatz führen; das Fest aber, wegen der von dem Feinde den Kindern geschenkten Kirschen, das Hussitenkirschfest heißen.

Bischof Johann bestätigte dieses Fest im Jahre 1433, und

ließ dem Viertelmeister Wolf als Belohnung für seine glückliche Idee 200 Meißen'sche Gulden auszahlen.

Obwohl diese Erzählung mit allen möglichen Einzelheiten ausgeschmückt ist, so entbehrt sie doch jedes historischen Grundes. Denn nicht nur, daß die böhmischen Chronisten nicht die geringste Erwähnung eines ähnlichen Vorfalls, oder einer Belagerung Naumburgs enthalten, sondern die Hussiten haben auch im Jahre 1432 gar keinen Einfall in die meißnischen Lande gemacht, und sämtliche von den Hussitenkriegen sprechenden Schriftsteller lassen einstimmig die Einnahme von Altenburg, nach welcher der Zug gegen Naumburg stattgefunden haben soll, am Donnerstag nach den heiligen drei Königen, und zwar im Jahre 1430 geschehen sein. Die Hussiten konnten also, selbst in dem Fall, daß sie wirklich vor Naumburg gewesen, nur im Januar 1430, und nicht zur Kirschenzeit 1432 hingezogen sein. Auch war der Bischof Gerhard von Joch, welcher durch seinen fanatischen Eifer gegen Johann Huß auf der Kirchenversammlung zu Kostnitz die Erbitterung der Hussiten auf sich gezogen und deshalb den Rachezug gegen Naumburg veranlaßt haben soll, weder in Kostnitz, noch zur Zeit des Einfalls am Leben, da er bereits 1422 gestorben war. Die Stiftung des Festes muß daher aus einer anderen Belagerung herrühren, welche in der Folge vom Volke fälschlich den Hussiten zugeschrieben wurde, und es wäre nicht unwahrscheinlich, daß sie sich im Jahre 1450 zur Zeit des sächsischen Bruderkrieges zugetragen habe, wo Bischof Peter zu Naumburg die Partei des Herzogs Wilhelm verließ, um auf die Seite des Kurfürsten zu treten, und ein böhmisches Hülfskorps für den Herzog focht, dessen Truppen im Lande des Stiftes übel gehaust haben sollen. Einige Chroniken berichten sogar, daß Wilhelm Willens gewesen sei, Naumburg mit Sturm zu erobern, aber seine Absicht plötzlich geändert habe, um nach Gera zu ziehen, gegen dessen Herrn er nicht weniger aufgebracht gewesen sei, als gegen den Bischof, und der Verfasser einer im Kapitels-Archiv zu Naumburg befindlichen Handschrift fügt dabei ausdrücklich die Worte hinzu: „Die Naumburger schickten ihm aber ihre Kinder mit Zweigen und Früchten entgegen, die thäten ihm einen Fußfall und erlangten Gnade, zumal da er gleich wider den Herrn zu Gera auch erbittert, daß er dahin von Naumburg abzöge." Da nun die größtenteils utraquistischen Böhmen auch nach den Hussitenkriegen noch oft Hussiten genannt wurden, mag wohl dieser Name das Volk veranlaßt haben, diese Begebenheit in die ihm bekanntere und bequemere

Zeit der Hussitenkriege zu verlegen, wie es mit den Ueberlieferungen und Sagen so häufig geschieht. Dem sei nun, wie ihm wolle, gewiß ist, daß das Kirschenfest noch alle Jahre durch einen öffentlichen Auszug der Schulen gefeiert wird.

Schon einige Tage vorher werden rings um den mit einer Lindenallee umgebenen Platz vor dem Schießhause Zelte einzelner Familien der Stadt aufgeschlagen; da, wo keine Zelte sind, Tische, Bänke und Stühle für Fremde hingestellt, und im Schießhaus selbst große Anstalten zum Feste getroffen.

Am Montag Nachmittag sammeln sich die Schüler der verschiedenen Schulen mit ihren Fahnen auf dem Markte, ziehen von dort in die Kirche, wo einige Lieder gesungen werden, und der Prediger in einfacher Rede der Jugend die Veranlassung der Feier auseinandersetzt, und kehren dann auf den Markt zurück, wo sie einen großen Kreis bilden und unter Begleitung von Musik wiederum mehrere Lieder singen, bevor sie ihren Festzug nach der Vogelwiese antreten. Voran gehen zwei Trommelschläger in Begleitung von zwei Mann der alten Stadtsoldaten; ihnen folgen die verschiedenen Schulen mit fliegenden Fahnen, vor jeder ein anderes Musikkorps. Auf der Wiese angekommen, wird von Neuem ein Kreis geschlossen und gesungen, worauf Jeder seinem Vergnügen nachgeht, und jede Klasse den für sie bestimmten Vogel abschießt. In ganz ähnlicher Weise versammeln sich am Donnerstag darauf die Mädchen auf dem Markte, alle in weißen Kleidern und mit Blumen und Bändern geschmückt, und ziehen auf die Vogelwiese, wo die Kinder reichlich Kirschen bekommen und sich mit Tanz, Gesang und frohen Spielen belustigen. Eigentümlich hierbei ist der altherkömmliche Tanz der kleineren Knaben zum Klang der unaufhörlich wirbelnden Trommel, welcher den Kindern unaussprechliches Vergnügen macht. Gegen Abend kehrt der Zug mit Musik und in derselben Ordnung, wie er gekommen, in die Stadt zurück, nachdem man vorher grüne Zweige, die zu diesem Zwecke aus dem nahen Buchholze herbeigeholt worden sind, an die Kinder verteilt hat, welche damit unter dem steten Wirbel der sie begleitenden Trommeln ihr fröhliches „heisa Victoria!“ anstimmen.

Daß auch die Erwachsenen an der Freude der Kinder Teil nehmen, versteht sich von selbst. Aus allen Dörfern der Umgegend strömen Landleute herbei, die Gutsbesitzer aus der Nachbarschaft beeifern sich, an diesen Tagen in Naumburg anwesend zu sein, und die

Familien der Stadt, welche Zelte besitzen, pflegen draußen zu essen und den Abend mit Freunden und Bekannten im Freien zu verleben. Auf dem Schießhause ist Ball und Festmahl, und auf dem Berge gegenüber dem Schießhause, welcher bepflanzt und zu Spaziergängen eingerichtet ist, wird zum Schluß des Festes ein Feuerwerk losgebrannt.

Pommerscher Erntezug.

August.

Fast allen Völkern ist es eigen, gewisse Tage, bald aus dem einen, bald aus dem andern Grunde für Glücks- oder Unglückstage zu halten, und dieser Glaube beschränkt sich nicht blos auf den oder jenen Tag in der Woche, sondern erstreckt sich auch auf bestimmte Tage eines oder des andern Monats, unabhängig von dem Wochentage, auf welchen dieselben fallen. Nur über die Zahl und Wahl der Tage herrschte von jeher die größte Verschiedenheit, indem hierbei nicht blos das Bemühen der Geistlichkeit einwirkte, heidnische Gebräuche auszurotten und an die Stelle heidnischer Ideen Analogien aus dem

Christentum zu setzen, sondern auch historische Ereignisse von Einfluß waren. Der Astronom und Mathematiker Petrus Glovatius in Krakau warnte vor 32 gefahrvollen Tagen im Jahre; in Tyrol nimmt man noch jetzt 42 verworfene Tage an, und in Norddeutschland zählt man 39 unglückliche Tage. Wer an diesen Tagen geboren wird, bleibt selten lange leben, oder wird, wenn es geschieht, armselig und elend; wer an ihnen erkrankt, stirbt; wer heiratet, wird unglücklich, oder trennt sich wieder von seiner Frau; wer abreist, kehrt nie wieder, oder kommt krank nach Hause, und wer etwas unternimmt, gelangt nur spät oder niemals zum Ziele. Fünf von ihnen sind besonders unheilsvoll, und drei geradezu totbringend: Der 1. April, an dem Judas, der Verräter geboren, der 1. August, an dem der Teufel vom Himmel herab in die Hölle geworfen worden und der 1. Dezember, an dem Sodom und Gomorrha mit Feuer und Schwefel vertilgt worden sind.

Die Bewohner von Hessen fürchten den 1. März am meisten, und in England hütet man sich am 28. Dezember, dem Tage der unschuldigen Kindlein, irgend etwas Wichtiges anzufangen. Man vermied es früher, sich an diesem Tage trauen zu lassen, zog nie Kleider zum ersten Male an, und selbst die Krönung König Eduards VI. wurde auf den Montag verlegt, weil am Sonntag Childermass-day war. — Ebenso gelten in Böhmen der 27. August, in Niederdeutschland der 18., und in Tirol der 17. für große Unglückstage. Aber obgleich der Aberglaube, der trotz aller Aufklärung unseres Jahrhunderts noch immer nicht aufhört, im Geiste des Volkes fortzuwuchern, den August auf das Freigebigste mit Unglückstagen ausgestattet, so ist doch gerade der August der Monat, wo das Glück am öftersten in Wettkämpfen zu Wasser und zu Lande versucht wird.

Gleich am ersten Tage des August findet auf der Themse das Wettrudern statt, welches von einem berühmten Schauspieler, Thomas Dogget, gestiftet worden ist, und deshalb Doggets Coat and Badge, Doggets Jacke und Zeichen, heißt. Aus Liebe zum Hause Braunschweig setzte nämlich Dogget zur Feier des ersten Jahrestages der Thronbesteigung Georgs I. eine Schifferjacke und eine silberne Medaille für die besten Ruderer von sechs jungen Bootführern aus, die bereits seit einem Jahre ihre Lehrzeit hinter sich hatten. Er wiederholte dieses Fest fast alle Jahre bis zu seinem 1721 erfolgten Tode, und hinterließ in seinem Testamente eine hinreichende Summe, um mit den Interessen derselben für immer die Kosten der Preise bestreiten zu können. Zu Ehren des 1. August, des Gule of August oder Lammas-day, wie er in England genannt wird, rudern daher alle Jahre gerade in der Zeit, wo die Strömung am ungünstigsten ist, sechs junge Bootsleute auf ein gegebenes Zeichen vom Old Swan (alten Schwan) nahe der London-bridge (Londonbrücke) bis zum White Swan (weißen Schwan) in Chelsea, um die Jacke oder Medaille zu gewinnen.

Charles Dibdin, ein englischer Komponist des vorigen Jahrhunderts, wählte diese Wettfahrt zum Gegenstand einer kleinen Oper: The Waterman or the first of August (der Wassermann oder der erste August), welche 1774 zum ersten Male in Haymarket mit großem Beifall aufgeführt wurde, und aus der namentlich eine Arie lange Zeit als Volkslied gesungen ward.

Der Name Lammas-day, mit welchem der 1. August bezeichnet wird, rührt aller Wahrscheinlichkeit noch von der Messe her, welche an diesem Tage, dem Feste Petri in Banden oder Petri Kettenfeier, gelesen wurde, um den Segen des heil. Petrus für die Lämmer herabzurufen. Denn der heilige Petrus, an dessen Gefangenschaft in Jerusalem der 1. August erinnern soll, gilt für den Schutzheiligen der Lämmer, weil Christus zu ihm sagte: Gehe hin und weide meine Heerde!“

Bekannter und origineller, als das Wettrudern auf der Themse, ist das Fischerstechen in Ulm, welches früher aller zwei Jahre am Dienstag nach dem sogenannten Schwörtag abgehalten wurde, jetzt aber nur noch bei besonderer Veranlassung veranstaltet wird.

Ehedem war es in Ulm Sitte, am Freitag vor Lorenzi jedes Jahres den Magistrat neu zu wählen, der am Montag darauf beeidigt wurde. An diesem Tage, der davon noch jetzt Schwörtag heißt, versammelte sich daher jede Zunft bei ihrem Vorgesetzten oder im Zunfthaus, das Patriziat oder der Adel der Stadt und das Militär beim regierenden Bürgermeister, und sobald die Schwörglocke die Bürgerschaft zusammenrief, zog alles auf den zum Schwur bestimmten Platz, während sich der regierende Bürgermeister mit den Ratsgliedern und Stadtbeamten, die Stadtmusikanten voran, in den Schwörsaal begab. Vor Ablegung des Eides ward der 1558 vom Kaiser bestätigte Schwörbrief vom Stadtschreiber verlesen, dessen Original im Hauptarchiv aufbewahrt wird, und nach Beendigung der Schwurzeremonie pflegte der neue Bürgermeister die Zünfte, welche ihm eine „Verehrung“ ins Amt bringen mußten, in ihren Zunfthäusern zu besuchen und mit Fladen zu beschenken, die Zünfte aber hatten die Freiheit, das für sie wichtige Ereignis der Neuwahl festlich begehen zu dürfen.

Die Gesellen des Binder- oder Böttcherhandwerks benutzten diese Erlaubnis, um alle zwei Jahre einen Reifentanz, die Schiffsleute, um jedes zweite Jahr ein Fischerstechen abzuhalten, und die Metzger und Fischer haben noch jetzt die Gewohnheit, den Zunftgenossen in der Schwörwoche Wein und Gebackenes vorzusetzen.

Sollte ein Fischerstechen stattfinden, so suchten die jungen Fischer schon 14 Tage vorher beim Amtsbürgermeister die Bewilligung dazu nach, schlossen in einem Wirtshaus über die Preise für Getränk, Beköstigung u. dergl. beim Feste ab, und kündigten dieses mit Trommeln, Pfeifen, Musik und Tanz überall an. An den beiden nächstfolgenden Sonntagen wiederholten sie diesen Lärm, und am Tage des Stechens ziehen sie schon von 6 Uhr Morgens an in der Stadt herum, um zur Bestreitung der Unkosten Beiträge einzusammeln, welche in Geld oder Sachen, wie Halstüchern, Löffeln von Silber oder Blech, Tabaksrollen und andern Dingen bestehen. Das Geld kommt in verschlossene Büchsen, die Sachen an die Speere, von denen einer, der Hauptspeer, mit den schönsten und wertvollsten Gegenständen, und namentlich mit den Medaillen an rotseidenen Bändern, welche die Fischermädchen ihren Geliebten und Brüdern verehren, behängt wird. Der Zug, welcher aus zwei Tambours, dem Bauer und der Bäuerin, d. h. zwei jungen Fischern in altschwäbischer Bauerntracht, und einigen Narren in Harlekinskleidung mit Fuchsschwänzen an der Mütze und hinten auf dem Rücken besteht und von unzähligen Menschen begleitet wird, hat einen Fleischermeister zum Führer, der allein vernünftig bleibt, indem alle Uebrigen vollkommene Maskenfreiheit genießen und sie auch benutzen. Sie springen in Brunnen, herzen die Mädchen auf der Straße, treiben allen möglichen Schabernack und essen und trinken alles durcheinander. Gegen 2 Uhr kehren sie in das Wirtshaus zurück, wo sich inzwischen auch die Weißfischer mit ihren Mädchen, den Kirchweihjungfern, und die übrigen Fischer eingefunden haben. Denn die Weißfischer, stets ältere Jünglinge, welche ihren Namen ihrer ganz weißen, mit schwarzen Bändern verzierten Kleidung verdanken, indem sie ein knappes weißes Westchen ohne Ärmel, knappe Beinkleider und eine hohe grüne Filzmütze mit großen Federn von Reihern, Pfauen oder Schwänen, zum Stechen aber schlechtere Mützen tragen, halten es unter ihrer Würde, sich beim Sammeln zu beteiligen. Die andern Verkleidungen sind willkürlich, und werden meist erst an der Donau in der sogenannten Fischerhütte angelegt. Gewöhnlich sind es Mohren, manche Paare stellen auch Ritter, Schulmeister und

Schulmeisterin, Leichenbitter und Leichenbitterin, Herren und Damen in französischer Tiracht, Troler, Türken und andere Nationalitäten vor.

Hat man noch Etwas geschmaust, geht der Festzug paarweis zur Donau hinaus. Voran ein paar Tambours, dann 5 bis 6 Musikanten, hierauf die Kirchweihjungfern im größten Staat, jede eine Citrone in der Hand, und hinter ihnen die Mohren, Narren und Weißfischer mit ihren Speeren.

An der Donau werden die Stecher oder Kämpfer verteilt, nachdem vorher noch einmal getanzt worden ist. Ein Teil bleibt am Ufer oder auf Schiffen dicht an demselben, der andere wird aufs entgegengesetzte Ufer übergefahren oder kommt aufs Kirchweihschiff, wohin auch die Speere mit den Geschenken gebracht werden, und wo sich die Tambours, Musikanten, Fischermädchen und andere Zuschauer befinden.

Nun beginnt das Stechen. Von weißgekleideten Ruderern nach Leibeskräften getrieben, stoßen die Kähne, welche die Kämpfer tragen, gleichzeitig von beiden Ufern ab. Zuerst kommen die verkleideten Personen, dann die Weißfischer, mitunter auch abwechselnd bald ein Paar Weißfischer, bald ein Paar Mohren, Narren oder andere Verkleidete. Fehlt es an jungen Leuten, stechen ausnahmsweise Verheiratete mit, und werden dafür vom gesammelten Gelde bezahlt. Musik und Trommeln begleiten das Stechen.

Die Waffen sind lange, hölzerne Speere, die da, wo man sie unter den Arm nimmt, einen Anhalt und vorn an der Spitze eine kleine, runde Scheibe haben. Die Ritter tragen schwerere Lanzen, welche vorn mit Leder gepolstert sind. Der Hauptvorteil beim Stechen ist Schnelligkeit und Stetigkeit im Rudern, damit das Boot so wenig als möglich schwanke, denn die Stecher stehen auf dem äußersten Ende der Kähne. Sobald sie sich einander nähern, erheben sie langsam die Speere, stoßen sich auf die Brust und ziehen rasch die Speere wieder zurück, weil nicht nur der Stoß des Gegners, sondern auch der Gegendruck des eignen Stoßes aus der Haltung bringen kann. Der Ueberwundene stürzt gewöhnlich seitwärts rücklings in den Fluß und wird schwimmend von seinem Boote aufgenommen. Oft geschieht es, daß Beide zugleich den Halt verlieren und ins Wasser fallen.

Da das bairische Ufer mehr Strömung gegen das würtembergische hat, folglich den Kämpfenden den Vorteil gewährt, stärker stoßen und seinen Gegner leichter über Bord werfen zu können, so werden die Ufer vor dem Stechen verloost, und bei jedem der Gänge, welche ein Kämpferpaar zu machen hat, gewechselt.

Wer mit Allen gestochen hat und trocken geblieben ist, erhielt früher das beste Geschenk vom Hauptspeer, und darf jetzt, wo sämtliche Geschenke unter alle Kämpfer verloost werden, zur Auszeichnung auf dem Balle, welchen Abends die Schiffer ihren Mädchen geben, in seinem Kostüm erscheinen.

Fischerstechen in Ulm.

Ist das Stechen vorüber, fängt das Gänsereißen an, indem der Bauer und die Bäuerin, einige Mohren und Narren, oder wer sonst Lust dazu hat, unter einem Seil durchfahren, welches quer über die Donau gespannt worden ist, und im Fahren einer der drei Gänse, die mit den Füßen am Seile festgebunden sind, den Kopf abzureißen versuchen. Meist fällt der Betreffende dabei ins Wasser und schwimmt dann dem auf ihn wartenden Kahne nach. Ist es aber geglückt, so wird von den triefendnassen Fischern am Ufer noch mit den Fischermädchen getanzt, bevor der Zug wieder in die Stadt zurückkehrt.

Fischerstechen in Leipzig.

Hier wird wiederum auf einigen Plätzen getanzt und vor mehreren Wirtshäusern getrunken, ehe man auseinandergeht, um trockene Kleider anzulegen und sich in das Wirtshaus zu begeben, wo die Nacht verjubelt und vertanzt wird.

Am nächsten Tage ziehen die Fischer, rot gekleidet und die von ihren Mädchen erhaltenen Medaillen, wohl auch andere vom Hauptspeer erlooste Gegenstände am Hals, in der Stadt herum, kehren bald in diesem, bald in jenem Wirtshaus ein, und trinken und tanzen. In den folgenden Tagen besuchen sie verschiedene Lustörter außerhalb der Stadt und vergnügen sich mit ihren Mädchen, bis die Schwörwoche zu Ende ist.

Am Sonnabend vor dem Fischerstechen ward gewöhnlich ein Probestechen, in Jahren, wo kein Stechen war, eine andere Lustbarkeit abgehalten, die man Bäuerlein herunterfahren nannte.

Das Kirchweihschiff wurde nämlich in die Donau oberhalb der Stadt gebracht, dort vom Bauer und der Bäuerin in ihrer Tracht, von vielen jungen Fischerinnen in Alltagskleidern und von mehreren andern Personen bestiegen und dann stromab gefahren. Dabei mußten aber der Bauer und die Bäuerin auf das Ende zweier Bretter treten, die quer über das Schiff so gelegt waren, daß sie weit über das Wasser hinausragten, und nun machte man das Schiff dermaßen schwanken, daß Beide ins Wasser fielen. Dieser Scherz ward von Zeit zu Zeit wiederholt, bis man an der Stadt vorbei war, und unterhalb derselben wieder ausstieg. Da jedoch zu diesem Spiel nicht eingesammelt wurde, wie beim Stechen, wo Jeder, der es mit ansehen will, eine Kleinigkeit geben muß und überall Narren mit Büchsen stehen, um Niemand ohne Zahlung vorbeizulassen, so ging es der Kosten wegen ein.

Eine Nachbildung des Ulmer Fischerstechens, welches mit der Zeit solchen Ruf erlangte, daß die Fischer nicht nur nach Ausburg, sondern selbst nach Wien berufen wurden, um ein Stechen aufzuführen, findet noch alle Jahre am 3. August in Leipzig statt.

Die Chronik berichtet, der Kaufmann Andreas Fr. Apel habe in seinem, nach ihm benannten Garten (dann Reichels Garten) am 12. Mai 1714 zur Feier des Geburtstages des Königs Friedrich August, welchen dieser in Leipzig beging, eine Regatta veranstaltet, zu der er, um den König zu überraschen, eigens habe einige Gondolieri aus Venedig als Lehrer kommen lassen, und dies sei das erste Fischerstechen in Leipzig gewesen. Der König war entzückt über dieses treue Abbild einer Regatta, wie er sie früher ein Mal mit großem Vergnügen in Venedig selbst gesehen und bewundert hatte.

Er bewilligte daher den Fischern das Recht, ihr Spiel alljährlich wiederholen zu dürfen. Sie thaten es, Anfangs am 12. Mai, später am 24. August, bis es auf den gegenwärtig zum Fest bestimmten Tag verlegt wurde, und noch immer erhält die Fischerinnung aus den Staatskassen 27 Thaler als Beitrag zu den Kosten, angeblich, weil ein Leipziger Fischer einst ein Mitglied der königlichen Familie gerettet haben soll.

Da jedoch das Leipziger Fischerstechen, wie es jetzt ausgeführt wird, in Nichts an eine venetianische Regatta erinnert, sondern in allem dem Ulmer Fischerstechen gleicht, auch lange Zeit am 24. August stattfand, wo die Mitglieder des Leipziger Ratskollegiums früher alljährlich aus ihrer Mitte den sitzenden oder regierenden Rat erwählten, so liegt die Vermutung nahe, daß es entweder schon vor 1714 bestanden habe, nach dem Muster des Ulmer eingeführt worden und wie dieses mit der Magistratswahl verbunden gewesen sei, aber erst durch das Privilegium, welches der König erteilte, wirkliche Bedeutung gewonnen habe, oder daß es später aus einer Wettfahrt nach venetianischer Weise in ein Stechen nach Ulmer Art verwandelt worden sei. Dem sei nun, wie ihm wolle, gewiß ist es, daß sich von allen Volksfesten, die sonst in Leipzig üblich waren, nur das Fischerstechen erhalten hat.

Der Auszug der Fischer geschieht von der Frankfurter Straße, vom Mühlgraben aus, wo viele von ihnen wohnen.

Im altmodischen, weißen Piquéfrack, das graue Haupt unter einem mächtigen Dreimaster, in Escarpins und Schuhen mit Schnallen eröffnen alte Herren den Zug, dem das Musikchor und der Fahnenträger voranschreiten. Improvisierte Mohren mit blaugestreiften Jacken, weißen Pluderhosen und roten Schärpen, junge Männer in altitalienischer Schiffertracht und Knaben in Matrosentracht folgen ihnen, alle bunte, reichverzierte Ruder, oder lange Stangen mit vergoldeten Knöpfen tragend, und ein Bajazzo in rot- und grüngewürfelter Kleidung schließt den Zug.

Sobald die große Trommel geht, stürzt alles aus den verborgensten Winkeln herbei, die Fenster öffnen sich und ein zahlreicher Kinderschwarm schließt sich dem Festzuge an, der einige Stunden lang die Straßen der Stadt und Vorstädte nach allen Richtungen hin durchzieht, und nur am Hause des Bürgermeisters und Fischerobermeisters einen kurzen Halt macht, um die Fahne zu schwenken und ein Lebehoch zu bringen, ehe er sich nach dem Gewässer begiebt, auf welchem die eigentliche Festlichkeit vor sich gehen soll.

Früher war es der Fluß, später wählte man einen dazu geeigneten größeren Teich in der unmittelbaren Nähe der Stadt auf dem gegen 4 Uhr Nachmittags das Stechen seinen Anfang nimmt.

Auf einer festlich geschmückten Gondel, deren Brüstung die Innungsfahne ziert, nehmen die alten Herren, auf einer anderen die Musiker Platz, deren Thätigkeit nun von neuem beginnt. Die Uebrigen verteilen sich zu zweien auf leichte Kähne: der eine um vom Hinterteil aus das Fahrzeug zu lenken, der andere, welcher vorn auf der äußersten Spitze steht, um mit zum Kampfe eingelegter Stange jedem Trotz zu bieten, der ihn aus seiner Stellung verdrängen oder ins Wasser stürzen will, und seinerseits jeden Gegner vom Kahn herabzustoßen. Von Zeit zu Zeit wechseln die Inhaber eines Bootes ihre Rollen.

Bevor die Kähne vom Ufer stoßen, erscheint zum großen Jubel der Zuschauer Bajazzo auf einer Tonne reitend im Wasser, und nimmt nach allen Seiten hin grüßend seinen spitzen Filzhut ab, ein Fischer steuert jedoch auf in los, zieht ihn, da er sich in seine Tonne verkriecht, aus dieser heraus, und schlägt ihn mit der Pritsche, daß die Schläge weithin wiederhallen. Nun fangen die Stechen an. Die Kähne werden hier und dort je zwei miteinander handgemein, unter dem jauchzenden Beifall der am Ufer Stehenden und dem brausenden Tusch des Musikchores stürzt bald der, bald jener überwundene Kämpfer in die Flut, der Sieger oft wenige Minuten nach dem Besiegten, wenn ein Stärkerer die Waffe gegen ihn erhoben, und selbst der Bajazzo nimmt am Kampfe Teil, der immer heftiger sich entspinnt und nicht eher aufhört, als bis Jeder das unvermeidliche Bad genommen hat, und die Mohren sogar, dem bekannten Sprichwort zum Trotz, weiß gewaschen worden sind. Die Kämpfer erholen sich einige Minuten von den gehabten Anstrengungen, während welcher Zeit an einer Leine, die schon vorher über die ganze Breite des Gewässers gespannt worden war, ein lebendiger Aal mit einer ziemlich starken Schnur befestigt wird. Dann besteigen die Kämpfer vom Neuem ihre Boote, und versuchen Einer nach dem Andern den Aal zu ergreifen und abzureißen. Da der Kahn rasch unter dem Seile dahingleitet, muß der Mutige, welcher den schlüpfrigen Fisch gefaßt, sich an ihm fest und schwebend über dem Wasser halten, bis der Faden reißt. Früher oder später, je nachdem seine Kräfte ausreichen, muß in der Regel jeder seine Beute fahren lassen. Er verschwindet, von allgemeinem Gelächter und

Halloh begleitet, unter dem Wasser und schwimmt seinem Boote nach, und oft haben alle diesen Versuch mehrmals wiederholt, ehe es einem gelingt, die endlich mürbe gewordene Schnur zu zerreißen.

In neuerer Zeit wird auch zur allgemeinen Belustigung eine Pantomine aufgeführt, bei welcher das Hinabwerfen in das nasse Element das größte Gaudium für die reich vertretene Jugend abgiebt.

In derselben Ordnung, in welcher sie gekommen, ziehen nun die durchnäßten Fischer mit Musik in ihre Wohnungen zurück, um sich umzukleiden, und mit ihren Damen zum Festmahl und Ball nach dem Saal der Centralhalle zu fahren, wo auch, wenn das Geld reicht, noch an den beiden folgenden Abenden geschmaust und getanzt wird

Das Fischerstechen, welches die Halloren alljährlich auf der Saale halten, ist dem Leipziger ähnlich, das in Giebichenstein dagegen nähert sich den Spielen, die auf dem mansfelder salzigen See, (bis vor einigen Jahren) sowie zu Lettin bei Halle auf der Saale üblich sind.

Auf einem Floße wird nämlich eine Hütte von Laub und Stroh gebaut, in welcher sich Verkleidete verbergen. Andere kommen ihnen auf Kähnen entgegen. Sie kämpfen lange mit einander, doch endlich wird von den Kähnen Feuer in die Hütte geworfen, die auf dem Floß Stehenden springen, sobald das Stroh hell zu brennen anfängt, in die Saale, ihre Gegner springen ihnen nach, holen sie heraus und nehmen sie gefangen.

Zu Lettin, eine kleine Meile von Halle, wird ebenfalls ein breites Floß und darauf eine Laube gebaut, in welcher, an den vier Ecken, vier Nixe sitzen, die das Floß rudern, und am Eingang ein buntgekleideter Bursche mit einer Schilfkrone auf dem Haupte steht, der den Wasserkönig vorstellen soll. Die übrigen Burschen des Dorfes fahren auf Kähnen heran, schießen blind und schlagen und stechen mit Stangen nach der Laube. Dies währt fast eine Stunde, bis zuletzt das Floß in Brand gesteckt wird, worauf der Wasserkönig mit den Nixen sich in den Fluß stürzt, ans Land schwimmt und alles in die Schenke zieht, um dort das Fest mit Tanz zu beschließen. Unter den Burschen, welche gegen den Wasserkönig kämpfen, befindet sich auch ein Hanswurst, der, in einer großen Wanne sitzend, mit den Händen rudert, und die Zuschauer auf alle mögliche Weise zu belustigen sucht.

Auf dem salzigen See ward bei einem Spiel, das die Seejungfer suchen hieß, von vermummten Burschen, den Seeräubern die Seejungfer entführt und auf einem Kahn ohne Ruder ins Schilf versteckt. Die übrigen Burschen, welche die Seejungfer suchen, steuern nun auf Kähnen gegen die Seeräuber los, kämpfen mit ihnen, überwinden sie und befreien die Seejungfer.

Bei einem andern Spiel fährt ein Bursche in grünen Frauenkleidern als Nixe mit einem Kinde auf dem Arme in einem Kahn am Ufer hin. Ein anderer ebenfalls grün gekleidet, in einer mit langen, bis auf die Brust herabfallenden Pferdehaaren besetzten Kappe, schwimmt als Nix dem Kahne nach, raubt der Nixe das Kind und flüchtet sich damit ans Land. Sie springt ins Wasser und eilt ihm weinend nach, doch wenn der Nix zuerst an einem bestimmten Platze anlangt, sagt man, er sei in Sicherheit und das Kind gehöre ihm nun zu. — Seit dem Jahre 1895 ist dieser See seines Wassers beraubt und die Fläche in Ackerland umgewandelt worden.

Wie die zu Pfingsten in Thüringen gebräuchliche Einholung des wilden Mannes, so scheinen auch diese Spiele nur verschiedene, dem Sagenkreis entlehnte Formen für die Darstellung der Einholung des Sommers zu sein, welche des Wassers wegen, auf dem sie abgehalten werden, in eine wärmere Jahreszeit verlegt wurden, als die analogen Spiele zu Lande. Auch das Panzerstechen auf dem Würmsee oder Starnberger See unweit München ist nur eine Variante des in Baumgarten in Niederbaiern üblichen Pfingstspieles.

Im See wird nämlich ein Faß (bairisch Panz, Ponz oder Punzen genannt), über und über mit Reifen beschlagen, an einer Stange befestigt, sodaß es sich leicht umdreht. Die Fischer treten nun auf die hintere Spitze ihres Einbaumes oder kleinen Nachens aus einem ausgehölten Eichstamme, wie man sie auf allen bairischen und oberösterreichischen Seeen hat, da sie sehr leicht sind und von einer Person ohne Mühe fortgerudert werden können, und suchen, während der im Vorderteile befindliche Ruderer sie mit aller Gewalt nach dem Fasse hin und vorüber treibt, dieses mit ihrer Stange zu durchstoßen. Treffen sie das Faß nicht gut, so gleitet die Stange an den Seiten desselben ab; treffen sie aber in der Mitte und haben nicht die Kraft, es durchzustoßen, so fallen sie rückwärts in den See, und diese Versuche werden so lange fortgesetzt, bis der Panzen durchstoßen ist.

So einfach und prunklos diese Lustbarkeit der Fischer und Schiffsleute des Starnberger Sees ist, so prachtvoll und großartig war das Wasserfest, welches bei der Gelegenheit der dritten deutschen Künstlerversammlung in München am 23. September 1858 auf eben diesem See gefeiert ward.

Barken von allen möglichen Formen und Größen, auf das Phantasiereichste geschmückt, erwarteten die Künstler am Ufer, als ihr mit zwei Lokomotiven geführter Zug aus den Buchenwäldern der Mühlthalhöhen an den Rand des Thalbeckens von Starnberg kam und an den See hinabbrauste, der sich mit seinem majestätischen Gebirgshintergrunde im vollen Glanz der Sonne dem Auge darbot. Unzählige Nachen glitten, von Niederpöcking, Possenhofen und Tutzing her, über die schimmernde Fläche, und bald schwamm eine noch nie dagewesene Flotille, das mehrere hunderte von Personen fassende Admiralschiff in der Mitte, in weitem Bogen über das blaugrüne Wasser dahin den Waldwegen zu, welche zur Rottmannshöhe hinanziehen. An der Stelle, wo das Denkmal des berühmten Landschaftsmalers steht, nahm das Volksfest seinen Anfang, und im Angesicht des Sees und der blauen Alpen erwachte das heiterste Leben.

Für die jüngere Welt war ein Tanzplatz hergerichtet, und auch die Rednerbühne ward für längere Zeit nicht leer.

Ein Gewitter, das über den Peißenberg heranzog, mahnte gegen sechs Uhr Abends zum Aufbruch, und die Rückfahrt bot ein noch überraschenderes Schauspiel dar, als die Hinfahrt, indem die ganze Flotille illuminiert und von zahllosen Nachen und Barken umschwärmt war, die im Scheine von Fackeln auf den vom Winde aufgeregten Wogen hin- und hertanzten, während über den Uferhöhen im Osten der emporsteigende Mond durch die Wolken blickte, am westlichen Ufer Freudenfeuer brannten und im Südwesten von Zeit zu Zeit die Blitze leuchteten. Ein Feuerwerk vor dem Bahnhofe beschloß den festlichen Tag, der, vom herrlichsten Wetter begünstigt, in den Annalen des Starnberger Sees bis jetzt einzig dasteht.

Nicht minder glänzend sind die Wasserwettfahrten oder Regattas, welche der in Hamburg im Jahre 1844 gebildete „Allgemeine Alsterklub“, fast durchweg aus jungen Kaufleuten bestehend, jedes Jahr auf der Alster veranstaltet, und die sich einer immer größeren Teilnahme der gesamten städtischen Bevölkerung zu erfreuen haben.

Schon früh um 10 Uhr sind die malerisch gelegenen Ufer von Uhlenhorst und Harvstehude mit einem dichten Kranz Schaulustiger eingefaßt, während die spiegelglatte Alster von unzähligen Ruder- und Segelboten belebt wird.

Die Kampfrichter nehmen ihre Plätze teils auf dem überzelteten Richtersitze, teils auf dem Wasser selbst; von einer Kanonensalve begrüßt, nähern sich die wettfahrenden kräftig-jugendlichen Ruderer, und der Kampf beginnt auf einer Bahn von mehr als einer halben deutschen Meile, die mit weißen und roten Fähnchen abgesteckt ist.

Drei achtruderige Boote, sogenannte deutsche hölzerne Gighs, eröffnen ihn gewöhnlich um den Preis eines silbernen Ehrenzeichens.

Verschiedene andere Fahrten mit sechs-, vier- und zweiruderigen Booten folgen, und den Schluß bildet die sogenannte Entenjagd.

Die Aufgabe dieses große Gewandtheit beanspruchenden Kampfes besteht darin, daß die Ente, ein sehr kleines von einem einzelnen Manne gerudertes Boot innerhalb einer bestimmten Frist ergriffen werden muß, falls sie nicht als Siegerin aus dem Wettstreit hervorgehen soll. Um sich aber des Sieges rühmen zu können, muß der Steuermann eines der sie verfolgenden Boote ihr die am Hintersteven befestigte kleine Flaggenstange entreißen, ohne die Ente dabei festzuhalten, oder selbst über Bord zu fallen.

Nach Beendigung der Regatta versammeln sich die Ruderer und Zuschauer um den erhöhten Preistisch, vor welchem die Kampfrichter Platz genommen, und nach Austeilung der Preise trennt man sich, um zu festlichen Gelagen in die Stadt zurückzukehren, oder den Abend auf der Uhlenhorst oder in anderen benachbarten Orten in Lust und Freuden zu verbringen.

Aehnliche Wettruderfahrten, wenngleich im Geschmack der Matrosen, für die sie bestimmt sind, dienen in mehreren vlämischen und holländischen Städten alle Jahre zur Erhöhung der Kirmesfreuden.

Denn die Kirmes oder kermis ist in den Niederlanden noch immer das größte Fest im Jahre, zu dessen Feier alle nur möglichen Lustbarkeiten ersonnen und veranstaltet werden. Ursprünglich, wie der Name sagt, zum Gedächtnis der Einweihung einer Kirche oder der ersten in ihr abgehaltenen Messe bestimmt, zog der große Zusammenlauf von Menschen, welchen eine solche Kirchmesse veranlaßte, früh schon Verkäufer von Waren und Lebensmitteln herbei, und bald entstanden förmliche Märkte, die ihrerseits nicht wenig dazu beitrugen, das Fest nur noch belebter zu machen, und ihr Dasein behaupteten, auch als die eigentliche kirchliche Feierlichkeit abgestellt wurde. Noch gegenwärtig erinnert der Name Messe, den größere Jahrmärkte in deutschen Städten führen, an die Entstehungszeit der Märkte, und aus den Kirchweihfesten der einzelnen Pfarrsprengel haben sich in den niederländischen Ortschaften allmählich Gemeindefeste gebildet, welche mit der anfänglich religiösen Zeremonie gewöhnlich nichts gemein haben, als die Benennung Kermis.

Sie dauern mehrere Tage lang, und oft mehrere Monate vorher verkündigen bereits riesengroße Anschlagzettel in allen Städten das Programm der Festlichkeiten, welche die Kermis verherrlichen sollen.

Kermiszumzug in Antwerpen.

Wettkämpfe jeder Art: in dramatischen Aufführungen, in Gesang und Musik, im Kegel- und Kugelspiel, im Bogen-, Armbrust- und Büchsenschießen, im Laufen, Klettern und Schwimmen, im Turnen und Gesichterschneiden, in der Kunst, am meisten zu essen und zu trinken, und selbst im Gesang der Singvögel oder in der Schnelligkeit des Flugs der Tauben wechseln mit Pferderennen und Wettruderfahrten, Konzerten und Bällen, Blumen-, Vieh- und andern Ausstellungen, Umzügen bei Tag und bei Nacht, Illuminationen und Feuerwerken, und in den Orten, wo noch Märkte mit der Kermis verbunden geblieben sind, fehlt es natürlich bei solcher Gelegenheit nie an wandernden Schauspieler-, Akrobaten- und englischen Bereitertruppen, an Wunderärzten, Zauberkünstlern und Wahrsagern aller Art, an Riesen und Zwergen, an Lotterieausspielern, Friturenbäckern und andern Leuten, welche auf die Börsen der zahlreich herbeiströmenden Kermisgäste spekulieren.

Geht auch die Anordnung des Programms stets von der Gemeindeverwaltung selbst aus, welche die Kosten berät und bestimmt, und meist alles aufbietet, um durch Glanz und Mannigfaltigkeit der Festlichkeiten die Kermis anderer benachbarter Städte zu übertreffen, so tragen doch die einzelnen Privatgesellschaften ebenfalls das Ihrige dazu bei, um durch besondere Feste, Ausstellungen und Preiskämpfe die Tage der Kermis noch anziehender zu machen, und sogar die Hauseigentümer bemühen sich, ihre Straße mit Blumengehängen und Fahnen zu schmücken, für möglichst gute Aufnahme der zu erwartenden Gäste aus dem Kreise ihrer auswärtigen Bekannten und Verwandten zu sorgen.

Berühmt durch ihren Ommegang oder Umzug ist die große Kermis von Antwerpen, welche stets am Sonntag nach dem 15. August, dem Fest Mariä Himmelfahrt, ihren Anfang nimmt.

Wie so viele Städte, verehrt auch Antwerpen die heilige Jungfrau als Patronin der Stadt, und die ihr geweihte prachtvolle Kathedrale, deren Bau 1352 begann und 1481 vollendet wurde, beging an Mariä Himmelfahrt ihr größtes jährliches Fest, mit dem 1846 alle Kirchweihfeste der einzelnen Pfarrspiele zur sogenannten großen Kermis vereinigt wurden.

Schon Wochen vorher sammeln die Kinder alle Glasstückchen und zerbrochenen Pfeifenröhren, um ihre Krone damit zu schmücken. Wie im Mai und zum Johannis- oder Peter und Paulstage werden nämlich auch zur Kirmes Kronen ausgehängt. Während aber am Rhein 2 oder 3 ineinandergehende sich kreuzende Reifen mit Laubwerk, Blumen, Eierschnüren und bunten Fähnchen aus Papier und Flittergold zur Krone ausgeputzt werden, nimmt man in Antwerpen nur einen Reifen dazu, füllt ihn mit Grün und Blumen, verziert ihn mit Fähnchen und hängt nun lange Reihen von Pfeifenstückchen, buntem Papier und Eierschalen, in der Mitte von bunten Glasstückchen daran, damit beim Wind eine Art Geklingel entsteht. Diese Kronen hängt man an einem Stab zum Fenster heraus, und unter ihnen werden häufig noch kleine Zelte von Leinwand errichtet und mit Blumen geschmückt, in denen die Kinder essen und trinken, und aus denen sie früher nur herauskamen, um von Vorübergehenden eine Kleinigkeit für ihre Krone zu verlangen, oder, wie es jetzt geschieht, unter der Krone zu tanzen.

Größere Kinder ziehen mit einer Puppe, welche sie von Zeit zu Zeit unter Absingung komischer Lieder prellen, durch die Straßen und fordern „ein Oordjen“ oder einen Viertelstüber, „um zu feiern.“

Des Abends laufen die Kinder mit großen bunten Ballons herum, die durch hineingestellte brennende Kerzen erleuchtet sind und von je zwei Knaben auf einem Stock auf den Schultern getragen werden, und andere Knaben folgen ihnen singend mit Fackeln und Fahnen. Aermere Kinder nehmen statt der Ballons Kürbisse oder Prunkäpfel (pronkappelen), welche sie aushöhlen, mit hübschen in die Schale geschnittenen Figuren, wie Sternen, Blumen u. dergl. verzieren, und an einem Faden an der Hand tragen, während inwendig ein Lichtchen brennt. Unter den Kronen werden als Freudenfeuer Kerzen angezündet und in einer Reihe aufgestellt, über die nun Knaben und Mädchen hinwegspringen, Kinder wohlhabender Eltern kaufen kleine Feuerwerke, die sie abbrennen, und zum Schlusse werden Rundtänze um die Kerzen aufgeführt, mit denen man einen Kreis bildet, in welchen ein Kind hineintritt.

Der Ommegang war ursprünglich mit der prächtigen Prozession verbunden, welche seit 1399 jährlich am Sonntag nach Mariä Himmelfahrt zu Ehren des Marienbildes gehalten wird, das von dem Baume, auf welchem es gefunden wurde, O. L. V. op't staeksken, Unsere liebe Frau auf dem Aestchen, heißt, sich in der Kathedrale befindet und der Wunder wegen, die man ihm zuschreibt, einer großen Verehrung genießt. Im Jahre 1725 aber verbot der Bischof Francken von Stierstorff den verschiedenen Wagen und Figuren, aus welchen der Prunkzug bestand, sich der Prozession anzuschließen, und so wurde der Ommegang auf den darauffolgenden Montag oder Dienstag verlegt, wo er noch jetzt in folgender Ordnung stattfindet.

Voran zieht ein Musikchor, dem ein großer Wallfisch folgt. Ein kleiner, als Cupido in Rosa gekleideter Knabe, das Haupt mit einem grünen Kranz geschmückt, sitzt auf dem Rücken des Fisches und richtet die Röhre der Wasserpumpe, welche den vom Wallfisch ausgeworfenen Wasserstrahl hervorbringt, bald auf die gedrängte Zuschauermenge, bald in die Fenster der Häuser.

Vier Delphine, auf denen als Engel verkleidete Kinder reiten, schwimmen hinter dem Wallfisch her. Dann kommt ein dreimastiges Handelsschiff in voller Ausrüstung mit 50 als Matrosen gekleideten Knaben, die teils auf den Raaen stehen, teils auf dem Verdeck beschäftigt sind und singen, und umgeben von vier Barken, die ebenfalls vollständig bemannt sind und zum Schein gerudert werden.

Ein zweites Musikchor, welches das Riesenlied spielt, kündigt das Erscheinen des ungeheuern Riesen an, welcher Antigoon genannt wird, altrömische Kriegertracht mit Helm, Schwert und Schild trägt, und, auf einer Art Thron sitzend, seinen beweglichen Kopf bald rechts, bald links dreht, um zu grüßen. Der niedrige Wagen, auf dem er fährt, wird von 6 oder 8 mit langen Decken behangenen und mit Federbüschen geschmückten Pferden gezogen.

Seine Gemahlin, die Riesin, als Minerva gekleidet, folgt ihm, bei besonderen Gelegenheiten auch die Riesenfamilie von Borgerhout, einer Vorstadt Antwerpens, und nun kommen noch verschiedene Prunkwagen, welche allegorisch den Ruhm Antwerpens, die Industrie, Litteratur und Kunst, den Handel u. dergl. vorstellen.

Andere Figuren, wie ein Elephant, ein Kameel, eine Sirene, ein Glücksrad und das Fegefeuer sind außer Brauch gekommen, aber dafür wird auch in ganz Belgien kein Riesenbild zärtlicher von den Bewohnern geliebt, als das des Druon-Antigoon, welchem, der Sage nach, Antwerpen seine Gründung verdankt. Ein Feldherr des Julius Cäsar, Brabo, der dem Lande Brabant seinen Namen gab, besiegte und tötete diesen Riesen, und legte allen Schiffern, die auf der Schelde fuhren, einen Zoll auf. Wer ihn nicht entrichten wollte, mußte mit beiden Händen büßen, die ihm abgehauen, und in die Schelde geworfen wurden. Davon rühren die beiden Hände im Wappen der Stadt, sowie der Name des letzteren, welcher eigentlich „Handwerfen“ lauten sollte.

Zur Zeit der spanischen Herrschaft, wo die Liebhaberei für glänzende Festzüge und Prozessionen in den Niederlanden Wurzel faßte und so rasch um sich griff, daß in Fürne z. B. im Jahre 1592 nicht weniger als 15 Aufzüge stattfanden, die kirchlichen Prozessionen ganz ungerechnet, ward die über die Entstehung Antwerpens verbreitete

Fabel benutzt, um 1535 von Peter Coucke einem Architekten und Maler Kaiser Karls V., ein 24 Fuß hohes Bild des Antigoon anfertigen zu lassen, welches bereits 1549 bei Gelegenheit der Huldigung

Der Riese Antigoon.

Philipps II., im Festzug prangte und durch die wahrhaft künstlerische Vollendung, mit der es ausgearbeitet ist, allgemeine Bewunderung erregte.

Die Riesin ward erst 1765 durch den Antwerpner Bildhauer Herreyns verfertigt, und stellte Anfangs die Jungfrau von Antwerpen vor, hat aber bei Weitem nicht den Kunstwert ihres späteren Gemahls, der nebst den Riesen von Wetteren den höchsten Platz unter den zahlreichen Riesen der vlämischen Städte einnimmt. Denn diese grotesken Figuren aus Pappe, Holz oder Korbgeflechte, welche unter den mannigfachsten Namen und Trachten auftreten, sind die Lieblinge des Volkes geworden. Jede Stadt, fast jedes Dorf besitzt einen oder mehrere Riesen, oft ganze Familien, von denen man mit patriotischem Enthusiasmus spricht, und deren Erscheinen man immer mit neuer, unverhohlener Freude begrüßt.

In Brüssel ist es der Riese Ommegan mit seinen Kindern und Enkeln, in Kortryck eine Riesin, die Dame von Amazonien (Mevrouw van Amazonië), in Löwen der Riese Herkules mit seiner Frau Megära, in Hasselt der Lange Mann, und in Rupelmonde gab es früher ein eigenes Gebäude, welches das Riesenhaus hieß, um alle die Riesen, Kameele und Drachen unterzubringen, die bei den Festlichkeiten der Stadt auftraten.

Zu Dendermonde wird ein kolossales Pferd, Bayard genannt, auf dem Rathaus aufbewahrt, welches bei Aufzügen von 32 durch reiche Decken versteckte Männer getragen und herumgeführt wird. Vier Burschen in Harnischen, welche, wenn möglich, Brüder sein müssen, sitzen als die vier Haymonskinder darauf, ein Fiedler schreitet dem Rosse voran. An den Häusern der Notabilitäten der Stadt hält es still und dreht sich einmal rundum. Auf dem Markte stehen mehrere kleine Kanonen aufgepflanzt, welche auf Bayard schießen, aber nach langem Kampfe siegt er und kehrt unter Jubelrufen nach dem Rathause zurück.

Daß Roß Bayard in Mecheln wird von sechs Fohlen umgeben, und nicht nur von einer vollständigen Riesenfamilie, einem dreimastigen Schiff und einem Glücksrad, sondern auch von Kameelen, auf denen kleine Liebesgötter sitzen, begleitet.

Die vlämischen Städte Nordfrankreichs, wie Lille, Douai, Dünkirchen, Kassel, Hazebrouck u. a., haben ebenfalls die Gewohnheit behalten, Riesenfiguren bei festlichen Aufzügen herumführen zu lassen, und überall, wo sie sich zeigen, wird mit verschiedenen Varianten das uralte Riesenlied gesungen und gespielt, welches in seiner ursprünglichen Fassung also lautet:

Die sagen, wir stammen von Riesen ab,
Die lügen dumm;
Kehrt Euch 'mal um, Rieschen, Rieschen!
Riesenblume, kehrt Euch 'mal um!

He, Mutter, an das Feuer den Topf,
Der Riese kommt!
Kehrt Euch 'mal um u. s. w.

He, Mutter, schneidet ein Butterbrod,
Der Ries' hat Not.
Kehrt u. s. w.

He, Mutter, zapft vom besten Bier,
Der Ries' hat Gier;
Kehrt u. s. w

So, Mutter, stopft jetzt nur das Faß,
Der Ries' ist satt;
Kehrt u. s. w.

In Ypern heißt es etwas abweichend:

Wenn die große Glocke schallt,
    Die Glocke schallt,
    Kommt der Riese bald;
Kehrt Euch 'mal um, Rieschen, Rieschen,
    Kehrt Euch mal um,
    Ihr schöne Blum'.

Mutter, zapft vom besten Bier,
    Vom besten Bier,
    Der Ries' ist hier.
Kehrt u. s. w.

Mutter, gebt den Kaffeetopf.
    Den Kaffeetopf,
    Der Ries' ist 'n Tropf.
Kehrt u s. w.

In Antwerpen singt man:

Morgen fährt der Riesenwagen, der Riesenwagen,
    Kinder voll Freud'!
Und dann tragen wir Kantenkragen, Kantenkragen,
    Kleider von Seid'!
Kehrt Euch 'mal um, Rieschen, Rieschen,
    Kehrt Euch 'mal um,
    Riesenblum'.

Dieses letztere Liedchen drückt so recht eigentlich die Freude der Kinder aus, mit der sie die Zeit erwarten, wo zum Zeichen der Kermis die Fahnen von den Thürmen wehen, wo das Glockenspiel seine Festweisen erklingen läßt, wo Alles in Feiertagskleidern einhergeht, und in jedem Hause das Kermisgericht, der beliebte rysрap, Milchreis mit Safran, gegessen wird.

Das Fest Mariä Himmelfahrt, an welches sich die Antwerpner Kermis knüpft, soll, nach dem heiligen Bernhard, schon zur Zeit der Apostel eingesetzt und seitdem durch Ueberlieferung gefeiert worden sein. Da es an diesem Tage in katholischen Kirchen Brauch ist, Kornähren und Kräuter zu weihen, welche vor Krankheiten, Wetterschlag und bösen Geistern schützen sollen, so wird das Fest in Süddeutschland Unser Frauen Würzweihe oder Kräuterweihe, in einigen Gegenden Baiern's Büschelfrauentag genannt.

Denn in den Landgemeinden liefert jede fromme Haushaltung ein Bündel Kräuter und Blumen, welches in Baiern Kräuterbüschel, in der Rheinpfalz Würzwisch, am Rhein Marienwisch und im Limburgischen Krautbusch (kruidbos) oder Riecher (ruiker) heißt, zu dieser Segnung, um es nachher sorgfältigst neben den geweihten Palmen aufzubewahren. Nahet nun ein Gewitter, so nimmt die Hausfrau einige dürre Blumen oder Stengel des geweihten, Straußes, befeuchtet sie mit Weihwasser und legt sie unter dem frommen Spruche: „Gott walt's!" auf den Feuerherd, schließt alle Fenster und Thüren, und sucht den Rauch so viel sie kann im Hause zu verbreiten, in dem festen Glauben, dadurch Haus und Feld vor Gewitterschaden zu bewahren.

Ein echter Kräuterbüschel muß in Köln 9, in der Holetau gar 77 Kräuter enthalten, unter denen namentlich Königskerze oder Himmelbrand (vebrascum thapsus) als Hauptzierde nie fehlen darf. Auch im Limburgischen, wo man alles zusammenrafft, was man von Blumen und Kräutern im Garten, auf Feld und Wiesen findet, ist eine schöne Königskerze in der Mitte des Straußes ein unentbehrliches Erforderniß, und am Rhein müssen hier und da die Kräuter am vorhergehenden Donnerstag bei Sonnenaufgang ohne Messerschnitt gepflückt werden.

Dieser Umstand läßt vermuten, daß der Gebrauch des Kräuterbüschels, welchen die Kirche aufgenommen, altdeutschen Ursprungs ist, und wahrscheinlich einstmals der Freyja, der Mutter der Natur, galt, welche als solche für die Wetterbeherrscherin und die Mutter des Blitzschleuderers gehalten wurde. Die schöne Legende, daß die Apostel und Jünger, als sie am dritten Tage nach der Bestattung der heiligen Jungfrau zu ihrer Gruft kamen, um ihren Leichnam noch ein Mal zu sehen, die Städte leer, aber voll duftender Blumen und Kräuter fanden, bot einen passenden Anlaß, die Sitte der Kräuterweihe als Erinnerung an die Mutter Gottes auf diese und auf ihr größtes Fest zu übertragen.

Am Montag nach Mariä Himmelfahrt wird zu Ravensburg das Rutenfest gehalten, eigentlich ein Fest für die Schuljugend, an dem aber so viel ältere Leute Teil nehmen, daß es ein wirkliches Volksfest geworden ist. Es besteht aus halbmilitärischen Auf- und Umzügen der Knaben und Mädchen, von denen die Beiden, welche in der Schule am besten bestanden haben, König und Königin werden. Die Feier beginnt Vormittags mit einem Zuge in die Kirche; dann geht es in's Freie, wo nun Wettläufe, Armbrustschießen und andere Spiele angestellt werden. Der gewöhnlichen Annahme gemäß soll dieses Fest zum Andenken an eine Pest gefeiert werden, bei welcher man sich aus Furcht vor Ansteckung nicht mehr die Hand zu geben wagte, sondern sich nur noch mit Ruten grüßte. Da aber auch der Gregoriustag häufig Rutenfest genannt wurde, und es ehemals Sitte war, daß die Kinder die beim Schulgebrauch nötigen Ruten selbst schneiden und holen mußten, so mag das Ravensburger Fest, ebenso wie das gleichnamige in Augsburg, Kaufbeuren und andern Städten, wohl aus diesem Brauch entstanden sein, welcher den Kindern einen schulfreien Tag und somit einen Feiertag verschaffte. Ein Lied aus dem 16. Jahrhundert, das die Schüler sangen, wenn sie mit Ruten durch die Stadt zogen, bestätigt diese Vermutung.

Tags vorher, an demselben Sonntag, wo die Kermis von Antwerpen beginnt, findet an den Vorhöhen des Odenwaldes, in dem anmutigen Dorfe Dossenheim und an andern Orten der Umgegend von Heidelberg ein Volksfest statt, welches der Holzäpfeltanz genannt wird.

Am Vorabend des Festes legen die Burschen des Dorfes, welche am Tanze Teil nehmen wollen, ihren Mädchen einige Holzäpfel vor das Fenster als Zeichen der Einladung. Die wohlhabenden Mädchen holen sich nun die Hüte ihrer Tänzer und schmücken sie mit Bändern, künstlichen Blumen und Zitronen aus. Des Sonntags, nach beendigtem Gottesdienst, versammelt sich das ganze Dorf in und um einen ziemlich kleinen, eingeschlossenen Hofraum. An einem Tische in der Mitte sitzt die Musik, auf der Mauer ein Junge, der an einer Fichtenkrone den Preis des Tages hält: einen mit Bändern geschmückten runden Hut für den Sieger und ein Paar Strümpfe für seine Tänzerin. An vier Punkten eines Kreises stehen vier Einwohner des Orts mit Gewehren als Kampfrichter, von denen einer den Zweig eines Wallnußbaumes in der Hand hält. Ehe der Tanz beginnt, geht ein Mann mit einem Sacke voll Holzäpfel rings im Kreise umher und schüttet die Aepfel auf den Boden aus. Außer dem Hofe hängt an einem Baume eine geladene Muskete mit einer brennenden Lunte.

Die Mädchen kommen nicht mit ihren Tänzern, sondern stehen in Gruppen außerhalb des Kreises und lassen sich zum Tanze nötigen. Dies ist auch mit manchem jungen Burschen der Fall, dem aber als-

Holzäpfeltanz: Gebrauch im Odenwalde.

dann von den Uebrigen der Hut vom Kopfe genommen und in den Kreis geworfen wird worauf er sich dem Reigen anschließen muß.

Fängt der Tanz an, erhält der erste Tänzer in der Reihe den Wallnußzweig; er behält ihn in der Hand bis zum nächsten Kreiswärtel, der ihn abnimmt und dem zweiten Tänzer übergiebt. So dreht sich nun der fröhliche Haufe unter Scherz und Lachen der Tänzer und Zuschauer (deren Anzahl aus dem benachbarten Heidelberg gewöhnlich sehr groß ist) über die Holzäpfel hin, welche nicht selten ein Pärchen stolpern und zur Erde fallen lassen, bis die Lunte so weit abgebrannt ist, daß sie das Pulver berührt und die Muskete losgeht, Derjenige Tänzer, in dessen Hand sich in diesem Augenblick der Wallnußzweig befindet, trägt mit seiner Tänzerin die Preise davon, muß aber dafür im Wirtshaus, wohin sich jetzt die Gesellschaft begiebt, um weiter zu tanzen, die Uebrigen bewirten, weshalb nur reichere Jünglinge am Feste Theil zu nehmen pflegen.

Da nach der Versicherung der Bewohner Dossenheim's mit dem Holzapfeltanze noch eine Wald- und Weidegerechtigkeit verbunden sein soll, scheint dieses Fest ursprünglich aus einer alten Lehnsverbindlichkeit hervorgegangen zu sein, wie es deren viele ähnliche Feste gab.

So hielten noch 1784 auf dem Hummelberge bei Salze, 2 Meilen von Magdeburg, die Kotleute oder Salzwirker an der Mittwoche nach Pfingsten alljährlich einen Frühlingstanz ab. Sie zogen mit Feierlichkeit, eine Fahne und Musik voran, auf den Hügel, welcher eine entzückende Aussicht gewährt, und sobald der Zug den Gipfel erreichte, kniete der Fahnenträger nieder, schwenkte die Fahne und pflanzte sie in den Boden, um welche nun herumgetanzt ward. Denn nur unter der Bedingung, daß die Kotleute genau in der vorgeschriebenen Weise dieses Frühlingsfest auf dem Hummelsberge feierten, empfingen sie von der Obrigkeit eine bestimmte Quantität Bier, zu dessen Ankauf zwei Hufen Land bestimmt waren, die im Bierischen Felde lagen und dort verpachtet wurden.

Auch in der Stadt Altenburg mußten ehemals 25 Paare Altenburger Bauern und Bäuerinnen Tänze aufführen, so oft der Herzog von Sachsen-Gotha in die Stadt kam, und in Langenberg bei Gera fand früher alle Jahre ein Ball statt, welcher der Frohntanz hieß.

Wie die Ueberlieferung erzählt, fuhr einst am zweiten Pfingstfeiertag Kaiser Heinrich durch Langenberg und zerbrach ein Rad an seinem Wagen. Da die Bewohner des Ortes und der Umgegend gerade beim Tanzen waren, machte Niemand Anstalt, dem Kaiser beizustehen. Selbst auf die Aufforderung, den Schaden herzustellen, antworteten Schmied, Wagner u. A., sie müßten jetzt tanzen.

Seit jener Zeit nun ward alljährlich in Langenberg ein Frohntanz nebst Rügegericht gehalten, und zwar bis 1656 am zweiten, dann am dritten und seit 1728 am vierten Wochentage oder Mittwoch nach Pfingsten.

Es mußten dazu, nach einem alten Verzeichnis, 85 Paare aus den Dörfern Rindersdorf, Niederndorf, von der Zwicke, von der Grüna,

Hirschfeld, Zschippach und Stübnitz aus der Herrschaft Gera, sowie aus dem Amte Eisenberg erscheinen. Die Unterthanen des Sachsen-Altenburger Amtes Eisenberg weigerten sich seit 1728, dem Tanze ferner beizuwohnen; die Gemeinden Rindersdorf, Stübnitz und Grüna mußten aber nach wie vor mit Spielleuten an- und abziehen, wollten sie nicht wie Jeder, der nicht beim Tanz erschien, ein Neuschock Strafe zahlen, und 1703 sah man daher sogar einen Pfarrer als Frohntänzer auftreten, weil er Besitzer eines frohntanzpflichtigen Gutes war.

Die Tanzenden mußten sich bei einem umzäunten Lindenbaume einfinden, wo auch der Landrichter von Gera und die Gerichtsdiener erschienen. Die Bürgerschaft von Langenberg kam in schwarzer Kleidung, tanzte aber nicht mit. Der Gerichtsherr ließ unter die Tanzenden gesetzmäßig für 3 Gulden Kuchen verteilen; ein Faß Bier und die Spielleute mußten einige der Tänzer auf ihre Kosten anschaffen. Sobald das Faß Bier, welches unter der Linde lag, angezapft war, begann der Tanz, indem ihn der Landgerichtsdiener eröffnete und mit einer Frohnerin vortanzte. Dies dauerte so lange, als der Zapfen rann. Wer beim Tanz nicht fröhnte, ward vom Landknecht gepfändet, und mußte sich mit einem Goldgulden lösen. Dieselben Leute übrigens, welche zum Frohntanz verpflichtet waren, mußten auch auf Verlangen des Gerichtsherrn die Folge leisten. Neuerdings ist der Tanz unterblieben, nur der damit verbundene Jahrmarkt und die übrigen Gerechtsame bestehen noch fort.

Dagegen sollen sich ähnliche Frohntänze noch jetzt im Rudolstädtischen erhalten haben. Auch andere eigentümliche Tänze sind in Thüringen in Brauch geblieben, z. B. der Milchtanz zu Klein-Geschwenda bei Leutenberg im Schwarzburgischen, welcher am Johannistag stattfindet.

Nach geendigtem Nachmittagsgottesdienst geben die Musikanten auf dem sogenannten Herrenhofe dreimal ein Zeichen mit Blasen auf den Hörnern, worauf sich die Einwohner mit ihren Weibern und Kindern daselbst in der oberen großen Stube versammeln. Den Kindern, zu welchen sich auch noch andere Kinder aus dem Pfarrspiel gesellen, werden einige große Schüsseln mit Semmelmilch auf den Fußboden gestellt.

Nachdem die Kinder gebetet haben, lagern sie sich auf morgenländische Art um die Schüsseln herum und essen die Semmelmilch mit den Löffeln, welche sie mitbringen müssen, während die Musik ihnen dabei vorspielt. Sobald die Milch verzehrt ist, stehen die Kinder auf, sprechen ein Dankgebet und gehen bei Seite, um den Erwachsenen

Platz zu machen, welche jetzt den Tanz beginnen. Jeder Ehemann muß mit seinem Weibe drei Reihen tanzen, wobei der Schultheiß mit seiner Frau den Tanz eröffnet und der Hutmann oder Hirte den Schluß macht. Hat jeder Verheiratete seine drei Reihen getanzt, so erhalten die ledigen Personen die Erlaubnis, den Tanz fortzusetzen, so lange es ihnen beliebt.

Die Stiftung dieses Festes soll aus der Zeit des dreißigjährigen Krieges herrühren, wo die Gegend von Leutenberg so mitgenommen wurde, daß das Landvolk alles Vieh verlor und eine Kuh mit 110 Meißnischen Gülden bezahlt werden mußte. Als nun der damalige Besitzer von Klein-Geschwenda, Heinrich von Watzdorf, zuerst wieder Kühe kaufen konnte, ließ er aus Dankbarkeit gegen Gott die Kinder kommen, um sie mit der langentbehrten Milch zu erquicken, und verordnete zugleich, daß alljährlich am Johannistage vom Ritterhofe den Einwohnern Bier, den Kindern Milch mit Semmel verabreicht werden solle, um ihnen dadurch Veranlassung zu geben, dem Höchsten für den Segen an Vieh zu danken und ihn zu bitten, das Dorf künftighin vor Krieg, Viehseuchen und andern Landplagen zu bewahren.

Bei dem Hahnentanz, wie er in der Baar üblich ist, ruht in der Mitte der Scheune ein Hahn auf einer Stange, von welcher ein Querholz ausgeht, mit dem symbolischen Dreieck, worin ein Glas steht. Hat nun ein Paar beim Tanz um die Stange den Fleck unter dem Dreieck erreicht, so wirft die Tänzerin sich rasch mit einem Knie auf die Tenne und hebt ihren Tänzer mit dem Arm empor. Berührt er mit seinem Kopf das Dreieck, sodaß das Glas herabfällt, so hat die Tänzerin den Hahn, den Preis des Tages gewonnen, und Lust und lärmende Freude beginnt erst recht.

Der Hammeltanz im Städtchen Hornberg an der Gutach im Schwarzwalde ähnelt dem Holzäpfeltanz, indem auch bei ihm der Gewinn vom Zufall abhängt. Ein Tuch an einem Stabe, der Preis der Tänzerin, bezeichnet den Tanzplatz, auf den ein stattlicher Hammel, mit Bändern und Kränzen verziert, von Knaben herbeigeführt wird. Im Sonntagsstaat sammeln sich die jungen Burschen mit ihren Mädchen, und der Tanz beginnt im Freien zur ländlichen Musik, während ein doppelter Reif, in dem ein mit Wein gefülltes Glas steht, an einer brennenden Lunte befestigt wird. Ein Paar nach dem andern tanzt nun im Kreis um die Stange herum, und dem Tänzer, welcher gerade an der Reihe ist, wenn die Lunte abgebrannt ist und das Glas fällt, wird der Hammel als Preis zu teil. Der Sieger muß dann die übrige Gesellschaft in der Schenke bewirten, weswegen es immer so eingerichtet wird, daß das Loos des Tages einen Reichen trifft.

Die Hirtentänze in Stadt-Ilm, Blankenhain, Ilmenau und andern Orten im Weimarischen sind seit Anfang dieses Jahrhunderts abgeschafft worden, aber der sogenannte Schäferlauf hat sich im Württembergischen bis zum heutigen Tag erhalten.

Am Gedächtnistage des heil. Bartholomäus versammeln sich nämlich die sämtlichen Schäfer des württembergischen Unterlandes zu Markgröningen, um ihre Leggelder in die gemeinschaftliche Lade abzugeben und Innungssachen vor dem niedergesetzten Schäfergericht abzumachen. — Schon mit dem frühesten Morgen ziehen daher Schäfer und Schäfermädchen, Arm in Arm, mit Dudelsack und Schalmeienklang dem Städtchen zu, welches durch die von allen Seiten zu Wagen, zu Fuß und zu Pferd herbeiströmenden Fremden in wenigen Stunden das Ansehen einer sehr belebten Stadt erhält.

Um 8 Uhr begiebt sich ein Trupp der Schäferältesten mit Knotenstäben, von der Stadtmiliz begleitet, mit der Schäferlade und Fahne, mit silbernen Schippen und andern Insignien, unter Trommelwirbel und Schalmeienmusik prozessionsweise vor die Wohnung des Obmanns und holt ihn auf das Rathaus ab, wo die versammelten Schäfer und Knechte ihre Leggelder entrichten und dagegen das sogenannte Schäferzeichen, welches in Nesteln und Bändern besteht, erhalten. Dann beginnt eine feierliche Prozession in die Kirche. Voran gehen die Vorsteher von Markgröningen in größter Gala, hinter ihnen her die Fahne und Wache, worauf eine unübersehbare Menge Schäfer folgt. Hat der Prediger seine Rede über den guten Hirten beendigt, so zieht Alles hinaus auf das Stoppelfeld, wo der Schäfer- oder Hammmellauf stattfinden soll und bereits eine zahlreiche Zuschauermasse den ankommenden Zug erwartet.

Ist dieser in den Schranken, so wird von der Wache ein Kreis geschlossen, und die Schäfermädchen und Burschen, welche sich am Wettlauf beteiligen wollen, reihen sich in eine Linie. Die Jünglinge rennen zuerst, nach ihnen die Mädchen, sämtlich barfuß. Der Preis ist für die ersteren ein Hammel, für die letzteren ein Schaf, seltener ein Kleidungsstück oder etwas Silber. Beide stehen am Ende des Stoppelfeldes bekränzt in einer Zeune, in welche die Läufer hineinspringen müssen.

Der Stadtpfleger, welcher zu Pferde ist, zieht sobald der Lauf beginnen soll, ein rotes Tuch aus der Tasche, und nun fliegt der Haufe die Reihen hinunter dem Ziele zu. Neben den Läufern reiten die Kampfrichter, um etwaige Streitigkeiten zu schlichten. Ist der Lauf der Burschen vorüber, so rennen die Mädchen. Sie sind leicht und anmutig gekleidet und haben gewöhnlich ihre Liebhaber zur Seite, die ihnen während des Laufens Worte der Ermunterung zurufen, oft sogar die Hand geben, um sie zu unterstützen und so leichter das

Schäferlauf in Markgröningen.

Ziel erreichen zu lassen. Bald erscheint das siegende Paar mit goldenen Kronen gekrönt und im Triumphe die mit einer halben Bude Band gezierten Preistiere führend, und nun geht der Zug mit Musik ins Städtchen zurück, in der Mitte das königliche Paar, welches auf dem ersten geräumigen Platz, zu dem es kommt, einen Ball im Freien eröffnet, wo ohne Unterschied des Standes der angesehene Bürger die

Schäferin, und der Schäfer das Mädchen im Federhut oder Kopfputz herumschwenkt.

Dieser Tanz währt eine halbe Stunde, worauf alles auseinander geht, und die Zuschauer sich in den Gehöften oder bei Bekannten verlieren. Nach Tische gehen die vornehmeren Leute, welche sich mit Tanz oder Zusehen vergnügen wollen, auf das Rathaus, wo ein öffentlicher Ball stattfindet, und Abends ist in allen Gasthöfen Tanzmusik, bei welcher meist die ganze Nacht hindurch getanzt wird.

Auf dieselbe Weise feiern die Schäfer des württembergischen Oberlandes ihre Schäfermärkte in Urach und Wildberg, die badischen ihren Schäfersprung in Brettern. In Rothenburg ob der Tauber, wo sich am Bartholomäustage die Schäfer und Hirten der ganzen Gegend in der Bartholomäuskirche versammeln und dann in die Wolfgangskirche ziehen, halten sie zuerst im Gasthof einen Schmaus, und dann auf dem Markte einen Tanz ab, bei welchem nur Schäfer tanzen dürfen, und jeder andere, der sich unter die Tänzer mischen will, in den Röhrkasten am Brunnen geworfen wird.

Das Volksfest, welches seit den ältesten Zeiten alljährlich am Sonntag nach Bartholomäi in Wolfartsweiler in einem Wirtshause stattfindet, das turmartig gebaut ist und ehedem einen Edelhof bildete, ist mit Hahnentanz, Wettläufen, Sackspringen, Ringkämpfen, Klettern, Scheibenschießen u. dergl. verbunden, weshalb es von Nah und Fern außerordentlich besucht wird.

In Norddeutschland sind es namentlich die Vogel-, Scheiben- und Königsschießen, zu denen der Monat August häufig bestimmt ist, und welche deshalb häufig den Namen Augustschießen führen.

Gewöhnlich werden sie auf einer Wiese, einem Anger oder sonstigen freien Platze außerhalb der Stadt abgehalten, der während dieser Zeit mit allen möglichen Wein-, Punsch-, Bier-, Bratwurst- Lotto- und anderen Buden besetzt ist. Hier steht ein Puppentheater, auf dem ein Ritter- oder Zauberstück aufgeführt wird, dort ein Wachsfiguren-Kabinet oder eine Menagerie; hier treibt ein weinerlicher Bajazzo seine schalen Späße und zwischendurch schrillen die ohrzerreißenden Töne eines Bänkelsängers, der eine schreckliche Mordgeschichte absingt; dort ist ein Erdspiegel, worin jeder um einen Dreier seine zukünftige Geliebte erblickt, und daneben ein Karoussel oder eine russische Schaukel, welcher Kinder, groß und klein, jubelnd zueilen: wohin man schaut, ist überall reges Leben, ungezwungene Fröhlichkeit, es ist ein Fest für alle Stände. Die Dauer desselben ist verschieden, an einem Orte

Vogelschießen auf der Dresdner Vogelwiese.

dauert es 8, an einem andern 14 Tage, fast nie jedoch unter drei Tagen und nie über vier Wochen.

Nahte ehemals die Zeit des Vogelschießens, so erließ man Schützenbriefe an die benachbarten Städte und Gesellschaften; zahlreiche Schützen und Gäste jeden Standes fanden sich ein. Während des Festes selbst wurde große Gastfreundschaft geübt und alles gethan, um Freude und Heiterkeit zu verbreiten. Nicht nur mit der Armbrust und der Büchse wurde nach dem Vogel oder der Scheibe geschossen, die bald einen Mann, bald einen Hirsch oder dergleichen vorstellte, sondern auch andere Spiele, wie Ringelstechen, Ballonschlagen, Kegeln, Hahnenschlagen, Wettlaufen Würfeln u. s. w. fanden statt, und jeder Gewinn war mit einem Fähnlein verbunden, das die Gewinner stolz in ihren Schützenstuben aufhingen. Der höchste Preis war gewöhnlich hundert Gulden und eine Fahne, doch wurde auch um Kleidungsstücke, Hüte, Ochsen, Widder und andere Tiere geschossen, zu deren Ankauf jeder Schütze eine kleine Einlage gab. Häufig verherrlichten Fürsten durch ihre Gegenwart das Fest der Bürger, und die Chroniken der Städte sind reich an Nachrichten von Freischießen und Schützenfesten, deren einige historisch wichtig sind.

So ward 1458 ein Schießen zu Konstanz gehalten, welches einen Krieg mit der Eidgenossenschaft veranlaßte, indem ein Bürger einen Bernerplappart, eine Scheidemünze, Kühplappart nannte, ein Schimpf, der durch die Wegnahme von Weinfelden gerächt wurde, und das Zielschießen von Köln im Jahre 1509, bei welchem Hans Hindelfinger, ein Stuttgarter Bürger und Schneider, den höchsten Preis gewann, aber von den Kölnern darum betrogen wurde, verwickelte in Folge dieses Vorfalls die Stadt in eine Fehde mit Götz von Berlichingen, dem Ritter mit der eisernen Hand. Berühmt sind die Schützenfeste zu Passau 1555, Kolmar 1560, Worms 1575, Straßburg 1576 und das große Landschießen zu Zwickau 1573. Bei dem Vogelschießen zu Halle im August 1601 wurden 156 vornehme Städte eingeladen, und bei dem Armbrustschießen, welches 1631 die in Leipzig versammelten protestierenden Stände und Fürsten im Ranstädter Schießgraben veranstalteten, gewann der Herzog von Altenburg den ersten Preis.

Höchst originell war das Scheibenschießen, das am 26. August 1819 in Bautzen abgehalten wurde. Man schoß nämlich dabei in nicht zu weiter Entfernung in eine mit Citronen und Quarkkäse bemalte Scheibe, welche während des Schießens durch eine Laube gezogen ward.

Traf der Schütze eine Citrone, so überreichte ihm mit steifen Höflichkeitsbezeugungen der Stadt-Zeremonienmeister unter Pauken- und Trompetenschall auf silbernem Präsentierteller eine Citrone nebst einem Glas Wein. Ward hingegen nur ein Käse getroffen, so brachte ein wendischer Hochzeitsbitter mit drollig verdrehtem Deutsch auf einem hölzernen Teller ein Glas Bier nebst einem weißen Quarkkäse, wie solche in dortiger Gegend gemacht werden.

Zu Saerbeck an der Ems wählt man am Abend vor dem Feste einen Kommandeur nebst zwei Schöffen und zieht unter ihrer Anführung zu einem Bauern, bei dem man auf der Diele aufmarschiert. Dort tritt der Kommandeur vor, und bittet ihn um einen Birkenbaum, den er gewährt, worauf die Schützen bewirtet werden und der Baum ausgesucht wird. Am folgenden Tage wird nach der Scheibe geschossen, und wer den besten Schuß thut, wird König. Dieser wählt sich eine Königin, und sobald er ihren Namen verkündet hat, wird eine Deputation von zwei Ehrendamen zu ihr gesandt und sie mit Jubel eingeholt. Musik und Tanz schließen das Fest.

Großen Ruf hat das Vogelschießen in Rudolstadt in Thüringen, sowie die sogenannte Vogelwiese in Dresden.

Bei dem Ersteren, welches gegen vier Wochen dauert und seit 1722 alle erdenklichen Lustbarkeiten, wie Theater, Bälle, Glücksspiele, Schaubuden und dergl. bietet, muß der neue König seine Kompagnie mit Bratwürsten, Semmeln und Bier traktieren.

Das Dresdner Vogelschießen beginnt am Sonntag vor dem 1. August, wenn dieser nicht selbst auf einen Sonntag fällt, dauert acht Tage und ist das Hauptvolksfest in der Residenzstadt Sachsens.

Es ward früher auf der Ratswiese am Jüdenteich gehalten, bis Kurfürst August es 1577 auf die Wiese vor dem Ziegelschlage verlegte, die davon Vogelwiese genannt wurde und später dem ganzen Feste seinen heutigen Namen gab.

Bei der feierlichen Einweihung schoß der Kurprinz Christian selbst mit, denn der Hof nahm sonst an beiden Schießen, dem Vogel- und dem Königsschießen, Teil, und bewilligte der Bogenschützengesellschaft, welche seit 1446 bestand und bereits 1454 ihr eigenes Schießhaus besaß, verschiedene Rechte und Freiheiten. In neuerer Zeit läßt sich der König gewöhnlich durch einen Kammerherrn vertreten, der jedoch königliche Ehren genießt, mit königlichem Galawagen hinfährt und mit Kanonensalven begrüßt wird. Das Schießen selbst ist durch das Emporblühen des damit verbundenen Volksfestes allmählich in den Hintergrund gedrängt worden, und die große Wiese ist jetzt wie bedeckt mit Zelten und Buden, in denen für alle erdenklichen Genüsse des Magens und der Schaulust gesorgt ist. Saure Gurken, Bratwürste und neue Kartoffeln sind die unumgänglich notwendigen Gerichte dieser Tage, die Waldteufel die Hauptbelustigung für Jung und Alt, aber trotz des ungeheuren Zusammenflusses von Menschen herrscht im allgemeinen Mäßigung und Ruhe.

Während daher die Vogelwiese sich von Jahr zu Jahr einer größeren Teilnahme zu erfreuen hat, gerät das Berliner Augustfest, der bekannte Stralower Fischzug, mehr und mehr in Verfall. Der Name rührt von einem feierlichen Fischzuge auf der Spree her, mit dem das Fest beginnt. Die Fischer der Gemeinde ziehen nämlich am St. Bartholomäustage um 5 Uhr Morgens mit Musik hinaus und thun fünf Züge mit dem großen Garne, deren Ertrag hauptsächlich für den Prediger des Dorfes bestimmt ist. Ehemals bekam dieser jedes Jahr noch außerdem einen Stiefel, damit er, wie es hieß, „den zwischen Kirche und Dorf gelegenen Graben durchschreiten könne," doch ist diese Leistung jetzt in eine Geldzahlung von 1½ Thaler jährlich verwandelt worden, wie auch neuerdings der Zug des Netzes mit 8 Thalern vergütigt wird.

Nach dem Fischzug gehts zum Dorf zurück, wo sich bald die gedrängten Massen der Städter einfinden. Denn schon ganz früh morgens sind die Straßen Berlins an diesem Tage ungewöhnlich belebt. Verkäufer und Verkäuferinnen eilen dem Stralower Thore zu, um ihre Waaren bei Zeiten aufzustellen, Hausfrauen laufen in die Läden, um alle mitzunehmenden Vorräte zu holen, Schiffer schmücken ihre Kähne und Gondeln, Fuhrleute putzen die Wagen, die sie aufstellen wollen, kurz Jedes hat noch etwas Nötiges für den Nachmittag zu besorgen.

Kaum naht die Mittagsstunde, so macht sich Alles zurecht, um sich zu Lande oder zu Wasser nach Stralow zu begeben. Wer es irgend vermag, nimmt einen Wagen, in welchen sämtliche Mitglieder der Familie und die mit Lebensmitteln gefüllten Körbe hineingepackt werden; wer keine „Groschens" zum Fahren hat, zieht zu Fuß hinaus durch die Mühlenstraße zum Thor. Dort drängen sich schon immer dichter und dichter die Massen zusammen. Schaarenweise, Arm in Arm, gehen singend und pfeifend die Lehrlinge und Gesellen der verschiedenen Handwerke, Soldaten aller Waffen und Arbeiter aller Klassen. Ehrbare Bürger mit Weib und Kindern, Dienstmädchen und Kinderwagen, einzelne Pärchen und alleinstehende Individuen jeden Geschlechts und Alters brechen sich mühsam Bahn, und unter Toben und Schreien, Jubeln und Lärmen erreicht man endlich den Platz, wo in Buden, Zelten und auf offenen Tischen für alle Bedürfnisse des Gaumens Befriedigung zu finden ist. Namentlich der Schnaps fließt in Strömen, und bald genug sind Prügeleien das Hauptvergnügen des Tages. Die Gasthäuser rechts und links in und vor Stralow sind mit Menschen wie besäet, überall stehen Tische, Bänke und Stühle bis mitten ins Gewühl der Straße hinein, und von allen Seiten hört man die Musik der Straßenvirtuosen und die Stimmen der Ausrufer und Ausruferinnen. Auch auf jedem der leichten Kähne,

Scene beim Stralower Fischzug.

der buntbeflaggten Gondeln und kleinen Dampfboote, welche zahllose Bewohner der unteren Klassen der Residenz auf der Spree nach Stralow und dem gegenüberliegenden Treptow befördern, sitzt irgend ein Künstler mit einem Leierkasten, oder ein Barde, dessen Töne die auf dem Schiffe befindliche Gesellschaft unwillkürlich zum disharmonischen Mitgesange fortreißen.

Das heiterste Bild gewährt unstreitig der Kirchhof mit seiner Aussicht auf die Spree nnd deren jenseitiges Ufer, das an diesem Tage nicht minder belebt ist, als das Stralower. Hier lagert sich im Grase und unter Bäumen alles, was sich von Berlin aus mit Proviant versorgt hat. Die Körbe werden ausgepackt, die Flaschen aufgemacht und unter Scherzen und lauter, aber harmloser Freude das mitgebrachte Mahl verzehrt. Um jedoch auch diese Gelegenheit nicht unbenutzt vorübergehen zu lassen, naht hier ein Bärenführer mit einem Kameel, auf dem ein rotgekleideter Affe herumspringt, dort ein Savoyardenknabe mit seinen Murmeltieren und weißen Ratten, und in einem Winkel an der Kirche verlockt die heisere Stimme eines Guckkastenmannes die friedlich essenden Kinder, mit ihrem Butterbrod in der Hand hinzustürzen, um die Wunderdinge mit eigenen Augen zu schauen, welche sie anpreisen hören.

So kommt der Abend heran, und mit ihm der Sonnenuntergang, welcher zur Heimkehr mahnt. Alles bricht auf. Mit geschäftiger Industrie rufen hundert und aber hundert Fiaker die nach Hause Wollenden an, und mit starker Fracht versehen eilt Wagen an Wagen durch die dichten Reihen der Fußgänger nach der Hauptstadt zurück. Vom fröhlichen Gesang ertönt die Luft, jauchzend ziehen in möglichst breiten Reihen die Handwerksgenossen dahin; der Familienvater, mit dem jüngsten Kinde auf dem Arm, ein größeres an der Hand, geht neben seiner Frau, welche die leeren Körbe heimträgt und die anderen Kinder fortwährend antreibt, nicht zurückzubleiben. Selig im Rausche des Branntweins schwankt so mancher Bummler hin und her, und allenthalben sieht man an den eingedrückten oder krämpelosen Hüten, an den zerissenen Röcken und Fräcken und an den geschwollenen Backen, den regenbogenfarbenen Rändern unter den Augen und den schiefgequetschen Nasen die deutlichen Spuren des lebhaften Handgemenges, welches das Fest verherrlicht hat. Ist man in die Stadt gelangt, so verführen die vielen Restaurationen aus denen tobendes Lärmen und fröhliche Musik erschallen, Jeden, der noch einige Münzen in der Börse hat, sich vor dem Schlafengehen von der Abendwanderung zu erholen. Von neuem drehen sich glückliche Paare im raschen Tanz, während die brennenden Pfeifen und Cigarren sie in dichte Rauchwolken hüllen; wiederum fließt Bier und Schnaps, und noch einmal, ehe man sich trennt, erhebt man die Fäuste, um sich einige Tage lang daran erinnern zu können, daß der Sommer vorüber ist.

Denn für den echten Berliner gilt der Stralower Fischzug ganz ebenso als Merkzeichen für das Ende des Sommers, wie der Bartholomänstag in Tirol, wo es um Meran heißt:

Um Bartlmä
Schaut der Schnee
Uebers Joch her,

oder in England, wo man sagt: St. Bartholomäus bringt den kalten Tau.

Anderwärts dagegen glaubt man nach diesem Tage das Herbstwetter bestimmen zu können. Ist das Wetter schön, wird ein schöner Herbst und ein gutes Weinjahr; wie es an St. Bartholomäi wittert, soll es den ganzen Herbst durch wittern.

Nach einer preußischen Sage zieht der wilde Jäger zu Bartholomäi um, und der dem Barthel im Namen nahe verwandte Bertpold steht an der Spitze des wilden Heeres. Deshalb drohte man ehemals in Heteborn, wenn der Flachs um Bartholomäi nicht eingebracht war, „Frau Harke werde kommen," und in Grochwitz bei Torgau ist am Bartholomäustag die Redensart üblich: „Nun hat die Herke gezogen, nun müssen wir's Winterkorn hereinbringen, sonst verdirbts." Auch pflegt man dort nach Bartholomäi keine Brombeeren mehr zu essen, weil man behauptet, „Barthel habe sie beschmutzt," und auf einigen Alpen der Schweiz wagt man in der Bartholomäinacht der wilden Jagd wegen kein Vieh im Freien zu lassen. Der heilige Bartholomäus ist also an die Stelle Wuotans getreten, und auf seinen Ehrentag sind einzelne Züge des großen Festes übertragen worden, welches in vorchristlicher Zeit den Schluß des Sommers und der Ernte bezeichnete. Daher erzählt man auch von der Heiligkeit dieses Tages, in einem Dorfe zwischen Nenndorf und Hannover sei ein Knecht, dem ein reicher geiziger Bauer an Bartholomäi trotz aller Gegenvorstellungen befohlen habe, Bohnen einzufahren, zum allgemeinen Schrecken samt Wagen und Pferden verschwunden, und in Schwaben wird vorzugsweise der Bartholomäustag zur Abhaltung der Sichelhenke oder des Erntefestes gewählt

Sobald man nämlich alles Korn „eingeheimst" hat, ist es Brauch, einen Schmaus zu geben, welcher an manchen schwäbischen Ortschaften Sichelhenkete, an anderen Schnitthahn, in Schwäbisch-Hall Niederfallet heißt. Man bäckt Brodkuchen dazu, die mit Rahm dick bestrichen sind und Beete oder Beetle genannt werden, kocht zweierlei Fleisch und giebt Wein und Bier zu trinken. Nachmittags ist Musik und Tanz, und gewöhnlich kommen noch andere Lustbarkeiten, wie Hammeltänze, Hut- und Hahnentänze vor.

Bei den Deutschböhmen wird dieser Schmaus, welchen sie

Sichellege oder Haberkranz nennen, stets am Sonntag nach Beendigung des Schnitts gehalten, und im nördlichen Deutschland, wo er Vergodendeel, Erntebier, Erntekranz u. s. w. heißt, wird er meist schon an demselben Tage gegeben, wo das letzte Fuder Getreide unter den dabei üblichen mannichfachen Zeremonien eingefahren worden ist.

Spiele im Hochgebirge.

September.

Obgleich der September längst aufgehört hat, der siebente Monat des Jahres zu sein, der er nach dem alten römischen Kalender war, wo das Jahr im März anfing, so hat er doch gleich den ihm folgenden drei Monaten seinen unrichtigen Namen behalten. Kaum hier und da auf dem Lande wird er noch Herbstmonat genannt, wie Karl der Große ihn nach dem Einernten des Obstes („herbsten") bezeichnet wissen wollte. Denn schon damals hatte der Verkehr mit den Romanen so viel römische Namen eingeschwärzt, daß bald diese, bald jene neben den gebräuchlichen angewendet wurden, und der Kaiser, um die unter seinen Völkern vielfach schwankenden Benennungen festzustellen, eine Liste der Monatsnamen zusammenstellte, die er als alleingültig in seinem großen Reiche vorschrieb. Seiner Verordnung gemäß sollte der Januar Wintermonat, der Februar Hornung, der März Lenzmonat, der April Ostermonat, der Mai Weide- (Wonne-) Monat, der Juni Brachmonat, der Juli Heumonat, der August Erntemonat, der September Herbstmonat, der Oktober Weinmonat, der November Windmonat und der Dezember Christmonat heißen. Indessen mit der Zeit sind auch diese Namen, von denen wir nicht wissen, ob Karl sie selbst gebildet habe, oder ob sie schon vorher üblich gewesen sind, wiederum mehr und mehr in Vergessenheit geraten und von den römischen verdrängt worden. Nur in Schweden, Dänemark und den Niederlanden sind die alten Bezeichnungen der Monate heimisch geblieben, in England sind sie ebenfalls verschwunden, und die Festlichkeiten, welche den September im Angelsächsischen Heiligmonat nennen ließen, haben sich dort jetzt auf die Feier des Michaelistages eingeschränkt.

In Süddeutschland dagegen erinnert noch die sogenannte Frauendreißigst an ehemalige längere Festzeit. Die Tage von Mariä Himmelfahrt bis Mariä Geburt oder deren Oktave, vom 15. August bis 15. September, werden nämlich in Baiern und Tirol die Dreisgen oder Frauendreißigst genannt, und diese Zeit gilt für besonders heilig und einflußreich. Während der Dreisgen verlieren die giftigen Pflanzen und Thiere alles Gift oder einen großen Teil desselben, das „Anblasen" und „Anpfeifen", wovor sich der Tiroler so fürchtet, weil es einem tiefgewurzelten Glauben nach Menschen und Vieh verwirrt, schläfrig und krank machen kann, thut keinen Schaden, und Eier, in der Dreisgenzeit gelegt, werden nie faul und sind vorzüglich gut zum Ausbrüten im Frühjahr. Ein dreifacher Segen aber ruht im Dreisgen auf allen Gewächsen der Erde, welche dem Menschen nützlich sind, und alle Hausmittel, Kräuter und Blumen, die man zu Thee oder Medizin nötig hat, bringen, in dieser Zeit gesammelt, dreifach bessere Wirkung hervor, als gewöhnlich. Einige Kräuter, wie die Baldrianwurzel gegen kranke Kuheuter, darf man, nach der im Zillerthal herrschenden Volksmeinung sogar „nur an den drei Sonntagen zwischen den Frauentagen" und zwar Morgens bei Sonnenaufgang pflücken, wenn sie helfen sollen. Daher ist kein Dorf im Lande, wo nicht die Dreisgen dazu benutzt würden, um die für den Hausgebrauch notwendigen Pflanzen, die in keiner ordentlichen Bauernwirtschaft fehlen dürfen, mit Muße einzusammeln, und die Kräuterweihe, welche anderwärts an Mariä Himmelfahrt stattfindet, ist in Folge dessen an vielen Orten auf Mariä Geburt verlegt worden. Namentlich in der Abtei der Prämonstratenser zu Wilten, zu denen man, wie zu den Franziskanern, ein besonderes Vertrauen hat, strömt von allen Seiten das Landvolk mit Blumen und Kräutern herbei, um diese durch den Gottessegen, welchen die Kirche spendet, noch wirksamer zu machen. Wem es möglich ist, der läßt auch, unter den Blumen versteckt, eine Dreisgenkröte mitweihen. Denn Kröten, in der Dreisgenzeit gefangen, getötet und gedörrt, sollen gegen Zauber schützen, und der rechte Fuß einer Dreisgenkröte, mit einem roten Faden über die Herzgrube gehangen, wird für ein sicheres Mittel gegen das Fieber gehalten. Auch Wiesel pflegt man in dieser Zeit zu fangen und auszubalgen, weil dann der Balg für ein treffliches Amulet gegen jedes Anblasen und Anpfeifen gilt, und eine dadurch entstandene Geschwulst bei Menschen und Vieh durch Bestreichen damit sehr rasch vergehen soll, und in Baiern macht man die sogenannten Fraisbeter, eine Art Paternoster, aus den vom Fleisch gereinigten Wirbelknochen einer Natter, welche man im Frauendreißigst fängt, in einem wohlverschlossenen neuen Topfe durch Hitze und Hunger tötet und dann in einen Ameisenhaufen legt, damit das Fleisch ganz rein weggenagt wird. Ein solcher „Better" ist sehr gesucht, indem er nach dem Wahne der Bewohner einiger Gegenden alle Kopfausschläge heilen soll.

Das Fest Mariä Geburt, welches den Frauendreißigst endigt und zum Unterschied von Mariä Himmelfahrt, dem großen Frauentag, der kleine Frauentag genannt wird, gehörte schon Ende des 7. Jahrhunderts zu den Tagen, an denen feierliche Prozessionen angestellt zu werden pflegen. Der heilige Bonifaz führte es in Mainz ein, und seit dem 10. Jahrhundert wurde es in ganz Deutschland auch außer der Kirche als großes Fest begangen. Jetzt wird es nur noch in katholischen Ländern gefeiert, wo es namentlich in Belgien, Baiern und dem österreichischen Kaiserstaate zu zahlreichen Wallfahrten Anlaß giebt. Meist unternehmen ganze Dörfer den oder jenen frommen Pilgerzug, an einem und demselben Tage aufbrechend und zurückkehrend. Nach verrichtetem Gebet in der Dorfkirche oder Kapelle beginnt der Auszug, voran die Fahne, oft auch Musik, dann die jungen Leute beiderlei Geschlechts, die Mädchen, unter einem Baldachin die Statue der Jungfrau tragend; die Männer folgen unter Leitung eines Aeltesten oder Vorbeters, und hinten nach kommen die Frauen, jede den Speisevorrat von Brod und anderem Gebäck in einem Bündel auf dem Rücken schleppend.

Zu den verehrtesten Marienbildern, welche vorzugsweise an diesem Tage besucht werden, gehört das von Maria-Zell in Steiermark.

Dieser Gnadenort, welcher in Oesterreich eines fast eben solchen Rufes genießt als Loretto in Italien, verdankt seine Entstehung einem Priester des Stiftes St Lambrecht, welcher, 1157 in jene Gegend geschickt, eine aus Lindenholz geschnitzte Statue der Mutter Gottes mit sich nahm und in seiner Bretterhütte auf einem Baumstock aufstellte. Seine Frömmigkeit zog bald aus der Fremde Gläubige herbei, die das

Bild in der „Zelle“ um Trost und Hülfe entflehten, und die Wallfahrt des Markgrafen Heinrich I., nach Andern Wratiwslaw's von Mähren und seiner Gemahlin, welche Beide schwer krank darniederlagen, im Traume aufgefordert wurden, Maria in Zell anzurufen und sogleich genesen waren, als sie es thaten, vermehrte den Ruf des neuen Wallfahrtsortes. Zugleich ließ der Markgraf aus Dankbarkeit um 1200 eine steinerne Kapelle, die noch jetzt in der Mitte der Kirche steht, errichten, und Friedrich III., Erzbischof von Salzburg, verlieh 1330 allen Zeller-Wallfahrern 40tägigen Ablaß. — Als Dank für einen Sieg, den er der Jungfrau zuschrieb, umgab Ludwig I. von Ungarn die Kapelle mit einem Gotteshause, von welchem der schöne gotische Turm noch jetzt vorhanden ist, und schenkte ihr seine und seiner Gattin Hochzeitskleider, seine Steigbügel, Sporen, sein Schwert und das Marienbild seines Hausaltars.

Bald entstand ein Flecken, der 1342 zu einem Markte erhoben wurde und der 100tägige Ablaß, den Papst Clemens VI. im Jahre 1346 allen Wallfahrern verlieh, ward von den späteren Päpsten noch mehr ausgedehnt. Ebenso mehrten sich die Privilegien und Schenkungen der weltlichen Fürsten, und die meisten Regenten aus dem Hause Habsburg ließen bedeutende Geschenke als Andenken ihres Besuches in der Kirche zurück. So namentlich Karl VI., Maria Theresia und deren Kinder.

Das 6. Jubeljahr der Ankunft des Marienbildes in Maria Zell zog 1756 über 373,000 Pilger hin. Nicht weniger besucht war der Ort zur Zeit des letzten Jubiläums, wo selbst aus Preßburg eine große Prozession mit dem Primas von Ungarn an der Spitze nach Zell kam.

Im Allgemeinen rechnet man durchschnittlich 174 Prozessionen im Jahre oder gegen 97,000 Wallfahrer. Ueber 70 Prozessionen treffen jährlich je an festgesetzten Tagen in der Kirche ein und werden von Priestern unter Musik und Glockenläuten empfangen und feierlich eingeholt.

Gewöhnlich beginnen geschmückte Jungfrauen den Zug; dann folgen die Männer frei und bürdelos, und die Weiber, hochbeladen und keuchend, schließen die Prozession, Nur bei einigen aus Oberösterreich kommenden Schaaren eröffnen Junggesellen, mit grünen Kränzchen und aufgeschleiften rosenfarbenen Seidenbändern geschmückt den Zug, dann erst folgen die Jungfrauen, Männer und Weiber. Alle singen bei den Einzügen die lorettanische Litanei, die deutschen meist in Dur-, die Slaven und Magyaren in Molltönen.

Die Auszüge sind beinah immer den Einzügen gleich. Fast alle Wallfahrer besuchen vor ihrem Weggange die 1711 erbaute Kapelle zum heil. Brunnen, um von dem Wasser zu trinken, das sich zu beiden Seiten des Altares in Marmorbecken ergießt, und kranke Körperteile, besonders die Augen, damit zu waschen.

Diese Wallfahrten zu den als wunderthätig verehrten Bildern der heil. Jungfrau oder anderer Heiligen sind zum großen Teil aus den Waldfahrten der alten Deutschen zu den Heiligtümern ihrer Gottheiten hervorgegangen. Wie diese den Wäldern oder Hainen, in denen man opferte, den Bäumen, welche für heilig, und den Brunnen oder Quellen, die für besonders geweiht oder heilkräftig gehalten wurden, galten, so knüpfen auch zahlreiche Legenden die Entstehung von Wallfahrtsorten an die Erscheinung eines Marien,- oder Heiligenbildes im Gezweig eines Baumes oder in der Nähe einer Quelle, und oft sind dieselben Stätten, welche schon in vorchristlicher Zeit von Pilgerzügen besucht wurden, berühmte Gnadenörter geworden. Denn wie der Aberglaube und die Bräuche des Volkes hauptsächlich an den Tagen haften, die vormals festlich begangen wurden, so behielten auch die Orte, welche vermutlich besondere Sitze des heidnischen Kultus gewesen waren, ihre frühere Anziehungskraft, und es blieb der Kirche nach dem Sturze der alten Götter nichts übrig, als die der Menge liebgewordene und von ihr für heilbringend erachtete Gewohnheit auf Christliches zu übertragen. Darum erhielten Plätze, an denen ehedem gebetet und geopfert wurde, christliche Namen und christliche Deutung; Neue traten hinzu, und bald konnte das Volk in jedem seiner Anliegen, wie einstmals zu der oder jener einer Gottheit geweihten Stelle, so jetzt sich zu dem oder jenem Marien- oder Heiligenbilde wenden.

Um jedoch für jeden einzelnen Fall, in jeder speziellen Lage oder Stimmung ein höheres Wesen vertrauungsvoll anrufen zu können, wie zur Zeit des Heidentums, wo Wotan, der Allvater, allein 400 Namen gehabt, begnügte sich das grobsinnliche Landvolk nicht mit den vielen Personen der Heiligen, deren jedem eine besondere Heilkraft in irgend einem Leiden zugeschrieben wurde, sondern es faßte auch die verschiedenen Beziehungsnamen der heiligen Jungfrau persönlich auf, verwechselte das Gnadenbild mit Maria selbst, und dachte sich die Marienbilder einzelner Kirchen und Kapellen gleichsam als verschiedene göttliche Wesen und Personen. Deshalb eilt es bald zu diesem, bald zu jenem Wallfahrtsorte, richtet hier an die trauernde schmerzensreiche Mutter, dort an die glorreiche Himmelskönigin, hier an die milde Trösterin der Unglücklichen, dort an die gnadenreiche Helferin in aller

Not seine Gebete und Gelübde. Auch die sogenannten Bilderstöcke, die am Wege stehenden Steinkreuze mit Bildernischen, welche man vorzugsweise bei Wallfahrtsorten häufig sieht, sind Nachahmungen der in heiligen Hainen befindlichen Bäume mit eingeschnittenen Nischen, in denen man die Gottheitszeichen aufsteckte, um sie vor Regen zu schützen, und nicht selten benutzte man die nämlichen Bäume welche skurs (plattdeutsch schur, vor Regen geschützt) hießen, um ihnen durch ein hineingestelltes Bild oder Kreuz die christliche Weihe zu geben. Namentlich findet man noch viele Linden und Eichen, in denen Heiligenbilder hängen, und zahlreiche Wallfahrtskirchen verdanken solchen Bäumen ihrem Namen. Nicht minder giebt es noch manche ehedem heilige Quellen, welche den Ruf besonderer Heilkraft bis jetzt bewahrt haben. Bei einigen hat sich das Andenken ihrer früheren Bestimmung im Namen, in Sagen und Erzählungen erhalten, bei andern haben sich aus der ihnen beigelegten christlichen Bedeutung neue Legenden über ihren Ursprung gebildet. So z. B. der Adelheidsbrunnen im Dorfe Pützchen bei Bonn, wo noch alljährlich am Hauptwallfahrtstage ein sehr besuchter Jahrmarkt abgehalten wird, und der Brunnen, dem das Dorf seinen Namen verdankt, von einer frommen Aebtissin des Klosters Vilich herrühren soll, welche bei einer sehr anhaltenden Dürre im 10. Jahrhundert nach inbrünstigem Gebete ihren Stab in die Erde stieß, und dadurch den Quell hervorsprudeln machte, der nach ihr genannt wurde und für wunderkräftig gilt.

In Wien ziehen am Tage Mariä Geburt, wo Wien von den Türken befreit worden ist, sämtliche Holzscheiber mit einer alten Türkenfahne nach Klosterneuburg, wo ein feierliches Hochamt abgehalten wird, und dann begeben sie sich auf die sogenannten Sobiesky-Wiesen, wo Halt gemacht und bis spät in die Nacht gesungen, getanzt, gegessen und getrunken wird, worauf man vergnügt den Heimweg antritt.

Der Ursprung dieser Gewohnheit rührt aus der Zeit der Belagerung von 1683 her, wo der ruhmwürdige Verteidiger der Stadt, Graf Rüdiger von Starhemberg, der Zunft der Holzscheiber für die von ihnen bewiesene Tapferkeit besondere Vorrechte verlieh.

Als nämlich die Not der Belagerten auf das Höchste gestiegen war führten Passauer Schiffer, von Linz aus, der Stadt auf 19 Schiffen Lebensmittel zu, konnten aber nicht nach Wien, weil die Türken bei Nußdorf die Donau mit einer großen Kette abgesperrt hatten. Da wagten sich in der Nacht 50 mutige Holzscheiber hinaus und hoben die Kette so, daß die Schiffe weiterfahren konnte und glücklich nach Wien gelangten.

Beim Festzug zieht eine Musikbande vor dem Fahnenträger her, welchem sechs weißgekleidete Mädchen mit Polstern folgen, auf denen kleine Scheite Holz liegen. Dann kommen vier Männer, einen Schubkarren tragend, und hinter ihnen die Holzscheiber mit ihren Frauen und Kindern, sämtlich phantastisch mit Laub geschmückt, und alle Schinken, Würste, Gugelhupf u. dergl. tragend.

Ein anderes Dankfest für die Befreiung von einer Belagerung ward ehemals an demselben Tage, der deshalb Bürgertag hieß, in Itzehoe gefeiert, wo, der Volksüberlieferung nach, die schwarze Margaret, um das Wasser in die Stadt zu treiben und diese so zur Uebergabe zu zwingen, einen Wall und eine Brücke quer durch die Stör legen wollte, aber, weil durch das unerwartet hohe Steigen der Flut an Mariä Geburt beide Werke vernichtet wurden, unverrichteter Sache abziehen mußte, während man, wie die Legende berichtet, die Mutter Gottes über der Stadt schweben sah.

Auch das sogenannte Nasenfest in Basel, welches Ende August beginnt und gewöhnlich drei Wochen hindurch dauert, hat seinen Ursprung dem Kampf zu danken, welchen zwölfhundert Eidgenossen gegen ein Heer von dreißigtausend Armagnacs, Engländern und deutschen Reitern unter der Anführung des Dauphins, nachmaligen Königs Ludwigs XI. von Frankreich am 26. August 1444 bei St. Jakob an der Birs mit bewunderungswürdigem Heldenmut bestanden. Der Gartenraum des alten Hospitals, in dessen Mauern 500 Mann den ruhmvollen Tod fürs Vaterland starben, ist mit blauen Reben beflanzt, die nur für dieses Fest gekeltert werden, und deren Saft den Namen Schweizerblut führt. Um ihn zu trinken und dazu gebackene Nasen zu essen, kleine Fische, welche gerade um diese Zeit regelmäßig so massenhaft aus dem Rhein in die Birs treten, daß man sie an einem dort befindlichen Wehr oft mit bloßen Händen fangen kann, wandert Jung und Alt, Vornehm und Gering nach St. Jakob, und erhält so die Gewohnheit des Festes, dessen eigentlicher Zweck sich mehr und mehr verwischt hat.

Auf gleiche Weise ist der Jahrmarkt, welcher alle Jahre am 3. September in Taucha stattfindet, ein Volksfest der Leipziger geworden.

Als aber Markgraf Dietrich der Bedrängte im Jahre 1197 die Landschaft Meißen geerbt und 1212 Leipzig erobert hatte, standen die Leipziger so oft gegen ihn auf, daß er ihnen zur Strafe ihre Privilegien und Märkte nahm, und die fremden Kaufleute sich infolgedessen mehr und mehr nach Taucha zogen, welches die Rivalin Leipzigs wurde.

Erst 1248 fing Leipzigs Handel an, sich wieder zu heben, und Dietrich der Weise legte 1268 den Grund zu den Messen der Stadt, indem er dieser ihre Märkte von neuem bestätigte, und allen fremden Kaufleuten sicheres Geleit versprach, selbst wenn er mit deren Fürsten in Fehde leben sollte.

Taucha, neidisch darüber, wurde ein Raubnest, und lebte lange in blutigen Kämpfen mit Leipzig, bis dieses endlich den Sieg davontrug und sich später dadurch rächte, daß die Bürgerschaft alljährlich am Tage des Herbstmarktes nach Taucha hinauszog, um dort Schimpfspiel und Mummenschanz zu treiben.

Allmählich ward der gehässige Zweck dieser Besuche vergessen, nur die Lust zum Maskenscherze blieb, und aus dem früheren Triumphzug der Bürger entstand das heutige harmlose Fest, das namentlich für die Kinder der eigentliche Karnevalstag im Jahre ist. Schon ganz früh Morgens laufen sie einzeln oder truppweise in den Verkleidungen, die sie sich selbst anfertigen oder verschaffen konnten, auf den Straßen herum. Eine Mütze von Papier, eine Ganz- oder Halbmaske aus demselben Stoff, verkehrt angezogene Röcke oder Jacken und dazu eine mehr oder minder große Trompete von Thon an einer Schnur um den Hals bilden den herkömmlichen Anzug, den oft auch größere Burschen nicht verschmähen. Vor allem sind es aber heutzutage die ins Leben zurückgerufenen Helden des Lederstrumpf und der anderen Indianergeschichten, welche die Straßen am späten Nachmittage beleben. Bald einzeln, bald in ganzen Scharen sieht man diese wirklich originell als Rothäute mit Bogen, Pfeil oder Lanze, herausstaffierten jugendlichen Gestalten durch die Straßen eilen, glücklich über alle Maßen, einmal die geliebten Gestalten selbst vorstellen zu können. Andere stolzieren mit Czako oder Czapka und Säbel einher, haben sich das Gesicht mit Kohle und Ruß martialischer gemacht und tragen lange Stäbe, an deren oberen Ende eine kleine Laterne aus buntem ölgetränkten Papier mit ausgeschnittenen oder gemalten Figuren oder Namenszügen befestigt ist, noch andere endlich beeifern sich, das Fest möglichst lärmend zu feiern, indem sie, maskiert oder unmaskiert, abwechselnd auf ihren Trompeten blasen oder ihre Schnurren drehen. Denn die Schnurren sind die Hauptbelustigung des Tages, Groß und Klein, Alt und Jung kauft zum Tauchaer Jahrmarkt Schnurren, wie die Waldteufel in Leipzig genannt werden. Man hat sie von allen Größen, in allen Farben, zu allen Preisen und schon Tags vorher hört man an verschiedenen Orten der Stadt den monotonen Ruf: „Wer kauft Schnurren?“ welcher am Festtag selbst von allen Seiten ertönt. Bald ist es ein kleines Mädchen, welches, unter seinem Haufen Schnurren halb begraben, von Haus zu Haus läuft, bald eine alte Frau, die auf der Straße steht und Vorübergehenden Schnurren zum Verkauf anbietet, bald ein Greis oder Verkrüppelter, der an einer Ecke sitzt und zum Lobe seiner Waare nicht minder thätig im Schnurren ist, wie die Glücklichen, welche bereits im Besitze eines solchen Lärmwerkzeuges sind und die Güte ihres gemachten Kaufes so lange erproben, bis sie genötigt sind, die schadhaft gewordene Schnurre durch eine neue zu ersetzen. Dank der voraussichtlichen Berechnung der Konkurrenten in der Schnurrenfabrikation kann jedem augenblicklichen Bedürfnis auch dann noch abgeholfen werden, wenn man die Stadt schon hinter sich hat, indem die Chaussee, welche nach Taucha führt, an diesem Tage zu beiden Seiten mit Verkaufstischen besetzt ist, auf denen man nicht nur alle nötigen Lebensmittel und Getränke, sondern auch Schnurren, Trompeten, Laternen und allerhand Spielwaaren für die Kinder findet.

Gegen Mittag beginnt der eigentliche Auszug nach Taucha. Omnibusse mit Fahnen und Guirlanden verziert, große offene Stellwagen mit Musik stehen zur Abfahrt bereit und rollen, möglichst voll geladen, unter dem Singen, Blasen und Schnurren der Passagiere oder den Klängen der Musik von dannen. Familien treten den Weg zu Fuß an, den Kinderwagen, in welchem die jüngsten Sprößlinge der voranziehenden Eltern Platz genommen haben, mit den Lebensmitteln ausgefüllt, die man der Ersparnis wegen von zu Hause mitnimmt, und die älteren Kinder entweder den Wagen schiebend, welchen das Dienstmädchen zieht, oder mit ihren Schnurren und Laternen nebenherlaufend. An jedem Wirtshaus, das an der Straße liegt, wird angehalten, um sich zu erfrischen oder Bekannte zu erwarten, mit denen man sich verabredet, und die man noch nicht getroffen hat, und nicht selten hält man sich in diesen Stationen so lange auf, daß man es vorzieht, sich den vom Jahrmarkt Zurückkehrenden anzuschließen, ohne in Taucha gewesen zu sein.

Zum Glück ist der Verlust nicht groß: der Markt, welcher auf einer Wiese vor dem Städtchen abgehalten wird, ist nur bemerkenswert durch das außerordentliche Gedränge, welches auf demselben stattfindet und den betäubenden Lärm, den die vereinten Schnurren und Trompeten hervorbringen. Desto ungewöhnlicher ist der Anblick, den aus der Ferne die Heimkehrenden gewähren. Denn sobald es dunkel genug ist, werden die Lichterchen in den Laternen angezündet, und nun sieht man den ganzen Weg, den hohe Pappeln umsäumen, wie besäet von tausend und aber tausend bunten und phantastischen Lichtern, die je nach der Größe und den Bewegungen der Laternenträger bald

Wer kauft Schnurren?

hoch, bald tief, bald gleichmäßig schimmernd, bald in Sprüngen und Schlangenlinien flackernd erscheinen und wieder verschwinden. Unter dieser magischen Beleuchtung zieht man singend und jubelnd in die Stadt zurück.

Mit nicht geringerer Sehnsucht, wie der Tauchaer Jahrmarkt

von den Kindern Leipzigs, wird von den Kindern des Koburger Ländchens der Zwiebelmarkt oder die sogenannte Koburger Zwiebelkirmes erwartet, welche alljährlich im September in Koburg abgehalten und namentlich von den Bamberger Gärtnern und Gärtnersfrauen viel besucht wird.

Vom Spittelsthore bis zum Ketschenthore, den ganzen Steinweg und die Ketschenstraße entlang liegen alsdann Zwiebeln, Krautköpfe von fabelhafter Größe, Gurken, Sellerie, Lauch, gelbe Rüben, Cichorien, kurz alle Gemüse Bambergs berghoch aufgeschichtet. Dazwischen sitzen die Bamberger Gärtnersfrauen in ihrer malerischen Tracht mit Wannen voll Obst und Weintrauben, und vor allem mit reichlichem Vorrat an Barmberger Süßholz, dem Lieblingsnaschwerk der Kinder, welches an diesem Tage massenhaft abgesetzt und verzehrt wird. Es ist für die Mädchen in Kränzen, für die Knaben in Peitschenstielform geflochten, und wird von den Ersteren im Haar getragen, von den Letzteren zum Schlagen benutzt, sobald sie nicht daran nutschen.

Wer nur irgend kann, kommt aus der Umgegend nach Koburg zum Zwiebelmarkte, um Gemüse für den Winter einzukaufen, in allen Häusern werden Gäste erwartet, für die man Kaffee kocht und Kuchen backt, und der ganze Markt ist wie eingehüllt in Bratwurstdampf und Bratwurstdunst. Denn alle Welt ißt bei dieser Gelegenheit Bratwurst mit Gurkensalat, welche auf unzähligen ambulanten Tischen feilgeboten werden.

Regnet es an diesem Tage, so wird der Markt scherzhaft die Zwiebelsuppe genannt, aber darum von Käufern und Verkäufern nicht weniger besucht, als gewöhnlich.

Ebenso lebhaft geht es auf den Märkten in Oberösterreich und Tirol zu, die gewöhnlich mit Kirchenfesten verbunden sind und daher Dult (althochdeutsch tuld, Fest, tuldan, feiern) heißen. Da kommen die Aelpler herab von ihren Bergen, das ganze Thal, welches durch hohe Gebirge abgeschlossen, eine Welt für sich bildet, giebt sich ein allgemeines Rendezvous, und Jung und Alt nimmt thätig, oder als Zuschauer Teil an den verschiedenen Volksspielen, die bei keiner Festlichkeit fehlen dürfen. Die beliebtesten sind Raufen, Scheibenschießen und Kegelschieben. Der Rauflust suchen zwar die Behörden möglichst Einhalt zu thun, da es früher bei einer Kirchweih nie ohne Blutvergießen abging, indessen vergeht doch immer noch kein Fest ohne Faustkampf, Haggeln oder Hosenrecken. Die Faustkämpfe werden mitunter mit Schlag- oder Stoßringen geführt, d. h. mit eisernen oder silbernen Reifringen mit großem Knopfe, obgleich ausgezeichnete

Kämpfer sie verschmähen. Beim Haggeln faßt Einer den Andern beim Mittelfinger und sucht ihn daran, wie an einen Hacken zu sich

Markt in Tirol.

herüberzuziehen. Das Hosenrecken besteht darin, daß man sich an den Hosen in die Höhe zu heben sucht, und dann niederwirft.

Die Unterinnthaler, vor allen aber die Zillerthaler sind berühmte Raufer oder Robbler, und bildeten einst eine eigene Raufgilde, die im ganzen Lande gefürchtet war. Jeder Robbler trug eine Hahnenfeder auf dem Hute und litt nicht, daß Jemand eine hatte, der nicht zur Gilde gehörte. Auch mußten die Robbler Trutzlieder singen können, und kamen ihrer zwei zusammen, so sangen sie erst stundenlang aus dem Stegreif, bevor sie auf einander losgingen.

Raufereien wurden förmlich ausgeschrieben und Wetten dazu gemacht, und noch jetzt darf kein kampflustiger Bursche den herausfordernden Juchzer erschallen lassen, oder Angesichts eines Gegners die herausfordernden Worte singen:

A frischa Bua bin i,
Hab' d' Födarn au g'stöckt;
Im Raff'n und Schlag'n
Hot mi's koana daschröckt!

ohne daß er Antwort erhält, und ein heftiger, oft lebensgefährlicher Kampf beginnt. Sind Zuschauer vorhanden, so dienen sie als Kampfrichter und halten auf Befolgung der alten Raufgesetze. Der Sieger nimmt dem Besiegten die Hutfeder ab, um sich damit zu schmücken und dieser unbändige Kraftsprudel, welcher sich im Ringkampfe zu äußern sucht, ist oft so groß, daß, wenn die Gerichte gegen solche wilden Kämpfer einschritten und die Raufereien verhinderten, schon mancher Robbler in den Wald lief und Bäume ausriß, blos um „seine Hitze auszulassen.“

Damit aber die Schlagringe, welche in der Mitte meist mit einem spitzen Zähnekranz umgeben sind, nicht bösartige und allzugefährliche Wunden machen sollen, lassen die Unterinnthaler Robbler dieselben in Altötting weihen, und um die natürliche Körperkraft noch zu steigern, füllen sie häufig am Charfreitag eine Flasche mit gutem Wein, vergraben sie, fest zugestöpselt, in einen Waldameisenhaufen, den sie sich wohl merken, und nehmen sie erst nach einem vollen Jahre wieder heraus, um vor jedem Raufen einige Schluck davon zu trinken.

Ebenso lassen sich die Schützen am Vorabend eines großen Schießens nicht selten zu Ader, um sich „ruhiges Blut zu machen“ und sicherer zu zielen. Denn der Tiroler ist ein leidenschaftlicher Schütze, und in keinem Lande findet man so viele Schießstände, als in Tirol. In jedem Bauernhofe hängt eine Büchse am Gesimse, und nicht mit Unrecht nimmt in dem Volksliede, das von einem Ende Tirols bis zum andern klingt:

A Büchsal zum Schiaß'n,
An Stoaßring zum Schlag'n,
A Dianarl zum Liab'n
Muaß a frischa Bua hab'n,

die Büchse den ersten Platz ein.

Großes Gefallen findet der Tiroler auch an Widderkämpfen, und man setzt einen Stolz darein, recht große und starke Widder zu ziehen, die dann gegen einander gehetzt werden, doch kommt dieses barbarische Spiel neuerdings mehr und mehr außer Brauch, und man begnügt sich, fette, possierlich aufgeputzte Böcke als Preise im Kegelspiel auszusetzen. Das Kegelschieben ist nämlich die gewöhnlichste Unterhaltung des Tirolers: kein Wirtshaus, keine Schießstätte entbehrt der Kegelbahn. Hier und da ist auch das Schmarakeln oder Kugelwerfen üblich.

Im Großachenthal ergötzt man sich mit dem Renneten oder Wettlaufen, bei welchem bisweilen ein Karren geschoben wird, und die Bewohner des Innkreises hängen mit besonderer Vorliebe an den Pferderennen. Es giebt dort kaum eine Dorfschenke, geschweige einen größeren Flecken, wo nicht alljährlich ein Laufen mit verhältnismäßigen Gewinnen und unter starken Wetten statt fände. Man reitet stets auf ungesattelten Pferden, und selbst wenn ein Pferd ohne Reiter das Ziel erreicht, erhält es den angemessenen Preis. Die Zillerthaler veranstalten auch Ochsenrennen und Kühestechen. Bei den ersteren reitet man auf Ochsen ohne Sattel und Zaum, bei dem letzteren wird die Siegerin mit Blumenkränzen umwunden und mit der besten Alpenweide belohnt. Da diese Spiele nicht minder zur Erheiterung der Zuschauer beitragen, als das ebenfalls im Zillerthale übliche Sackrennen oder Hosenlaufen, das Baumsteigen an einem 40 Fuß hohen, von allen Aesten befreiten, abgeschälten und mit Talg eingeschmierten Waldbaume, an dessen Krone die Gewinne hängen, sowie das Nägelschlagen, bei welchem große eiserne Nägel mittelst eines Hammers um die Wette in einen harten Pflock geschlagen werden, so ist es kein Wunder, daß die Kirchweih im Zillerthale, die am Sonntag nach Mariä Geburt in Zell gehalten wird, die besuchteste und lustigste in ganz Tirol ist.

Viele von diesen Ergötzlichkeiten sind auch in Cannstatt bei dem bekannten Volksfest eingeführt, welches zu Ehren des verstorbenen Königs von Württemberg, der es gestiftet hat, stets am Tage nach dessen Geburtstag, am 28. September, stattfindet. Nur wenn dieser auf einen Sonnabend fällt, wird es auf den nächstfolgenden Montag verlegt. Wenige „verordnete" Feste modernen Ursprungs können sich rühmen, so echt volkstümlich geworden zu sein, wie dieses Volksfescht in Cannstatt. Aus allen Teilen Württembergs kommen die Bewohner in ihren Feiertagstrachten zu Wagen und zu Fuß, mit Eisenbahn und Omnibus dazu herbei, und wer das deutsche Volk vom Odenwald und Seewald, aus dem Schwarzwald und der Rauhen Alp, von der Donau und dem Neckar vereinigt sehen, wer den schwäbischen Dialekt in allen seinen Mundarten und Verschiedenheiten hören will, der darf nur Cannstatt zur Zeit seines Festes besuchen.

Giebt es auch nicht eigentlich eine Nationaltracht in Württemberg, so hat doch jede Gegend ihre eigentümlichen Abweichungen in der Kleidung, wie der Schwarzwälder, der Aelpler, der Steinbacher, der Baarer. Am größten ist die Verschiedenheit in Neuwürttemberg. Selbst der Anzug der Protestanten und Katholiken ist nicht gleich. Hauptgegenstände der Tracht des württembergischen Landmanns sind bei den Männern ein dreieckiger Hut über dem glatt gekämmten Haar, wohl hier und da noch ein Kamm darin, ein Kittel mit blinkenden Metallknöpfen, Schnallenschuhe, bei den Weibern Mieder, kurze Röcke, rote oder weiße Strümpfe, hohe Hacken und langherabhängende, mit Bändern durchflochtene Zöpfe. Mit dem frühesten Morgen strömt ganz Stuttgart hinaus zum „Feschte," denn nicht beim Feste gewesen zu sein, gilt für ein persönliches Unglück. Der herrliche Park mit seinen schönen Alleen, welcher sich vom königlichen Schlosse bis fast nach Cannstatt hinzieht, belebt sich mit Reitern und Reiterinnen auf leichten und zierlichen Pferden arabischer Abkunft, wie sie in den württembergischen Gestüten gezogen werden, elegante Equipagen fahren neben und hinter Mietswagen, und die eigentliche Straße von Stuttgart nach Cannstatt gleicht einem ununterbrochenen Zuge von Fuhrwerken aller Art, der sich zwischen den zur Tierschau bestimmten Ochsen, Kühen, Schafen und Schweinen, mit ihren Treibern und Treiberinnen und zwischen den dichtgedrängten Reihen der Fußgänger nur mühsam und langsam fortbewegt. Schon vor der bei Cannstatt über den Neckar führenden Brücke, die mit Fahnen und Festons geschmückt ist, gewinnt die Straße ein festliches Ansehen. Die Stadt selbst in ihrer anmutigen Lage am Neckar, ringsum von Hügeln eingeschlossen, die zum Teil prächtige Villen des Königs und des Kronprinzen auf ihren Gipfeln tragen, ist auf das Schönste verziert. Unzählige Kränze und Guirlanden hängen quer über die Straßen, an den Häusern und selbst an den Dächern der kleinsten Hütten über den Winterbehängen von Maiskolben. Fahnen wehen von den Thürmen, über den Thoren und aus den Fenstern aller öffentlichen Gebäude und Wirtshäuser. Zum Festplatz, dem Wasen, führt eine höchst geschmackvolle Ehrenpforte aus Nadelholz, Früchten und Aehren, an welcher Figuren und Namenszüge aus Blumen und Maiskörnern angebracht sind, und auf dem Platze sind verschiedene Tribünen und Gallerien für den Hof, die Preisrichter, die Musik und die unzähligen Zuschauer errichtet, welche das Rennen und die Tierschau mit ansehen wollen. Reiter und Pferde sind aufs Schönste geputzt, alle Tiere, die zur Viehausstellung gebracht werden, mit Blumen und Bändern geschmückt.

Ist Tierschau und Pferderennen vorüber, drängt sich Alles an das eine Ende des Platzes, wo die Volksspiele anfangen. Eine hohe Stange, auf welcher an einem Holzreifen Tücher, Messer, Hosenträger u. dergl. hängen, ist zum Klettern bestimmt, und ein Junge nach dem andern versucht vergeblich sein Glück, bis es endlich einem gelingt, den Reifen zu erreichen. Unter dem Jubel der Umstehenden wählt er sich einige Preise und klettert dann vergnügt wie ein König mit seinen mühsam erworbenen Schätzen wieder herab.

An einer andern Stelle ist zur großen Belustigung der Zuschauer ein Sackrennen oder ein Hosenlaufen veranstaltet, und die Wettläufer stehen entweder in engen Säcken, die ihnen am Hals zugebunden werden, oder paarweise in Hosen, von denen Einer das rechte Bein, der Andere das linke angezogen hat, so daß ein Beinkleid zweien dienen muß und um die Lenden beider festgeschnallt wird. Bei dem ersteren Fall kann man eigentlich nicht laufen, sondern nur hüpfen oder springen und zwar mit beiden Füßen zugleich, und wer dabei fällt, kann sich allein nicht mehr aufrichten, sondern muß so lange liegen bleiben, bis das Wettspiel vorüber ist, d. h. alle Sackspringer das ausgesteckte Ziel erreicht haben.

Beim zweiten Fall ist zwar das Laufen möglich, doch müssen die verschiedenen Paare gleichen Schritt halten, sonst hemmen sie sich oder fallen zum Gelächter aller hin und müssen dann auf jede Prämie Verzicht leisten.

Mitunter findet wohl auch ein Laufen mit Schubkarren statt, auf deren jedem drei länglich runde Holzpflöcke liegen, die natürlicher Weise bei schnellem Fahren leicht herabfallen und immer wieder aufgehoben werden müssen.

Wer des Zuschauens müde, begiebt sich, um für seine leiblichen Bedürfnisse zu sorgen, in die Zelte und Baracken, welche seitwärts des Festplatzes aufgeschlagen sind, oder in eins der zahlreichen Wirtshäuser und Weinstuben, die in und vor Cannstatt liegen. Aber obgleich sich an diesem Tage eine so ungeheure Menschenmasse zusammenfindet, daß ein Speisewirt allein oft mehr als 20,000 Portionen Sauerkraut, das Leibgericht der Schwaben und Baiern, serviert, so ist doch nirgends Gedränge, nirgends Lärm. Analog dem heimatlichen Schooß seines thalreichen Landes ist die charakteristische Eigentümlichkeit des schwäbischen Volkes, sein gemütliches Wesen, und diese Gemütlichkeit ist der Grund seines einfachen, ruhigen, stillen Sinnes, der sich selbst in der Fröhlichkeit, welcher sich der Württemberger hingiebt, nie verläugnet.

Der unverkennbare Nutzen, den die Pferderennen und Tierausstellungen für die Züchtung der Pferde und des Viehes und dadurch für die ganze Landwirtschaft bringen, hat nicht nur die meisten Regierungen der Länder des deutschen Reiches veranlaßt, Renn- und Tierschaufeste zu veranstalten, sondern auch zahlreiche Privatvereine hervorgerufen, die denselben Zweck verfolgen. Wir finden daher selbst in abgelegeneren Provinzen und Kreisen jährlich wiederkehrende landwirtschaftliche Feste, an denen sich die Gutsbesitzer und ländlichen Grundeigentümer beteiligen, und bei welchen neben den verschiedenen Rennen und der mit Prämien verbundenen Tierschau auch Ausstellungen der besten Ackergeräte und Maschinen gehalten werden, um so den Landmann mit den Fortschritten der wissenschaftlichen Landwirtschaft bekannt zu machen und die Verbesserungen im Betrieb des Feldbaues allmählich einzuführen. Um die Teilnahme an diesen Festen noch zu erhöhen und auch den Nichtökonomen dafür zu interessieren, werden gewöhnlich Lotterien veranstaltet, deren Gewinne meist in den Tieren bestehen, welche das Comitee des Festes zur Anspornung der Vieh- und Pferdezucht den Züchtern zu höheren Preisen abkauft, als sie sonst bekommen würden.

Eins der besteingerichtetsten und besuchtesten landwirtschaftlichen Feste des österreichischen Kaiserstaates findet alle Jahre in Graz, in der Hauptstadt Steiermarks, statt. Die herrliche Lage der Stadt mit ihrem Schloßberg inmitten der majestätischen steirischen Alpen, der natürliche Frohsinn der Bewohner des Landes und der durch die Eisenbahnen erleichterte Verkehr mit den anderen Städten der Provinz tragen viel dazu bei, dieses Fest noch belebter zu machen, als es vermöge der bedeutenden Viehzucht, durch die sich Steiermark auszeichnet, ohnehin sein würde.

Dazu kommt noch das Malerische, welches die Trachten der Bevölkerung dem Feste geben. Hier steht ein Obersteyerer mit den Auer- oder Birkhahnsfedern oder dem Gemsbart am breitkrempigen spitzigen Hute, das schwarze Flortuch lässig um den Hals geschlungen, die grünen Hosenträger über'm schwarzen oder roten Brustfleck, im lodenen grauen, braunen oder grünen Rock mit niederem Kragen, hoher Taille und Häfteln statt der Knöpfe, in den kurzen ledernen oder lodenen Beinkleidern, blauen oder grünen Wollstrümpfen und derben Bundschuhen, dort eine Untersteyermärkerin mit dem großen breitrandigen grauen oder weißen, rotgefütterten Hut auf dem mit der Bodenhaube bedeckten Kopfe, im vielgefältelten schwarzen, grünen oder brauen Tuchrock, dem bunten Brustfleck, dem braun- oder schwarzkattunenen Korsettchen, der blauleinenen steifgeglätteten Schürze, den blauen oder weißen Wollenstrümpfen und den flachen Leder- oder Bundschuhen. Zwischen ihnen bewegt sich der städtisch modern gekleidete Grazer oder Fremde, und das Militär in seinen bunten Uniformen, und Alles lacht und jauchzt und ist vergnügt, und kaum ist das eigentliche Fest vorüber, so beginnt in allen öffentlichen Lokalen der originelle „steyerische Tanz“ mit seinem Drehen, Wenden, Verschlingen, Loslassen, Entfernen, Wiederfinden und stillem Dahinwiegen. Zwei Violinen und eine Art Cimbal, Hackbrettl genannt, genügen zur Musik, welche nicht selten die Tänzer mit einzelnen Liederstrophen begleiten, und ein hellschneidender Pfiff oder einige abgebrochene Jodeltöne des Tänzers, während er aufspringt und mit den Händen klatscht, drücken das höchste Entzücken desselben aus.

Erst spät Abends tritt man den Rückweg an, nur Diejenigen, welche Prämien davon getragen haben, ziehen früher heim, um ihre stattlichen Rinder, die mit Guirlanden um Brust und Nacken und mit Bändern an den Hörnern und Schwänzen geschmückt sind, noch vorher, so lange es hell ist, durch einige Straßen der Stadt führen und so möglichst viel bewundern lassen zu können.

Daß übrigens regelrechte Pferderennen auch früher schon in Deutschland üblich waren, beweist das Wettrennen, welches sonst in Breslau alle Jahre am Crucismarkt statt zu finden pflegte. Gedacht wird seiner zuerst im Jahre 1531; im 17. Jahrhundert wurde aber die Reihe der Rennen öfters unterbrochen, und erst seit 1638 ward sie mit Ausnahme des Jahres 1664, wo kein Reiten zu Stande kam, weil sich nur zwei Pferde eingefunden hatten, regelmäßig fortgesetzt.

Nach der „Erneuerten Wettlauf-Ordnung von 1638“ mußten die Wettreiter, welche vorher beim Rat um Erlaubnis des Wettlaufs eingekommen waren, ihre Pferde am Sonntag vor Kreuzerhöhung

Nachmittags 3 Uhr vor der Ratskanzlei mit roten Wachssiegeln auf der Stirn bezeichnen lassen. Am bestimmten Tage fuhren nun die beiden Rathausglockenläuter nebst anderen dazu gehörigen Leuten mit Tüchern, Kränzen u. dergl. in die Nikolai-Vorstadt, an deren Ende die Rennbahn lag, und putzten einen als Preis ausgesetzten Ochsen in der nächsten Scheune, unweit der steinernen Säule, prächtig an. Unterdessen verfügten sich die Wettreiter mit ihren Pferden bis zu den drei Kreuzen, und zwei Ratsdeputierte mit zwei Ausreitern an die steinerne Säule. An beiden Orten, als dem Anfang und Ende der Rennbahn, ward ein Strohseil quer über den Weg gezogen.

Die Reiter, welche sich zur festgesetzten Stunde eingefunden haben mußten, hielten in Hemden auf Pferden ohne Sattel am Auslaufseil und erwarteten das Zeichen zum Abritt. Gewöhnlich waren es die Knechte der Pferdebesitzer, zuweilen auch diese selbst. Ihre Zahl betrug meist 6 oder 8; 1627 waren es nur 4, 1669 dagegen 12. Eine Beschränkung durch Stand oder Religion fand nicht statt; 1678 war sogar ein Jude dabei und gewann ein Spanferkel mit dem er, dem Brauche gemäß, in und durch die Stadt reiten mußte.

Die Preise blieben sich stets gleich und bestanden in einem Ochsen, einer Büchse oder einem Karabiner und einer Sau oder einem Ferkel. Nur 1735 gab es aus Scherz einen Gewinn mehr, indem der vierte Reiter das Spanferkel und der dritte Nichts gewann. Die Kosten für das Wettrennen wurden vom Magistrat der Stadt als Extraausgaben verrechnet.

Später teilte dieses Wettreiten das Schicksal so vieler öffentlichen Lustbarkeiten Breslau's und ging ein, um erst in neuerer Zeit wieder durch ein Pferderennen ersetzt zu werden, das, verbunden mit einer Tierschau, alle Jahre während des Wollmarktes abgehalten wird. Auch der ehemalige Crucismarkt, an dem es statt fand, und der seinen Namen dem Fest der Kreuzerhöhung verdankte, hat sich seitdem in eine Messe verwandelt, die Anfang September, und nicht wie früher der Markt am 14. dieses Monats beginnt.

Denn am 14. September feiert die römische Kirche das Fest der Kreuzerhöhung zur Erinnerung an die glückliche Wiedererlangung des heiligen Kreuzes, das vom Perserkönig Chosroes geraubt worden war. Da jedoch schon vor der Zeit des Kaisers Heraklius, welcher es zurückeroberte, im Orient am 14. September ein Fest der Kreuzerhöhung zum Gedächtnis der Auffindung des heiligen Kreuzes bestand, die an diesem Tage geschehen sein sollte, so scheint das Fest der Kreuzerfindung, welches gegenwärtig am 3. Mai begangen wird, ursprünglich mit dem der Kreuzerhöhung gemeinschaftlich gefeiert und erst später, vermutlich Anfangs des 8 Jahrhunderts, getrennt und verlegt worden zu sein. Bei der hohen Verehrung, die das heilige Kreuz in der ganzen katholischen Christenheit genießt, gaben die beiden ihm zu Ehren geweihten Tage zu mancherlei kirchlichen Festlichkeiten Anlaß, und selbst in England wird der 14. September noch immer holy Cross oder holy Rood, heiliger Kreuztag, genannt, obgleich nach der Reformation sämtliche Kreuze und Kreuzesgruppen (roods) entfernt wurden. Das Kreuzbild, das in der Paulskirche in London stand, war das erste, welches hinweggenommen wurde. Ihm folgten die Gruppen in allen übrigen Kirchen der Hauptstadt und des Landes, und sogar das wunderthätige Gnadenkreuz von Boxley in Kent, welches zu verschiedenen Malen Augen, Lippen und Kopf bewegt hatte, durfte keine Ausnahme machen. Mit den Kreuzen verschwand auch die ehemals übliche Gewohnheit der Jugend, am heiligen Kreuztage in die Nüsse zu gehen, und nur in Eton erhielt sie sich noch länger. Bevor jedoch den dortigen Schülern die Erlaubnis zu diesem Ausgange erteilt wurde, von welchem sie bei ihrer Rückkehr den Lehrern Nüsse zum Geschenk mitbrachten, mußten sie jedesmal Verse über die Fruchtfülle des Herbstes und den Scheintod der Natur im Winter machen und einreichen.

Anderes Vergnügen wird der Jugend wenige Tage später, am 17. September, noch jetzt in Münster zu Teil.

Am Lambertustage, so wie am Tage vor und nach diesem Feste wird nämlich in Münster und der Umgegend von Sonnenuntergang an bis tief in die Nacht hinein auf fast allen Straßen, sowohl von Kindern, wie von jungen erwachsenen Personen um brennende Lichter oder um festlich geschmückte und erleuchtete Pyramiden von Laub herumgetanzt, indem man dabei die sogenannten Lambertuslieder singt, z. B. das folgende:

Lambertus sall liäwen (leben)
He het uns so laiw (lieb),
We dot nicht will lauwen (glauben),
Dat is 'n rechten Slaif*),

oder:

Van Aowend (heute) is Sünt Lammerts-Aowend (Lamberts-Abend),
Köff (kauf) min Moor (Mutter) en Häring,
Min Vaar (Vater) en Stück,
Min Moor en Stück,
De Kinder krigt den Röggelück (Rogen)!

*) Wörtlich: hölzerner Küchenlöffel, figürlich Tölpel.

Früher wurde das Fest noch mit größerem Glanze begangen: lange Züge der Kapuziner, Observanten, Dominikaner und Minoriten folgten der Prozession zu Ehren des heiligen Bischofs von Lüttich, dem die schönste Kirche Münster's geweiht ist, und Abends hing fast an jedem Haus eine blumenumwundene und mit farbigen Windlichtern geschmückte Pyramide. Besonders stattlich war aber die, um welche man auf dem Markte tanzte.

Der Ursprung dieser Tänze um die Kerzen oder die mit Lichtern besetzten Kränze ist sehr verschieden gedeutet worden. Einige wollen sie von der alten Verordnung herleiten, nach welcher die Handwerker an diesem Tage anfangen sollten, bei Licht zu arbeiten, Andere sie sogar auf ägyptische Mysterien zurückführen, während sie augenscheinlich den bei den vlämischen Kirmessen gebräuchlichen „Tänzen unter der Krone" gleichen und selbst die Lambertuslieder den dort gesungenen Rosentanzliedern ähnlich sind.

Der Beginn des Lichtarbeitens aber wird fast überall am 29. September, dem Michaelistage, gefeiert. Denn wie um Mariä Verkündigung oder zu Ostern der Sommer seinen Anfang nimmt, so endet er zu Michaeli, und dieser Tag wird daher nicht nur in Deutschland, sondern auch in Dänemark, Schweden, Flandern und England festlich begangen.

In Rauen wird nicht auf dem Felde gearbeitet, in der Altmark nicht gesponnen, in Ober- und Niedersachsen, in Schwaben und Baiern bei den Handwerkern nicht eher bei Lichte gearbeitet, bis der Lichtbraten oder Lichtgans gegessen, welche die Meister ihren Gesellen zum besten geben müssen. Bis zu Ende des vorigen Jahrhunderts, wo die Polizei und die Zeitverhältnisse mancherlei Einschränkungen geboten, war in Ulm der Lichtschmaus mit Musik, bisweilen selbst mit öffentlichen Aufzügen verbunden, und in Würzburg buk man zur Feier desselben eigene Wecken, welch Michelswecken hießen. Auch in Flandern backt man zum Michaelistag vollerte, eine besondere Art Weißbrod, die man den Kindern des Nachts heimlich unter das Kopfkissen steckt, damit sie des Morgens beim Erwachen ihren Vollert finden, und in Dänemark werden lustige Gelage gehalten, welche Höstgilde, Ernte- oder Herbstfeste, auf Bornholm Mikkelsgilde, Michelsfeste, genannt werden, und bei denen Gänse- oder Entenbraten, Apfelmus mit Schafsmilch und Nüsse nie fehlen dürfen. Auch trinkt man dabei noch die St. Michaelsminne, den Gedächtnistrunk des heiligen Michael, wie einst bei den alten Opfermahlen (gilden) die Odin's Minne, und knüpft nicht minder, wie in Deutschland, vielen Aberglauben in Bezug auf das Wetter und die Fruchtbarkeit des kommenden Jahres an diesen Tag. — Namentlich der Norweger beobachtet das Wetter jeder einzelnen Stunde von früh 6 Uhr bis Abends 6 Uhr, um von ihm auf das Wetter des betreffenden Monats zu schließen, indem jede Stunde einen Monat, die siebente z. B. den Januar, die achte den Februar u. s. f. bedeuten soll. Auch an der Milchstraße glauben früher die Dänen und Norweger Vorzeichen der Beschaffenheit des künftigen Jahres wahrnehmen zu können, und die Letztgenannten öffnen noch immer, wie es auch in Schlesien sonst geschah, eine Eichel, um zu sehen, ob sie eine Spinne, Fliege oder Made enthält, was nicht nur Wetter und Ernte, sondern auch Hunger, Krankheiten und Krieg verkünden soll. Wie hochgefeiert der Michaelstag 997 in Schweden war, geht aus der Valnaliotssage hervor, wo erzählt wird, daß Valnaliot, weil er an diesem Tage ein Stück Land unter zwei Brüder verteilte, die ihn darum gebeten, von Hall, der es sah, wegen Entweihung des Feiertages verklagt wurde. Noch heutiges Tages brennen am Abend vorher Michaelsfeuer, wie bei uns zu Martini die Martinsfeuer, und in England ist die Michaelsgans nicht minder üblich, als in Deutschland die Martinsgans. Zwar giebt man als Grund zu dieser Gewohnheit an, die Königin Elisabeth habe die Nachricht von der Vernichtung der „unüberwindlichen Flotte" gerade in dem Augenblicke erhalten, wo sie eine Gans gegessen, und aus Dankbarkeit, weil dies am Michaelstage geschehen wäre, später stets an diesem Tage einen Gänsebraten bestellt, aber da es schon zu Zeiten des Königs Eduard IV. Sitte war, am Michaelmas-day eine Gans zu essen, indem die Pächter damals bei Bezahlung ihrer Zinsen zu Michaeli Gänse als Geschenke mitzubringen pflegten, so folgt aus dem erwähnten Umstand nur, daß unter Elisabeth's Regierung auch der Hof dem allgemeinen Brauche des Volkes huldigte, welches noch jetzt glaubt, das ganze Jahr hindurch mit Geld versehen zu sein, wenn es am Michaelstag Gänse ißt. Auf den Western Islands von Schottland veranstalten die protestantischen Bewohner von Skye an diesem Tage in jeder Pfarre eine Cavalcade, und backen Kuchen aus Hafer oder Erbsenmehl, die St. Michael's bannock heißen. Auch in Kildare zieht eine große Cavalcade um die Kirche herum, und sobald diese Feierlichkeit beendet ist, bäckt jede Familie den St. Michaelskuchen, St. Michael's cake, wovon am Abend alle Mitglieder der Familie und alle Fremde, die anwesend sind, essen müssen. Denn Jeder, der von diesem Kuchen ißt, welcher ungeheuer groß ist und einem Schaubrod gleicht, hat Anspruch auf die Freundschaft und den Schutz des Erzengels, dem der Kuchen gehört und dessen Namen er trägt. Dagegen darf, nach einem unter den Landleuten herrschenden Vorurteil, von Michaeli an Niemand mehr Brombeeren essen, weil dann der Erzfeind mit „seinem gespaltenen Fuß“ über sie hinweggeschritten sei, und dieser Umgang des Erzfeindes, in dem wir den wilden Jäger vermuten, welcher in England schon um Bartholomäi seinen Zug beginnt, scheint einen Gebrauch hervorgerufen zu haben, der bis in neuester Zeit in Bishops Stortford in Hertfordshire und der umliegenden Gegend statt fand.

Aller sieben Jahre versammelten sich nämlich am Morgen des Michaelistages der dort Ganging-day, Gehtag, heißt, eine Masse junger Leute auf dem Felde und ernannten einen besonders muntern Burschen zum Anführer, dem sie überall hin folgen mußten. Gewöhnlich wählte er einen Weg durch Hecken, Weiher, Gräben und schwer zugängliche Stellen, und jede Person, welcher der Zug begegnete, gleichviel ob Mann oder Frau, ward festgehalten, von Zweien aus dem Zuge an den Armen in die Höhe gehoben und so geschwenkt. Frauen pflegten daher um diese Zeit nicht auszugehen, außer solchen, die etwas locker waren und es nicht ungern sahen, sich dem Zuge anschließen zu müssen, weil jeder Schenk- und Gastwirt verbunden war, den Schwärmern eine Gallone (4 Quart) Bier und einen plumb-cake oder Bleikuchen umsonst zu liefern. War das Wetter günstig, brachte man den größten Teil der Nacht im Freien zu, indem die Sitte jede Bewirtung und jeden Aufenthalt unter Dach und Fach ausdrücklich verbot.

Haben wir hier eine Darstellung des Umzugs des wilden Jägers, der nach dem Glauben der Harzbewohner aller sieben Jahre herumkömmt, so weisen die Feiertagsgerichte und Gelage auf ein ehemaliges Opferfest hin, das am Ende des Sommers und der Ernte dem Wuotan, dem Spender des Erntesegens, als Dankfest gefeiert wurde. Daher gilt auch der Michaelistag nicht nur gleich dem 1. Mai für einen Hexentag, an welchem die Hexen ihre großen Versammlungen halten, sondern auch allgemein für sehr einflußreich auf Witterung und Fruchtbarkeit. Denn wie dem Krieger, so sandte Wuotan dem Landmann günstiges Wetter, weshalb man an den ihm heiligen Tagen die Witterung des nächsten Jahres voraus erkennen konnte, und wie der heilige Bartholomäus durch den Klang seines Namens, so bot in noch höherem Maße der heilige Michael durch die Bedeutung und Stellung, welche die Kirche ihm zuwies, erwünschten Anlaß, Züge des heidnischen Wodanskultus auf ihn zu übertragen. Als oberster Engel Gottes und Diener des höchsten Herrschers, als Abwäger und Fürst der Seelen, als Fahnenträger der himmlischen Heerscharen und Ueberwinder des

Teufels, wie er in den Legenden bezeichnet wird, erschien er dem neubekehrten Volke als das Ebenbild des alten Gottes der streitbaren Heldenseelen, und die nordischen Heiden, welche bei ihrer Taufe einen Schutzheiligen zu wählen hatten, sahen eifrig darauf, daß der kampfgewaltige Michael ihr „Folgeengel" werde. Deshalb ließen die ersten Bekehrer es sich angelegen sein, Michaeliskirchen an Stelle der Wodanstempel zu errichten und die Wodansberge in Michelsberge umzutaufen. Namentlich hat der heilige Bonifazius, dessen Bischofssitz in Mainz war, die meisten der von ihm gestifteten Kirchen dem Erzengel geweiht, und in den ältesten Kirchen Skandinaviens sieht man fast überall das Bild des heiligen Michael, wie er mit dem Drachen kämpft.

Die Kirche feierte ursprünglich zwei verschiedene Gedächtnistage zu Ehren dieses Heiligen: am 15. März und am 8. Mai, zu denen das Konzilium von Mainz im Jahre 813 noch ein drittes, am 29. September, hinzufügte, welches man zum Unterschied die Engelweihe nannte, weil es die Einweihung der im Jahre 493 dem heiligen Erzengel in Rom erbauten Kirche verewigen sollte. Die beiden ersten Feste verloren jedoch sehr bald an Bedeutsamkeit, während das dritte früh schon das Hauptfest wurde und blieb, indem das Konzil es nicht ohne Grund in die altheilige Zeit der sogenannten Gemeinwoche verlegte, wo die Sachsen einst ihr großes Opferfest begingen. Der gewöhnlichen Annahme gemäß soll zwar die Gemeine Woche oder Meinwoche, die jetzt am Sonntag nach Michaeli, der davon der Wochensonntag heißt, beginnt, von der Gedächtnisfeier eines am 25. September 834 von den Sachsen über die Thüringer errungenen Sieges herrühren, die Bezeichnung heilige Gemeinwoche, welche noch 1480 in einer Urkunde aus dem Erzgebirge vorkommt, läßt aber auf religiösen Ursprung schließen und vermuten, daß diese Benennung die letzte Spur jener heiligen Zeit sei, in der die mit dem Osterfest verbundenen Volks- oder Gemeindeversammlungen stattfanden, welche Thing, und zwar von der Jahreszeit in der sie fielen, Herbstthing hießen.

Sie wurden auf freiem Felde abgehalten, wo die Könige, Fürsten und Richter, auf einem Stein sitzend, Recht und Urteil sprachen, und allen Zwist schlichteten. Auch Gesetze wurden beraten und festgesetzt, jeder durfte kühn und frei seine Meinung sagen, sein Anliegen vorbringen und das Volk gab dabei seinen Beifall durch Schlagen der Schwerter auf die Schilde, sein Mißfallen durch Gemurmel und lautes Murren zu erkennen.

Eine Erinnerung der alten Sitte hat sich bis Anfang dieses Jahrhunderts in Schweden erhalten, wo man den achttägigen Markt, der um Michaeli auf der Anhöhe Ombergsheden, ¼ Meile vom Sund, stattfindet, der berühmteste Markt in Wärmeland ist und von 20—30000 Menschen besucht wird, früher dazu benutzte, alle bis dahin aufgehobenen Raufereien abzumachen, und selbst Knaben, die etwas mit einander auszumachen hatten, sagten ernsthaft: „Auf Ombergsheden werden wir uns treffen."

Ebenso herrschte in England früher und herrscht zum Teil noch jetzt die Sitte, am Michaelstage die Lenker der Städte und Schützer des allgemeinen Friedens zu wählen, und sogar in London ist dieser Tag noch immer zur Wahl des Lord-Mayor und zur Vereidigung der neuernannten Sheriffs bestimmt. Bei der Wahl des Bailiffs in Kidderminster versammeln sich die Einwohner in den Hauptstraßen der Stadt und werfen sich gegenseitig mit Kohlstrünken. Die Rathausglocke giebt das Zeichen zu diesem Kampfe, welchen man die gesetzlose Stunde lawless hour, nennt, und sobald sie vorüber ist, und der neue Bailiff und Magistrat in voller Amtstracht, mit Trommler und Pfeifer an der Spitze, auszieht, um seinem Vorgänger, sowie den neuen Konstablern und andern Beamten seine schuldigen Besuche abzumachen, wird er in jedem Hause, in das er tritt, mit Aepfeln geworfen, sodaß in manchem Hause mitunter 40 Maß Aepfel verbraucht werden, die natürlich dem hinterherziehenden mob (Pöbel) zu Gute kommen.

Als Erkenntlichkeit für diese Begrüßung läßt jeder der neugewählten Magistrats- und Stadtbeamten bei seiner feierlichen Einführung am Montag nach Michaeli aus den Fenstern seiner Wohnung oder des Rathauses große Massen von Aepfeln unter die zahlreich verversammelte Volksmenge werfen, und niemand in der Stadt dürfte einem Dienstboten oder Lehrburschen die nachgesuchte Erlaubnis zum Aepfelwerfen, applethrowing, zu gehen, verweigern, ohne sich ernsten Unannehmlichkeiten auszusetzen. Reiter oder Fuhrwerke, welche in dieser Zeit die Stadt passieren wollen, werden ohne weiteres angehalten. Alles drängt sich in den Straßen, und bevor die Aepfel fliegen, wirft man sich, wie bei der Wahl, mit Kohlstrünken, alten Schuhen und andern Dingen, die als Wurfgeschosse dienen können.

Auch der sogenannte Gesetzlose Hof oder Lawless Court, welcher Jahrhunderte hindurch alljährlich Mittwochs nach dem Michaelistag in der Nacht auf dem Königshügel (King's-hill) zwischen Raleigh und Rochford in Essex abgehalten wurde, mahnt uns an die Zeit des alten Herbstthing. Seine Benennung deutet schon darauf hin, daß er ungesetzlich war, obgleich er sich anmaßte, im Namen des

Königs Recht zu sprechen. Er fand stets im Finstern statt, brauchte zum Schreiben nie Tinte, sondern Kohlen, und legte denjenigen, welche er vorlud und die keine Antwort gaben, wenn der Steward des Gerichtshofes ihre Namen mit leiser Stimme aufrief, schwere Geldbußen auf, die er gewaltsam einzutreiben wußte, weil ihm der Lord von Raleigh, Graf von Warwick seinen hohen Schutz angedeihen ließ.

Den Beginn des großen heidnischen Herbstfestes mag wohl ursprünglich die Tag- und Nachtgleiche bezeichnet haben, welche ehedem auf den 21. September fiel, denn auch an diesem Tage, dem Feste des Evangelisten Matthäus, haften mancherlei Gebräuche und Meinungen, die aus vorchristlicher Zeit herstammen. Schönes Wetter am Matthäustage hält vier Wochen an und verkündet zugleich den Winzern ein gutes Weinjahr; badet man an diesem Tage vor Sonnenaufgang, ist man gegen Ausschlag und andere Gebrechen geschützt, und legt man an Matthäi Leuchterpfennige auf das Wasser eines stillstehenden Eimers, so muß der, dessen Pfennig zuerst sinkt, auf den Tod gefaßt sein. Im Hannöver'schen versammeln sich die jungen Mädchen in der Nacht, flechten einen Kranz von Sinngrün, einen andern von Stroh nehmen eine Hand voll Asche und gehen damit um Mitternacht schweigend an ein fließendes Wasser, aus welchem sie ein Gefäß füllen, um die drei Gegenstände darauf schwimmen zu lassen. Dann tanzt ein Mädchen nach dem andern drei mal mit verbundenen Augen um das Gefäß herum und greift ins Wasser. Faßt sie den Sinngrünkranz, wird sie bald Braut, der Strohkranz aber bedeutet ein Unglück, die Asche den Tod. Die Glücklichen setzen das Spiel fort, werfen Gerstenkörner ins Wasser, denen sie Personennamen geben, und passen nun auf, welche zusammenschwimmen, oder sich trennen. Andere werfen drei mit den Anfangsbuchstaben ihres Vaters-, ihrer Mutter- und ihres eigenen Namens bekritzelte Blättchen ins Wasser, um aus dem Blatte, welches zuerst niedersinkt, zu erfahren, wer von ihnen zuerst sterben werde, und im Aarthal ist es ein sehr verbreiteter Glaube, daß diejenigen, welche an Matthäi ihren Namenstag feiern, um Mitternacht aufstehen und auf den Kirchhof gehen müssen, wo sie alle sehen, die das nächste Jahr nicht mehr erleben werden. Niemand ist im Stande, sie von diesem unfreiwilligen Gange abzuhalten, sie selbst aber wissen am nächsten Morgen nicht, wo sie gewesen sind.

Der Name Wintertag, mit dem die Landleute Brabants und Flanderns noch heute oft den Gedächtnistag des heiligen Matthäus bezeichnen, und welcher darauf hinweist, daß dieser Tag einst als

Anfang des Winters gegolten habe, erklärt die Todesgedanken, welche sich vorzugsweise an ihn knüpfen. Die Idee des Absterbens der Natur, die Wiederkehr des Winters läßt den Menschen unwillkürlich an seine eigene Hinfälligkeit, an die Vergänglichkeit und das Ende alles irdischen Lebens denken. Um so freudiger begrüßt er daher alle Ereignisse, welche ihm die Möglichkeit einer längeren Dauer, den Sieg über die zahlreichen, die Existenz jeder Schöpfung bedrohenden Gefahren vor Augen führen. Dies zeigte namentlich die Feier der vor 700 Jahren erfolgten Gründung der Stadt München, welche vom 25. bis zum 30. September 1858 mit ebensoviel Glanz wie Geschmack begangen wurde.

Der Vorschlag, Münchens Entstehung durch ein Jubelfest zu feiern, war schon 1856 gemacht worden, aber unbeachtet geblieben. Bessern Erfolg hatte im nächsten Jahre ein Aufruf des Geschichtsmalers Feodor Dietz, welcher, da München keinen Geburtsschein aufzuweisen vermag, das Bekanntwerden des Daseins von „Munichen" an den Bau der Isarbrücke durch Herzog Heinrich den Löwen knüpfte, der die Brücke bei Vöhringen eigens zerstörte, um die Handelsstraße nach Munichen zu verlegen. Der Streit, in den der Herzog wegen dieser Anordnung mit dem Bischof Otto von Freysing geriet, wurde durch eine Entscheidung des Kaisers Friedrich Barbarossa vom 14. Juni 1158 zu Gunsten Münchens ausgeglichen, und somit in diesem Jahre der Grund zum Emporblühen der unbedeutenden Niederlassung gelegt. Da auch die Akademie der Wissenschaften diese Annahme bestätigte, bildete sich ein Verein von Bürgern und Künstlern, welcher die Anordnung der Festlichkeiten leitete. Sie begannen am 25. September mit einem Festkonzert im großen Odeonssaale. Der folgende Morgen war zunächst der kirchlichen Feier des Gedenktages gewidmet, die am glänzendsten in der katholischen Michaelskirche, hierauf in der protestantischen Kirche und der Synagoge, und zuletzt von den Griechen vollzogen wurde. Dann bewegte sich von der Michaelskirche aus ein langer Zug, der aus den Innungen, den Brüderschaften, den Schulkindern, der Welt- und Klostergeistlichkeit, den Gemeindebehörden, Sängern und Musikern bestand, durch die Maximiliansstraße zum Flusse, wo der König unter den üblichen Zeremonien den Grundstein zu der neuen Brücke legte, welche sich zur Erinnerung an die Veranlassung des Jubiläums über die Isar wölben sollte.

Abends wurde im Hoftheater eine von Lachner komponierte Volkshymne durch das Chorpersonal unter Orchesterbegleitung gesungen, und hierauf ein Festspiel gegeben, welches die Ablehnung der deutschen Kaiserkrone von Seiten des bairischen Kurfürsten Ferdinand Maria, der von 1651—1679 regierte, zum Gegenstand hatte.

Den Glanzpunkt der Jubelfeier bildete der großartige Festzug, welcher am 27. September stattfand. Er sollte ein vollständiges Gemälde von dem Leben der Hauptstadt seit ihrer Gründung bis zur Gegenwart liefern, und war demgemäß in zwei große Abteilungen: Die Vorzeit und Jetztzeit, geschieden; in jeder sollten Sitte, häusliches Leben, öffentliches Wirken, Kämpfe und Erfolge, sowie die Persönlichkeiten der Fürsten, Staatsmänner, Helden und Bewohner im treuen Bilde zur Darstellung kommen.

Heinrich der Löwe, gewissermaßen der Gründer Münchens, vertrat mit seinem Gefolge das 12. Jahrhundert. Ein Trupp Reiter und Söldner eröffnete den Zug, voran ritten der Herold mit dem ältesten Banner der Stadt und die herzoglichen Trompeter, welche langgezogene dröhnende Klänge erschallen ließen. Dann erschien ein von 4 Schimmeln gezogener Thronwagen, der 4 Jungfrauen trug, von denen eine als allegorische Figur der Munichia ihr aufgelöstes Haar über ein langes Prachtgewand herabwallen ließ und die drei anderen den Ackerbau, den Handel und die Gewerbe vorstellten.

Dem Wagen folgte Heinrich der Löwe mit Rittern, Edeln und Vasallen. Zwei Edelknechte trugen ihm sein Banner und die kaiserliche Urkunde über die Brücke nach. Werkleute mit dem Modell dieser Brücke und dem des ältesten Kirchleins der Stadt zu St. Peter, damalige herzogliche Beamte, Einwohner — Freie und Hörige, Münzarbeiter, Handwerker u. a. — und Landleute im Kostüm jener Zeit, sowie der erste nach München kommende Salztransport, von Bewaffneten begleitet, schlossen den ersten Zug.

Im zweiten, welcher das 13. Jahrhundert darstellen sollte, wo München bereits eine Stadtverfassung besaß, die Residenz der baierischen Herzoge geworden war und das Geschlecht der Pfalzgrafen von Wittelsbach und Scheyren statt der 1180 vertriebenen, dem Kaiser feindlichen Welfen über Baiern herrschte, trugen Edelknechte die Standarten von Baiern und der Pfalz am Rhein voran. Hinter ihnen schritten Bürger mit der Urkunde über die Stadtverfassung vom 28. Mai 1239, und Werkleute mit den Modellen des von Herzog Ludwig dem Kelheimer 1201 errichteten Pilgerhauses und des von Herzog Otto dem Erlauchten dazugefügten heiligen Geisthospitales, sowie des Leprosenhauses auf dem Gasteig. Pilger schienen sich den wohlthätigen Anstalten zuwenden zu wollen, Schulkinder mit ihren Lehrern deuteten an, daß auch für Unterricht und Erziehung Sorge getragen war. Ludwig der Strenge, der 1253 zur Regierung kam und seine Residenz nach München verlegte, weil er aus falscher Eifersucht seine schuldlose Gemahlin Maria von Brabant 1256 zu Donauwörth hatte enthaupten lassen und nun im dortigen Schlosse keine Ruhe mehr fand, entfaltete in seinem Anzug schon größeren Reichtum. Da er die Lorenzkirche erbauen und die Peterskirche mit zwei Thürmen versehen ließ, trugen ihm Werkleute die Modelle dieser Gebäude nach, und da er die Zunft der Schuhmacher und Lederer stiftete und den Brauern das Recht zum Brauen von Weißbier verlieh, erschienen auch Brauknechte mit der betreffenden Urkunde und Schuhmacher mit ihrem Freibrief im Zuge. Des Herzogs Sohn, Rudolf, der Stammvater der pfälzischen Linie, die jetzt auf dem Throne sitzt, hatte ein nicht minder glänzendes Gefolge von Rittern, als sein Vater, und Beamte mit dem Freibrief über die Ratswahl und die Gerichtsbarkeit der Stadt, Kaufleute, Handwerker und Söldner schlossen diese Abteilung.

Das 14. Jahrhundert, wo Herzog Ludwig der Bayer 1314 zum römischen Kaiser gewählt und München somit die Hauptstadt des Reichs wurde, war durch den festlichen Einzug dieses Kaisers nach dem Siege vergegenwärtigt, welchen 1322 die Bürger Münchens bei Ampfing für ihn erfochten. Die Helden der Schlacht auf gepanzerten Rossen umgaben den Sieger, der im Kaiserornat auf milchweißem Zelter saß, und Ratsherren und Bürger mit der alle ihre Rechte und Freiheiten bestätigenden Urkunde von 1315, andere städtische Körperschaften und Vertreter damaliger Sitte und Tracht in Stadt und Dorf schlossen sich dem Gefolge des Kaisers an.

Minder anziehend war die Darstellung des 15. Jahrhunderts. Durch Länderteilung und daraus hervorgegangenen Aufstand und Bruderkrieg war Baierns Macht gesunken, die bunten, geschmackvollen romantischen Trachten sind verschwunden, gotische Gewänder herrschen vor und die Ritter haben, um den Wirkungen des neueingeführten Schießgewehres zu widerstehen, schwerere Rüstungen angelegt. Der Regierungsperiode der Herzöge Ernst, Wilhelm und Albrecht, in welcher die historischen Gestalten eines Ramsperg, Waldeck, Sattelberg und Anderer erschienen, folgte die Albrechts des Weisen und seines Bruders Sigismunds, der Erbauer des Frauenmünsters und der neuen Veste. Die Hofmusik führte der ritterliche Orgelspieler Konrad Paulmann von Nürnberg in stattlichem Hofkleide an. Achtundreißig Brauermeister und deren Knechte mit dem Wahrzeichen ihres Gewerbes und einem Wagen, auf dem ein kunstreich gearbeitetes, mächtiges Bierfaß lag und Schenkbuben saßen, bekundeten das Wachstum der Münchner Brauerei. Ein Fähnlein Lanzknechte, das aus dem Kriege gegen den Löwlerbund, eine dem Landesherrn feindliche Genossenschaft des Adels, mit reicher Beute heimkehrte, bildete den Schluß dieses Zuges.

Auch das 16. Jahrhundert war für München arm an großen geschichtlichen Ereignissen und nur in kulturhistorischer Hinsicht wichtig. Einer jener glänzenden Tunierzüge, wie sie der Schrannenplatz damals häufig sah, die Zunft der Schäffler, welche durch ihre Tänze, und die der Metzger, welche durch ihren Sprung neue Volksfeste einführten, sowie die geschlossene Gilde der Schützen mit ihrem Freibrief von 1519 spiegelten die Regierungszeit des Herzogs Wilhelm IV. (von 1511 bis 1550) ab. Ihr folgte die Gruppe der Herzöge Albrecht V. und Wilhelm V. mit Gelehrten, Künstlern und Edeln, unter denen sich auch der Kämmerer Hans Jakob Fugger befand. Werkleute trugen die Pläne des Münzgebäudes, der Stephanskirche, der Jesuitenkirche und der Maxburg. Ein Sängerchor unter Orlando di Lassos Leitung deutete die Fortschritte der Musik, eine Schar Waisenkinder das von den Herzögen gestiftete Waisenhaus an. Auch die Klingenschmiede, Goldwirker, Erzgießer, Uhrmacher und Kunstdrechsler, welche sich damals unter den Gewerben auszeichneten, fanden ihre Vertretung im Zuge, den eine Abteilung buntgekleideter Trabanten schloß.

Maximilian I., welcher, 1573 geboren, bereits 1597 von seinem schwachen Vater Wilhelm V. die Regentschaft erhielt, und sich als Gesetzgeber, als sparsamer Finanzwirt und Schöpfer des zu jener Zeit größten Heeres in Deutschland berühmt machte, war der Repräsentant der ersten Hälfte des 17. Jahrhunderts, und mit ihm zeigten sich die Soldaten der Liga, welche der Karmelitermönch P. Dominicus in der Schlacht am Weißen Berge zu wilder Wut entflammt hatte, die Pappenheimer, welche Schiller unsterblich gemacht hat, und die aus der Gefangenschaft heimkehrenden 42 Geiseln, welche an die Niederlagen der Baiern erinnern sollten. Das Modell der zum Andenken an die Prager Schlacht von Krumpler nach Candids Zeichnung im Jahre 1658 gegossenen Mariensäule wurde von Jungfrauen in der kleidsamen Tracht damaliger Zeit getragen, und die prachtvolle Erscheinung des friedliebenden Kurfürsten Ferdinand Maria, welcher seinem Vater Maximilian 1651 folgte, und die spanische Leibgarde, sowie die noch bestehende Garde der Hartschiere errichtete, kennzeichnete die dem Kriege folgende Periode. Die Modelle der Theatinerkirche und der Nymphenburg wurden ihrem churfürstlichen Erbauer nachgetragen, dessen Sohn und Erbe, Maximilian Emanuel, der Schwiegersohn Kaiser Leopolds I., die letzte Abteilung des Zuges bildete. Türkische Fahnen und Waffen, ein prächtiges türkisches Zelt, eine türkische Kanone und gefangene Türken bezeichneten seine Siege vor Wien und in Ungarn, eine Schaar von Zöglingen des von ihm errichteten Waisenhauses seine menschenfreundliche Stiftung. Das erste Viertel des 18. Jahrhunderts ward noch durch die verschwenderische Regierung dieses Kurfürsten ausgefüllt, welcher durch seine zweite Ehe mit der Tochter des Königs Johann Sobieski von Polen die Gunst des Kaiserhofes verlor, im spanischen Erbfolgekriege für Frankreich focht, und nach der Niederlage bei Höchstädt fliehen mußte. Den Zug eröffnete eine Gruppe der Landesverteidiger von 1705 in der Volkstracht des Gebirges, welcher zwei junge Burschen, auf Querpfeifen wehmütige Weisen blasend, voranschritten, und die vierzig Bürger folgten, welche aus dem von Oesterreichern besetzten München gekommen waren, um sich den Landleuten bei ihrem Versuche, München dem Feinde zu entreißen, anzuschließen. Dieselben Fahnen wurden vorangetragen, welche damals über den Unglücklichen geweht, die fast alle ihr patriotisches Wagnis in dem Verzweiflungskampfe auf der Sendlinger Höhe mit dem Leben bezahlen mußten, und deren Kampf noch jetzt im Munde des Volkes lebt.

Die trübe Zeit Karl Albrechts, der 1742 als Karl VII. zum deutschen Kaiser gewählt wurde, seine Ansprüche auf die Erbschaft Maria Theresias mit den Waffen geltend machen wollte, und fast immer auf der Flucht, am 20. Januar 1745 starb, war bei dem Festzug unberührt geblieben. Dagegen hatte man aus der Regierung seines Sohnes Maximilian Joseph, mit dem am 30. Dezember 1777 sein Geschlecht ausstarb und die jetzt regierende Linie zur Herrschaft gelangte, einige Bilder entnommen. Mehrere Gelehrte, denen ein Page mit der kurfürstlichen Standarte voranschritt, trugen die Urkunde, welche 1759 die Akademie der Wissenschaften ins Leben rief, und machten mit ihren Zöpfen, gestickten Fracks, kurzen Hosen und Schnallenschuhen einen wunderbaren Eindruck. Waisen und Schulkinder wurden von dem damals geschätzten Lehrer Braun zum Gregorienfest geführt, und Bergknappen, Spießbürger mit Frauen und Töchtern, sowie eine Abteilung Reiter schlossen den Zug.

Die neue Zeit, wo München unter der Regierung dreier Fürsten eine der bevölkertsten und schönsten Städte Deutschlands, einer der

Hauptpunkte des künstlerischen und eine wichtige Pflanzstätte des wissenschaftlichen Lebens unserer Nation geworden ist, wurde durch die Standbilder der drei Könige repräsentiert, von denen jeder so eigentümliche und große Eigenschaften an den Tag gelegt hat.

Das Standbild Maximilians I., dem Baiern seine stattliche Größe, seine Verfassung, die Gründung der Akademie der Künste und vieles andere Gute verdankt, ward von acht Männern getragen und von Mädchen mit Blumenkränzen geleitet.

Ein Modell der Reiterstatue König Ludwigs erschien in vollem Schmucke, und die Modelle der großartigen Bauwerke, mit denen dieser kunstsinnige Fürst München geziert, wurden ihm nachgetragen. Die Zünfte der Gegenwart mit ihren Fahnen, Emblemen und Wahrzeichen ihrer Gewerbe, zuletzt die königliche Erzgießerei folgten ihm.

Das Standbild Maximilians II., umgeben von den allegorischen Figuren der Wissenschaft, der Kunst, des Handels und des Gewerbfleißes, erhob sich auf einem Prachtwagen, den acht Rosse zogen und Mädchen mit Blumenkränzen und Gewinden umringten. Die Gesangvereine Münchens mit ihren Banner- und Pokalträgern, die Künstler mit ihrer Fahne, die Mitglieder der Schützengesellschaft und der Jubiläumsverein schlossen den Zug, bei welchem weder Mühe noch Kosten gescheut worden waren und Geschichtsforschung, Kunst und Geschmack gewetteifert hatten, um ihn zu einem wahrheitsgetreuen Abbild der ganzen Vergangenheit Münchens zu machen.

Um 11 Uhr früh sammelte sich der Zug bei der großen Getreidehalle und bewegte sich durch die lebhaftesten Straßen und Plätze der Hauptstadt zum Schloß, wo er in die Residenzstraße einbog. Die Abgeordneten des Jubelvereins traten in das Schloß, um im Nibelungensaale vom König empfangen zu werden, und die Liedertafel trug inzwischen ein Festlied vor, worauf der Zug in einem weiten, fast die ganze Stadt berührenden Bogen zu seinem Ausgangspunkt zurückkehrte. Ein Teil des Zuges begab sich in den Odeonssaal zu einem Ball im Kostüm, während im Theater das Festspiel wiederholt wurde.

Am 28. September, wo im großen Saale des Rathauses eine Festversammlung stattfand, hatte der Jubelverein Abends für die Teilnehmer am Festzug in ihrem Kostüm ein Festmahl im Odeonssaale veranstaltet, wo Tags darauf die musikalische Akademie abermals einen musikalischen Genuß bot, und am 30. September machte ein ländliches Fest im Garten der Wirtschaft zum Böhring und Abends im Hoftheater die Oper „der Nordstern" den ganzen Feierlichkeiten ein Ende, welche für München unvergeßlich bleiben werden.

Kaum einen Monat früher, am 15., 16. und 17. August desselben Jahres war in einer andern deutschen Stadt ebenfalls ein Jubiläum gefeiert worden: das dreihundertjährige Stiftungsfest der Universität in Jena.

Die deutschen Hochschulen sind unter denen aller Länder anerkannt die vollständigsten Bildungsanstalten und Pflegerinnen der Wissenschaften, und nicht mit Unrecht der Stolz der deutschen Nation, welche das Bewußtsein hat, daß ihre eigentliche Größe auf dem Geiste der Wissenschaftlichkeit beruht. Fürsten und Volk haben daher durch zahlreiche Stiftungen zum Emporblühen der Universitäten beigetragen, und alle Stände nehmen regen Anteil an ihrem Gedeihen. Der Ruf eines Gelehrten, der aus einem wenig gekannten Orte, aus einem stillen, abgelegenen Dorfe hervorgegangen ist, strahlt auf seine Gemeinde zurück und macht ihren Ruhm aus, und selbst arme Eltern darben gern, um einem Sohne die Laufbahn zu eröffnen, die zu Ehre und Auszeichnung führt, denn die Wissenschaft verwischt jeden Rang: wer Fähigkeiten besitzt und Gelegenheit hat, sich auf den Hochschulen auszubilden, kann, welcher Herkunft er auch sei, die höchsten Würden in Staat und Kirche erlangen.

Dieser Charakter der Hochschulen trägt wesentlich dazu bei, sie volkstümlich zu machen, und jedes Fest, das ihre Gründung feiert, findet weit und breit den lebhaftesten Anklang. Um so mehr war dies beim Jubiläum der Jenaer Universität der Fall, welche sich so bedeutende Verdienste um die Wissenschaft erworben und einer so großen Anzahl berühmter Männer zur Bildungsstätte gedient hat.

Der Gründer dieser Hochschule war der Kurfürst Johann Friedrich von Sachsen, welchen die Nachwelt mit Recht den Großmütigen genannt hat. Selbst da er nach der Schlacht bei Mühlberg den Kurhut und sein Reich verloren, bekümmerte ihn nichts so sehr, als das Schicksal der von seinen beiden Vorgängern gestifteten und ausgestatteten Wittenberger Universität, und als er am 28. Juni 1547 gefangen durch Jena geführt wurde, empfahl er seinen Söhnen, die den Scheidenden voll Schmerz begrüßten, noch in der Abschiedsstunde, sie möchten in dem kleinen Länderbesitz, der ihnen geblieben, eine neue Pflanzstätte der Wissenschaft gründen. Den väterlichen Ermahnungen gehorsam errichteten sie schon im folgenden Jahre ein akademisches Gymnasium, und als Johann Friedrich durch den Passauer Vertrag seine Freiheit wieder erlangt hatte, und am 24. September 1552 seinen Einzug in Jena hielt, zogen ihm bereits die Zöglinge dieser Anstalt, für deren fernere Erhebung er zu wirken gelobte, mit Jubel entgegen. Er starb am 3. März 1554, und seine Söhne konnten erst am 15. August 1557 vom Kaiser Ferdinand I. den Freibrief der Universität erlangen, die am 2. Februar 1558 feierlich eröffnet ward.

Da aber der Anfang Februar keine geeignete Festzeit ist, so wurde die Jubelfeier in den Hochsommer verlegt, und der Gedächtnistag des Freibriefs zum Beginn derselben gewählt. Schon am Tage vorher strömten die Gäste von Nah und Fern in die geschmückte Stadt und um 5 Uhr nachmittags hielt der Großherzog von Sachsen, Karl Alexander, welcher zugleich die Würde des Rektors der Universität bekleidet, seinen Einzug. Er brachte für den Prorektor eine goldene Ehrenkette mit, ein Geschenk aller regierenden Fürsten der Ernestinischen Linie.

Der edelste Schmuck der Häuser bestand in Tafeln, welche die Namen berühmt gewordener Männer trugen, die als Lehrer oder Lernende in diesen Gebäuden gewohnt hatten. Johann Schrötter, kaiserlicher Leibarzt und Professor aus Wien, war der erste Rektor der jungen Hochschule, deren Ruf allmählich so stieg, daß sie in der ersten Hälfte des 18. Jahrhunderts gegen 3000 Studierende zählte. Durch die Verlegung einiger Universitäten in Hauptstädte, die mehr Hülfsmittel zur Belehrung bieten, ist diese Zahl allerdings so herabgesunken, daß sie in den letzten Jahren etwa 4 bis 500 betrug, aber dennoch finden wir auch aus neuerer Zeit allbekannte Persönlichkeiten wie Humboldt, Arndt, Rückert, Herbart, Savigny, Feuerbach, Martin, Döbereiner u. A., auf diesen, und von 515 Professoren, die im Laufe der dreihundert Jahre in Jena gelehrt, haben fast alle ihre Namen der Nachwelt durch Schriften hinterlassen. Die drei ältesten der damals lebenden berühmten Schüler Jenas: Humboldt, Arndt und Benedikt Hase waren als Ehrengäste geladen worden, aber nur Hase, der Bibliothekar in Paris, war erschienen.

Abends flammten Feuer auf allen die Stadt umgebenden Höhen, und frohe Lieder erschollen von allen Orten, wo Bier und Wein gleichgesinnte Herzen zusammengeführt hatten.

Der anbrechende Morgen des 15. August wurde auf dem Marktplatze durch das Lutherlied und andere Hymnen begrüßt, worauf die Gesangvereine unter die Fenster des Großherzogs zogen, um ihn mit ernsten Klängen zu wecken. Um acht Uhr wurden in den Hallen der neuen Bibliothek vom Prorektor und den Dekanen der vier Fakultäten die zahlreichen Deputationen empfangen, welche mit Glückwünschen und Ehrengaben, zum Teil aus weiter Ferne, nach Jena gekommen waren. Dann setzte sich der Festzug, an dem die Stadt und ihre Gäste sich beteiligten, nach der Stadtkirche in Bewegung, wo, nachdem die großherzogliche Familie sich eingefunden hatte, und der Gesang des schönen Liedes von Neander: „Lobe den Herrn, den mächtigen König der Ehren“ verklungen war, die Jubelpredigt gehalten wurde. Nach der Beendigung des Schlußliedes begab sich der Zug durch mehrere Straßen nach dem Marktplatz, wo das Standbild des Gründers der Universität, Johann Friedrichs des Großmütigen, feierlichst enthüllt wurde.

Da Jena nicht Räume hat, um so viele Gäste ungetrennt zu bewirten, waren Tafeln für 500 Gedecke in den Sälen der Bibliothek aufgeschlagen, die übrigen Personen speisten an verschiedenen Orten, überall aber herrschte dieselbe Munterkeit, und unter Toasten, Gesängen und Becherklang brach die Nacht an. Ebenso war es am zweiten Festtage, nachdem man in der Kollegienkirche einem Vortrage über die innere Entwicklungsgeschichte der Universität beigewohnt hatte.

Die Erteilung akademischer Würden an Ehrengäste und Gönner der Hochschule füllte den Morgen des dritten Festtages aus, während Nachmittags um 4 Uhr im sogenannten Paradiese ein großartiger Kommers veranstaltet war, an welchem gegen 2000 Studenten und ehemalige Commilitonen teilnahmen. Dreifarbige Schärpen in allen Zusammenstellungen, bunte Baretts in allen Farben, Bändermützen, Schläger und Fechthandschuhe gaben der Versammlung ein belebtes Ansehen. Die übermütige Laune, der Frohsinn bis zur Uebertreibung sprudelten auf, und je mehr von dem unermeßlichen „Stoff“ vertilgt wurde, um so höher schwoll die Woge der Lust. Als das heitere Treiben seinen Anfang genommen, erschien der Großherzog, begleitet von seinen Ministern und Hofleuten und wurde mit stürmischen Hurras begrüßt; er zog sich jedoch nach einiger Zeit zurück, um der Versammlung keinen Zwang aufzulegen, welche erst spät in der Nacht sich trennte.

In ähnlicher Weise haben auch andere Universitäten schon ihre Jubiläen begangen, und im Interesse der Wissenschaft wollen wir wünschen, daß sie noch viele solche Feste zu feiern haben mögen.

Ein „Fair“ in England.

Oktober.

Heißt es auch in Schwaben: Wenn der Herbst, d. i. die Weinlese gut werden soll, so muß der Michel (29. September) den Butten tragen, und nicht der Galle (16. Oktober), so ist doch der Oktober der eigentliche Weinmonat oder Windume mânôth (vom lateinischen vindemia, Weinlese), wie er zu Karls des Großen Zeiten hieß, und mit ihm fängt in den Rheingegenden, wo der Wein den ganzen Reichtum der Bewohner ausmacht, erst die Lese an.

Wie jeder Ernte, geht auch der Weinlese eine ernste, feierlich stille Zeit vorher, und sobald im August die Traube zu reifen beginnt, werden die Weinberge geschlossen. Keines Menschen Fußtritt als der des Wächters oder Schützen hallt darin wieder, und selbst der Weinbergsbesitzer darf ohne Erlaubnis sein Eigentum nicht mehr betreten. So wollen es Recht und Herkommen seit den Tagen, wo Römer, Ritter und Mönche die ersten Reben pflanzten. Nur an gewissen Stunden werden die Weingärten „aufgethan“, damit die zwischen ihnen liegenden Aecker, die „ruhenden Stücke“, bearbeitet werden können. Steht ein guter Herbst in Aussicht, so ist die Klausur noch strenger, die Zahl der Feldschützen und Wächter wird verdoppelt, und nicht selten geschieht es, daß die angesehensten Bürger sich dazu hergeben, bei Tag und Nacht Wächterdienste in den „Wingerten“ zu verrichten. Den Fischern allein wird es nie verwehrt, bei Nacht in die Weinberge zu gehen, um dortd ie Regenwürmer oder Thauwürmer zu suchen, die ihnen zur Betreibung ihres Fischfangs unentbehrlich sind.

Das untrügliche Anzeichen, daß die Lese herannaht, geben die Fässer, welche ausgebessert und wochenlang zuvor im Rhein oder am Marktbrunnen gereinigt werden, denn auf ein gutes, reines Faß muß der Winzer vor allem sehen, soll der Most nicht in der Gähre verderben. Unter diesen Vorbereitungen, welche namentlich den Küfern und den Aichmeistern wenig Ruhe lassen, kommt die Zeit der Traubenreife, und mit ihr die der stürmischen Debatten in den Rathäusern. Es entspinnt sich nämlich überall ein heftiger Kampf über die wichtige Frage: soll oder soll noch nicht gelesen werden? Da man weiß, daß die Spätlese einen bessern Most gibt, wollen die Mutigen und Reichen spät lesen. Aengstliche und Arme dagegen sind für frühe Lese, weil sie alles erdenkliche Unheil fürchten, welches die Trauben vernichten könnte, wenn sie länger hängen blieben, und weil nicht jeder Ort einen so gütigen Schutzpatron, wie Linz am Rhein im heiligen Donat, hat, welcher dafür, daß man ihm am 8. August, an seinem Festtage, alle Jahre eine reife oder doch wenigstens schon rötlich gefärbte Weintraube an einer grünen Ranke darbringt und seiner Statue zum Halten in die Hand giebt, die Weinberge der Stadt, sowie diese selbst vor allen Unglücksfällen bewahren soll, die andere Ortschaften der Rheinufer häufig betreffen.

Ist der große Streitpunkt endlich erledigt, so wird der Anfang der Lese festgesetzt. Aber auch dann darf nicht an jedem Tage gelesen werden. Ehe nicht am Morgen ein Glöcklein verkündet hat, daß Lese ist, darf Niemand in seinen Weinberg, und gewöhnlich bleibt an trüben, feuchten Tagen das Glockensignal aus. Wenn in diesem Fall das Wetter nur einigermaßen hell zu werden verspricht, entsteht eine neue Aufregung und Gährung in der Gemeinde, und die Eifrigsten stürmen auf's Rathaus, um sich über die Aengstlichkeit des Bürgermeisters zu beschweren und im Guten oder Bösen die Erlaubnis zum Lesen zu erzwingen.

Früher, als noch die Fürsten und Geistlichen den Weinzehnten in natura nahmen, und den Tag der allgemeinen Lese bestimmten, mußte dieselbe in kürzester Frist beendet werden.

Jetzt kann jeder Winzer seine Trauben reifen lassen, so lange ihm gut dünkt, und da ist denn die Weinlese gerade in den besten Weinorten des Rhein's kein lautes und übermütiges Erntefest mehr, sondern ein ernstes, bedächtiges Geschäft, bei dem es gar still und vernünftig zugeht. Die Winzerzüge sind immer seltener geworden, und nur die größten Gutsbesitzer können noch 30 bis 40 Leser und Leserinnen in ihre Berge schicken, welche dann, um eine Fahne geschaart, den Verwalter an der Spitze, den Wagen mit der Bütte umgeben und unter dem Klange eines fröhlichen Liedes hinausziehen in den kühlen Morgen. Jeder Arbeiter hat ein Kübelchen, in das er die abgeschnittenen Trauben legt; ist es voll, so leert er es in das sogenannte Legel, ein großes, oben weit zulaufendes Faß, wo die Trauben mit zwei hölzernen Kolben zerstampft werden. Der volle Legel wird in eine große Bütte geleert, und diese dann nach der Kelter gefahren.

Trotz der Kargheit, welche gegenwärtig der Weinlese am Rhein den Charakter des verschwenderischen Festes genommen hat, ist es jedoch den Lesern nicht verwehrt, die eine oder die andere Traube zu verzehren, und selbst in Johannisberg, wo jede Traube zu Wein werden muß, lassen die Besitzer eigens Trauben aus der Pfalz kommen, um sie für Leser und Gäste an Spalieren aufzuhängen.

Lustiger und poetischer ist die Lese in Gegenden, wo viel Wein wächst und das Gewächs weniger Wert hat, wie z. B. am Niederrhein, in der Pfalz und in Schwaben. Da kommt es auf eine Handvoll Trauben und einen Korb voll Flaschen nicht an, und die Weinlese ist ein wirkliches Volksfest geblieben.

Namentlich in Stuttgart versammelt jeder Weinbergsbesitzer seine Freunde von Nah und Fern zu einem fröhlichen Gelage in seinem Weinberge um sich, überall erklingt Musik und Gesang, Böllerschüsse werden abgefeuert, und in der Abenddämmerung steigen Raketen in die Luft.

Ebenso geht es in den Weindistrikten der deutschen Schweiz zu, und wenn in Wega, Weingest und andern Orten Tirol's die Winzer ihre Lese beendet haben, so bilden sie den sogenannten Weinhansel aus Stroh und Weinstäben mit einer Zipfelschlafmütze auf dem Kopf,

Rüdesheimer Winzerfest.

und setzen ihn auf ein Faß, daß auf einem Wagen steht, der ringsum mit Trauben und Weinblättern behangen ist, Die Buben laufen neben dem Wagen her, der von einem Paar Ochsen in's Dorf gezogen wird, und rufen: „Saltauer Hansel mögst eppes Wein?" indem sie ein Gläschen Most leeren. Hinten nach kommt ein ähnlicher Wagen mit den Dorfspielleuten, welche in einem leeren, aufgestellten Faß, ebenfalls reich mit Trauben, Kränzen und Blättern behangen, sitzen und den Weinhansel in's Dorf geigen.

Der Zug hält bei der Dorfschenke still, wo dann meist gleich der Weingartenpacht bezahlt wird, indem die Passeirer ihre Weingärten gewöhnlich gegen einen Zins in Most und Wein verpachten. — Je mehr die Lese nach Wunsch ausgefallen ist, desto reichlicher wird im Etschland zum Dank dafür das Bild des heiligen Urban, welches in keiner Kirche fehlen darf, mit Trauben geschmückt. Denn dieser Heilige wird als Patron des Weinbaues verehrt, und nach seinem Festtag (25. Mai) glaubt man schon vorher bestimmen zu können, ob es vielen und guten Wein geben wird.

Was bei dem Weinbau die Lese, das sind bei dem Flachsbau die sogenannten Schwingtage, an denen man Flachs und Hanf gemeinsam zubereitet und reinigt.

Besonders in der Berggegend des Rheinlandes, wo Flachs und Hanf gegenwärtig mehr als in der Rheingegend angebaut werden, bestehen diese ländlichen Feste auf manchem einsamen Weiler noch im alten Glanze. Nachdem die Flachs- und Hanfstengel durch abwechselndes Wasserlegen oder Deichen und Auftrocknen mürbe geworden, versammeln sich in den letzten Tagen des Oktobers, oft auch erst Anfang Novembers, die Frauen und Mädchen der Nachbarschaft zum gemeinsamen Werke. Zuerst werden die mürben Stengel auf einer sehr einfachen Maschine, der Breche oder Flachsäuel, in welcher zwei ineinandergreifende gezahnte Holzscheeren die Stengel mit Geklapper zerbrechen, gänzlich zerrieben, sodaß nur der zähe Bast unverletzt bleibt. Hierauf wird dieser gelöste Bast bündelweise in dem Einschnitt eines aufrechtstehenden Brettes im Schwingstocke, vermittelst eines dünnen fächerähnlichen Schlägels, der Schwinge, von den kleinen Stengelbasten, dem Schiff, gereinigt und durch anhaltendes Ausklopfen in einzelne Fasern zerteilt. Zwanzig Frauen, ist der Vorrat bedeutend, selbst 30—40 ordnen sich dazu in Reihen vor ihren Schwingstöcken unter freiem Himmel oder in Scheune und Schober. Jede hat ihr Gerät mitgebracht, und zu dem taktmäßigen Geklapper der Schwingen schallen Jauchzen und Gesänge, alles nach einer gewissen Ordnung in der Tageszeit. Zwischen der Arbeit werden Erfrischungen gereicht, und nachher allerlei altertümliche Spiele aufgebracht.

Gewöhnlich wird die Arbeit, sobald erst die Zungen durch Anisbranntwein gelöst sind, mit einem feierlichen Liede in Molltönen eröffnet, welches anfängt:

Wo geht sich denn der Mond auf?
Blau blau Blümelein!
Ober'm Lindenbaum da geht er auf,
Blumen im Thal, Mädchen im Saal!
O du tapfere Rose!

und diese Strophe wird so oft wiederholt, als Sängerinnen anwesend sind. Das Haus, der Wohnort einer jeden wird als Aufgangspunkt des Mondes bezeichnet. Hierauf folgen altherkömmliche Romanzen von Königstöchtern und tapferen Recken, auch Trinklieder und Schwänke werden eingeflochten, und als Füllwerk tauchen selbst neuere Lieder hier und da auf. Die eigentlichen Schwingtaglieder aber, welche nur an Schwingtagen, nie zu anderer Zeit gesungen werden, tragen das Gepräge hohen Alters, sind stets in Moll und werden meist in rascher Bewegung mit fernschallender Stimme vorgetragen. Ihr Inhalt bezieht sich auf den Bau des Flachses, auf die Spinnerinnen oder auf die Liebe. Beinah alle haben Kehrreime, und wie die Worte von Jahrhundert zu Jahrhundert überliefert worden, so haben sich auch die Weisen erhalten.

Die Vorsängerin, fast immer ein altes Mütterchen beginnt mit dem rechtzeitigen Liede, das entweder vom ganzen weiblichen Chore aufgenommen, oder als Rundgesang von Mund zu Mund getragen wird, bis alle Schwingerinnen in den Kehrreim einfallen.

Nachmittags zwischen ein und zwei Uhr verläßt die ganze Gesellschaft ihre klappernde Beschäftigung und eilt hinaus vor das Gehöft auf eine Anhöhe, und alle jauchzen, gegen Osten gewandt, mit erhobenen Händen, dreimal aus voller Brust, worauf sie sich sofort wieder an ihr Tagewerk begeben. Als Grund dieses Brauches, der von jeher so üblich gewesen, und, wie es heißt, so gehalten werden muß, damit der Schwingtag in gehöriger Weise vollbracht werde, giebt man an, das Geschrei solle die Burschen zum späteren Reigen berufen. Da aber zu dieser Erklärung weder die Stunde, noch der Umstand paßt, daß jeder Schwingtag schon vorher von Gehöft zu Gehöft angesagt wird, die Burschen, die davon wissen sollen, also längst benachrichtigt sind, so mußte wohl das dreimalige Jauchzen nicht minder auf uralter Ueberlieferung beruhen, wie der am Schwingtag gebräuchliche Minnetrunk. Zu bestimmter Zeit wird nämlich ein Getränk aus Wein oder Honigwasser mit Anisbranntwein und hineingebrockten Honigkuchen, das nach dem Gefäß Kümpchen oder Minnekümpchen, auch Minnetrunk genannt wird, unter Gesang in der Runde herumgereicht, und damit von den Mädchen den Burschen zugetrunken. Das herkömmliche Gericht dazu ist Hirsebrei oder Reisbrei und Mehlkuchen.

Nachts, wenn die Schwingarbeit zu Ende geht, das Kümpchen kreiset und die ländlichen Spiele beginnen, finden sich die Burschen ein, um am Gesange, Tranke, an den Spielen und dem Reigen teil zu nehmen, und nachher die Mädchen nach Hause zu geleiten. Sonderbarer Weise werden sie dabei von diesen, nach altem Herkommen, förmlich gefüttert, indem das Mädchen das Kümpchen oder die Schüssel auf ihren Schoß setzt und ihrem Liebsten, der vor ihr kniet, einen Löffel nach dem andern voll Brei oder Met in den Mund hält. Das Uebermaß des Genusses von Met bei solchen Gelegenheiten führt leider häufig zu blutigen Schlägereien unter den Burschen. Namentlich setzte früher jeder seinen Stolz darein, auf dem Heimweg einem andern sein Mädchen abzunehmen, um es selber nach Hause zu begleiten, und der Ausgang dieses Unternehmens galt für die höchste Schmach oder die höchste Ehre der bäurischen Burschenschaft. Wem es gelang, dem Nebenbuhler das Mädchen zu entreißen, der konnte sich auf allen Gelagen mit dieser Heldenthat brüsten, während der Beraubte viele Jahre lang bei jeder festlichen Versammlung die Zielscheibe des bittersten Spottes blieb. Daher suchten die Angegriffenen ihre Rechte auf das Hartnäckigste zu verteidigen, und nicht selten nahmen ganze Ortschaften in Masse an diesen Kämpfen teil.

Daß man ehemals vorzugsweise den Freitag zu Schwingtagen wählte, deutet auf die mythologische Beziehung dieser Festlichkeit zur Freyja oder Holda, der Patronin des Flachsbaues und der Spinnerinnen, und erklärt, warum die Linde, der heilige Baum der holden, linden Frau in den Schwingtagsliedern eine so große Rolle spielt. Charakteristisch für das Alter des Festes sind die mit Katzendärmen oder Saiten überspannten Pferdeschädel, auf denen man noch 1778 neben dem „Hackbrett“ zum Tanze schnurrte. Wer im Lüneburgischen seinen Flachs zu spät bricht, oder „aus der Schebe bringt“, der wird durch eine mit „Schewe“ oder Flachs- und Hanfsplittern ausgestopfte Puppe, oder einen Strohmann Schewekerl genannt, daran erinnert, und wer zu spät „schwingt“ was dort mittelst eiserner Werkzeuge geschieht, die man Schlepbrake nennt, dem wird ein sogenanntes Schlepweib aus Stroh abends heimlich vor die Thür gesetzt. Auch in einigen Dorfschaften des Bremer Landes stellt man demjenigen, der zuletzt mit dem Brechen und Reinigen seines Flachses fertig wird, einen Schewekerl vor das Haus. Ebenso herrschen in Tirol bei den Brechlerinnen noch eigentümliche Gebräuche. Wenn diese nämlich unter Jubel und Gesang ihren Flachs und Hanf brechen, so schmückt in Hochfilzen die „Oberdirn" einen Tannenwipfel mit Aepfeln und buntfarbigen Bändern und stellt ihn nahe bei der „Brechtlstube" auf. Ihr Geliebter hat nun die Pflicht, ihn zu rauben, was ihm dadurch nicht leicht wird, daß alle Brechlerinnen es zu verhindern suchen. Gelingt es dem Burschen dessenungeachtet, so gilt er fortan als treuer Liebhaber.

Anderwärts schleicht sich ein flinker Bursche in die Küche, wo an diesem Tage Brei gekocht und große Salznudeln gebacken werden, hält der Hauswirtin unter Hersagung eines Spruchs in Reimen ein Tuch hin und bekommt es gefüllt mit Backwerk und Brei wieder. Dann zeigt er es den Brechlerinnen und läuft so rasch als er kann davon. Alles stürzt ihm nach, und nun kommt es darauf an, ob er sein Haus erreicht, ehe er eingeholt wird, oder nicht. Ist das Erstere der Fall, so kehrt er zurück, nimmt bei der Mahlzeit den Ehrenplatz ein, ist bei den Reigen Vortänzer und darf sich jedes Mitglied der Gesellschaft zur Zielscheibe seines Witzes und Spottes wählen. Holt man ihn aber ein, so wird er an Händen, Füßen und Kopf mit Strohbändern umwunden, bei der Mahlzeit an ein Tischbein festgebunden, ohne auch nur einen Bissen zu bekommen oder an dem Tanze teilnehmen zu dürfen, welcher gleich nach dem Essen eine halbe Stunde lang dauert, und muß sich noch außerdem allen möglichen Hohn in Wort, Lied und Geberde geduldig gefallen lassen. Erst am Abend, wo der sogenannte Hartanz oder Flachstanz stattfindet, wird ihm gestattet, in seinem Strohkostüm mitzutanzen.

Wenn in Schwaben Flachs oder Hanf im Freien gebrechl wird und ein „Herr" kommt bei den Arbeiterinnen vorüber, so tritt ihm gewöhnlich eine entgegen, hält ihm eine Hand voll Hanf schüttelnd und ausbreitend vor und spricht:

Den Weg bin i ganga,
Den Herra zu empfanga,
Empfanga soll er sein,
Bis er langet in Geldbeutel nein.
Giebt er mir was heraus,

So laß i 'n glei naus;
Und giebt er mir nix,
So wünsch i, daß 's Geld zum Beutel naus spritzt.

In den Gegenden, wo die Bewohner sich fast ausschließlich mit Hopfenbau beschäftigen, schließt die Hopfenernte ebenfalls mit einer Festlichkeit, welche in Böhmen der Hopfenkranz heißt.

Sobald nämlich in der Umgegend von Saaz der Hopfen im letzten Garten eines großen Hopfenbauers gelesen ist, werden die langgestreckten Hütten, in denen man den Hopfen pflückt, abgebrochen, die Hopfenstangen zum Gebrauch für das nächste Jahr aufgeschichtet, und die mit Hopfen gefüllten Ziechen nebst den beim Pflücken gebrauchten Arbeitsgeräten und flachrunden Körben auf die dazu bereitstehenden Wagen geladen, und diese mit frischen Ranken, an denen der Hopfen noch hängt, mit Blumenkränzen und grünen Reisern umwunden und geschmückt. Selbst an den Geschirren der Pferde werden Blumensträuße und Hopfenbüschel befestigt, und Hüte und Peitschen der Knechte sind auf das schönste mit Sträußen und buntfarbigen Bändern verziert. Die Arbeitsleute säubern sich vom Schmutz und Staub, und legen entweder ihre Festtagskleider, oder Maskengewänder an, die sie eigens dazu mit hinausgenommen haben. Die Männer schmücken ihre Hüte, die Frauen und Mädchen ihr Haar mit Blumen und bunten Schleifen. Aus den schönsten Hopfenbüscheln, aus Feldblumen und Bändern winden dann die Mädchen zwei Kränze für den Herrn und die Frau, während einige Burschen die Stangen, an welchen man die Hopfenranken unversehrt gelassen hat, schon an den Spitzen mit bunten Tüchern und farbigen Bändern behängen. Ist alles in Ordnung, setzt sich der Zug in Bewegung. Voran wird eine rote Fahne getragen, dann folgt die Musik, welche gewöhnlich nur aus einem Leierkasten besteht, und hinter ihr ziehen in buntem Gemenge die Arbeiter und Arbeiterinnen, zum Teil mit den schöngeschmückten Stangen. Unter Singen und Jubeln durchzieht man die Straßen der Stadt, während die Masken die tollsten Possen treiben und jung und alt den Zug begleitet, bis man zu dem Hause des Hopfengartenbesitzers gelangt, wo sich die Arbeitsleute in das Zimmer desselben begeben. Herr und Frau empfangen sie schon in der Thür und werden dort von zwei weißgekleideten Mädchen mit den auf einem Polster liegenden Hopfenkränzen bekränzt, während einer der Arbeiter eine von ihm selbst verfaßte Anrede hält. Die Bekränzten danken freundlich, belohnen den Festredner und die beiden Mädchen mit einem Geldgeschenke und laden sämtliche Arbeitsleute zu einem reichen Mahle ein, bei dem sie den

Vorsitz führen. Nach dem Mahle geht es zum Tanz, bei welchem der Herr mit den Arbeiterinnen, die Frau mit den Arbeitern tanzen muß. Und gewöhnlich erst spät nach Mitternacht endigt dieses heitere Fest der Hopfenweiner, wie die Tagelöhner in den Hopfengärten in dortiger Gegend genannt werden.

Mr. Punch.

Bei Chatam in England pflegten früher, wenn die Hopfenlese vorüber war, die dabei beschäftigt gewesenen Arbeitsleute, ehe sie auseinandergingen gleichfalls einen Festzug zu veranstalten, bei welchem sie eine Hopfenkönigin, hopqueen, wählten. Diese mit Guirlanden und Kränzen geschmückt, und eine Art Thyrsusstab, der mit Hopfenranken umwunden war, als Szepter in der Hand haltend, thronte majestätisch inmitten der Arbeitergruppe auf dem letzten Hopfenwagen und fuhr unter Musik und Gesang nach Hause.

Jetzt werden nur in einigen Distrikten, wie in Kent, noch die Thüren der Schenken mit blühenden Hopfenranken umkränzt, wenn nach Beendigung der Hopfenernte die Arbeiter sich beim Bier der gethanenen Arbeit freuen

Dagegen wird in ganz England der Tag, an welchem einstmals eine neuerbaute Kirche zu Ehren eines Heiligen geweiht wurde, auf dem Lande noch immer als Feiertag begangen, und bald fair-day, Kirchweihtag, bald feast-week, Festwoche genannt, je nachdem die Festlichkeiten einen oder mehrere Tage dauern. Meist hat man den Gedächtnistag des Heiligen oder den darauffolgenden Sonntag zur Feier gewählt, und die ganze vorhergehende Woche vergeht mit den Vorbereitungen zum Feste, das schon lange mit Ungeduld erwartet wird. In jedem Hause, jeder Hütte wird gewaschen, gefegt und gereinigt und nach Kräften für die Bewirtung von Besuchern gesorgt. Wer irgend kann, hält einen Schinken zurecht, da nur wenige es vermögen, sich bis zu einem Plum-pudding zu versteigen.

Das Läuten der Glocken kündigt den festlichen Tag an. Wer Bekannte oder Verwandte in dem betreffenden Dorfe hat, macht sich so früh als möglich auf den Weg, um noch vor Mittag dort einzutreffen. Nach Tische begiebt sich alles im schönsten Schmuck in die Kirche, wo eine Musikbande auf der Gallerie den Gottesdienst noch glänzender macht, und der Geistliche eine auf das Fest bezügliche Rede hält. Die ganzen nächsten Tage gleichen Feiertagen. Alle Arbeit ist ausgesetzt, von Zeit zu Zeit läuten die Glocken, Buden mit Pfefferkuchen und Obst, je nach der Jahreszeit, Schaukeln und Karoussels, Bänkelsänger und Guckkastenmännner, Seiltänzer und Taschenspieler erfreuen die Kinder, Kugel-, Wurfscheiben- und Kegelspiele die Männer, fröhliche Tänze die Mädchen. Häufig erscheint auch der oder jener Wunderdoktor in mehr oder weniger auffallendem Anzuge, und lenkt durch die laute und komische Anpreisung seiner Geschicklichkeit die allgemeine Aufmerksamkeit auf sich. Selbst der Doktor Bockanky verschmähte es nicht, den Ruf, den er sich erworben, auf solchen ländlichen Festen geltend zu machen, um seinen Beutel zu füllen und die Taschen anderer zu leeren. Mitunter sind auch noch besondere Gebräuche mit diesen Dorffesten verbunden. So pflegt man am Festtag des Dorfes Charlton bei Blackheath, ungefähr acht englische Meilen von London, der alljährlich am 18. Oktober, dem Lukastag, gefeiert wird, Hörner zu tragen, weshalb das Fest auch horn-fair, Hornmarkt, genannt wird.

Früher pflegte von einem der Wirtshäuser in Bishopsgate-street aus eine Prozession, bestehend aus einem König, einer Königin, einem Rat, einem Müller und vielen andern Personen, welche sämtlich Hörner an den Hüten trugen, nach Charlton zu ziehen, dort drei Mal um die Kirche herumzuschreiten, und dabei so viel Ungebührlichkeiten zu begehen, daß es sprüchwörtlich hieß: „all is fair at Horn-fair“, alles ist schön auf dem Hornmarkt. Auch war es üblich, maskiert oder in Frauenkleidern zum Hornmarkt zu gehen, sich bei demselben mit schmutzigem Wasser zu begießen und ähnliche Tollheiten auszuführen, und aus allen benachbarten Orten versammelte man sich in Cuckolds Point bei Deptford, um gemeinschaftlich mit Hörnern an den Hüten unter Lärmen und Singen in Charlton einzuziehen, wo man Wildhörner und allerhand Sachen aus Horn kaufte, und wo selbst die Pfefferkuchen Horngestalt hatten.

Dr. Bockanky, der berühmte unfehlbare Wunderdoktor und Besitzer des Lebenselixirs, sowie Erfinder einer Universal-Medicin. (Heilt Menschen und Vieh.)

In der dortigen Kirche fand eine Predigt statt, für welche der Geistliche aus einem eigens dazu gemachten Vermächtnis 20 Shillinge bekam. Jetzt ist dieselbe abgeschafft, und auch die Prozession außer Brauch; aber der Verkauf von Hörnern aller Gattungen, von den schlechtesten bis zu den besten Sorten, hat sich auf der Charlton-fair erhalten, und ebenso ist dieselbe bis zum heutigen Tage eine Art

Karnevalsfest geblieben. Viele Besucher sind in Masken, gehen in Frauenkleidern, oder haben Charakteranzüge an, die meisten tragen Hörner an den Hüten oder Mützen, und überall hört man den Ruf: „horns! horns!“ Hörner! Hörner! der immer neue Fröhlichkeit erregt.

Hört ihr Leute die Geschichte von der neuen Morgendat, — dem verruchten Giftmörder, — dem grauenhaften Attentat zu Paris und dem fürchterlichen Brande von Petersburg, das binnen 3 Tagen 6 Mal eingeäschert worden ist.

Begüterte Familien aus der Umgegend kommen gewöhnlich schon des Morgens zu Wagen an, um sich den Spaß mit anzusehen, und Buden jeder Art laden zu Erfrischungen und zum Anschauen der verschiedensten „noch nie dagewesenen“ Sehenswürdigkeiten ein.

Der Markt, welcher drei Tage dauert, wird gegenwärtig auf einem Privatfelde abgehalten, fand aber früher auf einem grünen Platze gegenüber der Kirche statt.

Die Hörner, besonders die kleineren von Schafen und Ziegen, welche zum Verkauf ausgestellt werden, sind meist vergoldet und verziert.

Die Gewohnheit des Hörnertragens bei diesem Feste scheint sich auf den Tag und das Symbol des heiligen Lucas zu beziehen. Denn auch in der Kirche von Charlton sieht man unter den wenigen Glasmalereien, welche die Fenster noch zieren, mehrmals den Ochsen des Heiligen mit Schwingen am Rücken und schönen, großen Hörnern am Kopf, und die alten Bewohner von Charlton mögen daher wohl geglaubt haben, ihrem Schutzpatron an seinem Gedächtnistage keinen größeren Beweis ihrer hohen Verehrung geben zu können, als durch Anlegen des Kopfschmuckes, welcher das ihm geheiligte Tier auszeichnet.

Bei einem Markte auf der Insel Ely, welcher alle Jahre am 17. Oktober, dem Fest der heiligen Ethelbreda oder abgekürzt St. Audrey, statt findet und deshalb St. Audrey's fair heißt, wurden früher von den Landmädchen besonders gern Schnuren gekauft, die sehr hübsch aussahen, und dieser Sitte verdankt das durch Verstümmelung aus St. Audrey's laces, St. Ethelbreda's Schnuren, entstandene Wort tawdry seine Bedeutung von Zierrat aller Art oder Flitter.

Auf der sogenannten Purton-fair, dem Feste des Dorfes Purton im nördlichen Wiltshire, das drei Tage dauert, werden verschiedene Wettkämpfe abgehalten, und namentlich Fechten um Preise angestellt.

Sobald der Tag anbricht, ist das Dorf voller Lärm und Geschäftigkeit. Zigeuner, Landleute und Fremde eilen auf den Anger, wo sich in der Regel die jungen Männer des Orts allabendlich mit ihrem Lieblingsspiel, dem Fechten, unterhalten, und Alles treibt sich dort vergnügt und heiter in den Eß-, Trink- und Schaubuden umher.

Am nächsten Morgen, früh um 5 Uhr, beginnen die Kämpfe um die vier ausgesetzten Preise, die in einem Hemd, einem Hut mit blauer, einem mit weißer und einem ohne Kokarde bestehen.

Auf einem Gerüst, das auf dem Platze errichtet ist, steht hoch über den Andern der Preisrichter, welcher alle beim Kampf entstehenden Streitigkeiten entscheidet und die Preise verteilt, Vier der besten Fechter von Purton treten als Bewerber auf, ein kleines Nachbardorf, Stretton, stellt vier andere Kandidaten als Gegner, und diese Kämpfer gelten gewissermaßen als die Vertreter ihrer Ortschaften: das Dorf, dessen Fechter verlieren, muß die Kosten des Tages bestreiten. Der Kampf dauert gegen zwei Stunden, dann werden die vier Sieger auf vier aus Baumzweigen gemachte Stühle gesetzt und unter lautem Jubel durch das Dorf getragen. Ist diese Zeremonie, welche man the ceremony of chairing, die Stuhlzeremonie, nennt, vorüber, so begeben sich alle Kandidaten in's Wirtshaus, wo sie den übrigen Tag lustig verleben.

Der dritte Tag ist zu einem großen Wettkampf zwischen den Fechtergesellschaften der beiden Dörfer, dem Purton club und Stretton club, bestimmt, an welchem gegen 20 Kandidaten von jeder Seite auftreten, und Alles begiebt sich auf den sogenannten Cricket ground, eine kleine Gemeindewiese, um den Kampf mit anzusehen. Die Ueberwundenen zahlen Jeder einen Shilling zur Deckung der Kosten eines kalten Mahles, welches in einem hübschen Gehölze in der Nähe des Kampfsplatzes eingenommen wird. Der Rest des Tages wird gemeinschaftlich verjubelt, und man versichert, daß in dem Wirtshause, welches am Anger liegt, in diesen drei Tagen noch immer gegen 6000 Gallonen starken Biers oder Ales vertrunken werden, obgleich das Fest mehr und mehr in Abnahme kommt.

In Deutschland ist die Kirchweih oder Kirmeß auf dem Lande das hauptsächlichste Volksfest im ganzen Jahre, und im Allgemeinen nicht weniger verbreitet, als in England. Jedes Dorf und Dörfchen hält seine Kirmeß, und nicht mit Unrecht sagt das Sprichwort:

Es ist keine Kirche so klein,
Des Jahres muß ein Mal Kirmeß drin sein.

Seiner Bestimmung gemäß sollte zwar das Kirchweihfest am Jahrestag der ersten Weihe der Kirche statt finden, aber je mehr die Feier mit der Zeit eine profane geworden, desto mehr war man bemüht, die Kirmessen in den Spätherbst zu verlegen, wo der Landmann am wenigsten zu thun hat, oder sie mit dem sogenannten Ernteleier oder Erntekranz zu verbinden.

Dieses Letztere ist in einem großen Teil von Norddeutschland, sowie im Schaumburg'schen der Fall; im übrigen Hessen fällt die Kirmeß beinah immer wie in Thüringen, Franken und Schwaben in den Spätherbst. In Oesterreich versuchte es Kaiser Joseph II., sämtliche Kirchweihen an einem Tage feiern zu lassen, und bestimmte den dritten Sonntag des Oktober zu dieser allgemeinen Kirmeß, welche deshalb die Kaiser-Kirmeß genannt wird. Die alte eingewurzelte Gewohnheit der Kirchweihen war jedoch zu stark, um sich abschaffen zu lassen, und so kam es, daß das neue Fest, dem Befehl gemäß, zwar angenommen, aber meist als zweite Kirmeß gefeiert wurde, indem man fast überall die frühere Kirchweih beibehielt. Am Rhein und in Belgien fangen die ersten Kirmessen mit Ostern an, und die letzten endigen gewöhnlich mit dem Nikolaustage, so daß das Volksfest zugleich ein Familienfest geblieben ist, an welchem entfernt wohnende Verwandte und Bekannte sich gegenseitig besuchen, was in den Gegenden, wo die Kirchweihen gleichzeitig fallen, nicht mehr möglich ist.

In der Eifel dauert die Kirmeß in der Regel zwei Tage, Sonntags und Montags, mitunter auch drei, da in Eupen z. B. das mit der Kirmeß verbundene Vogelschießen erst am Dienstag statt findet, und schon 4 bis 5 Wochen vorher pflegen in vielen Dörfern die Mädchen, wie beim Mailehen, versteigert zu werden. Vom Erlös wird teils an demselben Abende, teils bei der Kirmeß eine gemeinschaftliche Zeche bezahlt, und zwei als Hüter bestellte Burschen haben darüber zu wachen, daß vom Tage der Versteigerung an bis nach der Kirmeß kein anderer Bursche, als der Ansteigerer mit dem betreffenden Mädchen spreche, oder ohne Erlaubnis des Ansteigerers mit ihm tanze. An manchen Orten muß das Mädchen dem Burschen, welcher es gesteigert hat, am Kirmestag nach dem Nachmittagsgottesdienst ein seidenes Halstuch in die Seite spengeln.

In der Pfalz ist die Kirmes ein wahres Gemeinde- und Familienfest. Zwar ist der Kerwebaam, zu welchem sonst die Burschen den zierlichsten Baum des Waldes ausersahen, und den sie dann unter Austrinken eines Halbohmfäßchens fällten und feierlich in's Dorf heimbrachten, samt den Maibäumen gefallen, und nur in wenigen Orten wird noch die Kirchweih vergraben, indem man etliche Flaschen Wein eingräbt, um sie ein paar Tage vor dem nächsten Feste feierlich wieder auszugraben und dann als ächten Kirmeswein auszutrinken; kaum holt man noch die Musikanten mit Reitern und Wagen ab, um sie unter dem Schalle ihrer eigenen Musik festlich in die Gemeinde einzuführen, aber dennoch hat die Kirmes ihre, um so zu sagen innere Originalität, bewahrt.

Wochenlang wird vorgerüstet, in den reicheren vorderpfälzischen Dörfern werden selbst die Häuser von innen und außen neu getüncht, ganze befreundete Gemeinden erstatten einander zur Kirchweih Besuch und Gegenbesuch, und die unumschränkteste Gastfreundschaft herrscht überall. Wichtige Geschäfte und Beredungen werden häufig für diesen Tag vorbehalten, und viele Familien würden niemals vollzählig versammelt sein, wenn nicht Kirmes wäre, wo es Ehrensache ist, daß man die Verwandten von Nah und Fern einladet und höchste Pflicht der Freundschaft, daß man der Einladung Folge leistet.

Bei der Kirchweih in der Gegend von St. Peter im Schwarzwald muß jeder Hofbauer sein ganzes Gesinde drei Tage lang auf's Reichlichste bewirten. Vom Oberknecht bis Hirtenbuben und von der Altmagd bis zum kleinsten Mädchen sitzen sie in zwei Reihen als Herren und Damen bei Tische, und lassen sich vom Bauer und der Bäuerin bedienen. Zwischen Mittag und Abend wird fast unaufhörlich aufgetragen, dann getanzt und wieder gegessen. Von Zeit zu Zeit erhebt bald dieser Knecht, bald jene Magd das Glas und spricht: „Buwr, i bring der's zue", oder „Büwri, 's ist der zue bracht", worauf der oder die Angeredete Bescheid thun muß, denn dem Darbringer einen Trunk abschlagen, würde für eine große Beleidigung gelten.

Von den schwäbischen Ortschaften, welche keine Kirchweih halten, sagt das Volk, sie dürften es nicht, weil sie entweder einen Bettelmann hätten verhungern lassen, wie die Betzinger, oder Schuld gewesen wären, daß zwei Bettler sich totgeschlagen, wie die Weilheimer bei Tübingen. Von Bietigheim erzählt man, es habe das Recht, eine Kirchweih zu halten, verloren, weil einst zwei Weiber, während sie Kirchweihkuchen gebacken, sich mit den Kuchenschüsseln tot geschlagen, und die Leute von Hepsisau werden Guckigauch (Kukuk) gescholten, weil sie ihre Kirchweih in alten Zeiten für einen Kukuk verkauft haben sollen.

Nicht selten werden auf den schwäbischen Kirchweihen Hähne und Hammel ausgetanzt oder ausgekegelt, und fast regelmäßig kommen Huttänze dabei vor, welche dem Hammeltanze ähnlich sind.

Es wird nämlich ein Hut mit einer Schnur an einer hohen Stange hinaufgezogen, die Schnur dann unten angebunden, und ein langes Stück Schwamm daran befestigt und angezündet. Hierauf tanzt man rings um den Hut bis an ein abgestecktes Ziel, wo der vorderste Tänzer den geschmückten „Wedel“ (Zweig), welchen er trägt, seinem durch das Los bestimmten Hintermann giebt, und derjenige Tänzer, welcher den Wedel in der Hand hält, wenn die Schnur abgebrannt ist und der Hut herunterfällt, gewinnt den Preis. Anderwärts entscheidet das Losgehen eines Pistols, wie beim Holzäpfeltanz, und in Heubach besteckt man einen Kreis mit so vielen Pfählen, als Spieler da sind, macht einen der Pfähle durch ein besonderes Zeichen kenntlich und tanzt nicht, sondern geht so lange im Kreise herum, bis der Schuß fällt, worauf Jeder den ihm zunächst stehenden Pfahl ergreift und aus der Erde zieht. Wer den bezeichneten Pfahl hat, gewinnt.

Am Ende der Kirchweih wird in Lahr in Baden eine fest zugemachte Flasche Wein unter Trauer und Klage in die Erde gegraben, und zwar mitten im Orte auf einem Hofe, während dies im Remsthale außerhalb des Dorfes geschieht. Haben die jungen Burschen dort, wie es fast allerwärts Sitte ist, von Montag früh bis Mittwoch Abend gegen vier Uhr getanzt, so nimmt jeder Bursche sein Mädchen an die Seite, Einer trägt eine Flasche Wein, ein Viertel Butterkuchen und einige farbige Bänder und alte Lumpen, ein Anderer eine „Scharre“ (Spaten), und so ziehen Alle unter Gesang und Scherz, während die Musikanten lustig dazu aufspielen, zum Dorf hinaus bis an einen bestimmten Platz. Hier gräbt der Bursche mit der Scharre ein Loch, in welches der Wein verschüttet wird, und Kuchen, Lumpen und Bänder hineingelegt werden. Dies nennt man die Kirwe vergrabe, und kaum ist das geschehen, so bricht Alles in Jammer und Wehklagen aus, das nicht eher endigt, als bis man wieder im Orte vor dem Wirtshause steht. Hier beginnen die Musikanten, welche bisher Trauermusik geblasen, wieder einen lustigen Walzer zu spielen, und der Tanz fängt auf's Neue an, um erst zu Mitternacht aufzuhören.

In Franken ist die Woche, welche dem Kirchweihfeste vorhergeht, hauptsächlich für die Vorbereitungen zu demselben bestimmt, weshalb sie die Kirbewoche genannt wird. Wo es die Umstände erlauben, wird geschlachtet, und neben feinen Bröten aus dem weißesten Mehle, werden Kuchen und sogenannte Schneeballen im Ueberfluß gebacken. Auch wird durch eine ganze Bäcke von Bröten aus gröberem Mehl für die Bettelleute gesorgt, die während der Kirchweih in's Dorf kommen.

Am Tage der Kirchweih wird, wie an andern Festtagen, mit allen Glocken zum Gottesdienst geläutet, der Schulmeister als Organist leitet eine Vokal- und Instrumentalmusik, und der Prediger hält eine Rede, worin er gewöhnlich vergebens gegen das eifert, was kurz nachher in vollem Maße eintritt. Nach dem Gottesdienste wird das Mittagsmahl eingenommen, zu welchem sich zahlreiche Freunde und Verwandte aus den benachbarten Ortschaften eingefunden haben und das meist durch den Zudrang der Bettelleute gestört wird, zu deren Abfertigung oft kaum zwei Personen genügen.

In den Dörfern katholischer Herrschaftsbesitzer erscheint am Sonntag Nachmittag der Beamte mit seinem Gefolge und beordert den Schulzen nebst den zum Tanz bereiten jungen Leuten in das Wirtshaus. Von dort geht der Zug unter Vortritt des Schulzen, des Schulmeisters als Gerichtsschreibers, des Amtsknechtes, nebst einigen andern dazu verordneten Personen mit Musik zu der in oder beim Dorfe befindlichen Linde, wo die eigentlichen Lustbarkeiten statt finden sollen.

Bevor sie jedoch beginnen, wird die Linde einige Mal umgangen, und dann im Namen der Herrschaft der sogenannte Kirchweihschutz abgelesen, in welchem die Leute zu Friede und Einigkeit, unter Bedrohung strengster Ahndung in Uebertretungsfällen, ermahnt werden. Beim Schluß der Vorlesung wird unter Freudenschüssen die Gesundheit der Herrschaft, des Amtmanns und des Pfarrers ausgebracht, und nun wird um die Linde getanzt, wobei auch die Umstehenden zum Tanz gezogen werden, indem der oder jener Bursche seine Tänzerin einem Zuschauer vorstellt und seinerseits eine der Zuschauerinnen zum Tanze auffordert. Nach einigen Stunden geht der Zug wieder in das Wirtshaus zurück, wo das Tanzen und Singen die ganze Nacht fortgesetzt wird.

In den Ortschaften lutherischer Herrschaften wird die Zeremonie des Kirchweihschutzlesens auf den Montag verschoben, weshalb es am Sonntag noch ganz still zugeht. Mit dem Montag-Morgen fängt aber das Essen und Trinken an und hört nicht vor Mittwoch auf. Beim Tanze um die Linde muß der Pastor anwesend sein und Teil nehmen,

Kirmes in Franken.

will er sich nicht übler Nachrede aussetzen, und dann wird zwei Tage lang fast in einemfort im Wirtshause geschwärmt. Erst Mittwochs fängt der Bauer wieder an, seiner Arbeit nachzugehen.

Bei dem Weihfest in Hessen wird an den Orten, wo der förmliche Gottesdienst weggefallen ist, unter Anleitung von drei oder vier Burschen, welche die Kirmes anordnen, vor der Wohnung des Bürgermeisters, vor den Kirmeshäusern, und namentlich unter der Kirmeslinde, die in keinem Dorfe fehlt, der Morgensegen gespielt, welcher in einem Choral besteht.

Dann wird die Kirmesflasche ausgegraben und geleert, und hierauf ein Umgang durch den ganzen Ort gehalten, bei welchem die Burschen reichen und armen, jungen und alten Leuten aus vollen Flaschen zutrinken.

In Niederhessen, besonders in der Umgegend vom Meißner, findet dieser Umzug zu Pferde statt, wobei zuweilen das Haupt der Kirmesburschen als Husar gekleidet ist und mit dem Säbel in der Hand seine Genossen anführt.

Anderwärts wie in Abterode, kommt auch noch ein Läufer vor, welcher dem Umzug tanzend vorausschreitet und dann den Reigen eröffnet. Derselbe trägt ein weißes, bis zu den Knieen reichendes Gewand, ein weißes, mit roten Bändern verziertes Mieder, kurze weiße Beinkleider, weiße Strümpfe und Schuhe, auf dem Haupte ein Barett und in der Hand eine Fahne.

Zu Anfang der Kirmes wird im Fuldaischen ein mit schönen Bändern und bunten seidenen Tüchern geschmückter Hammel unter die Linde geführt. Die verheirateten Männer und Frauen vereinigen sich alsdann zu einer, die Burschen und Mädchen zu einer andern Partei, und beide suchen sich in den Besitz des Hammels zu setzen, was nicht ohne einen längeren oder kürzeren Kampf möglich ist. Diejenige Partei, welche den Siegern den Preis überlassen muß, hat auch die Zeche zu bezahlen, die durch das Schlachten und gemeinschaftliche Essen des Hammels entsteht.

Hat man drei Tage und Nächte hindurch mit nur geringer Unterbrechung getanzt, wird zum Begraben der Kirmes geschritten. Einer der Burschen wird in einen Popanz verkleidet und von seinen Genossen mit einem Tragkorb auf dem Rücken und einem Besen in der Hand mit Musik vor die Häuser der Wohlhabenden geführt. Während nun einige Stücke gespielt werden, holt die Hausfrau Eier, Kuchen und Speck und legt diese Gaben in den Tragkorb. Ist derselbe voll, so zieht man an einen wenig besuchten Ort, wo unter scheinbarem Weinen und Wehklagen ein tiefes Loch gegraben und eine Anzahl zerschlagener Flaschen und Gläser, etwas Kuchen, eine menschenähnliche Puppe und eine mit Branntwein gefüllte Flasche, die sogenannte Kirmesflasche, vergraben wird. Ist, wie dies im Kreise Homberg geschieht, der vermummte Bursche mit Erbsenstroh umwickelt, um die krankgewordene Kirmes vorzustellen, welche durch Gang und Haltung den Anschein giebt, als würde sie im nächsten Augenblick verscheiden, so wird auch noch das Stroh am Begräbnisplatz verbrannt. Fortwährendes Weinen der Kirmesburschen und Zuschauer begleitet diese Zeremonie, zu welcher die Musikanten ein Trauerstück spielen, und nach Beendigung derselben kehrt die Versammlung in das Dorf zurück, wo sie sich zerstreut.

Am Niederrhein wird jetzt als Repräsentant der Kirmeslust statt des früher üblichen Roßhauptes das Bild des heiligen Zachäus, des Kirmespatrons, welcher zu Pferde sitzt, begraben, und wenn nun am Vorabend des Festes die Burschen des Dorfes mit Sang und Spiel hinaus an den dazu bestimmten Ort gezogen sind, und das geschnitzte Bild aus dem Loche ausgegraben haben, so wird es auf eine Stange gesteckt, mit Bändern und Blumen geschmückt und unter Jauchzen und Musik in's Dorf getragen, wo es an der Tanzbühne aufgestellt und die Kirmeskrone, mit Blumen und Eiern verziert, in der Schenke ausgehängt wird. Dann bildet sich das sogenannte Reigengelag, indem sich die Burschen oder Gelagsjungen verpflichten, drei oder mehrere Tage gemeinschaftlich zu feiern, gemeinschaftliche Zeche zu machen und einander bei der Anordnung des Festes, sowie bei etwa entstehender Schlägerei getreulich beizustehen. Dies Versprechen wird dadurch vollzogen, daß Einer nach dem Andern mit einer schweren hölzernen Keule auf einen Pfahl schlägt, der zu diesem Zweck senkrecht in die Erde gestoßen ist. So viel Schläge Jeder thut, so viel Tage ist er verbunden, zu feiern. Gewöhnlich sind es drei, mitunter auch vier oder sechs. Ist mit dem letzten Schlag der Pfahl völlig mit dem Boden gleich in die Erde getrieben, so gilt dies für eine gute Vorbedeutung. Die Mädchen, welche die Kirmeskrone, an manchen Orten den Kirmesbaum ausgeputzt haben, sind bei diesem Akt zugegen, und heften jedem der Gelagsjungen ein rotes Band, das Gelagsbind auf die Brust, welches derselbe nicht eher abnehmen darf, als bis die festgestellten Kirmestage vorüber sind.

Mit dem letzten Tone des Schlußgesanges beim Gottesdienste beginnt am darauffolgenden Sonntag die Tanzmusik. Jeder Bursche holt seine Tänzerin vom Kirchweg zum Tanzplatz, wo die Mädchen, welche die Kirmeskrone geschmückt haben, den Reigen beginnen. An den beiden nächsten Tagen ziehen die Gelagsjungen mit klingendem Spiel in die Kirche, wobei sie vormals auf alle mögliche Weise vermummt waren und an einigen Orten vom Pfarrer abgeholt wurden. Während der für die Gelagsgenossen bestellten Messe spielen die

Musikanten, und nach Beendigung derselben geht der fröhliche Zug auf den Tanzboden, oft im Umweg zu entfernten Weilern, wo die Burschen früher mit Festbröten, den sogenannten Plätzen, beschenkt wurden. An der Mittwoch kam sonst die Reihe des Festordnens an die Ehemänner, denen die Gelagsjünglinge das Feld räumten. Nicht selten ging dann erst das tollste Treiben los, und oft ward das Fest bis zum Sonnabend ausgedehnt, wo es mit dem Begräbnis der Kirmes schloß. Mit kreidebeschmierten Gesichtern, in weiße Tücher gehüllt, gingen die Gelagsjungen gespensterhaft neben der Bahre her, auf welcher der Roßschädel oder das Zachäusbild unter üblichen Grabgesängen durchs Dorf getragen wurde. Die herkömmlichen Larven der Fastnachtszeit, wie der Bunge, Grimes, Geckenbähn und andere Teufelsgestalten, welche an die verwünschten Heidengötter, den getreuen Eckart, den Knecht Ruprecht, den wilden Jäger und sein Gefolge erinnerten, fehlten natürlich nicht. Selbst die weiße Frau (Hulda oder Berchtha) wurde dargestellt, und während man die Grube schloß, ward ein jämmerliches Geheul angestimmt, und mit Gießkannen, Topfdeckeln, Peitschen und andern Lärmwerkzeugen eine furchtbare Musik gemacht, worauf der Zug mit wildem Halloh ins Dorf zurückging und sich auflöste.

Das Kirchweihfest in Thüringen fängt stets an einem Dienstag an, und dauert drei Tage. Vor dem Beginn desselben vereinigen sich die jungen Burschen des Dorfes, um nach der Väter Weise das Fest recht lustig zu feiern, oder, wie sie sagen „eine gute Kirmes zu halten," und wählen einen aus ihrer Mitte zum Platzmeister, der zum Zeichen seines Amtes eine Peitsche trägt, d. i. ein ellenlanges, zwei Zoll dickes Holz, das der Länge nach einige Einschnitte hat und beim Anschlagen einen starken schallenden Ton von sich giebt, zugleich wird ein Haus zum Gelag oder zur Herberge bestimmt, wo sich die Kirmesburschen versammeln, eine kleine „Ablage (Summe) gelten" oder zusammenschießen, die von Alters her üblichen Gesetze anerkennen und sich den festgesetzten Strafen unterwerfen, die der Platzmeister an den Uebertretern vor der ganzen Gilde zu vollziehen pflegt.

Das eigentliche Fest wird mit einem feierlichen Kirchzug unter Trompetenschall eröffnet. Nach dem Gottesdienste zieht der Platzmeister, von einem Gehülfen, dem Platzknecht, und einigen Burschen begleitet, mit klingendem Spiele von Haus zu Haus. In der einen Hand ein mit Bier gefülltes hohes Paßglas, in der andern einen Rosmarinstengel, der in Thüringen sowohl bei Freuden- wie bei Trauerfesten als Schmuck unentbehrlich ist, tritt er in jedes ein, trinkt dem Hauswirt Gesundheit aus dem Glase zu, das dieser mit den Seinigen auf das Wohl aller Burschen leeren muß, und bittet um einen Ehrentanz, der auch zugesagt und sogleich in der Stube mit der Tochter oder Frau vom Hause gehalten wird. Hierauf empfiehlt er sich und empfängt beim Weggang einen großen runden Kuchen mit dem Glückwunsch: „Macht Euch fein lustig.“ Gewöhnlich wird beim Pfarrer der Anfang gemacht, wenn er mit seinen Gästen bei Tische sitzt, dann geht es zum Schulmeister, zum Schulzen und so fort durchs ganze Dorf. Die erhaltenen Kuchen sammelt ein Knecht in einem Schubkarren mit dem er hinter dem Zuge herfährt, und bringt sie nachher in das Gelag.

Nachmittags beginnt der feierliche Tanz unter den Linden. Die Spielleute voran, ziehen alle Kirmesburschen mit Gerten in der Hand paarweis unter Gesang auf den Anger oder das Mahl, einen erhöhten runden Platz, der sich fast in jedem thüringischen Dorfe, gewöhnlich in der Mitte desselben, befindet, mit großen Linden besetzt und mit aufrecht gestellten hohen Steinen eingefaßt ist, damit niemand darüber reite oder fahre. Dort nun hüpfen sie in ausgelassener Fröhlichkeit nach einer besonderen Musik einige Male um die in der Mitte des Platzes stehende älteste Linde herum, unter welcher sich ein großer runder Stein einem Tisch ähnlich auf einzelnen kleineren Steinen gestützt erhebt, und dann verteilen sie sich ins Dorf, um ihre Mädchen zum Tanzen abzuholen.

Nach einfachem Gruß spricht jeder die Eltern um die Tochter an, die schon halb angeputzt wartet, aber sich erst vollends fertig macht, sobald sie dem Tänzer zugesagt ist. Sie heftet ihm ein buntes seidenes Tuch auf die linke Schulter, geht in Hemdsärmeln und weißem Mieder hinter ihm her dem Anger zu, und wird am Schenktische, der mit großen hölzernen Kannen und Eimern voll Bier besetzt ist, mit einem Paßglas empfangen, aus dem sie auf aller Wohl Bescheid thun muß. Sind alle Mädchen versammelt, so eröffnet der Platzmeister den Tanz mit einem Schleifer, jenem echtdeutschen Nationaltanz, welchem der Walzer seinen Ursprung verdankt.

Während die erwachsenere Jugend sich mit Tanzen belustigt, vergnügen sich die Alten am Zusehen, indem sie sich mit ihren Gästen unter die Linden setzen. Die Knaben springen herum und schießen mit Knallbüchsen, die sie sich aus Hollunderröhren anfertigen, und die kleinen Mädchen ahmen den Tänzern nach, indem sie sich anfassen und fröhlich im Kreise herumschwenken. Kommt ein Fremder zu Fuß oder zu Pferd am Anger vorüber, so muß er aus dem Glase Bescheid thun, das ihm freundlich dargereicht wird, und mit den Mädchen zu tanzen, die ihm die Burschen zuführen. Um zehn Uhr Abends endigt der Tanz, und jeder Bursche geleitet sein Mädchen nach Hause. Am folgenden Morgen nach acht Uhr versammeln sich die Kirmesburschen auf ihrem Gelage, genießen Warmbier mit Kuchen zum Frühstück und begeben sich Vor- und Nachmittags auf den Tanzplatz, wo einige von ihnen zur allgemeinen Freude vermummt erscheinen und allerlei Possen treiben.

Der dritte Tag ist der feierlichste: an ihm wird nach dem Hammel geritten. Jeder Bursche putzt sich und sein Pferd so gut er kann heraus. Bunte Bänder und Goldpapier dienen zum Schmuck der Röcke und Hüte, auf denen bunte Federn und gemachte Blumensträuße prangen. Alles bewaffnet sich mit Degen und Pistolen, und der Platzknecht trägt als Fahne einen langen Stock, an welchem einige seidene Bänder und Tücher gebunden sind. So reitet der Zug in bester Ordnung hinaus aufs Feld zur Heerde um einen Hammel auszusuchen. Dieser wird unter schallendem Spiel mit roten Bändern verziert, von dem mit einem langen Messer versehenen Fleischer aufs Pferd genommen, und nun unter Musik und lautem Jubel vom Zug auf den Anger gebracht, wo er unter Spielen, Jauchzen und Tanzen auf dem großen Stein geschlachtet wird. Abends wird zum Schlusse der Kirmes in dem Gelage ein fröhlicher Schmaus gehalten, bei welchem der Hammel nebst einem Gericht Schweinefleisch verzehrt und um Aepfel und Nüsse gespielt wird.

Wie hier bei dem Kirchweihfest in Thüringen den Platzmeister, so wählen bei der Kirchweih oder der Kirwer der Deutschen in der Gegend von Iglau in Mähren die Burschen die Gewandtesten und Lustigsten unter sich zu sogenannten Kirwäknechten aus, denen die Einladung der Gäste, die Besorgung der Musik und Aufrechterhaltung der Ordnung während des Tanzes obliegt. Sie haben das Recht, diejenigen Mädchen, welche sich durch Schönheit oder Freigebigkeit hervorthun, zu Kirchweihjungfern oder Kirwä-Menschern zu ernennen, die als Auszeichnung vor den übrigen Tänzerinnen eine weiße Schürze tragen.

Die Tanzmusik, welche dort aus der sogenannten Bauernfidel, einem in Geigenform geschnittenen, bemalten Brettchen mit 3 Saiten, und dem Ploschperment oder der Baßgeige besteht, fängt an jedem der drei Kirwertage um 2 Uhr Nachmittags in der Dorfschenke oder beim Richter an, und dauert bis zum Morgen, worauf man gewöhnlich saure Fische zum Frühstück ißt. Die Gäste, deren man stets sehr viele, und zwar nicht minder feierlich, als bei Hochzeiten einladet, indem man ihnen sogenannte Flöck'n überbringt, müssen, wenn sie die Kirwen besuchen, verschiedene Geschenke in Geld oder Eßwaren machen, werden aber dafür mit Bier und Speise reichlich bedient und haben den Vorrang beim Tanzen.

Die Flöck'n, tellergroße, anderthalb Zoll dicke Brode mit Pfefferkuchen, Mandeln, Weinbeeren und dergleichen bedeckt, sind auch im Böhmerwald das übliche Backwerk bei der Kirda, dem heitersten Fest im Jahre.

Drei Nachmittage und Nächte wird hintereinander getanzt, und jeder muß dabei, wenn nicht ganz, so doch größtenteils neugekleidet sein. Am Montag haben die Männer im Tanzsaale vor den Burschen die Oberhand, am Dienstag wird der Hahnenschlag gehalten.

Die Burschen ziehen mit Musik durch das Dorf, kehren in jedem Bauerhofe ein, tanzen ein wenig und werden mit Bier und Flöck'n traktiert, von denen mehrere in Stücken zerschnitten auf dem großen Ecktisch liegen. Ein Bursche sammelt noch außerdem Flöck'n in einem Tragkorb, und während dies geschieht, sucht ein anderer, giebt es irgendwo einen schönen fetten Hahn, denselben heimlich wegzufangen. Sobald die Runde durch das Dorf beendet ist, wird der Hahn mit einer langen Schnur, die man an einem seiner Füße befestigt, an einen Baum gebunden. Dann verbindet man einem Burschen nach dem andern die Augen, giebt ihm einen Dreschflegel in die Hand und stellt ihn so, daß er die Schnur mit den Füßen fühlen kann. Glaubt er dem Hahn nahe genug zu sein, schlägt er zu, und trifft er ihn, so hat er bei der Verspeisung desselben und der gesammelten Flöck'n den Vorrang.

Bei der Kirda, Kirms oder Kerwä der Deutschen im nördlichen Böhmen findet der Hahnenschlag am Montag statt, und jeder, der daran teilnehmen will, muß eine kleine Geldeinlage geben. Ist man des Spieles satt, zieht man ins Wirtshaus zurück, wo der Hahn gebraten wird und die Musik, wie gewöhnlich aus einem Dudelsack und einer Geige oder Klarinette, oder auch aus einer oder zwei Harfen besteht, die Einlagen erhält und zum Tanz aufspielt. Erst am Morgen führt man die Mädchen mit Musik nach Hause.

Am Dienstag, dem letzten lustigen Tag, müssen die Mädchen die Musik bezahlen und haben dafür des Recht, sich ihre Tänzer selbst zu wählen. Das zahlen wird Schätzen genannt, und geschieht während des Tanzens, indem alle Paare um einen Tisch in der Mitte des Saales herumtanzen, an welchem ein Bursche mit einem Teller sitzt, bei ihm anhalten und jedes Mädchen unter Zutrinken von Likör genötigt wird, einen Musikbeitrag auf den Teller zu legen.

Die Kirwer in Mähren.

Betrachtet man die in den verschiedenen Gauen Deutschlands bei der Kirmesfeier üblichen Gebräuche näher, so erkennt man deutlich, daß das Kirchweihfest, wenngleich scheinbar rein christlichen Ursprungs, doch nur als Anhaltspunkt für die Fortdauer heidnischer Gewohnheiten gedient hat. Das Begraben der Kirmes, der Hahnenschlag und Hammelritt sind entschieden Ueberreste eines alten Dank- und Opferfestes, für welches auch der Platz und namentlich der Stein unter der Linde spricht, auf dem der Hammel geschlachtet wird, und das Roßhaupt als Symbol der Kirmesfreude, noch mehr aber das Bild des heiligen Zachäus auf seinem Schimmel erinnert offenbar an Wuotan, dem das Pferd geheiligt war und dem man die Opfer als Dank für die beendigte Ernte brachte. Wie auf den Michaelistag als einen Hauptkirchweihtag, so gingen auch auf die anderen Kirchweihfeste einzelne Züge des ehemaligen Erntefestes über, und die Umzüge in Hessen mögen den Gott selbst haben vergegenwärtigen sollen, wie er, auf weißem Rosse reitend, Opfer empfangend und Segen spendend, im Lande umherziehend gedacht wurde.

Vielleicht sind auch die Kirchweihtage nur die ins Christentum mit hinübergenommenen von Hain zu Hain wandernden Gerichtstage, an welchen der ganze Gau teilnahm, und die mit Opfern, Jahrmarkt, Gelagen und Volksspielen verbunden waren. Die Kirche ließ die Feier bestehen und schob blos christliche Namen und Deutungen unter, und so gingen diese Versammlungen mit ihren Festlichkeiten aus den Hainen auf die Kirchhöfe über, welche von dem Asyl, das sie einst den Lebenden gewährten, Friedhöfe heißen, und nahmen von der Herbstzeit, in die sie zum großen Teil verlegt wurden, allmählich das Wesen und den Charakter der Erntefeste an, womit sich auch die von Alters her bei denselben üblichen Bräuche verbanden.

Eines der eigentümlichsten und glänzendsten Kirchweihfeste ist das zu Fürth in Baiern, welches am ersten Sonntag nach Michaelis anfängt und 14 Tage dauert. In früherer Zeit begann dasselbe mit dem Aufrichten eines Freiheitsbaumes, um den getanzt wurde. Der Beamte mußte den Tanz mit einem Bürgermädchen eröffnen, welche sich als Königin des Festes, nicht wenig auf diese Ehre zu Gute that. Dann zogen die 6 Mann bambergische Soldaten, welche jedes Mal zu diesem Tage herüberkommen mußten, in Parade um den Baum herum, worauf der Beamte das sogenannte Friedensgebot vorlas, und nun wurde von den Soldaten drei Mal geschossen, und dieses Feuern vor jedem Wirtshause wiederholt, sodaß es gewöhnlich bis in die Nacht hinein dauerte und zu mancherlei Unfug Anlaß gab.

Unter der preußischen Herrschaft ward dieser Brauch abgeschafft, und seitdem ist diese Kirchweih, welche ehedem wegen der Prügeleien, die dabei vorfielen, gewissermaßen berüchtigt war, das Hauptfest für die ganze umliegende Gegend geworden.

Schon am Sonnabend hört man überall Musik, und in jedem Hause wird gereinigt und geputzt, um die Zimmer zum Empfang der zu erwartenden Gäste in Stand zu setzen. Sobald der Sonntag anbricht, wird es lebhaft in der Stadt. Tausende von Landleuten strömen herbei, und auf allen Gesichtern ist Vergnügen zu lesen. Schon kommen Reiter und einzelne Wagen von Erlangen und Nürnberg her, und bald bringen Eisenbahnzüge und Fuhrwerke aller Art eine zahllose Menge von Fremden an, welche in den Gasthöfen oder bei Bekannten ein Unterkommen suchen und finden. Große Tafeln mit hunderten von Gedecken sind in den Wirtshäusern aufgestellt, und an ihnen sitzen in bunter Reihe modern gekleidete Damen neben Bürgerfrauen mit schweren goldenen Halsketten und großen wertvollen Ohrgehängen, Offiziere der verschiedensten Heere und Waffengattungen neben ehrbaren Hausbesitzern, Bürgern, Beamten und Herren mit Sternen und Ordensbändern, und alle sind gleich zur Freude und zum Frohsinn gestimmt. Nur die jungen Leute erwarten mit Ungeduld das Ende des Mahles, welches von Musik gewürzt wird, um in die Tanzsäle zu eilen, wo die ganze Nacht hindurch fröhlich geschwärmt wird. Erst der neue Morgen macht dem Vergnügen ein Ende, und die aufgehende Sonne leuchtet den sich verlierenden Wagen nach Hause.

Am Montag abend ist es die Jugend der Stadt, nicht mehr die bunte Menge der Fremden, welche sich zum Tanz versammelt, und der Dienstag ist ausschließlich für die Honoratioren, die aus den Beamten und dem Handelsstande bestehen, bestimmt, während die Mittwoch wiederum eine Wiederholung des Sonntags ist.

Dieselbe Reihenfolge der Bälle wird auch in der nächsten Woche vom Sonntag bis zur Mittwoch streng beobachtet, wo die Ziehung der Aussteuerungslotterie den Beschluß der Festlichkeiten macht und nochmals unzählige Menschen herbeilockt. Sie findet vor der sogenannten Armenschule statt, die auf drei Seiten von einem ziemlich großen Platze umgeben ist. Vor ihr wird ein Balkon errichtet, dessen Geländer man mit roten Tüchern behängt, und auf demselben steht auf einem Tische das Glücksrad und ein als Amor gekleideter sechs- bis siebenjähriger Knabe, welcher mit verbundenen Augen die gewinnenden Nummern zieht. Jede gezogene Nummer wird, nachdem sie vom Balkon herabgerufen worden, auf eine schwarze Tafel geschrieben und unter dem Schalle von Trompeten und Pauken vorgezeigt.

Preisträgerin.

Der Gewinn beträgt 150 Gulden, wird aber erst ausgezahlt, wenn der Gewinnende heiratet, der bis dahin nur die Zinsen erhält, welche dieses Kapital jährlich einträgt. Während also der Handwerksbursche oder das Dienstmädchen wöchentlich einen Kreuzer bezahlt, um eine Nummer zu besetzen, ist, wenn sein Loos herauskommt, für seine Ausstattung gesorgt. Wohlhabende Leute nehmen ebenfalls Teil an dieser Lotterie, indem sie eine Anzahl Loose an ihre Dienstboten oder an arme Kinder verschenken und so die Stifter manches häuslichen Glückes werden.

Fast um dieselbe Zeit wird seit mehr als fünfzig Jahren in München ein allgemeines Volksfest gefeiert, das mit dem ersten Sonntag im Oktober beginnt und unter dem Namen Oktoberfest weit und breit berühmt ist.

Als nämlich am 12. Oktober 1810, dem Geburtstage des verstorbenen Königs Maximilian's I., König Ludwig I., von Baiern, damals noch Kronprinz, sich mit der Prinzessin Therese von Sachsen-Hildburghausen vermählte, wollte auch die Hauptstadt des Landes ihre freudige Teilnahme an diesem Ereignis kundgeben und die Erinnerung an den Tag durch ein alljährlich wiederkehrendes Fest wach erhalten. Ein Pferderennen, die beliebteste Volksbelustigung, sollte den Glanzpunkt der Festlichkeiten ausmachen, der Platz, auf welchem es abgehalten wurde, Theresienwiese genannt, und das ganze Volk aufgefordert werden. Der Aufruf blieb nicht fruchtlos. Aus allen Kreisen Baierns strömte man zu dem Feste auf der Theresienwiese

Gruppe von Büchsenschützen beim Münchner Oktoberfest.

herbei, und dieses gestaltete sich mit der Zeit zu einem landwirtschaftlichen Zentralfest um, das allmählich seine jetzige Bedeutung gewann.

Der Hauptfesttag ist der erste Sonntag im Oktober. Tags vorher geht in der königlichen Reitschule die Prüfung und Musterung der Pferde, des Rind- und Mastviehes und der übrigen Viehgattungen vor sich. Die Mähnen der Pferde sind zierlich geflochten, Gebiß und Zaum glänzend geputzt, und seidene Bänder in den Landesfarben flattern daran.

Das preiswürdige Vieh bekommt nach der Rangordnung Täfelchen mit einer bezeichnenden Nummer und wird am Sonntag morgen in eigens errichteten Schranken zur Schau ausgestellt. Auch zum Behuf der Ausstellung der Erzeugnisse des Acker-, Garten-, Obst- und Seidenbaues ist eine besondere Bretterbude aufgeschlagen. Die Preise selbst werden nach einem zweifachen Maßstab bestimmt: nach dem eigentlichen Wert und nach der Entfernung von München.

Nachmittags um 2 Uhr nimmt das Fest, von Kanonenschüssen verkündet, seinen Anfang, und mehr als 70--80000 Menschen ziehen der südöstlich von der Stadt gelegenen Theresienwiese zu. Sie ist festlich geschmückt. Hohe Flaggen mit dem baierischen und münchner Wappen wehen auf der sogenannten Sendlinger Anhöhe, weiße und blaue Fähnchen bezeichnen die ovale Rennbahn, in deren Mitte ein längliches Rechteck, von Bretterbuden umgeben, offen gehalten ist, um allen hungrigen und durstigen Seelen als Zufluchtsort zu dienen.

Wer sich jedoch eines ächten, erlesenen Trunkes erfreuen will, zieht sich auf die Höhe zurück, wo in improvisierten Schenken vortreffliches Bier aus dem benachbarten Markte Tölz in unversiegbaren Quellen fließt. In der Mitte der Höhe, deren terrassenförmige Erhebung zur Aufnahme eines Teils der Zuschauer benutzt wird, ist, dem königlichen Zelte gegenüber, eine Tribüne für die Musik errichtet, an der Wiese, längs der Rennbahn, ordnen sich Wagen an Wagen zu einer bunten glänzenden Reihe, und der höhere Adel versammelt sich im Königszelte.

Neue Kanonensalven verkünden die Ankunft der königlichen Familie, welche von einer Deputation des Magistrats und den Anordnern des Festes am Pavillon empfangen wird. Eine Abteilung Landwehrgrenadiere bildet die Ehrenwache. Der König begiebt sich alsbald unter das Volk, besichtigt die zur Ausstellung eingebrachten Tiere und Gegenstände, und überreicht, in sein Zelt zurückgekehrt, die von der Prüfungskommission festgesetzten Prämien eigenhändig den Ausstellern, welche Einer nach dem Andern bei ihm vorüberschreiten müssen, um ihre silbernen Medaillen und bunten Preisfahnen zu empfangen, die vorher von Knaben in altdeutscher Tracht unter dem Vortritt der Stadttrompeter in geordnetem Zuge an dem Königszelte vorbeigetragen und übergeben worden sind.

Ist diese Zeremonie vorüber, so beginnt das Wettrennen. Trompeter zu Pferde eröffnen einen neuen Zug, in welchem man die Rennpreisträger in spanischer Tracht mit ihren gold- und silbergestickten oder zierlich bemalten Fahnen und Standarten, die Rennbuben in schmucker vielfarbiger Kleidung, von den Rennmeistern und einer Anzahl Jockeys zu Pferde beaufsichtigt, und die Rennpferde, von ihren

Besitzern geführt, erblickt. An die verschlossene Schranke zurückgekehrt fängt zuerst ein lustiger Kampf der Rennknaben um den Vorrang an, dann öffnen sich die Flügel der Schrankenthüren, und unter dem freudigen Zuruf der Menge laufen 20—30 Pferde dem Ziele zu. Die Bahn, welche eine Viertelmeile im Umkreis beträgt, muß vier Mal umritten werden. Bei jedem Umreiten wächst die Spannung, die Teilnahme des Publikums wird immer lebhafter und lauter, Tücher flattern, Mützen und Hüte werden geschwenkt, bis endlich bei dem Ankommen

Auszug der Armbrustschützen zum Münchner Oktoberfest.

der ersten Renner ein allgemeines Jauchzen und Zurufen losbricht, während die Zurückgebliebenen mit einem weithin schallenden Gelächter empfangen werden. Kaum sind aber die Rennpreise verteilt, so wickelt der unentwirrbar scheinende bunte Menschenknäuel sich ab, die Anhöhe wird leer, und Alles strömt den Buden zu, um sich an einem frischen Trunk zu laben.

Am nächsten Tage fängt das Festschießen mit Stutzen und Armbrust nach der Scheibe, dem Vogel und laufenden Hirsch an. Die reichen, mit schweren Geldgewinnen behangenen Preisfahnen werden schon Sonntags im Saale des bürgerlichen Rathauses der allgemeinen Schaulust ausgestellt. Am Montag Morgen versammeln sich nun die aus allen Gauen des Landes herbeigezogenen Schützen im Rathause, die Loose werden verteilt und dann wird in wohlgeordnetem Zuge auf die Festwiese marschiert. Den Stadttrompetern folgen die in spanische Tracht gekleideten Preisträger mit den Preisfahnen, hierauf unter Vortritt eines wohlbesetzten Musikkorps der Schützenmeister, an welchem sich die übrigen teilnehmenden Schützen anschließen, die ein buntes bebändertes Blumensträußchen auf Hut oder Mütze als Abzeichen tragen. Das Schießen dauert unter lebhafter Teilnahme des Publikums die ganze Woche hindurch, und während dieser Zeit wird die Theresienwiese mit ihren zahlreichen Restaurationszelten, Buden und Schenken aller Art nie leer von Besuchern aus der lebensfrohen Stadt.

Der zweitfolgende Sonntag bildet den Schluß des Festes. Nachmittags 2 Uhr ist die Verteilung der Schützenbesten, worauf ein zweites sogenanntes Nachrennen abgehalten, und Abends gewöhnlich ein großes Feuerwerk abgebrannt wird.

Ein anderes Volksfest, das nicht minder von weit und breit aus der ganzen Umgegend besucht wird, ist zu Musdorf bei Roth am See mit einem Markt verbunden, der vom Dienstag bis Sonnabend in der Burkharduswoche auf benachbarten Feldern und Wiesen abgehalten und deshalb die Muswiese genannt wird. Alle Stände, Alt und Jung, freuen sich schon Monate lang zum Voraus auf die Lustbarkeiten dieses Festes, und die Dienstboten bedingen es sich regelmäßig aus, die Muswiese besuchen zu dürfen.

Ursprünglich war es nur ein dreitägiger Markt, der mit dem Michaelstage zusammenfiel und daher Michaelismarkt hieß. Seit der Einführung des neuen Kalenders fällt er aber in die angegebene Zeit, und erhielt nun allmählich die Bedeutung, die er gegenwärtig hat. Mit ihm ward auch die jährliche Predigt in der Kirche zum heiligen Michael in Musdorf auf die Mittwoch der Marktwoche verlegt, wo, einem alten Herkommen gemäß, von Abends 7 Uhr an alle anwesenden Metzger um ein großes Feuer tanzen, zu dem das königliche Kameralamt das Holz liefert Die auf dem Markte anwesenden Musikbanden, mit Ausnahme der im Zollhause, müssen abwechselnd, und zwar unentgeltlich, dazu aufspielen, und die Tänzer werden noch außerdem auf's Reichlichste mit Wein bewirtet.

Woher sich diese seltsame Gewohnheit schreibt, ist nicht bekannt; der Sage nach ist die Auszeichnung den Metzgern deswegen zu Teil geworden, weil sie einst Räuber, welche bei nächtlicher Weile den Markt zu Musdorf plündern wollten, mit Hülfe ihrer Hunde vertrieben.

Noch unerklärlicher ist der sogenannte Balfari- oder Palfaribrauch. Alle Jahre am Sonntag nach Michaeli versammeln sich nämlich die jungen Leute beiderlei Geschlechts auf dem Bergschloß bei Gablingen in Schwaben, bringen einen der großen kupfernen Kessel mit, in welchen man Käse zu bereiten pflegt, stellen ihn in die Mitte des Schloßhofes und füllen ihn mit Wasser aus dem Schloßbrunnen. Dann umringen sie den Kessel, und Alles was um den Rand Raum findet, schickt sich an, daraus zu trinken. Sobald sie aber den Mund zum Wasser neigen, springt ein Bursche aus einem Versteck zum Kessel, drängt Einige der Umstehenden bei Seite, „zieht den Kessel heraus", trägt ihn eine Strecke weit fort und versteckt sich wieder, während die Andern ihn verfolgen, suchen und die Entwendung des Kessels fortwährend mit den Worten beklagen: „Haben wir so großen Durst und können doch nicht trinken!"

Fällt dieser Sonntag, wie es sich meist trifft, in den Oktober, so wird an ihm — ist es nicht der Fall, am nächstfolgenden Sonntag — von der katolischen Kirche das Rosenkranzfest gefeiert, welches Papst Gregor XIII. im Jahre 1573 zum Andenken an den glorreichen Sieg bei Lepanto (am 7. Oktober 1571) stiftete, der an demselben Tage erfochten wurde, wo die Dominikaner ihr Fest zu Ehren des Rosenkranzes begingen. Denn wenn sich auch schon im 11. Jahrhundert deutliche Spuren von dem Gebrauche des Rosenkranzes nachweisen lassen, so wurde doch dessen Erfindung von den Dominikanern dem Stifter ihres Ordens, dem heiligen Dominicus de Guzman, zugeschrieben, welcher den ehemaligen Paternoster in den jetzt üblichen Rosenkranz verwandelte und dessen Einführung bewirkte.

Die Einsetzung des Rosenkranzes hob die Verehrung desselben. Es bildeten sich zahlreiche Rosenkranzbrüderschaften, welche mit großen Indulgenzen begabt wurden und bald zu den bedeutendsten geistlichen Genossenschaften gehörten.

Die Rosenkranzbrüderschaft von Kaaden in Böhmen, welche am 3. Aug. 1653 gestiftet und am 31. Juli 1670 der Prager von St. Veit einverleibt wurde, zählte allein bei ihrer Aufhebung i. J. 1785 über 20,000 Mitglieder.

Kaiser Joseph II. hob in Oesterreich nicht nur die Rosenkranzbrüderschaften, sondern auch das Rosenkranzfest selbst auf. Gleichwohl fuhr man in vielen Orten, an denen Rosenkranzbrüderschaften bestanden hatten, fort, das Fest wie sonst feierlich zu begehen, und in neuerer Zeit wurden auch die Brüderschaften wieder hergestellt.

Am neunten Tage nach Michaeli pflegt man im Pusterthale regelmäßig alle Jahre das Heu von den Alpenwiesen des Iselsberges einzufahren, weshalb die Arbeit gewöhnlich schon um zwei Uhr Morgens beginnt, und im Hunsrück gilt es als Regel, das Hereinholen der Feldfrüchte, besonders des Krautes, mit dem 16. Oktober, dem Gallustage, zu beenden, indem man sagt:

„Galles, schaff hämm Alles."

Auch die Aepfel soll man an diesem Tage unter Dach und Fach bringen, oder wie es in einem deutschen Sprichwort heißt:

Auf St. Gallentag
Muß jeder Apfel in seinen Sack,

denn der heilige Gallus, welcher am 16. Oktober 646 als Abt des nach ihm benannten Klosters starb, steht in dem Rufe, an seinem Gedächtnistage gern Schnee fallen zu lassen:

Sanct Gallen,
Läßt den Schnee fallen.

Daher fügt man auch hinzu:

Nach Sanct Gall
Bleibt die Kuh im Stall,

doch scheint mit diesen Wetterregeln der Gallustag alten Stils gemeint zu sein, da nach einem plattdeutschen Spruche:

Sanct Simon-Jüd'
Bringt den Winter unter de Lüd'

der 18 Oktober noch jetzt in der Volksmeinung als Winterbringer angesehen wird, während in einigen Gegenden Deutschlands der Landmann am Gallentag neuen Stils den Eintritt der letzten schönen Herbstwitterung erwartet, welche unter dem Namen Nachsommer oder Altweibersommer bekannt ist, je nach der Lage der Länder früher oder später beginnt, und deshalb bei den Schweden Brittsommer oder St. Brittasommer (Brigittensommer), vom Tage der heiligen Brigitta (8. Oktober), bei den Engländern St. Luke's little summer, kleiner Lukassommer, vom Lukastage (18. Oktober), oder Martinssommer, von Martini (11. November), und anderwärts Michaels- oder Martinssommer genannt wird.

Im Dorfe Prießnitz bei Naumburg wird noch alle Jahre am 16. Oktober der Tag gefeiert, welcher das Denkmal auf dem sogenannten Angstplatz verewigen soll.

Als nämlich am Tage nach der Schlacht von Jena einige Franzosen, welche raubend umherzogen, in der Nähe des Dorfes Rauschwitz von den aufgebrachten Bauern erschlagen wurden, und die Bedeckung eines französischen Wagentransportes, die es zufällig mit ansah, eiligst die Wagen in Stich ließ, um es zu melden, gab der Marschall Davoust einem Bataillon des 3. Linienregimentes den Befehl, das Dorf Prießnitz zu besetzen, nach Fortschaffung der Alten, Weiber und Kinder sämtliche Einwohner zu erschießen und alle Häuser niederzubrennen. Trotz seines Widerstrebens, diesen grausamen Befehl auszuführen, marschierte der Bataillonskommandant ab, besetzte das Dorf und ließ sämtliche Dorfbewohner zusammentreiben. Der Sohn des Pfarrers, der nachmalige Superintendent Dr. Großmann, welcher darunter war und französisch verstand, trat vor, um zu fragen, was sie verbrochen hätten, erhielt als Antwort eine geschriebene französische Proklamation zum Durchlesen, und legte nun die Unschuld der Bewohner von Prießnitz an dem ihnen zur Last gelegten Verbrechen so glänzend dar, daß der Kommandant Guigner de Revel sogleich abmarschieren wollte, ohne den Befehl zu vollziehen und dies nur dann aufgab, als ein Offizier sich erbot, nach Naumburg zu reiten, um den Marschall zur Zurücknahme seines Befehles zu bewegen. Mit Angst erwarteten die Bewohner, zum Theil ganz leicht gekleidet, seit 7 Uhr Morgens ihr Schicksal auf dem Platze, der seitdem der Angstplatz genannt wurde. Endlich nach 11 Uhr erschien der Offizier mit der Antwort: der Befehl sei sogleich zu vollziehen. Der Kommandant war nicht weniger bestürzt darüber, als die unglücklichen Einwohner.

Da erbot sich der Kapitän George A. A. Govéan mit seiner Kompagnie das Nötige auszuführen; das Bataillon marschierte sogleich ab, Govéan ließ einige Häuser und Scheunen anstecken, wo das Feuer am wenigsten Schaden thun konnte, die Bewohner auseinandertreiben und nur 7 junge Burschen fangen, und stellte sich vor diesen auf, um „Feuer“ zu kommandieren. Natürlich schossen die Franzosen über ihren Kapitain weg, der nun sogleich nach Naumburg zurückmarschierte, um die Vollziehung des Befehles zu melden. Die armen Sieben aber wagten kaum aufzustehen und wußten nicht, wie ihnen geschehen war.

Im Jahre 1856 feierte man das 50jährige Jubiläum dieser unerwarteten Rettung, zu deren Gedächtnis ein einfaches Denkmal errichtet worden ist.

An demselben Tage begeht man in Hersfeld in Hessen den Gedächtnistag des Stifters der Stadt und des Klosters, des Erzbischofs Lullus von Mainz, der 787 starb, und dieses Lullusfest, welches sonst eine ganze Woche dauerte, war früher das Hauptfest der Stadt, die Kirchweih derselben.

Schon ehe es begann, hörte man Abends in den Straßen häufig den Ruf: „Broder Lolls!“ oder auch „Lolls!“

Am Lullusmontag ward auf dem Markte eine Bretterbude erbaut, ein großer Holzstoß vor ihr aufgerichtet, und ein gehöriger Vorrat von Getränken hineingebracht. Alles dies mußte Vormittags geschehen, denn sowie die Uhr die Mittagsstunde verkündete, begann das Fest, der Holzstoß ward angezündet, die Glocken der Stiftskirche läuteten die Freiheit des Marktes ein, und das Geschrei „Lolls! Lolls! Broder Lolls!“ welches schon am Morgen überall ertönte, ward toller und toller. Jetzt erschienen in der Bude, von rauschender Musik empfangen, die beiden Bürgermeister von Hersfeld, der städtische Wagemeister, welcher in einen blauen Mantel gehüllt war, und der Stadtdiener, der einen Sack voll Nüsse auf der Schulter trug. Während sich die drei Ersteren zu dem für sie bereit gehaltenen Mahle niedersetzten, warf der Letztere seine Nüsse in den jubelnden dichten Schwarm der Stadtjugend, welche, ungeduldig dieses Augenblickes harrend und begierig nach den Nüssen haschend, sich bald zu einem Knäuel zusammendrängte und eine großartige Balgerei aufführte. Das dauerte bis gegen 1 Uhr, dann begann in der Bude der Tanz. Das Feuer ward inzwischen Tag und Nacht erhalten, und erst in der Nacht vom Donnerstag auf Freitag wurde es gelöscht und die Bude abgebrochen, die Lustbarkeit aber bis zum Sonntag fortgesetzt.

Sobald die Freiheit eingeläutet worden, waren Bäcker und Metzger ihrer Taxen entbunden, und alle Getränke durften frei in die Stadt eingeführt werden. Die in die Bude gebrachten Getränke wurden für städtische Rechnung verkauft. Auch mußten alle Dörfer des Amtes Hersfeld, welches in der Lulluswoche ihre Kirchmessen hatten, die Musikanten dazu aus der Stadt holen.

So ward das Lullusfest bis Ende des vorigen Jahrhunderts gefeiert. Jetzt ist nur noch ein Schatten davon übrig.

Auch das sogenannte Hahnbeißen, welches noch Anfang vorigen Jahrhunderts an jedem Gallustage in Oels statt fand, ist außer Brauch gekommen.

Wie im Frühjahr am Gregoriustage, so gab es nämlich ehemals auch im Herbst ein Schulfest, bei welchem die Knaben Hähne mit in's Schulhaus brachten, die sie mit einander kämpfen ließen.

Der Knabe dessen Hahn den Sieg erhielt, wurde als König ausgerufen, und mit Gesängen zuerst nach Hause, und dann in der ganzen

Stadt herumgeführt. Dieselbe Sitte herrschte bis in neuerer Zeit in Deutschungarn, und in London ist es eine allgemeine Volksbelustigung geworden, den erbitterten Vertilgungskämpfen zuzusehen, welche eigens dazu abgerichtete Hunde gegen Ratten führen.

Diese Rattenschlachten oder rat-matches werden in förmlichen Arena's abgehalten, die in den Sälen mehrerer ordinären Kneipen für diesen Zweck angebracht worden sind. Außer der schaulustigen Menge, die durch Spirituosen und dergleichen mehr dem Wirte wacker in die Taschen arbeitet, finden sich dabei Herren von Hunden aller Art ein. Eine Anzahl von Ratten wird bestimmt, die in einer gewissen Zeit, 2, 5, 6, Minuten etwa, von demjenigen Hund getötet werden muß, der einen vom Wirt aufgestellten Preis, ein Halsband und dergleichen mehr, gewinnen will.

Her Majesty's Rat-catcher

Aus bereit gehaltenen Käfigen werden die Ratten in die Arena geworfen; ein Hund um den andern avanciert in den Zirkus, stürzt sich auf den Rattenknäuel und mordet, bis die festgesetzte Zeit um ist. Die von den einzelnen Hunden umgebrachten Tiere werden gezählt, darüber wird Protokoll aufgenommen und dem Hunde, dem der Mordversuch in vorgeschriebener Weise gelingt, wird außer dem Preis auch noch der Beifall der Menge zu Teil. Daß dabei, wie das in England überhaupt Mode ist, links und rechts oft recht hoch auf den einen oder andern Hund gewettet wird, versteht sich von selbst. Die getöteten Ratten werden nachträglich von den betreffenden Hundebesitzern bezahlt, ja diese nehmen sich oftmals sogar eine Portion lebendiger Ratten mit nach Hause. Preis pro Ratte ist meist ein halber Shilling.

Solche Rattenschlachten währen nicht selten bis weit über Mitternacht, und es werden dabei durchschnittlich 500 Stück an einem Abend dem Orkus überliefert, so daß ein einziger Wirt in seinen „rat killing matches“ ungefähr 26,000 Ratten im Laufe eines Jahres das Licht ausblasen läßt.

An die Unternehmer solcher rat-matches, die nicht genug Ratten auftreiben können, und oft mehr als 2000 Stück in ihren Häusern gefangen halten und füttern, verkaufen hauptsächlich die sogenannten flushermen oder Arbeiter, denen das Reinigen und Regulieren der Kloaken obliegt, die von ihnen gefangenen Ratten. Da sich dieselben namentlich in den älteren Kloaken in so ungeheurer Menge aufgehalten, daß mancher Arbeiter, wenn er gewandt ist, täglich zwei bis drei Dutzend fängt oder „macht“, für die er 3 bis 4 Pence pro Stück erhält, so bildet dieser Rattenfang eine sehr beträchtliche Nebeneinnahme der flushermen, welche in den sechziger Jahren bei Einigen bis über 100 Pfund Sterling jährlich betrug.

Dennoch ist der Bedarf an Ratten für die matches jetzt so groß, daß auch diejenigen Rattenfänger, welche das Ungeziefer in den Häusern und Palästen aufsuchen, dasselbe nicht mehr, wie früher, mit Gift, Wieseln, Frettchen, Hunden u. s. w. vertilgen, sondern wo es irgend geht, lebendig einfangen. Selbst der nobelste Vertreter dieses höhern Genres der Rattenfängerei, der sich mit Schuhen und Strümpfen, schwarzen Lederhosen, grünem Rock, roter Weste, dem breiten, eine Krone und Victoria Regina zwischen Ratten als Emblem führenden Brustband, dem Rattenkäfig und in Begleitung seines Pinschers gewiß recht anständig ausnimmt, der Rattenfänger Ihrer Majestät der Königin (Rat-catcher to her Majesty) tötet jetzt nicht mehr, sondern fängt blos die Ratten, die sich in Buckingham-Palace, in Regents-Park u. s. w. blicken lassen. Er verkauft sie, wie jeder andere seines Gleichen, in die „matches“ und macht sich damit, neben dem festen Gehalt, den er, ebenso wie Her Majesty's back destroyer, d. i. Ihrer Majestät Wanzenvertilger, als Mitglied des Hofhaushalts der Königin genießt, ein ganz hübsches Sümmchen.

Her Majesty's Rat-catcher hat übrigens auch außerdem noch viel hohe Kundschaft unter Mylords und Myladys für Ratten aller Sorten, in Stadt und Land, und bezieht von vielen Familien, je nach

Rattenkampffest in London.

Lage der Wohnung, seine 2 bis 5 Guineen Fixum, natürlich außer den Ratten selbst, die sein Eigentum werden.

Sogar vom Lande bekommt London jetzt mehrere Male in der Woche seine Rattenzufuhr. Die Landratten sind beliebter als die Kloakenratten, da sie nicht so bissig und, wie man sagt, ihr Blut nicht so giftig für die Hunde ist. Während früher die Gutsbesitzer in Londons Nähe für jede tote Ratte zwei Pence zahlten, erhalten sie für die Erlaubnis, welche sie zum Fang auf ihrem Grund und Boden, in Ställen, Scheunen und dergleichen mehr an Rattenfänger erteilen, von den Rattenfängern sogar noch Geldvergütung.

Früher jagte man wohl auch in London, wie das noch heute in Paris der Fall ist, auf die Ratten, blos um ihr Fell zu erhalten, das bekanntlich treffliche Damenhandschuhe liefert. Grenoble zeichnet sich noch jetzt in dieser Branche der Fabrikation aus. Da lohnt der Fang der lebendigen Ratten weit besser, da oft 50 Rattenfelle zu einem Paar Handschuhe gehören.

Wenn auch die rat-matches eigentlich nur zum Vergnügen des Publikums und vor Allem zur Füllung des Geldbeutels ihres Veranstalters dienen, so sind sie doch eine wahre Wohlthat für die Bewohner Londons.

Denn bedenkt man, daß ein Rattenweibchen 10 Mal im Jahre und jedesmal 12 bis 18 Junge wirft, so macht dies, in geometrischer Progression binnen 4 Jahren 3 000 000 Stück. Was sollte also aus London werden, wenn man die Tausend und Abertausend Rattenpaare in den Kloaken ungehindert sich vermehren ließe!

Wie dereinst in Spanien ganze Städte von Kaninchenhorden unterwühlt, und die fruchtbarsten Auen in Wüsteneien verwandelt wurden, so würden auch Londons Paläste bald zu menschenlosen Ruinen verfallen und selbst die große Armee, welche Kaiser Augustus zur Bekämpfung der gefräßigen Tiere nach Mallorka und Minorka sandte, würde nicht hinreichen, Englands Hauptstadt zu retten.

Um den rat-matches einen noch größeren Reiz zu verleihen, kämpfen nicht immer blos Hunde mit Hunden um den Sieg und Preis, sondern bisweilen selbst Menschen mit Menschen, ja sogar Menschen mit Hunden. Da giebt es Leute, die wahrhaft Erstaunliches in dieser Richtung leisten. Wie Hunde kriechen die Kerle auf allen Vieren heran, packen sehr geschickt die Ratten mit den Zähnen und beißen sie mit einem einzigen Krach mausetot.

Der heilige Wendelinus, im Volksmund St. Wendel genannt, dessen Fest am 20. Oktober begangen wird, ist als mächtiger Fürsprecher gegen ansteckende Krankheiten unter Menschen und Vieh in Süddeutschland der verehrteste und beliebteste Heilige. In Franken z. B. wird fast in jeder Kirche sein Bild angetroffen und in jedem Dorfe eine Statue von ihm gefunden, die im Sommer stets mit frischen Blumen geschmückt ist. Aus schottischem Königsgeschlecht entsprossen, soll er dem Glanze des Vaterhauses entflohen sein, um in Armut und Niedrigkeit Gott besser dienen zu können, und lange Zeit als Hirt bei einem Ritter gewohnt haben, ehe er in das Benediktinerkloster Tholey trat, als dessen Abt er 1015 starb. Sein Körper wurde nach der Pest von 1320 in einer eigenen Kirche beigesetzt, welcher der Ort Sankt Wendelin Entstehung und Namen verdankt. Da dieser Heilige die Schafe hütete, wird er mit Schafen zur Seite abgebildet, und von den Hirten um Gedeihen des Viehes angerufen.

Noch allgemeiner ist die Verehrung, welche die beiden Heiligen, Crispin und Crispinian, die bekannten Schutzpatrone der Schuhmacherzunft, genießen, und noch bis in neuerer Zeit ward zu ihrem Gedächtnis der 25. Oktober von den Schuhmachern aller Länder ebenso gefeiert, wie sonst. Selbst in England ist beim reichsten, wie beim ärmsten Schuster St. Crispins-day ein Tag der Lust und der Freude, und in Belgien halten ihn nicht nur die Schuhmacher, sondern auch die Sattler, Gerber und anderen Lederarbeiter für einen besonderen Glückstag.

Der heilige Wolfgang dagegen, dessen Andenken der letzte Tag des Oktobers gewidmet ist, wird nur in der Regensburger Diözese, deren Bischof er war, als Patron verehrt, und sein Name scheint die Ursache zu sein, daß er von den Hirten zur Abwehr der Wölfe angerufen wird.

Auf dem nach ihm benannten St. Wolfgang- oder Abernsee im Hausruckviertel, wo in der nordwestlichen Bucht der Falkenstein hervorspringt, die Felsenwand, auf welcher der Heilige einst eine Einsiedelei erbaut haben soll, pflegen die Schiffer, die nach St. Gilgen fahren, jedesmal dem Echo, welches dort herausschallt, zuzurufen: „Heiliger Vater Wolfgang, komme ich zurück? sage Ja! indem sie es für die Vorbedeutung guter Hin- und Rückfahrt halten, wenn das „Ja“ vom Echo achtmal zurückgegeben wird. Da man das Echo bei Windstille am deutlichsten hört, so wird ihr Glaube selten getäuscht. — Mit großer Feierlichkeit wird der Wolfgangtag in dem Orte St. Wolfgang welcher am gleichnamigen See liegt, begangen.

Früher veranstalteten die Holzknechte und Fäller einen Umzug, bei welchem sie alle im Sonntagsstaat mit blanken Sägen und Hacken erschienen. Vier bebänderte und aufgeputzte Knechte trugen auf einer

Bahre einen Glaskasten, in welchem die Axt des heiligen Wolfgang mit Perlen, Blumen und goldgestickten Bändern geschmückt ruhte. An beiden Seiten dieses Glaskastens flatterten ebenfalls buntfarbige Bänder, deren Enden von Schäfermädchen und Knaben gehalten wurden. Voran ging die Schuljugend, hinterdrein die Schar der Dorfbewohner des Thales. Auf dem Wechselberge hielt der Zug; die Axt wurde auf einen Felsenvorsprung gestellt, worauf man mit großer Andacht sang, betete und die Fußtapfen des heiligen Wolfgang küßte, und dann ging der Zug in der vorigen Ordnung ins Thal zurück. — Viele trugen künstlich geschnitzte Holzarbeiten wie Kruzifixe, Figuren und ausgeschnittene Bilder, welche der Geschicklichkeit des heiligen Wolfgang zugeschrieben werden, mit sich.

Von der Axt, welche in der Kirche zu St. Wolfgang noch zu sehen ist, erzählt die Sage Folgendes: Der heilige Wolfgang bekehrte die Steyrer, lehrte sie den Boden bebauen, Metalle graben, und wurde so der Begründer des steyrischen Berg- und Ackerbaues. Das erste Werkzeug, welches er aus dem selbstgegrabenen Eisen, nachdem er es geschmolzen und geschmiedet hatte, anfertigte, war eine Axt, mit welcher er den dichten Wald lichtete, Wege bahnte und Bretter zu verschiedenen Holzgeräten schnitt. Seinen Wohnsitz hatte er am Fuß des Wechselberges aufgeschlagen, und als er sein Bekehrungswerk vollbracht, bestieg er den Berg und warf die Axt mit den Worten ins Thal: Nachdem ich euch also leiblich vereint habe, soll euch auch ein geistiges Band umschließen; wo die Axt hinfällt baut eine Kirche. „Auf der Stelle, wo der Heilige in jenem Augenblicke gestanden haben soll, zeigt man noch die Spuren im Felsen, welche das Volk den Fußtapfen des Heiligen zuschreibt. Dieser stieg hierauf wieder ins Thal herab, suchte die Axt und baute dort mit eigener Hand aus gebranntem Lehm ein Gotteshaus, in welchem er die Neubekehrten täglich versammelte, ihnen predigte und sie im wahren Glauben befestigte. Dann wählte er aus ihrer Mitte einen Nachfolger und zog fort gen Regensburg, wo er 994 starb.

Das Martinsfest in Deutschland.

November.

Allerheiligen und Allerseelen, die beiden ersten Tage des Monats November, sind der Erinnerung an die Toten gewidmet. Das Erstere, ursprünglich das Gedächtnisfest der Einweihung einer 731 von Papst Gregor III. zu Ehren des Erlösers, der Apostel und aller Heiligen im Vatican errichteten Kapelle, ward 835 von Papst Gregor IV. für die gesamte Christenheit vorgeschrieben; das Zweite wurde 998 vom heiligen Odilo, dem Abt von Cluny, in den Klöstern des Benediktinerordens eingeführt, und verbreitete sich allmählich über die ganze Kirche. Während Allerheiligen in die Reihe der höchsten Feste des Jahres getreten ist, an denen die Vlamingen nie vergessen, sich, wenn sie sich begegnen, gegenseitig 'n zal'gen hoogdag, ein glückliches hohes Fest, oder, wie man in Antwerpen sagt, 'n zal'ge zulle, zu wünschen, wird Allerseelen in den meisten katholischen Ländern mit großer Pietät gefeiert.

Sobald am Vorabend des Festes die Glocken zu läuten beginnen, begiebt sich in den vlämischen Städten alles nach Hause, um den Abend still im Familienkreise zu verleben und für die Toten zu beten.

In Westflandern errichten die Kinder des Abends neben der Hausthür auf der Straße kleine Altäre, indem sie Kruzifixe oder Madonnenbildchen zwischen brennende Kerzen auf Stühle oder Schemel setzen, und bitten Vorübergehende um einige Geldstücke „zu Kuchen für die Seelchen im Fegefeuer.“ Denn am nächsten Morgen ist es in ganz Vlämisch-Belgien üblich, kleine, mit einem Kreuz verzierte Brötchen zu backen, welche zielenbrodje, Seelenbrötchen heißen. Sie sind vom feinsten weißen Mehl, in Antwerpen mit Safran darin, um die Flammen des Fegefeuers anzudeuten, und werden heiß gegessen, indem man bei jedem ein Gebet für die Seelen im Fegefeuer spricht. Der fromme Glaube sagt, daß man dadurch soviel Seelen erlöst, als man Brötchen ißt.

Eine ähnliche Sitte herrscht in Süddeutschland und Oesterreich, wo man eine besondere Art Weißbröte bäckt, welche meist eine länglichrunde Form und an den beiden äußersten Enden zwei kleine Zipfel haben, und in Schwaben Seelen, in Ausburg Seelenbrätzen, in Nürnberg Spizlein, anderwärts in Baiern Seelenwecken oder Seelenzöpfe, in Oesterreich heilige Strizel, in Böhmen Seelchen, in Tirol Seelstücke heißen. Die Letzteren, welche gleich den Seelen in Schwaben an Kinder als Pathengeschenke verteilt werden, haben für die Knaben die Gestalt von Hasen oder Pferden, für die Mädchen die von Hennen. Auch läßt der Tiroler die beim Abendessen übriggebliebenen Kuchen auf dem Tische stehen, indem er brennende Kerzen herumstellt und sagt: „das gehört den armen Seelen.“ Diese sollen nämlich nach einer weitverbreiteten Volksmeinung mit dem Abendläuten an Allerheiligen aus dem Fegefeuer auf die Erde kommen, um, das einzige Mal im Jahre, eine Nacht von ihren Qualen auszuruhen. Darum darf man in Antwerpen in dieser Zeit weder Thüren, noch Fenster scharf zuschlagen, um keine Seelen zu verletzen, und in vielen Gegenden wird eine mit Schmalz oder Butter gefüllte Lampe angezündet und auf den Herd gestellt, damit die Seelen ihre Brandmale mit dem geschmolzenen Fett einsalben und so die Schmerzen lindern können. Auch die kalte Milch mit Semmel, welche man in verschiedenen Ortschaften Böhmens, namentlich im Egerlande, am Abend vor Allerseelen ißt, soll die Kühlung der armen Seelen zum Zweck haben, welche beim Morgenläuten wieder zurück müssen, und in manchen Dörfern Tirols heizen viele Leute für die Allerseelennacht ein, damit die Seelen, welche die „kalte Pein“ leiden, sich ein Mal wärmen können. Auch glaubt man, daß die armen Seelen um Mitternacht „zum Opfer“ in die Kirche gehen, und diejenigen, welche ihre Strafe überstanden haben, aus dem Fegefeuer in den Himmel aufgenommen werden.

Die Bewohner der Umgegend von Gloggnitz in Niederösterreich pflegen am Vorabend des Allerseelentages sich bei einem kanzelähnlichen Felsen zu versammeln und zu beten. Dieser Fels, unter dem Namen Teufelsstuhl allgemein bekannt, soll nach einer Sage das Ueberbleibsel eines verwünschten Schlosses sein, und in seinem Innern einen ungeheuren Schatz bergen, der einer schönen Prinzessin gehört, welche in einen schwarzen Wolf verzaubert im Felsen lebt. In der Nacht des Allerseelentages fängt der Fels an, sich mit Windesschnelle zu drehen, und wer alsdann den Wolf drei Mal küßt, erlöst die Prinzessin und erhält mit ihrer Hand ihren Schatz. Damit dies nun Einem gelinge, ohne daß er gleich so Vielen vom drohenden Fels in den Abgrund geschleudert werde, wird alljährlich gebetet.

Das Bekränzen der Gräber.

Ebendort ist es Sitte, daß heiratsfähige Mädchen an Allerseelen auf den Kreuzweg gehen, wo sich die Straße von Schottwien mit der zum Teufelsstuhl durchschneidet. Dort fragen sie den ersten jungen Mann, der ihnen begegnet, nach seinem Taufnamen, geben ihm einen Kuß und laufen eiligst davon, denn sie wissen nun den Namen ihres zukünftigen Mannes. Man nennt dies Losengehen, und ist ebenso fest von dem Eintreffen desselben überzeugt, wie man im Innthal behauptet, daß wer in der Allerseelennacht zwischen 11 und 12 Uhr eine Totenbahre drei Mal um die Kirche herumzieht, sich wünschen kann, was er will und es bekommt. Nur sind dazu 2 Personen notwendig: eine muß die Bahre ziehen, die Andere muß mit dem Kirchenschlüssel oder einem Stocke aus Weißelzenholz drei Mal auf die Bahre schlagen, um die Geister, welche sich auf die Bahre setzen wollen, zu vertreiben.

Am Allerseelentag selbst geht man in Böhmen zuerst in die Kirche, wo Messen für die Verstorbenen gelesen werden, und dann auf den Kirchhof, wo man die Gräber seiner Angehörigen besucht, sie mit Blumen und Kränzen verziert und kleine Lichter darauf anzündet. In Tirol, wo die Gottesäcker so festlich geschmückt werden, daß sie an Blütenreichtum mit dem Frühling wetteifern, läßt man die Wachskerzen so lange brennen, als die Prozession dauert, die dreimal singend und betend zwischen den Gräbern umherzieht. Dann folgt im Passeierthal die Ablesung der Namen der Verstorbenen von der Kanzel, welche oft eine Stunde währt. Für jeden Namen wird ein Kreuzer gezahlt, und von der Deutlichkeit, mit welcher der Priester ihn ausspricht, hängt seine Popularität mehr ab, als von der besten Predigt. In Steiermark und Kärnten, wo die Prozession Nachmittags stattfindet, zieht man Abends noch einmal hinaus, um Lichter auf den Gräbern anzuzünden und bis Mitternacht zu beten. Dasselbe geschieht in Schwaben und am Rhein, und im Limburgischen steckt man zuerst um 4 Uhr Nachmittags, wo alles auf den Kirchhof geht, um für seine Verstorbenen zu beten, ein Kreuz von Stroh auf jedes Grab, kehrt dann ins Dorf zurück, um den Abend im Wirtshause mit Trinken, Singen und Tanzen hinzubringen, und begiebt sich, sobald die Mitternachtsstunde schlägt, wiederum auf den Gottesacker, um die Strohkreuze anzuzünden.

Auch reichliche Almosen werden an diesem Tage gespendet. In Ansbach wurden früher in der Stadtkirche jährlich 450 Seelwecken unter die Armen verteilt, in einigen Landstädtchen des nördlichen Böhmens erhalten die Schulkinder noch jetzt aus den Gemeindeeinkünften Brot und Semmeln, und in Hirschberg findet das sogenannte Seelenbad statt.

Alle Jahre wird nämlich an diesem Tage von 9 bis 12 Uhr armen Leuten unentgeltlich geschröpft und zur Ader gelassen, worauf Jedes einen Trunk Bier nebst einer Schnitte gebähtes, mit Salz und Ingwer bestreutes Brot bekommt.

Wie an Allerseelen, so werden in Vlämisch-Belgien am darauffolgenden Morgen, dem St. Hubertustage, ebenfalls besondere Brötchen gebacken, welche sint Huibrechtsbroodje, St. Hubertusbrötchen, heißen, und zu Ehren des Heiligen mit einem Jagdhorn verziert sind. Sie sind schwarz, werden in der Kirche geweiht und im Limburger Lande vom Küster gekauft, um nicht nur selbst davon zu essen, sondern sie auch von Hunden, Katzen und anderen Haustieren fressen zu lassen. Mitunter schickt man auch blos ein gewöhnliches Brot in die Kirche, läßt es weihen und schneidet für jedes Mitglied der Familie und des Gesindes ein Stück ab, das man ißt, nachdem man das Kreuz geschlagen, um sich so das Jahr über vor der Hundswut zu sichern. Aus demselben Grunde trägt man in Köln und anderswo am Tage des heiligen Hubertus kleine Riemchen weißgegerbten und mit roter Farbe bespritzten Leders am Knopfloch, und Manche haben sie sogar stets bei sich als Schutzmittel gegen tolle Hunde und andere wütende Tiere. Denn der heilige Hubertus, der Patron der Jäger, wird auch als Helfer gegen die Wirkungen des Hundebisses angerufen, und seinen Reliquien große Heilkraft bei der Wasserscheu zugeschrieben.

Während in Schweden und Norwegen der 4. November als Gedächtnistag der Vereinigung beider Königreiche festlich begangen wird, ist in England der 5. November als Jahrestag der berüchtigten Pulververschwörung hochgefeiert. Er wird Guy-Fawkes'-day oder Pope-day genannt, alle öffentlichen Bureaux sind an ihm geschlossen, und das Common Prayer-Book, das Gebetbuch, enthält ein eigenes für diesen Tag bestimmtes Dankgebet für die glückliche Rettung des Königs James und der drei Stände von England bei dem sogenannten Powder-plot im Jahre 1605, für die glückliche Landung König Wilhelms III. am 5. November 1688 und für die Befreiung der Kirche und des Volkes.

Für die Jugend, welche ihr Jahr nur nach den Feiertagen berechnet, ist es der größte Festtag der Jahreszeit. Die Jungen wissen Nichts von der Geschichte oder der Entstehung des Festes, aber schon lange zuvor sammeln sie Brennmaterialien zu dem Feuer, in dem Guy verbrannt werden soll, und sorgen für das Feuerwerk, daß sie dabei abbrennen wollen. Dann erst denken sie an den Guy selbst. Er wird aus Stroh gemacht, mit einem alten Rock, einer Weste, mit

Hosen und Strümpfen bekleidet und einem Hutstock als Kopf versehen; Kreide und Kohle dienen, um ihm Augen und Augenbrauen zu geben, das Kinn fällt gewöhnlich bis auf die Brust herab, und eine große

Guy's Umzug.

Perücke fehlt nie. Als Kopfbedeckung hatte Guy früher einen alten Hut aufgestülpt, später eine Art Bischofsmütze und jetzt hat er meist eine bemalte Mütze aus steifem Papier mit Fransen aus Papierstreifen. Busenstreifen und Krause aus weißem Papier vollenden den Anzug des Guy, welcher in einer Hand eine Blendlaterne, in der andern ein Bund Schwefelfaden hält.

So tragen ihn die Jungen auf einer Bahre in den Straßen herum, indem sie mit lautem Jauchzen: Holla boys! holla boys! huzza-a-a! (Holla Jungen! Holla Jungen! Hurrah!) rufen, und auf jeden Vorübergehenden die Mütze in der Hand mit den Worten losstürzen: pray, remember Guy! please to remember Guy! Bitte Guy's zu gedenken! Gedenken Sie gefälligst Guy's!

Früher kamen häufig Schlägereien zwischen den sich begegnenden Guyträgerbanden vor, und es gab sogar Trupps, welche darauf ausgingen, „to smug a Guy", d. h. anderen mit Gewalt die Figur wegzunehmen, die sie entweder zu machen vergessen, oder aus Mangel an Mitteln nicht angeputzt hatten, und das Verbrennen des „guten Guy" (good Guy) gab oft zu heftigen Szenen Anlaß.

In Lincoln's Inn Fields schaffte man zu dem Feuer, welches man an der Ecke der Great Queen-street, gegenüber dem Newcastle-house, anzündete, einst nicht weniger als zweihundert Holzkarren herbei, um es zu nähren, und verbrannte zwischen 8 und 12 Uhr Nachts über 30 Guy's am Galgen.

Jetzt ist dieser zu große Eifer verschwunden, die Jungen denken nur daran, wieviel sie mit ihrem Guy einsammeln werden, und verwechseln nicht selten die Person Guy-Fawkes mit der des Papstes, weshalb der Tag auch häufig Pope-day, der Papsttag, genannt wird. Gleichwohl ist um die Zeit, in welche er fällt, noch immer kein Zaun sicher, bestohlen zu werden. Aeste werden des Nachts von den Bäumen gerissen, Hecken geplündert, und sogar in unbewohnten Häusern die Fußboden und Thüren nicht verschont, um genug Brennmaterialien zusammenzuschaffen, die dann in irgend einem verschlossenen Raume, welchen andere Holzsammler nicht leicht finden oder betreten können, bis zum bestimmten Abend heimlich aufbewahrt werden.

Fast in jedem Dorfe wird übrigens der Guy-Fawkes'-day anders gefeiert, bald mehr, bald weniger. In Purton, im Norden von Wiltshire, gehen schon Wochen vorher die Jungen von Haus zu Haus, sich Reisigbündel zu erbetteln. Giebt man ihnen nichts, so antworten sie:

If you don't give us one. We 'll take two. The better for us, sir, And worse for you.	Gebt ihr uns keine, So nehmen wir sie 's ist besser für uns, Herr, Und schlimmer für Sie.

Alles Holz, das sie einsammeln, bringen sie auf die Wiese oder die Einfriedigung, wo alle Belustigungen statt finden, und dort machen sie einen großen Scheiterhaufen zurecht, in dessen Mitte sie eine hohe Stange mit dem Bilde des Guy befestigen. Wer Pulver hat, schießt nach der Figur, welche denen ähnlich ist, die man in London herumträgt, oder wirft mit Raketen und Schwärmern nach ihr, bis nach einer Stunde ungefähr die Stange angezündet wird. Nun geht der Jubel erst recht los. Man schießt, brennt Feuerwerke ab und läutet dazu mit allen Glocken des Dorfes. Das Feuer wird ziemlich lange unterhalten, indem es üblich ist, einen großen Schinken daran zu kochen oder zu braten, welcher nachher mit den in der Asche des Freudenfeuers gerösteten Kartoffeln im Wirtshause verzehrt wird. Die Landleute halten diese Kartoffeln für besonders wohlschmeckend, und laben sich fast die ganze Nacht an ihnen. Denn die Lustbarkeit endet gewöhnlich erst mit dem Morgen, wo sich die Meisten etwas trunken, oder, wie sie sich ausdrücken, merry (heiter) nach Hause begeben, und auf dem Wege noch das am Guy-Fawkes'-day gebräuchliche Chorlied erschallen lassen, welche als eine Art Toast auf den König gilt:

My brave lads remember
The fifth of November,
Gunpowder -- treason and plot.
We will drink, smoke and sing, boys,
And our bells they shall ring, boys.
And here's health to our king, boys,
For he shall not be forgot.

Gedenkt, brave Jungen,
Wie einst fast gelungen
Am fünften November das Pulverkomplot.
Laßt uns trinken und singen,
Laßt die Glocken sich schwingen,
Und dann laßt's erklingen:
Den König, den König, den segne Gott!

Guy Fawkes selbst stammte aus einer wohlhabenden Familie von Yorkshire, hatte sein väterliches Vermögen durchgebracht und stand als Offizier in spanischen Diensten, als ihn Thomas Wintour 1603 in Ostende aufsuchte, um ihn für die Verschwörung Robert Catesby's zu gewinnen und mit nach England zurückzubringen. Catesby hatte nämlich den Plan gefaßt, das Parlamentsgebäude am Eröffnungstage in die Luft zu sprengen, um so mit einem Male den König, die königliche Familie und das Ober- und Unterhaus loszuwerden, und die katholische Kirche wieder zur herrschenden zu erheben. John Wright, Wintour, Thomas Percy u. A. schlossen sich ihm an, und Guy Fawkes, der sich unter den Namen John Johnson für Percy's Bedienten ausgab, ward mit der Ausführung der Unternehmung betraut. Langsam und mit großer Vorsicht wurden die nötigen Vorbereitungen getroffen, und schon war alles zur Ausführung reif, als durch einen anonymen Brief, in welchem der katholische Lord Monteagle am 24. Oktober 1605 gewarnt wurde, an der Parlamentssitzung Teil zu nehmen, die elf Tage später statt finden sollte, die ganze Verschwörung verraten ward.

In der Nacht vor der Eröffnung des Parlamentes begab sich der Friedensrichter, Thomas Knyvett, mit gehöriger Bedeckung in das Haus Percy's, und fand Guy Fawkes angekleidet an der Thür. Er hatte, als man ihn gefangen nahm, eine Blendlaterne, ein Feuerzeug und drei Lunten oder Schwefelfäden bei sich, und drückte, anstatt zu erschrecken, nur sein Bedauern aus, daß der Anschlag nicht gelungen wäre, indem er dreist bekannte, daß die Verschwörung den Zweck gehabt hätte, den Katholizismus wieder herzustellen.

Die übrigen Verschworenen flüchteten sich aufs Land, wurden verfolgt und in Holbeach-House bei Stourbridge umzingelt. Da sie sich verloren sahen, verteidigten sie sich, wobei mehrere verwundet, Percy und Catesby erschossen wurden. Der Rest ergab sich endlich, und erlitt am 30. Januar 1606 die wohlverdiente Strafe, während Thomas Wintour, Guy Fawkes und zwei andere am 31. Januar im Innern des alten Westminsterpalastes Angesichts des Parlamentsgebäudes hingerichtet wurden.

Ein anderes Dankfest wird alljährlich am 6. November in Bremen gefeiert, bei welchem der sogenannte Roland mit Blumen geschmückt wird. Diese Rolandssäulen, welche man in vielen Städten Norddeutschlands vor den Rathäusern sieht, und von denen die Sage erzählt, es seien 12 Brüder des Namens Roland gewesen, die sich im Kriege so hervorgethan hätten, daß jedesmal an dem Orte, wo sich Einer auszeichnete, ihm eine Bildsäule errichtet worden sei, sind ursprünglich Statuen des „roten" Königs Otto II., die als Sinnbilder des Stadtrechtes mit Inbegriff der obersten Gerichtsbarkeit, überhaupt der Stadtfreiheit, dienten.

Als daher Bremen im Jahre 1813 von der französischen Herrschaft befreit wurde, zerschlug man unter allgemeinem Jubel den französischen Adler, welcher in der Nähe des Roland aufgepflanzt war, als ein Zeichen der Knechtschaft, und bekränzte dagegen den Roland als das Symbol der Freiheit, wie dies noch jetzt am Jahrestage der Wiederherstellung der freien Verfassung zu geschehen pflegt.

An demselben Tage haben seltsamer Weise im nördlichen Baiern,

„Lordmayors day" ehemals.

nach Thüringen zu, die Kinder das Recht, die Herren im Hause zu spielen, und sie behalten es auch, wenn sie erwachsen sind, so lange die Eltern leben. Woher sich dieser Brauch schreiben mag, ist schwer zu sagen, da der heilige Leonhard, dessen Gedächtnis man am 6. November begeht, zwar als Befreier der Gefangenen und als Patron des Viehes hochverehrt wird, aber in seiner Legende Nichts darbietet, was zu dieser Gewohnheit Anlaß geben könnte.

Seit der Einführung des neuen Kalenders ist der 9. November in London der sogenannte Lord Mayor's-day geworden, an welchem der große Festzug des neuerwählten Lordmayors oder der Lord Mayor's Show stattfindet.

Wie prächtig diese Züge einst waren, ersieht man aus den gedruckten Beschreibungen derselben, welche seit 1585 unter dem Namen Triumphs oder The London Pageants alle Jahre erschienen und mit englischer Ausführlichkeit auch nicht den kleinsten Umstand unerwähnt lassen.

Bis 1453 ging der Zug von Westminster nach Guildhall, wo der Lordmayor vereidigt wird, zu Land, seitdem zu Wasser. Die Reden, welche bei dieser Gelegenheit gehalten werden, wurden früher von einem eigenen Stadtdichter verfaßt, der mit einem bestimmten Jahresgehalt bei dem Magistrat angestellt war, aber Settle war im Jahre 1708 der letzte Dichter, der sich dazu hergab, sowie Sir Gilbert Heathcote unter der Regierung der letzte Lordmayor war, welcher bei seinem Umzuge ritt.

Die jetzigen Festzüge können kaum ein Bild von den alten London-Triumphs geben. Voran schreiten einige Konstabler, um den Weg frei zu halten. Ihnen folgen die Knaben der königlichen Marinegesellschaft mit ihren Fahnen, eine Musikbande zu Pferde und die Zunft des ersten Sheriffs mit ihrem Wappen, der königlichen und städtischen Standarte und den Wappen sämtlicher neugewählter Magistratsmitglieder, sowie ihrem Barkenherrn, ihren Bootsführern, ihrem Pedell und dessen Gehülfen, ihrem Schreiber und übrigen Personal. Dann kommt die Zunft, welcher der Lordmayor angehört, mit ihren Standarten, Fahnen und Flaggen, dem Barkenherrn in voller Uniform, den Bootsleuten in Gallaanzug und ihren sonstigen Beamten, sowie die Schaar der Gnadensöllner oder Pensionäre mit ihrem Kapitän und ihrem Lieutenant, welche große Kokarden in den Farben des Lordmayors und ihrer Kompagnie, und Schilder mit dem königlichen Wappen tragen. Der Haushalt des Lordmayors und die verschiedenen städtischen Beamten, sämtlich im größten Staat, folgen in Wagen, zu

Pferde und zu Fuß, von Konstablern umgeben, worauf ein Herold in Federbarett und Mantel mit dem englischen Wappen die Hauptabteilung des Zuges eröffnet, in welcher zwischen Paukern und Trompetern zu Pferd, zwischen reitenden Garden, Fahnenträgern und alten Rittern in ganzen oder halben Rüstungen die Sheriffs, der alte und neue Lordmayor in ihren Staatskarossen fahren. Die des Letzteren ist mit sechs Rossen bespannt, und vom Kaplan, vom Schwertträger, von dem Gemeindeausrufer, dem Wasserschaut, den Ehrenwachen und Dienern begleitet, während ein Musikchor, der Oberstmarschall der City und die Edelleute des Lordmayors ihr voranreiten. Bei der Rückkehr der Prozession aus Westminster schließt sich gewöhnlich die Gemahlin des Lordmayors in einem ebenfalls mit sechs Pferden bespannten Staatswagen und mit dem üblichen Gefolge von Trompetern, Wachen und Rittern zu Pferde dem Zuge an.

Die historischen und allegorischen Darstellungen, an denen die Londoner Triumphzüge sonst nicht minder reich waren, als die belgischen Umgänge, sind weggefallen, und das Einzige, was noch an die früheren Zeiten erinnert, ist der Brauch, daß soviel Arme, als der Lordmayor Jahre zählt, in langen Gewändern und eng anliegenden Mützen, von der Farbe der Zunft, welcher der Lordmayor angehört, mit gemalten Schildern am Arme, aber ohne die Wurfspieße, die sie sonst trugen, dem Zuge folgen. Sie werden der Ueberlieferung gemäß old bachelors, alte Gesellen, scherzweise auch old fogeys, alte Invaliden, genannt.

Die zahlreiche Schaar Zeremonienmeister (gentleman-ushers) in Samtkleidern mit goldenen Ketten am Hals und weißen Stäben in der Hand ist auf ein halbes Dutzend Lakaien in Galalivree mit Schirmen in der Hand herabgesunken. Dagegen benutzen jetzt moderne herumziehende Banden, wie äthiopische Musikanten und dergleichen, den Tag, um von dem ungeheuren Zulauf von Menschen, welche der Lordmayorszug noch immer an alle Plätze herbeilockt, wo er vorüberkommt, ihrerseits Vorteil zu ziehen.

Während ganz London in den nächsten Tagen sich mit den Zeitungsberichten über die verschiedenen Einzelheiten des Lordmayorstages beschäftigt, und die an diesem Tage gehaltenen Reden und Toaste bespricht und diskutiert, hat man auf dem Lande alle Hände voll zu thun, um zu schlachten und das für den Winter bestimmte Fleisch einzusalzen und zu räuchern. Denn wie bei den alten Angelsachsen der unserm November entsprechende Monat von den vielen Tieropfern, die während desselben dargebracht wurden, der Blôtmonad oder O p f e r -

monat hieß, so haben auch die heutigen Engländer die Gewohnheit, um Martini oder Martinmas Ochsen, Kühe und Schweine zu schlachten, und namentlich Martlemas-beef gleich den Schinken im Rauchfang zu dörren.

Auf den Dörfern Northumberlands' vereinigen sich kleinere Familien zu einem sogenannten mart, um gemeinschaftlich irgend ein Stück Vieh zu kaufen und zu schlachten und, wenn das Tier geschlachtet ist, füllt man die Gedärme mit Blut, Fett, Hafergrütze und dergleichen,

Straßenmusik, ausgeführt von der äthiopischen Hofkapelle Sr. Majestät des Königs Theodor von Habesch.

und schickt diese Würste, welche man blackpuddings nennt, als Geschenke zu den Nachbarn und Verwandten herum.

In den Niederlanden heißt zwar der November noch immer Schlachtmonat (slagtmaand) oder Schmeermonat (smeermaand), aber das Schlachten findet dort weniger im November, als im Dezember statt. Dagegen herrscht in Norddeutschland fast allgemein die Sitte, zu Martini zu schlachten, und selbst in Franken gehörten früher Schweine nicht minder zur Martinsfeier, als die Gänse, welche davon den Namen Martinsgänse erhalten haben. Schon Sebastian Frank in seinem

Weltbuche von den Franken sagt: „Erstlich loben sy Sanct Martin mit guotem wein, geußen bis sy voll werden. Unselig ist das hauß das nit auff deß nacht ein gans zuo eßen hat, da zepffen sy yre neüwen wein an, die sy bißher behalten haben", und noch jetzt ist das Essen der Martinsgans fast über das ganze germanische Europa verbreitet. Wie zu Michaeli in England, so prangt an Martini in Dänemark, Schweden, Norwegen und Deutschland eine Gans auf jedem Festtische. Nach Schwäbisch-Hall allein kommen an diesem Tag oft mehr als 600 Gänse, die alle an demselben verspeist werden, und im Havellande, wo auf Martini oft erst das Entefest gefeiert wird, ist der Erntebraten unfehlbar eine fette Gans. Auch in Hessen, wo alle Orte, welche keine Kirmeß haben, einen sogenannten Martinsabend halten, d. h. einen Tag lang tanzen, essen und trinken, wird selbst von den Familien, die sich nicht bei dieser Belustigung beteiligen, die Martinsgans verzehrt, und in Böhmen bestehen sogar in Spitälern eigene Stiftungen zum Ankauf einer Martinsgans. Nur in Gegenden, wo die Gänse seltener sind, werden sie durch andere Gerichte vertreten. So gehört am Niederrhein eine frische Wurst mit Reisbrei zur Martinskost, an der Aar „kalte Milch- und Wecksupp" oder Brei und Waffeln, in Brabant werden Eierkuchen (koekebak) und in Westflandern Waffeln gebacken, und in Norwegen ißt man häufig noch ein Ferkel neben der Gans. In den Ländern, welche Weinbau treiben, war es früher üblich, an Martini den ersten neuen Wein zu kosten, weshalb es sprichwörtlich heißt: „Heb an Martini, trink Wein per circulum anni", und in einigen würtembergischen Klöstern hatte sonst der Prälat die Verpflichtung, allen Leuten seines Ortes den Martinswein zu geben. So erhielt z. B. in der Probstei Nellingen jeder Lehensinhaber ein Maaß, jeder Greis und jede Frau ein halbes Maaß, und die Knechte, Mägde und Kinder, selbst der Säugling in der Wiege, jeder ein Viertel oder einen Schoppen als sogenannten Martinstrank. Auch in Hanau ward noch im vorigen Jahrhundert an jeden Bürger der Altstadt ein Maaß Martinswein aus dem Schloßkeller verabreicht, wie es heißt, zur Erinnerung an die Vertreibung der Mainzer Beamten und Söldner am Martinsabend des Jahres 1419, und in Schmalkalden wird jährlich auf Martini an alle Beamte, vom höchsten bis zum niedrigsten, selbst an den Hirten und die Totenfrau, sowie in den beiden Knabenschulen, Most ausgeteilt. Die Sage erzählt, ein Reisender, dessen Bild auf dem Rathause hängt und allgemein der Most-Märten genannt wird, habe sich bei stürmischem Wetter verirrt, auf einem Berge die „große Oster" die größte Glocke der Stadtkirche von Schmalkalden, läuten hören, und so die Stadt erreicht, wo er aus Dankbarkeit für seine Rettung die obige Stiftung gemacht habe. Deshalb wird auch, so lange die Austeilung dauert, mit der großen Oster geläutet, und die Leute, welche dieses Läuten besorgen, erhalten ebenfalls ihren Most.

Der Volksglaube behauptet, der heilige Martin verwandele den Most in Wein, und die Kinder der Halloren in Halle a. d. Saale schreiben ihm sogar die Macht zu, aus Wasser Wein zu machen. Sie stellen daher am Martinstage Krüge mit Wasser in die Saline, die Eltern gießen das Wasser heimlich aus und füllen die Krüge mit Most, legen auf jeden ein Martinshorn, verstecken sie und heißen die Kinder den „lieben Martin" bitten, daß er das Wasser in Wein verwandle. Dann gehen die Kinder Abends in die Saline und suchen die Krüge, indem sie rufen:

Marteine, Marteine,
Mach das Wasser zu Weine!

Der Wein selbst, den man am Martinstage trinkt, soll Stärke und Schönheit bringen, weshalb sich im Böhmerwalde Burschen und Mädchen in den Dorfwirtschaftshäusern versammeln, um gemeinschaftlich zu trinken. Damit aber die Mädchen aus Sucht, schöner zu werden, nicht zu weit gehen, pflegen die Eltern sie zu bewachen.

Diese Lustbarkeiten und Schmausereien, welche zu Ehren des heiligen Martin gehalten wurden, brachten diesen Heiligen allmählich in den Ruf eines Säufers und Schlemmers, so daß in der Folge Jeder, der sein Gut verpraßt hatte, ein Martinsmann genannt wurde. Dabei galt der Heilige zugleich als Patron der Freigebigkeit, und namentlich in den Niederlanden tritt er als der Beschenker der Kinder auf.

Einer uralten Sitte gemäß, rufen in Vlämisch-Belgien die Eltern am Abend vor Martini alle ihre kleinen Kinder zusammen, stellen sie in einen Winkel der Stube und werfen ihnen von der Thür aus Aepfel, Nüsse, Zuckerwerk und Pfefferkuchen zu, indem sie nachher vorgeben, der heilige Martin habe es gethan. Die Kinder glauben es, danken dem Heiligen und geloben, fortan artig und fleißig zu sein. Wenn aber eins nicht mehr glauben will, daß der Heilige diese Leckereien ihnen mitgebracht habe, darf es nicht mehr auflesen, weil es dann, wie man zu sagen pflegt, sinte Marten kennt (den heiligen Martin kennt), und der heilige Martin von Jedermann ungekannt und ungesehen bleiben will. Sobald man sich umdreht, geht er fort, ohne etwas zu geben.

In Antwerpen und einigen andern Städten dagegen ist es Brauch, daß ein als Bischof verkleideter Mann mit einem Krummstab in der Hand in der Kinderstube erscheint, sich erkundigt, ob die Kinder artig gewesen sind, und dann, je nach der Beantwortung seiner Frage, aus einem mitgebrachten Korbe Ruten, oder Aepfel, Nüsse, Backobst und Kuchen zum grielen, d. h. Aufraffen, auf die Erde wirft, und hierauf das Zimmer wieder verläßt. Mitunter werden auch die Kinder im Hausflur versammelt und ihnen vom Boden herab alle Näschereien mit Gepolter die Treppe herabgeworfen, und in Ypern hängen die Kinder bei ihren Eltern und Pathen am Martinsabend einen mit Heu gefüllten Strumpf in's Kamin, den sie am nächsten Morgen mit Geschenken gefüllt wieder finden, da sich der heilige Martin, der in der Nacht über die Schornsteine hinweggeritten ist, nicht anders als dankbar für die seinem Schimmel bewiesene Aufmerksamkeit bezeigen kann.

Auch in Oesterreichisch-Schlesien kommt am Vorabend von Martini der heilige „Merten" auf einem Schimmel geritten, und bringt den Kindern allerlei Geschenke, unter denen ein Martinshörndel nicht fehlen darf, ein Backwerk, welches die Form eines Hufeisens hat, und nicht nur in ganz Schlesien, und Böhmen, sondern auch in Sachsen und Schwaben als Gabe für den Martinstag gebräuchlich ist.

Im Ansbach'schen war es der Pelzmärten, welcher in den Häusern umherlief und die Kinder schreckte, ehe er Aepfel und Nüsse unter sie warf, und in mehreren Orten Schwaben's ging Pelzmärte, vermummt, geschwärzt und mit einer Kuhschelle behangen umher, und teilte teils Schläge, teils Aepfel und Nüsse aus, die er in's Zimmer warf.

Zu Olpe in Westfalen beschenkt jeder Hausmann die Kinder im Hause mit Aepfeln und Nüssen, indem er sagt, der heilige Martin habe sie mitgebracht, und in mehreren Gegenden des nordöstlichen Deutschland's läßt der Hausvater in Gegenwart der Kinder und des Gesindes am Martinstage oder am Vorabend desselben einen Korb mit Rüben in die Stube tragen, steckt in jede Rübe eins oder mehrere Geldstücke von ungleichem Wert, rüttelt sie durcheinander und heißt dann die Anwesenden mit Gabeln oder spitzen Stöcken in den Korb stechen. Was Jeder in der Rübe findet, die er so herausfischt, gehört ihm.

Die Kinder der niederen Volksklassen ziehen an manchen Orten, wie in Mecheln, in sonderbaren Verkleidungen von Haus zu Haus und singen, um sich Gaben zu erbitten. Gewöhnlich tragen vier Knaben, mit Papiermützen auf den Köpfen, großen Schnurrbärten oder ganz geschwärzten Gesichtern und türkenähnlicher Tracht an zwei Stöcken auf den Schultern eine Art Tragsessel, auf welchem der heilige Martin sitzt. Er hat einen langen weißen Bart von Flachs, eine Bischofsmütze und Stola von Papier, und einen großen hölzernen Löffel in der Hand, in welchem er die Aepfel und anderen Eßwaren empfängt, welche man den Kindern giebt, während er die Geldgeschenke in einen kleinen Lederbeutel thut.

Diese Umzüge sind auch in Norddeutschland üblich. In der Altmark singen die Kinder:

Märtiin Märtiins Vaegelken (Vögelchen)
Mett siin vergült Snaevelken (Schnäbelchen)!
Geft us watt un lat (laßt) us gan (uns geh'n),
Datt wii hüüt (heut) noch wiier kamn (weiter kommen)
Bett (bis) vöör Nabers Deure (vor Nachbars Thür)!
Nabers Deure is nich wiit (weit),
Aeppel un Beeren (Birnen) sinn all riip (reif),
Nött (Nüsse), dee smecken auk all gaut (gut),
Gefft us watt (was) in usen Strâhaut (Strohhut)!

worauf man ihnen Aepfel, Birnen, Nüsse und Backwerk zuwirft und sie weiter gehen.

In den Liedern, welche sie in Westfalen singen, wird auch um Schinken, Speck und Wurst gebeten, und am Rhein kommt noch

„e klen Stöckelche Holz“ (ein klein Stückchen Holz)

dazu, um das Martinsfeuer unterhalten zu können. Denn sobald es zu dunkeln anfängt, leuchten am Vorabend des Martinstages im Rheinthal zwischen Köln und Koblenz Tausende von kleinen Feuern auf den Höhen und längs der Ufer des Flusses, und namentlich das Siebengebirge erglüht im Glanz unzähliger Lichter, die sich im Rheine spiegeln. Schon vierzehn Tage vorher gehen die Kinder herum, Holz, Reisig und Stroh einzusammeln, um für jedes Viertel oder jede „Sektion“ des Dorfes oder der Stadt ein eigenes Feuer zu haben, um welches sie lustig herumtanzen, indem sie singen und schreien:

O Mehtin (Martin), o Mehtin,
Au Wiver, stomp Beißem,
Je auer, je beißer u. s. f.
(Alte Weiber, stumpfe Besen, je älter, je besser.)

Ist die Glut bald erloschen, so wird einzeln oder paarweise über die Flamme gesprungen oder mit einzelnen Feuerbränden herumgelaufen. Beim Einsammeln des Holzes hat sich in Bonn einer der Knaben, welcher das Martinsmännchen heißt, Strohgewinde um Arme, Leib und Beine gewickelt, während die Anderen ausgehöhlte Kürbisse tragen, worin Lichter brennen, und diese pflegen sie bei der Heimkehr von den Orten, wo sie die Feuer „gestocht“ haben, aus Mutwillen in hohle Bäume zu stecken, damit sie dort noch eine Weile fortbrennen und die Wanderer täuschen.

Auch in Düsseldorf und Barmen singen die Knaben ihre Martinslieder, indem sie mit ausgehöhlten, auf Stecken befestigten Rüben oder Kürbissen, in denen ein Lichtchen brennt, durch die Straßen ziehen, und in Kleve tragen sie beim Umzug an Stöcken ein große, mit Zuckerwerk und dergleichen gefüllte Düte, von welcher ein langer Streifen Papier bis zur Erde herabhängt, den man anzündet und bis zur Düte fortbrennen läßt.

Auf ähnliche Weise thaten die Bauernkinder in der Gegend von Dortrecht und Leyden in Holland die eingesammelten Aepfel, Nüsse, Mispeln, Kastanien und Kuchen in Körbe, die sie auf die Feuer setzten und, sobald sie zu brennen anfingen, umwarfen, sodaß der Inhalt auf die Erde rollte und nun Alle darüber herfielen, um aufzuraffen, was jeder konnte, weshalb der 10. November dort noch jetzt der schuddekorfsdag, Korbschüttetag, heißt. Um sich das zum Feuer nötige Holz und Torf zu erbitten, sangen sie bei Leyden:

Sinte Maarten is zoo koud
Geef m' een turfjen of een hout,
Om mij wat te warremen
Met mijn blanken arremen!
Geef wat, hout wat!
't ander jaartje weêr wat!
Sankt Martin ist so kalt,
Gebt Holz und Torf mir bald,
Um mich zu erwärmen,
Mit meinen bloßen Aermen!
Gebt was, behaltet was!
's nächste Jahr wieder was.

Fast desselben Inhalts sind die Lieder, mit denen in Vlämisch-Belgien auf dem Lande die Kinder noch jetzt herumlaufen, um Brennmaterialien zu den Martinsfeuern einzusammeln, die sie auf den Feldern anzünden, und an denen sie Kartoffeln rösten, oder um welche sie singend herumtanzen. Daß diese Feuer sonst auch in den Städten

Das Martinsfest in Düsseldorf.

brannten, geht aus den Liedern hervor, welche früher in Mecheln, in Amsterdam und Gröningen gesungen wurden. In dem letzteren Orte, sowie in Friesland zogen die Kinder mit Papierlaternen durch die Straßen, und diese Sitte hat sich noch in Fürne erhalten, wo sich am Vorabend des Martintages alle Kinder, ohne Unterschied des Alters und Geschlechtes, auf dem großen Platz versammeln, und jedes, sogar das ganz kleine, welches noch getragen werden muß, einen Stab in der Hand hält, an dessen Ende eine kleine Papierlaterne befestigt ist. Wer sich keine solche Laterne verschaffen kann, höhlt eine Rübe aus und setzt ein Lichtchen hinein, um an dem Zuge teil zu nehmen, welcher unter dem Geleit von Polizeiagenten und der Absingung des althergebrachten Liedes die ganze Stadt durchwandert.

Ebenso ziehen auch in Erfurt noch immer am Martinsabend, sobald es dunkel wird, die Kinder mit brennenden Lichtern, den sogenannten Martinslichtern, singend durch die Straßen und Plätze der Stadt, um sich auf den Friedrich-Wilhelms-Platz zu begeben, wo in der sechsten Abendstunde die Seminaristen mit brennenden Lichtern auf der Cavate des Domes erscheinen und einige Choräle vortragen.

Da Dr. Martin Luther am Tage vor Martini geboren wurde, wird die Feier des Martinsfestes in protestantischen Ländern irriger Weise auf ihn bezogen, und namentlich in Nordhausen — hier vielleicht nicht ohne Grund — an die Person des Reformators geknüpft und das Fest am 10. November begangen.

Schon am Sonntag vorher wird in der St. Blasiuskirche Luthers Leben und Wirken von der Kanzel herab verkündigt, und auf die Bedeutung des nahenden Festes hingewiesen. Am Tage selbst wird früh 5 Uhr ein feierlicher Choral vom Petersturme geblasen. Mittags wird nach allen Kräften gegessen und getrunken, um sich zu dem nun kommenden Umzuge gehörig vorzubereiten. Um 4 Uhr werden drei sogenannte „Bolzen“ (Pulse) mit allen Glocken der Stadt geläutet, und auf der Schießstätte, oder wo es sonst noch der nordhäuser Jugend erlaubt ist, Freudensalven gegeben. Mittlerweile haben sich sämtliche Innungen und Gesangvereine mit ihren Fahnen und Emblemen am Töpferthore versammelt, von wo aus dieselben mit klingender Musik auf den Rathausplatz ziehen. Sind sie dort angelangt, wird Luthers Lied: „Ein feste Burg ist unser Gott“ angestimmt, worauf sich die Gesangvereine in ihre Lokale und die Innungen in ihre Herbergen begeben, um hier bei brillanter Beleuchtung mit bunten Lichtern, die meist Bilder von Luther im Chorrocke oder von preußischem Militär zeigen, den Abend im traulichen Vereine zuzubringen.

Ueber den Ursprung dieser Feier bestehen zwei verschiedene Erzählungen, von denen die folgende am meisten historische Glaubwürdigkeit zu verdienen scheint.

Luthers Freunde in Nordhausen, der damalige Bürgermeister Meinberg und der Prediger Justus Jonas, luden ihn einst zur Geburtstagsfeier nach Nordhausen zu sich ein. Er kam, und als nun die drei Freunde in heiterster Stimmung bei einander saßen, dachten sie daran, daß am nächsten Tage in der katholischen Kirche ja auch ein Martinsfest begangen werde, und daß ebenso gut, wie dort bunte Lichter angezündet werden könnten, es auch in ihrer Macht stände, dasselbe zu thun. Gesagt, gethan! Die bunten Lichter wurden bestellt, und brannten noch an demselben Tage auf den Tischen, um welche sich des Abends die Familien versammelten.

Wenn daher heutzutage das Martinsfest herannaht, ist wohl kein Haus in Nordhausen zu finden, in welchem man nicht beschäftigt wäre, um zu backen, zu schlachten und die etwa vorhandenen Gastzimmer und Betten auf das Schönste herzurichten. Denn Klein und Groß will diesen Tag feiern, und ganze Schwärme auswärtiger Verwandten und Bekannten kommen, um das Fest mit begehen zu helfen. Die Aftermieter erhalten von ihren Hauswirten Einladungen zum Abendessen, und jedem Gaste tritt man sogleich mit einer Schüssel voll Kuchen in der Hand entgegen. Besonders aber läßt die Zunft der Schuhmacher es sich angelegen sein, den Tag recht glänzend zu feiern, weil sie sich das Verdienst der Begründung dieses Festes zuschreibt. Sie behauptet nämlich, einige ihrer Vorfahren seien eines Tages, als Luther noch lebte, auf der Heimkehr von dem Markt in Sondershausen diesem frommen Mann, der öfters nach Nordhausen zu kommen pflegte, unterwegs begegnet, und haben ihn ersucht, da es schon dunkel würde, mit ihnen zu ziehen und auf ihrer Herberge zu bleiben. Luther habe den Vorschlag angenommen, und die Schuhmacher seien darüber so erfreut gewesen, daß sie bei ihrer Ankunft in Nordhausen durch ihren lauten Jubel die ganze Stadt in Bewegung gesetzt, und den Neugierigen, welche an den Fenstern erschienen wären, die Worte zugerufen hätten:

Herr Martin kommt, der brave Mann,
Zünd't hunderttausend Lichter an!

Da indessen diese Verse auch im Hannoverschen sehr verbreitet sind, so dürften sie sich wohl ebenfalls auf den heiligen Bischof von Tours beziehen, der seiner Tugenden wegen von Anfang an in hoher

Verehrung stand, daß sein Gedächtnis mit Vigilie und Oktave gefeiert wurde, und welcher nach einer schwedischen Sage des Nachts dem Olaf Tryggveson erschien und ausdrücklich von ihm verlangte, er solle statt Thors, Odins und anderer Asen Minne die seinige einführen. Wie deshalb der Mertenstrunk an die Stelle der Odinsminne trat, so ward auch früh schon Odins Walten auf Erden auf den Heiligen übertragen, der gleich ihm zu Pferde mit Kriegsmantel und Schwert dargestellt wurde. Seine cappa oder sein Mantel ward dem Heer der merovingischen Könige vorausgetragen, die vor jedem Feldzuge an seinem Grabe beteten, um durch seine Fürsprache den Sieg zu gewinnen, welchen ehemals der kampffrohe Gott durch seinen Wolkenmantel verliehen, und noch jetzt wird der Führer des wilden Heeres „Junker Merten“ genannt. Dazu kam, daß das Martinsfest in eine Zeit fiel, die vorzugsweise dem Wuotan geweiht war.

Denn während im Norden, wo der Sommer kürzer ist, das große Herbstopfer, das Dankfest der Ernte, auf Ende September fiel, ward es weiter südlich zu Anfang November dargebracht, wo Martini noch jetzt das Ende des ländlichen Jahres bezeichnet, an dem alle Pachtzinsen fällig sind, ein neues Pacht- und Dienstjahr anfängt, keine Frucht mehr im Felde steht und selbst der Wein eingeschafft ist. Die Verehrung Wuotans als Gottes der Ernte und Spenders aller Feldgaben ging somit größtenteils auf den heiligen Martin über, der zugleich ein Patron des Geflügels, des Viehes und der Hirten wurde.

Noch alle Jahre versammeln sich daher in Kärnten die Hirten am Martinsabend, um gemeinschaftlich Eier in Schmalz zu essen; im Harz z. B. in Lerbach, bläst der Hirte ringsum und wird überall in die Stube gerufen, wo er sich hinsetzt, raucht und trinkt, und in Baiern geht der Kuhhirt in die Häuser der Bauern und überreicht unter altüblichem Spruche eine Gerte, reicheren Grundbesitzern auch zwei, mit denen im Frühjahr das Vieh zum ersten Mal ausgetrieben werden muß. Die Gerten bestehen aus einem Birkenreis, dessen Blätter und Zweige bis an den Gipfel, wo einige stehen bleiben, abgestreift, und dessen stehen gebliebene Zweige mit Eichenlaub und Wachholderzweigen durch eine ellerne Wid zu einem Busch zusammengebunden sind. Darauf bezieht sich der Segenswunsch, mit dem in Etzendorf der Spruch beginnt:

Kimmt (Kömmt) der hali (heilige) sanct Mirte (Märte)
mit seiner girte (Gerte)!
so vil kranewittbir (Wacholderbeeren),

so vil ochsn und stir (Stiere)!
so vil zwei' (Zweige),
so vil fuder hai (Heu)!

Nicht minder wurden die Feuer, welche zu Ehren der Götter geflammt, auf den Heiligen bezogen, welcher, der Legende nach, einst ein Stück seines Mantels mit dem Schwerte abgeschnitten hatte, um es dem in Bettlergestalt wandelnden Heiland zu schenken, aber nun selbst fror, und selbst die Martinsgans der letzte Rest des alten Opferschmauses, bei welchem, wie die Martinshörner andeuten, auch der gehörnten Tiere nicht geschont worden war, suchte man gezwungen aus den Lebensumständen des heiligen Bischofs zu erklären. Nach Einigen hatten die Gänse den Heiligen durch ihr Geschnatter im Predigen gestört; nach Anderen hatten sie ihn verraten, als er, noch sehr jung zum Bischof gewählt, im Gefühl seiner Schwäche sich im Gänsestall verkrochen, um einem so schweren und verantwortungsvollen Amte zu entgehen, und in beiden Fällen sollte der Bischof die Gänse, um sie zu strafen, haben schlachten und braten lassen. In einer Fabel nennt dagegen die Gans, welche durch eine List glücklich dem Rachen des Wolfes entgeht, den heiligen Martin ihren Nothelfer, und setzt hinzu:

demselben isst man uns zu er,
got im ewigen lebens.

Daß die Gewohnheit, eine Martinsgans zu essen, in ein hohes Alter hinaufreicht, beweisen die norwegischen Runenkalender, in denen bereits der Martinstag ganz ebenso durch eine Gans bezeichnet wird, wie in den heutigen Tiroler Bauerkalendern. Urkundlich wird der Sitte 1171 zum ersten Male Erwähnung gethan, wo de Othebricus Swalenberg oder Ulrich von Schwalenberg der Abtei von Corvei eine silberne Gans zum Martinsfeste schenkte, wie es noch jetzt in einigen Orten Schwaben's üblich ist, den Lehrern ein Geschenk für die Martinsgans zu geben, die ihnen vormals auf diesen Tag geliefert werden mußte. Auch in Erfurt wurde früh schon das Einläuten des Tages „der Gans läuten" genannt, und in Dorschhausen schrieb man diesem Läuten besonderen Einfluß auf die Erhaltung der Feldfrüchte zu.

Obgleich der heidnische Unfug, der sich mit der Feier des Martinstages verbunden hatte, seit 590 wiederholentlich von der Kirche verboten wurde, haben sich doch Gebräuche genug bis auf unsere Zeit fortgepflanzt, um in dem jetzigen Martinsfeste das herbstliche Wuotansfest erkennen zu lassen. Auf dieses bezieht sich auch der Volksglaube, der sich an Martini knüpft.

Das Brustbein der Martinsgans verkündigt die Witterung des bevorstehenden Winters: ist es weiß, wird es strenge Kälte, ist es dunkel, viel Schnee und laues Wetter geben. Ferner heißt es:

Wolken am Martinitag,
Der Winter unbeständig werden mag,

und in der Goldenen Aue gehen Liebster und Liebste am Martinsabend im Dunkeln in den Garten und brechen von einem Obstbaum je ein Reis, das sie in der warmen Stube in's Wasser setzen. Blühen beide Reiser zu Weihnachten zusammen auf, gehen ihre Wünsche in Erfüllung; hat man aber einen trockenen Zweig erfaßt, oder der Zweig vertrocknet im Wasser, so ist dies eine schlimme Vorbedeutung.

Am Sonntag nach Martini finden in einigen vlämischen Städten, z. B. in Mecheln, dieselben Umgänge statt, wie am Festtag, der deshalb zum Unterschied von Großmartini, dem Sonntag, Kleinmartini heißt.

In England dagegen ist der Abend und Tag des heiligen Clemens (23. November) zu ähnlichen Umzügen bestimmt. Namentlich die Schmiedelehrjungen bei den Werften in Woolwich veranstalten am Abend vor Sankt Clement eine eigentümliche Prozession.

Einer der ältesten Lehrjungen wird gewählt, um den heiligen Clemens, den old Clem, wie sie ihn nennen, vorzustellen. Er hat einen großen Rock an, eine Wergperücke auf dem Kopfe und eine Maske mit einem langen weißen Bart vor dem Gesichte, und sitzt auf einem breiten hölzernen Sessel, der oben mit sogenannten buntin oder Beuteltuch bedeckt und mit Krone und Anker aus Holz verziert ist, und rings herum mit vier Transparenten umgeben wird, welche das Wappen der Grobschmiede, Ankerschmiede bei der Arbeit, Britannia mit dem Anker und den Berg Aetna darstellen. Vor sich hat old Clem einen Amboß, und in den Händen eine Zange und einen hölzernen Hammer, von dem er während seiner Reden Gebrauch macht. Ein Gefährte, ebenfalls maskiert, begleitet ihn mit einem hölzernen Schmiedehammer, und ist seinerseits von einer Masse anderer Genossen umgeben, von denen einige Fackeln, Fahnen, und dergleichen, Andere Streitäxte, Tomahawks und ähnliche Kriegswerkzeuge tragen.

Diese Prozession, deren Spitze ein Trommler und Pfeifer und old Clem, von sechs Leuten auf den Schultern getragen, bilden, zieht in der Stadt herum, hält fast an jedem Wirtshause still, um sich zu erfrischen, und ruft dann die Grobschmiede und Beamte der Werfte auf. Dabei wird die Geldbüchse ohne allen Rückhalt fleißig herumgereicht, sobald old Clem und sein Gefährte ihre Reden gehalten haben, die stets damit beginnen, daß der Gefährte mit den Worten:

Gentlemen all, attention give,
And wish St. Clem, long, long to live,
Meine Herren, wollt Acht ihr geben,
Und wünschen St. Clem lang, lang zu leben,

zur Ordnung ruft. Die Rede selbst, welche old Clem hierauf hält, lautet: „Ich bin der wahre heilige Clemens, der zuerst Kupfer,

Stahl und Eisen aus dem Erze schmolz. Ich bin im Berge Aetna gewesen, wo der Gott Vulkan zuerst seine Schmiede baute und die Waffen und Donnerkeile für den Gott Jupiter schmiedete. Ich habe die Wüste von Arabien, Asien, Afrika und Amerika, die Städte Pongrove und Tipmingo und alle nördlichen Teile von Schottland durchzogen. Am 23. November kam ich in London an und begab mich nach den Werften Ihrer Majestät in Woolwich, um zu sehen, wie es all' den Kavalieren Vulkan's dort ginge. Ich fand sie sämtlich rüstig arbeitend und wünsche sie am 24. wohl zu verlassen."

Dazu fügt der Gefährte noch einige Worte des Lobes und Preises des betreffenden Hauses, um seinen dringenden Vorstellungen über die Notwendigkeit, einen „guten" Abschiedstrunk nehmen zu müssen, leichter Eingang zu verschaffen und mit einem schallenden Hurrah geht die Bande weiter.

Ist die Prozession dann nochmals in der Stadt herumgezogen, und hat sie eine hübsche Summe eingesammelt, so begiebt sie sich in irgend ein Wirtshaus, wo ein Abendbrot, so luxuriös als die Einnahme gestattet, die Festlichkeit beschließt.

In Worcestershire sammeln sich am Nachmittag des Clemenstages ganze Schaaren von Jungen und ziehen truppweise von Haus zu Haus, indem sie bei jeder Thür die Verse singen:

Catherine and Clement, be here, be here,
Some of your apples, and some of your beer,
Some for Peter, and some for Paul,
And some for him, that made us all.
Clement was a good old man,
For his sake give us some;
Not of the worst, but some of the best,
And God will send your soul to rest,

oder

And God will send you a good night's rest.
Kathrin und Clemens sind hier, sind hier,
Gebt Aepfel uns und gebt uns Bier,
Für Peter was, für Paul etwas,
Und für den Höchsten auch etwas.
Der Clemens war ein guter Mann,
Für den man uns was geben kann,
Und wird uns was Gutes, nichts Schlechtes gebracht,
So wird euch Gott lohnen mit Schlaf in der Nacht.

Dann und wann ziehen auch erwachsene Männer so herum, und erhalten Ale oder Cider, während man den Knaben Aepfel oder einige Pfennige giebt. Haben die Jungen einen hübschen Haufen Aepfel beisammen, was ihnen selten mangelt, so begeben sie sich in eins ihrer Häuser, wo sie die Aepfel rösten und essen. Mitunter vereinigen sich wohl auch die Alten mit den Jungen, und bringen große Gefäße mit Ale oder Cider an, in welche dann die Bratäpfel heiß hineingeworfen werden, um bei diesem Getränk den Abend heiter zu verleben.

Nicht minder originell, als die Zeremonie am St. Clemensabend, war früher in Woolwich der Umzug der heiligen Katharina. Noch Anfang dieses Jahrhunderts fuhren nämlich alljährlich am 24. November, dem Vorabend des Katharinentages, die Arbeiter an den Werften gegen sechs Uhr Abends einen Mann in Frauenskleidern mit einem großen Rad neben sich als heilige Katharina auf einem breiten hölzernen Sessel in der Stadt herum und hielten an verschiedenen Häusern still, wo sie in derselben Weise, wie beim Umzug des heiligen Clemens, Reden zu halten pflegten. Auch die Begleitung der heiligen Katharina war der des heiligen Clemens ähnlich.

Jetzt sieht man kaum noch hier und da einen Trupp Arbeiter, welcher sich zu Lande oder in Kähnen auf der Themse mit Musik in ein Wirtshaus begiebt, um dort in der Erinnerung an das ehemalige Fest zu trinken und zu jubeln. Nur in den nördlichen Distrikten von England verleben die Frauen und Mädchen, welche spinnen, noch immer den Katharinentag heiter und vergnügt zusammen, was sie Cathar'ning nennen. Denn St. Catharine galt als die Schutzheilige der Spinnerinnen, weil die Maschine, auf welcher sie zuerst den Märtyrertod erleiden sollte, aus vier mit scharfen Spitzen versehenen und mit einander verbundenen Rädern bestand, welche in dem Augenblick, wo sie durch ihre Bewegung die Heilige zermalmen sollten, sich ebenso von einander trennten, wie die Stricke auseinandergingen, mit denen die Heilige auf die Maschine festgebunden war.

Der Bedeutung ihres Namens gemäß, wird die heilige Katharina als Urbild der Reinheit in Belgien von den Mädchen als Patronin verehrt. Braven Dienstmädchen verschafft sie einen guten Dienst, fleißigen Schulmädchen bringt sie hübsche Geschenke. Ihr Gedächtnistag wird daher nicht bloß in allen Mädchenschulen und Mädchenpensionaten als Feiertag begangen, sondern auch in allen Familien, die unverheiratete Töchter haben, als Festtag gefeiert. Ueberall werden Abends Gesellschaften eingeladen, Bälle und dramatische Aufführungen veranstaltet, und den Mädchen des Morgens Blumensträuße und Putzgegenstände geschenkt.

Zu Mecheln hat auch die Schifferzunft sie zu ihrer Schutzheiligen erkoren; das Warum dieser Wahl dürfte sich jedoch ebenso schwer erklären lassen, wie der Grund des Volksglaubens, daß der Katharinentag besonders entscheidend für die Gänse ist, die man zum Weihnachtsfeste mästen will.

Dagegen gab die Legende der heiligen Katharina, nach welcher sie bei einer Disputation durch ihre seltene Beredtsamkeit fünfzig heidnische Philosophen zu widerlegen und zum Christentum zu bekehren verstand, Anlaß, sie als Patronin der christlichen Philosophen und Schulen zu verehren, und noch jetzt führen mehrere berühmte Hochschulen ihr Bild mit dem Schwerte zur Seite und dem Rade zu Füßen im

Wappen, wenn auch die hohen Schulen den Katharinentag nicht mehr wie sonst mit Kirchgang, Gottesdienst und Lobliedern auf die Heilige feiern.

Da mit diesem Tage in den katholischen Ländern Deutschland's die sogenannte „geschlossene" Zeit beginnt, wo alle geräuschvollen Lustbarkeiten, lärmende Musik und dergleichen ein Ende haben, so heißt es sprichwörtlich:

Katharein,
Schließt Geig' und Baß ein.

oder:

Kathrein,
Schließt Trommel und Pfeifen ein,,

und wie nach einer alten Wetterregel:

„St. Clemens uns den Winter bringt",

so sagt man auch in Westfalen vom Katharinentage:

Kathraine hett den Winter innen Schraine,

und in der Grafschaft Mark.

Sünte Katrin smitt den ersten Sten innen Rhin.
(St. Katharin wirft den ersten Stein in den Rhein).

Noch sicherer aber kann man auf den Anfang des Winters, nach der Meinung des Volkes, am Andreastage, dem letzten November, rechnen, von dem die Bewohner der Grafschaft Mark sprechen:

Sünten-Dres-Misse,
es de Winter gewisse,

und die Kölner versichern:

Andrehs brängk (bringt) dä kahle Frehs (Frost).

Mit nicht geringerer Zuversicht erwarten in Deutschland die jungen Mädchen vom Andreasabend die Enthüllung ihrer Zukunft, welche sie auf die verschiedenste Weise zu erforschen suchen.

Am verbreitetsten ist die Sitte, geschmolzenes Blei oder Zinn durch den Bart eines Erbschlüssels, der jedoch in einigen Gegenden die Form eines Kreuzes haben muß, tropfenweise in ein Gefäß mit Wasser fallen zu lassen, um aus den Figuren, die es bildet, auf das Gewerbe des künftigen Geliebten zu schließen. Statt des Bleies schütten die Mädchen in Friedingen in Schwaben häufig das Weiße eines Eies unter Gebeten in ein Glas Wasser, wobei sie aber ganz allein im Zimmer sein müssen.

Ebenso allgemein ist der Brauch, Nußschalen schwimmen zu lassen, was die Deutschböhmen das Lichtelschwimmen nennen, indem man doppelt so viele Nußschalen, als Mädchen anwesend sind, mit kleinen brennenden Lichtchen besteckt und sie auf einer großen Schüssel mit Wasser schwimmen läßt. Jedes Mädchen hat ihr Lichtchen, während den übrigen Schalen in Gedanken die Namen der Bewerber gegeben werden. Der, dessen Kahn zuerst dem fragenden Mädchen naht, wird der zukünftige Lebensgefährte.

In Niedersachsen setzt man leichte Näpfchen von Silberblech, mit den Namen derer bezeichnet, deren Zukunft erforscht werden soll, auf ein Gefäß mit reinem Wasser. Nähert sich das Näpfchen eines Jünglings dem eines Mädchens, wird ein Paar daraus.

Man nennt dies Nappelpfang.

Die schlesischen Mädchen knieen des Nachts, ehe sie sich schlafen legen, vor ihr Bett und beten:

Herzelieber Andrees!
Gieb mir zu erkennen, wie ich heeß (heiße),
Gieb mir zum Augenscheen (schein),
Welcher soll mein Liebster seen (sein),

worauf sie im Traume die Antwort des Heiligen erhalten.

Aehnlich lautet der Spruch im Thurgau, mit welchem die Mädchen Nachts um 12 Uhr rückwärts auf ihr Bett zugehen und sich niederlegen.

Im Oberharz schließen sich die Mädchen nach Einbruch der Nacht entkleidet in die Schlafkammer ein, nehmen zwei Becher, gießen in einen helles Wasser, in den anderen Wein, und stellen sie auf einen weiß gedeckten Tisch. Dann sprechen sie:

Dresmes*),
mein lieber Sankt Andres,
laß mir doch erscheinen
den Herzallerliebsten meinen;

oder:

*) Verkürzt aus: Heut' ist Andreasmesse (Andreasfest).

Bettspond ich trete dich,
Sankt Andres ich bitt' dich,
laß doch erscheinen
den Herzallerliebsten meinen,

und sind überzeugt, daß die Gestalt des Zukünftigen hereinkommen und aus einem der Becher trinken werde: aus dem mit Wein, wenn er reich, aus dem mit Wasser, wenn er arm ist.

Dasselbe thun die Thüringer Mädchen; nur decken sie den Tisch zwischen 11 und 12 Uhr, legen Messer und Gabel darauf und öffnen das Fenster, damit der Geliebte vor das Fenster komme, um sich ihnen zu zeigen.

In Wien wird etwas vom Mittag- und Abendessen auf drei Teller gelegt, ein Trunk Wein und ein Kartenspiel dazu gestellt.

Anderswo setzt sich die Fragende auf den Herd und sagt das Vaterunser rückwärts her, oder stellt zwischen 11 und 12 Uhr ein brennendes Licht auf den Tisch, zieht sich ganz aus und kehrt mit einem neuen Besen die Stube aus, indem sie dabei der geöffneten Thür stets den Rücken zuwendet und beständig nach dem Tische blickt, hinter welchem sie alsbald den künftigen Ehemann zu erblicken hofft.

An der böhmisch-sächsischen Grenze ist besonders das Tremmelziehen im Gebrauch. Das Mädchen nämlich, welches wissen will, wie ihr Zukünftiger körperlich beschaffen sein wird, begiebt sich in der Finsternis zu einem Haufen Stockholz (Tremmel) und zieht ein Scheit mitten heraus. Ist das gezogene Tremmel glatt und gerade, wird der Mann schlank und gut gebaut, ist es aber krumm oder ästig, wird er schlecht gewachsen, oder gar buckelig sein.

Auch pflegt man, will man Zukünftiges erforschen, eine Frage an sich zu stellen, und dann zum nächsteu Hause zu gehen, um da unbemerkt zu horchen, was gesprochen wird.

Ist man so glücklich, aus dem so Gehörten eine Antwort, sei sie günstig oder ungünstig, auf die Frage herauszufinden, weiß man, ob es geschehen wird, oder nicht.

Im Elsaß schauen die Mädchen zwischen 11 und 12 Uhr in gewisse Brunnnen und Quellen, um darin das Bild ihres Zukünftigen zu erblicken. Andere schälen Aepfel oder Birnen so, daß die Schale (Schälet) ganz bleibt, werfen diese hinter sich und erraten aus der

Figur, welche sie bildet, den Anfangsbuchstaben des Namens ihres zukünftigen Mannes.

Noch andere essen Häringe, und wer im Traume den Durst stillt, wird der künftige Gatte. Man nennt dies Wundern, während das Andresle, das in Illzach üblich ist, darin besteht, daß man in der Andreasnacht bei einer Witwe, unbeschrieen und ohne ihr dafür zu danken, einen Apfel holt und die Hälfte davon vor, die andere nach Mitternacht ißt, um so vom Zukünftigen zu träumen.

Derselbe Brauch ist auch in Schwaben bekannt, nur pflegt dort das Mädchen die andere Hälfte des Apfels unter das Kopfkissen zu legen, um den Zukünftigen im Traume zu sehen:

Will im Harz ein Mädchen wissen, in welcher Gegend der Mann wohnt, der einst ihr Gatte wird, so geht sie Nachts zwischen 11 bis 12 Uhr ganz in der Stille in den Garten und schüttelt den Erbzaun mit den Worten:

Erbzaun, ich schüttle dich,
Ich rüttle dich,
Wo mein Liebchen wohnt, da regt sich's.
Kann er sich nicht selber melden,
So laß nur ein Hündchen bellen.

Dann regt sichs in der Richtung der Wohnung des Liebsten, oder es bellt ein Hund.

Dieses Zaunschütteln ist in Müglitz in Mähren ebenfalls üblich; nicht minder das Spänerufen, indem heiratslustige Mädchen um Mitternacht in den Keller gehen, daselbst so viele Holzspäne nehmen, als sie tragen können und diese dann zählen. Ist die Anzahl der Späne eine gerade, so bekommen sie einen ledigen Mann, im andern Falle einen Wittwer.

Wenn im Oberharz ledige Männer am Andreasabend einen Blick in die Zukunft thun wollen, so reißen sie Abends zwischen 7 bis 8 Uhr ein Stück vom Zaun ab, werfen es zwischen 11 und 12 in den Ofen, so daß es lichterloh brennt und bleiben davor sitzen. Dann kommt ihre zukünftige Braut an den Ofen und wärmt sich.

Der heilige Andreas, der schon früh der „Gütigste der Heiligen“ genannt ward, scheint demnach in der Volksanschauung vielfach den heidnischen Freyr, den „Gütigsten der Götter“ vertreten zu haben, welcher den Ehen vorstand und als Schatzspender verehrt wurde. Daher finden auch in der Umgegend von Reichenberg die Kinder ihre Strümpfe, die sie am Andreasabend vor das Fenster hängen, des Morgens mit Aepfeln und Nüssen gefüllt und dabei einen Andreaskranz, ein kranzartiges Gebäck, und im nördlichen Böhmen gehört den Mägden alles Garn, welches sie am Andreasabend spinnen, ja, die Hausfrau giebt ihnen noch Flachs und etwas Geld dazu, damit sie von dem Betrage dieser Geschenke Kaffee und Eßwaren kaufen und die Knechte bewirten können, welche die „Lichtelstuben" besuchen.

Denn sobald die Abende länger werden, beginnt bei den Deutschböhmen, wie anderwärts, das Rocken- oder Lichtengehen.

Spinnstube.

Alt und Jung versammelt sich Abends zum Spinnen in einem Hause, das täglich oder wöchentlich gewechselt wird, setzt sich dort unter dem Vorsitz der Hausmutter um einen leuchtenden Span und bringt den Abend singend und schäkernd, oder Märchen und Geschichten erzählend, zu.

In manchen Gegenden ist es Sitte, daß sich die Mädchen in einem Hause, und in einem andern die Burschen versammeln. Dann machen diese zuweilen Besuche in den Spinnstuben der Mädchen, was im Riesengebirge „Ounaschetteln gehn“ heißt (die Abfälle abschütteln, welche vom Rocken der Spinnerin in den Schoß fallen) oder sie schicken ihren Spinnrocken, gefüllt mit gedörrtem Obst oder anderen Näschereien den Mädchen zu, welche ihn zum Teil abspinnen oder mit einem bunten Band geschmückt zurückschicken.

Ebenso munter geht es beim Federschleißen zu. Märchen, Geister- und Räubergeschichten, Gesang, Rätselaufgaben und allerlei Scherz wechseln. Mitunter hält auch ein Mädchen einen Federkiel in die Lichtflamme: knallt er, ist der Liebste noch treu.

An der böhmisch-sächsischen Grenze wird bei der ersten Versammlung gewöhnlich „die Schwelle gelegt,“ indem man Kaffee trinkt, und bei der letzten im Frühling „der letzte Schlag“ gefeiert. Die „Lichtelstube,“ vom „Lichtelvater“ gemietet, wird dort von den Burschen besucht, was „as Dorf gihn“ heißt, die Mädchen, die zu Licht gehen, werden von den „Dorfgängern“ nach Hause begleitet, was „Hemfürchel,“ Heimführen, genannt wird, und spätestens um 10 Uhr geschieht.

Eine Ausnahme von dieser Regel wird meist nur einmal während des Winters gemacht: in der sogenannten langen Nacht, wo die Gesellschaft bis gegen Morgen versammelt bleibt, um außer den täglichen Freuden einen auf gemeinschaftliche Kosten bereiteten Kaffee zu genießen. In Hessen pflegt diese lange Nacht, in welcher jede Spinnerin, wenn sie nach Hause geht, ihre Zahl Garn (20 Gebind zu 60 Faden) am Rade hängen haben muß, um die Zeit der Lichtmeß stattzufinden, im Riesengebirge dagegen wird einige Freitage vor Weihnachten die ganze Nacht durch gesponnen, um den Erlös für das dadurch gewonnene Garn zur Anschaffung der Christ- oder Weihnachtsstritzel anzuwenden, deren man viele braucht, da jedes Familienglied eins bekommen muß.

Namentlich die Kinder freuen sich schon lange auf die Stritzel und andere Geschenke, welche ihnen das Bornkinl oder Burnkinl (neugeborene Kindlein) bringen wird, und suchen nach Möglichkeit die

Furcht zu überwinden, die ihnen der schreckliche Begleiter und Bote des Christkindes, der ängstlich erwartete Knecht Ruprecht, trotz seiner Gaben einflößt.

Der Weihnachtsmorgen in Deutschland.

Dezember.

Der dem Andreastag nächstliegende Sonntag heißt das Fest der Ankunft des Herrn oder der erste Adventssonntag, im allgemeinen Leben der erste Advent. Mit ihm beginnt das Kirchenjahr, sowie die heilige Zeit zur Vorbereitung auf das Weihnachtsfest oder die Ankunft (adventus) des Herrn.

Wann die Feier der Adventszeit eingeführt worden, ist nicht anzugeben; doch war die Dauer derselben, ehe Gregor der Große sie auf 4 Wochen festsetzte, je nach Zeiten in den einzelnen Ländern verschieden.

Der heilige Hieronymus zählte fünf Adventsonntage, der heilige Ambrosius sechs, welche mit dem Sonntage nach Martini anfingen, und da früher während dieser Zeit an jedem Montag, Mittwoch und Freitag gefastet werden sollte, so nannte man diese Fasten, welche Papst Urban VI. im Jahre 1270 für die ganze Geistlichkeit vorschrieb, die Martinsfasten.

In den katholischen Ländern ist während des Adventes das Rorate üblich.

So nennt man nämlich die Frühmessen zu Ehren der heiligen Jungfrau, welche mit den Worten „Tauet ihr Himmel“ beginnen.

Noch lange bevor der Tag graut, zieht alles, was da kann, mit Laternen oder Fackeln versehen, hin zur festlich erleuchteten Kirche. Selbst die Kinder lassen sich weder durch Schnee und Eis, noch durch Wind und Regen abschrecken, ihre Eltern zu begleiten, und namentlich in gebirgigen Ländern gewährt es einen eigentümlichen Reiz, an den Roratemorgen hinauszuschauen, wie bald da, bald dort die Fackeln und Laternen der von den Bergen herabsteigenden Landleute sichtbar werden, und diese bald in langen Reihen, bald in Gruppen mit ihren Lichtchen über den Schnee dahingleiten.

Sobald der Segen gegeben ist, beginnt ein Knabe, welcher den Engel vorstellt, der einst Maria die Botschaft brachte, zu singen:

Ave Maria, gratia plena!
(Gegrüßest seist du Maria, voll der Gnaden!)

und das Volk fällt ein, und singt weiter:

Benedicta tu in mulieribus
(Gebenedeit bist du unter den Weibern) u. s. w.

Besonders feierlich ward diese Szene ehemals in vielen Stiftskirchen am Quatember-Mittwoch des Advents ausgeführt, welcher davon in Belgien noch jetzt der Tag „der goldenen Messe“ genannt wird.

Von der Gewohnheit, welche bis zum heutigen Tage sich selbst in protestantischen Ländern erhalten hat, daß die unbemittelten Chor- und Schulknaben vom ersten Advent bis zum Dreikönigstag an gewissen Tagen herumgehen und vor den Häusern geistliche Lieder singen, heißt der Advent auch Singzeit, und namentlich im südlichen Deutschland ziehen in den Donnersstagnächten vor Weihnachten, den sogenannten heiligen Nächten, Erwachsene und Kinder singend von Haus zu Haus. Da sie dabei mit Hämmerchen oder mit Ruten an die Thüren klopfen, oder Erbsen, Linsen, Gerste und dergleichen an die Fenster werfen, werden diese Nächte Klöpfel- oder Knöpflinsnächte, in Schwaben auch Anklopfete, oder Boselnächte (von bohslen, lärmen, poltern) genannt.

Der Ursprung dieser Sitte, welche in Kärnten an den Dienstagen herrscht und klocken heißt, wird in Schwaben auf folgende Weise erzählt:

In alten Zeiten wurde Schwaben einmal von einer furchtbaren Pest heimgesucht. Alle Häuser waren abgesperrt, Einer fürchtete sich vor dem Anderen. Nur bei Nacht wagten es einige Leute, zuweilen auf die Straße zu gehen, und warfen dann eine handvoll Erbsen oder Linsen an die Fenster ihrer Bekannten. Lebte noch Jemand in dem Hause, so kam er ans Fenster und bedankte sich für die freundliche Nachfrage mit einem „Vergelt's Gott!" Wo aber der nächtliche Gruß nicht erwidert wurde, da wußte man, daß Alles tot war. In Wurmlingen und der Umgegend von Rotenburg wird daher noch jetzt das Werfen an die Fenster mit einem „Vergelt's Gott" erwidert.

Anderwärts behauptet man, die Knöpflinsnächte wären dadurch entstanden, daß die ersten Christen, wenn sie ihren Gottesdienst halten wollten, zu dem sie sich nur heimlich versammeln konnten, sich bei Nacht als Zeichen der Verabredung Erbsen an die Fenster warfen.

Der mannichfache Aberglaube aber, welcher an den Knöpflinsnächten hängt, läßt auf ein höheres Alter schließen und annehmen, daß das Anklopfen und Werfen, welches in Friedingen an der Donau mitlen heißt, ein wesentliches Erfordernis bei gewissen altüberlieferten, ursprünglich heidnischen Zeremonien war, welches erst später die christliche Deutung erhielt, das nahende Fest den Menschen ins Gedächtnis rufen zu sollen. Denn wie am Andreasabend, so ist es in Schwaben auch in den Nächten der drei Anklopfete vielfach Brauch, daß die Mädchen in den Spinnstuben geschmolzenes Blei in kaltes Wasser gießen, um aus den Formen, die es bildet, das Gewerbe des künftigen Ehemannes zu erkennen. Sieht man Seile, Hobel, Leisten oder Scheeren, so bedeutet dies einen Seiler, Schreiner, Schuster oder Schneider, und zeigen sich Spitzhammer, Kratze und Fäustel, so heißt es in aller Munde: „Am Ende bekommen wir gar einen Wegarbeiter."

Wollen die Mädchen in Pfullingen wissen, welches von ihnen zuerst Braut werden wird, so bilden sie einen Kreis und stellen einen Gänserich, dem die Augen zugebunden sind, in ihre Mitte. Diejenige, zu welcher der Gänserich geht, bekommt bald einen Mann.

Auf ähnliche Weise wird in der Umgegend von Lorch am letzten Donnerstag vor Weihnachten eine junge schwarze Henne eingeschläfert und auf den Boden gelegt, worauf sich die jungen Leute um sie herum versammeln und ihr Erwachen erwarten. Verläßt sie nun den Kreis, so hofft man, daß diejenigen, zwischen welchen sie hindurchläuft, im Laufe des Jahres heiraten werden.

Die Tirolerinnen, welche noch nicht verheiratet sind, horchen an diesem Abend an den Backöfen. Hören sie darin Musik, bedeutet es baldige Hochzeit; hören sie aber Läuten, bedeutet es den Tod der Horchenden.

Dasselbe Los trifft denjenigen, welcher, wenn man Erde, Brot und Lumpen mit Töpfen bedeckt, den Topf wählt, unter dem die Erde liegt, während diejenigen, welche das Brot oder die Lumpen wählen, noch in demselben Jahre zu Brote oder an den Bettelstab kommen.

Hausfrauen füllen eine Schüssel mit Wasser bis zum Rande, werfen einen Kreuzer hinein und suchen ihn mit der Zunge herauszuholen. Rinnt dabei viel Wasser über, geht Geld aus dem Hause; gelingt es, ohne viel Wasser zu verschütten, kommt Geld ein.

An einigen Orten Schwabens zieht in den Knöpflinsnächten der Pelzmärte um, erschreckt die Kinder und teilt dann Aepfel, Nüsse und dergleichen an sie aus. Im Remsthale, wo diese Nächte deshalb Fahrnächte heißen, trägt er dabei eine alte Schelle und einen alten Kochtopf, in welchem die Geschenke für die Kinder liegen. An anderen Orten hält der Sante Klaas seinen Umzug, der im größten Teile von Deutschland, sowie in der Schweiz und den Niederlanden am Abende und Tage seines Festes (6. Dezember) auftritt. Namentlich in den Niederlanden und den angrenzenden Provinzen ist „sinte Niklaas, den nobelen baas,“ der heilige Nikolaus, der edle Held, der einzige Heilige, welcher auch bei den Reformierten seinen vollen Kredit behalten hat, und selbst der geliebte Greef hat ihn bei den Vlamingen nicht ganz vergessen machen können.

Schon Wochen vorher fragen die Kinder voller Ungeduld jeden Abend beim Schlafengehen: „Wie viel Mal muß ich nun noch schlafen, bis er kommt?“ und ihre Sehnsucht wächst mit jedem Tage. Sie singen ihn an, sobald es dunkel im Zimmer wird, sehen ihn im Traume, wie er sie beschenkt oder bestrafen will, je nachdem sie den Tag über artig gewesen sind oder nicht, und werden dann und wann durch kleine Gaben beglückt, die entweder durch den Schornstein herab ins aufgehaltene Schürzchen fallen, oder sich wie zufällig in einer Ecke des Zimmers finden. Ein freundliches: „Danke, heiliger Niklaas!“

St. Niklas in Ostfriesland.

wird ihm für jede Gabe zugerufen, an jedem der folgenden Abende wird ängstlich jeder Winkel durchsucht, ob nicht wieder Etwas der gütigen Hand des Heiligen entfallen sei, und immer inbrünstiger wird gebetet:

Sint Niklaes, Gods heilge man,
Doe uwen besten tabbaerd aen
En rydt er meê naer Spanje,
Om appelen van Oranje,
Om peeren van den boom.

St. Niklas, Gottsheiliger Mann,
Zieh' den besten Rock dir an,
Und reit' darin nach Spanien,
Hol' Aepfel von Oranien (Orangen)
Und Birnen von dem Baum,

oder, wie es in Ostfriesland heißt:

Sünder Klaas, du gode Bloot!
Breng' mi Nööt (Nüsse) un Zuckerbrod,
Nich to veel un nich to minn (zu wenig)
Smiet (schmeiß) in mine Schörten (Schürze) in!

Endlich erscheint der 5. Dezember, und mit ihm der langersehnte Abend, wo St. Nikolaus die Geschenke bringt oder einkauft, um sie in der Nacht zu bescheeren.

Seit einigen Tagen bereits sind die Nachbarinnen des Abends zum „Vergolden" (vergulden oder koekeplakken) gegangen, um den Pfefferkuchenbäckern beim Vergolden der vielen Kuchen zu helfen. Jede hat ein Schälchen mit Wasser und einen Pinsel, und plaudernd wird nun gemalt, bis gegen 9 Uhr sich auch die jungen Leute einfinden und die Pfänderspiele beginnen, nachdem schon um halb acht Uhr ein großer Kessel mit Anismilch zur Erfrischung auf den Tisch gestellt worden ist.

Das Backwerk, in den verschiedensten Formen und Gestalten aus Mehl und Honig oder Zucker bereitet und durch kostbare Gewürze und Leckerbissen verfeinert, wird vom Holländer gewöhnlich kurzweg St. Nikolaasgoed oder Klaaszoed, St. Nikolasgut oder Klassüß, genannt. In vielen Gegenden unterscheidet man jedoch zweierlei Nikolausgebäck: taailap und speculatie. Mit dem letzteren Namen bezeichnet man in Amsterdam kleine Zuckerfiguren, in Geldern sämtliches sogenanntes „kleine Nikolausgebäck" aus Pfefferkuchenteig, und in Utrecht eine feine Sorte Kuchen, die allerlei Figuren vorstellen, während dort die vergoldeten Pfefferkuchenzungen taai-taai heißen. In Belgien sind große Pfefferkuchen in Gestalt von Reitern oder Männern, welche den heiligen Bischof vorstellen sollen, sowie kleine Schiffchen aus Marzipan, mit Bonbons beladen, das übliche Nikolausgeschenk, zu dem noch Spielsachen und andere Kleinigkeiten, oft selbst Putzgegenstände kommen.

Um zum Einkauf anzulocken, sind die Läden mit glänzenden Ausstellungen aufgeputzt und des Abends auf das Hellste erleuchtet. Die Straßen sind belebter als gewöhnlich, und die Volksmenge wogt lachend, jubelnd und scherzend von einem Schaufenster zum andern, um all' die schönen Dinge bewundernd zu betrachten. In Palast und Hütte, mit viel und wenig hält St. Nikolaus am Vorabend seines Festes seinen Einzug, wenn die Kinder schlafen, und bringt jedem die Erfüllung seines Lieblingswunsches.

An manchen Orten geht er, als Bischof angethan, mit Bischofsstab und Mitra in den Häusern herum, läßt sich Bericht erstatten, wie sich die Kinder betragen haben, lobt sie oder ermahnt sie, und giebt ihnen seinen Segen mit dem Versprechen, sie am nächsten Morgen noch besser zu belohnen. Die Kinder, welche ungeduldig sein Kommen erwarten und ängstlich alle ihre Spiele unterbrechen, sobald sie seine Schritte hören, atmen auf, wenn er fort ist und setzen vor dem Schlafengehen ihre Schuhe, die sie selbst geputzt, in eine Stube ihrer Eltern auf einen Tisch oder ins Kamin, damit der Heilige bei seiner Luftreise von einem Schornstein zum anderen Etwas von seinen Schätzen herabfallen lassen kann. Für seinen Schimmel oder seinen weißen Esel — sein Reittier wechselt nach den Lokalitäten — wird Hafer und Heu oder eine Mohrrübe in die Schuhe gethan, und die Stube dann in Gegenwart der Kinder sorgfältig verschlossen, um erst am Morgen darauf im Beisein des ganzen versammelten Haushaltes wieder geöffnet zu werden. An der Unordnung im Zimmer, den umgeworfenen Stühlen und Sesseln erkennt man, daß der Heilige darin gewesen, und als Zeichen seiner Anwesenheit sind die Schuhe statt des Futters für das Pferd mit Näschereien, Spielsachen und anderen Geschenken, bei unartigen Kindern aber mit einer Rute gefüllt, während der Hafer unberührt geblieben ist.

Auf dem Lande verkleidet sich häufig der oder jener Bauer in einen langbärtigen Greis oder Bischof, um des Abends mit einem großen Korb zur Seite und einem Bündel Ruten in der Hand auf einem Schimmel, Esel, oder künstlich gemachten Pferde durch die dunklen Straßen zu reiten, und mehr durch Schrecken, als durch milde Gaben auf das Gemüt der Kinder zu wirken.

Fast in derselben Weise findet die Klasbescheerung auch anderwärts statt. Nur sind es bald Schuhe, Holzschuhe oder Strümpfe, bald Körbchen, Schüsseln oder Teller, in einigen Städten eigens für diesen Zweck gefertigte Schuhe aus Porzellan, in anderen blos Heubündel, welche man ans Kamin, auf das Bett, in eine Ecke des Zimmers, oder vor die Stubenthür legt, um vom heiligen Klas beschenkt zu werden.

Früher hatten in Vlämisch-Belgien die Dienstboten ebenfalls das Recht, ihre Schuhe, die Knechte in des Herrn Stube, die Mägde in der der Frau, an das Kamin zu stellen, und ein Geschenk an Geld oder Sachen zu erhalten, und in Westfalen setzen sie noch jetzt der Herrschaft Schüsseln und Teller vor die Thüren, um sie am nächsten Morgen mit Aepfeln und Nüssen gefüllt zu finden.

In Helgoland gehen die Kinder auch zu ihren Verwandten und Paten und bringen ihnen einen ihrer Schuhe, damit Sönner Klâs was hineinlege, und ebenso werden in Würtemberg und Baden den Kindern am St. Nikolaustage Patengeschenke gegeben, welche im Breisgau Hälsen, im würtembergischen Oberlande Santiklaus heißen. Mit demselben Namen bezeichnet man in der Schweiz sämtliche Geschenke, welche die Kinder am Nikolausabend durch den Samiklaus erhalten. Denn fast überall in der Schweiz erscheint ein älteres Familienglied, vermummt oder als Bischof, und poltert entweder mit der Betglocke in die Kinderstube herein, um die Eltern nach den Kindern zu fragen und Näschwerk oder Ruten auszuteilen, oder zieht in Begleitung des Christkindes, welches die Gaben bringt, mit einem Esel herum, der einen Sack voll Nüsse trägt und mit Schellen klingelt. In Vorarlberg, wo er unartige Kinder in seinen Heusack steckt, wird er Zemmiklas genannt, in Tirol der heilige Mann, welcher vom schrecklichen Klaubauf begleitet wird, der die bösen Kinder in seinen Korb nimmt.

Auch in Niederösterreich folgt dem Niklo eine vermummte Person, der sogenannte Krampus, als Diener, welcher trotz seiner vergoldeten Aepfel, Nüsse, Birnen, Lebkuchen und Spielsachen, die er in einem großen Korbe trägt, wegen seiner gräßlichen Teufelsmaske, seiner klirrenden Ketten und seiner ellenlangen Rute zur Züchtigung der Unfolgsamen das allgemeine Schreckbild der Kinder ist.

Im Böhmerwald erscheint Nikolo mit einem eigens zur Mütze eingedrückten Kopfkissen auf dem Kopfe, einem übermehlten Gesicht, einem Leintuch als Gewand und einer Rute in der Hand. Auf seinem Ruf: „Willst bet'n?" stürzen die Kinder auf die Knie, worauf er ihnen Obst am Boden zurollt und weiter geht. Im Niederlande Böhmens tritt der Rumpanz als Schreckmann im Gefolge des Christkindes auf, oder es verkleiden sich drei junge Leute als Engel, Teufel und Bock. Letzterer hat die Aufgabe, die Kinder, welche nicht beten können und folglich vom Engel nicht beschenkt werden, auf seine Hörner zu heben, so daß der Teufel ihnen einige Schläge mit seiner Rute geben kann. An manchen Orten, wie in Warnsdorf bei Rumburg, vereinigen sich Kinder von zehn bis zwölf Jahren in Gesellschaften, deren jede mindestens aus fünf Mitgliedern bestehen muß. Das Eine stellt den heiligen Christ, das Zweite den heiligen Nikolaus, das Dritte den heiligen Petrus, das Vierte einen Engel, das Fünfte endlich den Knecht Ruprecht vor. Sie gehen von Haus zu Haus, klopfen an das Fenster und fragen: „Darf der heilige Christ hereinkommen?" Antwortet es d'rinnen „Ja," so tritt der Engel in die Stube und spricht:

Vom hohen Himmel kommen wir her
Und bringen von dort viel Neues Euch her:
Der heilige Christ steht schon vor der Thür —
O heiliger Christ, komm doch herein,
Der Stuhl wird dir schon bereitet sein.

Der heilige Christ folgt der Einladung, er hat eine Krone von Goldpapier auf dem Kopfe, am Arm ein Körbchen mit Nüssen und spricht:

Schön guten Abend zu dieser Frist!
Bin auch selbst der heilige Christ,
Bin vom hohen Himmel herabgekommen
Und habe zu beschauen mir vorgenommen,
Ob die Mädchen und die Knaben
Ihr Gebet verrichtet haben.
Ei, haben sie dieses alles gethan,
So hab' ich für sie draußen einen Wagen stahn,
Der ist geziert mit Gold und Gaben,
Davon sollen sie zum Geschenke haben,
Nikolaus, Nikolaus, mein treuer Knecht,
Komm herein und sage mir die Wahrheit recht.

Auf diesen Ruf erscheint nun Nikolaus; er hat eine papierne Bischofsmütze auf und in der Hand einen langen Stab, und so ausstaffiert spricht er zum heiligen Christ:

Ach, heiliger Christ, wenn ich dir wollte die Wahrheit sagen,
Hätt' ich über die Kinder viel zu klagen.
Wenn sie aus der Schule geh'n,
Bleiben sie auf allen Gassen steh'n,
Und alles, was sie im Munde führen,
Ist Fluchen und Schwören und Sakramentieren,
Sie können nichts als Bücher zerreißen
Und die Blätter in alle Winkel schmeißen.
Solche Possen treiben sie!
Ach, heiliger Christ, hätt' ich Macht wie du,
Ich schlüge mit Ruten und Peitschen zu.

Der heilige Christ ist geduldiger, denn er sagt bittend:

Ach, Nikolaus, verschone doch das kleine Kind!
Verschone doch das junge Blut.

Dann singt er mit dem Engel und dem heiligen Nikolaus zusammen:

Seid getrost, ihr lieben Kinder,
Ihr noch kleinen Adamssünder!
Gott wird Euer Erlöser sein —
Schickt den heiligen Petrus herein.

Der heilige Petrus kommt, klingelt mit den beiden Schlüsseln, die er in der Hand trägt und spricht:

Petrus, Petrus werd' ich genannt,
Die Schlüssel trag' ich in der Hand,
Ich schließe den Himmel auf und zu,
Wer Gutes thut, kommt auch dazu.
Ruperus, Ruperus, komm herein,
Die Kinder wollen nicht folgsam sein.

Ruprecht hat das Angesicht schwarz angestrichen, auf dem Kopfe eine Pelzmütze, in der Hand eine Birkenrute, dazu trägt er einen umgekehrten Pelz. Wenn Petrus ruft, öffnet er die Thür, stolpert über die Schwelle, fällt lang ins Zimmer, springt wieder auf, schlägt mit seiner Rute um sich her und schreit:

Eine Thürschwelle ist mir unbekannt,
Ich falle wie ein Sack von Sand,
Fliez, flaz, Flederwisch!
Mit der Magd unter den Tisch!
Mit der Magd in die Hölle!

In der Stube ist mir's gar zu warm,
Und draußen ist mir's gar zu kalt;
Ich muß mich in die Hölle machen,
Muß sehen, was die alten Weiber machen!
Legen die Hühner viel Eier?
Ist der Flachs hübsch teuer?
Ist die Katze frisch und gesund?

Darauf brüllt er die Kinder an: „Könnt Ihr beten?" Meistens lachen sie ihm ins Gesicht, selten nur fürchten sie sich vor ihm und sprechen ihre Gebete her.

Jetzt treten alle Personen in einen Halbkreis zusammen und singen:

Wir genießen die himmlischen Freuden,
Indem wir das Irdische meiden;
Wir tanzen und singen,
Wir hüpfen und springen,
Gott Vater vom Himmel schaut zu.

Und zum Schlusse wird, nachdem der heilige Christ mit Geräusch Nüsse herumgeworfen und von den Eltern einige Kreuzer empfangen hat, beim Hinausgehen gesungen:

Ihr Eltern, gute Nacht!
Ihr Eltern, gute Nacht!
Ziehet Eure Kinder recht,
Auf daß sie zieren das Geschlecht.

Im Fulda'schen, wo den Kindern ebenfalls am Nikolaustage und nicht am heiligen Abend bescheert wird, trägt der halb ängstlich, halb freudig erwartete Niklas einen langen Bart und eine Kuhglocke, welche er beständig in Bewegung setzt.

Mitunter erschien früher auch ein weibliches Schreckbild neben dem männlichen. So in Niederösterreich die ganz weißgekleidete Budelfrau, in Oeffingen in Schwaben die Berchtel, welche die Kinder, die nicht fleißig spannen und lernten, mit der Rute bestrafte, fleißigen aber Nüsse, Hutzel und dergleichen schenkte, und in der Umgegend von Augsburg die Buzebergt, weshalb es in Oberhausen hieß: „Heut kommt der Klas, morgen de Buzebercht." Sie war vermummt und in schwarze Lumpen gehüllt, hatte das Gesicht geschwärzt, die Haare wirr herabhängen, und einen Topf mit Stärke in der Hand, die sie mit einem großen Kochlöffel umrührte und Begegnenden ins Gesicht schmierte.

Eine ähnliche Gestalt ist die Luzia, welche am Vorabend des Festes der heiligen Luzia, dem 12. Dezember, noch jetzt im Böhmerwalde umhergeht, die Kinder zum Beten ermahnt und an gute Obst verteilt, schlimmen aber droht, ihnen den Bauch aufzuschlitzen und Stroh und Kieselsteine hineinlegen zu wollen. Gewöhnlich zeigt sie sich als Ziege mit übergebreitetem Betttuch und durchstehenden Hörnern, von einer Art Nikolo geführt. Da der Name der heiligen Luzia, welcher aus lux, Licht, entstanden sein soll, dem der heidnischen Perchta, Lichte, entspricht, so ist es natürlich, daß die Heilige im Volksglauben viele Züge der alten Göttin angenommen hat. Deshalb bringt auch in Tirol die Luzia ganz ebenso den Mädchen die Bescheerungen, wie der heilige Nikolaus den Knaben; bei Meran schneidet man, wie anderwärts am Barbaratage (4. Dezember), so am Luziatage Kirschzweige ab, um sie hinter den Ofen ins Wasser zu stellen, wo sie dann am Christtag blühen, und namentlich in Mank in Niederösterreich fürchtet man sich vor der Luziennacht, wo man den Zaubersprüchen und Hexenflüchen ausgesetzt ist, ohne, daß geweihte Gegenstände, wie sonst, davor schützen könnten.

Teils um die heilige Luzie zu verehren, teils um den Haß der Hexen sich nicht zuzuziehen, wird in den Spinnstuben, sobald es Abend ist, nicht mehr gearbeitet. Denn wagte es eine Magd, bis spät in die Nacht am Rocken zu sitzen und die Spindel zu drehen, würden ihr gewiß Tags darauf sämtliche Spindeln verdreht, die Fäden zerrissen und das Garn in Verwirrung sein.

Hat die Hausfrau mit den dazu versammelten Kindern und Mägden das Abendgebet verrichtet, welches heute länger als gewöhnlich dauert, da um besondern Schutz für die Nacht gebetet wird, nimmt sie Judenkohle (eine Kohle von dem am Ostersamstag verbrannten geweihten Holze), Weihrauch und Holz vom Schlehenstrauch, legt alles in eine eiserne Räucherpfanne, zündet es an, und geht betend dem ganzen Gesinde voran, durch alle Räume des Hauses, indem sie vom Kuhstall angefangen bis zum Wohnzimmer alles „ausraucht.“ Bei diesem Zuge spricht Jeder nach einem Vaterunser den Spruch:

Voarn Drudendruga, Hegsnhoagsen,
Daiflsbroazen, Zauwrafoagsen
B'schitz mich d' halche Luzie,
Bis ich muaring fruh oafsteh!

(Vor Drudendrücken, Hexenfüßen, Teufelspfoten Zaub'rersmachwerk beschütz' mich heilige Luzie, bis ich morgen früh aufsteh!)

und hat wohl Acht, nichts fallen zu lassen oder gar zu verlieren, indem er sonst in der Folge stets Mangel daran haben würde.

Ländlicher Schabernack in der St. Luziennacht.

Nach dem Zuge betet man abermals, und geht dann zu Bett, macht aber, ehe man ins Bett steigt, mit dem linken Fuße ein Kreuz, damit keine Hexe zum Bett heranschleichen könne.

Kaum ist jedoch Mitternacht vorüber, so gehen die Dirnen, ein Messer oder „Schnitzer" im Busen verborgen, an einen Bach, wo Weiden stehen, schneiden die Rinde eines Weidenbaumes an der Sonnenseite nach aufwärts halb weg, machen das Luzienkreuz (zwei oder drei schräg liegende römische Zehnen) auf die innere Seite des Schnittes, und befeuchten es mit Wasser aus dem Bache, legen dann den oberen Teil des Schnittes wieder um, und befestigen ihn und eilen so schnell als möglich wieder zurück. Denn alles muß zwischen 11 und 1 Uhr geschehen. Verspätet sich die Dirne, findet man sie am nächsten Morgen tot unter dem Baume. Am Neujahrstag wird der Schnitt aufgemacht, und aus den rätselhaften Zeichnungen die Zukunft vorhergesagt.

Die Burschen dagegen legen sich nach 11 Uhr an einen versteckten Ort, meist auf den Heuboden, und warten dort Mitternacht ab, wo sich der Luzieschein zeigen soll. Dies ist ein zitterndes Licht, das sich langsam über Dächer und Häuser bewegt und verschiedene Gestalten annimmt, aber nur für gewisse Leute sichtbar ist. Ein Bauer sah einst dieses Licht über dem Hause seines Schwiegervaters auftauchen, wo es sich in einen Kranz und dann in einen Totenkopf verwandelte. Bald darauf heiratete er und verlor seine Schwiegermutter, seitdem sah er das Luzielicht nie wieder. Schläft aber ein Bursche, der den Luzieschein sehen will, während der Zeit ein, so rächt sich die heilige Luzie an ihm, indem sie ihn durch Krankheit und anderes Unglück bestraft. Wenn es in diesen Nächten nicht an mancherlei Kurzweil und gemeinschaftlich unternommenem Schabernack gegen Furchtsame und durch den Abendtrunk aufgeregte Heimkehrende fehlt, so ist das eine Sache, die allerwege vorkommt, auch wenn nicht die heilige Luzie auf dem Kalender steht.

Nicht mindere Vorsichtsmaßregeln trifft man in einigen Orten Böhmens vor der Thomasnacht (21. Dezember), in welcher der heilige Thomas in einem feurigen Wagen herumfährt. Auf dem Kirchhofe warten bereits alle Toten, welche Thomas heißen, helfen ihrem Patron aus dem Wagen und begleiten ihn zu dem Kreuze, welches ganz rot wird und Strahlen von sich wirft. Dort kniet der Heilige nieder, betet, erhebt sich dann, um seinen Namensbrüdern den Segen zu erteilen, und verschwindet unter dem Kreuze, worauf jeder Thomas wieder in sein Grab zurückkehrt. Solche Geschichten erzählt man sich am Thomasabend, während man Federn schleißt und die Mitternachtsstunde erwartet, wo der Wagen kommen soll. Sobald man ihn hört, kniet Alles nieder, spricht das Thomasgebet, und der Hausvater ruft andächtig aus: „Heiliger Thomas beschütze uns vor allen Uebeln!“ worauf abermals Alles mit Zittern, oft unter Thränen ein Vaterunser betet. Um zwei Uhr erscheint ein Nachtwächter mit einem langen weißen Barte und einer Bischofsmütze, bläst sein Horn und singt:

Meine lieben Herren und Frauen, laßt Euch sagen,
Die heilige Glocke hat g'rad zwei Uhr g'schlagen,
Nehmts Euch in Acht vor Feuer und Licht,
Daß Euch durch den heiligen Thomas Nichts g'schieht.

Der Hausvater geht hinaus, um ihm dem Herkommen gemäß

für sein Lied einige Kreuzer zu geben, und nun erst macht man sich zum Schlafengehen zurecht. Vorher muß jedoch der Hausvater das Haus noch einmal durchsuchen. Er nimmt ein Glas mit Dreikönigswasser und etwas geweihtes Salz, geht nach dem Stalle, besprengt ihn von außen, geht dann hinein, besprengt die Kühe eine nach der andern und streut mit den Worten: „Beschütze dich der heilige Thomas vor jeder Krankheit,“ einer jeden Kuh etwas Salz auf den Kopf:

Auch im Böhmerwald giebt man in der Thomasnacht dem Hornvieh zur Abwendung böser Viehseuchen geweihte Lorbeerfrucht, Brot und Salz, und in Oberösterreich gehört diese Nacht zu den sogenannten Loß- oder Rauhnächten, in denen man die Zukunft zu erforschen pflegte, weil während derselben eine innigere Verbindung mit der Geisterwelt stattfinden soll, als sonst.

Der tiroler Bauernkalender giebt vier Nächte (am 6., 25. und 31. Dezember und 6. Januar) als Hauptrauhnächte an, in Oberösterreich hält man außer der Thomasnacht die Mettennacht (24. Dezember) und die Nacht vor den drei Königen (6. Januar) dafür, die Sylvesternacht (31. Dezember) aber von geringerer Bedeutung, und in Steyermark bleibt man die Christnacht, Neujahrsnacht und die Nacht des Dreikönigstages auf, um Zimmer und Ställe mit Weihwasser zu besprengen und mit Weihrauch zu durchräuchern, weshalb diese Nächte auch Rauch- oder Rauhnächte genannt werden. In Niederösterreich geschieht das Ausräuchern der Wohnungen, Ställe und Wirtschaftsgebäude, sowie das Besprengen derselben mit Weihwasser am Thomastage, am Weihnachtsabend, am Sylvester- und Dreikönigstage, indem der Herr des Hauses zwischen sechs und sieben Uhr Abends mit einem Rauchfasse in der Hand unter Gebeten zuerst die Wohnzimmer, dann alle übrigen Räumlichkeiten ausräuchert, mit Weihwasser besprengt und in jedes Gemach einige Palmzweige steckt. Da dieses Ausräuchern ehemals vorzugsweise in der Zeit zwischen Weihnachten und Dreikönigstag geschah, werden auch die sogenannten Zwölften oder zwölf Nächte häufig mit dem Namen Rauchnächte bezeichnet, während der Thomasnacht fast in ganz Deutschland eine ähnliche Bedeutung zugeschrieben wird, wie der Andreasnacht.

Wie in dieser, gießt man am Thomasabend Blei, rafft Holz, um es zu zählen, und horcht, und wie der heilige Andreas, wird auch der heilige Thomas von den jungen Mädchen angerufen, ihnen den zukünftigen Gatten sehen zu lassen, indem sie Punkt zwölf Uhr beten:

Lieber Thomas, ich bitt die
Bettstoll, i tritt di,

Laß mir erscheinen
Den Herzallerliebsten meinen!

oder:

Bettschemel ich tritt dich,
Heil'ger Thomas, ich bitt dich,
Zeig mir an
Mein künft'gen Mann!

Die Schwäbin setzt vorsichtig noch die Worte hinzu:

Kommt er mit einem Glas Wasser,
So will ich ihn lassen;
Kommt er mit einem Glas Wein,
So soll er mein Eigentum sein.

Vor und nach dem Gebet muß man dreimal an die Bettstelle klopfen und bei den Worten „i tritt die" mit den Füßen gegen die Bettlade treten, so erscheint die erwünschte Person im Traume.

Auch schreiben die Mädchen Buchstaben auf einzelne Zettel, die sie unter das Kopfkissen legen, um in der Nacht einen davon hervorzuziehen und aus dem Buchstaben den Namen des künftigen Bräutigams zu erraten, oder sie nehmen ein brennendes Licht und sehen Schlag zwölf Uhr in einen Spiegel, um den zu erblicken, den sie wollen.

Besonders verbreitet aber ist am Thomastag Abends die Sitte des Schuhwerfens, indem man sich auf den Boden eines Zimmers niedersetzt, und die Schuhe oder Pantoffeln von den Füßen rücklings über sich wegwirft. Sind die Schuhspitzen nach der Thür zu gerichtet, so wird man aus dem Hause kommen; sind sie von der Thür abgewandt, so hat man noch ein Jahr im Hause zu bleiben.

In Westfalen ist der Glaube, man müsse in der Thomasnacht tüchtig essen und trinken, um nicht tot zu hungern. Zu diesem Zweck wird eine sogenannte Rittbergische Hochzeit veranstaltet. Man bäckt nämlich am Plattenofen einen großen Kuchen von Buchweizenmehl und Kartoffeln, buttert und ißt den Kuchen teils in die Buttermilch gebrockt, theils warm und mit der frischen Butter geschmiert.

Noch sonderbarer ist die Ansicht, welche man in Niederösterreich findet, daß Langschläfer ihrem Fehler in der Thomasnacht abhelfen können, wenn sie vor dem Schlafengehen den heiligen Veit mit den Worten anrufen:

Heiliger Sankt Veit,
Weck' mich auf zu rechter Zeit,
Daß ich mich nicht verschlafe,
Und zur rechten Zeit erwache!

Die heiligen drei Könige. Herodes.

Gebr. Lissel, Leipzig.

Der Hauptmann. Rechtsgelehrte Pharisäer.

Dieselbe Meinung herrscht in Westfalen, wo noch vor dreißig Jahren die Kinder Dasjenige, welches am Thomastage zuletzt die Schulstube betrat, Domesesel (Thomasesel) zu nennen pflegten, und im Zusammenhang damit dürfte auch die holländische Gewohnheit stehen, Denjenigen, welcher am Thomastage am längsten im Bette liegt, mit dem Spottnamen luilak, Faulpelz, zu begrüßen. Aller Vermutung nach gab die Zeit, in welche der Gedächtnistag des heiligen Thomas fällt, Veranlassung zu diesen Gebräuchen. Denn der 21. Dezember ist bekanntlich der kürzeste Tag im Jahre, und die Kirche wählte nicht ohne Absicht gerade diesen Tag zum Fest des Apostels Thomas, welcher, dem Heiland am nächsten stehend, am längsten an seiner Mission zweifelte, um anzudeuten, daß die Menschheit in tiefster Nacht befangen gewesen sei, bevor ihr Christus das Licht gebracht.

Die Nähe des Festes wird durch die Zurüstungen, welche dasselbe hervorruft, immer fühlbarer. Bei den Deutschböhmen wird in den meisten Häusern in der Woche vor Weihnachten ein Schwein geschlachtet, welches das Jahr über groß gezogen und fett gefüttert wurde, und in Reichenberg gehen während der letzten Adventstage Knaben und Mädchen als Schäfer gekleidet paarweise herum und singen Hirtenlieder, welche die bevorstehende Ankunft des Christkindl verkünden. Auch die sogenannte Engelschar im Erzgebirge, die aus zwei Engeln, dem heiligen Christ, dem Bischof Martin, dem heiligen Nikolaus oder Petrus, aus Joseph, Maria, dem Wirt, zwei Hirten und dem Knecht Ruprecht bestand, zog noch vor wenigen Jahrzehnten im Advent von Haus zu Haus, und in einigen deutschen Gegenden Ungarn's werden noch jetzt an jedem Adventsonntage die Weihnachtsspiele ausgeführt.

Schon im Oktober versammeln sich in Oberufer bei Preßburg die zum Spiel geeigneten Personen bei dem Lehrmeister, um ihre Rollen einzulernen. Zum Vortrag gehört, daß Alles nach einem gewissen Rhythmus scandiert und in vier Schritten hin- und hergehend gesagt wird, so daß auf jeden Schritt ein Versfuß fällt und bei dem vierten, welcher den Reim trägt, der Redner sich rasch wendet. Nur die heiligen Personen „sagen" nicht, sondern „singen", marschieren aber dabei ebenso taktmäßig wie die andern.

Alle Rollen, auch die weiblichen, werden von Burschen gegeben, und sämmtliche Spieler verpflichten sich für die ganze Zeit ihres Auftretens zu einem frommen tadellosen Lebenswandel. Keine weltliche Musik, keine Drehorgel, kein Pfeifen wird im Dorfe geduldet, so lange gespielt wird.

Am ersten Adventsonntage beginnt das Spiel mit dem feierlichen

Auszug. Voran den riesigen Stern, welchen ein starker Mann trägt, der zugleich Vorsänger ist und Meistersänger heißt, und neben ihm den Christbaum, einen ziemlich großen Tannenbaum mit Bändern und Aepfeln geschmückt, ziehen sämtliche Spieler, heilige Lieder singend, nach dem gemieteten Saal, wo gespielt werden soll. Vor demselben angelangt, bleiben sie stehen, bilden einen Halbkreis und singen „zum glücklichen Umzug“ einen Gesang, welcher das Sterngesang heißt, und mit den Versen anfängt:

ir lieben meine singer fangts tapfer an,
zu grüeßen wolln wirs heben an.

Sie grüßen nun Sonne, Mond und Sterne, Kaiser und Regierung „im namen aller würz alein soviel als in der erden sein;“ sie grüßen „den meistersinger gut und den meistersinger hut“, und schließen mit den Worten:

so grüßen wir dich durch den hürewagen*
der durch den himel tut herum faren.

Nach diesem Segensspruch treten sie mit dem frommen Liede: „Unsern Eingang segne Gott“ in den Saal, wo ein kleiner Raum unmittelbar an der Eingangsthür durch einen Vorhang von dem größeren Teil getrennt ist, in welchem die Zuschauer rund herum auf Bänken und Stühlen sitzen, während in dem kleineren die Spieler zusammengedrängt stehen. Von Koulissen und anderem Apparat ist nichts da, als ein Strohsessel und ein Schemel. Steht der erstere in der Mitte, wo gespielt wird, so ist Jerusalem als Schauplatz angenommen; setzt man sich auf den Schemel, wird Bethlehem als Hintergrund gedacht, um dies noch deutlicher zu machen, hält Joseph höchst naiv das Strohhaus, in welchem er sich befinden soll, in seiner Hand. Jeder Szenenwechsel wird durch einen Umzug des ganzen Chors, bestehend aus allen Mitgliedern, die ein beziehungsvolles Lied singen, angedeutet, worauf die handelnden Personen in der Mitte stehen bleiben, und der übrige Chor singend abgeht. Prolog und Epilog „spricht“ der Engel, der sonst stets singt.

Wenn die drei Hirten ihren Traum erzählen, den sie in einer und derselben Nacht gehabt, so wenden sie sich jedesmal einander den Rücken zu, um anzudeuten, daß jeder unbeeinflußt von der Mitteilung des andern dasselbe träumte. Der Traum selbst wird kurz vor dieser Erzählung dadurch versinnbildlicht, daß alle drei kerzengerade neben-

---

*) Heerwagen oder Himmelswagen, das Gestirn des Großen Bären, von den heidnischen Deutschen Wodanswagen genannt.

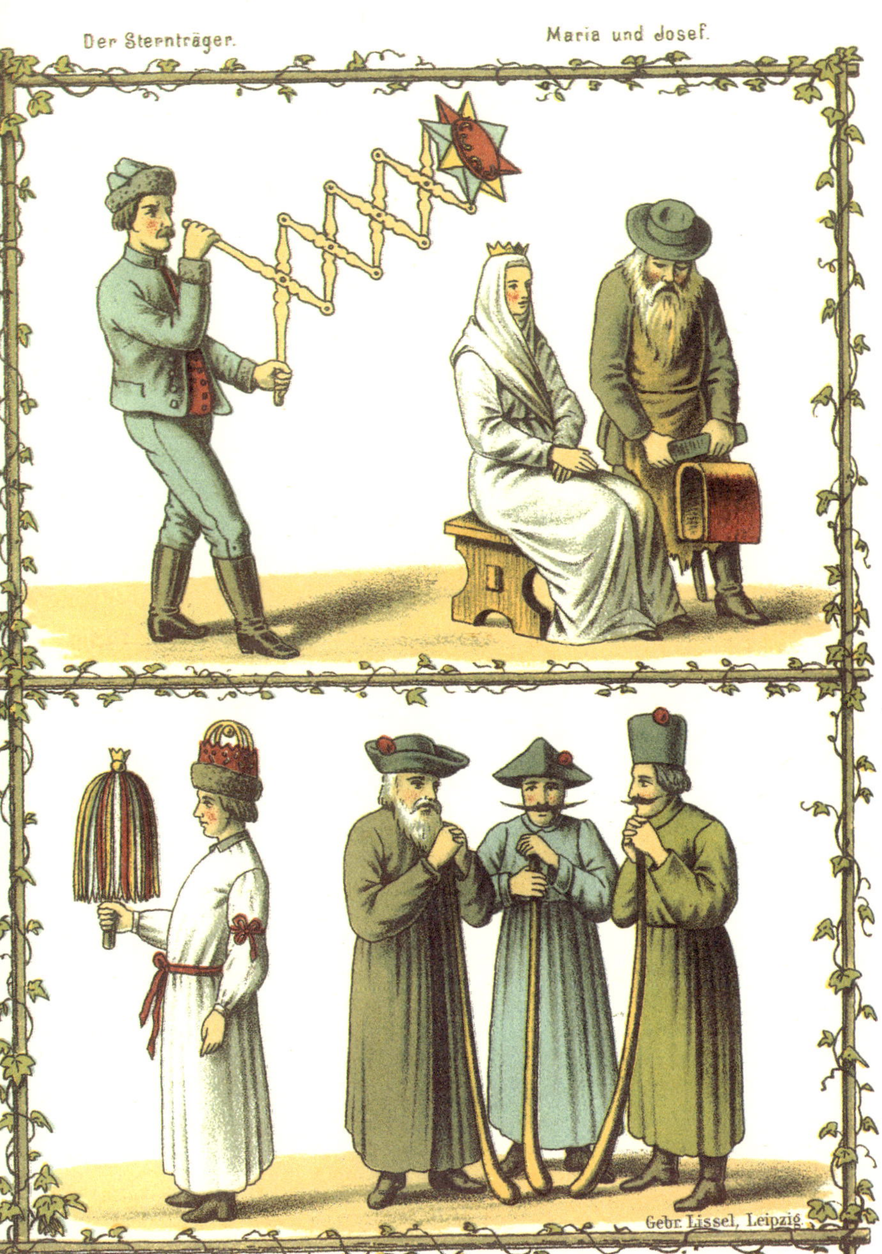

Engel Gabriel. Die Hirten Gallas, Stichus u. Wittock.

Der Wirth.
König Melchior (Gott Vater)
in s. Schosse d. ungeschaffene Adam.
Maria ohne Krone als Eva.
Gebr. Lissel, Leipzig.
Der Teufel.
Der Lakai.
Crispus d. ungläubige Hirt.

einander hinfallen und der Engel auf ihnen herumtritt, um ihnen den Traum einzugeben, wobei sie sich nicht rühren und keine Miene verziehen dürfen, da der Engel trotz seiner schweren Stiefeln als „schwebend" nicht gefühlt werden kann!

Der Hauptmann des Herodes, der so schön sein muß, daß er im Fastnachtsspiel die verführerische „Schneiderin" spielen kann, und den man sich wie einen ungarischen „Landtagsherrn" vorstellt, hält dem Herodes, einer kolossalen Gestalt, ein getötetes Judenkind vor und sagt:

aber den neugeborn König han wir nicht funden!

Darüber versinkt Herodes in Trübsinn, schüttelt langsam das Haupt und spricht traurig in feierlich singender Weise:

Ach! ach und aber ach!
Wie bin ich heunt so schwach!

Einen höchst wirksamen und in der That tragischen Moment bilden die Juden und Schriftgelehrten, von denen Einer, weil er vom Herodes zum Tode verurteilt wird, einen roten Kragen trägt. Der Teufel, zu welchem gewöhnlich ein etwas lüderliches Subjekt ausgesucht wird, ist die kurzweiligste Person im Stücke, scherzt mit dem Publikum, trägt Stühle herein und rennt vor Beginn der Aufführungen durch das Dorf, um Jung und Alt zu schrecken und zu necken, und, auf seinem Kuhhorn furchtbar tutend, zu den Spielen einzuladen.

Im Gegensatz zu ihm wird zu der Jungfrau Maria ein schöner und streng sittlicher Bursche ausgewählt, der deshalb nur das Weib des Herodes, mit der Krone die Maria, und im sogenannten Paradiesspiel die Eva darstellen, aber im Fastnachtsspiel nicht mitwirken darf.

Der Wirt, welcher die heilige Familie beherrbergte, und der Lakai oder Page des Königs Melchior tragen natürlich ungarische Tracht, der ungläubige Hirt aber, eine uralte Figur der Weihnachtsspiele, welcher stets das Heidentum darstellen soll, ist in einen großen Pelz gewickelt und hat etwas von dem Repräsentanten des Winters, der bei den Umzügen in den Rauhnächten ebenfalls häufig eine Rolle spielt.

Der Mohrenkönig färbt sich nicht etwa schwarz, sondern hängt als Andeutung seines Negerteints blos einen Flor über das Gesicht. Ebenso nimmt „König Balthauser" nur seine Krone ab, um im Paradiesspiel den ungeschaffenen Adam zu geben, der in Gottes Schoße ruht und ein gelbes Kleid anhat, weil er aus Lehm geschaffen wird. Gott Vater selbst im Paradiesspiel ist eine Person mit König Melchior im Christigeburtspiel.

Ganz ähnliche Weihnachtsspiele werden in Steyermark, Kärnten und andern deutschen Provinzen Oesterreichs aufgeführt. In den meisten Gegenden haben sich jedoch nur Bruchstücke davon erhalten, die sich großenteils mit andern Gebräuchen vermischt haben. So besteht in Mank in Niederösterreich am heiligen Abend die Sitte „der Christschau“. Zwei Kirchenbuben mit roten langen Gewändern treten ins Zimmer, wo die ganze Bauernfamilie versammelt ist; ihnen folgt ein mächtiger Kasten, von einem alten Kirchendiener getragen, und nun wird schnell ein kleines Gerüst aufgerichtet, der Kasten darauf gestellt und das Nötige vorbereitet, um „den Christ“ zu zeigen. Unterdessen haben sich alle Hausbewohner um den Kasten versammelt, und betrachten ihn mit neugierigen Blicken. Endlich wird das Brett weggeschoben, und man sieht eine liebliche Gegend mit Hirten, Jägern, den drei Königen und im Hintergrunde den Stall. Die zwei Buben, welche mit Lichtern vor dem Kasten stehen, fangen mit heller Stimme an zu singen:

Da Christ da is kuma (ist gekommen),
hot (hat) Sinden (Sünden) uns g'numa (genommen),
hot von Daif'l befraid (vom Teufel befreit),
dö Kinda und Lait (die Kinder und Leut)!

Hat der alte Kirchendiener Alles, was das Bild zeigt, erklärt, so beginnen die Kirchenjungen abermals:

Dö Hird'n af'n Fäld,
dö hona bloßd in d'Wäld
unsarn Christ.
Dö drai Kini (Könige) hon brocht
Gold, Mirra und Wairauch in Brocht
unsarn Christ.
Get's bringt's erm a was
a Gäld oda so was
unsarn Christ,

worauf jeder Anwesende ein Geldstück in eine Büchse legt.

Im Troppauer Kreise gehen auf dem Lande am heiligen Abend drei verkleidete Personen herum, und bringen den Kindern die Weihnachtsgeschenke oder „das Christkindl“, indem sie dabei folgende dramatische Szene singend oder sprechend aufführen:

Erzengel Gabriel.

Schön guten Obend gäb euch Gott
Ich bin ein ausgesandter Bot,

Ich bin gesandt aus Engelland,
Der Gabriel werd ich genannt;
Den Zepter trag ich in der Hand,
Den hat mir Gottes Sohn gelangt;
Die Kron trag ich auf meinem Haupt,
Die hat mir Gottes Sohn erlaubt.

Chor der Anwesenden.

So komm herein, du kleiner Christ,
Weil du schon auf der Erde bist.

Christkindel.

Schön guten Obend gäb euch Gott,
Ich bin ein ausgesandter Bot,
Ich bin gesandt aus Engelland,
Der kleine Christ werd ich genannt;
Ich will Vater und Mutter fragen,
Ob sie auch fromme Kinder haben,
Wenn sie brav beten und brav spinnen,
So werd ich ihnen etwas bringen,
Wenn sie aber nicht fleißig beten und spinnen,
So wird ihnen die Rut auf dem Rücken 'rumspringen,

Chor der Anwesenden.

Sankt Petrus, komm nun du herein,
Und lass doch hörn die Stimme dein.

Sankt Petrus.

Schön guten Obend gäb euch Gott,
Ich bin ein ausgesandter Bot,
Ich bin gesandt aus Engelland,
Sankt Petrus werde ich genannt.
Die Schlüssel trag ich in der Hand,
Die hat mir Gottes Sohn gelangt.
Wenn d'Kinder aus der Schule gehn,
So bleiben s' auf der Gasse stehn,
Die Bücher thun sie gar zerreißen,
Die Blätter in die Winkel schmeißen,
Ja solche Bosheit treiben sie.

Mutter.

Sankt Petrus sei nicht gar so hart,
Die Kinder honn noch keine Art,
Thu ihnen nur was Schöns bescheeren,
Sie werden sich ja schon bekehren.

Sankt Petrus.

So reichet mir das Körbelein,
Damit ich euch was lege drein.

Im Erzgebirge, bei Eisenberg erscheinen der heilige Petrus und Ruprecht. Letzterer ist gewöhnlich eine in Pelz und Stroh gehüllte Gestalt, und hat das Gesicht vermummt, eine Rute in der Hand, eine Kette um den Leib und einen Sack mit Aepfeln, Nüssen und andern Gaben. Er tritt von Petrus gerufen, herein und spricht:

Ich komme geschritten;
Hätt' ich ein Pferdlein,
So käm ich geritten.
Ich hab' wohl eins im Stalle stehn,
Aber es kann nicht über die Schwelle gehn.

Zuweilen geht auch „Knecht Ruprecht." „Rupperich" oder „Zemper" an einigen Abenden vor Weihnachten allein herum, erkundigt sich, wie sich die Kinder betragen haben, examiniert sie aus dem Katechismus, läßt sie beten und beschenkt die Braven mit Näschereien, während er den Unartigen mit seiner Rute droht. Nach seinem Bericht fallen dann die Geschenke des Christkindes aus, dessen Begleiter er ist.

Statt des Christkindes harren die Kinder im südwestlichen Teile von Niederösterreich am Weihnachtsabend betend des „heiligen Niglo," und fangen, sobald sie sein Glöcklein hören, bebend zu singen an:

Hearei, hearei (herein), Hear Niglo,
goar guo' de Kinder sain jo do,
de beden gearn (gern), de lernen gearn,
de biden 'n halich'n (heil'gen) Niglo,
er soll earna was beschearn.

Die Thür geht auf, und der heilige Niglo mit Stab und hoher Bischofsmütze tritt herein und spricht:

G'lobt sei Jesas Christas,
'n Himlssögn bringt mit hear do
da Godasstab und Ring dös halich'n Niglo,

worauf die Kinder mit zitternder Stimme antworten:

Mir griaßen dich, o halich'r Man
und beden alle Dag dich an
in alle Ewikeit. Amend.

Dann geht der Niglo bis zum Tische, läßt jedes Kind beten und sich ihre Gebet-, Schul- und Schreibbücher zeigen. Wehe dem, welches seine Bücher nicht in Ordnung hat, oder beim Beten stottert. Der schwarze Ruprecht, mit einem Pelze angethan, steht mit glühenden Augen und langer roter Zunge und mit einer großen Kette an der Thür, um die Befehle seines Herrn zu vollziehen. Haben nun die Kinder gebetet und gesungen, so muß jedes einzelne Kind, und zwar das kleinste zuerst, vor dem Niglo hintreten, niederknieen und den Ring, welchen er am Finger trägt, mit den Worten küssen:

Mit 'n Ma'l (Maul) kiß ich
'n halich'n Stai (Stein),
mit 'n Ma'l griaß ich
'n Hearn Niglo mai'
mit d' Hend bid ich
um a bisl woas, ich wiar oardla sein (werde ordentlich sein).

Hierauf spricht der Niglo:

Wiarsd' (wirst du) oardla sain?
Schdehl (stell') daine Schu'ch in Hain,
siach (sieh) daß ka (kein) Schnee n'eifält,
und siach n'aus, waans zeh'n hoast zölt (gezählt),

giebt den Kindern noch eine Lehre, stellt ihnen eine in Kalk getauchte Rute auf den Tisch und sagt:

Wan oana (einer) ued braf und oardla is,
D'Ruat'n sich 'n Bugl (Buckel) n'eifrißt.

Dann giebt er den Kindern den Segen, bespritzt sie mit Weihwasser, während die Kinder das Kreuz schlagen, und geht mit dem frommen Wunsche fort:

God's Sög'n blaib bei eng (euch),
n'irds Brisül von eng zwäng (jedes Unglück von euch scheuche),
G'lobt sei Jesas Christas,

worauf alle Anwesenden erwiedern: In alle Ewikeit. Amend.

Der heilige Niglo entfernt sich ebenso leise, wie er gekommen ist, und schließt die Thür hinter sich zu. Die Kinder atmen auf, da die Gefahr vorüber ist, und beeilen sich, ihre Schuhe auszuziehen, abzubürsten und mit den Schuhbändern zusammenzubinden. Dann schleicht der mutigste Knabe zur Hausthür, horcht ob er das Glöcklein noch höre, und stellt behutsam seine Schuhe hinter ein Gesträuch im Garten, wo er den Schnee sorgfältig weggekehrt hat. Ihm folgen seine Geschwister und stellen ihre Schuhe unter dasselbe Gesträuch.

Jetzt wird gewartet, bis es zehn schlägt und die Zeit mit Erzählungen von Geschichten hingebracht, in denen der schwarze Ruprecht eine große Rolle spielt. — Kaum ist aber der zehnte Schlag der Uhr verhallt, so läuft der furchtlosefte Knabe ans Schüsselloch, guckt hinaus, ob alles sicher sei, öffnet leise die Thür und schleicht auf den Zehen zu seinen Schuhen, die er mit Aepfeln, Nüssen und anderen Leckereien gefüllt findet. Schnell ergreift er sie und eilt mit raschen Schritten zurück zur Thür, wo schon seine Geschwister ihn ungeduldig erwarten. Jetzt läuft Groß und Klein an den bezeichneten Platz und holt die gefüllten Schuhe.

Im Elsaß dagegen geht das Christkind herum und kündigt seine Ankunft durch eine Glocke an. Es ist eine Frau in weißem Gewande, mit langen, blonden Haaren, gewöhnlich aus Lammwolle, aufgeputzt. Das Gesicht ist mit Mehl geschminkt, auf dem Kopfe trägt sie eine Krone von Goldpapier mit brennenden Wachskerzen. In der einen Hand hält sie eine silberne Glocke, in der andern einen Korb mit Zuckerwerk. Die Freude der Kinder hat den höchsten Grad erreicht, da verwandelt sie sich mit einem Male in Schrecken und Grauen: man hört Kettengerassel, und herein tritt Hans Trapp, der Furcht erregende Begleiter des Christkindes, in ein Bärenfell gehüllt, das Gesicht ganz schwarz, mit einem großen Barte und in der Hand eine Rute, mit der er droht.

Mit dumpfen Tone fragt er, wer nicht artig gewesen, und geht auf die Unartigen los, die sich zitternd und weinend zu verstecken suchen. Doch das Christkind bittet für sie, die Kinder versprechen Besserung, und der Engel führt sie zu dem von Kerzen funkelnden Christbaum, wo die Geschenke sie bald die Drohungen des Hans Trapp vergessen lassen.

Der Name dieser Schreckgestalt soll von Hans von Dratt oder Tratten, einem Hofmarschall Friedrichs des Siegreichen, Churfürsten von der Pfalz, herrühren, der zu Anfang des 16. Jahrhunderts mit der Feste Bärbelstein oder Berwartstein belehnt, das arme Volk im Schlettenbacher Thale über alle Maßen peinigte und quälte, so daß, als er 1513 starb, noch lange nach seinem

Christkindchen und Hans Trapp im Elsaß.

Tode die Eltern ihren Kindern damit drohten: „Wartet, der Hans Dratt kommt!“

Auch in Schwaben zeigt sich zuweilen ein weißgekleideter Engel, das Christkind, das die Kinder prüft und beschenkt, und neben ihm kommt überall der Pelzmärte (Pelzmichel, Graale, Burzegraale) vor, der schon in den Knöpflinsnächten aufgetreten ist. Er ist verkleidet, oft mit Erbsenstroh umflochten, hat ein schwarzes, rußiges Gesicht, eine Kette um den Leib und einen Stock in der Hand, und trägt einen Korb auf dem Rücken. An manchen Orten hat er eine Pelzmütze auf und ist mit einer Schelle versehen.

In ganz Norddeutschland herrscht beim Landvolk die Sitte, am heiligen Abend einen bärtigen, in große Pelze oder auch in Stroh gehüllten Mann herumgehen zu lassen, welcher die Kinder fragt, ob sie beten können, und wenn sie die Probe bestehen, dieselben mit Aepfeln, Nüssen und Pfefferkuchen belohnt, die aber, welche nichts gelernt haben, bestraft. Sein verbreitetster Name ist in der Mittelmark Knecht Ruprecht oder de hêle Christ, der heilige Christ; in der goldenen Aue, am Südharz und bei Halle Knecht Ruprecht; in Mecklenburg rû Clas, der rauhe Clas; in Schlesien der Joseph, und in der Altmark, Braunschweig, Hannover und Holstein Clas, Clawes, Clas Bûr und Bullerclas.

Zuweilen hat er Glocken oder Schellen an seinem Kleide und führt einen langen Stab, an dessen Ende ein Aschenbeutel befestigt ist, mit dem er die Kinder schlägt, welche nicht beten können, weshalb er auch Aschenclas genannt wird; zuweilen reitet er auf einem weißen Pferd umher, das in Westfalen der Schimmel, im Osnabrück'schen der spanische Hengst heißt, und in der schon beschriebenen Weise gebildet wird. Nicht selten hat er auch noch einen Platzmeister bei sich, oder es erscheint zugleich mit ihm ein in Erbsstroh gewickelter Bär, und an vielen Orten treten der heilige Christ, gewöhnlich ein weißgekleidetes Mädchen, und der Schimmelreiter als besondere Personen auf, von denen die erstere die Kinder beten läßt.

Auf der Insel Usedom gehören drei Figuren zu dem Umzug des Ruprecht, von denen die Eine, welche die Rute und den Aschensack hat, meist in Erbsenstroh gehüllt ist, die Zweite als Schimmelreiter erscheint, und die Dritte einen sogenannten Klapperbock trägt. Dies ist eine Stange, über die eine Bockshaut gespannt ist, und an deren Ende sich ein hölzerner Kopf befindet. An der unteren Kinnlade desselben ist eine Schnur befestigt, welche durch die obere Kinnlade in den Schlund läuft, so daß, wenn der Tragende daran zieht, die beiden

Kinnladen klappernd zusammenschlagen. Mit diesem Klapperbock, der in Dänemark unter dem Namen Julbock in keiner „Weihnachtsstube" fehlen darf, werden die Kinder, welche nicht beten können, gestoßen und geschreckt.

Eine ähnliche Gestalt ist in Ilsenburg im Harz der Habersack, indem Jemand eine Stange nimmt, welche in eine Gabel ausläuft, einen stumpfen Besen dazwischen klemmt, so daß es wie ein Kopf mit Hörnern aussieht, und ein langes Laken daran hängt, das ihn selbst verbirgt.

Zu den Umzügen in der ehemaligen Grafschaft Ruppin versammeln sich die Knechte und Mägde bereits in der Woche vor Weihnachten. Ein Knecht stellt einen Reiter auf einem Schimmel dar, wie er zur Fastnacht üblich ist, ein anderer weiß gekleidet und mit Bändern geschmückt, trägt eine große Tasche und heißt der Christmann oder die Christpuppe. Mehrere von den Uebrigen verkleiden sich als Weiber, schwärzen das Gesicht und werden nun Feien genannt.

Sind alle diese Vorbereitungen getroffen, so setzt sich der Zug in Bewegung und geht mit Musik unter Begleitung aller Versammelten und dem Jauchzen der herbeiströmenden Kinder von Haus zu Haus. Beim Eintritt in die Stube muß der Reiter über einen vorgesetzten Stuhl springen, worauf auch die Christpuppe mit der sie begleitenden Menge eintritt. Nur die Feien werden nicht zugelassen. Dann singen die Mädchen nach einer bestimmten Melodie einen Text, der vielleicht hier und da noch alt sein mag, und der Reiter wählt aus der Schar der Mädchen eins aus, mit dem er zur Musik tanzt, und zwar so, daß Beide einander gegenüber stehen und allerhand willkürliche Wendungen machen. Unterdessen geht die Christpuppe bei den Kindern umher und fragt, ob sie beten können. Sagen sie nun einen Bibelspruch oder Gesangbuchsvers her, so werden sie mit einem Pfefferkuchen aus der großen Tasche belohnt: vermögen sie's nicht, mit dem Aschenbeutel geschlagen. Hierauf tanzt der Reiter sowohl wie der Christmann mit einigen Mädchen aus der Menge, und dann geht's weiter. Nun erst werden die Feien, welche bis dahin fortwährend versucht haben, einzudringen, aber unter allerhand Scherzen und Neckereien immer wieder zurückgetrieben worden sind, ins Haus gelassen, wo sie wild und tobend herumspringen, die Kinder schlagen und Alles in Schrecken zu setzen suchen.

Auf diese Weise wiederholt sich die Szene in jedem der Häuser, von denen je nach der größeren oder geringeren Anzahl der Höfe im Dorfe, eins oder mehrere besucht werden.

Weihnachtsabend im protestantischen Deutschland.

In **Hessen** gehen auf dem Lande, sobald der heilige Abend beginnt, zwei weißgekleidete Personen, ein Mann und eine Frau, von denen der Erstere den **Nikolaus**, die Frau den **Engel** vorstellt, in die Häuser, um den Kindern, wie am Nikolaustage, zu bescheeren. In den Städten dagegen findet die Bescheerung, auch ohne diese beiden Personen, wie im größten Teile von Deutschland unter einem grünen Tannenbaume statt, dessen Zweige mit vielen brennenden Lichtchen, vergoldeten Nüssen und Aepfeln und allerhand aus Mehl gebackenen Tieren geschmückt sind.

Wohl Jeder kennt, wenn nicht aus eigener Erfahrung, so doch aus den zahlreichen Beschreibungen den schönen und poetischen Brauch, einen **Christ-** oder **Weihnachtsbaum** anzuputzen, an dessen Zweigen im Glanz unzähliger Kerzchen zwischen kleinen Fähnchen, Netzen und mannichfachen anderen Verzierungen aus buntem Papier, vergoldete Aepfel und Nüsse, Gewinde von Mandeln und Rosinen oder Pfeffernüssen, Figuren aus Zucker, Chokolade und Pfefferkuchenteig, Bonbons und oft selbst kleine kostbare Geschenke hängen; während unter ihm die größeren Gaben liegen, welche das Christkind oder der Engel, dessen Abbild meist die Krone des Baumes ziert, den Kindern und Erwachsenen, gebracht hat. Da ist für die jüngste Hoffnung der Familie das fromme Wiegenpferd, für den zunächstkommenden Buben Säbel, Trommel und Gewehr, für die kleinen Fräuleins die großen Puppen, und für Eltern und Großeltern die Freude der Kinder und Enkel.

Ursprünglich das Symbol für das unaufhörliche Walten der Gottheit in der scheinbar toten Natur, indem die trotz Schnee und Eis immer grüne Tanne die Hoffnung auf das junge Grün des kommenden Frühlings versinnlichte, galt der Weihnachtsbaum lange als spezifisch protestantische Sitte. Um sich schärfer vom Katholizismus abzuscheiden, hatten nämlich die Leiter der reformatorischen Bewegung im 16. Jahrhundert alle Mummereien und sonstige Bräuche des Weihnachtsfestes möglichst zu tilgen, und die am Nikolausabend übliche Bescherung auf den heiligen Abend zu verlegen gesucht, um dadurch zugleich diesem wichtigsten Feste der Christenheit in den Augen der Kinder eine höhere Weihe zu geben. Nur den uralten heidnischen Brauch des Weihnachtsbaumes ließen sie fortbestehen, weil sie ihm eine symbolische Deutung beilegen konnten: der Baum sollte den Kindern jenen fruchtbringenden Zweig Isai, nach Anderen den Baum des Kreuzes vergegenwärtigen, von dem alle Gnade ausgeflossen, die brennenden Lichter sollten auf das Licht der Welt hinweisen, das an diesem Tage aufgegangen, und die Geschenke jene größte aller Gaben versinnlichen, welche den Menschen durch die Geburt Christi geworden ist. Die Protestanten hielten ebenso fest an dieser Sitte, wie die Katholiken aus Opposition sie mieden, und erst im Laufe dieses Jahrhunderts hat dieselbe aufgehört, ein konfessionelles Kennzeichen zu sein, und angefangen, mehr und mehr die Krippen zu verdrängen.

Denn seitdem der heilige Franziskus im Jahre 1223, drei Jahre vor seinem Tode, zur Feier des Weihnachtsfestes eine Krippe errichtete, hatte sich die fromme Gewohnheit, Krippen zu bauen, mit päpstlicher Gutheißung zuerst in Italien und später in Deutschland und den Niederlanden verbreitet, und war aus den Kirchen allmählich auch in die Privathäuser und Familien eingedrungen.

Am beliebtesten sind die Krippen in Tirol, wo der Christbaum erst in neuerer Zeit hier und da Eingang gefunden hat, und der Geisbube auf der Alm, wie der Bürger und Bauer benutzen an den

Winterabenden ihre freie Zeit, um Figuren für die Krippe zu schnitzen, die man fast in jeder Hütte besitzt.

Sobald der Sinte Klas umgeht und sich Abends die Ketten und Schellen des Klaubaufs hören lassen, werden die einzelnen Gegenstände der Krippe zusammengesucht, die Figuren aus der Dachkammer herabgeholt, alles Schadhafte ausgebessert, Verblaßtes neu bemalt und was da noch fehlt, geschnitzelt. Man geht in den Wald, um Moos zu sammeln und Tannenzweige und Stechpalmen, in Südtirol großbeerige dunkle Epheuranken, zu holen, mit denen man die Krippe schmückt, welche am Christabend nach dem Abendessen „aufgemacht" wird.

In dunkler Grotte ruht das Kind, die Gottesmutter kniet an seiner Seite, während Joseph am Eingang steht, und Hirten, meist in Tiroler Tracht, knieen vor der Höhle oder auf der Mooswiese, auf welcher Lämmchen grasen und Engel mit goldnen Flügeln mit Hirten sprechen. Ein Hirt ist gewöhnlich dargestellt, wie er sich den Schlaf aus den Augen reibt, und im Vordergrunde befindet sich ein Brunnen, an welchem eine Kuh säuft. Auf den Bergen, die sich über der Höhle erheben, liegen Häuser und Burgen, weiden Herden von Hirten gehütet und schweifen Jäger mit Stutzen, um Hasen und Gemsen zu schießen. Karrenzieher fahren vom Berg herab, ein Fleischer führt ein Kalb daher, eine Bäuerin bringt Eier und Butter, während ein Förster mit einem Hasen niedersteigt, um ihn dem Kindlein zu bescheren.

Vor einem Bauerhause wird Holz gehackt, in der Nähe steht am Eingang einer Höhle eine Kapelle, vor der ein Waldbruder kniet, während ein anderer Eremit einen steilen Steig herabkommt; Knappen arbeiten und ziehen schwerbeladene Karren aus den Schachten, aus einer Höhle tritt ein Bär, und ein zerlumpter Bettler hält dem Beschauer den leeren Hut hin.

So bleibt die Krippe bis zum Sylvestertage, wo die Beschneidung „aufgemacht" wird, der am 5. Januar die heiligen drei Könige folgen. Diese füllen mit ihrem glänzenden Gefolge aus Edelknaben, Reitern und Dienern mit Pferden, Kameelen und Elephanten den Platz vor der Krippe, und sind des Pompes wegen die Lieblingsvorstellung des Volkes.

Bei größeren Krippen kommt auch noch die Hochzeit von Kanaa dazu mit reich in Gold und Sammt gekleideten Figuren und kosten oft mehrere Tausend Gulden.

Auch in vielen Dorfkirchen werden Krippen aufgestellt, zu deren

Ausstattung die ganze Gemeinde beiträgt, und selbst Legate gemacht werden.

Eine der schönsten solcher Krippen besitzt der berühmte Wallfahrtsort Absam, wo die Figuren sehr schön geschnitten sind, und die Gegend genau der von Bethlehem nachgebildet ist.

Bei der Krippe zu Axams sind die Figuren zwei Schuh hoch, bei der zu Birgitz aber so reich bekleidet, daß der goldschwere Mantel eines der drei Könige allein 36 Gulden kostet. Das großartigste Werk dieser Art ist jedoch die Krippe des Bürgers Moser in Bozen, welche gegen 10 000 Gulden kosten soll.

Ebenso werden in Böhmen nicht nur in den Kirchen, sondern auch in vielen Häusern Krippenspiele aufgestellt, welche von Jung und Alt jedes Jahr mit neuem Vergnügen gesehen werden, und in Reichenberg pflegt man in den Familien die „Krippel“ zu benutzen, um unter ihnen die Bescheerung des Christkindes zu verstecken, das in einem mit vier schönen Schimmeln bespannten und ganz mit allerlei erdenklichen Spiel- und Naschwaren beladenen Wägelchen in der heiligen Nacht durch die Luft fährt. Im Böhmerwald dagegen, wo sich das Christkindlein den in einem Zimmer versammelten Kindern schon in der Dämmerung ankündigt, indem es mit einer kleinen Glocke läutet, wenn es aus dem Wagen steigt und die Pferde etwas rasten läßt, öffnet sich plötzlich die Thür soweit, daß eine mit Goldpapier überklebte Hand hindurch und die für die Kinder bestimmten Geschenke ins Zimmer werfen kann. Unter lautem Jubel stürzen die Kinder, welche, sobald das Glöckchen klingt, laut beten und zugleich ängstlich nach der Thür gucken, über die Gaben her, und suchen soviel als möglich davon zu erhaschen, weichen aber entsetzt zurück, wenn eine Rute, eine Handvoll Erbsen oder ein Stück Brod hereinfliegt, weil das ein Zeichen ist, daß das Christkindlein mit Einem oder dem Andern nicht zufrieden gewesen ist. Denn die Rute bedeutet, daß das schlimme Kind Züchtigung verdiene, die Handvoll Erbsen, daß es darauf knieen, und das Brod, daß es blos Brod zu essen bekommen solle.

Noch eigentümlicher ist die Art, wie in Dänemark und Schweden die Geschenke verteilt werden.

Dort wickelt man nämlich die Weihnachtsgeschenke in unzählige Hüllen ein, schreibt auf jedes Packet den Namen der Person, für die es bestimmt ist, und läßt es dann von Jemand in das Zimmer werfen, in welchem sich der oder die zu Beschenkende befindet. Da der Ueberbringer heftig an die Thür klopft, ehe er das Geschenk in die Stube wirft oder stößt, wird es Julklapp genannt, und in Vorpommern und Mecklenburg deshalb auch Julklapp gerufen, wenn man die Thür öffnet. Das Einwickeln des Geschenkes, wie das Ueberschicken desselben bietet dem Absender Gelegenheit dar, seine Erfindungsgabe zu zeigen. Bald ist es eine schöne Nadel oder Broche in einem mächtigen Strohstiefel, bald eine kostbare Vase in einem wahren Monsterballen, oder ein kleines Porzellanei in einem großen Huhn aus Werg, und den ganzen Abend über sind mancherlei Boten und Masken, Postillone zu Fuß und zu Pferd, auf Krücken und in Frauenkleidern beschäftigt, um die Julklapp's auf unerwartete und schlaue Weise an den Orten ihrer Bestimmung erscheinen zu lassen, ohne dabei erkannt zu werden.

Nicht selten spielt auch die Satire eine bedeutende Rolle bei diesem Austausch von Geschenken, indem der Julklapp entweder von einem beißenden Epigramme begleitet wird, oder sein Inhalt selbst als eine boshafte Anspielung ausgelegt werden kann So muß sich eine putzsüchtige Dame darauf gefaßt machen, eine lächerlich angeputzte Puppe zu erhalten; einem Herrn, der bei Gesellschaften im Salon das Licht spart oder das Vorzimmer dunkel läßt, werden einige Dutzend Lampen zugeschickt, und aus der Schachtel, die für ein ältliches Brautpaar bestimmt ist, fliegen beim Oeffnen zwei junge Täubchen heraus.

Ueberhaupt ist im skandinavischen Norden die Weihnachts- oder Julzeit die lustigste Zeit im Jahre. Sie fängt mit dem Julafton, dem heiligen Abend, an, und endet mit den drei Königen, meist erst mit dem 13. Januar. Schon auf den Runensteinen und in den alten Kalendern findet man den Anfang des Julfried oder Julafred, während welches alle Gerichte und Fehden ruhten, und Verletzungen desselben doppelt und dreifach bestraft wurden, mit vielen Hörnern, den 20. Jultag aber als das Ende der Gelage mit einem umgekehrten Horn bezeichnet.

Noch jetzt sind auf dem Lande seit dem Julabend die Tische gedeckt, Schinken, Fleisch, Käse, Butter, gutes Ael und Branntwein sind aufgetragen, und jeder Ankommende wird bewirtet und muß etwas essen, sonst nimmt er nach dem Volksglauben die Julfreude mit weg. Julgrütze (Julgröt) und Julbrot gehören zu dem ersten Tage, hie und da auch Stroh, das man in die Stuben streut, und die ganze Zeit über wird mit kleinen Pausen geschmaust, musiziert und getanzt.

Am Julabend muß Alles für die folgenden Tage bereitet werden, da diese keine schwere Arbeit kennen sollen. Man soll auch den Kettenhund losmachen und das Vieh besser füttern als gewöhnlich, und vergißt sogar den Vögeln nicht Futter hinzustreuen. Das Zimmer des Hauswirts, wo gejubelt werden soll, wird mit weißen Decken oder bunten Teppichen behangen, am liebsten mit solchen, in denen auf den heiligen Abend bezügliche Bilder, wie die Kananitische Hochzeit, der Besuch der Engel oder der Mohrenkönige, hineingewebt sind. An vielen Orten wird noch der Boden mit langem Roggenstroh belegt, das feinste Linnenzeug und die Festkleider werden in zierlicher Reihe aufgestellt. Alles im Hause wird gewaschen, gefegt und gescheuert, und Zinn, Messing und Silber schimmernd auf seinen Brettern aufgepflanzt. Eine Strohkrone hängt mit kleinen Zierraten an der Decke über dem Eßtisch, und kleine Knippchen Roggenähren vom Julstroh bindet die Magd im Hause zusammen und steckt sie zur Seite des Daches und um die Decke umher. Sie sollen verkünden, wie viele Freier sich an den festlichen Tagen melden werden.

Als Gerichte des Julabends müssen Stockfisch, Erbsen, Reisgrütze, Ael und Branntwein unumgänglich auf dem Tische stehen. Geht man zu und von Tisch, wird ein Gesang angestimmt, nachher wird ordentlich das Abendgebet mit noch einigen Liedern gehalten, und das Licht muß die ganze Nacht durch brennen.

An einigen Orten wird ein sogenanntes Geschwisterbett auf dem Fußboden aufgeschlagen, wo Kinder und Gesinde auf dem Julstroh beisammenliegen. Alle Schuhe müssen diese Nacht an einer Stelle dicht beieinander gelegt werden, damit Alle das ganze Jahr über in Eintracht leben.

Groß ist die Wirkung des Julstrohes. Hühner- und Gänsenester, in die man es legt, schützt es vor Mardern und Behexung; den Kühen gegeben, ehe sie den Sommer auf die Weide getrieben werden, sichert es sie vor aller Krankheit und läßt sie nicht auseinander laufen; um die Bäume mitternächtlich gewunden und auf den Acker gestreut, giebt es Obst und Korn.

In der Morgendämmerung ging man ehemals in den Wald, sprach kein Wort, ließ keinen Laut hören, sah sich nicht um, aß und trank nicht, durfte auch kein Feuer sehen und keinen Hahn krähen hören. Wenn man dann, sowie die Sonne aufging, einen Kirchweg erreicht hatte, so erblickte man soviel Leichenzüge, als das Jahr über kommen würden, und auf Feldern, Wiesen und Hufen, wie der Jahreswuchs sein und ob Feuer herauskommen werde. Man nannte dies den Jahrgang (aarsgang). Andere Mittel, die Zukunft zu erforschen, wie Eiergießen, Schuhwerfen und dergleichen dienen noch zur Belustigung. Als sehr bedeutungsvoll gilt das Jullicht (Julljus). Geht es in der Nacht zufällig aus, stirbt das Jahr Jemand im Haus. Die Reste solcher Lichter hebt man das Jahr über sorgfältig auf, um sie auf Wunden an Händen und Füßen als heilkräftigen Balsam zu gebrauchen.

Bis zu Anfang des 18. Jahrhunderts, wo es als Aberglaube von der Regierung verboten wurde, pflegte man auch die Kirchen mit Julstroh auszustreuen, und um drei oder vier Uhr Morgens dort die Julotta oder Weihnachtsfrühmette abzuhalten. Alle Bauern führten dazu Lichter oder Fackeln bei sich, sodaß die ganze Kirche nur wie ein großes Licht schien.

In Norrland fuhr man sonst mit Fackeln durch Wälder und Thäler, und warf sie dann in ein großes Freudenfeuer zusammen.

Bei der Rückkehr von der Kirche pflegte man ein allgemeines Wettjagen anzustellen. Keiner wollte zuletzt zu Hause kommen, indem er sonst auch als Pflüger und Ernter und bei andern Gelegenheiten der Letzte zu werden fürchtete.

Neben der Julgrütze ist ein Haupterfordernis der Julfeier der sogenannte Juleber oder Julbock (Julbröd, Gumsebröd, Julgalt), ein Brot aus vorzüglichem Mehl, auf welchem ein Eber oder ein Widder mit 2 Hörnern abgebildet ist. Dieser Julgalt oder Julgumse wird am Julafton auf den Tisch gesetzt, und bleibt mit Schinken, Käse, Butter, Bier und Branntwein bis St. Knut stehen. Reste davon werden bis zum Frühjahr aufgehoben und Pferden, Schweinen, Kühen, ja selbst den ins Feld ziehenden Knechten in Hoffnung einer glücklichen Ernte gegeben.

Auch die Julkeule (Julklubba), war vormals wichtig. Sie ward an einem Bande über dem Tisch befestigt, und mußte irgendwohin gespielt werden, um über den Trunk zu entscheiden. Ebenso spielte man viel mit dem aus Julstroh zusammengeflochtenen Julhahn, und noch jetzt sind diese Spiele nebst Blindekuh, Julliedern und einigen andern sogenannten Jullekar oder Julspielen in manchen Gegenden üblich, wenn auch nicht mehr jene Lust und jener Uebermut herrscht, der früher an diesen Tagen frei hervorbrechen durfte.

In den Städten, namentlich in Stockholm, wird ein großer Markt gehalten, wo Buden mit allerlei zierlichen, scherzhaften und süßen Sachen mehrere von unzähligen Lichtern erhellte Gassen bilden. Alle Galanteriegewölbe, selbst manche Privathäuser sind illuminiert, und bis um Mitternacht wimmelt es auf allen Straßen und Plätzen von Julhaltenden Menschen. Die Familien sind zusammen, die Kinder werden beschenkt und Erwachsene erhalten und schicken ihre Julklapps, während in der Mitte des Zimmers ein mit Blumen, Früchten und Näschereien reich behangener Weihnachtsbaum brennt.

Nicht minder freudig und festlich wird die Weihnachtszeit in England begangen, und schon vierzehn Tage vorher ziehen wandernde Musikbanden des Nachts durch alle Straßen, um die Annäherung des Festes zu verkünden. Man nennt sie waits, und in London sind es die Ueberbleibsel der unter diesem Namen zur Korporation gehörenden Stadtmusiker, welche als „Lordmayors Musik“ ehedem eine Art Abzeichen am Aermel trugen.

In kleineren Städten, sowie auf dem Lande gehen des Abends verschiedene Trupps von Knaben von Haus zu Haus, und fragen an jeder Thür, ob man die „mummers“ haben wolle. Sie sind grotesk angezogen, haben hohe vergoldete und beflitterte Papiermützen auf dem Kopfe, viele buntfarbige Bänder und Schleifen am Körper und tragen zum Teil Schwerter. Nimmt man sie an, so führen sie ein dramatisches Spiel auf, das sie mysterie nennen, sammeln, wenn sie ihre Vorstellung wie gewöhnlich mit einem Liede beendigt haben, bei den Umstehenden Geld ein, und ziehen weiter. Eins der beliebtesten dieser Spiele, welches gedruckt acht Seiten füllt, führt den Titel: Alexander and the King of Egypt, Alexander und der König von Egypten, und wird namentlich in den Weihnachtsfeiertagen gern dargestellt.

Der Umzug der Carolssänger mit ihrer wassail-bowl hat mehr und mehr abgenommen, die Carols selbst, jene einfach-naiven Weihnachtslieder, welche früher in allen Kirchen und Häusern, sogar am Hofe, gesungen wurden, sind jetzt in die untersten Volksklassen verbannt, und die wassail-bowl oder wassel bowe, die einst während der Weihnachtszeit eine so große Rolle spielte, ist fast ganz verschwunden. Wie die vormals üblichen, aus dem Angelsächsischen stammenden Toaste: was hail und drinc heil (trink Heil), denen diese Bowle ihren Namen verdankte, den neuenglischen Trinksprüchen: I'll pledge you und Come, here's to you (hier ist für euch!) gewichen sind, so ist auch bei öffentlichen Festmahlen von Gesellschaften und Korporationen der Liebesbecher, loving-cup, ein silberner großer Becher mit zwei Henkeln, an die Stelle der wassail-bowl getreten, indem derselbe nach dem Essen links herum von Einem zum Andern geht, und jeder Anwesende, sobald er ihn erhält, aufsteht und daraus auf das Wohl der Brüder trinkt, um dem Präsidenten Bescheid zu thun.

Dagegen hat sich in Ramsgate in Kent der alte Brauch erhalten, ein künstlich gemachtes Pferd (hoden) herumzuführen, welches dem deutschen sogenannten Schimmel gleicht.

Mehrere junge Leute verschaffen sich den Kopf von einem toten Pferde, stecken ihn auf eine ungefähr vier Fuß lange Stange, und binden an der untern Kinnlade eine Schnur fest. Dann hängen sie eine Pferdedecke über die Stange, einige Burschen stellen sich darunter, und bringen, indem sie an der Schnur ziehen, eine Art schnappenden Geräusches hervor. Die Uebrigen, seltsam aufgeputzt und mit Schellen klingelnd, begleiten das Pferd, singen Carols vor den Thüren, und erhalten dafür Bier und Kuchen, hier und da auch Geld.

Auf der Insel Thanet findet am heiligen Abend dieselbe Zeremonie statt, welche mit dem Namen hodening bezeichnet wird.

Anstatt des Weihnachtsbaumes, der erst in neuerer Zeit in England Eingang gefunden hat, brennt, besonders in den nördlichen Distrikten, ein großer Holzklotz, der Weihnachtsblock oder Christmas-block, welcher auch Yule-block, Juleclog oder Yu-block heißt, und überall pflegt man Häuser und Kirchen mit immergrünen Zweigen von Epheu und Stechpalme zu schmücken. Letztere wendet man vorzugsweise im Innern der Häuser an, obgleich auch Epheu, Lorbeer und selbst Cypressen zum Schmuck der Wände und Thüren benutzt werden, und in den Küchen oder den Bedientenstuben wird an der Decke der verhängnisvolle Mistelzweig, mistle toe oder misletoe, befestigt, welcher aus den Kirchen als heidnisch verbannt ist, und früher in keinem Hause fehlen durfte. Er gewährt, wie bekannt, den Männern das Recht, jedes weibliche Wesen zu küssen, das sich unter diesem Zweige erhaschen läßt, und der Volksglaube sagt, daß ein Mädchen, welches nicht unter ihm geküßt worden ist, im Laufe des Jahres nicht heiraten werde.

Ebenso allgemein verbreitet ist die Gewohnheit, zu Weihnachten in den Familien eine bestimmte Gattung Fleischpastetchen zu backen, welche minced pyes oder Christmas pyes genannt werden, und aus Rindszunge, Hühner- oder Gänsefleisch, Eiern, Zucker, Rosinen, Citronenschale und verschiedenen Gewürzen bestehen. Ihre äußere Gestalt soll die Krippe versinnlichen, in der das Christkind lag, und die vielen Gewürze, die sie enthalten, an die Gaben der Weisen aus dem Morgenlande erinnern. Auch die sogenannten Weihnachtskuchen (yule-dough, yule-cake oder Christmas batch), welche die Bäcker ihren Kunden zuschicken, ahmen die Form eines Wickelkindes nach, und in den Zuckerbäckerläden werden zur Weihnachtszeit hauptsächlich kleine Figuren aus Teig oder Zucker feilgeboten.

Das jetzige Weihnachtsmahl ist zwar kaum noch ein Schatten von den ehemaligen glänzenden Banketten, welche alle Klassen der Gesellschaft in der ungezwungensten Heiterkeit vereinigten, und bei denen nicht nur der Arme seinen reichen Anteil erhielt, sondern auch jeder

Fremde stets seinen Platz am Weihnachtsklotze offen fand, aber dennoch haben sich noch manche frühere Bräuche dabei bewahrt, selbst der schöngeschmückte Eberkopf (bore's-head), der feierlich aufgetragen wird, die Suppe mit Rosinen, Kapaunen, Puten und Gänsen, plump porridge genannt, sowie der mächtig große Pudding und der riesige

Christday.

Ochsenlendenbraten sind Hauptgerichte geblieben, und während der ganzen Weihnachtszeit werden noch immer wie sonst die Tische fast nie leer.

Auch die althergebrachte Sitte, sich gegenseitig Geschenke und Glückwünsche zu schicken, hat sich bis zum heutigen Tage erhalten, und aus Norwich allein wurden an einem Weihnachtsabend nicht weniger als 1700 Truthühner nach London geschafft. Noch unter Karl I. ward an jedem Weihnachtsfeiertag dem König und der Königin in feierlicher Prozession ein Zweig vom Glaston-bury-thorn, dem berühmten Weißdorn von Glastonbury, als Gabe überreicht, der beim Volke in dem Ruf steht, in der Christnacht auszuschlagen und am Christtag über und über zu blühen

Die Legende erzählt nämlich, dieser Dornstrauch, welcher auf einer Anhöhe im Kirchhof der Abtei von Glastonbury stand, aber zur Zeit der Bürgerkriege abgehauen wurde, und einer orientalischen Weißdorngattung angehörte, die sehr früh ausschlägt, sei ein Sprößling des Stabes gewesen, welchen Joseph von Arimathia eigenhändig am Christabend in die Erde steckte, und der sogleich Wurzeln schlug, Blätter trieb und am nächsten Tage mit milchweißen Blüten bedeckt war. Eine lange Reihe von Jahren fuhr er fort, in jeder Christnacht zu blühen, alle seine Absenker thaten dasselbe, und zahlreiche Menschen begaben sich jedesmal überall hin, wo solche standen, um dieses Wunder mit anzusehen. Als aber 1753 in Quainton in Buckinghamshire ein Ableger des Glastonburydornstrauchs nicht ausschlug, obgleich sich Tausende von Zuschauern mit Lichtern und Laternen wie immer an Ort und Stelle eingefunden hatten, behauptete das Volk, der 25. Dezember neuen Stils wäre nicht der wirkliche Christtag, und weigerte sich, ihn als Fest zu begehen, um so mehr, da der Weißdorn am 5. Januar wie gewöhnlich blühte. Es bedurfte einer Verordnung der Geistlichen der benachbarten Städte, daß der Old-Christmas-day, alte Christtag, gleich dem neuen gefeiert werden sollte, um die Streitigkeit beizulegen, und noch jetzt finden manche Gebräuche am Dreikönigsabend statt, welche ursprünglich dem Christabend galten, wie das Anzünden von Feuern und Lichtern auf dem Felde, und das Heilwünschen der Aepfelbäume im Obstgarten, das in ähnlicher Weise auch außerhalb Englands üblich ist. Nur werden die Bäume, damit sie gut tragen sollen, in Schwaben und Schweden mit Stroh umwunden, im Aargau mit Strohbändern umwickelt, die man zur Zeit des Ostertaufläutens geflochten hat, in Tirol tüchtig geschlagen und in Böhmen stark geschüttelt, während man zur Christmette läutet. Auch ging man sonst in Pillersee des Nachts in den Obstanger und klopfte mit gebogenem Finger an jeden Fruchtbaum, indem man ihm zurief! „Auf, Baum! Heut' ist heilige Nacht, bring' wieder viel Aepfel und Birnen,“ oder ließ in Alpach jeden Baum von der Dirne umfassen, welche den Teig zum Weihnachtszelten geknetet und die Arme noch voller Teig hatte; in Reichenberg in

Weihnachten in England.

Böhmen werden die Obstbäume mit den Ueberresten des Abendessens beschüttet, zu dem sie vorher höflich eingeladen worden sind; am Rhein pflegte man früher Epheu, Mistelkränze und Strohbüschel an die Fruchtbäume zu befestigen, und in der Ukermark umwindet man die Bäume am Neujahrsabend mit Stroh, oder geht völlig entkleidet in den Garten und klopft an jeden Baum mit den Worten: „Bäumchen wach auf, Neujahr ist da!"

Um Mitternacht zieht in London der sogenannte Schellenmann oder Ausrufer jeder Pfarre mit seiner Schelle herum, und singt mit schnarrender Stimme ein paar Strophen zum Preis der Freigebigkeit, die er dafür nach dem Feste beansprucht. Denn wie anderwärts zu Neujahr, so beginnt in allen englischen Städten am zweiten Weihnachtsfeiertag der Umzug der Arbeiter und Handwerker, welche ihre Trinkgelder oder die Christmas-boxes, Weihnachtsbüchsen, verlangen, und nicht blos die Kehricht- und Aschenkärner, (dustmen), Straßenwärter, Lampenanzünder, Briefträger, Wasseraufseher (turncocks), Büttel, Gassenkehrer, Schornsteinfeger, Scharwachen und Kirchspielsdiener gehen in ihren Bezirken von Haus zu Haus, um sich Geschenke zu erbitten, sondern auch die Laufburschen der Bäcker, Fleischer, Lichtzieher, Fischhändler, Gewürzkrämer, Gemüse-, Wildpret- und Geflügelhändler suchen alsdann die Kunden ihrer Meister auf, um die zu Weihnachten für sie übliche Gratifikation zu erhalten. Kurz, was nur irgend glaubt, ein Recht zu haben, ein Trinkgeld beanspruchen zu können, kommt der Gewohnheit gemäß an das Haus und klopft, und die Bewohner haben an diesem Tage, der davon Boxing-day heißt, oft Nichts zu thun, als jeden Augenblick die Thür aufzumachen.

Abends wird dann das eingesammelte Geld in Roastbeef, Plumpudding, Ale und Brandy verzehrt, man spielt, tanzt, maskiert sich oder geht in die Theater, in denen während des Festes die sogenannten Weihnachtspantominen aufgeführt werden.

Eine besondere Weihnachtsbelustigung der jungen Leute in der Grafschaft Suffolk besteht in der Jagd auf Eulen und Eichhörnchen, sowie die Burschen auf der Insel Man am Neujahrstag einen Zaunkönig zu jagen pflegen.

In Deutschland hat sich, namentlich in katholischen Ländern, noch in vielen Gegenden die Gewohnheit erhalten, die sogenannte Christmette, welche jetzt meist um 5 Uhr Morgens stattfindet, in der Christnacht um 12 Uhr abzuhalten, und mit dem ersten Glockenläuten eilt alles zur Kirche, um ihr beizuwohnen. Die Messe wird überall sehr feierlich begangen, und in manchen Städten Böhmens erscheint dabei nicht nur der Nachtwächter, um mit seinem Kuhhorn die zwölfte Stunde zu verkünden, in welcher Christus geboren worden sein soll, sondern es treten auch Hirten auf, welche mit langen Pfeifen aus Birkenrinde ein frommes Weihnachtslied blasen, das vom Dudelsack und allen möglichen Vogelstimmen, unter denen ein Kukuk nie fehlen darf, begleitet wird. In Mank in Oesterreich gehen vorher mehrere Burschen flötend durch das Dorf, um die Mette einzublasen und die Ankunft Christi zu verkünden. Auch stellt man Lämpchen zwischen die Fenster, damit, wie das Volk sagt, der Christ sich nicht anstoße, wenn er ins Dorf kommt. In Frankenberg, Rauschenberg und anderen hessischen Orten wird die Ankunft des Christkindes vom Thurme herab entweder durch Vokal- oder Instrumentalmusik gefeiert. Ebenso in Sachsen, und in Königsberg a. P. ziehen einer alten Verordnung gemäß am heiligen Abend, sobald es zu dunkeln anfängt, die Stadtmusikanten durch die Straßen und blasen die Melodie: „Ein Kindlein uns geboren ist!" Das dreimalige Läuten, welches zum Besuch der Christmette einladet, wird in Schwaben das Schreckeläuten genannt, indem es den Teufel und alle bösen Geister vertreiben soll, und während desselben pflegt man das Vieh zu füttern, was einen besonderen Segen bringen soll.

Bei Heiligenstadt, Nordhausen und anderen Orten Thüringens, wo noch die Mitternachtsmesse stattfindet, ißt man bei der Zurückkunft den Viehnohchtsschmuß oder Hahnewackel, bestehend aus dem schönsten Geknöchel, wie Rippen, Flügel, Hals und Köpfen, aus Bretzeln und geflochtenen Zöpfen, Kräppelzöppen genannt, und Häringen, oder aus Kaffee mit Jiddenkuchen, Judenkuchen, eine Art Plinse aus feinem Gerstenmehl in der Bratpfanne gebacken, Klump und Sauerkraut. Anderwärts wird das Weihnachtsmahl Abends vor der Christmette verzehrt, und im Egerlande geht während desselben der Dorfhirt von Haus zu Haus und bläst vor dem Fenster auf seinem Horn eine Hirtenmelodie, wofür ihm in jeder Familie eine Weihnachtsstritzel zu Teil wird. Das Essen selbst besteht dort bei Reicheren aus Fisch, gekochtem Dürrobst, Semmelmilch, Häring, grünem Obst und Stritzel, einem den sächsischen Stollen ähnlichen Backwerk, welches seinen Namen dem böhmischen stedrovnice oder stedrovecernice, Christabendkuchen, verdankt.

Die Familien in Reichenberg, welche noch ganz nach alter Sitte leben, essen zuerst Pflaumensuppe mit gedörrten Pilzen, und zum Schluß Mohnmilch mit kleinen Semmelbrocken darin.

In Schlesien sind Mohnklöße und Karpfen die hergebrachten

Speisen, in Sachsen pflegt man am heiligen Abend einen Aepfelsalat mit Häringen zu essen, zu welchen jedoch nur weibliche Häringe mit Rogen genommen werden, indem man glaubt, daß die zahlreichen Eier auf Reichtum im künftigen Jahr hindeuten. Aus demselben Grunde ißt man Mittags am Christabend weibliche Karpfen.

Die Bewohner der Grafschaft Glatz lassen von der Milchsuppe mit Semmel, die das Festgericht bildet, und der dann Stritzel, Obst und Nüsse folgen, einen Rest übrig, damit die Engel, welche kommen, wenn alles schläft, im Fall sie essen wollen, wie es manchmal geschieht, etwas finden, indem es Einem sonst nicht gut gehen würde. Bei den Holsteinern pflegt das Mahl am heiligen Abend so reichlich zu sein, daß der 24. Dezember von ihnen Bullbuuksabend, Vollbauchsabend, genannt wird.

Auf dem Lande darf dabei an einigen Orten Stockfisch nicht fehlen, in den Städten sind Reis in Milch gekocht und mit Milch gegessen, Karpfen und „Pförten" oder „Ochsenaugen," eine Art Pfannkuchen, ebenso unentbehrliche Gerichte, wie in der Ukermark Grünkohl, Schweinskopf und Lungenwurst, und in Tirol die Krapfen.

Dagegen darf man, einem weitverbreiteten Volksglauben nach, in den zwölf Nächten keine Erbsen, Linsen oder andere Hülsenfrüchte essen. Ueberhaupt sind diese Zwölften, welche mit dem heiligen Abend beginnen und mit dem Dreikönigsabend endigen, die geheimnisvollste Zeit des Jahres. Nach ihnen glaubt man das Wetter jedes Monats vorausbestimmen zu können, weshalb sie auch Laß-, Los- oder Laustertage heißen, und das Sprichwort sagt:

> Wie sich das Wetter von Christtag bis heiligen Dreikönig erhält,
> So ist das ganze Jahr bestellt;

was man in diesen Nächten träumt, soll der Reihe nach in den zwölf Monaten des Jahres wahr werden, und wer sein Schicksal erfahren will, muß diese Nächte, namentlich die drei Heilignächte, den Christabend, Neujahrsabend und Dreikönigsabend, dazu benutzen, wo es dem Menschen gestattet sein soll, einen Blick in die Zukunft zu werfen. Aber auch den Geistern und den in Teufelsgestalten verwandelten Gottheiten der Vorzeit ist die Macht gelassen, in dieser Zeit ihr Unwesen zu treiben. Darum ist es nicht gut, während der Zwölften zu arbeiten, noch weniger zu spinnen; in Mecklenburg ist es selbst verboten, gewisse Thiere bei ihrem rechten Namen zu nennen, und wer nicht „Langschwanz" statt Fuchs, „Bönlöper" statt

Maus u. s. w. sagt, zahlt eine Geldstrafe, deren Betrag nachher vertrunken wird.

Zahlreiche Sagen berichten die üblen Folgen, welche sich die Uebertreter der mannichfachen, während der Zwölften geltenden Vorschriften zugezogen haben, und besonders der Wode oder wilde Jäger, der an der Spitze seines wütenden Heeres unter ebenso vielen Namen durch die Lüfte braust, wie die Fru Gode, oder Frau Holle, straft gleich dieser jeden Fürwitz der Menschen auf das Unnachsichtigste.

Wenn daher in den gefürchteten zwölf Nächten Frau Holle oder Perchtha, die Bewahrerin der Toten, mit denen sie am Tage in einem Berge wohnt — die thüringer Sagen nennen den Hörselberg bei Eisenach — des Abends mit ihrem wilden Heer den Berg verläßt, um ihren Umzug anzutreten, so schreitet ein alter Mann mit langem Barte und weißem Stabe voran, den man den getreuen Eckhart nennt, weil er Jedermann, und vor allem die Kinder, welche er trifft, dringend warnt, dem schrecklichen Zuge aus dem Wege zu gehen. Einmal begegneten ihm zwei Kinder aus dem Flecken Schwarza, die soeben aus einem nahen Wirtshause einen Krug Bier für ihre Eltern geholt hatten, aber von dem wütenden Heere angehalten und des Inhalts ihrer Krüge beraubt worden waren. Da sie kein Geld besaßen, um anderes Bier zu holen und fürchteten, die Eltern würden ihnen nicht glauben, wenn sie erzählten, wie es ihnen gegangen, so weinten sie bitterlich. Da kam der getreue Eckhardt zu ihnen, beruhigte sie und sagte, sie sollten nicht bange sein: die Krüge würden sich wieder füllen und niemals leer werden, so lange sie verschwiegen, was sie gesehen und gehört. Es geschah, doch auf die Dauer konnten sie den neugierigen Fragen der Eltern und Nachbarn nicht widerstehen, sie plauderten, und die Wundergabe versiegte. Dieses Verbot, zu sprechen, gilt auch für Diejenigen, welche in der Christnacht um Mitternacht Wasser schöpfen wollen, um zu erfahren, ob es sich, wie es heißt, in Wein verwandle, und ein Mädchen, welches, nachdem es das Wasser gekostet, ausrief: „Jetzt ist das Wasser Wein!“ vernahm, nach einer deutsch-böhmischen Sage, eine Stimme aus dem Wasser, die da antwortete: „Und dein Kopf ist mein!“*) und ward nie wieder gesehen.

Nicht minder verbreitet, als dieser Glaube, daß sich in der Christnacht das Wasser in Wein verwandle, ist der fromme Wahn, daß um

*) Nach einer mecklenburgischen Sage: „Und nu büst du min.“

Mitternacht alles Vieh in dem Stalle auf die Kniee falle und rede. Ebenso soll in der Christnacht die Rose von Jericho blühen; die Christwurz, eine Art schwarze Nieswurz, ihre erste Blume tragen, welche Gesundheit und langes Leben verleiht; der Hopfen, selbst im tiefsten Schnee, wohl fingerlang emporsprießen, und alles im Keller bewahrte Gemüse knospen. Auch vermeint man, während der Christmette nicht nur die Hexen erkennen, sondern auch diejenigen erblicken zu können, welche im nächsten Jahre sterben werden, und wäscht man sich, während es zur Christmesse läutet, unter drei Brücken das Gesicht, so sieht man, wie man im Oberinnthal glaubt, alles, was das kommende Jahr bringen wird.

Damit das Vieh gedeihe, stellt man bei Göttingen das Futter in der Weihnacht hinaus ins Freie, und will bei Camern ein Knecht selbst bei mäßigem Futter immer gesunde und fette Pferde haben, so nimmt er ein Bündchen Heu, geht damit um Mitternacht der Christnacht drei Mal um die Kirche und giebt dies Heu nachher den Pferden zu fressen. Dasselbe glaubt man im Münsterlande dadurch erreichen zu können, daß man am Stephanstage (26. Dezember) Häckfel unter den freien Himmel stellt. Denn der heilige Stephan, der erste Märtyrer, welcher für den christlichen Glauben starb, wird als Patron der Pferde verehrt. An seinem Gedächtnistage, der deshalb früher der große Pferdstag hieß, pflegt man noch jetzt in England den Pferden zu Ader zu lassen, an manchen Orten Deutschlands Hafer in der Kirche zu weihen, und in Schweden hier und da das ehemals allgemein übliche sogenannte St. Stephansjagen abzuhalten, indem man mit den Pferden nach fremden Tränken reitet und um die Wette wieder heimjagt.

Auch zogen dort fröhliche junge Burschen, welche man Stephansleute, Staffansmän, nannte, truppweise durch die Dörfer, um althergebrachte Lieder zur Feier Fro's zu singen, und feierlich auf das Andenken des heiligen Erzmärtyrers die Staffanskanna oder minne zu trinken, wie dies anderwärts am 27. Dezember zu Ehren Johannis des Evangelisten geschah und häufig noch jetzt geschieht. Wenigstens wird in den meisten katholischen Kirchen noch alljährlich am Tage Johannis des Evangelisten der Wein geweiht, und teils in der Kirche, teils zu Hause getrunken. In Schwaben nimmt Jeder ein beliebiges Maß Wein mit sich in die Messe, trinkt, sobald der Pfarrer den Segen darüber gesprochen, bei den Worten: „Trinkt aus diesem Kelche wahre christliche Bruderliebe!" einige Schlucke davon, und verteilt den Rest dieses Weines, den man Johannissegen nennt, daheim unter alle Hausgenossen, um auch sie vor Vergiftung und anderer Gefahr zu schützen. Wie nämlich der heilige Evangelist den ihm von den Heiden dargereichten Giftbecher, nachdem er das Kreuz darüber geschlagen, ohne allen Schaden leerte, so soll auch der Johannissegen oder der Johannistrunk vor allem Unheil bewahren, und in Friedingen an der Donau hat man sogar das Sprichwort:

An Santi Hans Seaga (Segen)
Ist älles gleaga (gelegen.)

In Böhmen hebt man daher diesen geweihten Wein auf, um ihn zum Abschiedstrunk vor Reisen und zum Versöhnungstrunk zu nehmen; in Tirol, um ihn bei Trauungen den Brautleuten zu reichen, und in die Weinfässer zu gießen, damit auch in ihnen der Wein gesegnet sei, indem die Trinker des St. Johannissegens nach dem Glauben der Bewohner des Lechthales selbst vor dem Blitze sicher sind.

Der Tag nach dem Feste Johannis des Evangelisten, der 28. Dezember, ist dem Gedächtnis der auf Herodes Befehl getöteten Kinder geweiht, und eins der ältesten Feste der Kirche. Als Erinnerung an den bethlehemitischen Kindermord war es in England früher üblich, die Kinder am Morgen mit der Peitsche oder Rute aus dem Bett zu jagen, während in Deutschland und in den Niederlanden aus demselben Grunde der Tag der unschuldigen Kindlein gerade umgekehrt ein Fest der Jugend ist. In Antwerpen, Brabant und Limburg sind die Kinder Herren im Hause, ziehen die Kleider ihrer Eltern an, und geben den Dienstboten alle nötigen Befehle, indem namentlich das jüngste Mädchen das Recht hat, anzuordnen, was den Tag über gekocht werden soll, und in vielen Orten Deutschlands herrscht noch immer die Sitte, daß an diesem Tage, der deshalb in Schwaben Pfeffertag heißt, die Kinder mit Ruten oder grünen Reisern auf den Straßen umherziehen, die Vorübergehenden schlagen, auch wohl in die Häuser kommen und sich eine Gabe erbitten, die gewöhnlich in Aepfeln, Nüssen, Pfefferkuchen und dergleichen besteht.

Bei Lichtenfels in Baiern pflegen die Jungen die Mädchen mit Rosmarinstengeln an die Beine zu schlagen, indem sie sprechen:

Da komme ich her getreten
mit meiner frischen Gerten,
mit meinem frischen Mut.
Schmeckt der Pfeffertag gut?

wofür die Mädchen am Neujahrstag die Knaben mit gleichem Spruche, aber mit der Frage pfeffern:

Schmeckt das neue Jahr gut?

In Bayreuthischen heißt derselbe Brauch fizeln, d. h. öfter mit der Rute schlagen, und im Egerland dürfen an diesem Tage nicht nur die Kinder ihre Eltern, sondern auch alle männlichen Personen die weiblichen schlagen. Die Birkenruten, welche man dazu nimmt, werden schon am St. Barbaratage geschnitten, in ein Glas mit Wasser an einen warmen Ort gestellt, damit sie ausschlagen, und dann mit einem roten Seidenband zusammengebunden. Aus Dankbarkeit für das Gepeitschtwerden muß man sich lösen, sei es durch Geld, sei es durch eine Flasche Likör oder Punsch, hat aber, wenigstens wer dem weiblichen Geschlechte angehört, das Recht, am Neujahrstag Vergeltung auszuüben.

An manchen Orten werden die noch Schlafenden von den früher Erwachten mit einer Rute aufgekindelt, und in Roßleben gehen die Kinder am Sylvestermorgen mit Ruten vom Weihnachtsbaum herum kingeln, indem sie die Leute aus dem Bette treiben und wohl auch die Aufgestandenen anfallen, um dafür beschenkt zu werden.

Auch in Antwerpen muß dasjenige Familienglied, welches am 31. Dezember, dem Tage des heiligen Sylvester, zuletzt aufsteht, und deshalb den Spottnamen Sylvester erhält, den übrigen des Abends etwas zum Besten geben, und im Kanton Zürich werden selbst die Schulkinder, welche an diesem Tage zu spät in die Schule kommen, als Sylvester begrüßt und ausgelacht. Während diese daher in aller Frühe in die Schule eilen, um nicht die Letzten zu sein, sind die Mägde ängstlich bemüht, ihre Rocken abzuspinnen, denn in der Sylvesternacht geht die Chlungeri, ein weiblicher Spukgeist, welcher der Frau Harke gleicht, in allen Häusern herum und sieht, ob sämtliche Spinnrocken abgesponnen sind, weil keine Arbeit des alten Jahres in das neue hinübergenommen werden soll.

Ebenso eifrig arbeiten im Saterland die jungen Burschen, welche ein Mädchen freien wollen, an ihrer Wêpelrôt. Dies ist ein Weidenstab, an welchem oben ein Kranz in Radform mit Speichen befestigt ist. An den Spitzen der Speichen, welche über die Felgen hinaus ragen, sind Aepfel angesteckt, und in der Mitte des Rades befindet sich ein breiter Zierrat aus Goldblech, von welchem aus über den ganzen Kranz weg dichte strahlenartige Büschel abgeschabter

Weihnachtsmasken.

Knecht Ruprecht — Wêpelrôt — Der Schimmelreiter mit Klapperbock — Bär.

Weidenspäne von weißer Farbe laufen. Ist die Wêpelrôt fertig und Mitternacht vorüber, so wirft man sie mit den Worten:

Hier bringen wir euch eine Wêpelrôt,
Wollt ihr mir was reichen,
So müßt ihr euch nicht lange bedenken,

in das betreffende Haus, schießt dabei gewöhnlich ein Pistol ab, und läuft so schnell wie möglich fort.

Die Hausbewohner eilen den Burschen nach und suchen ihn zu fangen. Wird er eingeholt, bringt man ihn zurück, und er muß entweder auf den Kesselhaken reiten, oder Rôtwasser trinken, worauf er bewirtet wird. Mitunter pflegen sich auch Nachbarsleute untereinander eine Wêpelrôt ins Haus zu bringen.

In Hessen werden in der Sylvesternacht Töpfe und Teller an die Mauern geworfen, und derselbe Brauch findet auch auf Helgoland statt, um den Abend vor Neujahr, den sogenannten Gröter-Inn (Grußabend) zu verherrlichen. Jede Familie ist nämlich im häuslichen Kreise stillfeierlich versammelt, um zu essen und zu trinken, wobei die Backsolten oder eingesalzenen Schellfische das Hauptgericht des Mahles bilden.

Anderwärts werden am Sylvesterabend häufig dieselben Schüsseln aufgetragen, wie am Weihnachtsabend, und nach dem Essen wiederholt sich an den meisten Orten die Sitte des heiligen Abends, Fragen an die Zukunft zu stellen. Besonders die Mädchen, welche noch keinen Mann gefunden haben, geben sich alle Mühe, zu erfahren, ob und wen sie heiraten werden. Sie gießen Blei und werfen die Schuhe, lassen Lichtchen schwimmen und Flachshaare brennen, raffen Holz und schütteln den Zaun, schlagen im Dunkeln das Gesangbuch auf, oder stechen in das Psalmbuch, um die bezeichnete Stelle am nächsten Morgen zu lesen, treten um Mitternacht mit brennenden Lichtern vor den Spiegel oder stellen sich auf einem Besen an einen Ort, wo die Gründe dreier Herrschaften zusammenstoßen, gehen auf einen Kreuzweg oder einen Kirchhof und streuen Asche oder Salz, um ihre Zukunft und den dereinstigen Bräutigam zu erblicken.

Auch achtet man, wie am heiligen Abend, wenn man beim Mahle sitzt, darauf, wessen Schatten an der Wand nicht sichtbar ist, indem der Schattenlose im nächsten Jahre sterben soll, und in Mecklenburg hält man es für ein sicheres Vorzeichen des Todes eines der Hausbewohner, wenn man in der Sylvesternacht auf dem Schnee einen schwarzen Sarg zu erblicken glaubt.

In der Neujahrsnacht um 12 Uhr holen die Leute in Mecklenburg sich Besenreise und binden sich Besen davon, dann sind sie das folgende Jahr hindurch vor Behexen geschützt. — Kugeln die in der Neujahrsnacht Schlag 12 Uhr gegossen werden, treffen alle ihr Ziel. — Sylvesterabend vor Sonnenuntergang holt man sich Wasser ein; denn vor Sonnenaufgang am andern Tag darf man nicht schöpfen. Sollten die bösen Geister etwas in den Brunnen gethan haben, so vernichtet es der Sonnenglanz des Neujahrstages. — Am Sylvesterabend sieht man in vielen Häusern einen schön geputzten Leuchter mit einem brennenden Licht darauf, das an diesem Abend von Keinem vom Tische genommen werden darf; auch auf der Hausdiele brennt um diese Zeit den ganzen Abend eine Lampe. Bei der Abendmahlzeit wird laut gebetet und Neujahrslieder werden gesungen. Nachdem alle gesättigt sind und Gott gedankt haben, wirft der Hausvater in größeren und kleineren Münzen Geld unter den Tisch, welches die Tischgenossen sogleich, ohne Licht mit unter den Tisch zu nehmen, aufsuchen. — Wenn man am Sylvesterabend die Bäume im Garten schüttelt, so sollen sie im nächsten Jahr viel Obst tragen. Auch schießen die Leute in die Bäume, um sie fruchtbar zu machen. Ueberhaupt wird dann fleißig geschossen, was man „das neue Jahr anschießen“ nennt. — In einem Bauerndorfe bei Stavenhagen glaubt man, wer in der Neujahrsnacht zuerst die Kirchhofsglocke läute, baue die größte Gerste. Deshalb suchten sich viele zuvorzuthun, zuerst mit der Glocke zu läuten. — Am Sylvesterabend werden die Hühner mit Erbsen gefüttert, die zuvor gezählt sind, weil man dadurch erfährt, wie viele Eier die Hühner im folgenden Jahre legen werden; denn soviele Erbsen als ein Huhn an diesem Abend frißt, so viele Eier legt es im folgenden Jahre. — Wie am Weihnachtsabend auf dem Lande der „Ruklas“ umhergeht, so am Sylvesterabend „de Nijorsbuck „odder Schimmel.“ — Die verschiedensten Gebräuche, um die Zukunft zu erforschen herrschen auch in Mecklenburg, Bleigießen, Werg auffliegen lassen, Salz auf den Tisch schütten, in den Schornstein (Ofen) gucken 2c.*)

Während aber in Deutschböhmen der „alte heilige Abend,“ wie ads Volk ihn nennt, still im Familienkreise begangen wird, und es für Frevel gelten würde, ihn in Saus und Braus zu verleben, statt sich

*) Vgl. Bartsch, Sagen u. Gebräuche aus Mecklbg. S. 222 ff.

den ernsten Betrachtungen hinzugeben, welche der letzte Tag des Jahres unwillkürlich hervorruft, herrscht in Niederösterreich, sowie in den rhätischen Alpen, von Wallis bis Vorarlberg, die Sitte des Sylvesterschlagens. Man versammelte sich dazu im Wirtshause, wo die Gaststube an den Wänden und Fenstern mit grünen Tannenzweigen verziert ist. In der Mitte der Stube hängt ein Kranz von demselben Grün oben an einem Balken der Decke, und in der Hölle, zwischen Ofen und Mauer, steht eine alte, häßliche, verlarvte, flachsbebartete Gestalt, die auf dem Kopfe einen Kranz von Mistelzweiglein trägt und Sylvester genannt wird.

Kommt nun ein Bursche oder Mädchen durch Zufall unter den Kranz an der Decke, so springt Sylvester sogleich aus seinem Versteck hervor und giebt ihm einen derben Kuß. Dies währt bis gegen Mitternacht, wo der Wirt jedem Gast einen Tannenzweig bringt, mit dem nun, sobald die zwölfte Stunde schlägt, Sylvester zu Thür und Thor hinausgejagt wird; denn vorüber ist das alte Jahr, welches Sylvester vorstellt, und mit ihm alles Leid, das es uns gebracht. Feierlich ertönt der Glocken Klang zum Beginn des neuen Jahres. Möge es glücklich sein, daß bei seiner letzten Stunde der Glocken Abschiedsgruß des Dichters Wunsch erfülle:

Freude sei ihr Festgeläute.

Die auf Seite 87 erwähnte farbige Tafel ist in Wegfall gekommen.

Ausführliches Namen- und Sachregister
zum „Festlichen Jahr.“

1450. 14

Nürnberger

nach den Originale